U0937682

图 1　南沿村镇区位图

图 2　西街村区位图

图 3　邯郸市市长回建在永年县第七中学给南沿村镇、西街村领导及调研组师生讲课

图 4　调研组师生与永年县政府有关部门领导合影

图 5　调研组全体成员与南沿村镇领导合影

图 6　调研组师生与西街村村委会全体成员合影

图 7　从西街村穿过的繁忙的邯临公路

图 8　西街村里的道路

图 9　恒利商业广场

图 10　鸿达商城

图 11　西街村的炸布袋小吃摊

图 12　西街村的老宋羊汤

图 13　生猪屠宰流水线

图 14　村民清晨在稻田插秧

图 15　村里的玉米地

图 16　晒干的大蒜

图 17　铲蒜工具

图 18　常用农具

图 19　旋耕机

图 20　收猪、运送货物的卡车

图 21　等待出售的大蒜

图 22　村民下地骑的电动车

图 23　永年县第七中学

图 24　南沿村完小

图 25　金童幼儿园

图 26　奶奶庙（南沿村中老年文体活动中心）

图 27　王家祠堂

图 28　西街村民居高大的门楼

图 29　西街村党支部书记石建武

图 30　西街村村委会主任王兰（左二）

图 31　在永年县第七中学采访曹校长

图 32　西街村的“百事通”葛红彬

图 33　老校长——李锡海

图 34　南沿村完小校长安静梅

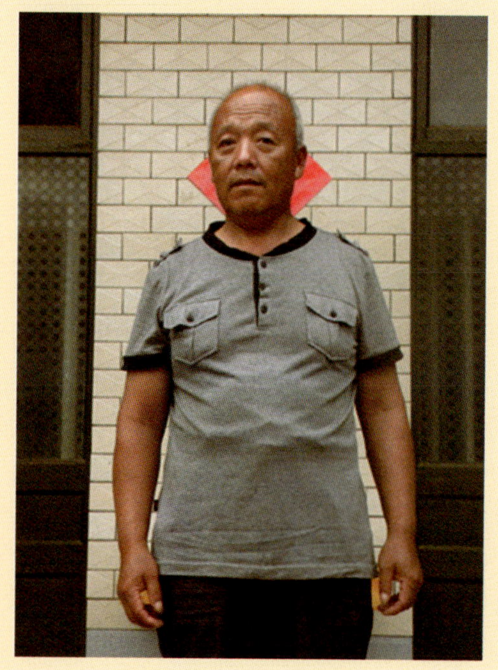

图 35　西街村的知客侯顺党

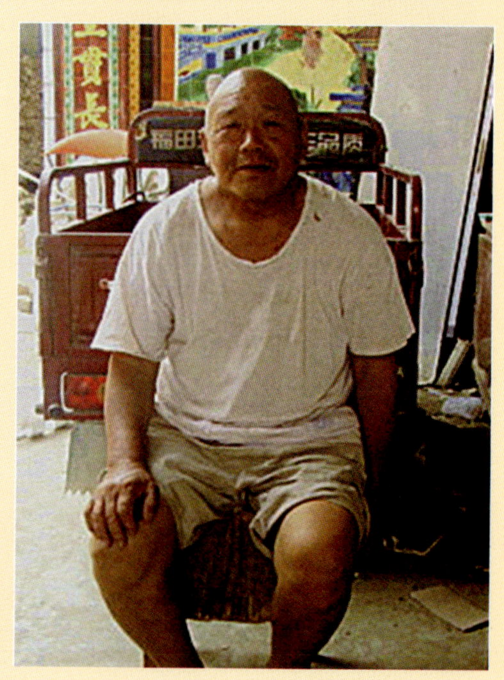

图 36　西街村的知客王志彬

图 37　李锡海（右三）讲述西街村发展史

图 38　入户调查

图 39　入户调查

图 40　入户调查

图 41　入户调查

中国民族经济村庄调查丛书

西街村调查

（汉族）

王玉芬　主　编
刘秉龙　副主编

中国经济出版社
CHINA ECONOMIC PUBLISHING HOUSE
·北京·

图书在版编目（CIP）数据

西街村调查：汉族／王玉芬主编，刘秉龙副主编．

北京：中国经济出版社，2014.9

ISBN 978-7-5136-3416-8

Ⅰ.①西… Ⅱ.①王，②刘… Ⅲ.①乡村—汉族—民族经济—调查报告—永年县

Ⅳ.①F327.555

中国版本图书馆 CIP 数据核字（2014）第 181372 号

责任编辑　余静宜

责任审读　贺　静

责任印制　马小宾

封面设计　华子图文

出版发行　中国经济出版社

印 刷 者　北京市媛明印刷厂

经 销 者　各地新华书店

开　　本　710mm×1000mm　1/16

印　　张　30.25　　彩插　1

字　　数　464 千字

版　　次　2014 年 9 月第 1 版

印　　次　2014 年 9 月第 1 次

定　　价　68.00 元

广告经营许可证　京西工商广字第 8179 号

中国经济出版社 **网址** www.economyph.com **社址** 北京市西城区百万庄北街 3 号 **邮编** 100037

本版图书如存在印装质量问题，请与本社发行中心联系调换（联系电话：010-68330607）

本书写作分工

主　　编　王玉芬

副 主 编　刘秉龙

第一部分　王玉芬　刘秉龙　黄晓生　徐成江　赵　辰
　　　　　黎氏恒　（越南）　陈良才　（柬埔寨）　李家凯
　　　　　王　剑　任　真　刘江荣

第二部分　王玉芬　刘秉龙　梁琳琳　张晓倩　李　莹
　　　　　谢亚静　刘　谦　邓　城　张德政　韩　石
　　　　　郭德启　拓俊杰　贺　痂　李文平　张耀辉
　　　　　修凯传　尹伯卿　段艳芳　付长江　胡欢玉
　　　　　石　越

第三部分　王玉芬　刘秉龙　张　望　常　龙　闫雅萍
　　　　　赵　妮　常　靖　王照地　曹亚楠　赵启伟
　　　　　马博伦　贾晓华　李　丹　李喜云　钟尚廷
　　　　　张　珑　吴桂林　陈长健

总 序

村庄，是农民的聚居地，也是农民生产和生活的社会形式。村庄形成于农业文明时代，在中国最为典型和普遍，迄今依然是中国基本的社会单位。所有中国人，或是生于长于村庄，或是父祖辈来自村庄。村庄是中华民族的根基，是我们走向现代化的立脚点和必须改变其内容和形式的地方。认知中国的现实和历史，一个重要环节，就是了解村庄。

中国的民族经济，包括以下层次：一是以中华民族为主体的经济，二是中华民族五十六个支民族的经济，三是少数民族地区的经济。不论从哪个层次研究，都必须涉及村庄这个基本单位。以往的民族经济研究和行政管理研究，对于村庄的关注，主要是在总体性的统计及对策方面，鲜有对某一村庄的专注的系统调查。这种情况使我们所从事的理论探讨总显得有些飘浮，言不及意，大而不当。反思许久，不能不下决心从小处做起，将村庄调查作为根基，扎实去做。恰“985”项目实施，经费有所保障，故组织本创新基地近百名教师带二百余博士、硕士研究生和高年级本科生，结十五个调查组，计划用六七年的暑、寒假，从五十六个支民族中各选一二典型村庄，深入调查，总百余村，每村一书，为中国民族经济三个层次研究，为政府行政决策，提供基础资料。

百村，不及中国村庄万分之一。我们的村庄调查虽只是抽样性质，但却是探根摸底，力求深入、真实、详细。二〇〇八年夏各组分赴河北、内蒙古、宁夏、云南、广西调查点，历经一月左右，获初步资料。因为首次，困难颇多，思路和方法也要不断调整，秋、冬写作时又各自补充调查。时间虽短，但师生与村官、村民情谊颇深，既为调查提供条件，又为后续补充予以协助。各地党、政机构，对调查全力配合。无此，则调查难以进行。这套丛书，实为共同努力之成果，并赖中国经济出版社黄允成社长、孙岩主任鼎力支持，得以出版。本调查还要持续数年，望读者批评，我们再努力。

劉永佶

二〇〇九年三月十八日

序

改革开放无止境

改革开放自邯郸始!

邯郸曾是赵国都城，公元前307年，因赵武灵王推行“胡服骑射”，开改革开放之先河，使赵国成为“战国七雄”之一，也铸就了158年都城史的宏基伟业。

中国共产党带领人民打土豪、分田地，开展土地革命，真正让人民当家做主，得到了人民的真正拥护，夺取了新中国的胜利。

改革开放的总设计师邓小平同志，率领“一二九师”在邯郸涉县战斗生活达6年之久。有人说，他的许多改革开放思想火花都是在邯郸孕育的。

36年前，发端于中国共产党十一届三中全会的改革开放，开启了中国走向富裕、奔向小康的全新征程，探索了中国特色社会主义新道路，如春风吹拂大地，改变了中国，影响了世界。

站在新的历史起点，党的十八届三中全会从决定国家、民族和党的前途命运的高度，把改革开放作为新的伟大革命、当代中国最鲜明的特征和大踏步赶上时代的重要法宝，描绘了全面深化改革的“路线图”，是又一个重要的里程碑，必将对推动中国特色社会主义事业发展产生重大而深远的影响。

邯郸，历史悠久，文化灿烂，人杰地灵，在人类历史长河中，曾创造过多次辉煌，为人类进步做出了重大贡献。特别是新中国成立后，基于独特的资源禀赋和区位优势，国家作为“一五”、“二五”重点布局的老工业基地，对邯郸进行了大规模投资建设，形成了实力雄厚、门类齐全的工业体系。在经济快速发展的同时，也带来了不协调、不平衡、不可持续的问题。

时至今日，作为一个人口近千万的大市，面积仅1.2万平方公里，耕地

1000万亩，在“四化”同步发展的大背景下，人地矛盾日益突出。对此，党的十八届三中全会指明了方向，明确了土地制度改革的方向，赋予农民对土地占有、流转、经营等多项权利，为深入推进土地改革，解决发展难题，提供了理论支持和政策保证。坚持“土地流转提高效益，农民流动提高素质”，以农业产业化经营为切入，推进规模经营，加快土地流转，必将实现农业现代化与新型城镇化的良性互动，催生继家庭联产承包责任制之后的第二次土地革命。

《西街村调查》是农村改革开放的一个剪影，是历史发展长河中的一朵浪花。付梓出版，大有裨益。

人类发展无穷期，改革开放无止境。实现中国梦，邯郸要复兴，是一代代中国人、邯郸人不懈的努力和追求。只要我们始终坚持正确方向，改革不停顿，开放不止步，靠改革增活力，靠开放添动力，就一定能够早日成就邯郸复兴伟业，实现中华民族伟大复兴的中国梦。

是为序。

回　建

2013年11月23日

目 录

第二部分　农户

第三部分　农民

附录

第一部分　村庄

一、西街村概况

（一）邯郸市概况

邯郸市是国家历史文化名城、成语典故之都，国务院批准具有地方立法权的“较大的市”和市区人口超百万的特大城市。邯郸市位于河北省南端，地处东经114°03′～114°40′、北纬36°20′～36°44′，西依太行山脉，东接华北平原，与晋、鲁、豫三省接壤，辖4区、1市、14县，总面积1.2万平方公里，总人口963.5万人。

邯郸市历史悠久，文化灿烂，是中华文明的重要发祥地之一。早在8000年前，这里就有人类繁衍生息，孕育了新石器早期的磁山文化；战国时期，邯郸作为赵国都城达158年之久，是我国北方的政治、经济、文化中心；秦统一中国后，成为天下三十六郡郡治之一；汉代与长安、洛阳、临淄、成都共享“五都盛名”；东汉末年，曹魏集团在邯郸南部邺城一带建都；北宋时期，邯郸东部的大名成为北宋都城汴梁的“陪都”。抗日战争和解放战争时期，是八路军一二九师司令部和晋冀鲁豫边区政府所在地。邯郸悠久的历史孕育了磁山文化、赵文化、女娲文化、北齐石窟文化、建安文化、广府太极文化、梦文化、磁州窑文化、成语典故文化、边区革命文化等十大文化脉系，内涵博大精深，风格丰富多彩。

邯郸市农业综合生产条件优越，是全国确定的小麦、棉花、玉米等5种主要农产品优势产区，小麦、棉花常年产量分别达200万吨和8万吨，素有“北方粮仓”、“冀南棉海”之称。

2011年是中国实施“十二五”规划的开局之年，邯郸市生产总值2787.4

亿元，增长12.2%；财政收入突破300亿元大关，增长24.3%；城镇居民人均可支配收入增长10%，农民人均纯收入增长21.1%；规模以上工业增加值完成1270.1亿元，增长15.7%；粮食生产实现“八连增”，总产达528.3万吨，增长11%，跨入全国百亿斤粮食大市行列。

在“稳中求进、好中求快”的工作总基调下，《邯郸市2012年政府工作报告》[①] 确立了2012年经济社会发展的主要预期目标：全市生产总值增长11%；全部财政收入增长15%，其中，地方一般预算收入增长12%；全社会固定资产投资增长20%以上；规模以上工业增加值增长15%；社会消费品零售总额增长18%；城乡居民收入分别增长10%；城镇登记失业率控制在4%以内；居民消费价格涨幅控制在4%左右；人口自然增长率控制在8.6‰以内。

在经济全球化向纵深发展、国家经济发展方式转变不断加快的大背景下，把握河北省“十二五”规划将冀中南经济区作为战略重点的机遇，为建设晋冀鲁豫四省交界区域中心城市，加快推进城镇化进程，将邯郸县、永年县、磁县、成安县、肥乡县、峰峰矿区6个县（区）纳入了中心城区管理范围，邯郸市谋划了“1+6”大城区格局。同时，积极调整产业结构，构建现代产业体系，以重点发展装备制造、新材料、新能源、新型家电、电子信息五大战略性新兴产业。今后，邯郸市将更好地利用资源禀赋、产业基础、历史文化、基础设施等诸多优势，开启区域中心城市、开创邯郸复兴伟业的新征程。

（二）永年县概况

永年县位于河北省南部、邯郸市北端，素有“邯郸北大门”之称，总面积908平方公里，耕地96万亩，人口87万，是河北省第二人口大县，辖20个乡镇、450个行政村，是全国蔬菜产业十强县、中国紧固件之都和闻名世界的太极之乡。

永年自古享有“商贾云集，富饶中原”之誉，七千多年前就孕育了仰韶文化等人类早期文明，物华天宝，人杰地灵。境内有广府古城、弘济桥、仰

① 2012年2月9日在邯郸市第十三届人民代表大会第五次会议上，代市长高宏志做政府工作报告。

韶文化遗址、赵王陵遗址等国家级重点文物保护单位，特别是广府古城，远为隋末夏王窦建德建都之所，近为杨式、武式太极拳发源之地。

永年县蔬菜产业突出，种植面积77万亩，蔬菜品种120多个，年产鲜菜32亿公斤，产值36亿元，是华北最大的蔬菜集散地。永年县享誉“全国蔬菜产业十强县”和“河北蔬菜之乡”、“河北大蒜之乡”，位列河北省蔬菜生产十强县之首。永年县标准件产业发达，年产量247万吨，销售收入173亿元，产销量占全国市场份额的45%，成为全国最大的标准件生产集散地，享誉“河北省十大特色产业”、“河北省特色产业基地”和“河北省五金出口基地”。

2011年，全县生产总值达到217.4亿元，其中农林牧渔业总产值完成125亿元，年均增长17.6%，蔬菜复种面积80万亩，产值41亿元，规模以上工业总产值、增加值、利润分别达290亿元、71.8亿元和15.1亿元；城镇居民人均可支配收入、农民人均纯收入分别达到17587元、8340元；财政收入达到16.5亿元；全社会固定资产投资完成138.8亿元，实施重点项目122个，其中亿元以上项目68个；各类金融机构存款余额达到136.9亿元。

《永年县国民经济和社会发展第十二个五年规划纲要》确立五年目标：生产总值年均增长13%以上，比2010年翻一番；全部财政收入年均增长16%以上，超过30亿元；全社会固定资产投资增长22%以上，累计突破1000亿元，主要经济指标在省、市领先，县域综合经济实力跨入省三十强。

《永年县2012政府工作报告》[①] 强调2012年经济社会发展的主要预期目标：全县生产总值增长12%以上；全社会固定资产投资增长20%以上；全部财政收入增长15%以上；农民人均纯收入增长10%；城镇居民人均可支配收入增长11%。

未来三年，永年县将建成冀南特钢加工基地、高新建材基地、新能源新材料基地和世界旅游观光地。五年内城市建成区面积拓展至38平方公里，人口突破30万人，城镇化率提高到58%，城市品位显著提升，努力建成国家文明城市、国家生态园林城市和国家卫生城市。

① 2012年2月28日永年县第十四届人民代表大会第一次会议上，永年县人民政府县长杨华云做政府工作报告。

（三）南沿村镇概况

南沿村镇位于永年县南部，距县城 26.1 公里，据邯郸市区仅 16.6 公里，镇政府驻南沿村。邯（郸）临（清）公路过境，滏阳河自西向东过境，渠道纵横交错。全镇辖有 31 个行政村，土地面积 37.77 平方公里，总人口 5.18 万人①，其中城区面积 2.7 平方公里，人口 2.2 万人。全镇人口平均密度为 1165 人/平方公里，是全县人口密度最高的乡镇。

1953 年建南沿村乡，1958 年建公社，1984 年改为镇，1996 年西沿村乡并入：下辖西王庄、申刘庄、西沿村、辛庄、东大慈、西大慈、西弓庄、范庄、南贾葛、孙李街、东街、西街、南街、连寨、西张寨、杨张寨、东张寨、南马庄、田堡、韩屯、谭庄、前张庄、后张庄、宋庄、路庄、白庄、翟庄、护驾东、护驾西、护驾南、徐庄 31 个行政村。

闻名全国的永年大蒜产自南沿村镇，明朝时传入永年县，其时在西沿村到南沿村一带修建的“西八闸”使滏阳河水可以自流进行灌溉，再加上“下坡地”土质肥沃，保肥保水能力强，给大蒜生产提供了优越而必要的条件。到现在种植已有 500 多年的历史，是永年蔬菜之中一大特产。又因广平府署置于永年城内，故旧称广府蒜。

南沿村镇区位优势明显，具有较强的积聚和辐射能力，历来是区域中心镇，交通发达，商贸历史悠久。南沿村，自古就商贾云集，市场繁荣，古有“协和”商铺、滏河码头、沿村大米和南沿村烧饼羊汤等地方名吃。

表 1－1　**南沿村镇镇域公路一览表**

公路起至点	长度（米）	公路等级
青岛—兰州	2000	一级
邯郸—临清	5800	二级
赵县—辛安镇	3800	三级

① 根据 2010 年第六次人口普查数据，由南沿村镇镇政府提供的《南沿村镇人口详细表》。

续表

公路起至点	长度（米）	公路等级
赵辛线—广府镇	5500	四级
邯临路—南马庄	1700	四级
赵辛线—南贾葛	5400	四级
邯临路—华欲公司	2000	四级
邯临路—路庄	3000	四级
南沿村—护驾	2000	四级

资料来源：《永年县南沿村镇域总体及镇区建设规划》，2004。

表 1－2 2010 年南沿村镇农民人均纯收入统计表

项目	农村经济总收入（万元）	农村经济总费用（万元）	农村经济纯收入（万元）	其中		农村居民人均生产性纯收入（元）
				国家税收（万元）	农村居民纯收入（万元）	
合计	264030	243464	28927	1750	28927	6413

资料来源：南沿村镇镇政府《2010 年农民人均纯收入统计表》。

（四）西街村的起源及历史

1. 西街村的渊源及变迁

无论从文献，还是从当地村民的口传，西街村的起源已经无法考证。从现存遗址和出土的文物看，西街村所在的冀南地区在新石器晚期就属于仰韶文化圈内。在距西街村东北 10 公里处的小龙马乡贾八汪遗址[①]显示，早在公元前 5000—3000 年就已经有先民在西街村一带生息繁衍，农耕聚居。

春秋时期，西街村一带曾归曲梁、鸡泽等属地；战国时，属赵；秦代，属邯郸郡；西汉时，在今广府镇西北故城村设永年县，属广平国；新莽时期，改广平国为“恒亭”，也称“富昌”，广年仍从属；东汉，广年划入巨鹿郡；

① 1985 年考古发现。

献帝建安十七年（212 年），划入魏郡。三国魏文帝黄初二年（221 年）改属广平郡（郡治在今鸡泽县东）；[①] 北齐至五代 410 年之中，曲梁、广年合二为一；隋朝，改广年为永年。

西街村地处古黄河冲积平原，土地肥沃，地势平坦。华北平原自古不仅是宜居的膏腴之地，也是兵家必争之地。唐朝，窦建德建都曲梁（今广府古城址，距西街村东北 5 公里），国号夏。以后，历代郡、州、府、县行政中心均驻于此。

武德四年，李世民率军攻打窦建德。[②] 李世民兵败，得到附近村民帮助而撤退，后来李世民回到当地报恩，以护驾有功赐名“护驾村”，今存南护驾东街村、南护驾西街村和南护驾南街村[③]，此三村今隶属于南沿村镇。

北宋理学家邵雍（1011—1077）所作《一去二三里》一诗中“一去二三里，烟村四五家。亭台六七座，八九十支花”所描绘的景象正是现今西街村一带。[④] 据此，西街村的起源不晚于北宋时期。南沿村则以村庄坐落在滏阳河南沿上而得名。

明朝施行乡、屯、社、甲制，永年县共分 4 乡、5 屯、23 社，每社各分 10 甲，共 227 个村。当时已有南沿村的行政区划，隶属南乡管辖。

清朝时期，永年县下设 4 镇、5 屯、6 营、23 社和 20 集，在营、社一级分别有南沿村营和阎（沿）村社，而在村一级行政区划中有南沿村、南城村（今无）、孙李村。

“民国”十九年（1930 年）永年县设 5 区，共辖 378 个村。每区设区公所，南沿村、孙李庄、西城村[⑤]辖属第三区公所，区公所地处今南沿村。“民国”三十七年（1948 年），沿袭 1945 年的 8 区 1 镇的区划，南沿村辖属第七区公所，原西城村、孙李庄、南沿村合并为一个村，称南沿村。[⑥]

1949 年，全国进行新一轮的行政建置。南沿村划属于永年县第三区，区

---

① 参见光绪《广平府志》。

② 见《旧唐书》中《本纪第二太宗》。

③ 三村处西街村北 4 公里，广府古城西 3 公里。

④ 西街村村民李锡海和葛红彬分别口述此内容。

⑤ 据村民介绍，“西城村”即今“西街村”。

⑥ 行政区划已无“孙李庄”、“西城村”的建置，三村合并说法符合村民李锡海的介绍。李锡海说，三村合并在明朝。但在《永年县志》中，三村名称始见于“民国”十九年时的行政区划。

公所驻址仍在南沿村。1953 年实行小乡制（每乡 5000 人左右），全县划为 6 区、93 个小乡、2 镇，辖 382 个村。第三区辖有南沿村乡，下一级管辖区划已无考。1958 年实行人民公社制，永年县划 11 个大公社，南沿村公社是其中之一。1962 年，全县划为 42 个公社，辖 450 个村。南沿村公社下辖 23 个村，其中包括孙李街、东街、西街、南街。1983 年 2 月，人民公社体制改革完毕，“公社”改为“乡”。1984 年 6 月，“南沿村乡”改为“南沿村镇”。1984 年 12 月，撤“办事处”改设“区”，设立南沿村区。1988 年 7 月，撤销“南沿村区”建置，乡镇制不变。

今南沿村东街、南沿村西街、南沿村南街、南沿村孙李街的村建置由 1962 年始建。南沿村大意指位于滏阳河南岸的一片村庄，分别叫南阎村、西城村、孙李庄。明代已有南阎村。① 南沿村、西城村、孙李庄连成一片村的说法，从渊源看，可能在清末民初时期逐渐形成。西街村在“民国”十九年时称为“西城村”。按字面理解，西城村就是广府城西边的一个村。随着经济发展和人口增长，西街村和南街村、东街村、孙李村四村村落早已连成一片，② 形成南沿村镇城镇中心。

2. 西街村村民姓氏的源流

关于“姓氏”：姓氏是指姓和氏，两者本有分别，姓为大宗，氏为小宗。秦汉以后，姓、氏合一，通称姓，或兼称姓氏。所以，“姓氏”＝“姓”。

根据《永年县农村人口情况调查明细表》③ 中西街村的人口情况明细表可知，西街村共有农民 1432 人，农户 337 户。④ 西街村村民姓氏共有 58 个，分别是石、刘、王、高、张、贾、李、杨、夏、葛、马、唐、董、郭、庞、申、卢、米、韩、胡、陈、徐、刑、侯、彭、杜、苏、白、关、宋、孙、代、温、曾、路、闫、吕、周、赵、安、许、郝、薛、任、解、靳、祁、未、叶、邱、贺、邢、吴、姚、梁、尚、袁、魏；而以姓划分 337 个家庭，有石、王、张、贾、夏、刘、马、董、杨、申、葛、李、张、胡、陈、徐、刑、侯、韩、

① 见《广平府志》。

② 南沿村镇政府关于南沿村镇的介绍材料中称，明代已有西城村，三村合并在明代。

③ 该资料记录了西街村村民的性别、姓名、出生年月、身份证号码，本数据内容根据资料分析所得。

④ 由于资料的破损，可识别农户 345 户。以家庭中男性家长的姓作为每户的姓，可供分析的农民人口 1400 人，农户 337 户。

宋、任、卢、祁、吴、杜共25个姓。

其中王、李、刘、宋、马、张姓是西街村的大姓，共占总户数的89%。而这六个姓中，又以王、李、刘为多数，占总人口的56.71%，占总户数的65%；而其中又以王姓最为常见，共计417人，116户。可见，“王”是西街村人数和户数最多的姓。

表1-3　**西街村的姓氏**　单位：户

姓氏	户数	姓氏	户数	姓氏	户数
王	116	葛	6	董	3
李	57	韩	4	申	2
刘	46	胡	4	祁	2
宋	18	刑	4	徐	1
马	16	侯	4	白	1
张	13	卢	4	杜	1
石	8	陈	4	吴	1
杨	8	贾	3	夏	3
任	8				
合计	337				

资料来源：根据《永年县农村人口情况调查明细表》整理，2010年。

由西街村姓氏结构推断，王、李、刘在西街村繁衍生息的年代比其他姓久远，均不少于五代；而现有徐、白、杜、吴这几个姓氏的村民是迁徙至此的第一代，都是新中国成立以后来此地的；其他18个姓氏的村民迁徙至西街村的具体年代已无从考证，或二三四代，或五六七代不等。

几个主要姓氏的村民均表示家谱族谱毁于“文化大革命”时期，祖先从何方迁至此地也无从知晓，唯有王姓一脉可以追溯。位于西街村内的王家祠堂有一墓志铭碑，碑文记载“翁讳鑛字伯金其先直隶凤阳府颍上县籍洪武三年高祖讳进者迁广平遂为永年人”。洪武三年即公元1370年，王鑛从安徽凤阳颍上县迁徙到今西街村，而后王家蒸蒸日上，家道中兴，并超越李家成为西街村的最大家族[①]。

改革开放后，西街村逐渐发展成南沿村镇的中心城镇区域。新城镇的行政管理、商贸、交通、金融等服务部门聚集了外来的从业人员，其中一部分人员也与西街村村民共同居住在这片土地上。不难想象，随着城镇化的进一步发展，西街村的人口结构将更加复杂，其来源也更具多元化。

（五）西街村的自然状况

1. 地理区位

西街村地处东经114°40.500′~114°41.500′，北纬36°40′~36°41′，地处河北省邯郸市永年县东南部，隶属于南沿村镇管辖。西街村坐落在南沿村镇镇中心，西邻西王庄、东接孙李村、北靠徐庄村、南面连寨村。西街村村域面积0.426平方公里，滏阳河和311省道（邯临公路）横贯村域东西，将村域分成三部分。此三部分呈现中间高耸，南北低洼，滏阳河与省道中间地带被当地人称为上坡地，滏阳河以北地带被称为下坡地，上坡地比下坡地高出3~6米不等。[②]

西街村位于河北省南部，晋冀鲁豫四省交界处，邯郸市区东北25公里，永年县县城临洺关东南30公里，距离广府镇10公里，交通便利[③]。西街村凭借其交通优势，自古便是方圆十几公里的重要交通枢纽和市集。“永年三大镇，洺关城关南沿村”是村民流传下来的顺口溜。西街村公路运输和滏阳河航道颇为便利，使当地在明清时期便是远近闻名的市集。[④]

2. 地质地貌[⑤]

西街村位于永年县东南部，处于山西台隆与华北断陷两个二级构造单元，属于华北断陷之邯郸断凹次级单位，地层特点与华北其他地区基本相同。由

① 据李锡海口述，李姓早于王姓来到西街村。

② 根据西街村村民葛红彬口述。

③ 邯临公路连接河北省邯郸市与山东省临清市，是河北省的重要交通干道。

④ 参见《广平府志》（第九册）载“阎集：城东南十里处”，这里的“城”指广平府，现广府古城。又参见《永年县志》第15页载“成化十一年（1475年），疏通滏阳河，使能通舟楫，抵天津”；第82页载“1964年断航”。

⑤ 本部分中地形地貌、气候和自然灾害部分参考了《永年县志》的内容。

于地处太行山东麓，地势低缓，广为第四系覆盖，所以基岩地层出露较差，滏阳河以北出露有奥陶系陆表浅海相碳酸盐、硫酸盐和泥岩沉积。

（1）地质构造

华北断凹的大幅度沉降使得第三纪（E）地层埋藏数千米以上。新生界沉积巨厚，岩性具有其特点。根据其沉积特点自下而上划分为五个组，即：始新统的孔店组（E_2K）、始新统—渐新统的沙河街组（E_3s）、渐新统的东营组（Ed）、中新统的馆陶组（N_1g）、上新统的明化镇组（N_2m），为一套沉积巨厚的红色陆屑建造和蒸发岩建造。岩性为半胶结为主的粉砂质黏土岩、细砂岩、泥岩、白云岩、石膏沉积，厚度2000米以上，以冲积、洪积和湖积为主的第四级（Q_4），间有风积、冰水积和火山堆积等，厚度在300～500米以上。

西街村的大地构造位置处于山西台隆与华北断陷两个二级构造单元内。以邢台—安阳深断裂分界，西街村地理位置大体在邢台祝村—邯郸一线上。邢台—安阳深断裂的走向由南向北，略偏东北，西盘上升，东盘下降。西盘为三叠系以下地层与东盘第三系、第四系接触，断距超过1000米。西街村所在构造处于以活化的北东向断裂和北西西向的新构造断裂为特征，形成一系列断凹和渐凹构造，并形成巨厚的第三、四系红色陆屑建造和蒸发岩建造。

（2）岩层分布

西街村地区在燕山期岩浆活动强烈，从燕山早期到晚期多次活动，延续时间近亿年，主要出露于洪山①及其周围。岩层中有中性岩体侵入。洪山岩体以碱性岩为主，呈东西向分布，面积达46平方公里。以碱性侵入岩为主，其次为碱性喷出岩，并且有少量基性岩。中性岩在地表出露面积较小，但分布广，顺层侵入与奥陶系系列三叠系地层中。主要侵入于奥陶系到二叠系下部。上部多为脉体或小岩株。碱性侵入岩有碱性正长岩、黑云母辉石正长岩，前者为主。侵入与晶屑凝灰岩或黑云辉石粗面岩中。碱性正长岩同时切穿于黑云辉石正长岩，为岩浆活动早晚期产物。碱性喷发岩有晶屑凝灰岩、黑云辉石粗面岩。晶屑凝灰岩中有粗面岩角砾，且切穿或覆盖于黑云辉石粗面岩之上。呈东西向带状对称分布于正长岩之南北两侧早于碱性进入岩。总观各类岩石产状特征，为一岩东西向基底构造的间歇性线形喷发火山岩。基性侵入

① 地名，位于西街村西北约35公里。

岩有斑状橄榄辉长岩、黑云正长辉石岩，分布于洪山岩体的北侧，为最早岩浆活动的产物；中性侵入岩为角闪闪长岩、闪长岩和闪长玢岩。

（3）地貌

西街村地处永年县东南部的冲积平原，海拔高度45~50米。该平原由古黄河、古漳河长期冲积而成，组成的物质则为近代河流沉积物。由于古代河道历史性的左右摆动，造成地形南北起伏，逐形成缓岗二坡地。

3. 气候

西街村属暖温带半湿润大陆性季风气候。全年总的气候特征是：四季分明，气候温和，光照充足，雨热同季，干寒同期，年盛行风向为南风。春季增温快，风大，雨少，蒸发大；十年九旱；夏季盛行偏南风，天气炎热，雨量大而集中；秋季天高气爽，风和日丽；冬季盛行偏北风，雨雪稀少，天气晴朗而寒冷。

（1）气温

西街村年平均气温13.0℃，最热月为7月，最冷为1月，极端最高气温42.1℃，出现在1979年6月13日；极端最低气温-21.6℃，出现在1990年2月1日。大于0℃的活动气温平均为16.4℃。年平均地温15.8℃。地面极端最高气温69.1℃，出现在1986年6月18日，极端最低温度-22.3℃，出现在1987年11月28日。5厘米地温稳定通过14℃的日期为4月10日。

（2）日照

西街村太阳辐射年平均为118.148千卡/平方厘米，可为作物吸收利用的生理辐射为57.893千卡/平方厘米，作物生长期间>0℃的辐射量为504千卡/平方厘米。

（3）降水、蒸发

平均降水量为503.6毫米。7~8月为主汛期，雨量为285.1毫米，占年降水量的58%。冬季（12~1月）降水量14.1毫米，仅占年降水量的3%。年降水量最多的纪录是1963年，大约1231.0毫米，年降水量最少的是1986年，仅为227.9毫米。年降水量日数（20.1毫米）最长时间为1977年8月5~12日，最长连续降水的时间为1984年11月10日至1985年2月21日，长达104天。1963年8月3日一天降水量达291.3毫米，成为降水量最高的纪录。

年平均蒸发量为1997.5毫米，6月蒸发量最大，平均为354.4毫米，12月、1月蒸发量最小，平均都是53.6毫米。

(4) 日照、湿度

西街村年平均日照时数为2463.8小时。日照百分率为56%，其中5~6月日照时数最多，平均每天8.6小时。7月日照百分率最低仅为47%。

年平均相对湿度为67%，绝对湿度为12.2百帕。7月、8月最为潮湿，相对湿度分别为78%、83%，绝对湿度分别为26.4、26.0百帕。1月、2月最干燥，相对湿度分别为63%、60%，绝对湿度分别为3.1、3.7百帕。6月、11月称为干旱期，7月、8月为湿润期，9月、10月为半干旱期。

(5) 风

西街村地处中纬度，属暖温带季风气候区，冬季盛行偏北风，夏季盛行偏南风。年平均风速2.7米/秒，瞬时最大风速32米/秒，出现在1979年7月18日夜，10分钟平均最大风速为19.7米/秒，出现在1982年10月18日。年平均大风日数为6.3天，大风也是该地区主要气象灾害之一。

4. 水文

在西街村的水资源方面，主要是地表水和地下水。地表水的主要来源是滏阳河和降水。

(1) 地表水

西街村地表水资源由外来客水和当地径流两部分组成。外来客水是滏阳河水。滏阳河水年平均水量达到3.919亿立方米。滏阳河原名滏水，发源于邯郸市峰峰矿区和村西北。由广盛、晋祠、元宝和黑龙洞等泉汇入，其中以黑龙洞泉水为主。它由磁县、邯郸自西大慈村南入永年县境，经西沿村、抵西街村，在西街村流长1公里。滏阳河河口平均宽30米、底宽12米、深5米，流量为40立方米/秒。河道曲折多弯，所经之地皆为黏性土质。1963年前属常年性流水河，既能灌溉良田又能航运，自古为一条溢河。后因工业用水量加大且逢连年干旱，该河已经变成季节性河，通航于是中断。

而当地径流主要来自降水。该地区多年平均降水深521.9毫米，丰年降水深650毫米，丰水年保证率20%；枯水年降水深381毫米，枯水保证率75%。此地降水各月分配不均匀。全年降水量的70%集中在6~9月，其他月份降水很少，甚至没有降雨；年际间降雨也不一致，丰枯年悬殊大。年降水深多在500~550毫米区间范围内。

(2) 地下水

西街村一带地处海河平原区，由古樟河、古洺河的冲积扇组成。受古河道的影响，含水层呈西南—东北条状分布。该地区处于海河平原区，浅层淡水较薄，中层咸水，不利于灌溉。其地下水资源，主要通过降水入渗、河道渗漏、渠道渗漏、蓄水工程渗漏和井灌入渗等补给。

岩性由中砂、西砂和粉砂构成。地下水浅层为淡水，厚薄不一。底板深30~70米。中层为微咸水和咸水，地板深70~140米。下层又是浅水，开采深度一般为50~100米，含水层厚度为20~30米，单井出水量35~45吨/小时·米，多为咸淡混合水，水质较差，以重碳硫酸钠镁水为主，矿化物一般在3克/升以下。

(3) 水质

滏阳河水质是该地区对地表水水质的主要监测对象。1980年以前无考，1980年后针对滏阳河进行了阶段性水样监测。1980年7月，河道监测结果是：pH值10.5，耗氧量超标83.9倍；酚11.6毫克/升，超标22倍；硫化物21.4毫克/升，超标21.3倍。1986年河道水质监测结果是：溶解氧22.4毫克/升，耗养量907克/升，砷0.06毫克/升，超标0.5倍。1990年后，上游工业废水大量排入，滏阳河水已由原先清水逐渐变为黑水。同样，地下水水质在20世纪80年代以后，由于河道和地方工业废水的逐渐渗漏，也渐渐呈现不同程度的改变。

5. 土壤

西街村辖区内土壤土类属潮土类型。潮土发育在河流冲积物上，为冲积、漫流冲积和静水沉积母质。主要分布在冲积平原。成土发育于冲积母质上，土色棕褐，心土有黏化现象，有褐土化过程表现。通体以轻壤为主，表层分别有轻壤、中壤和沙壤，30~60厘米深度以下有不同变化。西街村土壤大多属于潮土亚类中的盐化潮土。旧时，西街村滏阳河以北土壤盐化程度高，寸草不长。"文革"时期，人民公社试图改良土壤，将以上坡地之土填下坡地，使滏阳河南北两片耕地等高，但种植产量并没有因此增长。改革开放之后，恢复上下坡地原貌，加以灌溉，下坡地开始能种植。

6. 自然灾害

1963年强降雨导致滏阳河上游堤坝决口，水漫农田和村舍。1976年唐山大地震，西街村房屋倒塌几间。

（六）西街村的人口状况

1. 西街村人口概况

西街村地处南沿村镇中心镇区，人口流动频繁，人员构成复杂，准确的人口统计难度较大。调研组得到两个人口统计资料，一个是“西街村第六次人口普查详细表”，另一个是为村民登记社会养老保险提供的“永年县农村人口情况调查明细表”，前者是总体的统计表，后者则是每个村民的详细信息，包括姓名、性别、年龄等。两份资料虽然在统计上有所出入，但能相互补充，对其考察分析可得到西街村较全面的人口状况。

(1)“西街村第六次人口普查详细表”显示的人口情况

“西街村第六次人口普查详细表”采用的调查方法是，按家庭户口为单位，分两个部分，一是按户口不同地点划分为“户口在本村委会人数”、“户口在其他村委会人数”、“离开户口登记地半年以上人数”、“户口登记地在省外人数”、“本户户口待定人数”；二是按户口本户在册的人数；三是按户口实际人的居住地点分成“现居住在本村其他普查小区的人数”、“离开本调查小区不满半年人数”、“离开本待查小区半年以上人数”、“现在省外人数”。此外，该表还提供了2009年11月1日至2010年10月31日一年间的出生人数和死亡人数。

其中，本村住在本户的总户数405户，住在本户的人数1551人，户口在本村委会人数1210人，户口在其他村委会人数219人，离开户口登记地半年以上人数219人，无人员户口登记地在省外，本户户口待定人数122人，现居住在本村其他普查小区的人数6人，离开本调查小区不满半年人数1人，离开本待查小区半年以上人数194人，现在省外人数10人，出生人数24人，死亡人数11人。

表 1－4　　　　西街村第六次人口普查详细表　　　　单位：人

<table>
<tr><th colspan="6">摸底时住在本户的人数</th><th colspan="4">本户户籍人口中</th><th colspan="2">2009年11月1日至2010年10月31日</th></tr>
<tr><th rowspan="2"></th><th rowspan="2">户口在本村（居）委会人数</th><th rowspan="2">户口在其他村（居）委会人数</th><th colspan="2">离开户口登记地</th><th rowspan="2">本户户口待定人数</th><th rowspan="2">现居住在本村其他普查小区的人数</th><th rowspan="2">离开本调查小区不满半年人数</th><th colspan="2">离开本调查小区半年以上人数</th><th rowspan="2">出生人数</th><th rowspan="2">死亡人数</th></tr>
<tr><th></th><th>户口登记地在省外人数</th><th></th><th>现在省外人数</th></tr>
<tr><td>1551</td><td>1210</td><td>219</td><td>219</td><td></td><td>122</td><td>6</td><td>1</td><td>194</td><td>10</td><td>24</td><td>11</td></tr>
</table>

资料来源：根据“南沿村镇第六次人口普查详细表”整理，2011 年。

（2）“永年县农村人口情况调查明细表”显示的人口情况

2010 年，西街村人口总数为 1432 人，总计 345 户，平均每户家庭有 4 人。其中男性 719 人，占总人口数的 50.21%，女性 713 人，占总人口数的 49.79%。小学生 180 人，常住人口 1383 人，流动人口 49 人（见表 1－5）。

表 1－5　　　　2010 年西街村人口状况统计表

<table>
<tr><th rowspan="2">年份</th><th rowspan="2">总户数（户）</th><th rowspan="2">总人口（人）</th><th colspan="4">其中</th></tr>
<tr><th>男（人）</th><th>女（人）</th><th>常住人口（人）</th><th>流动人口（人）</th></tr>
<tr><td>2010</td><td>345</td><td>1432</td><td>719</td><td>713</td><td>1383</td><td>49</td></tr>
</table>

资料来源：根据“永年县农村人口情况调查明细表”整理，2010 年。

“永年县农村人口情况调查明细表”提供了较详细的人口信息，以下内容是根据该表所做的统计分析。

2. 西街村人口年龄结构

西街村人口年龄结构总体表现为“一头大、一头小”的特征，即年轻人口比重大，老年人口比重小。具体来看，21～30 岁年龄的人口比重最多，占 20.53%；80 岁以上老年人口比重最少，只占 1.15%；西街村劳动力占较大比重，21～50 岁的青壮年人口比重占 51.08%。

表 1-6　西街村人口年龄结构统计表①

年龄段	人数（人）	占总人口比重（%）	累积比重（%）
0~10 岁	129	9.29	8.27
11~20 岁	232	16.71	26.01
21~30 岁	285	20.53	46.54
31~40 岁	206	14.84	61.38
41~50 岁	218	15.71	77.09
51~60 岁	151	10.88	87.97
61~70 岁	98	7.06	95.03
71~80 岁	53	3.82	98.85
80 岁以上	16	1.15	100.00

资料来源：根据“永年县农村人口情况调查明细表”整理，2010 年。

3. 西街村家庭结构

西街村的家庭结构一般是父母与子女居住，老年夫妇单独立户。户均人口为 4 人，基本上是两个劳动力赡养一个人口。婚龄男女基本婚配，有个别男子未婚。养老模式是老人基本上由自家儿女赡养。

4. 西街村人口政治概况

西街村村民均为汉族。村有党支部 1 个，共有党员 37 名；有团支部 2 个，团员 78 名。其中，党员在全部人口中所占比重为 2.58%。

（七）西街村经济发展概况

西街村正处于村落聚集到城镇化发展的过渡期，既有农村社会生产的特点，也有城镇社会生活的特征。一方面，村民们的最主要收入来源仍为农业生产，行政建制上仍然是行政村及其村民委员会制度；另一方面，在地理空间上，西街村与南街村、东街村、孙李街村连成一片，成为南沿村镇的中心城区，城镇的行政管理、商贸、交通、金融等部门日趋完善。

① 此年龄结构统计表的样本人数为 1388 人，占西街村总人口数的 96.93%（根据《永年县农村人口情况调查明细表》数据）。

1. **经济发展水平**

在经济发展方面，2010 年全村农村经济总收入 8587 万元，农村经济纯收入 800 万元，农村居民人均生产性纯收入 6420 元。上缴国家税收 56 万元。截至 2011 年末，全社会固定资产原值总计 34549. 5 万元。

从横向比较看，西街村农村居民家庭平均每人纯收入处于中等平均水平，比全国平均水平 5919. 01 元高出 501 元，比河北省 5957. 98 高出 462 元。从内部结构看，西街村村民人均纯收入由两部分构成，即家庭经营纯收入和工资性纯收入。家庭经营纯收入部分主要是农户承包土地种植经济作物的收入，绝大部分种植大蒜，还有部分农户经营小商店，如小便利店、小餐饮店、食品批发店等；工资性收入部分则是村民受雇于本地商店、商行赚得的工资收入。在“人均不到三分地”的人地紧张状况下，村民的纯收入更加依赖非农生产的家庭经营性收入和工资性收入。

表 1 - 7 **2010 年农村经济收入分配和效益** 单位：万元

名称	产值（金额）
（一）农村经济总收入	8587
1. 农林牧渔业	1287
①农业	1194
②林业	9
③牧业	84
④渔业	0
⑤农林牧渔服务业	0
2. 工业	1075
3. 建筑业	0
4. 交通运输业	25
5. 批发零售贸易业、餐饮业	6200
6. 服务业	0
（二）农村经济总费用	7787
（三）农村经济纯收入	800

续表

名称	产值（金额）
1. 国家税收	56
2. 农村居民纯收入	800
（四）农村居民人均生产性纯收入（元）	6420

资料来源：南沿村镇政府《2010 年农村经济收入分配和效益》。

从表 1－7 来看，西街村的经济总收入 8587 万元中，农林牧渔业 1287 万元，工业 1075 万元，交通运输业 25 万元，批发零售贸易业、餐饮业 6200 万元，所占比重分别为 14.99%、12.52%、0.29% 和 72.20%。可见，西街村总体经济收入在几大类的分配状况与村民的纯收入结构相一致。

表 1－8　　2011 年全社会固定资产结构　　单位：万元

指标名称	合计
年末固定资产原值总计	34549.5
1. 农林牧渔业固定资产	32383.5
其中：生产用房屋及建筑物	10
役畜及产品畜	7
大中型铁木农具	4
农林牧渔业设备	10
2. 工业固定资产	1833.5
其中：生产用房屋及建筑物	911.7
生产设备	568.8
3. 建筑业固定资产	4
4. 运输邮电仓储固定资产	13
5. 商业饮食服务业固定资产	3
6. 住宅（农民住宅及生活所用）	307.5
7. 其他固定资产	5

资料来源：南沿村镇政府《2011 年全社会固定资产结构》。

截至 2011 年末，西街村已积累的固定资产 34544.5 万元，其中 93.73% 是农林牧渔业固定资产。

从家庭拥有的家电数量来考察西街村村民的消费水平。20 世纪 90 年代常说的“大三件”空调、电脑、录像机在西街村的农户中并没有普及，甚至 20 世纪 80 年代的“大三件”冰箱、彩电、洗衣机也只是部分家庭才能享用。普及程度最高的是移动电话，但是移动电话普及率仅有 47.12 部/百人，明显低于同期全国平均水平 94 部/百人。而普及率最低的是汽车，西街村现有汽车 23 辆，多为商用的小面包车。

表 1-9　**西街村家用电器统计表**

汽车	家用电脑	空调器	摩托车	电冰箱	洗衣机	影碟机	固定电话	移动电话	电视机	
									合计	其中：彩电
23	80	47	45	75	78	116	42	590	230	230

资料来源：根据《2011 年农业机械年末拥有量及综合年报》整理。

2. 西街村的二元经济特征

2011 年，西街村农村纯收入 963.04 万元，人均 7682 元，相比 2010 年的 6420 元增长了 19.81%，略高于同期全国平均水平。探寻西街村经济发展的动力，把握今后发展动向，其根本还在于了解西街村的生产力与生产关系的状况，进一步了解劳动力状况、生产资料、生产工具、劳动生产的组织安排等。

长期以来，西街村地少人多，在耕地面积有限的条件下，人口逐步增加，使西街村人地关系日趋紧张。一般情况下，缓解的办法是提高农业的劳动生产率。提高农业劳动生产率可以通过加大对农业的投入，例如改进生产工具、劳动设备、劳动资料等，从而提高单位亩产、人均产量。机械化生产带来的生产效率提升会释放部分农村劳动力向其他产业、职业转移。但调研组发现，西街村的农业生产工具主要还是锄、犁、耙、耖、镰刀、铁锹、扁担、农膜、地笼等小型农具，极少量的动力设备如柴油动力水泵用于农田灌溉，仅存的一架手扶拖拉机已荒废多年。这些事实证明，西街村并没有采取农业生产改造来提高劳动生产率。相反，分散的土地经营模式和高密度人口排斥了农业机械的应用，而最主要的农作物大蒜、水稻的种植都需要大量人工劳力的精耕细作。可以说，在低生产水平条件下，西街村的土地资源、人口状况、土地家庭承包制度和农作物形成了有机结合。此外，西街村也并没有出现大量年轻劳动力向外转移的现象，虽然有小部分劳动力流出，但也有相应人数向西街村流入，两者基本持平。

表 1－10　**西街村生产用动力机械统计表**　单位：台

2011 年末实有动力			拖拉机		机动三轮车	收割机
合计	电动机	柴油机	合计	其中：20 马力以上		
8	3	5	1	1	98	0

资料来源：《2011 年农业机械年末拥有量及综合年报》。

短期内农业劳动生产率难以提高，人地关系又日趋紧张，西街村人是如何改进自己的生存条件呢？要解释这一问题，需要从二元经济结构的视角来考察。随着市场化和城镇化的推进，西街村劳动力逐步从第一产业向第三产业转移，农民经济纯收入也从依赖粮、菜种植转向商业、服务业。西街村地处南沿村镇的中心镇区，原有的供销社和新兴的个体工商户聚集形成本镇的商业经贸中心。就地城镇化的西街村，村民们也纷纷向商业、服务业发展，截至 2011 年底，从业人员已经超过 700 人，仅恒利商场的员工就有 200 多人。本地的城镇化带动了村民的就地转业，但这种转业又不是完全的转业。作为农民的村民们依然以家庭为单位承包经营土地，在农忙时，他们与家庭成员协作在田里耕作；而在农闲时则变身为商业员工。传统的农业生产可以保证西街村村民们的衣食无忧，而新兴的商业、服务业又能提高他们的经济收入和生活水平，这就是西街村土地贫乏而又能维持高密度人口的原因。

3. 基础公共设施

近年来，西街村加大了基础公共设施的建设。基础设施的资金由村民自筹、上级财政拨款和社会募捐等形式筹得。2011 年，新建成村民委员会办公楼，并设立警务室；在交通道路方面，村民居住区基本实现道路硬化，2012 年“一事一议”项目仍然推进道路硬化；在水利设施方面，人民公社时期村民们沿滏阳河修筑了农田灌溉水渠，多年来不断完善修整；在生活用电用水方面，2008 年全村铺上自来水管道，但由于没有高位水源供应自来水，村镇只有将地表水用水泵引至水塔，每天分早晚两次，限时供应自来水；在新一届村委会的组织下，在道路一旁安置节能灯作为路灯，全村实现了每 30 米就有一处路灯；在医疗卫生方面，全村有卫生所 2 个、药房 1 个，医护人员 5 名；在基础教育方面，幼儿园 2 个，小学 1 个（镇级），中学 1 个（县级）。

从村庄到城镇的过渡，西街村基础设施的建设必不可少，现存在的主要问题是：首先，西街村东西方向的交通条件较好，但是在南北方向仍然没有实现道路贯通。其次，道路没有设计排水功能。每逢下雨，村庄形成严重的内涝，积水较深，街面汪洋一片，交通受到限制，商铺大多因此暂停营业，商业大受影响。再次，没有 24 小时的自来水供应，影响本地的生活和生产。最后，公共厕所仍然在使用传统旱厕，卫生条件较差。为了促进西街村商贸服务业的发展，村委会应该与相关部门进行协调，建设下水管线网络，争取与邯郸东部城区的污水排放实现联网；建设居民生活用水工程，保障 24 小时自来水供应；鼓励居民建设冲水厕所，彻底改善当地的卫生条件；在保证宅基地和耕地面积的前提下，西街村还应该建设南北方向主干路，进一步提高乡村公路的通行能力，为全村社会经济发展打好基础。

综上所述，西街村在"一城两区两中心，五点两线两市场"① 规划布局下继续加强行政、商贸、文化、娱乐、居住为一体的综合中心地位。引导村民向第三产业发展，向城镇化进一步发展。居住用地依规划而建，旧村改造，以"控制、建设、引导、带动"为宗旨，加强管理，循序渐进、严格控制；居民居住用地除安置镇区村民外，增加满足外来务工经商者和单身职工居住的住房。西街村凭借中心镇区的优越地理区位，继续争取项目和资金加强基础设施建设，如中学原地扩建、新建文化活动中心、电影院、卫生站、诊所、商品批发市场等。

---

① 《永年县南沿村镇域总体及镇区建设规划》对南沿村镇区用地布局设计方案，"一城两区"是指在原有镇区的基础上，以生态绿化带为分隔带，形成的西部行政、商贸、文化、娱乐、居住综合区和东部以工业生产为主的工贸区。

二、土地制度

土地制度是反映人与人、人与地之间关系的重要制度。它既是一种经济制度，又是一种法权制度，是土地经济关系在法律上的体现，是构成上层建筑的有机组成部分。

（一）西街村土地制度的沿革

新中国成立前，西街村与中国其他地方一样，经历了两千多年集权官僚制的土地制度，[①] 其土地为国家所有，地主和小农占有的土地制度。由于土地买卖，地主占有土地相对集中，村民两极分化严重。永年县土改前土地占有量情况如下：占总人口不到10%的地主富农，占有全县总耕地面积的70%～80%，而占90%以上的农民，只占有总耕地面积的20%～30%。[②]

1. 土地制度的沿革

1945年秋，永年县实行土地改革，到1949年春结束，历时三年半。整个运动经过增资倒田、赎地借粮、减租减息、平分土地、划定阶级成分等几个步骤。

增资倒田和赎地借粮。1945年10月，南沿村区成立雇农联合会，通过扎根串联，发动贫雇农，向地主富农开展算账说理斗争。赎地借粮，是根据当时贫困农民的需求在村里赎地评议会领导下，赎回被地主老财低价买走的土地。同时，面对地主堆积如山的粮仓，展开了轰轰烈烈的借粮运动。

减租减息。对地主出租的土地减其地租，借出的债款减少利息。减息，参照抗战前的租额，减少25%，时称“二五”减息。

平分土地。1946年5月4日，中共中央颁发了关于土地问题的指示，即“五四”指示，要求把抗战时期的土地政策改为没收地主土地归农民所有。但当时南沿村并未参与这次土地运动，而是在1949年进行了补改。通过这次土

① 刘永佶．中国官文化批判［M］．北京：中国经济出版社，2000.

② 永年县志［M］．北京：中华书局，2003：169.

地革命，西街村的土地制度演变成为劳动者个体占有制。

表 2-1　　土地改革后南沿村不同阶级与土地占有情况

贫农				中农				富农或地主			
户数	人口	占有土地	人均亩数	户数	人口	占有土地	人均亩数	户数	人口	占有土地	人均亩数
81	234	573.17	2.45	176	649	1399.94	2.15	25	146	150.6	1.03

资料来源：根据《永年县志》第 172 页资料整理。

在实行“耕者有其田”的土地制度原则下，乡村中一切地主的土地和公地，由乡村农会接收，按全村人口统一分配。在土地数量上抽多补少，质量上抽肥补瘦，使农民均能获得大体同等的土地。

2. 农业合作化

在完成土地革命之后，人民公社建立之前，西街村的土地制度和农业发展经历了互助组、初级社和高级社三个阶段。

（1）互助组

西街村成立第一个互助组的具体时间已经无法考证，但在 1951—1952 年两年间成立了多个互助组。西街村的农业生产互助组的建立依照自愿、平等、互利的原则，自找对象，自由结合的纯生产组织。其规模少者三五户、多者也不过十户，由擅长耕作、经营者担任组长。在劳动生产过程中，互助组的劳动力、畜力、农具等互通有无，有偿使用。互助组的期限也由组员自由约定，有临时的、有季节性的，也有常年的。

（2）初级社

初级社即初级农业生产合作社，初级社是比互助组规模更大，合作化程度更高的生产合作组织。1953—1955 年，永年县这样“一村一社”共有 100 个。初级社是具有半社会主义性质的合作组织，一方面仍保留着土地和主要生产资料的劳动者个体私有权，并依照数量入股分红；另一方面，土地达到了统一耕种、集体经营，实行按劳分配和按地分配相结合，并提取资金积累公有固定资产。劳地分配比例根据每年的收成情况、社员协商等情况来确定。西街村当时也有初级社，具体数量不详，劳地分配实行过劳五地五、劳五五地四五的比例。

（3）高级社

高级社即高级农业生产合作社，高级社是比初级社规模更大，合作化程度更高的生产合作组织。1956 年春，永年县根据毛主席 17 条指示和地委四级干部会议精神，把全县 1460 个初级社合并为 525 个高级社。西街村与东街村、南街村、孙李庄合并成立一个高级社。在高级社的经营管理方面，主要有财务管理、劳动管理和干部报酬三个方面。财务管理统一由高级社一级核算，固定财政及一切生产资料归社一级所有，高级社下设生产队，作业组具体负责农业生产。各队均设有队长和记工员。高级社对生产队或作业组实行“三包一买四固定”的劳动管理制度：三包，即根据生产队或作业组的土地种植情况，核定包产量，包工分、包成本；一买，即对既超产又节省用工成本的队、组给予奖励；四固定，即是地块固定、劳力固定、农具固定、牲畜固定。社、队、组干部不脱产，实行误工记工和定额补贴，一般可高于一个中等劳动力出工水平的 5% ~10% 。

3. 人民公社

人民公社是比高级社规模更大，合作化程度更高的、政治与经济生产合一的组织。1958 年，西街村所在的南沿村成立南沿村人民公社，公社所在地南沿村，下辖西街、东街、南街、孙李街等 55 个村（生产大队）。

人民公社的生产关系特点：一是“一大二公”，所有土地、房屋、工具等生产资料无论原属集体或个人，一律归公社所有，统一调配；二是实行军事化管理，以兵团作战式组织生产。区、大队、生产队均实行部队建制，编为营、连、排，所有劳动力编班。兴办集体食堂，所有人员服从统一号令，统一吃饭。三是实行半供给制工资加奖励的分配制度。社员口粮、副食无须供应，劳动报酬采取按人评级，按级定资，另有奖励。四是 1961 年之后，实行“三级所有，队为基础”。即以生产队为基本核算单位，做到土地、劳力、农具、牲畜四固定。生产队分配决算，各项扣留和社员分配都有明确规定。

（二）现行的土地制度

改革开放特别是实行社会主义市场经济以后，人们对土地制度含义的理解不断深化。在重视土地所有制度、土地使用制度、土地的国家管理制度的同时，针对新形势下由新的土地关系所产生的问题，开始关注土地制度的新内容，诸如土地利用制度、土地流转制度、耕地保护制度、土地用途管制制度等。

1980年9月14日至22日，中央专门召开了省、市、自治区党委第一书记座谈会，讨论加强完善农业生产责任制问题，并颁布了会议纪要。第一次以中央文件的形式阐明了包产到户的性质。会议纪要明确指出："在社会主义工业、社会主义商业和集体农业占绝对优势的情况下，在生产队领导下实行包产到户是依存于社会主义经济，而不会脱离社会主义轨道的，没有什么复辟资本主义的危险，因而并不可怕。"1980年11月初，全国实行包产到户的生产队已占15%。

同年，西街村进行第一轮土地承包，参加承包的人口约1050人，① 承包土地面积共639亩，建立了家庭联产承包责任制。南沿村人民公社随之解体，西街村大队原管辖6个生产小队继续存在。土地承包之初，西街村大队将土地划分六片，再由六个小队内部包产到户。承包户根据承包合同规定的权限，独立做出经营决策，并在完成国家和集体任务的前提下享有经营成果。具体做法是将土地等按人口比例根据责、权、利相结合的原则分给农户经营，承包户和集体经济组织签订承包合同。

这种"包产到户"的家庭联产承包责任制的主要特点：一是变过去单一集体经营体制为集体、家庭双层经营体制；二是土地按人口分给各个家庭承包，所有权仍归集体。集体原有的农具等生产资料分给社员或变卖；三是每年根据国家分配给的种植、征购任务和农业税及各项提留，承包户与生产队签订合同，超产归己，减产不补；四是所有生产费用开支，均由承包户承担。生产队凭借集体优势，为承包户搞好产前、产中、产后服务，此种经营体制一直沿用至1995年。②

20世纪80年代初期，西街村的家庭联产承包责任制的承包合同期限都是短期合同，有的3~5年，有的仅仅是1~3年。1984年，中共中央决定将土地承包期延长至15年。1993年，又将土地承包期延长为30年。1998年中共中央十五届三中全会发布了《中共中央关于农业和农村工作重大问题的决议》，明确规定：长期稳定以家庭承包经营为基础、统分结合的生产经营体

① 根据西街村村民委员会主任王兰口述整理。

② 参见《永年县志》。

制，家庭承包经营是双层经营体制的基础，切实保障农户的土地承包权、生产自主权和经营收益权并使其成为独立的市场主体；稳定完善双层经营体制的关键是稳定完善土地承包关系；土地制度承包权再延长30年的政策不变，赋予农民长期而有保障的土地使用权，禁止缩短承包期、收回承包期、多留机动地和提高承包费；土地使用的流转要在自愿、有偿的基础上依法进行；制定鼓励政策，推进荒山、荒沟、荒丘和荒滩使用权的承包、租赁和拍卖，保障开发者的利益。2003年开始实施的《农村土地承包法》第二十条明确规定："耕地的承包期为30年"。立法机关在审议和解释这一法律条文时更加强调，农村土地承包制至少30年不变，表明立法者长期坚持这个制度的决心。

20世纪90年代中后期，随着计划经济体制逐步向市场经济体制过渡，1998年党的十五届三中全会，中央文件把"联产"和"责任"取消，才正式明确"家庭承包制"。但是，西街村的家庭联产承包责任制逐渐过渡到家庭承包制早在20世纪80年代中期就已经完成。[①] 在集体对农户以承包的方式按人口分配土地之后，集体就退出了农业的直接生产，西街村及其六个生产小队已经不再组织农业生产。自1985年西街村村民委员会选举成立，六个生产小队转变为六个村民小组，村民小组的组织形式至今仍然存在。但是，村民小组退出生产组织，集体生产劳动变为村民各户自行生产劳动。村民小组长仍旧根据村民在本组中的威望和贡献被推选，但小组长责权仅限于组织和指导小组置办红白喜事。

1990年西街村根据本村人口变化的实际情况以及中央文件的精神和指示，进行第二轮家庭联产承包责任制，调整全村土地与人口的配置。此轮土地调整，参与人数约1150人。[②] 调整范围只限于六个小组组内各自调整，小组之间并没有做任何改变。此次调整主要针对家庭人口变化，诸如新婚家庭、新出生人口、老年人口死亡等情况，但为配合国家计划生育政策，对于超生人口不予分地。

2008年10月9日至12日召开的党的十七届三中全会审议通过的《中共中央关于推进农村改革发展若干重大问题的决定》提出，"按照产权明晰、用

① 参见《永年县志》。

② 根据1980—2009年西街村党支部书记、现任西街村村民委员会主任王兰口述整理。

途管制、节约集约、严格管理的原则，进一步完善农村土地管理制度”。为今后推进农村土地制度改革指明了方向。

经过西街村人民多年的开垦和耕作，加之民主改革后人民政府大力提倡垦荒，广大农民群众不断加强农田基本建设，采取平整土地，改造低产田、保护农田、兴修水利基础设施建设等措施，提高了耕地质量和作物产量。

（三）土地集中度和适度规模经营问题

永年被命名为“全国无公害蔬菜生产示范基地县”、“全国蔬菜产业十强县”和“河北蔬菜之乡”、“河北大蒜之乡”，位列河北省蔬菜生产十强县之首。蔬菜播种面积70万亩，基本全部实现无公害生产，品种100多个，年产鲜菜26亿公斤，产值24亿元。[①] 早在1995年永年县就有308个行政村，12万多农户投入蔬菜种植，涌现出7个专业乡镇，158个专业村，7万个专业户。蔬菜种植已经成为当地农民增加收入的主要途径。然而，在西街村除了大蒜之外并没有进行其他经济作物的大规模种植，而大蒜种植从播种到出售需要经过烦琐复杂的工序，需要大量的人工劳力，而经济收益相比其他蔬菜并没有优势。现今，西街村周边地区都红红火火办起农民专业合作社、种植蔬菜，跟西街村接壤的西王庄村也有了自己的标准化蔬菜基地。西街村没有办起农民专业合作社，也没有大规模种植蔬菜。原因在于土地集中度低，没能进行适度规模经营。而导致土地集中度低又有其背后的原因。

第一，地少人多，人地关系紧张。西街村的“三农”问题集中到一点，就是人均耕地面积严重不足问题。西街村耕地面积总共639亩，在册总人口1252人，人均耕地面积0.51亩。从横向对比，西街村的人均耕地面积比全国、河北省、永年县的2.72亩、2.18亩、1.24亩分别少2.21亩、1.67亩、0.73亩。从纵向对比，西街村人均耕地面积从新中国成立初的2.06亩逐步下降，1980年是0.61亩、1990年是0.56亩，至今只有0.51亩。但实际上，考虑超生等原因未能登记的人口，当地村民常言“人均三分地都不足”。西街村人地关系的紧张状态由来已久，新中国成立前是由于地主剥削造成，新中国之后则由于人口出生率的快速增长所致。

---

① 参见永年县政府公众信息网，http://yn.hd.gov.cn.

表 2－2　　西街村人地关系比较

项目	全国 2008 年	河北省 2008 年	永年县 2002 年	南沿村 2011 年	南沿村 1949 年	西街村 1980 年	西街村 1990 年	西街村 2011 年
耕地面积（亩）	1825738500	88521600	957000	2157	2123.71	639	639	639
人口	671130000	40610000	770000	4620	1029	1050	1150	1432
人均耕地面积（亩）	2.72	2.18	1.24	0.47	2.06	0.61	0.56	0.45

资料来源：全国数据由《中国统计年鉴》2011 年版中农村人口和耕地面积；河北省数据根据 2011 年《河北统计年鉴》；永年县数据根据“精心培育全新的产业——永年县发展无公害蔬菜产业的探索与实践”载于《学习与研究》2002 年第 10 期；南沿村指东街、西街、南街和孙李街四村，其 1949 年数据根据《永年县志》第 173 页，2011 年数据来源镇政府材料；西街村 1980 年和 1990 年的人口数据根据村委会主任王兰口述，2011 年数据来自镇政府材料。

经济作物的大规模生产需要满足几个条件。一是土地流转的配套制度。土地流转是指土地使用权流转，它是指拥有土地承包经营权的农户将土地经营权（使用权）转让给其他农户或经济组织，即保留承包权，转让使用权。2004 年，国务院颁布《关于深化改革严格土地管理的决定》，其中关于“农民集体所有建设用地使用权可以依法流转”的规定，强调“在符合规划的前提下，村庄、集镇、建制镇中的农民集体所有建设用地使用权可以依法流转”。二是销售渠道、价格谈判。由于经济作物以市场为导向，农民种植经济作物面临寻找销售渠道、价格谈判等问题。而成立农民专业合作社或“企业＋农户”等组织可以有效解决这些问题。三是规模种植。为达到一定的经济利益必须进行规模种植，也就需要将原有以家庭为单位的分散的土地集中起来。四是在土地集中的基础上可以通过农业生产机械化来提高生产效率，从而增加经济作物的经济收益。

西街村紧张的人地关系和较少的人均耕地面积，一方面会导致土地集中化过程中交易成本的提高，另一方面农业低附加值在有限土地产量和密集人口条件下会导致人均收益很低，两方面综合很可能导致集中化的经济作物种植的成本高于收益。

第二，缺乏专业带头人。农村经济作物大规模种植和农民专业合作化的开始往往由具有较强经营能力的带头人发起，有的具有销售渠道的信息，有的具有新技术，有的善于经营等，西街村目前还没有能组织村民们进行规模生产的带头人。

三、农业

农业在西街村乃至整个永年县经济发展中占有非常重要的地位。根据《西街村2010年经济收入报表》，调研组了解到，2010年西街村居民总收入为1287万元，其中种植业收入为1194万元，占总收入的92.77%。西街村第一产业的产品数量、产值等具体数据，都在西街村村委会的统计资料中有所反映。

表3－1　　2010年西街村农林牧渔业总产值情况

指标名称	计算产值的产品产量	农林牧渔业总产值		农林牧渔业总产值		农林牧渔商品产值	
		现价（元）	产值（万元）	可比价格（元）	产值（万元）	销售量	现价产值（万元）
农林牧渔业			1287		713		1287
一、农业			1194		630		1194
1. 谷物			42		34		42
（1）稻谷（吨）	115	2810	32	2280	26	115	32
（2）玉米（吨）	55	1760	10	1410	8	55	10
2. 蔬菜			1152		596	0	1152
(1) 大白菜（吨）	891	710	63	400	36	891	63
(2) 圆白菜（吨）	384	830	32	1100	42	384	32
(3) 蒜头（吨）	1762	6000	1057	2940	518	1762	1057
二、林业			9		6		9
零星植树（万株）	1.1	80000	9	50000	6	1.1	9
三、牧业			84		77		84
1. 牛的饲养（头）	28	5500	15	4740	13	28	15

续表

指标名称	计算产值的产品产量	农林牧渔业总产值		农林牧渔业总产值		农林牧渔商品产值	
		现价（元）	产值（万元）	可比价格（元）	产值（万元）	销售量	现价产值（万元）
2. 牛奶（吨）	39	3450	13	2550	10	39	13
3. 猪的饲养（头）	260	1165	30	1166	30	260	30
4. 鸡蛋（吨）	38	6920	26	6310	24	38	26

资料来源：西街村2010年农林牧渔业总产值、商品产值计算表。

目前，西街村的农作物种类主要有大蒜、水稻和玉米，种植数量和比例大多由农户自行安排。西街村居民的自有农具主要是锄、犁、耙、耖、镰刀、铁锹、扁担、农膜、地笼等小型工具，旋耕机、脱粒机、柴油动力水泵、手扶拖拉机等农用机械需要向其他村镇的农户租用。在长期的生产实践中，西街村村民总结了蒜稻套作、玉米—大蒜轮作以及地膜覆盖栽培技术等简便实用的耕作方式，为农作物的稳产高产奠定了基础。西街村出产的大米以本村村民食用为主，销往其他地区的数量极少。当地种植的玉米也主要作为本村村民的口粮，少量销往省内其他地区。蒜头、蒜薹、蒜苗是西街村最主要的农产品，商品化程度高，不仅销往全国各地，而且深受国外客商青睐。在大蒜的流通过程中，多层中间商的销售模式发挥着重要的作用，但也引发了一些问题。

近几年，西街村的农业生产方式没有太大的变化，但因其农用机具、品种改良等技术的提高，农业产值不断增加，农业不仅为村民提供了生产生活所需的农副产品，而且已成为村民增加收入的重要渠道之一。

（一）自然条件

西街村的自然条件具有鲜明的地域特征，耕地类型多样，灌溉条件便利，气候条件优越。这样的自然特征十分有利于大蒜、水稻、玉米等农作物的生长，这是西街村发展农业的前提和基础。

1. 耕地类型

西街村耕地面积为639亩，但类型多样，由南至北可以依据自然特征划分为旱地、上坡地和下坡地三部分。

(1) 旱地

旱地位于邯临公路以南，面积大约100亩，远离河道，灌溉成本较高，所以不进行人工浇灌。现在套种棉花和玉米，收成较差，完全依赖自然条件。正因如此，村民们把这片耕地叫作“望天收”。

(2) 上坡地

上坡地南至邯临路，北临滏阳河，与村民的宅基地距离最近，也称“园地”，面积约200亩。由于地势较高，需要用柴油动力的小型水泵进行灌溉。上坡地主要交替种植大蒜和玉米，同时有少量棉花，以及豇豆、黄瓜等大路菜。

(3) 下坡地

下坡地位于滏阳河北岸，地势较低，海拔约43米，低于滏阳河水面。滏阳河北岸开闸放水时，河水能够自然下流形成水田，灌溉条件最为便利，广泛种植水稻，同时种植少量莲藕。在稻田中，可以用渔网捕获野生黄鳝和泥鳅。

2. 灌溉条件

作为西街村最主要的灌溉水源，滏阳河自西向东穿过这里。滏阳河北岸有始建于明代的“西八闸”中的五座①，是这一地区历史上重要的水利工程之一。通过“西八闸”引滏阳河水，北岸数十里的下坡地获得了有效的灌溉，成就了“永年小江南”的美景。

新中国成立前，虽然滏阳河“西八闸”满足了北岸下坡地的灌溉需要，但是南岸的上坡地仍然只能依靠自然降雨进行灌溉，种植的谷子、玉米、小麦等作物产量极低，只有野生枸杞②能够顽强存活。为了改善西街村的灌溉条件，当地村民纷纷打井，用辘轳提井水灌溉上坡地。新中国成立后，当地的灌溉条件开始逐步改善。1958年，当地出现了第一架人力水车。1963年，生产队开始修建灌溉渠。之后，以柴油或电为动力的水泵在西街村上坡地逐渐普及。时至今日，柴油机水泵仍然是西街村上坡地的主要灌溉工具，但是由

① 这五座水闸分别被称为“广仁闸”、“济民闸”、“润民闸”、“惠民闸”、“阜民闸”，建筑材料以石、砖、灰为主，闸长一般为5丈，宽3.5丈，高3丈，闸门高7尺。闸体结构严谨工程坚固，故经用400多年之久，至今保存完好，属省重点文物保护单位。

② 当地人称之为“红耳坠”。

于当地村民人均耕地面积较小，家庭买水泵的用处不大，村里有水泵的人家不多，每逢农忙时节，西街村村民都会从附近的西王庄、田堡、连寨等村雇用（近年的价格是55元/亩左右）有水泵的人浇地。

3. **气候条件**

西街村属于暖温带半湿润大陆性季风性气候，年均降水量为503.6毫米，2011年最高和最低气温分别是42℃和-21℃，春季增温快，风大，雨少，蒸发多；夏季盛行偏南风，炎热多雨；秋季晴朗凉爽；冬季低温干燥，雨雪稀少。这种四季分明、气候温和、无霜期长、光照充足、雨热同季的气候特征十分有利于农作物的种植生长，为农业的发展创造了条件。

（二）农作物

西街村的农作物具有鲜明的地域特色。这里普遍种植的粮食作物有水稻和玉米，大蒜是当地最重要的经济作物，2011年种植面积超过耕地总面积的90%，蒜头总产量达到1762吨。

1. **大蒜**

大蒜是世界范围内普遍种植的作物之一，不仅营养丰富、口味独特、适应性强、增产潜力大、经济效益高，而且用途广泛，适宜加工转化增值。蜜蒜、糖蒜、咸蒜等食品受到国内外消费者的推崇。蒜米、蒜片、蒜粉、蒜粒等初级加工产品的应用范围十分广泛，多年来在国内外市场上都供不应求。

西街村的大蒜种植具有明显的市场化特点。大蒜种植业完全面向市场需求，注重经济效益，已经形成规模化种植。当地人多地少，劳动力资源十分丰富，生产成本相对较低，与国际市场相比有较大优势。近年来西街村进一步调整农业种植结构，积极与国际市场接轨，努力推进农业产业化进程，由于大蒜是国内大宗作物中少有的具有突出价格优势的作物，因而大蒜产业化也成为西街村的重要选择。

西街村发展大蒜产业化具有得天独厚的条件，在世界性的大蒜消费热潮不断升温的时候必须抓住机遇及时解决问题，不断完善配套政策和技术措施，只有这样，才能适应“入世”后国内外农业发展趋势，把西街村的大蒜产业做大做强。

（1）大蒜简介

大蒜是多年生草本植物，百合科葱属，蒜苗、蒜薹、蒜头均可食用。蒜头呈扁球形或短圆锥形，外面有灰白色或淡棕色膜质鳞皮，剥去鳞叶，内有6~10个蒜瓣，轮生于花茎的周围，茎基部盘状，生有多数须根。每一蒜瓣外包薄膜，剥去薄膜，即见白色、肥厚多汁的鳞片。按皮色不同，大蒜可以分为紫皮种和白皮种。大蒜味辛辣，有刺激性气味，可食用调味，亦可入药，性温，入脾、胃、肺经，阴虚火旺及慢性胃炎溃疡病患者应慎食。外用能引起皮肤发红、灼热、起泡，故不宜敷之过久，皮肤过敏者慎用。大蒜在西汉时从西域传入我国，经人工栽培繁育，深受大众喜爱。

大蒜营养丰富：每100克含水分69.8克，蛋白质4.4克，脂肪0.2克，碳水化合物23.6克，钙5毫克，磷44毫克，铁0.4毫克，维生素C 3毫克。此外，大蒜还含有硫胺素、核黄素、尼克酸、蒜素、柠檬醛以及硒和锗等微量元素。大蒜含挥发油约0.2%，大蒜油中主要成分为大蒜辣素，具有杀菌作用，是大蒜中所含的蒜氨酸受大蒜酶的作用水解产生。其中也含多种烯丙基、丙基和甲基组成的硫醚化合物等。

大蒜具有明显的保健作用。现代医学研究证实，大蒜集100多种药用和保健成分于一身，其中含硫挥发物43种，硫化亚磺酸（如大蒜素）酯类13种、氨基酸9种、肽类8种、甙类12种、酶类11种。另外，蒜氨酸是大蒜独具的成分，当它进入血液时便成为大蒜素，这种大蒜素即使稀释10万倍仍能在瞬间杀死伤寒杆菌、痢疾杆菌、流感病毒等。蒜素与维生素B1结合可产生蒜硫胺素，具有消除疲劳、增强体力的奇效。大蒜还能促进新陈代谢，降低胆固醇和甘油三酯的含量，并有降血压、降血糖的作用，故对高血压、高血脂、动脉硬化、糖尿病等有一定疗效。大蒜外用可促进皮肤血液循环，去除皮肤的老化角质层，软化皮肤并增强其弹性，还可防日晒、防黑色素沉积，去色斑增白。近年来国内外研究证明，大蒜可阻断亚硝胺类致癌物在体内的合成。到目前为止，其防癌效果在40多种蔬菜、水果中，按金字塔排列，大蒜位于塔顶。在100多种成分中，其中几十种成分都有单独的抗癌作用。

大蒜中含硫化合物具有较强的抗菌消炎作用，对多种球菌、杆菌、真菌和病毒等均有抑制和杀灭作用。1982年科学家通过对大蒜的抑菌、杀菌、抗病毒、杀虫以及抑制酶活性等方面的研究，证明了大蒜抑酶杀菌的作用。现代研究发现，大蒜的挥发油、汁、浸出液及蒜素对多种球菌、杆菌（如百日咳等）、霉菌、真菌（如隐球菌脑膜炎等）、病毒等均有抑制和杀灭作用。在食品防腐方面，日本学者研究发现，大蒜对几十种食品卫生和食品腐败细菌有较强的抑制和杀灭作用，科学家还通过大蒜水溶液对几十种常见污染食品真菌的抑制和杀灭作用研究，发现大蒜对腐败真菌有很强的抑制和杀灭作用，其作用强度相当于甚至强于化学防腐剂苯甲酸、山梨酸，是目前发现的天然植物中抗菌作用最强的一种。

在临床医学中，大蒜的应用范围十分广泛。大蒜能够有效治疗细菌性痢疾、流行性感冒、流行性脑脊髓膜炎、流行性乙型脑炎、百日咳、白喉、大叶性肺炎、肺结核、伤寒、黄疸型传染性肝炎、急性阑尾炎、化脓性软组织感染等20余种疾病。

（2）西街村大蒜种植的优势分析

南沿村镇西街村是永年大蒜的集中种植区。与全国其他地区相比，西街村发展大蒜产业具有十分突出的优势。西街村紧邻邯临公路，靠近邯郸市区，区位优势明显。当地大蒜种植历史悠久，品质上乘，知名度高，在海内外久负盛名。

①区位优势

西街村位于华北平原南部的河流冲积平原，海拔45米左右，最高点和最低点相对高差不超过3米，地势平坦，土壤肥沃偏黏，保肥保水能力较强，有机质含量高达1%～2%，并且含有氮、磷、钾等多种微量元素，特别适宜根身弱、吸水能力差的大蒜生长。这里地处东经114°25′，北纬36°40′，属于暖温带半湿润大陆性季风气候，滏阳河自西向东流经这里，灌溉十分便利。

另外，西街村自古以来就是商贾云集之地，交通运输十分快捷，村中心距离邯郸市区只有16.6公里，距离永年县城26.1公里，柏油硬化路面四通八达。邯临公路从西街村中心穿过，往来于河北、山东两省的人流车流络绎不绝，为大蒜外销提供了优越的条件。

②传统优势

大蒜种植是西街村农业的一大特色，种植历史久远。据考证，永年大蒜的种植始于明朝嘉靖年间，迄今已有五百余年的历史，因永年老城旧称“广府城”，故称“广府蒜”；又由于其集中产在滏阳河沿岸，特别是南沿村镇一带，故永年大蒜一般称“沿村大蒜”。

永年大蒜历来被视为上乘调味品，生熟食用俱佳，质优味美，富有特色，畅销不衰。民间传说，永年白蒜曾作为贡品送往京都，供皇帝食用。新中国成立后，党和政府重视农业，大蒜的种植条件不断改善，种植面积逐年扩大。自 1982 年开始，在县科委的大力支持下，当地从山东引进苍山薄棵大蒜，紫皮蒜和狗牙蒜等原有品种被完全淘汰，目前已经基本绝迹。当地还同时试验成功了“地膜覆盖大蒜栽培技术”。蒜薹亩产从 400～600 斤猛增到 800～1000 斤，以其细长、风味好、耐贮且贮藏期间不发生水质化闻名全国；蒜头从 800～1000斤提高到1400～1600 斤。因而很快为农民所接受，不推自广，当地大蒜种植业的产量倍增，效益明显提高。

为做到旺菜淡销和升值增效，西街村村委会还建有一座恒温库，用于存放大蒜。在附近的西王庄、姚寨等地已经有了一定数量规模不等的蒜制品加工厂，能够完成大蒜的深加工过程，提高产品的附加值。大蒜制品的种类很多，有蒜米、蒜粒、蒜片、蒜粉、蜜蒜、糖蒜、咸蒜等十多个品种，产品远销国内外。

③产品质量优势

永年大蒜的特点是蒜头大、皮薄、瓣肥、肉细、味道鲜美、辣中带甜，蒜泥多汁、黏性好、和水不沉。在冀南城乡居民餐桌，都能看到永年大蒜及其制成品的踪迹。永年大蒜除食用外，还有较高药用价值。常言道，“蒜解五毒”。大蒜不但可以杀菌，而且对急慢性肠炎有独特疗效。近年科研发现，适量食用大蒜，对于降低胆固醇、防治高血压、抑制癌细胞发生等具有一定的作用。目前，西街村的大蒜集中种植区已经成为国家级农业标准化生产示范区，永年大蒜已经实现了无公害标准化栽培，成为国家地理标志保护产品以及河北省名特农产品之一，属于纯天然、无污染的绿色食品，所生产的大蒜食品通过了 ISO9001—2008 质量管理体系认证，选料上乘，做工精良，备受消费者的喜爱。

（3）存在的问题

与以前相比，西街村的大蒜种植业有了明显的进步，种植面积有了进一步的扩展，大蒜的销售渠道更加广阔，大蒜产业成为农民增收的新动力。即便如此，我们还是认为西街村的大蒜产业仍然存在着一些亟待解决的问题。

①大蒜加工业发展滞后，产业链不完整

大蒜种植业是一种劳动力密集型产业，产品附加值较低。虽然西街村的大蒜产量高、质量优、销路广，但是当地却没有一家大蒜加工企业，无法获得附加值较高的加工收益。由于无法就地加工，西街村农户只能将大蒜作为原材料低价卖出，或者存放在自己家里等待价格回升。有时为了加工脱水蒜片、蒜米等产品，西街村村民必须承担较高的运输成本将大蒜运往其他村的加工厂。许多外地客商只是利用西街村的廉价劳动力资源，低价收购大蒜，产品价格受制于外地客商，市场波动和风险较大。

②无序竞争比较严重

受小农意识的影响，在市场疲软的情况下，个别大蒜种植农户往往主动压低价格，扰乱市场秩序。由于政府缺乏有效的调控手段，又缺少专业合作社进行组织协调，大蒜销售市场尚未形成一个规范有序的经营局面。农户各自为政，缺乏有效的行业监督和管理，加工效益大部分被外来的中间商或经纪人取得。

③保鲜蒜薹、蒜头出口量小

有些蒜农看重蒜薹的效益，盲目增加大蒜栽培密度，亩密度由 1998 年的 4 万株增加到现在的 6 万多株。致使蒜头直径减小，达不到 5 厘米以上的出口标准。大蒜、蒜薹的保鲜出口由山东等外省市垄断，西街村保鲜大蒜、蒜薹的出口优势有待提升。

④质量问题不容忽视

西街村 650 亩大蒜虽然实现了无公害标准化栽培，但国外市场尤其是日本，加大了对我国农产品检测的力度，提高了检测标准，大蒜的质量已经成为制约当地各种蒜制品出口的瓶颈。

(4) 促进大蒜产业发展的对策和建议

鉴于上述问题，要使西街村大蒜产业的优势得以充分发挥，最大限度地促进农民增收，促进农村经济的发展，必须首先解决以下几个方面的问题。

①建立大蒜深加工企业

西街村应该在保证环境不受污染的前提下，发展大蒜加工业。永年县其他乡镇虽然也拥有大蒜加工企业，但是企业规模和实力普遍较弱，加工水平和技术装备与国内外先进水平相比还有很大差距。并且产品科技含量低，大蒜制品种类十分有限、加工工艺水平不高。深加工产品如大蒜油、大蒜片、大蒜饮料等，在永年县还是空白。

作为永年大蒜的集中种植区，西街村应该进一步招商引资，建设大蒜深加工的龙头企业，大力发展大蒜加工产业，增强技术创新能力，提高管理水平，开发新产品，提升大蒜加工产品的附加值。

②成立大蒜产业协会

应尽快成立大蒜产业协会，以协会的名义聘请精通国际贸易的专家做顾问，定期培训大蒜种植农户，学习国际大蒜贸易的产品质量标准，增加产品的国际市场竞争能力。以协会作为一个整体参加永年国际大蒜贸易洽谈订货会，与外地客商统一进行价格洽谈，提升农户的议价能力。协会还应该定期组织农户了解国内外大蒜市场行情，加强信息交流与市场沟通，健全行业自律机制，变盲目竞争为有序生产。

③制定行业标准，积极与国际接轨

农业、蔬菜要结合商检、科研、加工企业等部门积极修订永年大蒜、蒜薹及各种加工品的生产、质量、加工工艺和健康标准，迅速与世界标准接轨。加强监督管理，使各生产企业统一标准，规范操作，加大对产品质量的检测力度，靠优质创名牌，靠名牌占市场，靠市场带产业，靠产业富万民。

④建立有机大蒜生产基地

农业、技术监督部门要加强生产技术规程的宣传和培训，改良品种，合理密植，提高大蒜和蒜薹质量，以达到出口标准，促进蒜头保鲜出口，实现蒜头、蒜薹及蒜米系列加工品等多模式、多项目出口，最大限度地提高产品的市场占有份额。

⑤加大政府的扶持力度，加强服务意识

永年大蒜营养丰富，风味独特，可加工产品的种类繁多。可生产调味品、食品添加剂、饲料添加剂、美容制品、医药制品。据农业部蔬菜品质监督检验测试中心检验，永年大蒜含大蒜辣素高达0.64%，完全达到各种加工品的要求。世界各国的专家对大蒜作用也都非常重视。在大蒜加工项目上，政府应采取加大扶持引导、鼓励吸纳社会资金，发展民营和股份制经济，有关部门加强服务意识等多位一体的投资服务渠道，吸引各方资金，把大蒜产业做成富民产业。

2. 玉米

玉米一年生禾本科植物，也称“苞米”、“苞谷”、“玉蜀”，俗称“棒子”，是我国黄淮海夏播区的主要秋粮作物品种，也是西街村主要的粮食作物之一。当地的玉米品种主要包括永研四号、永研八号、鲁丹9003、鲁丹9006和科实880。

西街村的玉米种植面积较小，2010年产量为55吨，只占南沿村镇玉米总产量的0.76%，产量远低于其他村。这是因为其他村的可耕地通常大面积种植一年两熟的玉米，而西街村的下坡地主要种植水稻，上坡地大部分用来种植大蒜，只有在每年夏季大蒜收获之后才种植玉米作为秋粮。西街村的这种耕作方式被称为“玉米—大蒜轮作”。西街村只有很少的土地每年种植两次玉米。另外，在邯临公路以南，大约有100亩的“望天收”旱地，兼种玉米和棉花，由于灌溉不便，所以玉米产量很低。西街村的玉米种植以自用为主，外销量很少。

(1) 玉米简介

玉米是一种喜温的粮食作物，种子发芽的最适温度为25～30℃。拔节期日均气温需要在18℃以上。从抽穗到开花最适宜温度应保持在26～27℃。灌浆和成熟时气温需保持在20～24℃；低于16℃或高于25℃，淀粉酶活动受影响，导致籽粒灌浆不良。玉米为短日照作物，日照时数在12小时内，成熟提早。长日照则开花延迟，甚至不能结穗。玉米在沙壤、壤土、黏土上均可生长。玉米适宜的土壤pH值为5～8，以pH值6.5～7.0为最适。耐盐碱能力差，特别是氯离子对玉米危害较大。

玉米的营养价值较高，代谢能为14.06兆焦/千克，高者可达15.06兆焦/千克，是谷实类饲料中最高的。这主要由于玉米中粗纤维很少，仅2%；而无氮浸出物高达72%，且消化率可达90%；玉米的粗脂肪含量高，在3.5%～4.5%。据研究测定，每100克玉米含热量106千卡，纤维素2.9克，蛋白质4.0克，脂肪1.2克，碳水化合物22.8克，另含矿物质元素和维生素等。玉米中含有较多的粗纤维，比精米、精面高4～10倍。玉米中还含有大量镁，镁可加强肠壁蠕动，促进机体废物的排泄。玉米的上述成分与功能，对于减肥非常有利。玉米成熟时的花穗玉米须，有利尿作用，也对减肥有利。

玉米还具有一定的食疗价值。用玉米须煮熟调制的饮品可利尿消肿、退黄、降压，水肿、高血压、慢性肾炎患者可将其作为食疗饮料。将细玉米面与切碎煮熟的白菜或卷心菜叶混合，并加适量冰糖煮成菜粥，可以治疗婴儿湿疹。玉米还可以与刺梨加水煎汤服用，有健胃消食及清暑的作用，用于缓解脾胃不健、消化不良、饮食减少或腹泻症状。

(2) 西街村玉米种植优势分析

西街村的玉米种植有其自身的特点。近年来，国家陆续出台了许多惠农政策，减免了种粮农民的多项税费。当地还从河北省内的农业科研机构积极引进多种高产优质玉米品种，使玉米产量稳中有升。此外，玉米中含有丰富的营养成分和人体所需的多种微量元素，是健康、无污染的绿色食品，受到当地居民的普遍欢迎。

①政策优势

国家近年来采取了减轻农民负担和农业增收措施。2004 年，国家加大投入力度，将玉米纳入农业种植良种补贴作物范围，并确定了良种补贴的标准和范围等有关政策。2006 年全面减免农业税，取消“三提六统”[①] 等各项税费。受到这些政策的激励，西街村在提高大蒜产量的同时，稳定玉米的种植面积，基本满足了当地居民的粮食需求。

②传统优势

玉米原产于中美洲，是主要的粮食作物，喜高温，16 世纪明朝时传入中国。西街村的玉米种植具有十分悠久的历史，最早可以追溯至明朝末年。在成书于清光绪年间的《广平府志》（卷十八，舆地略，物产篇，穀属）中，玉米被记载为“玉蜀秫”。玉米在中国的播种面积很大，分布也很广，是中国北方和西南山区及其他旱谷地区人民的主要粮食之一。华北地区是玉米的重要产区之一，黄淮海平原的玉米质量尤其突出。

近年来，河北省各地的农业科研机构在玉米品种研发以及杂交培育方面不断取得进展，河北科润种业技术有限公司研发的科实 880 玉米以及由石家庄大地种业有限公司独家经营的永研四号玉米最适宜在河北夏播区种植。这些玉米品种单产高、抗倒伏、耐旱性强、患病率低，不仅适合在西街村的上坡地和旱地生长，而且能够基本满足当地居民的饮食需求。

③产品质量优势

西街村农户种植的玉米基本上不使用化肥，属于纯天然、无污染的绿色

① “三提五统”是指在农村的三项村提留（公积金、公益金、管理费）和五项乡镇统筹（农村教育事业费附加、计划生育费、民兵训练费、民政优抚费、民办交通费），2006 年随农业税一并取消。

食品。现代研究证实，玉米中含有丰富的不饱和脂肪酸，尤其是亚油酸的含量高达60%以上，它和玉米胚芽中的维生素E协同作用，可降低血液胆固醇浓度并防止其沉积于血管壁。因此，玉米对冠心病、动脉粥样硬化、高脂血症及高血压等都有一定的预防和治疗作用。维生素E还可促进人体细胞分裂，延缓衰老。玉米中含的硒和镁有防癌抗癌作用，硒能加速体内过氧化物的分解，使恶性肿瘤得不到分子氧的供应而受到抑制。镁一方面也能抑制癌细胞的发展，另一方面能促使体内废物排出体外，这对防癌也有重要意义，其含有的谷氨酸有一定健脑功能。

德国营养保健协会的一项研究表明，在所有主食中，玉米的营养价值和保健作用是最高的。玉米中的维生素B6、烟酸等成分，具有刺激胃肠蠕动、加速粪便排泄的特性，可防治便秘、肠炎、肠癌等。玉米富含维生素C等，有长寿、美容作用。玉米胚尖所含的营养物质有增强人体新陈代谢、调整神经系统功能，能起到使皮肤细嫩光滑，抑制、延缓皱纹产生的作用。玉米有调中开胃及降血脂、降低血清胆固醇的功效。西街村当地居民不易患高血压，这与他们经常食用玉米有关。

另外，“玉米—大蒜轮作”方式可以清除土壤中生存的蒜蛆，并且有效降低蚜虫、黏虫、蓟马等虫害的发病率，这对玉米和大蒜的生长都十分有益，减少了农药的使用。

(3) 存在的问题

在玉米生产全过程中，西街村已经总结出一套切实可行的宝贵经验，但要彻底改写广大农户“面朝黄土，背朝天”的历史，还需解决很多问题。

①玉米产量有待提高

西街村有一片一百多亩的“望天收”旱地，位于邯临公路以南，这里的玉米产量较低。由于这片耕地远离滏阳河，而且地势较高，灌溉成本高，收成完全依赖自然条件。为了改善更低的利用效率，提高玉米产量，西街村应该尽力改善这片旱地的灌溉条件。

②玉米深加工发展滞后

南沿村镇作为玉米种植的重要基地，却没有建成玉米深加工企业。玉米种植业是一种劳动力密集型产业，产品附加值较低。西街村农户通常只是将玉米作为口粮，很少将其推向市场。这直接导致了当地玉米种植户增产积极性不高，浪费了人力资源，限制了农民增收。只有在增加产量的基础上开展玉米深加工生产，才能增加农产品附加值，提高玉米产值，提升当地粮食作物的商品化程度。

③玉米生产管理方式粗放

受到现有技术水平的限制，西街村的玉米种植仍然沿用着比较传统的技术模式，种植密度低，用肥粗放，收获环节主要依靠人力。为了使玉米全面增产，西街村农户应该改种耐密型品种，改套种为直播，改粗放用肥为配方施肥，提高机械化作业水平。重点是合理增加种植密度，使玉米密度每亩增加1000～2000株，平均密度达到5000～6000株/亩。

（4）促进玉米产业发展的对策和建议

总体来看，西街村玉米生产应该利用有限的土地资源提高单产，改善品质，降低成本，搞好玉米的商品化经营，增强竞争力，从而进一步提高农民收入。

①制定全村玉米产业发展规划

规划要突出绿色商品粮的生产，突出当地建设“吨粮田”的发展战略。应该与农业科研机构建立合作关系，重点培育单季玉米新品种，推广优质高产耐密性玉米良种，研究现代化的耕作栽培技术，建设科研基础设施，确定资金支持和政策扶持的具体措施，确立玉米在西街村农业和农村经济中的重要地位。

②发展玉米深加工

首先，乡镇政府应该牵头引入玉米深加工企业。对龙头企业在资金、贷款和贴息上予以扶持，培育优质品牌，增强企业开发市场和带动农户致富的能力。重点开发玉米糁、玉米面、玉米淀粉、玉米蛋白粉、玉米油、木糖醇、谷氨酸、赖氨酸等精深加工产品，增加产品附加值。其次，做好龙头企业与农户对接。通过建立玉米产业协会等形式，推进玉米产业化经营。企业可以通过垫付生产周转金、赊销生产资料、签订购销合同等形式，与农户建立稳定的产销关系。

③推广使用新型农机

长久以来，西街村的玉米种植始终延续着传统的生产技术。玉米播种仍然采用耧车进行。耧车是一种人力或畜力条播机。从西汉赵过作耧至今，已有两千多年的历史。一人在前面牵牛拉着耧车，一人在后面手扶耧车播种，一天就能播种一顷地。在古代，这种播种方式省时省力，促进了中国农业的发展。但时至今日，西街村仍然沿用这样的初级农具，就必然只能局限在小农经济的模式下难以取得快速的发展。因此，西街村只有打破小农经济的束缚，把各家各户的小块耕地集中起来，使用新式的大型农业机械，才能实现粮食生产的历史性跨越。

3. **水稻**

水稻原产于亚洲热带，在中国广为栽种后，逐渐传播到世界各地。按照不同的方法，水稻可以分为籼稻和粳稻、早稻和中晚稻、糯稻和非糯稻。水稻所结稻粒去壳后称大米或米。世界上近一半人口，都以大米为食。大米的食用方法多种多样，有米饭、米粥、米饼、米糕、米线等。水稻除可食用外，还可以酿酒、制糖、用作工业原料，稻秆是优质的造纸原料。

西街村位于海河流域冲积平原的南部，适宜种植一年一熟的粳稻，所产的大米口感介于糯米与籼米之间，是当地居民的主要粮食作物。西街村的水稻分布在滏阳河北岸的下坡地，种植面积为240亩，占南沿村镇水稻种植总面积的3.8%，2010年水稻产量为115吨，占全镇水稻总产量的4.8%，水稻单产高于全镇的平均水平。

（1）优势分析

水稻的栽培在中国具有悠久的历史，可追溯到约公元前12000—16000年前。永年县种植水稻的历史也十分悠久，栽培技术和耕作方法都有相当丰富的经验。《广平府志》（卷十八）中记载，早在明代，滏阳河南北就已经出现“十三村皆种稻田”的场景。作为永年大蒜的重要产地，西街村的水稻种植具有“蒜稻间作”的地域性特点。

①区位优势

西街村位于河北省南部，属于华北单季稻稻作区。年10℃以上积温达到4000℃左右，水稻生长期间日照长达1500小时，降水超过400毫米。西街村冬春干旱、夏秋雨多而集中，自然气候十分适合一季中早熟粳稻生长。滏阳河流经这里为水稻种植提供了充足的水源。下坡地海拔约为43米，低于滏阳河水面。每逢插秧时节，“西八闸”陆续开启，滏阳河水自然下泻流入稻田，为灌溉创造了便利的条件。

②动力资源优势

当地劳动力资源丰富，水稻种植是典型的劳动密集型产业。永年县确立“吨粮县”战略目标以来，西街村积极引进优质高产水稻品种。由于当地人多地少，人均耕地面积只有0.3～0.4亩，所以村里的劳动力资源优势可以在水稻种植业中充分发挥。大量的劳动力资源及相对低廉的劳动力成本优势极大地促进了水稻种植业的发展。

③经验优势

目前，西街村在水稻种植、水稻品种培育等方面已经具备了比较丰富的经验。西街村出产的水稻粳米不仅作为口粮提供给本地及周边村镇，而且是当地餐饮业主食大米的主要来源。为了配合邯郸市建设“吨粮市”的战略规划，永年县南沿村镇西街村积极调整种植结构，千方百计保证耕地面积，稳定水稻产量。2011年，南沿村全镇实现“吨粮乡”，西街村水稻亩产达到479.17公斤，确保邯郸“吨粮市”目标得以尽早实现。

（2）存在的问题

虽然西街村在水稻种植方面取得了稳产、高产的成就，解决了村民的吃饭问题，但是仍然遇到了一些亟待解决的难题。西街村水稻种植的商品化程度不高，机械化程度低，难以形成规模效益。而导致这一系列问题的根源却在于当地以小农经济为主的经营模式。

①小农经营为主，种植面积小，

西街村人口稠密，可耕地较少，户均稻田只有0.3～0.4亩。狭小的耕地面积迫使各家各户只能以自给自足的小农经济模式种植水稻，并且采取劳动力密集型的经营方式。但是这样的发展方式不仅将当地丰富的人力资源局限在种植业领域，难以发展新的产业类型，而且不利于水稻生产规模的扩大。由此带来的不良后果就是农业机械化程度偏低，难以形成规模化生产的优势，更难以将农民的力量团结在一起。

②商品化程度不高

一直以来，西街村出产的水稻只能作为当地村民的口粮，很少以商品粮形式进入市场。作为北方少有的“蒜稻间作”地区，西街村出产的“蒜地粳米”具有其明显的特点和优势，譬如大蒜可以防虫抑菌，不施用毒性农药，利于水稻生长。但目前人们对“蒜地粳米”的市场认知程度不高。

③机械化程度低

西街村的水稻种植仍然保持着十分传统的人工手插秧方法，不使用农业机具。这样的生产方式效率低下、费时费力，很难形成规模化经营，无法从本质上提高水稻产量。另外，农户的技术水平不高，也是阻碍水稻实现机械化种植的一个瓶颈。

(3) 促进水稻种植业发展的对策和建议

为了能促进西街村水稻种植业的发展，从根本上解决上述问题，最大限度地促进农民增收，推动农村经济的发展，必须采取以下措施。

①改革小农经济生产模式

小农经济的“低投入—低产出”，作为一种仍在发挥作用的历史传统，对农村经济的未来有着十分关键的影响。从发展的眼光来看，它是一种限制性的生产结构，即仅仅有利于自身在数量上的扩展，这种数量上的扩展极不利于它自身的结构变迁，极不利于农产品的市场化。一般而言，它在本质上也不追求产量的增加。为了实现西街村水稻产量的根本性提升，这样的小农经济生产模式必然要发生根本性的变革。

②发展合作经济

调查中，我们得知目前全村大蒜和水稻生产采取的是家庭生产模式，村里并没有从事农业种植方面的合作社，而南沿村镇的其他村有大蒜、蔬菜合作社。紧邻西沿村的西王庄村就组建了规模较大的蔬菜生产合作社，我们在西街村调查之余还去该合作社做了调研。该合作社的理事长认为，西街村之所以没有合作社，主要是由于村民大多数是农商兼顾，且农业种植在家庭收入中的比重不断降低，关键是户均占有面积太少，所以，村民通过组建合作社发展种植业的积极性较低。而停留在现有耕作模式下的大蒜生产，其未来的发展远景也不容乐观。发展合作经济是变革小农经济的一条根本出路。2012 年中央经济工作会议再次提出，农民专业合作社是推动农业发展的有效组织形式。在水稻种植方面，农民专业合作社可以凝聚水稻种植农户的集体力量，统一进行机械化耕地、整地、灌溉、运输、脱粒，最终实现插秧与收割的机械化作业。发展水稻种植的合作化经营，不仅可以提高劳动生产效率，实现规模效益，而且可以将广大农户从劳动力密集型的粮食生产中解放出来，使其投身于经济效益更高的工业、商业、服务业中，使当地的市场经济更加繁荣。

③实现大米供销的市场化

作为当地居民的口粮作物，大米几乎在每家每户的餐桌上都会出现。但是由于当地水稻种植仍然保持传统的自给自足状态，当地市场上几乎找不到大米的身影。西街村大部分农户都将家里的主要人力投入在水稻种植中，以满足日常生活的需要。这样就限制了当地工业、商业、服务业的发展。所以，为了进一步发展西街村经济，应该实现口粮大米供销的市场化。为了实现这一目标，首先应该促进耕地经营使用权的正常流转。土地流转将可能进一步演化成土地集中，即规模化经营。这才是发展西街村水稻种植业的根本途径。

（三）生产工具

西街村是一个以农业为主的村庄，全村80%以上的人口在农村从事农业生产劳动。随着科学技术的进步，农村逐步走向农业机械现代化。现在农民的劳动强度越来越小，生产效率越来越高。

1. 西街村农业生产工具类型概况

通过入户访谈和实地观察，调研组了解到西街村的农业生产工具主要有耧车、旋耕机、农用三轮车、四轮小卡车、脱粒机、柴油动力水泵、手扶拖拉机；小型农具包括锄、犁、耙、耖、镰刀、铁锹、扁担、农膜、地笼等。目前，当地农户的摩托车、电动车拥有率比较高，大多数农户都使用柴油三轮车[①]或者四轮小卡车运输农产品。

2. 西街村农业生产工具的演变

西街村农业生产工具的转变大致经历了三个不同的阶段：

第一阶段：在农村家庭联产承包责任制实行之前，西街村依据“三级所有，队为基础”的原则进行农业生产，主要种植水稻、玉米、高粱、芝麻、大麦、荞麦、谷子等粮食作物，还有少量的大蒜等蔬菜。农户只购置小型农用工具，所有的固定资产、大型农机和生产资料全归集体所有：如粮库、抽水机、旋耕机、种子、农药、化肥等。这一时期虽然土地单产较低，但是村集体统一组织农业生产，推广使用了一系列大中型的农业机械，农民的劳动强度得到一定程度的缓解。在此阶段，西街村农民的运输工具以马车为主。

第二阶段：农村家庭联产承包责任制实行以后，生产组织单位从原来的“队”变为“户”，这时农户们的种植作物主要有玉米和水稻，不但要购置生产资料，还要购置锄、犁、耙、耖、镰刀等农具。虽然农户的积极性逐渐被

① 当地人称为“三码”。

调动起来，但是原有的生产小队、小组等组织形式逐渐解体，农民又恢复到类似于小农经济的经营模式。这一时期，西街村农户除了使用马作为运输动力之外，在生产中基本不使用其他大牲口。

第三阶段：农机服务市场化阶段。随着农村经济的发展，科技的进步，农业生产工具呈现多元化态势，有的农户购置了大中型规模的生产工具或者以电、柴油为动力的农业机械，如耧车、旋耕机、脱粒机、水泵、拖拉机等，并且在家中搭建小型的脱粒厂房对外经营。而大多数农户则只购置了农用小卡车、机动三轮车、摩托车等运输工具以及锄、犁、耙、耖、镰刀、铁锹、扁担、农膜、地笼等小型农具。在播种或收割时节，大多数农户会以市场价格租用他人的农业机械进行生产，或者将收获的稻谷运至加工点完成脱粒。这种农业机具自有与租用结合，农机服务市场化的经营模式不仅使当地的农业生产更加灵活，适应了农业商品化的发展趋势，而且降低了大多数农户的生产成本。

在这一阶段，农民在农业生产中的运输方式也开始发生变化。2000 年以后，马车完全被柴油动力的三轮车所取代。现在，农民拉庄稼、送化肥、运农药等农活，主要依靠农用小卡车、机动三轮车、摩托车等，条件较好的农民自己购置了轿车等运输工具。在下地耕种时，当地农户大都驾驶电动自行车作为代步工具，使农民的日常耕作更加便利。

3. 生产工具变革对农业生产的影响

按照马克思主义的观点，生产力决定生产关系，生产力中物的要素之一就是生产资料，而生产工具（机械、设备）又起着决定性作用，这是因为生产资料的发展水平决定了人类征服自然的深度和广度。马克思对于生产资料在人类社会中的作用给予高度评价，他在《资本论》中指出："各种经济时代的区别，不在于生产什么，而在于怎样生产，用什么劳动资料生产。""在劳动资料本身中，机械性的劳动资料……更能显示一个社会生产时代的具有决定意义的特征。"①

西街村农业生产工具的变革就是以上论断的真实写照。当地农户在耕作中普遍使用旋耕机、耧车、地笼等比较传统的简易工具进行农业生产，但是这些农用机具并没有从根本上转变当地农业发展的劳动力密集型特征。具体

① 马克思．资本论（第一卷）［M］．北京：人民出版社，2004：210.

说，西街村农业机械化的发展具有以下特点。

第一，农业机械可以有效地减少污染。

施用化肥是实现农业增收的一项主要措施，但使用不当就会成为土壤、地表水和地下水的主要污染源。传统的表施或浅施，化肥很容易挥发。阴雨天施肥可以防止化肥挥发，而一旦遇上大雨，则化肥很容易被雨水冲走，氮素肥料如碳酸氢铵、尿素等，氮的利用率一般只有27%和37%。使用旋耕机深耕施肥技术既能提高化肥的利用率，促进农作物增产，又可以有效地减少环境污染。

第二，农用机具可以有效地提高土壤肥力。

传统的人力、畜力耕作，以及连年水土流失，造成土壤耕作层越来越瘠薄。同时，由于化肥等无机肥料的用量增长，土壤盐碱化程度加重，肥力下降，土层板结加快。使用旋耕机等农用机具，实行深耕、精耕，采用保护性耕作方法，改良土壤耕作层，能够增加耕作层厚度、改善土壤结构。

第三，西街村在农业机械化方面仍然大有可为。

调研组发现，西街村的大蒜种植业虽然市场化、规模化程度较高，但是大蒜种植业的机械化水平仍然很低，与当地经济社会的发展不相协调，也严重制约了小康社会的建设和全面现代化的实现。在玉米种植方面，西街村村民仍然普遍使用人力进行收获，机械化程度较低。西街村的水稻种植业也存在着机械化水平不高的问题。目前，我国水稻栽培主要有“手插秧”、“机插秧”、“机械直播”和“抛秧”四种方式。西街村农户在种植水稻的过程中普遍采用手插秧的方式。与“机械直播”和“抛秧”相比，手插秧具有用水量少、秧苗抗倒伏能力强、秧苗成长发育整齐度高的优点。但是手插秧效率低、劳动强度大、插秧标准化程度低，而机插秧才是我国未来水稻生产发展的方向。由于西街村水稻种植面积小，机插秧投资大和受经济条件的限制，在一定时期内当地农户仍然广泛采用手插秧的方式进行水稻栽培，现代化的“机插秧”栽培方式很难在西街村快速发展。

农业机械化水平低下是当地农民生产生活中面临的主要问题之一。当前，由于国家投入相对不足，加上农户自我更新发展能力较弱，西街村的农业机械化水平仍然很低。受此影响，当地丰富的人力资源只能被捆绑在人均0.3～0.4亩的耕地上，大多数村民没有更多的精力扩大第二、三产业的经营，必然导致农业农村发展滞后，各项社会事业的发展受到阻碍。农业机械化是农业现代化的前提和基础，是广大农村摆脱传统生产方式、采用现代生产技术的重要手段和途径，是今后一段时期西街村实现科学发展的重要途径。

（四）耕作方式

作为永年大蒜的集中种植地区，西街村村民的主要收入来源于大蒜种植业。但是为了在保证大蒜高产的前提下满足农户自身的口粮需求，西街村广大劳动群众在日常的农业生产过程中摸索出了一些具有当地特色的耕作方式。蒜稻套作、玉米—大蒜轮作以及地膜技术是其中具有代表性的几种耕作方式。这些耕作方式不仅保持了大蒜的连年高产，而且保证了当地的粮食丰收，取得了良好的经济效益和社会效益，对于华北平原其他地区的农业发展具有一定的借鉴意义。

1. 蒜稻套作

通过西街村村民的讲述，调研组了解到当地水稻的播种时间是每年5月上、中旬立夏到小满之间，而这时正值蒜薹和蒜苗的收获时间，蒜头全部起出通常要等到5月末6月初端午前后。那么从5月上旬到6月初这段时间，就要采取蒜稻套作的方法。

（1）定义

套作是指，在前季作物生长后期的株、行或畦间播种或栽植后季作物的种植方式。套作的两种或两种以上作物的共生期只占生育期的一小部分时间，是一种解决前后季作物间季节矛盾的复种方式。调研组了解到，在西街村，大蒜的生长期一般从9月下旬到第二年6月上旬，水稻的生长期则通常是从5月到8月。这样，大蒜和水稻的种植期和收获期前后相继而又短期共生的一种耕作制度就被称为蒜稻套作。

（2）技术原理

套作应选配适当的作物组合，调节好作物田间配置，掌握好套种时间，解决不同作物在套作共生期间互相争夺日光、水分、养分等矛盾，促使后季作物幼苗生长良好。西街村蒜稻套作制度主要体现在每年的5月上旬到6月初。在此期间，水稻播种在先，蒜头收获在后，大蒜与水稻共生于同一片土地，互不妨碍，一齐生长，蒜稻套作技术的特别之处就在于此。

水稻的播种，应选择气温上升超过30℃的时间，在地势低洼的耕地进行。

播种前，先将水稻种子附带的小枝穗和长芒切断，再用簸箕簸净方可播种。播种采用干田直播法，使用三脚耧车作为工具，行距25～30厘米。耧地怕用畜力践踏蒜作，多用人力牵引：一人拉引，一人扶耧，每天可播十余亩地。播种深度为1厘米左右，这样可以确保出苗快而整齐。当地村民认为"密播种，多施肥"可以提高水稻产量。播种之后，应该用双脚将种子踏实，因为土壤可以衔接种子和下层水分，以便于种子吸收水分。如果表层土太浅，种子会缺水干燥，不易发芽。所以用脚踩实种子是播种后比较关键的步骤。在此之后8～10天，水稻种子就开始破土发芽了。

西街村农户通常选择豆饼、碎秸秆和化肥为水稻施肥。每亩地使用豆饼150～200斤，分3～4次施用，一般在育苗发育期、秀穗前和灌浆期各施一次。西街村村民普遍认为化肥的肥力较大，效果较好。

浇水通常要在水稻播种之前河水缺乏的时间进行，但水量要适度。这时耕地中的大蒜仍在生长。因大蒜是耐旱性作物，浇水多对蒜作不利，容易腐烂生蛆，影响产量。水稻播种之后直到大蒜起出，都不宜再浇水，这被称作是"墩苗"。入伏以后大蒜收获结束，用旋耕机翻耕蒜茬，同时开始大规模浇水。

浇水之后需要进行插秧。在插秧之前，应该将水层调整到1厘米左右，并且用食指插入田面2厘米左右深度划沟，周围软泥呈徐徐合拢状态，为最佳的插秧时间。如果田面过于稀软，秧苗插不牢，立秧姿势乱，插秧后秧苗容易下陷，影响缓苗和分蘖生长。田面硬度过大，插秧阻力大，容易伤苗，插秧深度变浅，插秧后造成漂苗、缺苗。插秧深度应在1～1.5厘米，有利于植株发育生长，分蘖力强。

从插秧阶段开始，滏阳河进入丰水期，水稻生长也逐渐旺盛，到乳熟期末才停止灌水工作，通常在收割之前20天停止灌溉。在稻苗长到2～3寸时杂草丛生，应结合中耕抓紧除草，避免杂草夺取水稻养分。

（3）优点

蒜稻套作对于大蒜和水稻的种植生产都具有明显的优势。对于大蒜或其他葱蒜类蔬菜来说，连年在同一块地里重茬种植，会导致严重的病虫害，出苗率下降，植株细弱，叶片发黄，蒜薹和蒜头产量都会降低。正如农谚所说："辣见辣，苗不发"，"蒜地种葱，劳而无功"。造成这种问题的原因主要有以下四点。第一，葱蒜类蔬菜都是弦线状根系，分布在土壤表层，吸收养分的范围和种类基本相同，重茬时容易引起某种营养元素的缺乏，造成土壤中养分不平衡，使土壤生产力降低。即使采用施肥的办法加以调节，也不易保持土壤中各营养元素之间的相对平衡状态。第二，葱蒜类蔬菜的根系分泌物质基本相同，而根系的分泌物质对病原菌的繁殖有很大影响，重茬时易引起土壤中相同病原菌的大量繁殖和积累，使病虫害愈来愈严重。第三，葱蒜类有相同的地下害虫，主要是根蛆。重茬时虫口密度增加，危害的严重程度也随之增加。第四，葱蒜类蔬菜叶片狭长，叶面积小而且是直立生长，植株间通风透光良好，为杂草的滋生提供有利环境，所以属于对杂草抑制能力弱的一类蔬菜。特别是大蒜田的行距较窄，株距又小，除草比较困难，田间残留的杂草根、茎及种子较多，如果连年种植，杂草不断增生，更难彻底清除。

蒜稻套作不仅可以避免重茬种植对大蒜造成的不良影响，还会使大蒜的质量得到明显的改善。西街村在每年 8 月水稻收获之后和 9 月大蒜种植之前，耕地有 1 个月左右的时间进行修整。土壤经过这段时间的暴晒，土质得到改善，蒜头大，产量高，品质好。

蒜稻套作对于水稻的生长也具有明显的好处。第一，水稻的生长需要大量水分，而大蒜属于耐旱性作物。水、旱作物套作，土壤干、湿交替，可以增加土壤的透气性，使土壤微生物活动旺盛，改进土壤理化性质。第二，大蒜根系分泌物对病菌的繁殖有抑制作用，加上蒜稻套作田改变了病虫生活的环境条件，可以减轻水稻病害和地下害虫（金针虫、蝼蛄等）的危害。第三，蒜稻轮作可以减轻稻田杂草的危害。在每年水稻收获之后种植大蒜，可以改变稻田杂草的生长环境，比较彻底地清除稻田杂草的残根和种子，在来年播种水稻时减轻杂草的危害。

另外，蒜稻套作还有利于合理运用农时，提高光能和土地的利用率，增加复种指数，提高产量和收益，还有缓和农忙期间用工矛盾的作用。调研组发现，西街村的稻田也都是蒜地。在南沿村镇的统计资料中，蒜地的面积也要超过水稻和玉米的种植面积。蒜稻套作的耕作制度是西街村农民长期从事农业生产积累的宝贵经验，更是中原大地一代代劳动人民的智慧结晶。

2. 玉米—大蒜轮作

轮作是指在一定时限内，同一块土地上，按预定顺序轮换栽种不同作物的种植制度。与套作不同，轮作的农作物没有共同的生长期，前后两季作物完全是先行后续的关系，不会相互影响。在一年一熟地区采用定区式轮作，即各轮作区按预定的作物轮换顺序逐年轮换一种不同蔬菜，轮作区数与轮作年数相等；在一年多熟地区，一年内同一土地上为多茬次蔬菜复种方式，多采用换茬式轮作，要求在同一土地的作物应该与它的前后季节作物各不相同。

作为一年两熟的典型地区，西街村村民在滏阳河南岸的上坡地广泛采用玉米—大蒜轮作方式开展农业生产，既保证了当地居民的口粮供应，又提高了大蒜的产量，取得了较好的经济效益。每年6月初蒜头收获之后，当地农民就纷纷开始用旋耕机深耕土地，准备播种玉米。而在9月中旬玉米成熟之后，当地农民又开始种植大蒜。

实行轮作主要有以下优点：第一，减轻病虫害。虫害的寄生生活具有专一性，同一种农作物连续种植，病虫害会日趋严重，但其间若改种其他种类的作物，使害虫失去寄生条件而大量死亡，病虫害就可以在一定程度上得到缓解。这样的轮作还要考虑以下问题：①寄主范围：不同的病虫害具有不同的寄主范围。同一科的农作物由于亲缘关系较近，一般具有相同的寄生者，因此不宜轮作，如葱蒜类蔬菜不宜轮作。②轮作年限：不同病虫害失去寄主后在土壤中存活的时间不同，轮作的年限也就不同。第二，提高土壤肥力。大蒜与玉米轮作，通过将玉米收获后剩余的秸秆还田，增加了土壤的肥力，可以为大蒜提供更丰富的矿质营养，提高农作物产量。另外，通过轮作减轻了农田病虫害，也就减少了农药的使用，减轻了对环境的污染。因此，玉米—大蒜轮作可以有效地提高产量，降低成本，是一种适合当地自然条件的耕作制度。

3. 地膜技术

西街村所在的南沿村镇是永年大蒜的集中种植区，永年大蒜以其瓣肥质嫩、颗粒均匀、汁多黏稠、辣中带甜的特点深受国内外客商的青睐。为了提升大蒜质量，促进蒜头、蒜薹、蒜苗稳产高产，西街村从20世纪70年代开始推广地膜覆盖栽培技术。覆盖地膜之后，平均每亩耕地可出产蒜薹800～1000千克，鲜蒜头1400～1600千克，已经取得了良好的经济效益。从80年代中期开始，地膜覆盖栽培技术又推广到玉米的种植当中。

（1）定义

地膜即农用地面覆盖薄膜，是石油化工业出产的聚氯乙烯产品，通常是透明或黑色PE薄膜，也有绿、银色薄膜，用于地面覆盖，以提高土壤温度，保持土壤水分，维持土壤结构，防止害虫侵袭作物和某些微生物引起的病害等，具有促进植物生长的功能。

（2）技术原理

地膜覆盖栽培技术在中国农村的应用开始于 20 世纪 70 年代。1978 年农牧渔业部通过对外科技交流，从日本引进一整套的地膜覆盖技术，为大面积推广应用提供了必要的技术、人力和物质条件，并与中国传统农业耕作技术相结合，形成了具有中国特色的地膜覆盖栽培技术体系。经过了 30 多年的发展，我国的地膜覆盖栽培技术已经比较成熟，并针对不同地区、不同作物的特性在实践中积累了比较丰富的经验。这里以大蒜的种植为例，对西街村地膜覆盖栽培技术进行简要介绍。

①选用优良品种

目前，西街村蒜农普遍种植的品种是山东苍山薄棵大蒜，属中晚熟品种，耐寒性较强。大蒜的选种应该选用大而整齐，硬实无碰伤、霉变，颜色洁白的蒜瓣备种。

②科学施肥

大力提倡秸秆还田（如果前茬是玉米最好），这样既可减少肥料的投入量又能提高土壤肥力，使土壤活化不板结，利于大蒜生长。因大蒜覆盖地膜的时间较长，所以应一次施足底肥。

具体操作是，每亩施优质复合肥 50～70 千克，加 4 袋“重茬一号”和土壤改良剂 2～4 袋或土壤接种剂 5～10 袋，优质大粒硼、大粒锌各 200 克，拌匀后撒施大田旋耕即可。

③播种覆膜

大蒜一般在 9 月 20 日至 10 月 5 日（秋分寒露之间）适时种植，过晚造成蒜苗弱小不利越冬，也容易使大蒜减产影响收入。播种前先按行距 20 厘米用耧划 3 条深 6～8 厘米的沟，将蒜瓣以株距 7 厘米的距离直立于沟中并覆土，畦面宽 2.4 厘米播种 12 行，覆盖 3 道地膜为宜。待蒜全部栽种好后将畦面平整，浇蒙头水后用大蒜专用除草地膜覆盖，或浇水后喷 33% 除草通乳油等大蒜田除草剂，然后覆盖普通地膜。

④蒜田管理

大蒜盖膜后 5～8 天可自行破膜出土，遇到个别不能出膜的要及时人工破膜出土。苗齐后长到高 20～25 厘米时每亩用植物促长剂 1 袋兑水 15 千克喷施，有利蒜苗安全越冬。11 月下旬左右浇好防冻水。开春后于 3 月 20～30 日浇返青水，并随水每亩施复合肥15～20千克。以后每隔12天左右浇水一次，在4月中旬随浇水每亩冲施辛硫磷或毒死蜱或韭保净0.6～1千克防治地蛆。4月中、下旬叶面喷施植物促长剂2次防病促长。

⑤适时收获

蒜薹收获前5天停止浇水，当蒜薹顶端自行打弯如秤钩时即可抽蒜薹，时间为5月11～20日。蒜薹收获后，应及时浇水并追施高钾复合肥每亩10千克促进蒜头膨大，提高品质。待蒜叶回劲变黄后（浇水后12天左右）收获蒜头。收获后晾晒8～10天分拣储藏。

⑥地膜处置

地膜种植在田地内覆盖大量的塑料薄膜，作物收获后残留在土壤中，难以降解，会对土壤造成污染和损害。地膜无法降解是否会导致土壤中塑化剂含量过高而影响人们的健康仍未形成定论。为了防止地膜对环境造成的破坏，农户应在作物收获后，将比较完好的地膜收集起来重复利用，将残破的地膜作为垃圾集中处理。

（3）耕作效果

地膜看上去薄薄一层，但作用相当大。不仅能够提高地温、保水、保土、保肥提高肥效，而且还有灭草、防病虫、防旱抗涝、抑盐保苗、改进地面光热条件，使产品卫生清洁等多项功能。对于那些刚出土的幼苗来说，具有护根促长等作用。对于我国华北地区，低温、少雨、干旱贫瘠、无霜期短等限制农业发展的因素，具有很强的针对性和适用性。对于一年两熟地区的作物育苗及多种作物栽培也起到一定的作用。目前，地膜覆盖栽培技术已经广泛应用于粮、棉、油、菜、瓜果、烟、糖、药、麻、茶、林等40多种农作物的种植过程中，作物普遍增产30%～50%，增值40%～60%，深受广大农民的欢迎。

（五）销售方式

调研组了解到，西街村出产的大米以本地居民食用为主，销往其他地区的数量极少。当地种植的玉米也主要作为当地居民的口粮，少量销往省内其他地区。蒜头、蒜薹、蒜苗是西街村最主要的农产品，商品化程度高，不仅销往全国各地，而且深受国外客商青睐。2011年，西街村出口的大蒜占当地大蒜总产量的近50%，主要销往越南、日本等周边国家。这里以大蒜为例，对西街村的农产品销售方式进行介绍。

1. 西街村农产品流通市场发展现状

经过多年的发展，西街村大蒜的流通市场发展迅速，变化巨大，流通市场正处于由农贸市场向批发市场提升的过程之中。每天清晨，邯临公路南侧的农贸市场都会准时开张，大大小小的商贩从四面八方赶到这里。有的驾驶四轮小卡车运来刚刚收购的各种蔬菜水果，在地摊上摆满；有的骑着三轮车运来刚出锅的新鲜玉米，在路边叫卖。

西街村本地没有大型的农产品批发市场，因此当地存在着众多的中介主体，即中间商。当地的大蒜流通过程可以概括为：农户→产地中间商→贩运批发商→市场中间商→零售商→消费者。大蒜的交易方式以对手交易为主，只有少数农户采用期货方式进行交易[①]。每逢端午节前后蒜头收获的时节，西街村的田间地头总会出现这些大蒜中间商的身影，他们穿着打扮与村民无异，并且熟练地使用当地方言与农户们热情攀谈。就是这些小商贩们编织起了一张巨大的销售网络，将小小的西街村和全世界的大蒜市场紧紧联系在一起。

2. 中间商流通模式的利弊分析

农产品中间商活跃在中国的每一个乡村。西街村位于华北平原的农业主产区，中间商更是这里农产品销售的主要力量。大蒜中间商在西街村的经济生活中扮演着十分重要的角色。中间商群体在当地大蒜产业的发展过程中发挥着一定的积极作用，但也存在着一些亟待解决的问题。

(1) 中间商流通模式的积极作用

中间商流通模式之所以能够在西街村存在并发展，主要是因为它对于当地的大蒜销售发挥着十分重要的积极作用。

首先，由于中间商多数采取上门收购的方式，农民们的大蒜等农产品销售得以顺利实现，避免了四处奔走，节约了交通成本，十分方便。

其次，由于大量中间商贩的存在，保证了收购数量和销售渠道的畅通。大多数中间商都掌握着丰富的市场信息，拥有比较成熟的农产品流通渠道，这使农民的大蒜等农产品不存在“卖难”的情况。

再次，广大中间商的存在对于信息闭塞的村民来说在传递信息方面起了

---

① 即大蒜电子交易。

很大作用，他们多采取走村串乡的收购方式，具有很大的流动性。这样一来随着中间商活动的轨迹，就把不同地方的价格信息进行了传递，实际上起到了信息传播者的作用，有利于农民及时了解价格变动的情况，并结合不同中间商的报价，在权衡之后以较为合理的价格出售。

(2) 中间商流通模式存在的主要问题

在调研中我们发现，西街村的大蒜销售模式仍然存在着一些比较严重的问题，可以概括为以下四点。

第一，中间商流通模式不利于保护农民的利益。赚取利润是中间商的最终目的。而在狭小的村庄范围内，广大农户作为农产品的生产者，数量多、规模小、联合性差、社会化程度低、信息不对称、产品差别化小。农户在近似完全竞争的市场中只能是市场价格的被动接受者。多数农民为了避免农产品的大量积压，都是按照中间商给定的价格出售，议价能力非常弱。在收购农产品中，农户们根本无法避免中间商压质压价和缺斤短两的行为。例如在西街村的大蒜收购中，当外部市场需求小，销路不畅时，个别中间商便会压低大蒜的收购价格，提高收购的质量要求，无视农民的切身利益。

第二，交易成本高。中间商主要以农产品贩卖为主，未经加工、包装的农产品从生产者经众多中间环节到消费者，社会交易成本高，农产品价格被反复抬高，再加上市场参与主体众多，成分复杂，易造成市场秩序混乱、欺行霸市、哄抬物价、短斤少两、掺假卖家等行为的出现，严重损害消费者利益。

第三，市场价格波动较大。进行同类产品生产的农户之间的市场竞争行为只能表现在价格竞争上，当供大于求时降价成了唯一的竞争手段。由于农产品需求的价格弹性较低，在完全竞争的条件下，一旦农产品供应量发生变动，价格只能波动更大的幅度才能消除供需缺口。因此，我国的农产品市场价格波动比较剧烈，“一哄而起，一哄而散”的无序、过度竞争局面时有发生，加上政策垄断性寻租现象的存在，加剧了市场价格的波动，农户的收入更是得不到保障。

第四，中间商一般都是以小商贩为主，收购规模较小。他们对于市场的把握和驾驭能力也较小，根本无法抵抗较大的市场风险。另外，作为中间商的小商贩在价格发现、辐射能力、信息服务、物流服务、检验检测等功能方面也非常薄弱和欠缺，尤其是在农产品质量安全保障方面存在严重的缺陷。

目前，西街村大部分大蒜收获后没有经过分级、清洗、包装、冷藏等环节，不利于产品的增值。

四、特色屠宰加工业

屠宰加工业是中原大地上一个古老的行业。成书于先秦的《庄子·养生主》中就出现了“庖丁”这一人物。用现在的话说，这位“庖丁”就是以“解牛”为主业，兼职杀猪的屠夫。《史记》中记载的樊哙、《三国志》中描写的张飞都是历史上当过屠夫的真实人物。除此之外，《水浒传》中蛮横无理的郑屠（镇关西)、《儒林外史》中范进的老丈人胡屠户同样是平民百姓耳熟能详的艺术形象。“磨刀霍霍向猪羊”的屠宰场面，也早已化作一种文化符号，在中国人心中留下了难以抹去的印记。

作为一种民间手艺，屠宰业从古至今一直在西街村世代流传。时至今日，屠宰业已经成为西街村居民生活中不可缺少的重要部分，更是当地的一大特色产业。

（一）发展历史

西街村的屠宰业具有悠久的历史。据当地村民讲述，早在唐代，西街村就已经有人专职进行屠宰。杀猪宰羊的手艺通过一代代村民心口相传流传至今。每逢重要节日，村民们大都在家杀猪宰羊。随着人民生活水平的逐渐提高，当地居民对猪肉的需求量逐年增加，于是生猪屠宰逐渐发展成为一种固定的职业，当时几乎每一家鲜肉铺都有专职屠夫负责屠宰。

新中国成立后，由于羊的屠宰量较小，村民仍然习惯于在家自己动手宰杀。随着社会对于食品安全的不断关注，政府对生猪屠宰业进行统一检疫和管理，西街村开始出现了获得商务部门批准的定点屠宰点。由西街村村民王志林、王志迁、王朋波、王月字和王进忠合伙出资成立的屠宰点就是其中之一。当时，屠宰点位于邯临公路以南，与南沿村镇政府隔街相望，经营规模普遍较小，机械化水平不高，卫生条件也比较有限。为了纪念五位合伙人之间的情谊，他们把屠宰点命名为“五合”，并且在工商管理部门注册了商标。随着屠宰业务量的增加，原有的经营空间日益拥挤，生猪屠宰业的环境污染问题也越发严重。为了进一步改善经营环境，2011 年，五名合伙人商议后决定通过土地置换进行整体搬迁，建设新厂房，引进新设备。终于在 2012 年春天，一座崭新的现代化屠宰车间在滏阳河北岸正式落成并投入使用。经过工商管理部门许可，屠宰点正式定名为“永年县南沿村镇畜禽定点屠宰厂”。这标志着西街村屠宰业的发展进入了新的阶段。

（二）现状

永年县南沿村镇畜禽定点屠宰厂是南沿村镇唯一一家大型屠宰厂，是永年县三家生猪定点屠宰厂之一，屠宰证编号为（冀屠准字）ZD021，资质等级为四级。由于生猪屠宰业对空气、河流、办公居住环境都有一定的污染，所以这家屠宰厂选址在滏阳河北岸的下坡地。这里是西街村的下风向，并且是滏阳河的下游河道，远离学校、居民区、镇政府和村委会办公地区。

选址确定之后，屠宰厂购置了一套定点屠宰线，由 34 台设备构成，总投资 2100 万元，资金由合伙人分别筹措，其中也包括向他人举借的债务。项目完工后，建成砖混结构屠宰分割车间 4000 平方米、猪圈 200 平方米、沉淀池 40 平方米，以及上下水管线、冷库、仓库、办公室以及宿舍等相关建筑。建筑总面积达到 12000 平方米。目前有四位合伙出资人参与屠宰厂的日常管理，轮流值班，另外以每人 2000 元的月薪雇佣四名工人进行屠宰作业。屠宰场每天早晨 7：00 接收生猪，净养到午夜 12：00 开始准备屠宰。凌晨 1：30～3：00 是屠宰厂最繁忙的时间，屠宰流水线会不间断作业。屠宰后，检疫合格的鲜猪肉将被迅速装车运走，天亮之前就会在批发市场上出售。

按照国内屠宰行业的惯例，当地屠宰厂也在屠宰后留下猪下水充抵屠宰费。猪下水主要就是猪大肠，2012 年市场收购价为 14 元/根。该厂每天产出的猪大肠有 50 根左右，这样每天的收入约为 700 元，仅此一项，年产值可达到 21 万元。

（三）屠宰加工流程

南沿村镇畜禽定点屠宰厂的日常作业主要包括三个环节分别是饲养、屠宰和运输。

1. 饲养

永年县畜牧局检疫站派有资质的兽医师进驻工厂，对接收生猪检疫和产品出厂检验进行严格把关。工厂采购的生猪均来自南沿村镇及周边乡镇的非疫区。在经过官方检验后，饲养车间为工厂第一道关口，客户进厂后，按序排队、卸猪，生猪卸车后由工人统一对生猪体表进行编号标识，同时客户要提供“动物检验检疫合格证明”、“动物及动物产品运载工具消毒证明”、“生猪免疫耳标检验卡”等一系列档案文书。生猪进厂卸到验级圈，检查生猪头数，并按规定的比例进行抽检，整批检验合格后方可过磅。对不符合要求的生猪，不允许进入车间。入圈后按照国家标准要求，生猪屠宰前净养12～24小时，并充分给水至宰前3个小时为止，经过饮水和充分休息后，消除生猪运输疲劳，减少应激反应。

2. 屠宰

生猪静养过后，在经过325伏的麻电击晕后进行刺杀放血，待猪血全部流尽后将其吊挂流进烫毛池，在沸腾的热水中浸烫6～7分钟。之后使用打毛机去除猪毛。打毛工序之后是清洗工序，采用清洗抛光，把猪体表上遗留的污迹清洗干净。之后进行简单的人工修整，进行白条加工，防止人与物的交叉污染。

生猪剖腹后取出红白内脏（猪心、猪肝、猪肺、猪肚、大肠、板油及其他猪副产品）分别加工并留取。用劈半锯将白条均匀的劈成两半，然后经过检验检疫人员的检测，加盖检验合格印章。

3. 运输

合格的白条即可装车运输。生猪白条产品主要流向南沿村镇及周边农村的生鲜销售点，满足农村居民的日常需求。

在调研过程中，我们了解到，南沿村镇畜禽定点屠宰厂目前面临的主要问题是鲜肉产品只能在当地以及周边农村销售，难以进入永年县城以及邯郸城区市场。究其原因，一方面是因为双汇、雨润等大品牌的冷鲜肉在其他地区处于相对垄断的状态；另一方面是屠宰行业存在着各种形式的区际贸易壁垒，农产品的流通渠道不畅。

五、商贸服务业

俗话说“无农不稳，无商不活”，西街村的现实情况让我们对这八个字有了更深刻的理解。作为华北平原农业主产区的一部分，西街村利用这里优越的自然资源发展种植业。而在人多地少的矛盾面前，西街村人则把穿过这里的邯临公路作为解决这一问题的途径，依托便利的交通条件，发展商贸服务业。这样不仅搞活了当地经济，而且提高了村民的生活水平，走出了一条可持续发展的致富路。

（一）发展历史

西街村处于南沿村镇的核心区域，东西走向的邯临公路横穿于此，这里自古就是商贾云集之地。清代，西街村所在的南沿村镇就已经是区域性的商业中心，辐射方圆15公里，成为了永年县域商业网络中的一个重要节点。从那时起，南沿村镇与临洺关、广府城并称为永年县三大镇。

新中国成立后，西街村的商业取得了进一步的发展。每逢农历初一、初三、初六、初八，当地都会形成熙熙攘攘的集市。1962年，当地又形成“逢二就会”的风俗。与“集”相比，“会”的规模更大，内容更丰富，当地居民不仅进行商品交易，还走亲访友，场面十分热闹。1967年，随着“文化大革命”的开始，河北省将农村的赶集日统一调整为“逢一排六”，后来甚至取消集日，私人摊贩被全部取缔。进入80年代后，商业体制进行了改革，建立多渠道、少环节的开放式流通体系，形成了国营商业和供销合作商业为主体，私营（个体）商业为补充的社会主义市场，恢复了“逢一排六集日”的传统。80年代中期，当地将赶集日规定为逢二、五、八，从而保证了每10天中有3个交易日，满足了当地商户和居民的交易需求。此外，每年农历四月十八日，西街村都会举办一次庙会。在庙会上既有民间秧歌表演，也有传统小吃、民俗商品销售活动，不仅丰富了当地居民的精神生活，而且活跃了当地市场。

西街村餐饮业古来兴旺，相延不衰，名店名吃，比比皆是。当地的风味小吃别具特色，南沿村拉面、牛舌火烧、发面烧饼、蒜薹、老聂包子、血肠、供销社酱肉、冯涛熟肉、老宋羊汤、炸布袋等传统美食吸引着周边乡镇的居民慕名而来。尤其是老宋羊汤，很多邯郸市人都慕名而来，有些是常客，生意十分兴隆。

（二）现状

西街村居民普遍具有较强的商业意识，各类店铺总共有260多家。南沿村镇最大的一家百货商场——恒利商场——就是由西街村人经营。恒利商场共有三层，销售人员200多人，设有100多个经营摊位，以档口出租形式吸引商户进驻，年租金400元/平方米。恒利商场的商品种类十分齐全，包括服装鞋帽、日用百货、电子产品、首饰、化妆品、装饰品、玩具等。沿街店铺大都自家经营，对外出租的不多，主要是小卖店和小修理店，主要销售农药、化肥、小型农用机具、农副产品、日用百货等，高档商品少。当地的很多个体经营商店仍然沿用着“供销社”的名称，有着鲜明的时代印记。西街村有两家书店，销售农技图书、报纸杂志、学生用书以及儿童读物，经营规模都比较小。摩托车经销商两所，店内也销售各类电动车。

西街村的餐饮业比较发达，有上百家饭店分布在邯临公路两侧，全部由个体商户经营，顾客以外地的过路客商和司机为主，本地顾客不多。当地餐饮业的发展模式比较传统，走的是低成本、低档次、低价格的发展路线，硬件设施不甚完备，食客们大都注重饭菜实惠而对就餐环境要求不高。

（三）推进西街村商贸服务业发展的建议

西街村经过多年的发展，形成了特色鲜明的产业体系和生产力结构，商贸服务业在区域经济发展中的地位越发重要。但是，西街村商贸服务业的整体档次不高，面向低端市场难以获得较高利润；基础设施建设比较落后，这阻碍了商贸服务业的进一步发展；餐饮业的硬件设施较差，服务人员素质亟待提高。面对这些问题，西街村应该将构建新型的商贸服务产业体系作为当前和今后一段时期内社会经济发展的重要任务之一。

1. 建立农产品与特产专营合作社

为了扩大农产品的市场销售份额，减少产品销售环节，创新销售模式，增强农户的议价能力，提高销售效益，繁荣当地农产品市场，西街村可以号召种植结构相近的农户自愿联合组成农产品与特产专营合作社，树立当地特色农产品的品牌形象。农产品与特产专营合作社的建立能够有效带动配送中心以及冷链物流体系的建设，从而充分利用西街村紧邻邯临公路的优越的交通条件，以满足邯郸市民、企事单位及机关团体的日常所需及供配，扩大西街村农产品的销售市场。

从长远来看，建立农产品与特产专营合作社还有利于农户成员共享信息、资金、人才、市场等资源，并且形成统一的农产品卫生标准，对农产品进行安全检测和物流配送，形成农产品规模化和标准化生产模式。通过建立农产品与特产专营合作社，可以让更多邯郸市民了解西街村的无公害优质农产品，甚至可以将优质特色农产品推向高端市场，最终实现农业增效、农民增收的目的。

2. 改善村庄硬件设施建设

在调研中我们发现，西街村的道路网络虽然已经完全建成沙石路面，但是道路排水功能较差，虽有排水管道，但年久失修，排水口堵塞，公路两边的餐饮、旅社的废水排放只能靠公路排水管道渗漏，每逢下雨，村庄都会形成比较严重的内涝，积水较深，难以排出。各家农户的住宅也普遍没有下水管线，仍然在使用传统旱厕，卫生条件较差。另外，西街村东西方向的交通条件较好，但是在南北方向仍然没有实现道路贯通。为了促进西街村商贸服务业的发展，西街村村民委员会应该与相关部门进行协调，建设下水管线网络，争取与邯郸东部城区的污水排放实现联网，并且鼓励居民建设冲水厕所，彻底改善当地的卫生条件。在保证宅基地和耕地面积的前提下，西街村应该建设南北方向主干路，进一步提高乡村公路的通行能力，为全村社会经济发展打好基础。

3. 开发利用旅游资源

西街村是通过邯临公路从邯郸城区抵达广府城的必经之路。围绕广府城旅游开发的战略目标，依托自身便利的交通条件和商贸服务业基础，西街村应该努力挖掘自身的人文和历史文化资源，创造条件适度进行旅游开发。

作为文化重镇，西街村周边旅游资源十分丰富，包括奶奶庙、火神庙、椿仙庙等八座庙宇，以及始建于明代的王家祠堂、西八闸，还有战国时期毛遂墓遗迹等。西街村可以鼓励村民合作或者引进外地投资者开发旅游资源，生产旅游商品，创造新的经济增长点。通过旅游业的开发，西街村将会吸引客流，凝聚人气，从而促进当地商贸服务业的发展。

六、教育科技

（一）基本教育情况

据我们走访调查，在西街村所辖范围内教育机构有：民办幼儿园两所，均达到国家民办幼儿园标准且挂牌营业；小学一所，在南沿村镇小学中师资结构、教学水平、学校管理名列前茅；中学一所，是南沿村镇范围内唯一的中学。西街村非常注重基础教育，相较于本地区其他村庄，其对基础教育投入巨大。南沿村镇地少人多、人均耕地面积非常少，这个问题在西街村尤为突出。在这种大环境下，西街村的领导和村民还是通过征集土地的方式为学校征集土地、兴建校舍，可见其对教育事业的重视。因此西街村九年义务教育的普及率已接近100%，而且有很多学校通过自己的努力为社会培养了众多高素质的人才。

（二）民办幼儿园

1. 基本情况

在中国，农村地区往往忽视学前教育，但因为西街村所在的永年县地处中原，经济水平相对较高，所以学前教育发展比较早。1951 年 9 月，中央教育部颁发了《幼儿园暂行条例（草案）》。永年县农村地区开始兴办托儿所和季节性幼儿园。这时期的托儿所和幼儿园主要服务于农业生产，解决农村妇女参加农业劳动的后顾之忧。1958 年，随着妇女劳动力进一步解放，全县幼儿教育出现了大发展的局面。幼儿园有全日、半日的；有管食宿的、不管食宿的；有正规的、不正规的。教养员、保育员的报酬由大队或幼儿家长负担。1960 年“低指标”时期，不少幼儿园被迫停办。1963 年后，开始有所恢复。

据当地村民介绍，早在20世纪50年代中后期，西街村就有幼儿园了，当时的幼儿园并不规范，通常在某个村民家中开办，由一两个阿姨看管小朋友们玩耍，并不教任何知识。这种幼儿园主要以看护孩子安全为主，现在这种形式的幼儿园在西街村依然存在。通过我们走访，据不完全统计，目前西街村未登记注册的幼儿园有一家。

西街村有注册的民办幼儿园两家，分别是欣蕾幼儿园和金童年幼儿园。欣蕾幼儿园成立较早，相较于其他幼儿园规模略大，由于我们未得到该幼儿园的允许无法进行采访，具体情况不得而知。金童年幼儿园成立于2011年1月，由个人出资建设完成的。据该园园长介绍，申请民办幼儿园必须提交申请报告、办园章程、自查报告、相关证明等，除此之外还要接受属地总校和各个职能部门的检查，最后由教育局进行复查，由市教育局研究批准并进行社会公示，除此以外还要接受局办公室和局幼教科的监督。一走进幼儿园，影壁墙上写着金童年幼儿园几个大字，下方写着办园特色：双语、蒙氏数学、国学教育、太极拳、美术、音乐、舞蹈。目前金童年幼儿园共有十五个房间投入使用，校园中的十间平房主要是孩子们日常活动和上课的地方，还有五个房间坐落在院子东侧的楼房中，主要是孩子们午休的地方。每个房间都安装了空调，防止孩子们夏天受热中暑，院子里用遮阳布搭建起凉棚，可将滑梯和跷跷板至于阴凉下。幼儿园的小院里嫩粉色的墙壁上画着欣欣向荣的向日葵图画，房间的窗子上贴着卡通贴纸。

金童年幼儿园共有学生80人，老师5人，分为大班和小班两个年级，大班主要接收三岁半以上的儿童，小班接受三岁半以下的儿童。5位老师分别是幼教专业专科毕业或者通过进修已经达到相应水平。幼儿园的墙上贴着幼儿园教师管理制度，时刻提醒教师们应遵守相应制度。幼儿教师管理制度共15条，对教师日常工作的各个方面进行了有效的规范。

幼儿园的收费标准是经过工商部门审批的，两岁半以下的儿童每人每月180元，两岁半以上的儿童每人每月150元。幼儿园授课分大小星期，大星期授课六天，周一至周六上课；小星期授课五天，周一至周五上课，大、小星期交替（课表见表6-1）。孩子们在幼儿园除了上课活动之外还安排了三餐。孩子们的活动安排主要包括：入园、早餐、第一节教学、喝水及如厕、早操、喝水及如厕、第二节教学、饭前准备、午餐、饭后散步、午休、喝水及如厕、区域活动、第三节教学、游戏乐园、餐前准备、晚饭、静园等，冬季与夏季在时间上略有不同。

表 6-1 **金童年幼儿园课程表**

节数＼星期	星期一	星期二	星期三	星期四	星期五	星期六
上午	启蒙学数学	学拼音	英语	启蒙学数学	学拼音	启蒙学数学
	声乐	三字经	英语	舞蹈	声乐	舞蹈
下午	启蒙学数学	学拼音	三字经	启蒙学数学	学拼音	启蒙学数学

资料来源：根据金童年幼儿园资料整理。

2. 存在问题及原因

西街村的学前教育发展情况比较好，但是还存在以下三个问题：第一，办园规模相对较小，标准化程度不高；第二，幼儿教师队伍整体素质有待提升；第三，部门监管有待加强。存在这些问题的最主要原因在于，民办幼儿园资金投入有限，并且所能吸纳的幼儿数量也有限。而这也是限制民办幼儿园发展的主要原因。因此希望上级有关部门加强对民办幼儿园扶持力度，提高办学水平，并加强对其业务指导以及日常活动的监督和管理，防止危害儿童安全问题的出现。

（三）永年县南沿村镇南沿村完小

1. 历史沿革

永年县南沿村镇南沿村完小（以下简称完小）坐落于南沿村镇南街。完小的叫法沿用自新中国成立初期小学的分类，小学被分为初小和完小两种形式，初小就是学校只包括一至四年级，完小就是学校包含应有学制下的所有年级。至今在统计完小学生人数时还保留着这种习惯。完小 1949 年由政府出资建成，坐落于西街，1969—1979 年完小涵盖小学至初中所有年级，1977—1979 年增加高中教育，1980 年规范为双轨制完全小学，并且沿用至今。2003 年完小由原址南沿村镇西街，搬至现址南沿村镇南街。新校占地 11750 平方米，建筑面积 2115 平方米。

1949 年兴建的完小，有 12 间平房，当时有在校生 500 多人。校舍经过 50

多年的风霜雨雪，到新千年初已破旧不堪，有些房间成了危房。当时正值完小领导换届之际，老校长为学校的新校区选定了地址，但是苦于没有资金兴建校舍。新接任的安静梅校长为了筹集资金，四处奔走，但都无果。因此，安校长决定把学校原址的土地卖出去，用土地出让金来建新教学楼。她召集了南沿村镇所辖的四个村子的村支书，希望他们能协助自己将土地出让。她急切地盼望着土地能赶紧售出，将新校舍建成。因为当时学校的房屋已经是危房，她担心学生们的安全，不敢再让学生们继续在危房里上课。无奈，老师们就带着学生到村民家中上课，由于各家的作息不一，老师和学生们经常需要四处游走，换地方上课，这种情况从 1996 年一直持续到 2003 年。

在大家的一起努力下，西街完小原校址的土地获得土地出让金十几万元，虽然这些钱还不够新校舍修建的所有费用，但是总算能让学生们在新的教室里学习了。但原来设计建造三层的教学楼，只能建成一座两层的教学楼和一排平房作为办公室和功能教室。而单单这些房屋的建造就花费了 60 万元，学校新建成时负债累累。学校没有多余的资金修建围墙、平整操场、添置教学用具，因此老师们就利用自己的课余时间一起动手完成。学校的围墙，是老师们推着平板车到镇上拉回来一车车的旧砖垒成的。就这样完小慢慢有了学校的样子，操场上的石子被老师们捡光了，操场也被整平然后硬化了，学校添置了新的桌椅黑板，学校里种的树长高了，花也开了，有了篮球场和乒乓球台。现在学校的情况有了很大的改善，但是有的教室的木制椅子坏了没有钱换新的，只好用价格比较便宜的塑料椅子来代替。

在政府的帮助下，学校的每个教室都安上了空调。国家对每个学生每年补贴 300 元，学校就利用这笔钱缴纳水费、电费以及维修校园的费用，每年省下的部分就用来偿还之前建校留下的外债。到我们采访的时候，学校已经将所有外债还清。2009 年之前学校门口的路还是一条土路，遇到阴天下雨，学生们很难进出。2009 年，学校领导集合四村的支书，共同商议集资将学校门口的土路硬化。通过向镇上申请资金以及各村集资修路，现在孩子们再也不会因为阴天下雨影响上学了。

2. 校园环境

南沿村完小在路的尽头，学校门前的道路非常干净整洁，每天清晨都由一位老师带领学校的学生对校门前的道路进行清扫。小学门口两侧种着柳树，柳树枝繁叶茂遮住了学校大门上的匾额，隐约可见红色铁质的牌匾上金色的大字“南沿村完小”。走进校园，迎面看到一尊铜质的毛主席像，铜像的四周种植着松柏和翠竹等植物。花坛的后面是一面蓝色的墙，由于修建的时间比较久，墙上的字迹和图画已经褪去了鲜艳的颜色，但是毛泽东、邓小平、江泽民、胡锦涛四位领导人的头像和寄语依然清晰可辨。墙后是一排南北向的平房，这一排平房就是总校所在地和完小老师们的办公室。总校是对所在地的小学和中学进行管理的行政机构。校长室在平房的最东侧，学校由于建筑面积有限，校长室可谓是一室多用。校长室被一个金属制隔板分割为两个房间，里间是校长个人办公的地方，外间为日常接待室、广播室和会议室。外间除了广播设备和一台电脑以外，我们还发现了一个小型的仪器，这个仪器上呈现出学校各个区域的画面。安校长向我们介绍说这是国家为学校安装的监控仪器，一方面方便校长实时监控学校的情况，另一方面也可以有效应对一些突发状况。

在平房的北侧，与这排平房平行的是学校的操场和教学楼，操场的四周种植了柳树和一些花草。柳树的树干不是很粗，但已经有一人半那么高了，花坛中的月季花开的正娇。孩子们虽然顽皮，但是也不会破坏这些花花草草。教学楼一楼的东侧是实验室，二楼的东侧依次是微机室、图书室和语音室（由西向东排列）。学校的老师向我们介绍说这些都是后来国家资助学校成立的。校园的西北角是学前班的教室以及少科室和一间办公室，这个独立建筑的门口是一排车棚还有一些体育器械。少科室也是一个集多个功能于一身的教室，它既是音乐室，又是美术室、远程教育室、光盘播放室和少先队活动室。

操场前面的展示栏上张贴着南沿村完小学校简介和校长寄语：深情凝视，今日的你羽翼日渐丰满，翘首期盼，明天的你像雄鹰翱翔蓝天。与之毗邻的是展示栏，上面张贴着完小的校徽以及校歌。南沿村完小的校徽是用南沿村完小五个字的首字母拼成的一朵含苞待放的花蕾，一双手将花蕾缓缓托起，蕴含了无限深情与期望。每个学生就是老师心目中的花蕾，双手将花蕾托起表达了学生的成长需要家庭、学校和社会的精心呵护。同时也寓意了南沿村完小如蓓蕾初绽，需要社会各界的支持与爱护。校歌是由全体老师一起作词的，歌词中表达了老师们对于学校的爱，对于学生的爱以及对未来的美好期望。周围还有布告栏和黑板报，这些文字无时无刻不在向学生们传达着学校对他们的期望以及很多做人做事的道理。学前班教室的东墙上有一块黑板，是班级量化比比看的公示栏，上面书写着 2012 年 5 月的评比结果。学校的老师向我们介绍说，这个是为了在全校范围内培养学生的良好习惯和形成团结及争优的意识开展的一次活动。这次活动将学生们日常的许多活动进行量化，以班级为单位进行评比，一月一公示。这项活动在学生中间形成了一股良好的推动力量，不仅提高了全校的学习气氛，而且增加了班级的凝聚力。

3. 教育教学

目前完小共有在校生 956 人（不包含学前班），一至四年级在校生有 670 人，五年级在校生有 140 人，六年级在校生有 146 人。共有 12 个教学班和两个学前班，每个年级共有两个班。完小虽然面向南沿村招生，但是由于教学质量好，学习氛围好，有很多外村的孩子来完小上学，比例已达到 30%。西街村的村民非常注重教育，西街村在完小读书的孩子接近 200 人。学校的两个学前班的孩子可以直升完小的小学，未在完小上学前班的孩子，则按照户口所在地入学，每年的 8 月 20 日一年级的新同学到校报到。完小目前有教师 34 人，其中本科毕业 8 人，专科毕业 21 人，中师毕业 5 人。由于教师人数和教室数量有限，完小的每个班班容量都达到 80 人左右，老师们的教学任务非常大。为了保障教学质量，老师们每人都配备一个便携式扩音器，以保障每个学生都能够听清楚。学校的老师向我们介绍说，尽管班容量超标，但是学校一直严格按照“绿化、美化、人文化、个性化”的办学要求对待每个孩子，努力提高学校的教学质量。

南沿村完小的教育教学等各项工作连续几年在总校名列第一，并且在全县一直处于先进行列。南沿村完小的教学成绩一直名列前茅，这不仅归因于学校严格要求，更归功于老师的悉心教导和同学们的积极配合。在南沿村镇，孩子们基本上都是 7 岁入学，但全校有 6 个智力发育比较缓慢的孩子，可是老师们并没有将他们区别对待，因为老师坚信每一个孩子都有他闪光的一面。并且老师们还向我们介绍说，小学生的成绩比较不稳定，没有好学生和坏学生之分，只要有适合的方法和正确的引导，每个孩子都可以取得不错的成绩。对于小学生来说比较容易学习的是数学，因为数学的学习关键在于掌握方法。所以孩子们易于掌握，并且比较感兴趣。而语文和英语的学习相对来说就有些乏味，因为这个阶段的学习主要集中于识字、读句的阶段。这种重复而烦琐的练习会让很多孩子觉得厌烦。

因此老师们时常相互交流教学经验，想尽各种办法让学生们愿意学，并且学的开心。走进教室，我们就可以发现，每个小学教室都会张贴：眼睛保健知识、名人名言、少年先锋队的章程、学习园地、评比栏和黑板报。在学习园地里老师们会根据自己班级的特殊情况设计不同的学习任务，例如，如果最近同学们对于近义词的掌握不是很好，老师就会在学习园地中以游戏的形式给同学们解释一些难以辨析的同义词。这样既能将课上的漏洞弥补，又能激发同学们的学习热情。为了鼓励学生们踊跃参与到学习中来，老师们还自己动手准备一些小礼物，奖励积极发言学习进步的同学。每隔一段时间，老师会把最近成绩优异或者进步较快的同学的名字贴到智慧树上去，由此激励同学们好好学习。

一至二年级文化课只开设语文和数学，从三年级开始增设英语课。语文、数学和英语课都有专业的任课老师为孩子们教授，而音体美学校没有专门的老师，是由班主任或者在这些方面有特长的老师教授。虽然学校没有专门的音体美任课老师，但是学校的文体活动却开展得如火如荼。学校还利用课余时间组织了美术兴趣小组、合唱队、舞蹈队、太极拳表演队以及书法兴趣小组。老师们也十分积极，对于每一个有特长有兴趣的孩子，都充分发掘其能力。这些兴趣小组的授课，老师从来不收取任何费用。老师们表示："农村家庭都不是很富裕，没有那么多钱来培养孩子们的课余爱好。但是不能因为没有钱，我们的孩子就不享受这项权利。我们老师也都是因为自己的兴趣所在，来组织学生们的活动，因此跟学生们在一起不仅是教学，而且是一个学习的过程，自己也是开心的。"每个学期学校还要举办一次双爱好文艺表演，一来是以表演的形式将一个学期的成果做一个总结汇报；二来也通过这种形式培养学生的表演能力，有益于他们以后的学习和工作。

目前孩子们的学费和书本费都由国家承担，每个学生每学期要购买练习册和作业本，大约每学期30元。除此之外，学生在学校也没有什么其他的花费。学生们上学不仅不用交学费，国家还对每个在校学生每人每学年补助300元以及取暖费60元。但是发放补贴的人数是按照上一次普查的人数进行拨款，当时完小只有700人左右。现在完小的在校生数量已经高达956人，补贴却没有因此而增加，这多少会给学校带来一定困难。即使在缺少资金的情况下，老师们也会尽自己最大的努力使每一个孩子都在良好的环境中成长，他们稚嫩、天真、不失顽皮，但却积极向上。每年会有大约1/5的毕业生，以优异的成绩获得去邯郸上中学的机会，这样的升学率在周边的小学中属于拔尖的。剩下的学生都到离家比较近的县七中继续学习，只有非常个别的学生放弃学习的机会外出打工。

4. **成绩与奖项**

学校和老师个人都非常注重教师能力的培养，2008 年至今学校经常利用寒暑假的时间派遣教师参加县、市、省、国家的各级培训千余次。有学校的支持和老师们不断地努力，完小现有 16 名高级教师，10 名一级教师。经过学校领导和全体教师的共同努力，完小的成绩稳居全县前十名，还多次被教育局教研室授予教学常规管理先进单位、小学教学教研基地、小学教育优秀单位、体卫工作先进单位、安全教育先进单位等荣誉称号。2008 年和 2010 年代表永年县迎接河北省教学评估验收，得到权威教师认可。完小不仅整体实力强，而且老师和学生们个人成绩也十分突出：在永年县举办的白玉杯讲课比赛中，陈东蒙、刘佳丽、曹艳芬、刘雪霞和李维燕老师分别获得一等奖和二等奖。在 2011 年全国小学生语文能力大赛中，刘佳欣、路遥等同学取得优异成绩；同年 5 月永年县举办的小学生数学能力赛中庞艳敏、王凤华等老师指导的学生获得全县一等奖。这些成绩都是完小的同学和老师共同努力的成果。

5. **存在问题及原因**

完小是一座充满希望和朝气的学校，老师们都非常希望学生能在更好的环境下学习成长。但是由于完小目前还没有达到建立标准化小学的标准，缺乏资金的支持使完小完善自身硬件条件的步伐止步于此。目前主要存在以下四个问题：第一，校园面积需要扩大，完小目前有学生 956 人，占地面积只有 11750 平方米，学生的活动空间远远达不到应有标准；第二，教学设施不足，教室紧张、教学用具缺乏，这些问题限制了完小的发展；第三，教师人数有限，目前完小的师生比为 1∶28，而且缺少音体美等课程的专职任课老师；第四，目前学校缺乏保障资金，更无法做到动态管理。正如前面提到的，国家补贴的数量没有因学校的扩招而相应增加，因此学校就必然会出现资金紧张的问题。以上是限制完小未来发展的主要问题，随着教学质量的提高，孩子们要上完小的愿望越来越强烈。但是由于完小自身条件的限制，无法保障更多的孩子来完小接受教育。

6. **发展方向**

根据安校长的介绍，南沿村完小正在向上级申请建标准化小学，西街村的村书记石建武也在积极为学校筹备土地。将来南沿村完小有望重新搬回西街村，新校址将坐落在邯临公路南侧，县七中的西边。未来学校占地30亩，有自己的住宿楼、食堂和崭新的教学楼和实验室。老师的数量也会因为学校的扩建而有所增加，到时候孩子们就可以坐在崭新、整洁的教室里上课、在宽敞的实验室里做实验、在标准的操场上开运动会了。

（四）永年县第七中学

1. 历史沿革

永年县第七中学（以下简称县七中）的前身是1956年建校的农业中学，当时学校分初中部和高中部，坐落于邯临公路的北侧。在没有改制之前，县七中是一所重点中学，教学质量较高，当时招生方式还是以考试录取为主。由于有太多的优秀学生希望到县七中来学习，所以2000年搬迁之前班容量最大的一个班达到了160人。为了学生们能有一个更好的学习环境，学校必须进行扩建。当时政府的投资没有到位，学校为了扩建欠下了300万元的外债。虽然国家逐步在帮助学校解决欠款的问题，但是截止到我们采访为止，学校还没有还清这笔钱。2000年新校址竣工，永年县第七中学搬到邯临公路南侧。此时县七中依然招收高中部，但是为普通高中。2008年教育局对高中进行规范，将全县的高中教学集中于县一中和县二中，县七中从此不再招收高中生。招生方式也采取划片招生，这导致学校的生源质量大大下降，目前学校也没有重点班和非重点班之分，是一所普通中学。

2. 校园环境

永年县第七中学毗邻邯临公路，距公路直线距离为100米，学校占地70亩，目前建筑面积145000平方米。一部不锈钢制的电动伸缩安全门是阻隔学校与外界接触的唯一屏障，金色的匾额耀眼夺目，上面工整地书写着“永年县第七中学”。匾额旁边贴着县一中和二中高中部发来的喜报，喜报上记载着之前就读于县七中毕业生在高考中取得的优异成绩。

正对着大门的是一条笔直的大路，路的两边种着高大的树木。学校正门的南侧是学校的主教学楼，教学楼四层高，肉粉色的墙壁呈现出蓬勃的朝气。教学楼的每一间教室都是统一的规格，墨绿色的大铁门、银色的铝合金窗、八成新的桌椅、两个柜式的空调。除此之外，每个教室还配备了多媒体教学用具，老师可以利用多媒体进行教学。教学楼内还配备了物理实验室、化学实验室、生物实验室、计算机实验室以及图书室和语音室。图书室收藏图书 52896 册，生均数量 32 册。教学楼临路的墙上挂着一个巨型的展示牌，上面印着世界各国的国旗，下方还写着八个大字“胸怀祖国，放眼世界”。教学楼的正下方是两个花池，里面的植物郁郁葱葱。两个花池中间有一座雕塑，表达了少年对知识的渴望、对生活的热爱。花坛一侧的墙上还写着“严管理、抓常规、重落实、促提升”的标语。花坛的南侧是一排平房，这就是学校的办公室，包括校长办公室（即校委会）、政教处、教导处、体卫处、后勤处、宿管办、党委办公室和团委办公室。办公室干净整洁没有过多的装饰，办公室的前面种着些许花草。

与教学楼平行的路东侧是巨大的海报和宣传栏。海报的标题为“今天我以学校为荣，明天学校以我为荣”，上面记录着十六位从永年县七中走出去的优秀毕业生，他们多数都已获得硕士及以上学历，并且成功的步入社会，成为国家栋梁之材。宣传栏上是校长寄语和学校的简介。校长寄语是这样写的：“我们永年县第七中学推崇‘以人为本，以师生发展为中心’的教育理念，让阳光普照每一个学生，关注每一个学生的成长，让人人体验成功，走向成功。”看着这殷切的希望，我们对这所学校有了更多的期盼。宣传栏的东侧就是学校的食堂了，食堂的周围还种了许多花草，看着就让人觉得干净整洁。学校的食堂是由私人承包的，因此学生每天在学校的饭费是由学生自行负担。

沿着道路向学校里面走，正中央是两米高的墙，墙上书写着学校的教育方针：“坚持教育为社会主义现代化建设服务，为人民服务、与生产劳动和社会实践相结合，培养德智体美全面发展的社会主义建设者和接班人。”这堵墙的东侧是一座正在兴建的四层高的楼房，据校长介绍说这是由国家投资兴建的第二食堂和住宿楼。墙的西侧是学校的操场，操作上矗立着国旗杆，五星红旗迎风飘扬。操场的最西侧有一栋四层高的楼房，那里就是学生公寓了。远远看去每个房间的窗户边都挂着学生们洗好的衣服。目前学校的宿舍数量有限，因此只有家与学校的距离超过 5 里以外的学生才能在学校住宿，学校不收取任何住宿费用。

3. 教育教学

县七中目前有 30 个教学班，其中七年级 12 个班，八年级 10 个班，九年级 8 个班。共有在校生 1653 人，其中住宿生 900 余人，在校生人数变化情况见表 6－2。现有教师 146 人，高级教师 19 人，中级教师 60 人，一线教师均为专科以上学历，达标率100%。永年县第七中学的简介集中概括了学校的教学情况："学校在全县推广的尝试教学法理念指导下，以课题研究为重点，以课堂改革为支撑，教科研活动蓬勃发展，'说、讲、评'活动蔚然成风，学者型、专家型、科研型教师层出不穷，教学质量屡创新高，各项工作全面创优。"学校更将教育目标定为，本着"五育并举，德育为首"的教育思想，不断加大校风校纪监督，注重校园文化建设。

表 6－2　**永年县第七中学在校生人数统计表**　单位：人

年份 人数	2007	2008	2009	2010
七年级就读人数	500	762	744	765
八年级就读人数	518	486	741	726
九年级就读人数	541	516	483	735

资料来源：根据永年县第七中学学籍档案整理。

据当地人介绍说县七中自2005年以后，教学情况就大不如从前了。校长也向我们表示，没有改制之前学校通过选拔考核，可以招收到优质的生源，孩子们学习也比较刻苦。现在九年义务教育了，学校不再向学生收取任何费用，很多孩子却不爱学习了。发生这种变化也存在很多客观因素，例如，原先学校新建之初，邯临公路还没有修建，周围的环境非常安静。但是随着邯临公路的建成，学校门前商铺集中。商铺开业、促销的鞭炮声、锣鼓声和音乐声非常大，这些对于处在青春躁动时期的孩子们影响很大。而且随着经济的发展，学校周边网吧众多，严重影响了孩子们的学习。对孩子们影响更为深远的是当地的就业结构，由于当地没有知识密集型企业，所以很多大学毕业生回到家乡找不到合适的工作，劳动所得跟一些依靠体力为生的劳动者相差无几。因此很多家庭对教育没有给予重视，导致学生辍学现象时有发生。

学校为了减少此类现象的发生而采取了一系列措施。首先学校加强了对学生的管理，规定学生早上6:00必须到校上早自习，晚饭后要在校进行晚自习至9:00，晚上10:00住宿楼熄灯，由班主任和政教处的老师分别点名。若发现没到的同学（除特殊原因外），学生将接受学校的处罚，并且罚扣老师的奖金。除此之外，学校还推行了很多举措，建立健全了以校长为首的德育工作领导小组，制定完善了《各处室四百分考核办法》、《养成教育量化考核实施细则》等一系列规章制度，构建了学校、家庭、社会三位一体的教育网络，以德育建设为目标，以量化考核为手段。老师们为了提高孩子们的成绩也是不遗余力，通过各种形式激发孩子们学习的热情。我们采访的时候正临近学期末，经过教室时，我们发现每个班黑板报的内容都是鼓励孩子们努力学习，放松心态在期末考试中取得好成绩。同时老师们还会经常找同学们谈心，了解最近学习和生活中遇到的困难，给每个同学积极、正确的指引。经过这一系列措施，学生流失的现象有所改善，辍学率逐年降低，初中三年保留率逐步提高，学习成绩也有所提高，具体情况见表 6－3。

表 6－3 **永年县第七中学教育教学情况表**

项目 / 年份	学年初在校学生总数	学年内辍学学生总数	辍学率（%）	当年七年级招生人数	学年末九年级毕业生人数	初中三年保留率（%）
2007	1559	42	2.7	562	515	91.64
2008	1763	46	2.6	532	493	92.7
2009	1968	43	2.18	500	464	92.8

资料来源：根据永年县第七中学学籍档案整理。

学校所用的课本是全国统一的九年制义务教育用书，由国家提供，学生不用负担任何费用。学校每三年接受一次邯郸市教育局的评估，每五年接受一次河北省教育厅的评估，由于此项措施，政府对于学校的投入力度有所加强，老师们的教学热情也被带动起来。学校考虑到现在学校紧邻公路，车多且快，学校每学期为每个学生投保一份校方责任险。而且校方还联系保险公司为学生安排购买人寿保险，每人每学期缴纳 30 元，80% 的学生会选择购买，以防止出现疾病或者意外。

4. 成绩与奖项

虽然目前县七中的整体教育水平有所下滑，但是学校还是不乏一些品学兼优的同学。这些同学参加了一些全国的比赛，例如 2010 年全国第十五届“华罗庚金杯数学邀请赛”、2009 年全国中学生英语能力竞赛（NEPCS）等，并取得了优异的成绩。学校老师们也积极参加邯郸市组织的教育教学评比活动，例如2010年度优秀教育征文评选活动，2010年河北省初中历史教学论文评比活动等，也取得了喜人的成绩。

5. **存在问题及原因**

提到目前学校存在的问题，该校校长表示学校面临的问题是，第一，老师的待遇很低。目前学校教龄近20年的老教师工资才达到2000元左右。很多年轻教师工资只有1000元，而且老师们工作时间长（很多教师要从早上6:00一直工作到晚上10:00），却没有加班费用。因此很多优秀青年不愿意从事教师这一岗位，导致人才大量流失，严重影响教学质量。第二，学校现有教师年龄结构老化。因为学校原先学生数量比较多，因此原有教师数量比较庞大。后来学生数量下降之后，除高中部的老师被抽调到县一中和二中以外，学校老师的数量没有大的变动，因此教师人数比较多。目前学校已经有七八年没有招聘新的老师了，学校老师的平均年龄为35岁。除此之外我们还认为，目前学校缺乏激励学生的内在机制。近些年学校生源质量有所下滑，因此学校把注意力都集中在如何让学生留在教室里，却没有把注意力放在如何激励学生，如何提高教学质量上来。所以，走进校园，走进课堂我们没有感受到十几岁的孩子对于知识应有的好奇和活泼，更多的是被动的接受和沉默。

6. **发展方向**

我们认为学校未来要想扭转目前的情况，必须努力改变现有学生的精神状态，从内在激发孩子们对知识的渴望。不能把孩子们的底子差当作成绩无法提高的借口，学校必须在一个紧张的校园生活中为孩子们营造一个相对轻松的学习环境，让学习不再是一种束缚。除此之外，学校还应与上级部门及周边的商铺加以协商，为学生们营造一个安静的学习环境，让孩子们能安心上课。

（五）农业科技

西街村所在的永年县是农业大县，因此政府积极推广农业技术，增加农业收入和农产品附加值。自2003年开始，永年县在农业部、农业厅、市农业局等上级部门的大力支持下，结合农业区域种植特点，积极探索基层农技推广体系改革。按照机构完善、人员精干、设施先进、机制灵活，能够与农民“零距离”服务的基层农技推广服务新体系的要求，撤并了20个乡镇技术站，组建了服务跨乡镇的 8 个农技区域站，在村级建成了 390 个科技进村服务站、120 余家农民经济合作组织、4850 个科技示范户。2008 年底，永年县又按照冀农管发〔2008〕23 号文件批复的《永年县基层农业技术推广体系改革实施方案》，对机构建设和人员编制等进行了进一步完善。至目前，全县种植业技术人员定编 162 名，县级 54 名，区域站 108 名，另外，还设有 38 名乡镇联络员（县乡财政共同负担）。农业推广队伍中，研究员 3 人、高级农艺师 17 人、中级 61 人、初级 81 人，人员工资全部纳入财政供给[①]。

1. 地理标志保护产品

大蒜是四辣蔬菜之一，原产于地势高爽、气候干燥的亚洲西部地区。汉代时传入我国，明朝时传入永年县，当时在西沿村到南沿村一带修建的“西八闸”引滏阳河水自流进行灌溉，再加上“下坡地”土质肥沃，保肥保水能力强，给大蒜生产提供了优越且必要的条件。到现在种植已有 500 多年的历史，是永年蔬菜之中一大特产。1982 年，在县科委的大力支持下，项目主持人凌云昕、王凤春，对大蒜综合丰产技术进行了专题研究开发，对引进的大量外地优良品种进行了筛选，选定山东苍山薄棵大蒜取代沿用了几百年的永年白蒜，同时试验成功了用地膜覆盖大蒜栽培技术。1998 年 5 月 21 日，永年大蒜被国家列为“全国高产优质高效农业标准化示范区项目”，加快了用科技改造传统大蒜产业的步伐。根据国家制定的无公害蔬菜农药和硝酸盐的残留标准，结合永年实际，永年县农业局制定了《永年大蒜栽培技术规程》和《永年大蒜质量标准》，已分别通过省技术监督部门审定，被定为河北省地方标准予以实施推广。该规程和标准，不仅为农民科学种蒜提供了技术依据，而且促进了大蒜产业进一步升级。

2009 年第 108 号文件（《关于批准对永年大蒜、盘锦河豚、莱阳梨、双流二荆条辣椒、渠县黄花实施地理标志产品保护的公告》）国家质量监督检验检疫总局批准对永年大蒜实施地理标志产品保护。文件规定，永年大蒜地理标志产品保护范围为河北省永年县所辖行政区域。永年大蒜地理标志产品保护范围内的生产者，可向河北省永年县质量技术监督局提出使用“地理标志产品专用标志”的申请，经河北省质量技术监督局审核，由国家质检总局公告批准。永年大蒜的法定检测机构由河北省质量技术监督局负责指定。对使用

① 2012 年永年县农技推广体系建设情况汇报。

地理标志保护的大蒜质量技术要求为，第一，品种为地方白皮蒜；第二，土质为褐土和潮土，壤土偏黏，地势平坦，土层 0～20 厘米有机质含量≥1.2%，土壤 pH 值 7.0～8.0，耕层≥20 厘米；第三，栽培管理要求为：①种子要求：单瓣重≥6 克。②整地播种：每公顷施有机肥≥15000 千克，纯氮≥7.5 千克，五氧化二磷≥6.5 千克。9 月 20 日至 10 月 20 日播种，密度每公顷≤82.5 万株，播种开沟深度 4～5 厘米。（3）水分管理：11 月下旬浇冻水；翌年 4 月初浇返青水。（4）收获：5 月下旬，叶片变黄，假茎基部变软时，为大蒜收获适期。（5）环境、安全要求：农药、化肥等的使用必须符合国家的相关规定，不得污染环境。

为了进一步加强管理，邯郸市蔬菜技术站对无公害大蒜种植规定了相关技术标准。技术标准包括五个方面：播种、田间管理、蒜薹收获、蒜头收获和病虫害防治。前四个方面在本书的农业一章已进行了详细的介绍，本章不再赘述。本章只针对病虫害防治做简要介绍。病虫害防治需要注意的是，各农药品种的使用要严格遵守安全间隔期。根蛆的防治有两种方法。一是喷药防治，在成虫盛发期或蛹羽化盛期，于上午 9 时至 11 时喷洒 40% 辛硫磷乳油 1500 倍液、15% 锐劲特悬浮剂 1000～1500 倍液；二是灌根，在大蒜烂母期和蒜头膨大期分别进行药剂灌根防治，每亩用 48% 乐斯苯乳油 500 毫升，或 50% 辛硫磷乳油 1000 毫升，或 20% 吡辛乳油（韭保净）1000 毫升，稀释成 100 倍液，去掉喷雾器喷头对准根部灌药，然后浇水。若随浇水施药，用量加倍。针对叶枯病的防治，主要在大蒜返青后用 5% 施保功可湿性粉剂 1500～2500 倍液喷雾。病毒病发病初期用 1.5% 植病灵乳剂 1000 倍液，或 20% 病毒 A 可湿性粉剂 500 倍液，或用 0.5% 抗毒剂 1 号水剂 250～300 倍液喷雾，10 天喷 1 次，连喷 2～3 次。

2. 粮食作物的病虫害防治

西街村主要种植的粮食作物为水稻和玉米，主要的种植过程上文已有介绍，这里只对病虫害的防治做进一步介绍。水稻常发生虫害，主要包括灰飞虱虫病、稻苞虫病和钻心虫病。针对灰飞虱虫病主要的防治方法为，在盛发时喷洒 10% 吡虫琳可湿性粉剂 1500 倍液或 30% 乙酰甲胺磷乳油、50% 杀螟松乳油 1000 倍液、20% 扑虱灵乳油 2000 倍液、50% 马拉硫磷乳油或 50% 混灭威、20% 杀灭菊酯、2.5% 溴氰菊酯乳油 2000 倍液，在药液中加 0.2% 中性洗衣粉可提高防效。若发生量较大，需单独防治时，对 3 龄前幼虫，每亩每次可用 18% 杀虫双水剂 100～150 克喷雾，或用 2.5% 甲敌粉 2～2.5 千克喷粉；3 龄后幼虫，可用 90% 敌百虫 100～150 克，或 50% 杀螟松乳油 100 克，或 50% 辛硫磷 100 克加水 50～60 升喷雾。也可用 B.t. 乳剂每亩 200 克兑水 50 升喷雾防治。由于稻苞虫晚上取食或换苞，故在下午 4 点以后施药效果较好。施药期内，田间最好留有浅水层。对于钻心虫病的防治有两种方法，一种方法是采用频振式杀虫灯或性引诱剂诱杀成虫，以减少田间虫量及卵量。频振式杀虫灯诱杀是利用昆虫的趋光性诱杀成虫，一盏灯可控制 4 公顷水稻面积，降低落卵量 70% 左右，在 4 月中旬装灯，并挂上接虫袋，每日傍晚开灯，次日凌晨关灯，9 月底撤灯，此法一次投资，反复使用，且诱捕的害虫无农药污染，可作为优质天然水产养殖蛋白饲料，可谓一灯多效。性引诱剂诱杀是利用昆虫性信息素诱杀成虫，要保持水盆诱捕器的盆口高度始终高出稻株 20 厘米，诱芯离水面 0.5～1 厘米，水中加入 0.3% 洗衣粉，傍晚加水至水位控制口，每 10 天更换一次盆中清水和洗衣粉，每 20～30 天更换一次诱芯，以达到无公害防治的目的。另一种方法是传统的药剂防治，大水泼浇和粗喷雾的施药方式优于细喷雾和弥雾，掌握在枯鞘期用药剂防治。

玉米发生的主要虫害为钻心虫，防治的最佳时期为玉米心叶末期即大喇叭口期。每亩玉米田用 3% 辛硫磷颗粒剂 0.25～0.4 千克。施药方法有两种，一是点撒器法，把颗粒剂装入点撒器药斗中，手拿点撒器对准玉米喇叭口每株捏一下就行。二是手捏法。用拇指和食指取少量颗粒剂撒入心叶内。主要的病害为大小斑病，7～8 月温度适宜大小斑病的发生流行，玉米也正处在拔节出穗阶段，如果降雨天数多，田间相对湿度高，则往往引起玉米大小斑病的严重发生。此时每亩用 50% 多菌灵可湿性粉剂或 70% 甲基托布津可湿性粉剂、65% 代森锌可湿性粉剂 500～800 倍液喷雾，每亩用药 50～70 千克，7～10 天喷 1 次，共喷 2～3 次。

3. 农产品质量安全监测

永年县非常重视农产品质量安全监测，坚持流动检测和室内检测相结合，常规检测和速测相结合，例行抽检和随机抽检相结合。常规检测依据为 NY/T 761－2008、GB/T 5009.20－2003。检测项次：甲胺磷、氧化乐果、久效磷、甲拌磷、对硫磷、甲基对硫磷、水胺硫磷、敌敌畏、毒死蜱、乙酰甲胺磷、三唑磷、敌百虫、倍硫磷、马拉硫磷、亚胺硫磷、杀螟硫磷、特丁硫磷、丙溴磷、伏杀硫磷共 19 种。快速检测：检测依据：NY/T448－2001、GB/

T5009.199－2003。距离西街村最近的是小西堡区域中心站，这个中心站负责西街村的检验检疫工作。农产品的检疫流程为：第一步：受理。由申请人申报，检疫机关当天受理，期限1天。第二步：扦样、检验室检验。由检疫机关扦样后进行室内检验。室内检验方法不同，检验时间不定。第三步：签发《植物检疫证书》：室内检验合格后2个工作日内签发《植物检疫证书》。西街村所有出售的农产品都要接受相关的质量安全监测，并且有些农户还申请了无公害认证或绿色农产品认证。

七、文化

悠久的历史使西街村具有与其他村庄所不能企及的韵味，跌宕起伏的岁月让它形成了自己独特的文化传统。小小的村子里隐藏着种种历史的遗迹，很多都已经残败，有些被人们翻修改变了原貌，但是这些流传下来的故事却深深地留在了当地人心里，口口相传、耐人寻味。

（一）风土人情

西街村的永年方言非常有特点，有24个声母、41个韵母和5个声调。永年方言的声母和韵母并非能随意搭配。声母可分为十组，韵母分为开、齐、合、撮四类，其中有些声母组是不能与韵母的某一类搭配的。庞大的声母和韵母的个数加上复杂的组合，使得永年县方言变得非常复杂。再加上五个声调的搭配，外地人就更难懂了。这五个声调是，阴平、阳平、上声、去声和入声，入声是古汉语里的一种声调，北方大部分地区的方言很少有这种声调了。

西街村村民非常热情，无论男女老幼，早晨相见，都会寒暄一番："起来了?"答："起来了。"平时相见，也会问："咋哩哟?"或"咋呀?"答："上××去。"无事则答"不咋。"村民们平时走访亲朋好友，俗称："串亲戚"。每次探亲会友，必以果点、馒头相馈，当地村民称这种行为为"托篮子"。去看望病人或产妇，村民们就会带上糕点、鲜果或挂面、鸡蛋。为了答谢近亲或知己，主人回赠新粮或土产。

（二）宗教信仰

1. 基本情况

永年县地区道教信徒众多，而且存在历史较远。1949 年前，全县有宫观 20 余处，教派有邱祖龙门派、郝祖华山派。随着历史变迁，道教几经兴衰，“文化大革命”期间大部分宫观被毁。1978 年后，党的宗教政策落实。1992 年后，经政府批准，开放了榆林玉皇宫、段庄泰山行宫、西苏清都观、茹佐泰山行宫四处道教活动场所。现有道士 6 人，居士 480 人。1999 年 5 月 29 日，成立了县道教协会。除道教之外，历史上佛教在永年也非常盛行，信徒众多。1990 年以来，经政府批准开放了 13 处寺庙（普慧寺、兴隆寺、清流寺、施庄佛光寺、天王寺、古岩禅寺、安仁寺、清泉寺、金光寺、真如寺、极乐寺、洪福寺、佛吉寺）为佛教活动场所。西街村村民的宗教信仰受永年县所盛行的宗教信仰影响非常大，但是由于缺乏对于宗教的正确认识，当地村民们常常混淆道教与佛教。从西街村村民兴建的庙宇，我们就可以发现当地村民追求的是一种心灵的慰藉，期盼幸福的生活。村民们信奉的不是单纯的一种宗教形式，从总体情况来看当地是以道教为主，融合佛教文化形成了具有当地特色的宗教信仰。

2. 火神庙

南沿村镇庙宇众多，当地共有 8 座庙宇，土地庙、火神庙、奶奶庙、杨仙庙、椿仙庙、九龙庙、观音庙和关公庙。西街村有土地庙，火神庙和奶奶庙。相传三座庙都有悠久的历史，但是由于历史的变迁和岁月的侵蚀，庙宇都已倒塌或者被破坏。我们采访时所看到的是近些年部分村民集资修建的。火神庙位于村东头，供奉火神，目前只有一个主殿。掌管火神庙的是王丁氏，她是一位年过七旬的老人，道号民供。据老人介绍，这所庙宇最早兴建于唐朝，后来由于年代久远就荒废了。20 世纪 90 年代初，她带头捐款重新修建了大殿，庙里还立着记录集资修建者的功德碑，碑文的第一行是老人的名字，她当时捐了 200 元。王丁氏还有一个徒弟，当地村民称他为贾成海，贾成海在成为信徒之前一直从事运输工作，后来他为了方便看管庙宇就在家门口摆起了瓜摊。他家就在火神庙的旁边，他说摆瓜摊既可以赚些钱维持生计，又能照看这座庙。贾成海掌管着庙门钥匙，他每天早上起床后要先去庙里打扫，然后再去摆瓜摊，有进香者来的时候他就去开庙门。

进入火神庙，除正殿比较整齐之外，其余的还是一片荒芜。正殿的柱子上写着："镇南方火帝真君，复东土灵霄宝殿"，红色的柱子和金色的字迹都已经黯淡了。进入正殿火神的泥塑十分威严，呈坐姿，两边各立一位童子。正殿内的泥塑颜色艳丽，只是墙壁上的壁画有些斑驳。每逢有人上香，捐善款，王丁氏都要为捐款者念咒祈福，还要送一块红布保佑家宅平安。贾成海对我们说，他目前正在筹集款项，等筹到足够的钱，他就要按照《民间俗神》的编排为火神庙修建配殿，这样火神庙就能保佑更多的人。

3. **奶奶庙**

村西头坐落着土地庙和奶奶庙。南沿村镇的四个村子都有自己的土地庙，西街村的土地庙是总土地庙。平时土地庙的大门是锁住的，如果有人来进香或者许愿，看门人就会来开门。除此之外，每个月的初一和十五，土地庙会开门一天，迎接各村的进香者。每年的阴历二月初二，相传这天是土地公公的生日，奶奶庙就会用一年攒下来的香火钱请戏班子来这里唱戏，村民们也会来奶奶庙看戏、扭秧歌。

西街村规模最大、香火最旺盛的是奶奶庙。奶奶庙在村里非常显眼，红色的外墙就已经格外出众了，窑洞式的大门，红色的木门配上金色的门闩也异常显眼。庙门口两只半米高的小石狮子精巧可爱，门栏两侧贴着"心诚则灵，有求必应"。走进大门，抬头便能看见"泰山行宫"的匾额，竖排的文字更能显得高大巍峨。当地人介绍说挂匾额的地方称为"山门"。在华北地区很多地方都有泰山行宫，这个名字不仅象征着一座庙宇，更体现着一种习俗。从古至今村里人就有到山东朝拜泰山，祈求五谷丰登的习俗。过去由于交通不便而且经济条件不好，因此朝拜的人多为步行，要走很长时间。各地的泰山行宫就是为了方便去泰山朝拜的信徒休息，为他们提供饮食之处，并且每一座泰山行宫也是朝拜者所请回来的神灵休息之所。

走进山门，第一个跨院里有一间小房间，是看管庙宇的老人休息居住的屋子。房间不大，摆满了各种生活用品，墙上挂着毛主席和十大元帅的照片。靳慧芹老人说，大家想在庙里建一个毛主席纪念堂，现在还没有攒够钱，所以就暂时将毛主席的照片放在这间小屋里了。拱门的两侧各建有一个小庙台，庙台里供奉着神像，还分别贴着春夏秋冬的字样。庙台和拱门的顶铺着金黄色的琉璃瓦。再向里走就是一个小天井，天井是由两廊房间和主殿围成的。

小天井内非常干净，地上铺着石砖，虽然四周的房间和柱子都是红色的却没有丝毫燥热之感。两侧的廊子上贴着对联，小天井的上空还挂着一排排彩旗。这个小天井就是平时村里秧歌队活动的地方，廊子里还摆着一个大大的音箱，梁上还挂着灯笼很有节日的气氛。

正对面就是元君正殿了，大殿的主位供奉的是碧霞元君，俗称泰山娘娘。碧霞元君为道教所尊奉的神，传说为东岳大帝的女儿，宋真宗时封其为“天仙玉女碧霞元君”。道教称元君是受玉帝之命，统摄岳府神兵，照察人间善恶。碧霞元君神通广大，能保佑农耕、经商、旅行、婚姻，能疗病救人，尤其能保佑妇女生子，儿童无恙，为历代百姓所普遍推崇。碧霞元君的泥像高两米左右，身披黄色缎面披风，手里拿着玉板。两侧还矗立了两位持刀的童子，童子身旁的供桌上摆放着牌位、香炉、插花镜子和三碗清水。碧霄娘娘的左侧是琼霄娘娘，右侧是云霄娘娘。三霄娘娘（又称感应随世三仙姑）是道教神话传说中的三位仙女，为财神爷赵公明的三个妹妹，她们最早出现于许仲琳所著的古典神魔小说《封神演义》中，并持有两大法宝混元金斗与金蛟剪。大殿的四周画着三位仙姑智斗妖魔的图画，两边的大梁上挂着红色的围布。每当有善男信女来奶奶庙烧香捐善款，73 岁的刘玉珠老人都要在旁边陪伴，为捐善款者敲铜罄三声祈福。与此同时还要把祝福的话语在神灵面前颂祷一遍，然后将红绳交予捐善款者。

主殿的南侧，西偏殿供奉着三位财神爷，门上有一副对联，上联为“黄金积南山”、下联为“白银堆北斗”、横批为“财源茂盛”。走进殿内，位居左侧的是文财神手持玉板、中间是增福财神手拿金元宝、右侧是武财神左手拿元宝，右手托宝塔。大殿的两侧各立两位侍者。东偏殿供奉着年、月、日、时四个侍者，门前的对联上联为“年月日时巧安排”、下联为“风调雨顺民所求”、横批为“四值功操”。

主殿的北侧，西偏殿为广成宫，供奉着文王以及金骨老母和病疾老母。相传文王有百子，因此许多村民都来此祭拜祈求多子多寿、身体健康。正如殿外的寄语所述：“抱来天上麒麟子，送与人间积善家”。东偏殿为三曹宫殿，门上贴着“善恶分明依公判，执法如山不徇私”。殿内供奉着掌善簿判官、掌生死判官、掌恶簿判官。三座神像各拿一支笔和生死簿，神态严肃，寓意执法严明。

从北侧的偏殿继续向内侧，还有一排空房间，里面没有供奉任何神像。

据王凤兰老人介绍，这排房间是为每年庙里唱大戏时请来的戏班子准备的。每年的阴历四月十八和十一月初八都要请戏班子来唱戏。相传四月十八日是碧霞元君的生辰，十一月初八是这座庙建成后第一次开光的日子。这两个日子对于奶奶庙都是大日子，村里的村民都会来庙里听戏上香，而且连附近的村民和庙里的管事者都要来拜访。

穿过这排房子尽头的小拱门，也就是在广成宫殿的西侧，有一个小院。小院内景色优美，一人多高的桃树已经结了拳头大的桃子了。院里还有一个八角亭供人休息纳凉，再向里看就能看到一座殿，里面供奉的是骑着大象的普贤菩萨、坐在狮背上的观音菩萨和骑着麒麟的文殊菩萨。殿内四周供奉着十八罗汉，墙壁上画着唐三藏西天取经的故事。

我们现在所看到的奶奶庙是经过三次修建才有今日的规模，庙里每个殿旁都有功德碑，上面记载着每一座殿兴建的时间，捐款人的姓名和捐款数额。泰山行宫最早始建于唐朝，迄今有 1000 年的历史，后来由于年久失修加上“文革”时期破除迷信，奶奶庙就成了一片废墟。但是有老人们在这里用砖头垒一个小庙台偷偷祭拜。到 1994 年的时候，国家放宽了对宗教的管制，村里的几位妇女就带头修建庙宇。以前这座奶奶庙是三个村共有的，正殿属于西街村，南廊房属于连寨，北廊房属于西王庄。后来建庙要集资筹款，其他两个村子的人不愿意出钱，所以就放弃了所有权。张凤兰是当时的领导，在她的带领下王凤兰、王玉芹、靳慧芹和刘玉珠，几个人用捡来的砖瓦，平时省吃俭用的钱将奶奶庙重新修建。老人们经常开玩笑地说，自已修了半辈子的庙，现在也都修不动了，以后要找人接班了。1997 年和 2000 年又对奶奶庙进行了扩建，2002 年对碧霞元君的主殿进行了翻修。庙宇的整体布局和设计是由李凤岐负责的，他年轻的时候带着村里人到泰山朝拜过，因此村民们就推举他为修庙的总工程师。

西街村的奶奶庙还有另外一个功能，就是南沿村中老年文体活动中心。这样，奶奶庙不仅是村民们上香求平安的地方，更是参加活动、愉悦身心、解决矛盾的好地方。村里人家如果有了矛盾，会到庙里找看庙的老人调解。平日里还有很多人来庙里扭秧歌，庙里除了每年的两次唱戏以外还会举办很多活动。例如，每年的正月十三会组织村民去附近的洛山、红山上香；二月初二还要组织打醮活动；到了春天会组织村民到泰山、云蒙山上香；秋天还会到云蒙山上香。每当有活动的时候，庙里的负责人会在村里张贴海报，村民们自愿报名参加，参加者缴纳数额不等的费用。奶奶庙有两位会计，他们说每次活动的款项都是他们负责，若有剩余就记在庙里的账本上用于修庙和每年请戏班子。王增祥和王锡珍两位会计说，每次庙里唱戏都要连唱五天，每天两场，五天下来就要1万元。因此每次唱戏的时候他们都会把庙里的账目清算一遍，如果钱不够了还要再集资。这几位看门的老人每次都倾囊相助，就连他们的子女也都会捐不少钱。

（三）饮食文化

由于当地既可以种水稻又可以种小麦，因此当地人在饮食方面无论米面都会食用，而且由于当地物产比较丰富，所以在饮食方面比较讲究，而且小吃远近闻名。当地村民早饭喜食米汤、羊汤、馒头、包子、果子和油条等。中午和晚上当地人会做熬菜搭配米饭或者馒头。熬菜是当地一种独特的吃法，类似于东北的乱炖菜，但是熬菜中的菜品种比较多。当地吃酒席也是非常有特色，所有的宾客酒过三巡才能开始吃菜，喝酒的时候搭配炒菜，此时并不吃饭。等到酒喝完的时候，席间就会端上主食和熬菜。当地人觉得只有熬菜配着主食才吃得舒服，吃得饱。

西街村商业非常发达，所以当地的餐馆也异常红火。由于紧靠邯临公路，所以很多来往车辆的司机都要在西街村这里尝一尝当地的美食和小吃。西街村的餐馆是以味美、量大、价格低著称的。而且当地的小吃可以说令人难忘，最出名的是老宋羊汤。据当地人说，邓朴方来邯郸时，还特意到西街村喝过老宋羊汤。老宋羊汤的创始人是宋家珍，现在由第二代传人宋利君经营。老宋羊汤制作方法为，精选羊的内脏及骨架，配以十几味中药精心熬制，前一天熬制老汤，第二天配以新鲜骨架及内脏同煮。其汤白如奶，骨香四溢，回味悠长。在西街村无论冬夏，都能看见羊汤店红火的生意，早上来一碗羊汤也算是一种享受了。西街村的羊汤店均在当街支一口大锅，热气腾腾，炖得白花花的羊骨头羊架起伏翻滚，汤是乳白色，看样子非常黏稠。羊汤里面有羊杂碎，例如羊心、羊眼、羊脸、羊肝、羊血、羊肺、羊肚等。放多少羊杂碎要看客人的喜好，一般能喝的多则半斤，少则三四两，爱喝又顶不住膻气味，那就二两正好。杂碎盛到大碗里，从锅里舀汤。先用大勺舀了倒进碗里，让汤把杂碎充分盖住，再把大勺翻过来顶住杂碎，汤则全部倒回锅里。然后重新舀起一勺新汤倒进碗里，如此反复三四次，等滚热的汤把杂碎完全冲泡热乎了，才给您端上桌。别觉得麻烦，也别起腻，不这么冲泡，杂碎的香味与汤的鲜美不能混合，汤的味道就差多了。

西街村的另外一种美食就是南沿村拉面了。南沿村拉面迄今已有百年历史，卤料由本地的豆瓣酱配以精选的山羊肉和十几味中草药炒制而成，面料用专用精粉面配盐碱调制而成，绝无其他添加剂。南沿村拉面面劲道、汤鲜美、肉酥烂。在永年有句谚语曾说道："周村的包子，沿村的面。"除此之外，在当地你不得不尝的小吃还有：供销社酱肉、供销社的酱猪蹄和酱下水、南沿村牛舌火烧（烧饼）、扣碗（八碗菜）等。

（四）商业文化

上文在介绍饮食文化时，我们了解了西街村的各种传统美食。西街村利用在南沿村镇核心区域的地理优势，不仅将自己的美食世世代代的传承下来，而且通过商业经营将本地的美食推广出去。西街村自古就是商贾云集之地，而东西走向的邯临公路横穿村庄后，使得商业活动更为便利。西街村商业文化能够如此浓郁是有客观和主观原因的。从客观上来看，是由于当地独特的地理位置和地少人多的局限性，为了缓解人地矛盾，增加收入，发展商业成为村民的必然选择；从主观上来看，是由于当地村民自古就有经商的历史，市场观念、经商意识比较强，很多村民具有敢想敢干、不怕辛苦、敢于承担风险的性格。早在20世纪80年代初，当地村民就已经开始结伴将家乡的土特产带到外地去贩卖或者在西街村靠近公路的两侧开夫妻店服务来往的客人。由于资金和管理水平的限制，当地的商铺以小型店铺居多。但是相对于其他村来说，邯临公路两侧已是商铺林立，生意红火。

（五）民居文化

1. 村民住宅建筑

以前西街村建房子，都是村民们自己动手。建房大多选择在农闲时，左邻右舍的邻居或者同在一个生产队的村民都会来帮忙。村内各家互相协助，共同劳动，建房的家庭不用给大家工钱，只用为来帮忙的村民准备饮食。随着经济的发展和农村建房结构的改变，由原先的砖瓦房变成现在的钢筋混凝土结构的房屋，现在，西街村的村民建房都是雇用包工队建房。

以前西街村的旧宅，多为砖房，大门也相对于现在小一些，院墙多用土坯只略作粉刷。大门及门框也多为木制，门楣没有过多的装饰。一般都以平房为主，房顶采用的屋瓦大多为青板瓦，正反互扣，檐前装滴水，或者不铺瓦，全用青灰抹顶，称“灰棚”。现在西街新建的或翻修的房屋，多采用钢筋混凝土结构，有些家庭还建起了二层小楼。房屋四周装饰的非常漂亮贵气，院门两边的立柱通常比较高大，多有瓷砖覆盖表面。多选择红色等喜庆的颜色，并且在立柱上还会镌刻上吉庆的词句。院门多采用铁制，有些家的铁门上还会有一些花纹等。门上还会修成类似牌楼的门楣，与立柱采用统一的装饰方式，并采用四个字的词语作为匾额，例如幸福之家、和谐之家和宁静致远等。据当地村民说，修建房屋、乔迁新居在村里是大喜事，所以这些都非常讲究，当地人称为“求吉利”。户主必须选择三、六、九日或其他好日子，焚香上供，燃放鞭炮。住进新家后，户主一家要宴请亲朋，称为“暖房”，过去称为“燎锅底”。届时，亲邻好友会带着贺礼到家里来庆祝，又称踩院。

在西街村每家每户都会在大门上贴上门神和福字以祈求平安，并且会把平时（每月逢十五）到庙里进香得到的红布绑在自己家门上的扣环上。一来是为了保平安，二来还能显示自己平时经常行善积德。走进大门，迎面可以看到的是影壁墙，虽然每户所选的图案不尽相同，但是你总会看到在影壁墙上贴的一张关公的画，并且下面会放一个小香炉。在村里的街道或者每家的墙垣上经常能见到“泰山石敢当”这几个字。村民介绍说，住宅绝对不可建在丁字路的交叉处，也就是垂直线垂直点的部位，即住宅前面不可有直冲而来的巷和路，否则祸害无穷。如风灾、火灾对这样的住宅有特别的照顾。如果倒霉的话可能会祸从天降，如一辆汽车的司机或眼花酒醉从对面的路直冲住房，造成经济损失和人身伤亡等。因此这个“泰山石敢当”就作为一个护身符保护住宅不受损害，更能提醒行人车辆注意安全。所以在村里，每一个路口、转弯或者不规则的地方都能看到“泰山石敢当”的石牌镶嵌在墙里。

2. 祠堂

除住房是一个非常直观地了解当地风俗习惯的窗口以外，祠堂是另一个具有传承当地文化精神的好地方。“王”这个姓氏在西街村是大姓，王家在祖上也是人才辈出，在西街村就有由王氏子孙集资修建的祠堂。与村民住宅建筑不同的是，祠堂的大门上不贴门神对联等，并且没有匾额。而且相对其他一层楼的村民住宅建筑，大门的高度比较高，并且屋顶上立有四只神兽。推开祠堂的大门，迎面是一堵红色的影壁墙没有任何装饰，正中摆放了一个香炉。绕过影壁墙，我们可以看到祠堂的正殿，这是祠堂中唯一的一个大殿。大殿前是一个硕大的香炉，环顾四周，小院里的松柏已经有两人多高了。

正殿的建筑风格让人觉得庄严、气派，屋顶上摆满了青色的片瓦，四周还分布着神兽。屋檐下，正殿主体的色调为绛红色，两个柱子上的漆色已经斑驳，而大殿的一个正门和两个偏门则颜色饱满。正门上还贴着今年过年的值班安排表，祠堂平时是不开放的，但是每年的腊月二十九、正月初一、初二、初三以及十五都会开放。每到这个时候，西街村附近的王氏子孙都要到祠堂里面来进香捐善款，这些钱都用来平时维护祠堂。正门上方有一块匾额，上面正中所书："耆英"，左上角书："皇帝诏书授予王鑛"，右下角书："明朝皇帝隆庆元年"。走进正殿，正中供奉的是王氏始祖的牌位，牌位两边有红烛供奉，牌位后面是三个挂轴。主挂轴所绘画的是祠堂最大的时候的盛景，并且有"德启后人"四个大字。两边是一副对联，上联为"敬先祖孝父母示范后代"，下联为"教子孙学纲常遵纪守法"。挂轴的两侧是王氏家族的族谱。紧挨着牌位桌还有几张桌子，桌子前方有一个香炉，香炉上也插着红烛，旁边还有一个集款箱。环顾大殿，墙上挂着二十四孝的图解，文字配着图画生动形象地向每个到这里来的后人讲述着中国的传统美德，以教育子弟。

从大殿出来，殿外的走廊上立有两块石碑。殿西侧的石碑上刻着墓志铭，墓碑上最左侧为"明耆英王翁配李氏合葬墓志铭"。墓志铭上讲述了耆英从直隶凤阳府迁至广平的经历，和他到广平后为人乐善好施的好德行，以及他的子女的情况。他的女婿是进士出身，后为中议大夫贊治尹池州知府，为他撰写了碑文。据王家家谱记载，在明朝时期，王家曾有两位子孙高居宰相一职，权倾朝野。殿东侧为 2010 年冬至时后代子孙所立的"明故先祖王公"碑。影壁墙的后面还有两块石碑，一座是题为"乐善好施"的石碑，记载着为兴建祠堂的出资人；另一座题为"源远流长"，为王氏祠堂重建的石碑。石碑上记载王氏祠堂始建于明朝，初建时祠堂分为前后两段院落，前院有临街商铺数间，后院为学堂。其建筑雄伟壮观、洁净优雅，经历风霜六百余载，后因年久失修而废弃。后来在族人的一致要求下，祠堂于 2005 年翻修完成。在院子的墙边一棵松树下，我们还发现了一块古旧的石壁。青色的石碑，文字已经都变得模糊了。从残存的碑文中只能辨认出此碑立于康熙十七年，上面刻着“明故顯考，朝遨公之墓。”

（六）婚丧文化

1. 嫁娶文化

新中国成立前后，西街村在婚姻方面还存在着很多陋习，例如包办、买卖婚姻、童养媳、冲喜亲、早婚、换亲、续亲和冥婚等。包办婚姻和童养媳的情况在以前是比较常见的，所以这里就不多做介绍了。冲喜亲是指男女双方虽已订婚，但未到婚期，遇有未婚夫或其父母病危，则行提前迎娶，意用“喜气”压“邪气”。因此有不少女子便提前守寡，直至终生。而且旧时男子丧妻，夫可再娶天经地义，而夫亡，妻不得再嫁，谓之“守节”。在当地还有一种风俗称为换亲，是指一些贫困的家庭，男女双方家庭中的兄弟娶不起媳妇，就将其姐或其妹嫁于对方。而对方也将其姐或其妹嫁之，彼此相互对换。偶尔也有三角换亲的。男女双方成婚后，遇有亡妻时，妻之妹续之，与原姐夫成婚，即谓续亲。男女双方成婚后，偶有亡夫时，女子再与其夫之弟成婚，即谓转婚。若男女双方已亡，经人介绍“成婚”（有的男方早已亡）。男方去人去车迎亲（实则迎棺）放鞭炮，至茔地合葬。民间称这为“买骨寸”，现仍有之。但是现在这些有碍于婚姻自由的风俗大部分都被摒弃了。

西街村当地结婚有很多特别的风俗，下面我们就根据走访所了解到的情况作简要的介绍。

在当地男女双方确立恋爱关系，有结婚的意向之后，男方将婚启送于女方家（内含男子年庚），称作“送小贴”。女方允婚后，即将女子年庚送男方家，称作“换小贴”。两家各自会商量一个吉日，然后两家坐下来商量定下婚期以及一切相关事宜，写于红书，称作“送书”。其后，男方家将聘礼送于女方家。女方家在收到聘礼后也送一些作为回礼，以前经济条件不好的时候，聘礼多为一些实物，现在经济条件好了而且人们的工作比较繁忙，聘礼多为现金或者首饰等贵重物品。当结婚的日期定下来之后，双方就开始通知亲友，订车，订饭店，采买东西。村里的红白理事会成员也会到家里来帮忙并加以监督。村里的红白理事会订立的章程规定，各家不得铺张浪费，因此酒席每桌不得超过11个菜，接亲和送亲的人数也不能过多。

结婚前一日，男方家会送瓜果、蔬菜和米面到女家，即“通道路”，意在为明日的婚礼车队打探一下行车道路。这天女方家也会送嫁妆到男方家，后来也有很多选择在结婚当日送嫁妆。旧时女方家须向男家陪送桌椅箱柜作为嫁妆，品级分为：四抬、八抬或十二抬、二十四抬不等。时至今日陪送之物也有了很大变化：20 世纪 60 年代嫁妆为“四转”，即自行车、手表、缝纫机、座钟；80 年代以后是现代家电，如电视机（尤以彩电为多）、洗衣机、电冰箱、电扇等。男方要非常热情的接待送嫁妆的女方亲友，并留下大家吃饭，还要给送嫁妆的亲友一份红包表示感谢。

次日早晨，男方家接亲的车队会在双方约定的时间到达女方家里接新娘。在以前迎娶新娘的花轿到女方家门口的时候，女方家必将大门紧闭，故意延长时间，被人们称为：“可减新郎之暴性，女子不受男人虐待”。现在人们为了增添喜庆，更是有许多亲友来女方门口拦着新郎不让其进入，讨要红包。来接亲的不仅是新郎平日的好友，还有新郎的长辈。这些长辈遇到新娘的朋友或者亲戚阻拦新娘不让上车的情况，例如新娘的朋友不把手捧花给新娘，打扫花车等情况，就要出面劝阻。好让新娘顺利上花车。新娘上花车时腰中一定要放有压腰钱若干，俗称“腰不空”，取可永有钱花的好兆头。待到接亲与送亲的亲朋都上车后，新娘家要点燃爆竹等。车队要按照“通道路”时定下的路线，这个路线与车队来的时候不是一条路，当地人认为接亲的车队不能走回头路。而且如果车队遇到其他接亲的车队，新娘就要掰断一双筷子扔出车窗；若遇到白事的车队，新娘就要将一个碗扔出窗外。

车队到新郎家时，要燃放爆竹迎接新人。旧时新娘入门前有很多讲究，例如在门外放一马鞍，令新娘跨过，取“平安”之意；新娘入洞房后，新郎以称钩挑开其红盖头，谓“称心”，现在这些规矩都取消了。女方弟弟会带着红包袱坐在车上，男方的亲友必须给他红包一枚将他请下来。这样新娘才能由男方的嫂子接下车，到屋内拜天地、公婆及亲属。公婆接受新人的拜礼，并且在长者的引导下，女方要行改口礼，即要叫男方父母为爸妈，并奉茶。公婆在接受儿媳改口并喝茶之后，两人每人会给儿媳一个红包。之后双方亲友，会到酒店里参加这对新人的结婚典礼。典礼之后，女方家会用车将女儿接回家中休息，女婿也会随行。新人进门后女方的亲属会将新郎的脸抹黑，当地人叫“闹新郎”。据当地人介绍新郎的脸被抹的越黑越证明人缘好。男方进门也要向女方的父母行礼，改口。因为新婚头三天是不分大小的，因此无论是谁都可以闹新娘。娘家人也出于心疼女儿的考虑，将女儿接回家中。到了晚上，新娘家送亲的亲友都各自散去，新郎的小兄弟们会留下来闹洞房。一来是沾沾喜气，二来也增加一下热闹气氛。

2. **生育文化**

以前，早婚早育在西街村是很普遍的现象，目的是为了家庭能尽快增加劳动力，并有利于繁衍后代。养儿防老、多子多福等传统观念在当地也广为流行，子女成为私有财产。基于经济利益的考虑，传统婚育观念反映的是农业社会中对婚育的需要，传统农业以小农经济为特征，对劳动力素质的要求不高，劳动以体力支出为主，儿子多劳动力就多，创造的财富就多，有利于家庭经济的发展，父母晚年生活就有保障。同时由于生存环境恶劣，死亡率高需要以高生育率加以补偿，多子既是主观的选择，也是客观的需要。

但是随着经济的发展和社会条件的变化，广大群众的生育观念有了较大改变，传统的生育观念正在被弱化。重男轻女的现象在西街村有所改善，但传统生育观念的负面影响还远未彻底肃清，多子多福、养儿防老的传统观念仍然束缚着人们的生育行为。因此在西街村很多家庭尤其是70后和80后的家庭至少有两个孩子，这就是传统的生育观在现实生活中的体现，好在西街村所有的家庭目前都很重视子女的受教育问题，九年义务教育基本全部普及，未来新的生育观必将在西街村形成。

3. **丧葬文化**

西街村有个习俗就是咽气之前必须把寿衣（俗称“老衣”）穿上，一则死后不好穿；二则说是人死了再穿，就意味着光着身子走了，到了阴间还是无衣。寿衣大都是很早就准备好的。按当地习俗，寿衣要在闰年闰月缝制，取“功德润泽”之意。寿衣袖子很长，要能遮住手梢，忌讳袖短露手。否则，后辈儿孙就衣不蔽体，伸手讨饭。在寿衣件数上，要穿单不穿双，是避免凶事成双的意思；在寿衣布料上，要穿平纹布，忌穿斜纹布，怕有一个“邪”字，后辈人搞邪门歪道；特别忌穿皮革，因为皮子是畜皮，穿了怕来世变成畜生；可以用绸子但不能用缎子，因为缎子和“断子”谐音，不吉利；寿衣不能用纽子，只能用布带，因为纽子和“扭子”谐音，怕后代出“逆子”。寿衣要两头见棉，即有棉衣、棉裤，冬夏如此，取“以棉（眠）为安”之意。寿衣里子多选用红色，意味着后辈人日子过得红红火火。子女先父母而亡者，要在寿衣上缀个白布条，以示在阴间也要为父母制服。

在为死者梳洗完毕后，要将尸体迁入中庭（或者另设草铺），并设置灵床。灵床是由两条长板凳支起的板床上，下铺上谷草，谷草的根数跟死者的寿数相等，俗称“隐身草”。过去传说，人死后“魂”就离开了身体，但他并不知道自己已经死了，只觉得很轻松，就到处游玩。为了使他玩得愉快，暂时不让他看到自己的遗体，就用这些谷草隐藏起来。另一种说法是，人死后两天以内鬼魂还不让进“阴曹地府”，在阴间也不能胡游乱逛，又不能附体，所以要铺上“隐身草”让他暂时藏身。然后将准备好的珠玉或者钱放入人口内，称为“噙口钱”或“口实”。关于往死者嘴里放“噙口钱”的事，民间有三种说法。一是把钱称为“宝”，把钱放进死者嘴里叫“口中含宝”，寓吉祥之意；二是说人辛劳一生，不管贻留多少，“噙口钱”是最后带走的“落头”；三是说人死了就变成了“鬼”，“鬼”还要投胎再脱生，再变成人，有了“噙口钱”，来世不受穷。脚脖上套根绳圈，俗叫“绊脚丝”。传说，“停尸”期间，如果遇上打雷闪电或猫从身上跳过，死人会突然站起来，碰上什么东西或人，就抓住死死不放手，叫作“死不丢手”，非常吓人。所以，要用麻绳绊上，到盛殓盖棺时再解去。人死后，要把他的身体捋顺好，使他仰面朝天躺着，用一张轻薄的黄表纸或白纸把脸盖上，俗叫“苫脸纸”。在当地有关“苫脸纸”的说法有很多，一是人死后脸色会变得难看，亲人们一看见他的面容，未免有些伤感或害怕，所以用“苫脸纸”遮住；二是观察死者是否假死，若是假死，气出纸动，还可抢救复生；三是遮挡尘土，防止噪音，有让死者安息之意。最后再在死者的袖子内放上面制的小棒，在旁边点燃“照命灯”，供上香烛，当地人称为为“小殓”。

一切停当之后，死者家必须用白纸糊门，悬纸幡（按死者岁数为之），贴“×门之丧，恕报不周”于门侧（男左女右）。然后报讣亲友，当地人称为“报丧”，孝子不能出门，以前没有电话的时候孝子必须托其他人转达自己家中的不幸，现在都通过电话告知。日夕时分，孝子要赶赴土地庙押纸，俗称为“告庙”或“报庙”。除此之外，还要请来“阴阳”先生按死者咽气的时辰推定“出殡”时间、来客开吊、出殡埋葬、“过七”、百日、一周年、二周年、三周年的具体日子，并把这些日辰用白纸开列出来，贴在墙上，丧祭仪礼按此如期进行。与此同时，请来“家门父子”头面人物在一起商议丧事怎样办理，请“总管”，叫“知客”，定厨师，约吹手，开始筹办丧事。由总管统筹安排，指挥动作，事主只是出钱出物当孝子。

接到通知的亲朋好友，会陆续来家里祭奠，丧家大门外设“礼桌”、“礼簿”，有人专门登记来客和礼品，俗叫“上礼”。凡有来客都鼓乐齐奏，热情欢迎，有“知客”专职接客。客人先在“礼桌”“上礼”，再到灵前烧纸奠酒。礼品中若有“名人”题写的匾幛之类，要在赞礼人的带领下，乐队前行，孝子列队随后前往村旁跪拜迎接，以示尊重。近年来，丧事奏乐除了唢呐以外，又引了西洋鼓号，就显得更加壮观、庄重、气派。

人死后三日内，若无特殊原因，就要把穿戴好的尸体抬进棺材里，俗叫“成殓”或“入殓”。“成殓”时全体孝子参加，亲邻帮忙，必须有娘舅家人在场，或得到他们的允许，并由本族年长者主持，否则不能“成殓”。尸体入棺，要稳正尸位，整饬尸相，下铺红褥子，上盖红被单，也取后辈红红火火之意。尸体与棺壁之间，紧插用纸包裹的松柏锯末、叶末或草木灰，以作固定，防止晃动。安排就绪，方可盖棺，俗叫“合龙口”，一旦合了就再不能揭开。当地死人“入殓”还有个讲究，就是举尸入棺时，要由长子（承宗人）捧头，其他人抬尸，小心翼翼地把尸体放入棺内。由于受封建宗法思想的影响，长子“入殓”捧头，起灵摔“纸盆”，出殡领头“扯纤”，以至以后的祭奠抱“牌位”、烧纸、酹酒，都是长子一人的事。只要长子在，任何人不能代替。

当地安葬一般都在早晨举行，具体时辰由“阴阳”先生推定。“起灵”就是人们常说的“出殡”，也就是把灵柩从家里抬到墓地的过程。“起灵”之前，先由吹手在村里吹奏一阵，乡邻听到嘹亮的唢呐声，从梦中醒来，就知道要起灵了。有的人即到丧家帮忙，有的人掮上锨直奔墓地等待“全墓”。孝子及亲邻都到齐了，灵前烧纸磕头后，便把灵柩抬到大门外两条长凳上，在灵柩两侧绑上椽作为抬杠。一切准备停当了，孝子跪地烧纸“起灵”。灵柩抬起后，有人用脚蹬倒停柩的两条长凳，由长子在柩头前地上摔碎“纸盆”，顿时哭声大动。习俗上是谁摔“纸盆”谁就是当然的承宗子，就有继承权。灵柩起动时，长子在前一手拄着“哭丧棍”，一手拉着扯纤布，抱着“灵牌”低头弯腰哭奔墓地。“出殡”的队列顺序是，鼓乐走在最前面，吹奏哀乐。还有一人提着灯笼，俗叫“引路灯”。一人提着纸笼边走边撒“纸钱”，俗叫“引路纸”。一人提着斗，斗内装有五谷杂粮、铭旌和牌位等物。一人端着献饭，一人背上祭桌，这些一般都由女婿、外甥充任。接着就是男孝子、灵柩、女孝子、“送埋”的亲朋好友随后。灵柩出村时路过谁家大门，谁家就烧起火堆，一则为“路祭”，二则为驱邪。

灵柩抬到墓地，要绕“墓穴”转一圈，示意死者踏看“地方”，熟悉环境，才好安息。转完了，把灵柩放置在墓穴之前。孝子全部跪倒在地。“阴阳”先生下到墓室，用罗盘测定灵柩放置的方位，同时划出线来。下葬的时辰到了，用绳索把灵柩吊入墓室，长子事先进入墓室，在其他人的帮助下，把灵柩扛挪在“阴阳”先生划定的线上。接着，在灵柩盖上铺好铭旌，柩前放置灵牌、墓志砖（记死者姓名、生卒年月及生平）、“阴间地契”（由“阴阳”先生用两块砖写明这块地方是属于死者的），点上长明灯，摆上献饭，放个吃“饭”碗，然后用土蟹或石板封闭墓室口。入葬后，孝子必须步行回到家中，其余的众人可以搭车回家。孝女都纷纷抢着先回家，在当地称为抢富贵。

在村子里，历来在白事上都会花费很多钱财，而且农村旧的丧葬文化也带来坟地侵占耕地的问题。因此建立了红白理事会，要求白事一律从简操办，并且向村民们提倡火葬。现在的西街村，几乎所有的人都能接受火葬，并且村里开始有计划地平坟退耕。

八、社会发展与社会保障

（一）发展政策

永年县未来打算大力发展广府旅游项目，西街村临近广府古城，目前又是重要的物资集散中心。因此永年县政府准备帮助西街村进一步发展，成为广府城旅游的重要物资和商贸支撑点。为了使物资能更好地流通，为广府旅游提供一个良好的环境，为游客留下一个良好的印象，第一步就是对从西街村中通过的邯临公路进行环境整治。在邯临公路环境整治工作中，南沿村镇投入大量人力、物力，共计清挖临沟1000余米，拆除违章建筑100余户，总面积将近1万平方米。建立了长效保洁机制，保持了道路整洁卫生，并组建专门管理队伍，对沿路工商户实施规范管理，对集市占道经营、堵塞交通等顽疾进行了彻底治理，也为进入广府的窗口擦去了“灰尘”。

第二步就是继续推动西街村的商贸发展。南沿村镇自古以来就是永年县东南部的商贸重镇，商贸饮食业发达，西街村在这些方面更是远近闻名。西街村由于地少人多，所以自古就有经商传统，并且当地人勤劳肯干，不怕辛苦，在该项目推广以前西街村就是附近村子的商品集散中心。除此之外，西街村的餐饮业非常发达，当地人掌握着各种美食制作的秘方，一代代传承下来，并发扬光大。因此镇政府在西街村投放资金建设综合市场，筹集资金 2800 万元规划建设南街综合市场和恒利商业广场，恒利商业广场目前已投入使用。该综合市场的建成将会较大程度上缓解占道经营和群众增收致富矛盾。

（二）帮扶政策

1. 粮食补贴

西街村农业粮食、良种补贴共涉及 1252 人，313 户，耕地面积 639 亩，2012 年粮食直补标准为 13.2 元/亩，综合直补 80.4 元/亩，综合二次直补 15 元/亩，合计 108.6 元/亩。每年补贴的款项会直接存入农民的粮食直补存折。

2. 蔬菜产品补贴

河北省政府为促进蔬菜产业的发展，下发了《河北省人民政府关于加强示范县建设促进蔬菜产业又好又快发展的意见》文件（冀政［2010］87 号），明确指出了从 2010 年开始，省级财政将连续 3 年每年安排专项资金 1000 万元，对 2010 年至 2012 年期间通过无公害农产品、绿色食品、有机农产品认证的农产品地理标志登记（以下简称“三品一标”）的蔬菜产品给予补贴。

为规范“三品一标”蔬菜产品补贴资金工作，河北省农业厅、河北省财政厅下发了《关于印发河北省“三品一标”蔬菜产品补贴资金管理办法的通知》，明确了补贴对象是蔬菜生产及加工企业、协会、农民专业合作社（以下简称获证单位）。具体补贴金额是：无公害蔬菜获证单位认证一个产品补贴经费 8000 元。复查换证 1 个无公害农产品补贴经费 5000 元。对同一产地认证（复查换证）产品较多时，从第二个认证（复查换证）产品开始，每认证（复查换证）一个产品按补贴标准的 50% 给予补贴。绿色食品蔬菜产品获证单位认证一个产品补贴 2 万元，认证两个产品补贴 3 万元，认证三个产品以上，在两个产品补贴的基础上，从第三个产品起每个产品补贴 3000 元，续展认证按照新认证对待。获得有机农产品认证，且连续保持认证两年以上的蔬菜产品，每个获证单位认证补贴3万元。农产品地理标志获证单位登记1个农产品地理标志补贴5万元。

永年县被列为首批省级蔬菜生产示范县，县委、县政府为进一步做好省级蔬菜示范县工作出台了《关于建设省级蔬菜示范县的实施意见》，加大对蔬菜示范县建设的支持力度，多渠道、多形式筹集蔬菜产业发展基金，逐渐形成业主投入为主、社会资本积极参与、财政适当补贴的多元化投入机制。对省市县财政每年安排的1500万元蔬菜产业发展专项资金，坚持以市场运作、项目招标的方式，重点投入到省级示范村基地的建设。各类涉农项目资金要重点倾斜和投入蔬菜产业。2010年县财政对新建的蔬菜示范园，参照2009年建设和补贴标准，建设补助标准按温室室内使用面积每亩补贴1万元；对新建工厂化育苗温室，参照2008年补贴标准，按育苗温室实际使用面积每亩补贴8万元标准进行补贴。同时，要积极开展品牌创建工作，组织优质蔬菜品种参加农产品博览会，进一步加大整体推进永年无公害蔬菜基地认定的力度和范围，对无公害蔬菜品牌的申报、评定和广告支出等费用由县财政予以补助和奖励，对取得国家级名优产品、驰名商标称号的企业奖励10万元；取得省级名牌或著名商标称号的奖励企业5万元；被国家、省政府命名为农业产业化龙头企业，政府将分别奖励企业25万元、10万元，对申请国家绿色食品、有机食品标志认证的企业，每认证一个蔬菜品种奖励企业1万元。

3. **汽车下乡补贴**

为了提高农村的生活水平和改善农村交通工具，西街村响应河北省的号召，积极向村民推广汽车摩托车下乡财政补贴政策的宣传。补贴行为及对象有三类，第一类，2009年3月1日至12月31日，农民将三轮汽车（指原三轮农用车，下同）或低速货车（指原四轮农用车，下同）报废并换购轻型载货车（以下简称换购轻型载货车）可享受新车购买及旧车报废双重补贴，每户限购一辆。报废车辆车主与新购车辆车主为同一农民。省内农民新购冀产轻（微）型载货车，也可享受补贴，每户限购一辆。第二类，2009年3月1日至12月31日，农民购买1.3升及以下排量微型客车可享受补贴，每户限购一辆。第三类，2009年2月1日至2013年1月31日，农民购买摩托车可享受补贴，每户限购两辆。

补贴的比例及金额规定如下：第一，对将三轮汽车（原三轮农用车，下同）或低速货车（原四轮农用车，下同）报废并换购轻型载货车的，按换购轻型载货车销售价格10%给予补贴，换购轻型载货车单价5万元以上的，实行定额补贴，每辆补贴5000元。同时，对报废三轮汽车或低速货车实行定额补贴。报废三轮汽车每辆给予补贴2000元，报废低速货车每辆给予补贴3000元。第二，对购买微型客车（包括河北长安汽车有限公司产品），按销售价格10%给予补贴，购买微型客车单价5万元以上的，实行定额补贴，每辆补贴5000元。第三，对购买冀产轻（微）型载货车（已享受换购补贴政策的除外），单价5万元以下的，每辆定额补贴1500元，单价5万元以上的，每辆定额补贴2000元。第四，对购买摩托车，按销售价格13%给予补贴，购买摩托车单价5000元以上的，实行定额补贴，每辆补贴650元。补贴资金由中央财政和省级财政共同负担。其中，中央财政负担80%，省级财政负担20%。

（三）社会福利

1. 新型农村合作医疗

（1）发展进程

2002年10月《中共中央、国务院关于进一步加强农村卫生工作的决定》明确提出，到2010年在全国农村基本建立起新型农村合作医疗制度，2003年，新农合制度试点在全国陆续展开。西街村所在的永年县从2007年开展新农合，始终把建立和完善新型农村合作医疗制度作为落实科学发展观、统筹城乡协调发展、构建和谐社会、建设社会主义新农村的一项重要任务来抓。通过加强管理，扎实工作，各项管理体系和制度不断完善，定点医疗机构的监督和管理到位，严格控制医疗费用增长，进一步提高新农合工作水平，使参合农民得到的实惠日益明显，切实减轻了参合群众的医疗负担，很大程度上缓解了因病致贫、因病返贫的问题。从2007年实施以来，补偿标准逐年提高，例如，门诊的补偿遵循着实报实销、家庭通用、报完为止的原则，报销金额由2007年和2008年的家庭账户每人每年补偿8元，2009年后提高到每人每年补偿10元。但2011年门诊的补偿标准有所变化，门诊补偿没有起付线，补偿比例为村级35%，乡级30%。除此之外，2011年开始住院顺产分娩的补偿额由原先的每人100元提高到每人200元。起付点、补偿比例和封底线的具体情况见表8-1、表8-2、表8-3。

表 8-1　2007—2011 年新农合各年度起付点标准　单位：元

<table>
<tr><th>补偿类别</th><th>医疗机构</th><th>2007 年</th><th>2008 年</th><th>2009 年</th><th>2010 年</th><th>2011 年</th></tr>
<tr><td rowspan="6">住院</td><td>乡级</td><td>100</td><td>100</td><td>100</td><td>100</td><td>100</td></tr>
<tr><td>县级</td><td>300</td><td>300</td><td>300</td><td>300</td><td>300</td></tr>
<tr><td>市内二级</td><td rowspan="4">（只有市级一个标准）2000</td><td>1000</td><td>1500</td><td>1500</td><td>1000</td></tr>
<tr><td>市内三级</td><td rowspan="3">（市内三级及市以外 2000）</td><td rowspan="3">（市内三级及市以外 2000 元）</td><td>2000</td><td>1200</td></tr>
<tr><td>省级</td><td>2500</td><td>1500</td></tr>
<tr><td>省外三级及以上</td><td>2500</td><td>4000</td></tr>
<tr><td rowspan="2">慢病门诊</td><td>县内乡以上</td><td>300</td><td>300</td><td>300</td><td>200</td><td>—</td></tr>
<tr><td>乡级以上</td><td>—</td><td>—</td><td>—</td><td>—</td><td>200</td></tr>
</table>

资料来源：根据永年县卫生局 2007 年至 2011 年相关文件整理。

表 8-2　2007—2011 年新农合各年度补偿比例标准　单位：%

<table>
<tr><th>补偿类别</th><th>医疗机构</th><th>2007 年</th><th>2008 年</th><th>2009 年</th><th>2010 年</th><th>2011 年</th></tr>
<tr><td rowspan="6">住院</td><td>乡级</td><td>60</td><td>80</td><td>75</td><td>80</td><td>80</td></tr>
<tr><td>县级</td><td>50</td><td>70</td><td>65</td><td>70</td><td>70</td></tr>
<tr><td>市内二级</td><td rowspan="4">（只有市级一个标准 35%）</td><td>55</td><td>55</td><td>60</td><td>60</td></tr>
<tr><td>市内三级</td><td rowspan="3">（市内三级及市以外 45%）</td><td rowspan="3">（市内三级及市以外 45%）</td><td>50</td><td>55</td></tr>
<tr><td>省级</td><td>45</td><td>55</td></tr>
<tr><td>省外三级及以上</td><td>40</td><td>45</td></tr>
<tr><td rowspan="2">慢病门诊</td><td>县内乡以上</td><td>40</td><td>50</td><td>50</td><td>60</td><td>—</td></tr>
<tr><td>乡级以上</td><td>—</td><td>—</td><td>—</td><td>—</td><td>60</td></tr>
</table>

资料来源：根据永年县卫生局 2007 年至 2011 年相关文件整理。

表 8-3　2007—2011 年新农合各年度封顶线标准　单位：元

补偿类别	2007 年	2008 年	2009 年	2010 年	2011 年
住院	15000	20000	30000	40000	60000
慢病门诊	2000	2000	2000	3000	3000
门诊	—	—	—	—	50

资料来源：根据永年县卫生局 2007 年至 2011 年相关文件整理。

（2）基本情况

2012年新型农村合作医疗南沿村镇共涉及户数10571户，共44981人，除去五保、低保人员，共有41799人参合，参合率98.3%。西街村2012年参合率达到了98.9%，高于平均水平。参合农民个人缴费每年为50元，中央和地方财政补助参合农民每人每年240元，合计每人每年290元。农民缴纳的款项由村里负责征收，然后直接上缴给县财政。补偿标准逐年提高，具体情况见表8－4。从表8－4我们可以看到新农合补偿标准越来越人性化，将很多过去出现问题的地方都加以说明和解释。可以更好地服务于广大人民群众，减轻医疗负担。

表8－4　**2012年新农合补偿标准**

<table>
<tr><th>补偿类别</th><th>医疗机构</th><th>起付线（元）</th><th>补偿比例（%）</th><th>封顶线（元）</th></tr>
<tr><td rowspan="6">住院</td><td>乡级</td><td>100</td><td>85</td><td rowspan="11">7万元（其中门诊统筹为80元，慢性病门诊为3000元）</td></tr>
<tr><td>县级</td><td>300</td><td>78</td></tr>
<tr><td>市内二级</td><td>800</td><td>65</td></tr>
<tr><td>市内三级</td><td>1000</td><td>60</td></tr>
<tr><td>省级</td><td>1500</td><td>55</td></tr>
<tr><td>省外三级及以上</td><td>3000</td><td>50</td></tr>
<tr><td rowspan="2">门诊</td><td>村级</td><td>0</td><td>40</td></tr>
<tr><td>乡级</td><td>0</td><td>35</td></tr>
<tr><td rowspan="2">慢病门诊</td><td>县内乡以上</td><td>200</td><td>60</td></tr>
<tr><td colspan="3">终末期肾病、恶性肿瘤放化疗、白血病、血友病、精神病等特殊病种，比照住院病人补偿办法予以补偿</td></tr>
<tr><td>住院分娩</td><td colspan="3">住院分娩（顺产）补200元/人，剖腹产并发其他病症者可按疾病报销</td></tr>
</table>

资料来源：根据永年县卫生局2012年相关文件整理。

西街村目前有两家诊所和一家药房，都是个人申请、上级批准建立的，统一由永年县南沿村镇中心卫生院管理。西街村村东和村西各有一个卫生所，两家卫生所的医生都具备行医资格证。但是只有村东的卫生所是由卫生局特批的永年南沿村镇西街村卫生所，也是永年县乡村卫生服务一体化管理的定点卫生室。卫生所门外有醒目的灯箱，标注“门诊”二字。墙壁上的宣传栏上写着注射疫苗和防治流行疾病的通知。走进卫生所，正对面就是医生的接诊室也是值班室，右边是中西药房、仪器室、仓库，左边是治疗室。卫生室的医生介绍说自己的卫生室在村中是时间最长的一所，而且是唯一由卫生局批准的规范村级卫生室。自己和父亲都是全科医生，原来卫生所坐落在街里，2006 年为了方便群众，他家自己出资将卫生所搬到了现址。

西街村卫生所的主要业务范围为普通疾病，例如感冒发烧、头痛脑热、肠炎胃病等。在这里既可以选择西药治疗，也可以抓一些中药回家煎煮，医生还会扎针拔罐等传统的中医理疗方法。除此之外，西街村卫生所还负责接种疫苗、妇女保健、建立健康档案、签发死亡报告和为村民们报销药费。西街村卫生所提供的药品都是由医生自己购买的，医生说现在网络发达，物流也非常方便，因此他都是在网上购买药物。西街村卫生所设备非常齐全，卫生所自己出资购买了一架牙科治疗床，但是由于人手不够，病人又相对集中，所以就不再使用了。国家目前为孕妇免费提供叶酸片以达到优生优育的目的，卫生所负责叶酸的发放。国家还为卫生所配备了电脑、打印机、血压仪和测量心电图的机器。

西街村所有的医疗报销都必须通过这个卫生所，卫生所的电脑可以登录国家的新型农村合作医疗系统进行数据录入，该系统利用计算机技术、通信技术、磁条存贮技术、IC 卡技术、软硬件有效结合，在一个县范围内实现农村在县内“自主选择就医单位、医疗费即用即补”的农村合作医疗管理模式，真正实现“一卡通”的管理。新型农村合作医疗系统，解决手工作业报销周期长的问题。该系统功能分为县级版、乡级版、村级版。村级卫生所版的主要功能为 5 大部分。第一为系统管理，即注销用户、修改密码、数据库连接。系统管理着重安全性、业务易拓展性、易操作性进行设计。第二为基础设置，主要包括费用类型设置、疾病信息设置等功能。第三为档案管理，报销项目、目录对应关系、医疗服务单位等功能。第四为诊所统筹，即诊所门诊统筹、诊所药品字典、诊所药品入库、诊所业务查询、诊所业务汇总、诊所入库汇总、诊所本地业务查询等功能。第五为统计查询，本单位账户、本单位报销兑付表、本单位分段报销情况、门诊病人登记表、本单位门诊报销汇总、参合农合汇总查询、每月报销对比等功能。西街村卫生所为来报销的村民先垫付报销款，然后每月再到永年县南沿村镇中心卫生所根据新型农村合作系统上的信息进行兑付。

新型农村合作医疗在西街村取得了巨大的成效，改变了农民“看病难、看病贵”的局面，往日“小病拖、大病扛”的现象正在逐渐减少。这在一定程度上促进了社会公平，在一定程度上缓解了农民因病致贫、因病返贫等问题，农民参合热情逐年高涨，参合率稳步提升，受益程度逐年提高，在统筹城乡协调发展方面起到了积极的推进作用，有效地维护了社会和谐稳定。自实施新农合制度以来，参合人数和补偿标准逐年提高，低保户、五保户、优抚对象，由民政部门利用医疗救助基金资助其参加新农合，让所有农民都享受到农村合作医疗这一惠民政策的好处。

(3) 工作措施

西街村的新农合普及程度高，覆盖人数广，离不开各级领导的督促和支持。在进一步提高参合率的工作上，西街村村委会的各位领导做出了巨大的努力。他们经常到卫生所询问目前村民参保、报销的情况。对于没有参保的村民，他们每隔一段时间就要到他家里去了解情况，对有困难的家庭和个人帮助其解决困难，没困难的家庭和个人向其反复宣传新型农村医疗合作制度的利民、惠民之处。

2. 养老保险

2011 年 7 月，永年县被列为国家第三批新型农村社会养老保险试点县和全国首批城镇居民社会养老保险试点县。凡具有永年县户籍，年满 16 周岁（不含全日制在校学生），未参加城镇职工基本养老保险的城乡居民，均可在其户籍所在地参加新农保或城镇居民社会养老保险。

虽然新农保在西街村推广的时间不长，但是养老保险的覆盖率已经达到 98%。永年县政府对农村养老保险的推广也十分重视，2011 年 7 月 15 日，永年县人民政府向各乡镇人民政府、县对口各单位、县政府各部门下发了 92 号文件《永年县新型农村社会养老保险试点工作实施方案》。文件指出，新农保试点的基本原则是“保基本、广覆盖、有弹性、可持续”。坚持从农村实际出发，低水平起步，筹资标准和待遇标准与永年县经济发展及各方面承受能力相适应；坚持个人（家庭）、集体、政府合理分担责任，权利与义务相对应；坚持政府主导和农民自愿相结合，引导农村居民普遍参保，对参保农民实行属地管理。新农保基金由个人缴费、集体补助和政府补贴构成。参加新农保的农村居民（以下简称“参保人”）应按规定缴纳养老保险费，缴费标准目前设为每年100元、200元、300元、400元、500元5个档次，采取按年度缴费的方式缴费。参保人可自主选择缴费档次，多缴多得。有条件的村集体应当对参保人缴费给予补助，补助标准由村民委员会民主确定；鼓励其他经济组织、社会公益组织、个人为参保人缴费提供资助。政府补贴分为中央财政金额支付的新农保基础养老金和地方财政对参保人给予缴费补贴两部分。其中：第一，中央财政对符合待遇领取条件的参保人按月全额支付55元的新农保基础养老金。第二，地方财政对缴费参保人给予补贴。补贴标准为每人每年30元。对农村重度残疾人等缴费困难群体，实行特殊补贴政策。

重度残疾人参保缴费时，地方政府按最低缴费档次每年为其代缴81元养老保险费。针对养老金的支付，文件规定养老金待遇由基础养老金和个人账户养老金组成，支付终身。

基础养老金。中央确定的基础养老金标准为每人每月55元。县政府根据实际情况可适当加发地方基础养老金，所需资金由县政府承担。

个人账户养老金。个人账户养老金的月计发标准为个人账户全部储存额除以139。新农保制度实施时，已年满60周岁、未享受城镇职工基本养老保险待遇的农村户籍的老年人，不用缴费，可以按月领取基础养老金，但其符合参保条件的子女应当参保缴费；距领取年龄不足15年的参保人，可按年缴费，也允许补缴，累计缴费不得超过15年；距领取年龄超过15年的，应按年缴费，累计缴费不少于15年。参保人死亡，个人账户储存额尚未领取或未领完的资金，除政府补贴外，可一次性支付给法定继承人或指定受益人，政府补贴的余额用于继续支付其他参保人的养老金。

2012年6月19日，永年县人民政府印发了《永年县新型农村和城镇居民社会养老保险制度合并实施方案》。新的文件对养老保险的具体细节做出了进一步的规定，个人缴费标准设为每人每年100元、200元、300元、400元、500元、600元、700元、800元、900元、1000元10个档次，采取按年度缴费的方式缴费。参保人自主选择缴费档次，多缴多得。其余规定没有太大的变化。

3. 最低生活保障

南沿村镇有11334户，人口45371人，耕地面积43015亩，人均纯收入

7681 元，全镇最低保障线以下有 1581 户。西街村共有 49 户低保户，3 户五保户。致贫的主要原因多为家庭成员壮劳动力比较少，个别家庭有常年疾病者需花费巨额医疗费，目前低保户、五保户每季度都会得到国家给予的救助金。而且政府对于无房户的住房情况也高度重视，正筹划建房以解决无房户的住房问题。目前低保户每月 80 元，五保户每月 100 元，每月由民政局通过银行划拨方式发放到当事人专户。

自 2005 年实施城乡低保制度以来，村级低保受保人数逐年增多。经过村领导的不断走访调查和村民反映的情况，村里的低保户由最初的 38 户增加到目前的 49 户。随着城乡低保政策的不断完善和上级资金拨付力度的加大，西街村的低保工作已达到上级要求的动态管理下应保尽保、应退尽退的工作目标。另外一个显著的成就为保障标准逐步提高，保障资金投入逐年增多。2009 年永年县农村最低生活保障线标准为 900 元/人·年，补差额（实发）为月人均 51 元；2010 年农村最低生活保障线标准为 1220.03 元/人·年，补差额（实发）为月人均 67 元；到 2011 年底，农村最低生活保障线标准为 1620 元/人·年，补差额（实发）为月人均 79 元。

为了将农村低保工作规范化、透明化，上级对于村干部提出了明确的要求。主要措施包括：第一，以入户调查为重点，坚持低保责任追究制度。入户调查不仅是整个入保审批过程的重要环节，而且是对已保对象进行规范化管理和动态管理的一个重要手段。不仅是对申请人自报情况和提供证明的验证，同时也是一个取证的过程，其质量直接关系到审批结果。第二，以张榜公示为重点，坚持群众监督制度。公开城乡低保政策、公开申请过程和审批结果、长期公示续保对象、公示举报电话。第三，以评议、评审为重点，坚持民主审核审批制度。新增（或调整）对象，在入户调查的基础上，在乡镇或主管单位召开低保评议小组会，广泛听取评议代表们的意见，对每个申报对象进行审核，在意见一致后才能公示和上报县局审批；在县局审批时，实行单位一把手、主管局长、低保科长、相关入户调查的低保工作人员会审，确定保障金额，从而确保在低保申报、审批过程中，坚持公正、民主的立场，杜绝审核、审批的暗箱操作。

4. 存在问题

以目前西街村的工作情况看，无论是新型农村合作医疗保障制度，还是新型农村养老保险制度以及最低生活保障制度的落实都存在以下问题：一是各级各部门职责不清、分工不明，不能很好地形成县、乡、村三级联动的工作链条；二是对后续工作的监控制度落实不够深入，虽然村里的百姓在动员后都主动参加了保障制度，但是很多后续工作没有跟进，造成村民报销医疗费的困难；三是制度宣传力度不够，有些基层干部对政策理解不透、掌握不准，在政策执行中存在偏差，规范化管理水平较低。

（四）社会救济

永年县对于重点贫困地区有计划的开展扶贫工作，2009—2010 年主要扶持的 9 个省、市重点贫困村分别是：永合会镇庄沟村、里三窑村，永合会镇王窑村、王边村、李沟村和永一村，西河庄乡顾二村和后井八寨村，西阳城乡西辛庄村。西街村经济水平相对较好，除 49 户低保户外，其他村民生活水平相对较高。因此村委会的领导和广大村民都尽自己最大所能帮助这些贫困的村民。大部分贫困户是因病或因残致贫，或者是完全丧失劳动能力的孤寡老人。针对因病致贫的家庭，村里会采取捐赠的形式或者利用每年各个村民小组省下的钱帮助其看病，重新获得劳动能力。针对因残致贫的家庭，村里会帮助其找到适合的工作，改善生活。对于丧失劳动能力的孤寡老人，邻里会照顾老人的日常生活，将自己家里的食品分给老人，或者将不穿的衣服送给老人等。

第二部分　农户

九、个体经营户

（一）自主经营饭店的徐中华家

2012年6月18日，是我们小组入户调查的第一天，想到可以深入到西街村村民家中亲自了解他们的真实想法与情况，并且可以从中体验村情时，调研小组的每一位成员都很兴奋。经过上午与村委会沟通，选定了本村自主经营饭店的徐中华家。

说到南沿村经商，尤其是我们调研的西街村经商情况，[①] 自古史书记载这里就是商贾云集、市场繁荣活跃的景象。原来这里曾有过"协和"商铺、滏河码头、南沿村地方名吃等服务餐饮业，现有中华饭店、供销大酒店、协和饭店等中等规模的餐饮饭店，外加一些小型餐馆与店铺，整个南沿村镇十里大街遍布了形形色色的餐饮饭店，可谓是餐饮服务业的"新天下"。今日的南沿村镇西街村显然已是一座充满现代化商贾气息的乡村都市。

在这商贾气氛如此浓重的西街村，我们选择了一家经营餐饮业的农户家庭再贴切不过了。我们避开了人们去饭店就餐的高峰时间，选择下午3点钟去徐中华家了解情况。中华饭店位于西街村主干道南侧，竖立的长方形牌匾写着他家响亮大气的店名"中华饭店"，大红色底牌衬着金灿灿的四个字格外饱满亮气，徐中华家的牌匾很特别，一般饭店与店铺的招牌都是横着放置在店门上，但他家的牌匾是竖直向上立起，好似牌匾中的"擎天柱"高大显眼。

---

① 我们调研的西街村位于南沿村镇中心，也是镇政府所在地。邯临公路从西街村穿过，西街村村民经营的商铺大多位于公路两侧。

但是这个牌匾并不是很宽，宽度只是与普通门口的宽度相似，大概 1 米左右。刚进中华饭店是一条狭长的过道，这里摆着做烧饼的工具：一个烙饼的炉子、一张制作烧饼的案板以及揉面的长形桌子，依次在这个过道内摆开。穿过这个窄过道就到了中华饭店的内部走廊，走廊两侧就是顾客吃饭的雅间。中华饭店的房间格局都是以雅间的形式构成，分为上下两层，各有 5 个雅间，每间大约 18 平方米左右，每间都紧凑相邻。所有的房间加起来，总面积达 200 平方米左右。这间饭店除了承载着经营的任务外，还是徐中华一家休息生活的地方。

我们一行人陆续进到饭店里面，老板娘看到我们这些陌生人，一时不知所措。带领我们入户的宋和平和贾成海向老板娘说明了来意，老板娘稍稍放松了些。经过商量，老板娘把我们领进了最近的一个雅间进行今天的采访。

徐中华，男，1963 年生人，现年 49 岁，高中文化水平，无宗教信仰。中华饭店的老板娘也就是徐中华的妻子，名字叫王红秀，也是 1963 年生人，现年 49 岁，小学文化水平，无宗教信仰。两人育有一儿一女，是一个幸福的四口之家。我们在进行交流期间，徐中华没在家，外出办事了，只有王红秀一人在家照顾生意。于是我们向王红秀询问了家里的一些具体情况。王红秀介绍说，这家店是七八年前开始经营的，在这之前家里主要以种地为生，但是随着社会和经济的高速发展，家里仅有的那 1 亩地越来越难以维持一家老小的生活和花费。出于让家里生活过得更好的目的，加之那时南沿村镇正规的餐饮行业还没有真正形成，竞争也不是很激烈，于是他们利用家里房屋紧邻邯临公路得天独厚的地理位置办起了这家饭店。

自从办起了饭店，徐中华一家的精力全部集中在这里，随着生意越来红火，徐中华和王红秀都不再有时间照料家里的那 1 亩地，于是交给了孩子的姑姑来照顾种植，自己不再管理，收获的大蒜、水稻及收入也一并归孩子的姑姑所得。每年国家给每户农民的粮食直补依据 132 元/亩的国家补贴标准，徐中华一家 132 元的补贴则都给了老人，也算是自己赡养老人的一部分养老金。

因此看来，徐中华一家的主要收入来源则全部集中在了这家饭店上。我们向徐中华的妻子询问了一下饭店的具体情况。王红秀说自己和丈夫是这家饭店的主力，并且有明确的分工。由于在早些年种地期间，丈夫就曾去邯郸市区找了一家厨师培训机构进行酒店厨艺的学习，经过他自己不断的尝试与实践，逐渐熟练掌握了一些饭店常用菜肴的做法。现如今，中华饭店的后厨里“主勺儿”就全集中在王红秀的丈夫徐中华身上。王红秀说，现在物价涨的非常厉害，如果再另请工人和厨师的话，成本太高，给工人支付工资就会出现困难，所以经过和丈夫商量，决定由徐中华自己一个人负责饭店里的炒菜，王红秀则负责饭店上上下下的后勤管理和收银任务，是一位名副其实的老板娘。另外为了能维持饭店正常的上菜和服务，王红秀雇用了两名年轻打杂工，帮助她一起整理好整个饭店的卫生和服务。当我们问起饭店以什么特色菜品来打响和维持他们家的招牌时，她笑笑说：“要是说特色菜最当选的就是酱猪蹄、冻猪蹄、酱下水和扣碗。”我们很有幸在调研期间品尝过在这南沿村镇出了名的冻猪蹄和扣碗。南沿村镇本地的酱猪蹄不仅块大、滑润劲道，而且丝毫没有油腻的感觉，反而全是酱香的味道。酱肘子入口后给人冰凉滑润的感觉，犹如果冻一样富有弹性，可谓是当地美食之一。而且我们也很有幸品尝到了当地特色的“扣碗”。扣碗也叫“八大碗”，是永年当地流行的一种待亲的宴席，简单说就是整个席面就八大碗菜，一般是四个荤菜四个素菜，包括长肉、方肉、瘦肉、猪肉丸子四个肉菜和山药、豆腐、菠菜粉皮、炸粉条四个素菜。但随着生活水平的提高，永年的八大碗也发生了巨大的变化。人们将肉菜的内容扩充到了肘子、羊肉、狮子头、鸡块、酥肉、鱼块等不拘一格的肉食品种，素菜更是跟着季节性的变化而改变，一般都是时令性的蔬菜，但永久不变的是熟悉的味道。

正是这些当地的特色菜肴，帮助王红秀家的饭店锁定了大批的忠实的顾客和慕名而来的外地客商。除此之外，徐中华的家常菜也做的可圈可点，经常被人称赞。好的手艺和实惠的价格，让他家的生意越来越好。我们到达的时候尽管饭店里的顾客已经酒足饭饱离开，但是从洗碗工面前一大堆正在清洗的碗盘我们就可以看出，饭店中午的生意必定非常火爆。王红秀告诉我们饭店生意也是分季节性的，一般夏季的时候生意会多一些，这个季节村子里的人们宴请的饭席比较多，而且村子里的男人们经过一天辛苦的工作后喜欢三五小聚的来这里喝点小酒解解乏；到了秋冬天，生意会相对少一些。经过大致的粗算，她说 2011 年经营饭店的收入大约近 30000 元，收入水平在本村来说是中上等。2011 年王红秀家收入来源情况如表 9－1所示。

表 9－1　**2011 年家庭收入来源情况**　单位：元

职业	收入	职业	收入
从事种植业	0	本乡镇就业工资	0
从事个体经营	42000	外出打工	0
从事屠宰	0	从事运输业	0
从事渔业	0	政府补贴和社会救济	0
从事养殖业	0	出租耕地或房屋	0
从事旅游业	0	其他经营收入	0
总收入合计	42000		

资料来源：根据王红秀口述整理，2012 年 6 月。

由于这几天全国的蔬菜市场价格出现明显的波动，例如鸡蛋的价格就出现了一片“涨声”，有些地区突破每斤 5 元大关。我们就势问道，这些食材价格的波动起伏对他们家饭店是否有明显的影响时，王红秀说影响肯定是有影响，但是影响程度不是特别大。就拿他们店的西红柿炒鸡蛋来讲，王红秀说自从 2009 年以后就将价格由 8 元调至 10 元，这次市场价格上涨后，店里的整个菜价还保持原状，并没有立即调整。这样一来，王红秀家的饭店的整个成本会明显提高，而相应的盈利则就减少了。我们问为什么不相应提高饭店的饭菜价格时，王红秀说菜市场的价格都是起伏不定的，他们不能因为一时的成本上涨就马上提高价格，这样不仅不利于他们饭店正常经营，而且还容易毁损中华饭店的信誉。王红秀说钱有时可以多赚有时可以少赚，但是饭店的信誉是最重要的，如果不停地提高饭菜价格，这不是一个优秀商人的管理之道。对于王红秀的经商观念和原则，我们表示很认同，不管从事任何行业，我们只有把“信用”作为一切的前提，才能立家、立国，只图眼前利益的商人是永远得不到长远利益的。

店里做菜用的食材，王红秀一般就在本村的菜市场采购，这里菜的种类齐全，而且价格也比较便宜。每次采购的蔬菜种类、熟食种类和数量各不相同，所以每次并没有一个具体的进货价格，但是 2011 年王红秀用于进货的成本大概估算了一下，包括发放工人工资以及购买做饭用的原材料等生产性支出约为12000元，在家庭支出中所占比例较大。除了这部分支出外，王红秀一家在2011年的衣服支出所占比例较小：由于丈夫大部分时间在饭店的后厨做饭，一身工作服则就替代了大部分的衣服；儿子在部队当兵已经2年多了，每月部队都会给他发放补贴，所以几乎不再花家里的钱；女儿在邢台就读职业学校，每月定期从家里支取400元的生活费，也不再让家里买衣服：只有王红秀偶尔会在本村集市上买些需要的衣服，所以2011年家里在衣服方面的花费大致为500元；食品支出方面，则主要包含平时购买的水果、牛奶等一些副食，主食就在自家的饭店里随便吃些，费用算在了生产性支出上；2011年全家人的健康情况还好，平时偶尔出现感冒、头疼脑热的时候，他们就到村卫生所买些对症的药就解决了，如果得了大病，王红秀说他们一般会选择去市里的医院就医看病。2011年王红秀一家人都参加了农村新型医疗保险，每年一人缴纳50元，所以2011年王红秀家的看病支出总和为200元左右；由于女儿在外地上学，每月王红秀都要给孩子一些生活费作为她的教育费用，一年下来的教育支出近4000元，是家里的主要支出之一；红白喜事支出900元，主要用于亲戚、朋友和邻居结婚、小孩满月酒、丧葬等，每次多的送500元，最少的也送50元；现在家里主要有两部手机，王红秀和丈夫徐中华各一部，平时主要用于联系生意上的事情、联系进货的商家等，一年的通信费用近680元。以上家庭支出情况如表9－2所示。

表9－2　**2011年家庭支出情况**　单位：元

总支出	生产性	衣服	食品	看病	教育	娱乐	红白喜事	交通	通信	住房
18780	12000	500	700	200	4000	0	700	0	680	0

资料来源：根据王红秀口述整理，2012年6月。

最后我们向王红秀询问了一下家里主要的耐用品情况，她说家里的耐用品大致包括1台电视机，于两年前购买；1台台式电脑，平时主要是丈夫和儿子使用，自己并不会上网；1台老式洗衣机，她认为这台洗衣机用起来比较费电，所以平时很少使用；2辆自行车是家里主要的交通出行工具。我们问她为什么不买辆电动车这个已经在南沿村镇普及的交通工具时，她说平时出行主要就是去菜市场买些菜，由于家距离菜市场很近，用不到电动车，所以没有必要再买电动车；家人一共 3 部手机，自己、丈夫、女儿各一部，除此之外，家里还有一台座机用于跟外界联系。以上家庭耐用品情况如表 9－3 所示。

表 9－3　　2012 年家庭耐用消费品情况　　单位：元

项目	数量	项目	数量
电视机（台）	1	小轿车（辆）	0
电冰箱（台）	1	自行车（辆）	2
洗衣机（台）	1	电动车（辆）	0
照相机（台）	0	摩托车（辆）	0
影碟机（台）	0	手机（部）	3
组合音响（套）	0	固定电话（部）	1
电脑（台）	1		

资料来源：根据王红秀口述整理，2012 年 6 月。

我们衷心地祝愿讲诚信的徐中华家的生意越做越红火，家庭幸福美满。

（二）熟食店老板葛海洲家

葛海洲家的小商店位于西街村里主干道旁边，是临街建的，远远地就看见一个不大的门脸，粉红色的墙在阳光下更显得明亮。“农家乐超市”，旁边的另一个牌子上还特意写着“熟肉副食超市”，看来这是一家有主打特色的商店，不仅仅是一般的食品超市。我们进去时，两位老人都在，虽然已是下午三点多，但村民大多还在午休，而他们好像没有休息的样子，或许是因为开商店的原因，随时都会有顾客来，所以休息时间自然就少了。葛海洲微躺在躺椅上，见我们进来赶紧站起来，妻子在凳子上坐着，手里拿着扇子，虽然屋里有电风扇，但止不住这炎热的天气。葛海洲老人给我们的第一印象是憨厚老实，一直面带微笑，心肠还特好，给我们拿凳子让我们坐下后又去冰柜拿雪糕给我们吃，说天气太热吃雪糕感觉凉快一些。

葛海洲，62 岁，小学文化程度，妻子马凤荣，57 岁，没上过学，都是汉族，没有宗教信仰。有三个孩子，两个女儿，一个儿子，儿子是最小的。只有大女儿结婚了，二女儿还在上学，儿子在外打工。

葛海洲家种着1.2亩地，五分水稻田，七分大蒜、玉米地，他说每年的6月20日左右种水稻，就靠滏阳河的水，但每年的这段时间滏阳河都会有几天没水，原因是滏阳河上游村庄截水种水稻，六七天以后才会来水，来水了村民就得赶紧去稻田引水插秧，按节气都是在这几天种植水稻，种晚了就会影响水稻秧苗的成活率甚至影响水稻产量。葛海洲说种植的水稻都是自己家吃，不往外卖。2011年收割水稻550斤，每斤价格2元，合1100元；大蒜2011年的价格很低，才0.60元/斤，收获1750斤，卖了1050元；蒜薹的价格一直都不低，2.50元/斤，收了700斤，卖了1750元；把大蒜刨出以后就种植玉米，8月份收割玉米，2011年收了770斤，合770元，玉米不吃，卖了以后再买白面，或者直接用玉米换白面。在种植业补贴上，粮食补贴每亩132元，共得到补贴158.40元，种子补贴每人7元，得到补贴28元。每年国家的补贴发下来以后，村委会都会通知村民去领，每家有个折子，拿着折子去信用社领钱。以上情况如表9－4所示。

表9－4　2011年家庭农作物、牲畜和家禽情况

种类	亩数	折算价值（元）	种类	亩数	折算价值（元）	种类	个数	折算价值（元）
大蒜	0.7	1050	瓜果	0	0	羊	0	0
玉米	0.7	770	花卉	0	0	牛	0	0
蒜薹	0.7	1750	蔬菜	0	0	马	0	0
水稻	0.5	1100	药材	0	0	猪	0	0
大豆	0	0				禽类	0	0

资料来源：根据葛海洲口述整理，2012年6月。

葛海洲家的商店东西很多，不仅货架上摆得满满的，连地上都堆满了东西。右面的架子上主要是生活用品，有洗衣粉、洗洁精等，正冲门的架子上主要是烟酒和一些饮料，左边的架子上是小孩子们喜欢的各种零食和食品。地上还堆放着一袋袋的青椒、茄子、豆角等蔬菜。旁边有三个冰柜，一个冰

柜盛放的是冰棍、雪糕等，另两个冰柜盛放的是肉类。葛海洲说这个商店是2011年11月才开的，占的地不是自己家的，是他叔叔的儿子的。自己要开商店，家里没地方，这块地又不用，和叔叔的儿子商量后，自己用了这块地，把这原来的旧房子翻修了一下作为新的商店，翻修房子花了1.5万元。之前一直在邯临公路旁边有个店，房子也是租别人的，专卖烧鸡，不卖别的，现在已经不在那儿干了，不过房子还没有退。我们在邯临公路边也见过，已经关门，很久无人打理的样子，“葛海洲熟食店”的牌子还在那儿挂着。葛海洲说，西街村的几家商店只有自己家的商店主营熟食，这也是本商店的特色，因为自己做的时间长，在邯临公路边的商店已经开了好几年，得到了大家的认可，回头客也多，平时村民买熟食还是愿意来这里买。鲜肉比较少，主要卖直接食用的熟食，主要是烧鸡。他家的烧鸡不是直接从别处进的做好的，而是从市场买活鸡，自己加工。说起加工，葛海洲说，自己干的时间长了，已有了自己的加工“秘方”，怎么加工、放哪些调料、什么火候都掌握的差不多了，加工出来的味道自己也越来越满意，顾客也不少，看来他不仅是商店老板，还是一名烧鸡制作能手。这样比直接进加工好的烧鸡更好卖，因为人们还是喜欢新鲜的，干了这么多年，每天能卖多少只大概了解了，所以每天就照着这个数加工，卖多少就加工多少，既新鲜又不会浪费。有时候村民来买时，还能见到他现场烹制烧鸡，这么精心的做烧鸡，谁不愿意买呢，总比大批量的工厂加工更卫生，更让人放心！烧鸡的价格是每斤14元，一只大概1.5斤。烧鸡销量也有季节性变化，夏天天气炎热，人们不愿意用炉子炒菜，就买只烧鸡吃，省事又凉快，所以夏天卖得好些，一天能卖2~3只，冬天就不行了，一天最多卖2只。过年过节的时候卖得多，生意最好的时候一天能卖10只。店里的蔬菜都是从邯临公路边的蔬菜店里批发的，每天早市的蔬菜品种多又便宜，就多批发些。专卖烧鸡的差异化经营使他的商店生意一直不断，原来他的熟食店已经在村民心中奠定了基础，虽然烧鸡店从公路边搬到了村子里面，但在人们心中的位置没变，专门来这儿买烧鸡的人还是很多，一年能赚1万多元。2011年家庭总收入是43856.40元。以上情况如表9-5所示。

表 9-5　　2011 年家庭收入来源情况　　单位：元

职业	收入	职业	收入
从事种植业	4670	本乡镇就业工资	0
从事个体经营	15000	外出打工	24000
从事屠宰	0	从事运输业	0
从事渔业	0	政府补贴和社会救济	186.40
从事旅游业	0		0
总收入合计	43856.40		

资料来源：根据葛海洲口述整理，2012 年 6 月。

说起家里的几个孩子，葛海洲是既高兴又无可奈何。儿子葛亚峰，是家里最小的，25 岁了，到现在还没结婚，村里到这个年纪的男孩子差不多都结婚了，像自己这个年龄的老人有的都已经抱上孙子了，可自己的儿子还没对象。我们不禁问，儿子为什么还没结婚啊，是上学耽搁了还是别的，说起这事，葛海洲的妻子一脸的无奈，她说村里的年轻人到年龄就会有媒婆来介绍，可不是别人挑他，就是他挑别人，总是没有合适的，夫妻俩对儿子很无奈，他俩都觉得有时别人介绍的女孩挺好的，就是儿子死活不愿意，做父母的也不愿强迫儿子，没办法，总不能自己替儿子做主吧。父母着急儿子婚姻的事，儿子倒是不着急，现在在外打工，在建筑队用电脑操作搅拌机，每天早出晚归，工作不累，每月能挣 2000 元。儿子挣的这些钱他们也不要，让儿子自己留着，他们说儿子自己也知道节省，毕竟没结婚呢，得留着作结婚的大笔花费。说到结婚的花费，葛海洲妻子说那可是一笔不小的开支。现在夫妻俩挣钱主要就是为儿子攒钱，两个女儿现在基本不用花家里的钱，等儿子什么时候结婚了他们的任务也就完成了。

说起自己的女儿，葛海洲说，大女儿结婚嫁到孙李街，离西街村有三四里路，骑车十几分钟就到了，所以大女儿经常过来看望父母，家里就两个老人，太清静了，女儿带着孩子来家里就热闹了许多。二女儿，葛静燕，28 岁，也没结婚，现在还没对象，一直在外面上学，前几年在石家庄学院读书，大专毕业后又专接本考的北京师范大学。葛海洲说女儿很有上进心，一直愿意上学，先上的专科不甘心，觉得找不到好工作，就又复习考的本科。现在边上学边在北京的一个家教公司工作，一个月挣3000元，这些能够自己的生活费，不用向家里要零用钱了，有时回家还给家里买点东西。他很支持女儿上学，二女儿是家里唯一的大学生，也是他们的自豪和骄傲，但是他们从来都不期望女儿将来怎么怎么样，女儿想读书是好事，他们俩全力支持。他说女儿上学是家里的一大开支，这几年家里盖房用了自己的积蓄，自己身体又不是很好，开店挣的钱有时入不敷出，有时要向亲戚朋友借。女儿也很体谅父母，国家出台政策说家庭经济困难的大学生可以办教育助学贷款，规定每个学生每学年不能超过6000元，她就经过各种程序去信用社申请了助学贷款，贷了6000元，交了学费，上学期间不用支付贷款的利息，毕业后三年之内还清贷款就行了，这样暂时减轻了家里的负担，就这样，女儿才顺利的入学了。现在女儿也很孝顺，虽然学习和工作很忙，还是会抽空回来，过年过节时都回来看望父母，给父母买点衣服和营养品。葛海洲说，2012年春节，二女儿阴历二十九才到家，只在家里待了三四天，过完年就走了。

现在全家人就在商店住，这是两排房子，前排是商店，长11米，宽5米，三间屋子，后排是居住的房间，面积和前排一样大，也是三间。屋子多，冬天取暖烧蜂窝煤就比较多，用的蜂窝煤是0.9元/块的，好几个炉子，一天得烧15块，土暖气烧的是煤块。葛海洲说，煤价很贵，3000元/吨，尤其到天气冷时更贵，所以一般都会提前买，价格便宜，在还没入冬时就提前准备好。2011年烧了1.5吨煤，这也是一笔大开支。食品上的开支，一个月500元，一年6000元。西街村红白事随礼，少的一年得1000元，多的得几千元。家里有一部固定电话和一部手机，一个月话费50~60元，一年700元。家里的开支大，夫妻俩都很节俭，2011年一年都没买新衣服，女儿有时会给买。年纪大了，过度劳累就体力不支，2010年就因盖房身体不适住院。全家都参加了医疗保险，每人交了50元，住院费是可以报销的，报销比例在50%左右，住院报销后自己还花了3000元。2011年自己就不用交养老保险了，每月补贴55元，妻子、儿子和小女儿都交了100元。2011年总支出40620元。以上情况如表9-6所示。

表 9－6　　2011 年家庭支出情况　　单位：元

总支出	生产性	衣服	食品	教育	取暖费	红白喜事	娱乐	通信	住房
40620	2335	0	7870	6000	5715	3000	0	700	15000

资料来源：根据葛海洲口述整理，2012 年 6 月。

要保持肉的新鲜，冰柜是必不可少的，家里有 3 个冰柜，冰柜白天一天都得开着，到晚上关。有 1 辆电动三轮车，购买活鸡和蔬菜时用，这是最重要的生产工具。电动车和自行车也是家家户户必备的。此外，还有 1 台电视机和 1 台洗衣机。具体情况如表 9－7 所示。

表 9－7　　2012 年家庭耐用消费品情况

项目	数量	项目	数量
电视机（台）	1	小轿车（辆）	0
冰柜（台）	3	自行车（辆）	1
洗衣机（台）	1	电动车（辆）	1
照相机（台）	0	电动三轮车（辆）	1
影碟机（台）	0	手机（部）	1
组合音响（套）	0	固定电话（部）	1

资料来源：根据葛海洲口述整理，2012 年 6 月。

这位兼商店老板和制作烧鸡专家于一身的老人为生活已经忙碌了大半辈子，我们见到他时，他显得苍老，并且有些驼背，这明显是操劳过度的结果。对于老年缺乏经济来源的农村人而言，安度晚年往往是一个奢侈的想象，大部分农村人由于生存的压力再加上儿女可能的拖累往往让他们一直劳动到生命终止的那一天。这是中国农村一直以来的传统，至今尚未得到根本改变，相比之前最多只是劳动强度和辛苦程度有所减轻而已。要改变这种状况，需要国家进一步加大对农村社会保障体系的覆盖面及投入力度，这样农民才能真正享有经济发展的外部效应，从而改善整体福利。

（三）经营羊杂汤店的宋保国家

说起南沿村镇的特色名吃，不得不首推“老宋羊汤”。南沿村镇“老宋羊汤”的最初创始人是宋家珍，现已传到第二代宋利君。宋家羊汤以特制精选羊的内脏及骨架为主料，配以十几味中药作为调味料熬制成老汤，第二天则要再配以新鲜骨架和内脏同煮后才可以端上桌子品尝。经过这几道精心制作的流程后，老宋羊汤里的骨——香味四溢，汤——色入奶白，肉——鲜嫩可口，令人回味悠长。我们今天要造访的是与创始人宋家珍同氏同脉的宋保国家的羊汤，在当地也是小有名气的羊汤店——“老宋羊汤”。

我们今天走访时正值周末，邯临公路两侧的店铺都抓住这难得的清闲时间，开始周末的特惠活动。在“老宋羊汤”对面是一家百平方米的电动车铺，由于今天搞特惠活动，电动车铺子摆设了一个舞台，放着大喇叭，并伴有精彩的演出。也许这家店铺还想把气氛烘托得更热闹些，于是超级响亮的鞭炮便轮番上阵。热闹欢乐的气氛也顺势蔓延到了这家店正对面的“老宋羊汤”。我们看到在店铺喝羊汤的人们都被热闹的气氛渲染的满脸笑意，老板干活也格外起劲。店里的大门是由两扇透明的玻璃门组成，上面用红色的毡条写着“老宋羊汤”四个大字。门口装饰的很简单，但是里面的人却是络绎不绝。店里的地面都是用米白色的方瓷砖铺成，东侧墙上挂着一张泛黄的毛主席头像的老相片，仿佛把这个羊汤店带到了人民公社的年代里，显得格外的特别。在西侧墙上则贴着自家的营业执照与经销商的产品海报，使得墙体不会显得很突兀。店里摆放着十五六张桌子，形状各异，有长形、方形两种依次排开，我们看到桌上放着小醋瓶、一次性筷子以及调料盒供顾客使用。由于这个羊汤铺占地约 200 平方米，面积较大，所以这些桌子摆开后并不显得拥挤，反而留出了很宽敞的空间。我们到老宋羊汤店里的时候，已是早上 9 点钟左右，店里还有几桌顾客正在喝羊汤，个个都是吃的一脸陶醉满足的样子，旁人仿佛都能感受到老宋羊汤鲜美的味道。顾客美美地享受着美食，老板则在后厨忙着熬制汤料，我们稍等了片刻后，老板很高兴地抽出时间接受我们的采访。

宋保国，男，1971 年生人，现年 41 岁，初中文化水平。他的妻子石俊霞 1972 年生人，现年 40 岁，也是初中文化水平。宋保国育有一儿一女，现在均在上中学。除了宋保国与妻子经营这家老宋羊汤外，宋保国的哥哥宋强国与嫂子王新凤也一起照料着这家店，四个人齐心协力把老宋羊汤打理的有声有色。我们发现在这个羊汤店西侧有一个门直接与打烧饼的小铺子相连，互通有无。原来西侧那家烧饼店也是他们家的，平时由宋保国的妻子与嫂子王新凤一起在这里做烧饼，而宋保国与哥哥宋强国则主要负责熬制羊汤，店里的劳动有明确的分工，井然有序。

我们对宋保国说顾客很享受喝这里的羊汤，他哈哈笑得乐开了花。他告诉我们南沿村镇历来以羊杂汤的美味而远名，有的时候甚至会有外地人专门驱车赶来品一品这特色美味，都会赞不绝口。宋保国向我们介绍起羊汤的独特之处：他说羊汤其实应名为羊杂汤，因为煮汤时内含羊的肠肺肝肚与骨头架子等丰富的羊杂碎，用大锅大火熬制，直至内脏骨架起伏翻腾而成。盛羊汤，也是很讲究的活：必须先用大勺将汤舀进碗里直至盖住碗里的羊杂碎，然后用大漏勺拦住羊杂碎将碗倒翻过来，使汤水再流回锅里。接下来还要重新舀起一大勺新汤倒进碗里，反复三四次后，待到碗里的羊杂碎都被热汤冲泡完全后，才可上桌。这时羊杂汤的香味自然而然地外溢出来，而且羊杂所带的腥味与膻味早已被消除的不留痕迹。我们随机问了问正在喝羊汤的一位大哥，他停下来笑呵呵地对我们说，这里的羊汤味——地道！一口羊汤喝下去，整个人的心里和全身都是暖的，而且羊汤里的肉煮的火候很好，熟而不烂，汤的味道更是浓香醇厚。宋保国告诉我们，一般人们喝羊汤的时候喜欢配些胡椒粉和香醋，这样的组合会使羊汤更加香辣鲜美，喝后回味无穷。人们早餐时除了喝羊汤，还会买几个香脆酥软的烧饼加以佐之。宋保国家的烧饼也是独具自家特色，从揉面的力度到烙制出锅的火候，都有一个适度的标准，经过这番制作过程，宋家烧饼咀嚼起来“柔中带劲”，口留余香。这样的汤饼早餐搭配可谓是西街村的“黄金组合”。

宋保国说西街村的人们，无论老少、不分阶层，都很喜欢本村的羊杂汤。因为羊杂汤不仅作为一种饮食文化被大家接受，更是由于羊杂汤有强身健体的药效功能。秋冬季喝羊汤可以驱寒增加营养和热量；春夏季节品羊汤，则可以温胃止泻消肚胀。总而言之，羊杂汤在强肝利胆、调元益气等方面都是很好的一种食补材料，我们也终于知道为什么大家对羊杂汤这么钟爱有加了。

不管别人怎么急功近利缩减实料以降低成本，宋保国一直固守本源，坚持做着自家地道的羊杂汤。所以尽管宋保国家的门铺没有显眼的牌匾招牌，但是好的口碑与货真价实的食料，让“汤香不怕巷子深”的老宋羊汤保有大量的忠实顾客和不断慕名而来的新顾客。

由于忙碌地照顾羊汤店里的生意，所以家里的3分地已交给了自家亲戚去种植，自己也不再管理，只是每年近40元良种补贴归自己所有。宋保国和哥哥宋强国把精力都倾注在了这个店里，对于店里的每个细节和价格都定标准。当我们问店里羊汤的售价一般是多少钱时，他告诉我们这要看顾客要多少分量的羊下水了，少则三四两，多则半斤，一碗最低价格是5元，如若羊杂添加的较多，则最高可到15元左右。每天大概能卖20~30碗，一个早晨的收入就近100元。除此之外，每天要用掉一袋近50斤的面粉制作烧饼。宋保国家一般将一个烧饼控制在2两左右，一袋面粉就可以打出大约250个烧饼，每个烧饼的售价是0.5元，所以每天卖烧饼所得的收入近130元。经过计算大致得出宋保国与哥哥宋强国两家一起经营羊汤店的总收入为82800元，总收入平均分红后，每家所得近41400元，可以说这个收入在西街村属于中上等水平。以上2011年宋保国一家（不包括宋保国哥哥宋强国家的收入）的收入来源情况如表9-8所示。

表9-8　**2011年家庭收入来源情况**　单位：元

职业	收入	职业	收入
从事种植业	0	本乡镇就业工资	0
从事个体经营	41400	外出打工	0
从事屠宰	0	从事运输业	0
从事渔业	0	政府补贴和社会救济	40
从事养殖业	0	出租耕地或房屋	0
从事旅游业	0	其他经营收入	0
总收入合计	41440		

资料来源：根据宋保国口述整理，2012年6月。

宋保国从卖羊汤获得收入，也相应地付出了生产成本。他告诉我们说，每隔一段时间要去本村附近的一家屠宰场进货，由于常年从那里收购羊下水，已经有了固定的进货来源，几乎已经形成了“点对点”的购货方式。西街村羊下水的市场价格大致如下：一般羊下水每斤10元左右，一套羊下水20元，宋保国一次大约购买 10～20 头羊的下水，所以每次进货的成本近 200 元。除了羊下水的成本之外，还有每个月的水、电、煤及副食调味品等一系列经营成本：店里每月用水量近 4 吨，西街村的水费是每吨 3 元，所以宋保国 2011 年店铺的水费共 224 元；老宋羊汤的店铺属于商业用途，所以收取的电费是按照商业用电标准收费，西街村的商业用电标准是每度电 1 元，一般每月用电量在 70 度左右，也就是说每月要缴纳 70 元左右，一年近 840 元电费；除了水电费外，还需要烧煤煮汤、烙烧饼和冬天取暖，宋保国买的煤一般是从山西运来的煤块，2011 年取暖和煮汤、烙烧饼所用掉的煤块支出在 4200 元；还有调味用的香醋也是消耗最快的配料之一，所以买香醋一年的成本也要多达 825 元。这些开销主要是店里的生产性支出成本，对于家里的开支，则主要包括空调取暖所耗掉的电费、孩子上学的教育费、一家四口的生活费。2011 年宋保国一家衣服支出 500 元，宋保国说家里人很少买衣服，也就逢年过节的时候会买些新衣服，一般衣服都在本村的集市上购买，因为种类相对还是较多，价格较为便宜。家里支出最多的就是日常生活的饭食费，由于早晨 4 点钟左右就要到羊汤铺里熬汤切肉，准备开门迎客，所以宋保国大部分早晨是根本来不及吃早饭，有时饿了就吃自家的烧饼，等到早晨忙完羊汤生意后，差不多也已快到中午的饭点，这时才能安安稳稳地吃上一顿家常饭。由于家里没有种地，所以一般家里所需的面粉、其他粮食和蔬菜要去市场买，这样一年下来宋保国和家人的饮食花费近 7000 元；宋保国说家里人身体都很健康，极少生病，所以看病支出所占比例较小，一般都是买些感冒发烧药，约花费近 200 元。由于大女儿读高中要住校，所以宋保国每月会给约 120 元生活费，保障她在学校基本的生活支出。当我们问到家里用什么取暖时，宋保国告诉我们他家主要依靠空调取暖。2010 年他们大队盖了几栋楼房，他用这几年努力劳动积累下来的钱买了一套 100 平方米的楼房，由于楼房烧煤炉子很不方便，只好用空调取暖过冬。这样一来，家里一年的电费支出就近 3000 元；家里一共两部手机，分别是宋保国和他妻子各一部，两人的话费每月在 25 元左右，一年的话费近 680 元，在家庭支出中所占比例较小。以上家庭支出情况如表 9－9 所示。

表9-9　2011年家庭支出情况　单位：元

总支出	生产性	衣服	食品	看病	教育	电费	红白喜事	交通	通信	住房
26169	13089	500	7000	200	1200	3000	500	0	680	0

资料来源：根据宋保国口述整理，2012年6月。

经过与家庭收入来源比较，宋保国家2011年净收入为15271元，略有盈余。虽然经营羊汤店要付出很多努力和汗水，并且要年复一年地重复过着起早贪黑的日子，但是宋保国说他对现在的日子很满意。他感慨地说，尽管日子过得辛苦些，但是每天都有生意做，能靠自己的劳动换来生活的保障，不用再愁吃穿，现在的生活条件比原来好多了，他打心眼里高兴满意。

自从搬进楼房住后，宋保国新家的家具一应俱全：家里安装了1台立式空调；1台电冰箱和1台电视机；自从这几年村村通网络后，宋保国家也随着时代的潮流安装了电脑，平时这台电脑主要由宋保国的儿子使用，宋保国表示他对电脑的高科技应用程序不懂，所以自己平时不用；除了家里的家用电器外，羊汤店里还有1台冰柜和1台冰箱，用来储藏羊下水等一些食材。家里的主要交通工具有：1辆电动车、2辆自行车和1辆农用三轮车，平时用农用三轮车进货，方便快捷。家里的通信工具有：2部手机，宋保国和妻子石俊霞各1部，另外还有1部座机，但使用的很少。以上家庭耐用消费品的情况如表9-10所示。

表9-10　2012年家庭耐用消费品情况

项目	数量	项目	数量
电视机（台）	1	三轮农用车（辆）	1
电冰箱（台）	2	自行车（辆）	2
洗衣机（台）	0	电动车（辆）	1
照相机（台）	0	摩托车（辆）	0
影碟机（台）	0	手机（部）	2
组合音响（套）	0	固定电话（部）	1
电脑（台）	1		

资料来源：根据宋保国口述整理，2012年6月。

最后我们问宋保国平时有些什么爱好时，他笑笑说每天从早忙到晚，闲下来的时间很少，如果碰到阴雨天生意实在很少的情况下，他才有难得的休息时间。这些难得的休闲时间他一般会选择在家休息，并且喜欢收看电视节目中的新闻、致富和军事频道。

（四）经营小卖部的马朝军家

连日来骄阳似火的天气丝毫没有显示退却的意思。2012 年 6 月 21 日，我们趁着早晨凉爽，早早地从住处出发，去村委会门口与联络员碰面集合。我们到达村委会的时候大约 8 点半左右，紧邻村委会门口有家小卖部，小卖部门口的两个冰柜早早地摆在了外面，格外引人注目。来的路上，我们发现开门摆摊的大都是卖早饭的，例如油条包子铺、羊汤铺等，其他一些小商铺并没有开门营业。这家小卖部这么早就开门营业了，想必小卖部的老板应该是位勤快的人。

我们今天采访的目标家庭就正是这个小卖部的主人——马朝军。当我们走到小卖部门口的时候，看到一位穿着件蓝色中长丝绸裙的妇女正在屋里屋外地忙活，为开门营业准备着。村联络员上前打了声招呼，说明我们的来意后，女主人停下了手中的活儿，笑呵呵地把我们迎进了这间不怎么宽敞的小卖部。后来我们了解到马朝军是她爱人，1972 年生人，今年 40 岁，小学文化水平，今天已经早早从家出门上班去了。既然马朝军不在家，我们决定采访他的妻子，家里的事无论大小他都是跟妻子一块商量着做的，所以家里的事情问这位女主人是一样的。女主人叫杨淑英，也是1972 年生人，今年 40 岁，小学文化水平。除了他们两口子，还有一儿一女。大女儿叫马媛，生于 1993 年。在我们采访期间，她帮着母亲照顾小卖部的生意。杨淑英告诉我们，大女儿昨天刚从外地打工回家，以前在北京全聚德做临时工。说到这个女孩马媛，她瘦挑的身材，出落的格外漂亮。见到我们在谈论她，她娇羞的笑笑，然后跑到门口打理那两台冰柜去了。一讲到女儿，杨淑英自然而然地流露出母亲特有的骄傲神情。她说女儿上到高一那年，对于学习实在是不感兴趣，于是放弃了学业，决定从村子里走出去，到外面的世界看一看闯一闯。马媛选择了所有年轻人都向往的大都市——北京。初到北京的马媛，在亲戚的帮助下，到北京全聚德顺利的当了一名临时工。马媛小小的年纪，工作起来却非常的认真。那个时候，马媛已经可以一个月领到2200元的工资，这对于刚刚接触社会的她来说无疑是一笔不小的数目。可是面对北京高昂的生活消费，马媛能否吃得消呢？杨淑英告诉我们，由于全聚德免费为员工提供食宿，所以免除这两项最大的支出后，平时女儿很节省不乱花钱，所以还会有些结余。工作两年来，女儿就再也没有向家里要过生活费，反而隔段时间还会给家里寄些钱。说到这里，杨淑英流露出的心情不仅是欣慰更多的是骄傲。杨淑英还告诉我们，虽然女儿的工作还不错，但是小小年纪的马媛在外面打工，作为父母的他们还是很担心。有时候逢年过节因为加班的缘故，女儿都不能回家过节团聚，作为母亲的杨淑英更是疼在心里。2012年6月，由于家里人手不够，杨淑英最终决定还是让女儿回来帮忙一起打理这个小卖部。杨淑英说，虽然小卖部规模不大，但是一个人从白天盯到晚上是不可能的，所以思考再三后，叫回了大女儿。

杨淑英家的小儿子叫马恒飞，今年12岁，我们采访期间并未见到她的小儿子。杨淑英告诉我们，孩子上学去了，由于学校离家很近，每天上下学都是他自己步行回家，没人接送。杨淑英随后向我们说起了一些孩子就学的情况，她说村子里的中年父母现在都是家里的主要劳动力，一家的收入来源都依赖在他们身上，为了能改善家里的生活条件，他们把大部分精力都放在打工赚钱上，因此对于孩子们的学习教育都有些力不从心。尽管儿子才上小学五年级，但是由于自己的知识水平有限，杨淑英表示对孩子的功课已经没有能力辅导了。为了能让孩子更好地完成作业，杨淑英决定让儿子参加学校组织的晚自习学习班。学校秉着自愿的原则，开办了晚自习补习班，负责监督学生做作业，如若遇到不会的问题，由老师负责指导。学校按每天3元收取一定的补课费，除了周末外每晚孩子都要补到8点才放学回家。对于补课这件事，杨淑英说她还是比较支持的。当问到补课后的效果如何时，杨淑英告诉我们，孩子每天的作业可以完成，但是学习成绩方面的效果并不明显。

杨淑英还说，儿子马上就小学毕业了，在初中择校问题上，她和丈夫马朝军有把孩子送到邯郸市里的中学学习的想法。两个人考虑到孩子现在的学习成绩还可以，送到市里的中学学习可以接受更好的学习机会和教学环境，她说在村子里像这样送孩子出去上学的情况不在少数，家长们宁愿选择接受较高的择校费，也不愿意把孩子留在当地学校。这不禁让我们联想到，由于城市和农村巨大的发展差异造成的阶层差别，使得城市人口可以享受得天独厚的教育资源，教育发展水平相应也就超前。尽管国家近年来颁布诸多政策解决农村基础教育，但是中间环节过于复杂以及落实问题得不到好的解决，所以仍旧出现农村的适龄学生向城市积聚的现象。在发展城镇化的今天，政府应该切实认真考虑农村教育发展的问题，加大力度发展农村教育，让每位村民享受到真正的教育公平和优质资源，落实新农村建设应有的特质教育，促进城镇化的快速发展。

我们进一步了解了他家小卖部的情况。杨淑英说2010年以前自己并没有经营小卖部，而是在位于村子主干道旁的商店里租了一个摊位卖鞋。几年下来经营卖鞋的收益并不理想，而且还要承担每年7000元的租金。后来随着大队为村民建的楼房完工后，他们家紧邻着这几栋楼房的小屋就可以利用起来了，于是2010年开始经营这家小卖部，并把主要精力投入到了这个小卖部上。他们主要卖一些日常生活用品，我们环顾小卖部，可谓是“麻雀虽小，五脏俱全”，17平方米小卖部的货架上摆放着各种烟酒食品。杨淑英家的小卖部所处地理环境不错，不仅紧邻村委会门口，而且向北50米就是村里的卫生所和幼儿园，四周居住的邻里乡亲也不少。好的地理优势为小卖部提供了充足的客源，就在我们采访期间，不断有家长带着哭闹的孩子来这里给他们买零食吃。期间我们也询问了一些商品的价格，发现相同款的饮料这里比城里的价格会便宜0.2~0.3元。杨淑英说村里人普遍消费水平有限，所以在进货的时候，他们只会选择一些进价成本在中等水平的货物。杨淑英还介绍说，小店里卖的都是些生活必需品，每天需求量还可以，但是盈利空间不是很大。每瓶饮料大约可赚0.4~0.5元的差价，一天可卖近20瓶，而烟酒类，杨淑英说自己店里只卖一些价格在中等偏下的烟酒，一般售价在7元到十几元不等。我们还注意到屋子的西北角叠放着五六盘鸡蛋，每盘30个左右，这些鸡蛋是从附近的一个小型养鸡场进的，每三四天就要补一次货。在大多数人印象里会有这样一种共识：农村每家都会饲养一些家禽牲畜，数量虽不多，但是多少都会选择性地饲养一种小型类的家禽。但现实中的西街村，耕地面积偏少是制约该村农畜业发展的主要因素，为了保证家庭增收，大部分村民选择从事小型的经商买卖或外出打工，由农民角色转变为私营业主，因此西街村呈现出的特点是商业特色浓于农业特色，家庭式饲养牲畜已经不再适应新的产业格局。这也就不难理解为什么农户自己家不养鸡禽，但鸡蛋作为人们生活中必不可少的一种健康食物，已成为了村子里的主要卖点。杨淑英看到了“市场”的需求，于是在售卖日用品的同时，兼卖一些鸡蛋。鸡蛋每斤盈利0.5~0.7元，每斤盈利较少，但是村里的需求量还是比较可观的。杨淑英与我们一起核算了一下2011年小卖部的收入情况，平均2天的进货成本在1000元左右，每天收入近200元，一个月下来纯收入在3000元左右，一年收入在36000元。2011年大女儿给家中汇来3000元的工资。由于家里耕地少，加之两人的主要精力在小卖部上，所以杨淑英家的地已经转让给家里的亲戚种植，不收任何租金，只是在水稻收割后分获一部分换面粉，每年粮食直补直接交给了杨淑英的公公婆婆。以上情况如表9－11所示：

表9－11　**2011年家庭收入来源情况**　单位：元

职业	收入	职业	收入
从事种植业	0	本乡镇就业工资	0
从事个体经营	36000	外出打工	3000
从事屠宰	0	从事运输业	0
从事渔业	0	政府补贴和社会救济	0
从事养殖业	0	出租耕地或房屋	0
从事旅游业	0	其他经营收入	0
总收入合计	39000		

资料来源：根据杨淑英口述整理，2012年6月。

2012年美的公司的加工厂落户邯郸，厂子建在了离西街村很近的上北村。刚刚落成的大工厂也吸纳了周围村子的一部分劳动力，就在前天杨淑英的丈夫经人介绍去美的厂做了临时工，因此2012年杨淑英家又多了一项收入来源——丈夫马朝军在本乡镇就业工资。由于马朝军从事的是重工的工种，所以工资标准每天100元，按月结发。

随着小卖部生意逐渐红火起来，杨淑英家也在2010年买了新房子，这是他们所属大队刚刚盖好的楼房。杨淑英说一家四口住上了三室一厅的新楼房，看到家里呈现出一片新气象，日子也过得越来越高兴。家里安装了新电视，还有1台挂式空调、1台洗衣机。由于小卖部有2台冰柜，家里就没有再添置冰箱。家里的主要的出行工具为1辆电动车、1辆电三码车。除了小儿子家里其他三口各1部手机作为通信工具，以上情况如表9－12所示。

表9－12　　2012年家庭耐用消费品情况

项目	数量	项目	数量
电视机（台）	1	小轿车（辆）	0
电冰箱（台）	0	自行车（辆）	0
洗衣机（台）	1	电动车（辆）	1
照相机（台）	0	摩托车（辆）	0
影碟机（台）	0	手机（部）	3
组合音响（套）	0	固定电话（部）	0
电三码车（台）	1		

资料来源：根据杨淑英口述整理，2012年6月。

虽然住上了新楼房，但是取暖主要还是采取烧土暖气。农村取暖方式主要集中在烧小型的煤炉子和土暖气取暖，由于特殊的住房结构和落后的基础设施建设，农村一直没有实现集体供暖。杨淑英说冬天烧土暖气每天要耗掉20块左右的蜂窝煤，当地的价格是0.6元/块，2011年一冬天的取暖费用为1080元。除了取暖费之外，电费也是家里支出比较多的一项，杨淑英说电量耗费分两部分，家里耗电主要用在洗衣机、电磁炉和夏季空调的使用上，每月电费60元；另一大部分则集中在小卖部的用电量，小卖部的电量是按商业用电价格收取电费的，每度电近1元，用电高峰时店里的耗电量一个月达230元，2011的电费总额为3480元。难得休息的时候，杨淑英会去市里为自已和家人买衣裳。其实在采访期间我们也发现，杨淑英穿着很讲究得体，给人感觉是一个精神利落的人。她说2011年衣服支出为800元左右；生活食品费用一年14600元；孩子教育费用200元；红白喜事支出1500元，主要用于亲戚、朋友和邻居的结婚、小孩满月酒、丧葬等都送礼，每次多的送500元，最少的也送50元；2011年家里没有人得过大病，只是偶尔有些感冒之类的小病，所以看病支出较少，一年也就100元左右；家里通信费每年1260元。以上情况如表 9-13 所示。

表 9-13　　2011 年家庭支出情况　　单位：元

总支出	生产性	衣服	食品	看病	教育	电费	红白喜事	交通	通信	住房
21940	0	800	14600	100	200	3480	1500	0	1260	0

资料来源：根据杨淑英口述整理，2012 年 6 月。

从家庭支出表中我们发现杨淑英家的食品花销较多，主要是因为家里每天三餐用的油、蔬菜、调料用品都要购买，这些花费是生活必不可少的。

一年中大部分时间杨淑英都在小卖部中度过，真正的闲暇时间很少。小卖部的一台小电视成了杨淑英消遣休息的最好的工具。杨淑英说自己每天晚上在看摊的同时会看电视消遣时间，特别是对电视剧和娱乐节目感兴趣。我们问她是否会关注有关农民的新闻时，她说会看，但是不会特别的注意，一般惠农方面的利好政策主要还是从村里的宣传员那里得知的。

杨淑英给我们的印象是爱说爱笑，待人很亲切。采访最后我们问起她觉得现在生活怎么样时，她很乐呵的说了两个字：幸福。我们也祝愿这幸福的一家人越来越幸福快乐。

（五）经营日杂门市的王九进家

王九进，汉族，1953 年生人。颧骨突出，个子不高，或许是过度劳累的缘故，皱纹已爬满了他的脸，一副典型的华北老人样子。由于几乎没有走出过永年县，甚至几乎没有去过邯郸市，加之与外来人的接触很少，所以生活范围很有限。王九进说话时带有浓重的邯郸口音，几乎不会讲普通话，这给我们的交谈带来了很大不便，但是王九进非常热情，担心我们听不懂，所以老人说话尽可能的清晰，中间时不时的用手比画着。我们能清楚地感觉到，王九进说话的语速比平时慢了很多。

初次见到王九进，他正照看着自己打拼下来的五金日杂店，躺在外面的软椅上纳凉。当我们说明来意，王九进显得特别高兴。当我们问他的文化程度时，王九进自豪地说：“高中！”村里像这个年纪的人，很少有能念到高中毕业的，因此对于与王九进同辈的人来讲，高中学历已经算是高级知识分子了。当说到高中毕业后为什么没有继续念大学时，王九进半开玩笑地说："当时家里穷，自己在念书的空当，还需要用很大一部分时间帮家里挣工分。而且当时压根就没有上大学的想法，所以想着高中毕业就相当不错了。在我们这一代人中，很多人连小学都没有毕业，上初中的也很少，像我这样高中毕业的就更少了。"不过在后来的交谈中，王九进还是对当初没有上大学感到一些遗憾，或许是那个特殊的年代对王九进的学习生涯造成了一定的影响吧。我们想，如果当初王九进高中毕业后念完了大学，或许我们采访的时候，他就不会是在照看小店了。

王九进的妻子 1987 年就去世了。当我们问起他的妻子时，王九进半笑着、带着些许悲伤地说："走了，走了很久了。"王九进独自把三个孩子抚养成人，看着他们成家立业，现在享受着天伦之乐。在高中毕业时，王九进说自己的选择很简单，其实也没有什么选择，除了教书就是种地。但是在他毕业的时候，由于历史的缘故，由于政治运动占用了相当一部分学习时间，所以那时的学生没有多少时间上课。而且那时叫老师为"臭老九"，这种对老师不尊敬的做法，也使得王九进没有选择教书，而是直接种地去了。河北省人多地少，而且人口比较集中，邯郸就是典型的代表。在实行家庭联产承包责任制时，王九进分到了 1.5 亩地，平均每人仅有三分地。很显然，这样的情况，并不适合农业机械的大规模操作，甚至也使得牛、马、驴、骡的饲养成本极高，机器及大牲畜的优势完全没有办法发挥。地块实在是太小了，因此即使到现在，王九进还是像村里的其他人一样主要是手工种地。几十年来，王九进似乎也没有想过要使用更高级的方法。

表 9－14　**2011 年家庭承包土地情况**　单位：亩

总面积	水浇地面积	旱地面积	良田面积	荒地面积
1.5	1	0.5	1	0

资料来源：根据王九进口述整理，2012 年 6 月。

很明显，这点地是无法养活自己和家人的，所以在 1986 年，王九进开起了一家很小的日杂五金店，将自己的重点从"生产环节"放到了"流通环节"。虽然王九进和中国世代商人并不知道"剩余"到底是在流通环节还是在生产环节产生的，但是这并不妨碍他们具有敏锐的眼光。

王九进告诉我们，刚开始的时候，只是经营一些很基本的日杂用品，比如油盐酱醋、锅碗瓢盆之类的，随着时代的发展和生活的改善，老人经营的品种也日渐丰富起来。我们在采访中注意到，王九进的五金店，可谓是一个小型超市，除了基本的生活用品之外，还包括各种各样的农具和小家电之类。在货物的采购上，以前是骑着老式自行车去县里亲自采购，因为当时的生活比较简单，虽然用自行车采购数量少，但是也没有影响小店的正常经营。现在货物的采购，除了一部分是自己亲自采购外，主要是批发商送货上门。当问到为何那一部分商品厂家不愿意送货时，王九进说自己的店还太小，不值得人家跑一趟。我们了解到，王九进的小店大概有 20 平方米，后面是自己和儿子一家的住宅，楼上是仓库。这样的模式，是当地很普遍的一种小规模经营模式。而在需要自己采购的那部分商品中，主要是销售较慢、带有季节性的商品，例如农具和窗纱之类的东西，自己的小店对这类商品的需求量小，不值得人家专门送货上门，所以就得自己去采购。王九进说每月要进县城采购两次，都是租车去的，每次的费用估计在 200 元左右。但是由于最近油价波动，给王九进的经营带来了很大的影响。在油价下调之后，租车的费用增加了近 50 元，也就是每月增加了 100 元的额外开支，这对于一个仅有 20 平方米的小店来说，可是一笔很大的开支了。而采购的方式，大部分商品是先拿到货，等下次送货的时候，再结算上一次的货款。有些紧俏商品，则必须是现款交易。

2000 年的时候，王九进把自己辛苦打拼下来的小店传给了自己的儿子。儿子叫王光辉，1979 年出生，在 8 岁时，母亲便离开人世，是父亲和两个姐姐把他养大成人。王光辉像自己的父亲一样，也是高中毕业，但是这个学历明显的不如自己父亲的学历了。而且王光辉虽然是第二代高中生，但是他的普通话说得也不是很好，当地口音也很重。王九进说是儿子自己学习比较吃力，没有能力考上大学，所以就退学了。1998 年毕业后，王光辉说自己除了种地外，主要是做学徒，帮着父亲经营小店。儿媳张素梅与儿子同岁，初中文化水平，普通话说的也不太好，现在主要是和丈夫一起经营公公传下来的小店。

当问起最近一段时间家里人的健康状况时，王九进说自己 2011 年得了一次脑溢血。当时我们大吃一惊，因为在和他交谈中，王九进思维非常清晰，有顾客来买东西时，他还时不时地站起来和顾客交流，随便地走动，根本看不出来他曾经患过如此严重的病。王光辉告诉我们，父亲现在的状况之所以如此良好，关键是抢救及时。他说当初自己刚看到父亲有点不对劲，快要晕倒的时候，马上把父亲送到了距离小店不远的镇卫生院进行简单的抢救，之后就送到了市医院。在医院住院20多天中，总共花了10000多元，农村合作医疗报销了5000元。王九进说，在住院期间，多亏了儿女的悉心照料，不然也不可能恢复到现在的程度。看着王九进如此健康，我们就问起他的锻炼方法。他告诉我们说，从医院回来以后，自己还是像往常一样，每天早上五点钟起床，走一段，跑一段，到距离自己小店一公里之外的地里，呼吸一下新鲜空气，顺便整理一下自己的庄稼，比如拔草之类的。王光辉告诉我们，父亲现在种地纯粹就是为了锻炼身体。他说西街村人多地少，每个人也就三分地，他们家现在有一亩五分地。与其他村民一样，主要是种植水稻、大蒜和玉米。水稻是一年一季，而玉米和大蒜则是轮种。大蒜收完以后，再种植玉米。父亲的工作主要是种地，有时间了就帮他们照看小店。因为这个村子分成了四个大队，相互之间隔得比较远，他们家的小店紧靠村中间的大道，因此也没有什么时间和机会与自己同辈的人下棋打牌。在整个调研过程中，我们注意到，这个村子里不论是老人还是年轻人，普遍没有人下棋打牌的，主要是经营自己的小店和庄稼。老人们的主要活动就是散步和看电视，尤其对国家大事感兴趣。王九进说这几年水稻和玉米的价格相对来讲，还算比较稳定，而大蒜价格则不太稳定。2010年，大蒜的批发价格达到了惊人的每斤5元。2011年大蒜价格降到每斤0.5~0.6元，今年的价格在1.7~2元。但是由于地少，产量有限，所以价格的巨大波动，对这里的影响倒也不是特别大。王光辉告诉我们说："即便是去年低价的影响，今年该种的时候还是得种。"不种又能种什么呢？这也难怪，农民在种植作物选择性很小的情况下，只能是抢行情和价格了。

表9-15　**2011年家庭支出情况**　单位：元

总支出	生产性	衣服	食品	看病	教育	娱乐	红白喜事	交通	通信	住房
29600	2000	1000	5000	8000	7000	0	1000	4800	800	0

资料来源：根据王九进口述整理，2012年6月。

王光辉现在有两个孩子，都是男孩。老大王磊涛，13 岁，现在村小学读小学六年级；老二王磊攀，11 岁，在村小学读四年级。王九进告诉我们，孙子的学习还算可以，就是作业有点多，每天晚上回到家里还得做很长时间的功课。但是儿媳似乎没有觉得不可接受，她希望孩子将来能考上大学。所以夫妻两个打算将孩子送到邯郸市里比较好的初中，那里的教学资源和教学理念相对来讲，当然比县里和乡镇初中要好很多。儿媳说现在孩子已经去市里的四家初中参加了考试，成绩还算可以，现在正等着通知。我们问送到市中学的花销时，王光辉告诉我们："如果把老大送到市里念初中，包括学费和生活费，每年大概要花 6000 元到 7000 元。"不过他妻子想的倒是长远，自己没有上高中，王光辉也只是高中毕业，她不希望孩子也像他们那样，所以还是要尽可能地为孩子提供一个良好的教育环境和成长环境。老二现在读小学四年级，学习属于中等偏上，他们夫妻打算将来把他也送到市里读初中。

王九进的两个女儿王芬霞和王艳霞，一个 32 岁，一个 34 岁。都嫁到了本镇，但是因为不在一个大队，所以相对来说，外孙不能经常来看他们。而王九进自己由于伤病的缘故，虽然恢复得不错，但也不能出远门，所以也就不能常去看他们。当外孙来的时候，老人特别享受这些难得的时光，他告诉我们说："外孙来的时候，我从不说好好学习之类的话，也不问他们的学习情况到底怎么样。孩子现在主要是成长，不能给他们太大的压力，该怎么长大就怎么长大。"而自己的时间也大部分放在了地里和小店上。因为是盐碱地，所以王九进格外注意自己的庄稼。王光辉告诉我们，就是那一亩半地，在父亲的照料下，收成还算可以。我们大概的算了算，去年的大蒜是 3500 斤，每斤的价格是 1.7 元，这就是 5950 元；玉米的产量是 1000 斤，价格是每斤 0.95 元，就是 950 元。这两种庄稼的毛收入总共是 6500 元。去年水稻的产量是 400 斤，主要是自己家人食用，这明显的不够一家五口用，因此还得另外购买。不过王光辉告诉我们，额外购买的主要是面粉而不是水稻。王九进家的收入情况如表 9－16 所示。

表 9－16　　2011 年家庭收入来源情况　　单位：元

职业	收入	职业	收入
从事种植业	6500	本乡镇就业工资	0
从事个体经营	30000	外出打工	0
从事屠宰	0	从事运输业	0
从事渔业	0	政府补贴和社会救济	900
从事养殖业	0	出租耕地或房屋	0
从事旅游业	0	其他经营收入	0
总收入合计	37400		

资料来源：根据王九进口述整理，2012 年 6 月。

现在一家五口中，儿子和儿媳各自有一部手机，王九进主要用固定电话。王光辉告诉我们，父亲不会用手机，而且小店里进货送货之类的也比较麻烦，自己和妻子忙不过来时，还得依靠父亲帮忙。所以就在小店里专门装了一部固定电话。不过他们夫妻两个的手机也不怎么用，只是简单地通话和发短信，不需要其他的先进功能。所以一家人的电话费除每个月扣除固定的套餐之外，基本上没有什么大的花费。说到电脑，王光辉说自己目前还没有购买。主要是自己和妻子用不着，父亲当然更用不着。孩子现在还小，不想他们过早地接触计算机，免得沉迷于网络游戏。在交谈中，我们注意到他家那辆很久的二八式自行车。王九进很自豪地告诉我们，这辆自行车是自己主要的交通工具，自己年纪大了，也不像现代的年轻人那样追求更高的速度，所以有事没事就骑着自己的自行车出去转转，也算是一种锻炼吧。

表 9－17　　2012 年家庭耐用消费品情况

项目	数量	项目	数量
电视机（台）	1	小轿车（辆）	0
电冰箱（台）	0	自行车（辆）	1
洗衣机（台）	1	电动车（辆）	0
照相机（台）	0	摩托车（辆）	0

续表

项目	数量	项目	数量
影碟机（台）	0	手机（部）	2
组合音响（套）	0	固定电话（部）	1

资料来源：根据王九进口述整理，2012 年 6 月。

采访临近结束的时候，我们问了问王光辉关于农村养老保险。王光辉告诉我们，在 100 元到 500 元的任选区间中，现在他和妻子选择的是每人 100 元这一标准，每年夫妻俩交 200 元，因为父亲已经年过 60 岁，所以每个月可以领到 55 元。这个数额虽然不是很大，但是加上种子补贴和种粮补贴，老人还是相当满意的。

短暂的 40 分钟很快过去了，在我们离开的时刻，祝福老人身体健康，也祝福王光辉和妻子生意兴隆。

（六）辛苦经营小卖部的王红书家

2012 年 6 月 20 日上午 10 点半，我们在村委会干部的带领下，顶着炎炎烈日，从车水马龙的村镇大路走入了西街村内，这个地方由于地少人多，村民大多在交通便利的公路边开门市，做小买卖，因此我们的采访几乎都是在大路上的店面内。这一次，我们终于走进了村庄内的羊肠小道，一排排房屋间夹着的小土路横竖不齐，颠簸不平，弯弯曲曲地通向各家各户，所谓的“晴天一身土，下雨一身泥”似乎就是这样，但这里很宁静，没有公路上的嘈杂，别有一番清新之感。沿着村路走，我们看到了一个大戏台，大概是村里举办娱乐活动的地方吧。

从大戏台拐过去就是王红书家了，不像其他的人家，有气派的大门，王红书家临街的就是房屋。掀起帘子进门，我们才看出来，原来这是一个小卖部，这是一间不到 20 平方米的小屋，正对门口的是大红色的冰箱和白色冰柜，里面柜台上乱七八糟的堆放着各种小食品和烟酒杂货，一台小电视摆在靠墙的货架上，地上还有几件啤酒，就这些东西，几乎把小屋塞得满满的。从小卖部的后门出去才是王红书家的院子，再往里走是居室。当时王红书和老伴正在屋里坐着，边看小卖部边闲聊，王红书和老伴都已发须花白，但看起来还是很有精神，了解我们的来意之后，老人家热情地给我们拿了几个小板凳坐下，接着开始介绍他们的家庭情况。

王红书，男，南沿村镇西街村人，今年71岁，初中毕业，汉族。妻子王桂琴，69岁，初中文化水平，老家在西王庄，小时候曾在北京念书到初中，之后嫁到西街村。老两口只有一个女儿，王桌梅，今年39岁，小学毕业，已经嫁到距离不远的南沿村镇另一个村，平时经常回来看望老人，我们在采访期间也见到了她。王桌梅有两个孩子，女儿20岁，在本地打工，儿子17岁。王红书一家都是汉族，没有特殊的宗教信仰。在农村，大部分家庭都有好几个孩子，并且重男轻女的思想比较严重，而王红书家仅有一个女儿，这让我们觉得似乎有些特别，但这一家过得很幸福。

王红书夫妻俩经营这个小卖部已经有10年了，十年以前像大多数其他村民一样，一直靠种地养家糊口，到60多岁，年纪大了，干不动了，于是就用自家住的一间临街房在村里开了这个小卖部，不过直到现在，他还在照顾自家的地。王红书家的耕地面积约有近一亩，其中种水稻的是3分水浇地，3分旱地采取玉米和大蒜一年一季的间作耕种，另外近4分地为盐碱地，很难有好收成，因此就选择了种比较好长的玉米，平时很少管理，一切顺应天意，“收多少算多少吧。”王红书如是说。现在妻子年纪大了，基本上地里的活都是王红书一个人干，虽然家里地不多，但每年要播种、浇水、施肥、除草等，且王红书看起来走路不太利索，对于这样一个71岁的老人来说，种地的活还是有些压力的。通常到了劳作的日子，王红书会在傍晚时候下地干活，妻子就留在家看门市。

西街村靠近滏阳河，因此耕地水源比较丰富，浇地非常方便，王红书告诉我们，像他这种地少的人家，买水泵不划算，浇地的时候就租水泵，每次大概按每小时3～4元付费。王红书家收获的水稻基本上供自己吃，大蒜和蒜薹吃不完的会卖给前来收购的商贩，玉米除了自己吃还可以用来换面。王红书说，现在东西都这么贵，种这点地也能为日常生活支出节省不少，而且自己种的东西不打药，吃着放心。承包土地情况如表9－18所示。

表 9－18　2011 年家庭承包土地情况　单位：亩

总面积	水浇地面积	旱地面积	良田面积	盐碱地面积
1	0.3	0.3	0.6	0.4

资料来源：根据王红书口述整理，2012 年 6 月。

表 9－19　2011 年家庭农作物、牲畜和家禽情况

种类	亩数	折算价值（元）	种类	亩数	折算价值（元）	种类	个数	折算价值（元）
大蒜	0.3	700	瓜果			羊		
玉米	0.7	500	花卉			牛		
水稻	0.3	600	蔬菜			马		
棉花			药材			猪		
大豆			蒜薹	0.3	800	禽类		

资料来源：根据王红书口述整理，2012 年 6 月。

王红书告诉我们，开小卖部比种地轻松多了，并且过得比以前的日子也好多了。但是相对来说自己的门市利润很低，一天最多卖四五十元，主要是位置不好，路不通，来买东西的人太少。王红书家在村子里，周围都是农户住房，不像其他在大路的门市，人来人往客源不断，自己家的小卖部也就是附近的邻居来买点吃的用的，都是低价的日常用品和食品，基本上不赚钱。我们问老人，既然附近农户多，为什么不进一些鸡蛋卖，他沮丧地说没人买，好的烟酒等物品在这个地方卖不出去，连鸡蛋都卖不出去。因为本村离主干公路不远，那边沿路有很多物品齐全的店，况且在村里附近的小卖部也很多，一般村民买东西都去大一点的超市了。我们确实也看到，店里卖的都是不太值钱的东西，有档次较低的烟，啤酒，牙膏、牙刷、香皂等日用品，还有糖果饼干冰棍这些孩子们吃的小零食等。我们略问了一下，牙刷 1 元/个，啤酒卖 1.5 元/瓶，而进价是 13 元 9 瓶，每瓶的利润还不到 0.1 元，甚至连水电费和进货的辛苦钱都赚不回来。在采访的过程中，我们见到了几个来买东西的顾客，买的都是冰棍和烟，还有一个客人要了 8 瓶冰镇啤酒。如果没有我们帮忙，能想到平时老人每卖一些，就要艰难地把啤酒再一瓶瓶地放到冰箱里冰镇起来，相当辛苦。

王红书进货就在附近，交通工具是一辆骑了很多年的自行车，他基本上每天都会到距离本村一里地的西王庄批发店进货，看看店里缺了什么就进点什么。王红书还告诉我们，现在年岁大了，自己骑车还行，若是带着老伴就骑不动了，所以进货都是自己去，老两口一起出门就走路或者坐车。还好啤酒供应商可以打电话送货上门，给老人减轻了不少负担。每天进货的时候顺便买点菜，老两口哪天高兴了也给自己改善一下生活，反正孩子已经成家，也没什么后顾之忧，开开心心过好自己的日子就行了。

王红书家住的还是上一辈留下来的老房子，墙是砖墙，屋顶是木梁，大约有 70 多平方米。从小卖部后门出去有个小院，院里有一口自己打的井，平时用水就是靠它了。做饭用液化气和电饭锅，冬天取暖烧蜂窝煤炉。王红书家在村里不算富裕户，家里只有一台小电视、一辆自行车、一台洗衣机、一台冰箱和一台冰柜是小卖部的必需品，为了省电，冬天就关掉。二老都没有手机，有一部固定电话用来联系进货订啤酒等业务。老两口精打细算的过着日子，虽然挣钱不多，还是可以吃饱穿暖，生活舒适温馨。小卖部早晨大概 8 点开门，晚上 9 ~ 10 点关门，闲来无事的时候，老两口喜欢看电视，关注一下每天的天气预报和新闻联播，但最爱的是戏曲节目。一说起看戏，他似乎格外精神起来，虽然不会唱，但是王红书一直对京剧钟爱无比，这也是他唯一的爱好了。他还告诉我们，村里每年也会唱一次戏，就在离家不远的戏台子上，想必这位老戏迷是逢场必到的。以上情况如表 9 – 20 所示。

表 9 – 20 **2012 年家庭耐用消费品情况**

项目	数量	项目	数量
电视机（台）	1	小轿车（辆）	0
电冰箱（台）	2	自行车（辆）	1
洗衣机（台）	1	电动车（辆）	0
照相机（台）	0	摩托车（辆）	0
影碟机（台）	0	手机（部）	0
组合音响（套）	0	固定电话（部）	1

资料来源：根据王红书口述整理，2012 年 6 月。

这个小卖部是王红书家唯一的收入来源了，由于客源少、利润低，全年的收入顶多5000～6000元，政府对耕地的粮食补贴和种子补贴约有153元，此外老两口每月可以领110元养老金，每年按季度发，直接打到银行存折上。虽然小卖部不赚什么钱，但每月有了这些补助，对于始终省吃俭用的老两口来说帮助也很大。王红书家全年的总支出基本和收入差不多，占比重最大的还是在吃饭上，每年约有3500元的食品支出；对于老人来说，买衣服花不了多少钱，有的穿就行了；夏天的电费多一点，大概每月六七十元，主要是两个冰箱费电，并且小卖部的电费属于商业用电，按照每度0.8元的价格收，而家里是每度0.52元，冬天不开冰箱，每月大概40元；农田的生产性支出主要是浇水施肥等，约有800元；老两口都参加了新农村合作医疗，每年交100元；2011年乡里乡亲的红白喜事支出约有500元；冬天取暖费800元左右，电话费每月有10多元就够了。除此之外，两位老人在医疗方面的支出相对较多，因为年纪大了，王红书和妻子都有高血压，常年吃药，一天三顿。村里的卫生所就在离家不远的地方，买药也很方便，王红书告诉我们，他大概隔四五天就要去买一次药，每次要花10多元，因此这一年吃药花的钱就得七八百元（以上情况见表9－21）。年纪大了身体总会有点不适，这何尝不也是年轻拼命奋斗的结果呢，好在王红书夫妻俩都没有什么大病，俗话说父母健康幸福，是儿女的福气。王红书说，女儿很孝顺，平时常回家来看看，但是女儿有两个孩子，生活也不太富裕，因此平时拿不出多少钱来给家里，好在自己有这个小卖部，生活过的也算可以，虽然存不下多少钱，省省也能够衣食无忧，时不时有盈余了，老两口就自己改善一下生活，吃点好的，给孙子孙女买点好吃的，小日子很是幸福美满。

表9－21　**2011年家庭支出情况**　单位：元

总支出	生产性	衣服	食品	看病	水电费	合作医疗	红白喜事	交通	通信	取暖费
6850	800	20	3500	700	600	100	300	0	30	800

资料来源：根据王红书口述整理，2012年6月。

我们从一开始走进王红书的小卖部，就想到可能这会是个低保户，但是老人告诉我们，他不是低保户。或许自己的日子虽然不富裕，但村里还有更艰难的家庭，不管怎样，自己有能劳动的身体，有小卖部维持生计。我们问老人对自己的生活是否满意，他笑呵呵地说满意，现在的生活吃穿不愁，每天还能看戏听戏，比几十年前吃不上饭的日子强多了。现在老两口最关心的就是子女儿孙，一家人能和和睦睦幸福团圆的过日子，孙子孙女健康成长，这就是眼前最重要的事。是啊，心态决定一切，人年纪大了虽然身体会日趋衰老，但保持积极乐观的心态和健康的情绪会使老人年轻几十岁，在王红书身上，我们就看到了一个生活中充满阳光的老人。王红书一生贫苦，前半辈子可能吃饱饭都不容易，更谈不上什么养生，如果一定要问之前的生活给了他什么，恐怕只能说挥锄头下地干活的艰苦生活让他更加懂得珍惜现在的生活。我们想以后的日子，王红书抱着积极乐观的心态会拥有更多幸福和欢乐，或许这是所有百岁老人长寿的秘诀，也将会是王红书长生的法宝。

（七）拉面师傅李龙江家

2012 年 6 月 25 日上午 10 点，我们在村干部的带领下，走进了靠近公路的一个小胡同里，在胡同的最深处，就是我们的采访对象李龙江家。不巧当天整个西街村都停电了，屋里又黑又热，于是我们在李龙江家的小院里聊了起来。

李龙江，1955 年生人，今年 57 岁，汉族，小学文化程度，长得很精神，身材匀称，面容总是带着些笑意，显得很有亲和力，但走起路来不太利索。妻子谢学英，58 岁，汉族，小学毕业。李龙江的女儿已经出嫁到刘庄，不过离得很近，女儿基本上天天来。现在夫妻俩和儿子同住，儿子李世超，22 岁，汉族，在永年县七中上到高中毕业之后就参加工作，在邯郸市纵横钢厂上班，李世超平时住在单位的宿舍，两星期左右回家一次。儿媳妇王芬莎，22 岁，在南沿村镇开门市卖童装，干了还不到一年，门面的租金一年 1 万元，店面离家很近，儿媳通常走路去上班。李世超有一个女儿，李若西，刚刚 1 岁半，一直在家里由爷爷奶奶看着，李龙江说，准备等孙女儿满 2 周岁就送到幼儿园去，孩子在家里不能学知识。

李龙江出生在新中国刚刚成立的时期，日子和现在比简直是天壤之别，李龙江四五岁的时候，村里有食堂，生活还算不错，大家每天集体去吃饭，有馒头、油条等，想吃多少吃多少。到 1960 年开始紧张起来，国家限制每人的饭量供给，每人每天只有 4 两饭的指标，还是高粱、玉米等粗粮，没有白面，没有油水，1961—1962年是最困难的时候，地里的菜比劳改犯看管的还严，每个人一天三顿只给一瓢汤喝，基本上和水差不多，中午再加个饼，每天都很饿，大队的队长和管理人员才可以吃的多一点。1965年，李龙江开始上小学，到小学二年级，因为家里很穷，每学期要交2元学费，交不起就不再上了。李龙江还有个哥哥，上到小学三年级，同样因为家里穷也辍学了。之后就在生产队干活，当时记工分，一天能挣0.12元。

1978年改革开放以后，国家允许做小买卖，本村的村民也开始了自力更生之路，而李龙江走上了做拉面之路，这条路一走就是20年。最初是在路边搭个棚子，父亲向别人学了做拉面的手艺，李龙江和母亲帮忙打下手。那时候冬天早晨5点左右起来做，6点出摊，直到晚上八九点，夏天就要提前一小时，4点左右起来做面，5点出摊，晚上9点多才回家。李龙江说，卖拉面之后的生活水平明显比之前好多了，一天一个人能挣四五元钱，当时公社书记一个月的工资才42元。卖了一阵子之后，李龙江开始独当一面，他跟着父亲学会了做拉面的功夫，和妻子一起租门市，开起了拉面馆。李龙江告诉我们，自己家拉面的特色之处在于口感，用料和别人是一样的，主要是拉的技术和力度的掌握，拉出来的面劲道，口感好，人们才爱吃。做拉面也讲究熟能生巧，李龙江基本上一分钟能做4碗，但这一天下来非常累，基本上不能再去地里干活了，并不是没体力走不动了，而是拉面使用的劲儿刚好和农活不对付。李龙江说，虽然生活水平略好些了，但生意始终不太好，那时候农民没钱，价格低，1.5元一碗的面，成本就要1元多，利润不高，虽然本地人比较爱吃拉面，但当时卖拉面的多，竞争很激烈。现在总体的生活都好了，吃的人却少了，人们都讲究吃菜。的确，我们在南沿村镇基本上很少看到卖拉面的了，大部分都是有炒菜的饭馆，其实时隔多年，西街村拉面仍然小有名气，本地也有人走出去卖，只是大部分人都不愿意再做这不太赚钱的买卖了。如今李龙江家还留着以前做拉面的整套工具，但平时家里基本不做拉面吃，李龙江说，做拉面太麻烦，还不如吃手擀面。

李龙江虽然看起来硬朗，但聊起来我们才知道他一直多病缠身，50岁的时候，他检查出来患了腰椎间盘突出，李龙江说，自己这病虽然不全是因为做拉面，但也与它有很大关系，常年弯着腰，有时候一天忙的头都抬不起来几回，20年的日积月累，埋下了病根。除此之外，也和自己的体质不好有关。2004年，李龙江刚查出来腰椎间盘突出，但不是很严重，医生建议其保守治疗，手术并不是最好的选择，希望用药物加疗养能转好，但情况发展的并不好，于是李龙江在 2011 年 4 月在永年县妇幼医院做了手术，李龙江说，也不是什么大手术，就是从腰椎上切去了两个腰间盘，切了块骨头下去，手术没什么问题，但之后恢复的不太好，主要是自己体质不好，现在一干活或提重物就腰疼，现在也不需要吃药了，就是慢慢养着，也不知道什么时候能养好。这次手术住院一个月，花了 6000 多元，国家给报销了 4000 多元，李龙江觉得参加新农合很值。祸不单行，在 2008 年，李龙江又患了脑梗死，一种常见的老年病，李龙江说，这病来的很急，会突然就流口水，说不出来话，还好治疗及时，在村里的诊所输了几次液就好了，现在恢复的还可以，但偶尔还会有说不出来话的情况。除此之外，4 年前李龙江在上梯子拿东西的时候摔了腿，而且摔得不轻，右腿膝盖严重受伤，经过手术后在右腿膝盖处垫了块钢板，现在还没有抽板，等到今年冬天就可以去医院取出来了。我们看到他走路不利索，大概就是因为腿受伤了。李龙江告诉我们，他现在腿还经常疼，走路也不大方便，基本上走到儿媳卖童装的恒利商场，再走回家就走不了了。

这些病都要靠养，而李龙江还有高血压，现在天天吃药降压，李龙江告诉我们，就是高血压引起的脑梗死，也怪自己，年轻的时候抽烟喝酒相当厉害，过去曾经一天抽三盒烟，一根接一根地抽，戒烟两年之后还在吐黑痰。而酒更是顿顿不离，每天中午和晚上都要喝，基本上都是 65 度的高度酒，就自己一个人喝，每顿喝个三五两。年纪大了，医生说不能再喝酒了，再喝会出大事，李龙江当时不信医生的话，回去该喝还喝，当第二个医生用同样的话劝他戒酒时，他才认清自己的身体状况，从那以后决心戒了。李龙江是个相当有毅力的人，过去多么嗜烟嗜酒，但说戒就戒了，说不抽就一口都不抽，如今戒烟已有 20 年，戒酒也有 4 年了，现在他对烟已经敏感，不能闻烟味。李龙江说，“说戒烟难，那都是假的，虽然过程是有些痛苦，但重要的是决心，有决心就很简单。”如今儿子也抽烟，我们问他被烟害的得了这么多病，会不会反对儿子抽烟，他说不反对，少抽点没事，别抽的太猛就行了。

也正是因为身体的原因，李龙江在前几年，就把家里一直种着的两亩耕地交给侄子种了，自己只剩下了 6 分旱地，用来种玉米，而这块地是盐碱地，浇不上水，也只能种玉米，想种点菜都种不了，因此基本上也不管它，就靠天收，若是这一年风调雨顺，就多收点，天气状况恶劣，就少收点。2011 年大概收了 400 斤玉米，自家吃了一部分，其他的换面粉（以上情况见表

9-22)。地种不了，自己家20平方米的院子也种不了菜，养不了鸡鸭，总不能就这样天天闲晃，于是今年李龙江琢磨起了养兔子。在他家院子里靠墙边处，我们看到一个兔笼架子，大概有30多个笼子，里面已经养了8只兔子，6只母的2只公的，是李龙江2个月前在西王庄买的刚满月的兔子，笼子也是买的别人的。李龙江在家没事就收拾兔窝，把院子弄得很干净而且没有异味，可爱的白色小兔子是家里一道亮丽的风景线。李龙江一天喂它们两次，饲料是专门买的，一袋80斤价格80元，能吃2个月左右，偶尔还出去割点草给它们吃。刚满月的时候李龙江给它们打了防疫针，大概到四五个月的时候，母兔子就可以怀孕了，一窝能下十几只，怀孕了要再打一次防疫针，养到5斤的时候就卖掉。李龙江说，自己养兔子就是图个娱乐养着玩，消磨时间，现在是刚开始，以后准备把这些笼子都养满。

表9-22　　2011年家庭承包土地情况　　单位：亩

总面积	水浇地面积	旱地面积	良田面积	盐碱地地面积
0.6	0	0	0	0.6

资料来源：根据李龙江口述整理，2012年6月。

李龙江家住的房子是2000年盖的，居住面积有200平方米，原来的老房子给侄子住了。家里有1辆摩托车，通常儿子骑，1辆电动三轮车，李龙江骑，还有2辆电动车，1辆自行车，平时出去买菜骑，屋里有2台电视，1台冰箱，1台洗衣机，4部手机，1台电脑，1部固定电话。现在儿子不常在家，自己又不会用电脑，因此没有联网，固定电话也停用了。平时做饭用煤气，15公斤一罐的煤气90元，能用20天左右，冬天取暖烧煤供土暖气。(以上情况见表9-23)

表9-23　　2012年家庭耐用消费品情况

项目	数量	项目	数量
电视机（台）	2	小轿车（辆）	0
电冰箱（台）	1	自行车（辆）	1
洗衣机（台）	1	电动车（辆）	3

续表

项目	数量	项目	数量
照相机（台）	0	摩托车（辆）	1
影碟机（台）	0	手机（部）	4
组合音响（套）	0	固定电话（部）	1

资料来源：根据李龙江口述整理，2012 年 6 月。

李龙江家的收入来源主要是儿子出去打工和儿媳的童装店，儿子每年能挣 15000 元左右，儿媳的收入估计有 20000 元。两人的工作都干了不到一年，之前一直靠李龙江夫妇多年的积蓄维持，儿子的这个小家庭才刚刚起步，一切都是摸索着干。在家庭支出方面，食品始终是大头，尤其在新添了小孙女儿之后，每年大概要 12000 元，衣服支出 2000 元左右。2011 年看病支出约有 2000 元，水电费一年 2000 元左右，红白喜事的人情支出 2500 元，一家四口缴纳新农合费用 200 元，李龙江夫妇参加养老保险每年 200 元，取暖费 2500 元左右，通信费 1440 元，儿子从家里到市里的交通费用一年约有 500 元。（以上情况见表 9－24、表 9－25）

表 9－24　　**2011 年家庭收入来源情况**　　单位：元

职业	收入	职业	收入
从事种植业	0	本乡镇就业工资	0
从事个体经营	0	外出打工（纵横钢厂）	15000
从事屠宰	0	从事运输业	0
从事渔业	0	政府补贴和社会救济	93.20
从事养殖业	0	出租耕地或房屋	0
从事旅游业	0	其他经营收入（卖童装）	20000
总收入合计	35093.20		

资料来源：根据李龙江口述整理，2012 年 6 月。

表 9-25　　2011 年家庭支出情况　　单位：元

总支出	生产性	衣服	食品	看病	水电费	养老保险	红白喜事	合作医疗	通信	取暖费	交通
25540	200	2000	12000	2000	2000	200	2500	200	1440	2500	500

资料来源：根据李龙江口述整理，2012 年 6 月。

李龙江没事的时候通常看看电视，新闻和抗战类的电视剧是他的最爱，边看电视边喝茶，西街村的人大多做买卖，没什么闲人，因此李龙江很少串门聊天，每天喂喂兔子，哄哄小孙女儿，生活也没那么无聊了。李龙江说，对现在的生活感觉一般，主要是物价太高了，吃饭的质量上不去，前一阵豆角涨到 7 元/斤，买一小把菠菜都要 4 元，买不起菜，更吃不起肉，生活有些紧张，全家人省吃俭用，相信儿子儿媳奋斗几年，生活会越来越好。

（八）经营食品店的刘永昌家

刘永昌是我们小组采访的第一家，我们见到他是在他的商店，商店临着横穿村里的邯临公路，地理位置很好，人流量大。这座房子好像还没彻底装修好，房顶上还搭着石棉瓦，一般临时搭建的房屋才用这个，外墙也没有用水泥涂抹，还外露着红砖，远远就看见门口摆放着东西，是整整齐齐的空啤酒瓶子，可能是回收的，还有几箱银麦啤酒，外面也没有商店的招牌，不熟悉这里的人还不知道这是个商店，但这在村里也无妨，西街村村子不大，村民都互相认识，都知道是干嘛的，而且因为村里有不止一个商店，来这买东西的都是离这较近的村民。进到商店里面，虽然是白天，却还开着灯，而且还是有点暗，满满的摆放着各种东西，里面还有一个小黑屋，很暗，只是没看见人，后来喊了一声，从里屋出来了个人，这个人就是刘永昌，中等个头，黝黑的肤色，略显微胖，头发略带点卷，给人的第一印象是憨厚老实，听说我们来采访他后，不太善言的他也同意了我们的请求。

刘永昌，男，41 岁，初中文化，妻子侯梨花，41 岁，也是初中毕业。都是汉族，没有宗教信仰，有两个孩子，老大是个儿子，刘潇冲，20 岁，已经不上学了，在外地打工，老二是个女儿，刘潇晗，16岁，还在上学。

他告诉我们他家共有三分地，一分水稻，两分大蒜和玉米套种，之所以只有这么点地，是因家里只有他自己的地，妻子的地还在娘家，孩子都没有地。2011年，水稻共收获了110斤，价格每斤2元，共220元。大蒜在每年农历五月收割，然后种玉米，到农历八月左右收玉米，2011年大蒜价格是每斤0.5～0.6元，共收获了150斤，大蒜共收入90元，蒜薹收割了200斤，价格是每斤2.5元，蒜薹共收入500元，玉米收割了550斤，价格是1元/斤，收获了550元。2011年种植业的总收入是1360元。以上情况如表9－26所示。

表9－26　**2011年家庭农作物、牲畜和家禽情况**

种类	亩数	折算价值（元）	种类	亩数	折算价值（元）	种类	个数	折算价值（元）
大蒜	0.2	90	瓜果	0	0	羊	0	0
玉米	0.2	550	花卉	0	0	牛	0	0
蒜薹	0.2	500	蔬菜	0	0	马	0	0
水稻	0.1	220	药材	0	0	猪	0	0
大豆	0	0				禽类	0	0

资料来源：根据刘永昌口述整理，2012年6月。

在粮食补贴和种子方面，政府粮食补贴每亩地132元，2011年的补贴39.6元，种子补贴按人头计算，每人补贴7元，共得到补贴28元，农业方面共得到补贴67.60元。针对农业补贴，每家每户都有一个存折，直接拿着存折去乡镇的信用社取就可以了。

因为西街村的土地很少，所以村民从种植业获得的收入很少，只占总收入的很小比例，仅靠种植业收入很难维持家庭生活，大部分的主要收入都是外出打工或自己做点小生意得来的。刘永昌家就是典型的以小生意为生的家庭，妻子也没出去打工，夫妻两个在村里共同经营商店，这是一个综合商店，经营的东西主要以食品为主，有蔬菜、鸡蛋、方便面、烟酒糖茶，还有一些小孩子的零食，夏天还有雪糕冷饮等。平时都是到邯郸市进货，骑着电动三轮车去，每次进的不多，但会经常进，可以保持食品的新鲜，尤其是在夏天。2011年商店一年的收入大约3万元，在我们采访他时有位老人带着小孩来商店买了些鸡蛋和小孩零食，刘永昌说这个村里有四五个类似的商店，虽然平时来这买东西的人不少，但是竞争越来越厉害，做生意越来越有压力。

儿子初中毕业就不上学了，这在西街村也是普遍现象，实际上，中国大部分农村也是这种情况。以前孩子小学或初中毕业不上学了可以早点打工挣钱，分担家里的经济困难，但现在情况不同了，家里有足够的经济能力供养孩子读书，但是孩子就是说什么也不想读书。刘永昌的儿子就是这种情况，初中毕业就不愿意读书了，去邯郸打工，也没有固定工作，有时在建筑队里做小工，搬砖、扛水泥，都是力气活，一天能挣六七十元，遇到下雨天就不得不休息，这样下来，一个月能挣 2000 元左右，有时外面没活干的话就回来歇着，到了冬天天气太冷，不适合盖房，建筑队的活也就少了，就回家在家帮忙经营商店。2011 年在外打工有八九个月，挣了 18000 元。刘永昌说，在西街村，像他这个年纪基本上都是有两个孩子，说起女儿，刘永昌脸上洋溢着幸福的自豪。女儿还在上学，初中是在南沿村镇上的，离家比较近，没有住宿，中午在学校吃饭，晚上放学回来。现在已经在临洺关镇永年二中上学，在学校住宿，每天的伙食费 15 元左右，每月大概 400 元，再加上在学校生活的其他花销，每月的生活费 800 元。女儿上学是家里的一大支出，虽然上学花钱，但刘永昌还是支持女儿高中毕业后继续读大学，女儿学习挺好，成绩不错，他希望女儿高中毕业能考个好大学。2011 年全家的总收入有 49427.6 元，以上情况如表 9 - 27 所示。

表 9 - 27　**2011 年家庭收入来源情况**　单位：元

职业	收入	职业	收入
从事种植业	1360	本乡镇就业工资	0
从事个体经营	0	外出打工	18000
从事屠宰	0	从事运输业	0
从事渔业	0	政府补贴和社会救济	67.60
从事旅游业	0	商店经营收入	30000
总收入合计	49427.60		

资料来源：根据刘永昌口述整理，2012 年 6 月。

刘永昌说他们平时不住在这个商店，他家离商店不远，家里也是砖瓦房，有5间东西方向的屋子，住宅面积有120平方米，只是每天白天过来经营商店，有时在这吃饭，有时在家吃饭，晚上回去睡觉。说起家里的支出情况，最大的支出还是家里的食品支出情况，菜和食用油都不用去外面买，自己家商店就有，但即使按成本算，每天也得20多元，每月下来800多元，由于种的玉米和水稻比较少，所以一般都是自己吃了，把玉米磨成小粒吃，把水稻磨成大米吃，这样就省得买了，有时这也不够吃还得去买，这也算在食品花销里550元，2011年的食品支出共有10370元。家里平时做饭都用蜂窝煤，蜂窝煤价格不一，根据含煤量的多少和煤质量的好坏有不同的价格，夏天用0.6元一块的，只是做饭用，一天四块，做饭得花576元，冬天由于还得取暖就用1元一块的，一天能烧7块，冬天四个月的取暖费就得840元，比0.6元的质量好些，以防煤气中毒，安全些。其次就是女儿的上学支出，2011年女儿还读初中，只有中午在学校吃饭，一个月400元，一年花销3600元，刘永昌说，不管女儿花多少钱，只要是合理的，自己就全力支持。家里还有一项不得不花的开支就是红白喜事的礼尚往来支出，别人家结婚或者办丧事，关系好点的随多点，关系一般的随少点，一年也有2000元的支出。在穿着方面的支出不多，全家四个人一年的总支出1500元左右，在我们正聊天时，他的妻子来了，和我们打过招呼就进去了。看得出来，刘永昌和他妻子的穿着都很朴素。电话方面的支出，家里安装着固定电话，每月月租15元，由于手机用的多，固话费就少了，主要是为了能拨号上网，每月20元就够了。另外他和儿子各有一部手机，他每月花费20多元，儿子比他多点，每月花费30多元，一年通信方面的花销就得840元，家里还有1台电脑，电话拨号宽带上网，上网费一年600元。家里种的3分地，每年用的化肥、农药、种子，浇地的电费加起来也得有700元。家里都是年轻人，身体都很好，就是平时头疼感冒去拿个药，2011年全家都入了合作医疗，每人交50元，共花了200元。在西街村，医药报销是在交的50元里最多能报销30元，超过30元的部分就得自己掏钱了，2011年全家吃药把能报销的都报销了，另外自己还花了200元，这样下来全家共支出医药费400元。由于开着商店，尤其夏天，商店的冰柜和几个冰箱还有空调得整天开着，冬天就用的少了，电费一年就得1200元。还有夏天用水量也大，刘永昌向我们介绍说村里夏天洗澡不用太阳能热水器，而都用一个黑色的大铁桶，放到房顶上，利用太阳能原理吸热，把塑料管子接到上面，下面装个喷头，就可以洗澡了！正好一个大桶装满水能供2到3个人洗，这样的铁桶一般六七十元，也不贵，水费一年120元，但到冬天就不行了，就得去外面的澡堂子里洗澡。刘永昌家2011年的总支出22746元。西街村20岁以上的可以参加养老保险，刘永昌和妻子还有二儿子都参加了，女儿未满20岁按规定不能参加，每个人100元，共交了300元。以上情况如表9－28所示。

表9－28　**2011年家庭支出情况**　单位：元

总支出	生产性	衣服	食品	看病	教育	取暖费	红白喜事	上网费	通信	水电费
22746	700	1500	10946	400	3600	840	2000	600	840	1320

资料来源：根据刘永昌口述整理，2012年6月。

家里进货用的电动三轮车，是最重要的生产性固定资产，其次刘永昌家里还有其他的耐用消费品，如表9－29所示。

表9－29　**2012年家庭耐用消费品情况**

项目	数量	项目	数量
电视机（台）	1	电动三轮车（辆）	1
电冰箱（台）	3	自行车（辆）	1
洗衣机（台）	1	电动车（辆）	1
照相机（台）	0	摩托车（辆）	1
影碟机（台）	0	手机（部）	2
音响（套）	0	固定电话（部）	1

资料来源：根据刘永昌口述整理，2012年6月。

在和我们的交谈中，刘永昌变得越来越健谈，说平时没事时就下下棋，看看电视。在访谈快要结束时，一个男孩骑着自行车过来了，他说这是他儿子，最近没出去打工，在家帮忙经营商店，还没来得及打招呼，就进去了，好像见了陌生人也不爱说话。

刘永昌家是西街村典型的以小生意起家的家庭，是村里为数不多的几家商店之一，供应着村里人的基本生活食品需要。确实，我们在西街村的公路两旁也没有发现几个大商店。夫妻商店的经济收入还算挺好，而且都是村里的年轻人，不需要生活的轰轰烈烈，只要能够过安稳的生活就行，而且生活的还不错。除维持家人基本生活以外，还供女儿上学，即使再往家里添置几件大家具是不成问题的，另外还可以维持基本的娱乐。在农村都讲究养儿防老，所以像刘永昌这样的家庭，儿子不读大学在村里也很普遍，因为始终不想儿子走得太远，甚至留在身边更好，等父母老了可以照顾父母。虽然现在我国大部分农村都普及了养老保险，也建立了农村合作医疗体系，但是老人生活难、看病难的情况仍然存在，如果只是偶尔小感冒之类的小病倒没事，孩子给的养老钱，再加上政府的补贴就可以安享晚年，但实际情况并不是这样的，人老了就容易生病，更何况老人辛辛苦苦劳累了一辈子，像现在村里的老人大部分都是一辈子做力气活过来的，体力过度透支，老了就难免生病，小病倒没事，需要住院或吃昂贵的药，生活就拮据起来，这时孩子们给的养老钱和政府的补贴就完全不够花费，还要靠儿子再拿钱给父母治病。如此一来，养儿防老的观念就更加根深蒂固，不希望儿子走远，把儿子留在身边，有种以备用时之需的感觉。这也是中国大部分农村存在普遍的现象，如此下去，恶性循环，农村的年轻人文化知识水平普遍落后，这也在一定程度上影响了农村城镇化的脚步。

城镇化不仅仅指的是达到一定的经济指标，更是国人素质的整体提高，尤其是文化素质的提高。我们衷心祝愿他们一家人幸福快乐，祝愿他们的商店生意越来越红火！

（九）承包食堂的石建群家

我们采访石建群老人是在一个学校里，也就是永年县第七中学，我们去的时候也有点疑惑，采访农户怎么到学校来了。走进学校，右边是整齐的一排教学楼，往左拐就看到一个大大的牌子写着“学生餐厅”四个字。当时正是上课时间，学校里很安静，没有学生，只有几个大人在那边说话，其中就有他，见我们来了他立马过来招呼我们进屋。四五十平方米的小屋，还被分成两间屋子，里面是他住的地方，一张床，一个桌子，一个沙发，还有点杂物把小屋挤得满满的。整个屋子的摆放有条不紊，桌子和沙发都很干净，屋里很凉快，他进去就把空调给我们打开了。外屋的桌上有一台电脑，在我们谈话时，有个女孩在玩电脑，石建群说那是食堂的工作人员。

石建群，1955 年出生，57 岁，初中文化程度，汉族，妻子叫马俊芳，1963 年出生，49 岁，小学文化程度，都没有宗教信仰。后来我们才知道他是西街村书记石建武的哥哥，想起来还真是有几分相像。石建群老人个头儿很高，有点严肃，也很少笑，在我们的整个采访过程中几乎没见他笑过，但是很健谈，我们问什么问题，他都积极地和我们谈。他和妻子 1976 年结婚，有四个孩子，两个男孩，两个女孩，老大和老三是女儿，老二和老四是儿子，孩子们都已经结婚。两个女儿都嫁到了本村，老大 32 岁，在村里干活，有两个孩子，二女儿在商场里租赁柜台卖东西。大儿子中专毕业以后又自修的大学，现在县农牧局动物检验检疫站工作，他现在和大儿子住在一起。二儿子做房屋装修，主要是安装门窗、玻璃，老二没有和父亲住一起。

他现在主要是管理永年县第七中学食堂，以前他还做过别的工作，最早是在南沿村镇供销社上班。说起供销社，我们现在已经很少听到了，供销社这个概念已经基本消亡，供销社是在计划经济时代兴起的，那个时候，能在供销社上班也是别人十分羡慕的。那时是集体生产，有生产小队，供销社将分散的农户联合起来生产、收购、销售农产品。现在的南沿村镇供销社，基本名存实亡，没有实质性的内容，外面挂着个牌子，里面不知道做什么的。石建群说，有的里面甚至没有工作人员了，因为没有活干。那个时候供销社属于国家单位，供销社的工作大部分都是我们所说的铁饭碗，老了以后有保障。现在，石建群所在的供销社也差不多散了，就是管管老摊子和一些破旧的资产。从 1983 年开始，供销社就要求工作人员每年给供销社交 3000 元统筹金，这些钱一部分发给名义上还在供销社上班的人，可以说是维持供销社这个空壳子的运转，那时已经不给他们发工资了，一部分要等到以后再给他们发退休金，但有的人到死也没有领到钱。1998 年他退出供销社，后来就在外打工，近些年开始管理第七中学食堂。他说现在乡镇的基层供销社都在改制，不知道以后会发展成什么样子。

除了管理食堂，地里农活忙时还要去地里干活，家里共有 1.5 亩地。学校占的地也有村民的，自己家就有五分地被学校占了，学校每年都得给村民补偿，石建群老人说这是一种对村民来说合算的方式，每年赔偿 420 元。还有 1 亩地，种了 7 分水稻，3 分大蒜和玉米套种，2011 年大蒜收了 750 斤，每斤价格 0.6 元，那时蒜价降到了最低，全村种大蒜的都遭受了损失，仅卖了 450 元，差不多刚够成本，蒜薹收了 300 斤，每斤 2.5 元，卖了 750 元。大蒜 4 月收获，然后种玉米，到九月收玉米，玉米收了 330 斤，每斤 1 元，卖了 330 元，有的家里是留着玉米自己吃，有的家里就把玉米晾干以后直接卖掉了。每年秋天收了玉米以后都会有收玉米的人来村里收购，主要是作饲料用，养猪的家里就需要大量的饲料，从农民手里收购玉米磨成饲料喂猪。水稻收了 770 斤，每斤 2 元，折算成价值是 1540 元，水稻不卖，留着家里吃。2011 年种植业的总收入是 3070 元。以上具体情况如表 9-30 所示。

表 9-30 **2011 年家庭农作物、牲畜和家禽情况**

种类	亩数	折算价值（元）	种类	亩数	折算价值（元）	种类	个数	折算价值（元）
大蒜	0.3	450	瓜果	0	0	羊	0	0
玉米	0.3	330	花卉	0	0	牛	0	0
蒜薹	0.3	750	蔬菜	0	0	马	0	0
水稻	0.7	1540	药材	0	0	猪	0	0
大豆	0	0				禽类	0	0

资料来源：根据石建群口述整理，2012 年 6 月。

粮食补贴按每亩地补贴 132 元，得到补贴 132 元，种子补贴每人 7 元，得到补贴 42 元。2011 年共得到政府补贴 174 元。

永年县第七中学是初中，一般县初中都在县城，但这个县七中在南沿村镇上，村里的初中生来这上学的比较多，离家近，回家方便又不用住宿，远处的学生来这上学都是寄宿，我们访问过的好几家的孩子都在这读初中。石建群说他在这个食堂工作已经 3 年了，我们一开始以为他是食堂的厨师或打杂的，交谈了一会才搞清楚他和食堂的关系。他说，在 2005 年时，学校普九验收，学校的设备不健全，还很破旧，要争取合格就得大规模改建。但是这个学校当时缺乏资金，没办法改建。于是学校就找人投资，当时想要投资食堂的人很多，为了拿到投标权，有的人还给领导送礼，请领导吃饭，但是领导最终选择了他们，就是看中了他们的诚信。学生食堂是没有多大利润可赚的，必须保证学生饭食安全、食堂能够安全运行就可以了。就这样，他们拿下了食堂的投资权，不光食堂，连学校的教学楼、宿舍楼也是民间投资的。石建群说，这个食堂是他和弟弟、妹妹合伙投资建的，他们对食堂的所有权期限是12年，12年后，食堂就归学校所有。从建成到现在已经经营五年了，这是第六年，投资的成本已经收回了。经营学生食堂的利润确实不高，他说食堂每年的收入大概4万元，兄妹三个每年到年底分红，平均每人年底分1万多元，挣得不多，自己老了也没别的事干，就在这打理食堂，挣个零花钱。除了分红之外，他参与管理每月也挣1200元的工资。2011年自己共收入23800元。本来挣的就不多，而且成本也不小，现在主要是他和妹妹管理，弟弟平时比较忙，食堂的工作人员也都是雇的，一共有14人，其中厨师8人，其他的是保洁人员和看门的。工人的工资是一大支出，他说，男女干的工作不一样，工资也就有差别，男的主要是做饭，女的打扫卫生，男的工资是每月1200元，女的工资是每月900元，寒暑假他们也放假，一年付给工人的工资就是一笔不小的支出，这么大的开支当然得需要一定的营业额支撑着，石建群说，食堂每天的营业额大约5000元。

石建群介绍，永年七中有1000多名学生，有住宿的，有走读的。中午在食堂吃饭的人多，有500~600人，早晨和晚上吃饭的人少，主要是住宿生在学校吃，有300~400人。学校餐厅的饭菜都比较便宜，一个住宿生一天10元钱的伙食费就够了，早、晚饭菜简单，炒菜少，平均每人2元，中午的饭菜花样多，3~5元就差不多。食堂菜样不少，炒豆角、茄子、青椒、肉、蛋等。他管理餐厅三年了，首要原则就是一定要保证学生的食品安全，从来不会因为贪图利益而损害学生的健康，他说食堂用的油、菜都要严格检查，剩饭剩菜一律清理掉。为了防止出现学生饮食中毒或其他问题，食堂的每顿饭菜都要留样，保留48小时，如果在48小时之内出现问题，就得赶紧对饭菜进行检验，确保学生都没有出现安全问题，再把样品倒掉。在我们采访的屋里还装着食堂的监控录像，每时每刻监控食堂发生的事情，防止外来人员进食堂捣乱，以保证学生的饮食安全。食堂也有专门的会计，负责食堂的记账和财务问题，也安装了电脑，所有的花费和支出都会录入电脑，一切都是计算机管理。我们见食堂的大门开着，现在是上午九点多，石建群说，食堂的工作人员已经在准备午饭了。石建群家2011年的总收入是26912元。家庭收入来源情况如表9-31所示。

表 9-31　**2011 年家庭收入来源情况**　单位：元

职业	收入	职业	收入
从事种植业	3070	本乡镇就业工资	0
从事个体经营	0	外出打工	0
从事屠宰	0	从事运输业	0
从事渔业	0	政府补贴和社会救济	42
从事旅游业	0	食堂经营收入	23800
总收入合计	26912		

资料来源：根据石建群口述整理，2012 年 6 月。

当我们问及平时除了管理食堂还做些什么的时候，他说有时出去旅游，在西街村，像他这个年纪的老人，很少有出去旅游的，不是在家照料庄稼就是在家看孩子，看来石建群老人的观念还是比较新的。虽然自己家里也有地，也要照看孙子，但有空了他还是会出去走走，看看外面的世界，接受一些新鲜的东西，人虽然老了，但是心境不老，经历的多了，见识的多了，视野自然就开阔了，想法也就多了。他每次都和六七个老人一起去，很少去远处，一般不出邯郸市范围，到附近其他县看看。

他平时都是在家住，白天来这工作，这个小屋就算是他的办公室和休息室了，到晚上餐厅都收拾好以后再回家，学校离家很近。家里也是砖瓦房，100 平方米左右，和大儿子住在一个院里，冬天取暖用蜂窝煤，冬天用的一般都是一元一块的，整个冬天得花费 600 元。平时做饭就用电磁炉和液化气，做饭快又干净卫生。自己平时在食堂吃的时候多，和老伴两个人一年的食品花销 2000 元就够了。衣服自己基本不买，都是孩子们时不时地给他买一件。自己有一部手机，每月的话费 80 元，每天得负责联系食堂买菜等的事情，话费自然就多点。村里红白喜事，少的给 50 元，多的给 100 元，总共下来花费 2500 元。自己曾患过心肌梗死，现在一直吃着药，每月吃药 100 元左右，一年花了 1200 元，虽然参加了合作医疗，但是远远不够药钱。和老伴都参加了养老保险，每人 100 元。另外，家里种的地也都是自己开支，这些得 1500 元。自己家里可以说是样样俱全，电视、冰箱、空调、电动车、自行车、人力三轮车都有。以上具体情况如表 9-32 所示：

表 9-32　　2011 年家庭支出情况　　单位：元

种类	亩数	折算价值（元）	种类	亩数	折算价值（元）	种类	个数	折算价值（元）
总支出	生产性	衣服	食品	看病	取暖费	红白喜事	娱乐	通信
10340	1500	0	3540	1200	600	2500	0	1000

资料来源：根据石建群口述整理，2012 年 6 月。

人老了就特别盼着孩子们回家，他说女儿都在本村，离家近，平时没事就往家里跑，看看老人，周末孩子们不上班时全家就聚在一起吃饭。石建群老人的晚年生活也挺悠闲，儿女们都成家立业，儿孙绕膝，又孝敬老人，各自也都安安稳稳的过日子，自己工作也不累，也不用花孩子的钱，还可以做自己想做的事情，有空了出去旅游看看。和其他没有收入的老人比起来，石建群老人是幸福的。所以我们觉得人老了还是要有自己的收入，随心所欲做自己的事情，除了靠自己的能力和机会自己谋生外，其他的就要靠孩子们的收入和政府的补助了。

（十）彩票生意繁忙的王红彦家

王红彦，男，汉族，40 岁，高中毕业文化程度，普通话讲得比较流利。他的妻子名叫杨秀娥，也是40 岁，汉族，文化程度是初中。两人都没有宗教信仰。王红彦是西街村唯一一个卖彩票的，他的小店在邯临公路村西边的尽头，上面挂着“中国福利彩票”的红色大牌子，牌子上还标注着店里的电话和投注站的编号和营业时间。店铺的最里面是一张办公桌，上面有两台出彩票的机子、一台台式电脑。旁边有一个玻璃小柜子，柜子里面放的是即刮即开型的“刮刮奖”彩票。我们本来是上午十点左右去他的彩票店里采访的，但是总是有人进来买彩票，生意络绎不绝、非常繁忙。期间即刮即开型的“刮刮奖”彩票供应商给他送来彩票，他忙着数钱算账，所以我们跟他约了他下班之前的时间。大约晚上七点左右我们又过去，他正在门口等着我们，他说这时候来买彩票的人很少，但是七点半左右还有一个销售彩票的小高潮，让我们趁着这个空闲时间赶紧采访。

由于我们对彩票不是很了解，他首先给我们介绍了一下各种彩票的基本情况。据王红彦说，他店里销售各种类型的福彩——福彩3D、3D、双色球、七乐彩，以及各种类型的体彩——大乐透、22选5、七星彩、排列3、排列5等彩票种类，当然还有即刮即开型的“刮刮奖”。福彩3D和3D都是天天开奖，双色球是每周二、周四、周日开奖，七乐彩是每周一、周三、周五开奖；大乐透是每周一、周三、周六开奖，22选5是天天开奖，又被称为浓缩的乐透玩法，排列3、排列5也是天天开奖，七星彩是每周二、周五、周日开奖、最高奖金500万元。销量最大的还是各种类型的福彩，体彩销量最小，而且主要集中在大乐透和22选5，而足球彩票这类专业性比较强的体彩村民基本是没有人买的。福彩和体彩都是买号，店里曾经开过的最大奖，是有一次福彩中了将近40万元，缴了20%的税费后的收入仍为30万元。如果有村民中奖的话，一般小奖是到店里来领取，大奖则要去市里领取，王红彦说他当然也是非常希望村民都能中奖。我们注意到，墙壁上贴满了各种彩票的开奖号码走势图，王红彦告诉我们这些图是找别人做的，上面的图和字都是可以擦的，他会在每次开奖之后都写上新一期的中奖号码走势图。他的字写得非常清秀，看起来很舒服。问起他的入行经历，王红彦说他入行算是比较早的，2002年就开始做了，原来没开彩票店之前他也不怎么买彩票，开了店之后他自己也开始买彩票。因为每天大部分时间都在彩票店里待着，所以也没有时间再做其他的事情。他家里只有一分良田，其他的在路南下坡地由于没有水浇种庄稼基本也没有收成，所以一分良田索性也给别人种了。他爱人平时都是在家里做家务，没有工作。所以他全家的收入来源只有他经营的这家彩票店。据他估算彩票店里全年的收入共有50000元左右。2011年王红彦家收入来源的具体情况如表9-33所示。

表9-33　**2011年家庭收入来源情况**　单位：元

职业	收入	职业	收入
从事种植业	0	本乡镇就业工资	0
从事个体经营	50000	外出打工	0
从事屠宰	0	从事运输业	0
从事渔业	0	政府补贴和社会救济	0
从事养殖业	0	出租耕地或房屋	0

续表

职业	收入	职业	收入
从事旅游业	0	其他经营收入	0
总收入合计	50000		

资料来源：根据王红彦口述整理，2012年6月。

王红彦有两个儿子：大儿子今年19岁，在邯郸上技校，学的是平面设计专业，在校期间每年有1500元的补助，2012年技校毕业，目前在邯郸一家公司实习；小儿子今年15岁，2012年初中毕业，之前一直在育英中学读书，育英中学是私立学校，学费相对比较贵，但是小儿子学习成绩比较好，考上了永年一中，所以也值得了。王红彦说2011年两个儿子的教育费用总共有大约15000元，尤其是小儿子的教育费用特别的贵，他还说育英中学肯定是培育精英的学校，而且儿子学习好花多少钱也愿意。除去孩子的教育费用，王红彦一家的其他支出为：食品类支出每月约900元，由于彩票店离他家并不远，所以他每天中午和晚上都是骑着电动车回家吃饭，因为孩子面临中考，营养必须要跟上，所以饮食方面的开销相对其他家庭会比较多，2011年全年花费10800元；王红彦由于上班时间都比较繁忙，孩子们上学学习紧张也都没有太多空闲时间，所以全家人2011年都没有添置太多衣服，据王红彦估算2011年全家大约衣服的花销为500元；2011年没有家人看病住院所以看病的费用为0；红白喜事、人情往来的费用，他们家每次随礼都是100元，2011年全年花费约为2000元；家里做饭和取暖都是烧蜂窝煤，2011年全年的费用约为3000元；王红彦经营彩票店的生产性支出，他告诉我们他的这家店面是租别人的，因为位置比较偏，所以租金相对还便宜一些，在马路中间的店铺租金更贵，大约每年10000元，他的这间店铺每年房租6000元，大概12平方米，非常狭小，上面还有一层，使用面积更小，只能放一些杂物，大件的东西放不下，他桌子上两台出彩票的机子联网费分别是每年600元和700元，电脑的上网费是每年600元，上网费每年共计1900元，后这两台机子都是在开始开店的时候先付给供应商押金，之后每年都要付维修费——无论是否有损坏——这笔维修费都必须要按年支付，其中一台贵一些——押金是20000元、维修费是每年2000元，另一台的费用稍微少一些——押金大概几千元，维修费和折旧费另交、大概每年几百元。他的办公桌上还有一部固定电话，主要是一些业务上的事情，比如有人打来电话让帮忙记下号码买彩票之类的，所以通信费用主要是这部固定电话的费用。我们看到屋顶有个吊扇，夏天太热的话主要是开吊扇。另外王红彦告诉我们，冬天店铺里取暖主要是靠电暖气，电暖气和吊扇的开支与电费一并算入生产性成本。据王红彦估算，2011 年生产性支出大约总计为 12000 元。2011 年王红彦家支出的具体情况如表 9－34 所示。

表 9－34　　2011 年家庭支出情况　　单位：元

总支出	生产性	衣服	食品	看病	教育	娱乐	红白喜事	通信	取暖做饭燃料
43300	12000	500	10800	0	15000	0	2000	0	3000

资料来源：根据王红彦口述整理，2012 年 6 月。

据王红彦介绍，他家里的房子是两层，一层有 3 间屋子、二层主要是放杂物，两层的面积大约有 120 平方米，他家里基本的家用电器都有，2011 年王红彦家耐用消费品具体情况如表 9－35 所示。

表 9－35　　2012 年家庭耐用消费品情况

项目	数量	项目	数量
电视机（台）	1	小轿车（辆）	0
电冰箱（台）	1	自行车（辆）	0
洗衣机（台）	1	电动车（辆）	2
照相机（台）	0	摩托车（辆）	0
影碟机（台）	0	手机（部）	1
空调（台）	1	固定电话（部）	1
电脑（台）	1		

资料来源：根据王红彦口述整理，2012 年 6 月。

大概七点四十左右，又开始有人过来买彩票，陆陆续续的人一直不断，王红彦又开始忙碌起来，我们只能等他忙完了再继续采访。大约二十分钟之后，买彩票的村民渐渐少了，到八点才基本没人了。王红彦告诉我们，到他店里来买彩票的都是本村或附近村里的村民，常来买的都是就近过来的，七点半以后过来的这一批人大多数是去邯郸市区做工刚下班回来的。王红彦还说，现在虽然西街村只有他一家卖彩票的店，但是附近其他村子里也陆续开起了几家彩票店，村民们也基本都是就近购买彩票。他说前几年附近十几里地都没有其他的彩票店，他从 2002 年开始培育的市场，到 2007 年、2008 年市场基本成熟也是生意最好的时候，但是 2010 年之后附近卖彩票的越来越多，也就有其他彩票卖家跟他瓜分市场了，所以最近两年挣得明显不如前几年多。他跟我们强调现在这行基本挣不到什么钱，各种经营性的开支如流水一般很快就花出去了，但是回收成本的速度和时间比之前慢了好多，每年也就是基本能收支持平。其实，在我们看来，就他本人的估算而言，真的是过于保守了，我们上午在他的彩票店待了大概半个小时，一直有人过来投注、他基本上就没有闲下来，到晚上七点半的时候，又忙碌了半个小时——不断地接听电话、下注、出彩票，他一天销售的福彩、体彩以及即刮即开型的“刮刮奖”彩票的总数量都是非常可观的，所以收入自然也不会很少。

王红彦每天的时间基本都是在彩票店里度过的，没有大把的时间在家里待着，所以他的休闲也就是店里不忙的时候上上网看看电视剧消磨时间，不再有其他别的消遣，实际上其他活动他也没有时间参与。晚上八点半左右，我们的采访终于结束了，他收拾好了之后也和我们一起离开了店铺，骑上电动车回家了。王红彦的一天，早晨在家里吃过饭之后，从早上八点就到店里开始忙起来，中午回家吃饭，再休息一会，下午又继续回去工作，直到晚上八点才回家。他的每一天都是这样忙碌过来的，虽然家里因为孩子上学负担会稍微有些重，但是他工作所得收入已经足够支撑整个家庭的开销了，尤其是经营彩票事业，总是会使人充满了希望，我们坚信王红彦一家的生活必定会越来越好。

事实上，发展好农村的彩票市场，让农民也享受到福彩、体彩发展的成果是非常有必要的。“己之温，思人之寒；己之安，思人之难”，要扩大农村彩票市场，公益金使用范围要由原来的社会福利事业、社会救助事业朝着“全民支持，全民受益”的方向发展，这是社会发展的必然。随着国家的发展、农民收入水平的提高，农村彩票市场的潜力也是非常大的。我们可以借鉴其他地区的有益经验进行调整和改善，大力开辟农村的彩票销售渠道，筹集更多的公益金来促进农村社会福利事业的发展。比如说，在安排福彩公益金资助项目时应向农村作一点倾斜，如安排一定的福彩公益金资助乡村建造老年活动室，丰富农村老年人文化生活。又如有计划地扶持兴办一些乡村民办福利机构，解决农村“空巢”家庭问题。让福利彩票的“扶老”宗旨在农村也能得到体现；有计划地安排部分福彩公益金与村、镇、县（市）级财政配套，帮助一些因病因残导致生活特别困难的农村居民改造危旧房，提高特困户的防灾能力。同时在资助项目的建筑墙体上可加挂福彩资助标识。这样，一方面可提高福利彩票公益金使用的透明度，另一方面又可使福利彩票宣传延伸到农村每一个乡村。通过各级民政的努力使其成为新农村建设的亮点，更使“助残”宗旨能向农村延伸。当然这些措施都是为了更好地使农民共享改革发展成果，在建设社会主义新农村的过程中，大力发展福彩事业和体彩事业都是大有益助的，所以我们衷心地希望并祝愿农村的彩票事业能一直发展壮大下去。

（十一）循环经济的践行者王龙山家

王龙山，男，60 岁，1952 年出生，初中文化水平，普通话水平一般，但是并没有影响我们的正常交流。在西街村像他这个年纪的老人中，王龙山老人的普通话说得算是相当不错的。王龙山的老伴刘爱香，1957 年出生，没有上过学，基本的算数算不好，虽然认识自己和家人的名字，但不会写。两位老人都是汉族，没有宗教信仰。刚见到老人时，他正打算出去给羊割草，当得知我们要对他家进行一次专访时，老人很热情地招呼我们坐下。我们很担心专访的时间有些长，可能会影响老人下午的劳作，没想到王龙山老人爽快的表示没事，我们可以随意的问，不影响他下午的活动。

王龙山一家总共有六口人，除自己和老伴外，就是儿子一家了。老人现在已经和儿子分开住，自己和老伴住在村里的老家，儿子一家住在西街村主干道邯临公路南侧门市部的二楼上。因此，儿子和儿媳主要是忙着照顾他们经营的小吃摊，孙子和孙女现在还没有放暑假，平时的功课也很忙，所以并不怎么经常来看他们老两口。我们采访的这个家庭，说是有六口人，其实主要就是王龙山老两口。为了消除老人开始时的紧张感，我们首先从老人养的羊开始了我们的访谈。

老人养羊的时间大概已有十四五年的时间，养羊的主要原因还是替儿子一家考虑。老人的儿子和儿媳在村里中华饭店东侧有一个小吃摊，主要是卖烧饼。为了儿子的生意，老人决定卖豆腐脑。西街村人多地少，不能种黄豆，因此老人主要是从外地购买黄豆。主料做豆腐脑，剩余下来的豆腐渣以前是没有用的，基本上都扔掉了。过了一段时间，老人决定养羊，对豆脑根进行“回收再利用”。访谈中，王龙山老人让我们看了看他养的几只羊。羊圈里总共九只羊，三只比较大，其余的六只都是羊羔。当我们问老人有没有扩大规模、专业养羊的打算时，老人笑着告诉我们，他自己养羊纯粹就是为了儿子，没有想过自己要做什么养羊专业户，只要这些羊能够跟上儿子小吃摊的节奏，就可以了。我们第一眼看到老人的羊群就很好奇，因为老人养的全是山羊。相对地讲，绵羊的利润比山羊要大，除羊肉和羊皮之外，绵羊的羊毛现在也是一种很抢手的商品。当老人得知我们的好奇后解释道，他之所以不养绵羊，有两个原因，一方面绵羊的饲养非常麻烦，要定期剪羊毛；另一方面西街村这一带的气温普遍不适合饲养绵羊，主要是气温偏低，对绵羊的成长不利，而自己也不可能像种植大棚蔬菜那样为绵羊做一个大棚。山羊相对于绵羊就没有这些问题，养起来不费事。

老人说为了做豆腐脑，自己每天晚上睡觉之前要泡好黄豆，大概就是十几斤的样子，早上五点就得起床磨豆浆、煮豆腐脑，经过大概三个多小时的忙碌，差不多八点的时候，骑着三轮车就可以到儿子的小吃摊。豆腐脑的销售在西街村很火爆，两桶豆腐脑，差不过一个小时就可以卖完，冬天的时候会更快。我们为老人算了一笔账，老人每天用掉大约十斤黄豆，按照老人的说法，今年的黄豆价格相比去年有所上涨，大约是 3 元/斤。这样老人每天做豆腐的最主要成本就是 30 元。电费不是很多，因为老人做豆腐脑用电是按照民用电计算的；水费就更少了，1 立方水 2.5 元，老人每月才用三到四立方的水，因此每天做豆腐脑的成本，除劳动力成本外（农民在家无论种地还是做买卖，都不计算劳动力成本），最多不会超过 35 元。10 斤黄豆大约可以做出 100 碗豆腐脑，每碗卖 1.50 元。这样计算，每天可以为儿子一家创造将近 120 元的收入。难怪老人开玩笑地说，“自己打江山儿子坐江山”。

老人循环经济的做法很简单。做豆腐脑剩余的豆渣喂羊，而羊的粪便则送进了地里做肥料。我们了解到，对于羊粪的处理，老人除做肥料之外，似乎没有其他的想法。我们问老人是否想过用羊粪做沼气池的时候，老人说没有想过。后来我们通过村干部了解到，西街村就没有沼气池，主要原因还是人多地少，没有足够的东西可以作产生沼气的原料。即便是有像王龙山这样的老人养羊，也没有形成规模效应，羊粪量也达不到维持一个沼气池的程度，加之对于沼气池的技术并不熟悉，所以西街村基本上没有沼气池。对于这些羊的处理，老人基本上也是遵从循环利用的原则。小的羊羔肉比较鲜嫩，每斤 20 ~ 30 元，所以在小羊羔三个月断奶的时候，老人基本上就把他们卖掉了。大羊主要是长到三四岁之后卖掉，那时的价格要低点，每斤 15 ~ 23 元。而且羊肉的销售带有明显的季节性，主要是在八九月份和冬至前后最畅销。老人告诉我们，卖掉的小羊羔主要是公羊，小母羊则要留下来。老人很有经济头脑，大羊并不是整只的卖给屠宰户，而是自己花手续费雇人屠宰，自己卖羊肉，羊皮大约 60 元一张。在访谈中，老人还专门为我们展示了他的一张羊皮褥子。由于养羊不是主要的目的，只是为了对豆渣进行再利用，再加上山羊的生长期等因素因此每年养羊的收入在 3000 元左右，不过老人似乎对这些养羊的收入并不太关注。老人说现在自己年纪大了，养羊除能回收豆渣之外，主要的就是放松心情了。有时间就赶着羊群出去转转，也是一件很舒服的事情，老人很享受现在的生活。

表 9 - 36　**2011 年家庭收入来源情况**　单位：元

职业	收入	职业	收入
从事种植业	1000	本乡镇就业工资	0
从事个体经营	0	外出打工	0
从事屠宰	0	从事运输业	0
从事渔业	0	政府补贴和社会救济	950
从事养殖业（养羊）	3000	出租耕地或房屋	0
从事旅游业	0	其他经营收入	0
总收入合计	4950		

注：王龙山每天卖豆腐脑可以挣到大约 120 元，但是都给了儿子，而自己和老伴又与儿子一家分开过，因此个体经营一项没有收入。

资料来源：根据王龙山口述整理，2012 年 6 月。

经过一段时间的聊天之后，老人紧张的心情明显的放松了很多。我们谈话的气氛也轻松了很多。老人说他们家现在有2亩地，但是只有不到一分（大约8厘8）的好地，这仅有的一点好地主要是种植大蒜和玉米。还有1亩盐碱地虽然不如前面的8厘8的好地，但是能浇水，主要种植水稻。剩下的就是旱地了，不仅不能浇水，而且还是盐碱地，因此之前主要是靠天吃饭，听天由命。现在年纪大了，儿子儿媳也没时间种这块地，因此这块地就荒着了，什么庄稼都没有种。。去年老人那不到一分的好地产出了大约500斤大蒜，按照每斤1.7元计算，大蒜收入850元。大蒜收获之后，王龙山一家像其他的村民一样，种植了玉米，这块地的玉米产量大约在100斤，收入也只有100多元，这部分的收入主要是用来换面粉。其实也换不了多少，现在一袋50斤的特一粉也要75元左右，因此老人一家并没有在种地上花费太多的功夫。而种植的一亩水稻主要是自己食用，水稻的产量相对好一些，一亩可以达到1000~1200斤，而这部分主要还是自己一家食用。

表9-37　**2011年家庭承包土地情况**　单位：亩

总面积	水浇地面积	旱地面积	良田面积	荒地面积
2	1.1	0.9	0	0.9

资料来源：根据王龙山口述整理，2012年6月。

在访谈的过程中，我们发现王龙山老两口对生活的态度非常的积极，对事情看得也很开。虽然自己不识字，基本的算术也不会，但是刘爱香老人的生活态度却并没有因此受到影响。老两口的院子收拾得很干净整洁，虽然院子里还养着9只羊，但是丝毫没有异味，如果不是村干部事先告诉我们王龙山老人家里养着羊，我们根本看不出来。刘爱香老人的生活品位也相当高雅，虽然不识字，但是老人还是在院子里种上了梅花、竹子、银杏、山楂、核桃、葡萄、杏等的植物和果树，整个院子的布置和打扮活脱就是一个植物园。即便老人可能不知道竹子和梅花在中国古代文人眼中所代表的高贵品格，而刘爱香老人笑着告诉我们说，她自己种的梅花去年就只开了一朵，是名副其实的“一枝梅”。访谈中，刘爱香老人还拿出刚刚从院子的杏树上摘下来的杏招待我们，老人开玩笑地说：“这是真正的无公害绿色食品。”不仅种植花草和养羊，我们在品尝老人端出来的杏的时候，看到了老人养的几只鸡，王龙山则开玩笑的笑着说，养鸡同样没想着要变成养鸡专业户，只是为了吃到安全的鸡蛋和鸡肉。在这个食品安全问题突出的年代，对于老人的做法和想法，除了理解，我们感到更多的是悲凉。

王龙山老人养成了每天读报的好习惯，就在我们访谈的过程中，邮递员给老两口送来了最新一期的《家庭医生报》。说到这份报纸，刘爱香老人可是有的说。她告诉我们自己和老伴的身体不好，都患有高血压和糖尿病。由于他们家住在靠近村外的地方，冬天特别冷，家里取暖主要是靠蜂窝煤炉子。王龙山老人说冬天简直就是“受罪”。老年人冬天用蜂窝煤的时候，烧得旺害怕煤气中毒，烧得不旺又扛不住冬天的严寒，所以老两口的腿脚现在都有些病。特别是现在几乎离不开药，虽然都参加了新农合，但是对于像王龙山这样的两个人都生病的家庭，还是显得杯水车薪。现在两位老人每个月的医药费大概在200 元到300 元，这些药都是从村卫生室买的，虽有新农合，但是有些特殊的药不能报销，所以对于两位老人来说，还是一笔不小的开支。老人说2011 年的医药费两个人就花了1 万多元，不过这笔钱是儿子出的。在冬季取暖的问题上，刘爱香老人说儿子曾经提到过想给老两口装空调，但是被王龙山老人拒绝了，老人说他们很难忍受空调的效果。做饭大部分用蜂窝煤，只是在农忙的时候，用电磁炉。我们注意到虽然老两口都有病在身，每天也都在吃药，但是两位老人都很注意养生和食疗。王龙山指着院子里一个被编织袋遮盖着的地方说，那是一口深度为36 米的井。做豆腐脑用的是自来水，而他们老两口用的则是这口井的井水。饮食的蔬菜，也大多是院子里自己种的蔬菜。由于身体的原因，老人告诉我们自己已经戒酒多年，改喝茶了。有时就喝从深井中抽取的凉水。在没事的时候，老人就看看电视，而刘爱香老人由于不识字，主要是听老伴给她读报纸上关于养生的知识。

表 9－38　**2011 年家庭支出情况**　单位：元

总支出	生产性	衣服	食品	看病	教育	娱乐	红白喜事	交通	通信	住房
16500	2000	500	3000	10000	0	0	600	0	400	0

注：王龙山老人订阅了《家庭医生报》，为此每年要花费大约500 元。

资料来源：根据王龙山口述整理，2012 年6 月。

王龙山老人的住房大概有150多平方米，冰箱、电视、手机、洗衣机等一应俱全。老人告诉我们，自己和老伴现在最头疼的是孙子和孙女。王龙山老人的孙子13岁，上小学五年级，孙女12岁，上小学四年级。虽然儿子和儿媳都在本村，但是由于要经营小吃摊，每天都得起早贪黑的忙，所以对孩子的教育抓的不是很多。孙子的学习情况并不理想，而且13岁正是男孩子贪玩的时候，他的小孙子也不例外，不怎么好好的念书，对家里的电脑倒是“情有独钟”。孙女虽然学习刻苦努力，但是成绩也不太理想。老人说自己是看着着急但是又没有办法。自己住在靠近村外的老家，孙子和孙女跟着儿子儿媳住在门市里，每天自己早上去卖豆腐脑的时候，两个孩子都上学了，他卖完的时候两个孩子还没有放学，假期里两个孩子也不经常来，来了自己和老伴也不好意思扫孩子的兴，光说学习的事情怕他们不高兴，所以到现在也没有什么好的办法。对孙子和孙女的教育问题，刘爱香老人说的更直接：“现在孩子都长大了，他们有自己的父母，我们这些老人也不方便说什么了”，真是可怜天下父母心。

表9－39　　**2012年家庭耐用消费品情况**

项目	数量	项目	数量
电视机（台）	1	小轿车（辆）	0
电冰箱（台）	1	自行车（辆）	2
洗衣机（台）	1	电动车（辆）	2
照相机（台）	0	摩托车（辆）	0
影碟机（台）	0	手机（部）	1
组合音响（套）	0	固定电话（部）	1

资料来源：根据王龙山口述整理，2012年6月。

在养老保险的问题上，老人并没有给孩子添麻烦，自己和老伴选择的都是每人每年100元的这一个档次，这部分钱是自己出的。我们在访谈中体会更多的还是老人在说养羊的时候说的那句话“我打江山，他坐江山”。

访谈结束的时候，我们和老人拍了张合影。在去访谈下一户的路上，我们又遇见了骑着电动车给羊割草的王龙山老人，他很客气地说，要是还有什么需要他提供的尽管来问，说完骑着电动车哼着河南豫剧的小调消失在夕阳中。

（十二）经营结婚用品的张会芳家

2012 年 6 月 20 日傍晚 5 点多，我们来到西街村一个结婚用品店，店里熙熙攘攘的客人很多，有两个小伙子和一个 40 多岁的老板娘正在忙着照顾客人，见我们进来，老板娘立刻迎上来——这就是我们本次的采访对象张会芳。听我们说明来意后，张会芳把手头的活交给两个小伙子，热情的搬了凳子，招呼我们在拥挤的店面中找了个角落坐下聊。

实际上张会芳的店并不小，有 30 多平方米，但东西很多，屋里几乎摆满了货物。四周的墙上挂满了各式各样的成品帘子和钟表，进门左手边靠墙约有 20 几台立式电扇，靠窗的架子上有绢花、水晶珠帘、茶具和一些精美的装饰物品，地上堆着不少缠成卷轴状的透明塑料帘子和各种质地的凉席，靠墙角处摆着一个大桌子，那两个小伙子正在桌子上裁剪凉席，店门口还摆着一些凉席和电扇，还有两个冰柜，放在外面卖些饮料矿泉水和冰棍。店里很亮堂，很干净，初次进店给人的感觉不错。

张会芳今年 45 岁，初中文化程度，出生于西街村，年少时跟随父母在邯郸市四中上到初中，之后嫁回本村。现在她的父母都已经 80 多岁，在本村的老房子里安享晚年。在店里工作的两个小伙子都是张会芳的儿子，大儿子马文涛，1988 年出生，今年 24 岁，初中学历，已婚并有一个 10 个月大的女儿，二儿子马文东，1991 年生人，初中学历，已婚，有一个 7 个月大的儿子。两个孩子都不足 1 岁，因此目前儿媳也都在家看孩子。当我们问到张会芳丈夫的情况，她脸色僵硬的回答说："不要说他了吧。"于是我们没有细问。聊了一会之后，她才敞开心扉告诉我们：张会芳的丈夫已于 2009 年心脏病突发去世，他也是初中毕业，曾经是永年县南沿村镇批发站的正式职工，后来单位不景气，1994 年，夫妻俩开了这个结婚用品店。两个人用心打理，将这个店经营得很红火，并一起攒钱给两个儿子买了房子娶了媳妇，"如今生活好了，儿子也结婚了，没什么负担了，他也不在了"，张会芳悲痛地说。从她一谈起丈夫，就难以掩饰内心的苦痛，甚至多次眼眶红润。张会芳哽咽着告诉我们："他要是生个什么病，在床上躺几天也行。这走的太突然了，毫无预兆，早晨还在一起吃饭一起聊天呢，下午就没了。”确实，这一场从天而降的灾难，让这个原本幸福美满的家庭遮上了重重阴云，更由于是猝死，让全家人都痛苦不已，张会芳更是食不知味、夜不能寐，她说她这三年过的很苦很苦，心情都无法形容。

悲痛之后，我们看到的是个更坚强的女人，不能留住丈夫，还是要过好生活。丈夫走后，张会芳带着两个儿子更加努力的经营这个店。我们注意到一个细节，之前看到其他开门市的大都有电视闲着时候看或者边看电视边做生意，于是问张会芳怎么没有放台电视在店里，她略显严厉地说“看电视还怎么做生意”？我们佩服她的认真劲儿，而她在店面管理和做生意方面也真的用心研究和学习过，对自己和儿子都丝毫不手软，要求很严格。她说，“想挣钱就得动脑子”。正如我们看到的这样，她的用心得到了回报。一说起做买卖，张会芳又禁不住提起丈夫，她告诉我们，自己最崇拜丈夫，和他相比，自己还差得远呢，丈夫的脑子特别好，会说话，他经营本店时候，生意更好，甚至还有乡亲来店里看丈夫怎么做买卖，再回去学着他打理自己的门市。除此之外，我们向她提到，在附近看到了不少结婚用品店，张会芳说，本地做这行的确实不少，不过自己这个店已经开了18年，是老店了，顾客都了解和信任我们，方圆几十里的客人都来这里。

张会芳家的店夏天主要经营的就是店里摆的这些商品，冬天会换，主要是表、盆、壶等，像凉席帘子什么的就不卖了。我们看到店面门口的招牌上写着：定做门帘、凉席、电扇，还有茶具、鲜花、钟表、录像、预定等。张会芳说，这个季节客人多点，一天能收入2000~3000元，正月卖的少，几天也收不了1000元，而过年之前由于结婚的人多，生意最好。关于进货，一般都是有固定的供应商直接送到店里，儿子隔几天也要去邯郸市里进一些。店里那些漂亮的绢花都是张会芳自己买材料做的，她告诉我们，学做绢花是十几年前了，也没有人教，自己看别人做再自己琢磨琢磨，之后熟了也就越做越好。我们大概了解了一下店面的收支状况：每盆绢花的利润是6~7元，帘子每米的进价是30~40元，卖40~50元。张会芳的店面用房是租的，每年租金20000元，电费约0.9元一度，每月约200多元。算下来每年的经营收入扣除费用约有40000元，这也是家里唯一的收入来源。可以说张会芳家的店赚钱还是可以的，但现在要养活一家7口人，也略感紧张，因为孙子和孙女都还小，媳妇不能出去工作，想着等到孩子大了，儿子和儿媳再做安排。张会芳说，现在吃喝样样都要花钱，做买卖很不容易。关于将店面做大，到县里或市里经营，张会芳说没想过，外面的房租贵，人生地不熟的，经营这个店够全家温饱就行了。实际上她年纪也大了，应该是享福的时候了，或许以后儿子能闯出一番天地，再好好孝敬辛苦了半辈子的妈妈。收入情况如表 9－40 所示。

表 9－40　　**2011 年家庭收入来源情况**

职业	收入	职业	收入
从事种植业	0	本乡镇就业工资	0
从事个体经营	0	外出打工	0
从事屠宰	0	从事运输业	0
从事渔业	0	政府补贴和社会救济	139.80
从事养殖业	0	出租耕地或房屋	0
从事旅游业	0	其他经营收入（结婚用品店）	40000
总收入合计	40139.80		

资料来源：根据张会芳口述整理，2012 年 6 月。

张会芳家有将近一亩的耕地，一直种到 2011 年，由于今年两个儿子都添了孩子，全家人都很忙，因此 2012 年没种，打算明年再继续种。地里主要种植的是水稻、大蒜和玉米，其中水稻田有 7 分，旱地 2 分多，采用玉米和大蒜间作耕种。每年收获的水稻自己家里吃，大蒜剩余的卖掉，玉米吃剩的用来换面。以上情况如表 9－41、表 9－42 所示。

表 9－41　　**2011 年家庭承包土地情况**　　单位：亩

总面积	水浇地面积	旱地面积	良田面积	荒地面积
0.9	0.7	0.2	0.9	0

资料来源：根据张会芳口述整理，2012 年 6 月。

表 9－42　2011 年家庭农作物、牲畜和家禽情况

种类	亩数	折算价值（元）	种类	亩数	折算价值（元）	种类	个数	折算价值（元）
大蒜	0.2	500	瓜果	0	0	羊	0	0
玉米	0.2	220	花卉	0	0	牛	0	0
水稻	0.7	1400	蔬菜	0	0	马	0	0
棉花	0	0	药材	0	0	猪	0	0
大豆	0	0	蒜薹	0.2	490	禽类	0	0

资料来源：根据张会芳口述整理，2012 年 6 月。

张会芳家的老房子一直闲置着，现在住的房子，是她和丈夫在 2007 年买的商品房，在西街村村委会旁边的一栋单元楼里，一共买了两套，每套面积 100 平方米，约 9 万元。两个儿子结婚后，一家住一套，现在张会芳住在二儿子家，两家离得非常近。张会芳介绍说，儿子娶媳妇的时候，要先给女方 2 万元，再购置家里的家具电器等，差不多要 6 万多元。近几年光这些大头支出差不多就有 30 万元左右了，这些钱都是她和丈夫前些年攒下来的。2011 年两个儿媳都有了孩子，在县城妇幼医院接生的，花了几百元，孩子出生后花费更多。虽是这样，张会芳依然很豁达的说，“钱没有了可以再挣，高兴一天也是一天，愁一天也是一天，关键是要心情好，心态好，两个儿子都很孝顺，我很知足了，知足常乐嘛。”在经历了幸福和打击之后，张会芳依旧能保持这样乐观向上的心态，我们也不禁深深地被这个坚强的女人所打动，她说，她自己都觉得自己很坚强。

张会芳家的生活过得还不错，家用电器一应俱全，有 2 辆摩托车，2 辆电动车，2 辆自行车，有了电动车和摩托车之后，自行车基本上就不骑了；此外，有 2 台电视，2 台壁挂式空调，2 台电脑，都可以上网，大儿子和二儿子用的 1 条网线，2 部固定电话，5 部手机，2 台洗衣机，2 台冰箱。（以上情况见表 9－43）

表 9－43　　2012 年家庭耐用消费品情况

项目	数量	项目	数量
电视机（台）	2	小轿车（辆）	0
电冰箱（台）	2	自行车（辆）	2
洗衣机（台）	2	电动车（辆）	2
照相机（台）	0	摩托车（辆）	2
影碟机（台）	0	手机（部）	5
组合音响（套）	0	固定电话（部）	2

资料来源：根据张会芳口述整理，2012 年 6 月。

在家庭支出方面，张会芳还是相当节俭的，可以说她在店里店外都是一把手。家里支出最大的还是吃喝，大概有 20000 元，2011 年耕地的生产性支出约 1100 元，买衣服花了 2500 左右，水电费每月约 150 元，夏天开空调可能会更多些，上网费每年 800 元，红白喜事的人情支出大概 2500 元，全家的电话费一年约 3000 元。平时家里做饭用煤气，冬天取暖用煤炉，取暖费大概近 2000 元。张会芳的身体很健康，因此在看病上没什么开销，偶尔有小病就去村卫生所拿点药，2011 年儿媳妇生孩子花了几百元。一家 5 口大人都参加了农村合作医疗，每年 250 元，张会芳和两个儿子每年交 300 元的养老保险费用。（以上情况见表 9－44）

表 9－44　　2011 年家庭支出情况　　单位：元

总支出	生产性	衣服	食品	水电费	看病	医疗合作	上网	红白喜事	养老保险	通信	取暖费
34530	1100	2500	20000	1680	600	250	800	2500	100	3000	2000

资料来源：根据张会芳口述整理，2012 年 6 月。

张会芳全家都是汉族，没有宗教信仰，她说，“我什么也不信，就信自己的命，我的命不好，一切都靠自己努力。”她还告诉我们，她对现在的生活很满意，有困难不怕，什么困难都不在乎，有问题就想办法解决，只要看开点，家人健康幸福，就是最大的福气。张会芳家的店每天的经营时间差不多 12 个小时，早八点到晚八点，晚上回家得九点多，再做饭吃饭。店里不忙的时候，儿子有时候会出去玩玩，和朋友喝点酒，同学小聚会一下之类的。自己闲暇时候喜欢看电视，她比较喜欢看知青类的电视剧，也想看新闻，但是晚上回家太晚赶不上，她喜欢听邓丽君的歌，心情好时还爱跟着唱唱，或者绣十字绣，张会芳是个手巧并且有耐心的人，眼睛很好，现在还不花，没事了就用十字绣来消磨时间，绣一些好作品挂在家里，偶尔还去邻居家串门聊聊天。说起当婆婆，张会芳是个很疼儿媳的人呢，平时对儿媳很好，还给小孩做棉衣，家里也常常是她做饭，从不计较儿媳为她做多做少，家和万事兴嘛。听过一些婆媳成敌人的悲惨故事，我们想，或许张会芳这样的心态带给她的不仅仅是心情好，还有自己健康的身体，儿媳的尊敬，儿子的孝顺，全家的和睦和幸福。

张会芳很注重自己的外在形象，不用多么高贵，但一定要大方得体，这是她对自己的要求。采访当天，她穿的是一件白粉花的短袖 T 恤和黑色牛仔裤，衣着整齐干净，染成暗红色利落短发，配上她高高的个子，显得确实有老板娘的气质，想必她年轻时候一定是个非常漂亮的姑娘，两个儿子跟她长得很像，高个子大眼睛，绝对称得上是帅哥。张会芳告诉我们，她有时会坐车去邯郸市里转转买衣服，贵的舍不得买，百十来元就差不多了。关于对国家的期待，张会芳说，她期待国家能在养老金政策有所改进，现在的养老金数额，张会芳觉得还算合理，希望以后能随物价做相应调整，反正老人也花不了多少钱，起码能满足基本的日常生活就行，不希望自己老了还给孩子们增加负担。

我们想，张会芳家在男主人突然离去后的三年内调整到这种状态，她的坚强是这个家最大的精神支柱，也希望张会芳能一直这样乐观下去，相信生活如此美好，美好到即使是一个窝窝头，也能笑的如花灿烂，柴米油盐酱醋茶，一点一滴都是幸福在发芽。

（十三）经营布艺加工的王永增家

西街村被东西方向的邯临公路分成南北两部分，大部分也是最早的部分都在公路以北，只有一部分在公路以南，公路以南房子的南面就是庄稼地。王永增的家在公路南边，靠着公路，在西街村的东边，沿着公路一直往东走就看见一排二层小楼，王永增的家就在其中，很醒目的看见一个一楼的门上方挂着一个精工布艺的大牌子，这就是他的家。当我们进去的时候，店里挨着门口放着一台缝纫机，一个凳子，正冲着门放着一大张床，鲜红色的大床罩，床上很干净，一看就是店里的样本，周围的墙上摆满了东西，进门的左边墙上挂满了各式各样的床罩，很精致，很漂亮。左边摆满了包装好的已经加工好的东西，整间屋子以喜庆的红色调为主，一间小小的二十左右平方米的屋子被占的满满的，热闹而不失雅致。

只有一个年轻妇女在里面，她很热情，知道我们来意后就招呼我们坐到床上，我们婉言谢绝了，可不能往这个精致的样本上坐呀！说着她就打电话叫她丈夫回来。王永增，42 岁，初中毕业就不上学了。妻子名叫任素香，41 岁，也是初中毕业。都是汉族，没有宗教信仰，有两个儿子，大儿子在石家庄读中专，马上就要毕业。二儿子在县一中读高中。他的妻子很热情健谈，滔滔不绝的和我们聊了起来。

说起家里的种植业情况，任素香不禁感叹一声，说这西街村仅靠种地是很难维持一家人生计的，家家户户都得有额外的小生意收入。西街村可种植的土地稀少，平均每人只能分得到三分地左右，而且大部分家庭种的都是玉米、水稻、大蒜，大蒜是西街村的特产。全家共有五分地，其中有三分水稻，两分大蒜和玉米套种，2011 年水稻生产了 330 斤，价格每斤 2 元，收入 660 元。大蒜在每年四五月份收获，然后种上玉米，到农历八九月份收割玉米，2011 年大蒜价格是每斤 0.5 ~ 0.6 元，收获 500 斤，收入 300 元，蒜薹每斤 2.5 元，收获 200 斤，收入 500 元。玉米收获了 220 斤，每斤价格是 1 元，收入 220 元。在 2011 年在种植业方面的收入总共是 1680 元，具体情况如表 9 - 45 所示。

表 9 - 45　　2011 年家庭农作物、牲畜和家禽情况

种类	亩数	折算价值（元）	种类	亩数	折算价值（元）	种类	个数	折算价值（元）
大蒜	0.2	300	瓜果	0	0	羊	0	0
玉米	0.2	220	花卉	0	0	牛	0	0
蒜薹	0.2	500	蔬菜	0	0	马	0	0
水稻	0.3	660	药材	0	0	猪	0	0
大豆	0	0				禽类	0	0

资料来源：根据王永增口述整理，2012 年 6 月。

在粮食补贴和种子补贴方面，粮食补贴按每亩田地补贴 132 元，2011 年共得到补贴 66 元，种子补贴按人头算，每个人补贴 7 元，家里四个人共得到补贴 28 元，2011 年共得到农业补贴 94 元。每次发放补贴时，各家各户拿着自家的存折领取就可以了，很简单快捷，不用进行一系列繁杂的手续就可以拿到钱了。村民们对这一点倒是反映良好，以前种地还要向上交公粮，交了公粮剩下的才是自家的，现在不但不用交公粮了，反而还要给农民补贴，农民收到了实惠，自然十分欢喜。

任素香告诉我们家里经营这个店已经 15 年了，主要是对外零售加工，在西街村算资格比较老的了。起初，在西街村做布艺加工的并不多，但最近几年随着人们生活水平的提高，对房子的装修越来越重视，对窗帘、门帘等的要求也越来越高，所以，做布艺经营的店也就越来越多，竞争也越来越大。王永增说全家的收入主要靠这个店，妻子平时在店里加工布料，他负责进货，或是有人来定做窗帘，做完还要给人家送去。说起店里的情况，热情的任素香显然比丈夫王永增更了解，她说店里的门帘、窗帘和床罩都是定做的，客户先来店里看布料的花色和成品的样式，看好后告诉尺寸她就帮客户加工，由于这些东西不是一会儿工夫就能做完的，需要告诉客户多长时间来取货，这样一笔小生意就做好了。定做的东西不一样，布料的质量也不一样，价格也就不一样，质量越好的布料、越复杂的花色就越贵，来这买的一般都是装饰新房的，尤其结婚用的、比较多，因此大部分布料都是以喜庆的红色为主。店里的布料主要是从邯郸的轻纺城进的，一般下半年进货比较频繁、比较多，每年的 8 月底到年底生意比较忙，有时她一个人忙不过来还要找帮手，雇两个或三个帮工，雇工的工资按计件制发放，做得越多挣得就越多，至于她自己和雇工之间的分法，按 3∶2 的比例划分，自己得到三的比例，雇工得到二的比例，比如做一个门帘赚了 30 元，则自己得到 18 元，雇工得到 12 元，这样下来，平均每个雇工每月的工资在 1000 元左右。全年下来，小店的收入大概有 3 万元，这是家里的主要收入。说完这些任素香又感叹生意不好做，她说现在南沿村镇有 19 个这样的布艺店，竞争压力越来越大。2011 年全家的经济收入是 31774 元。以上情况如表 9－46 所示。

表 9-46　**2011 年家庭收入来源情况**　单位：元

职业	收入	职业	收入
从事种植业	1680	本乡镇就业工资	0
从事个体经营	30000	外出打工	0
从事屠宰	0	从事运输业	0
从事渔业	0	政府补贴和社会救济	94
从事旅游业	0		
总收入合计	31774		

资料来源：根据王永增口述整理，2012 年 6 月。

说起家里的两个儿子，夫妻俩脸上满是笑容。王永增的两个儿子都在上学，平时都不在家，他们很为两个儿子感到自豪。大儿子 21 岁，由于在石家庄上学比较远，只有寒暑假才回来，平时的小假期都留在学校或外出打工挣个零花钱，学费每年 3500 元，平时在学校很少买衣服，生活费主要是在吃饭上花钱，每月 300 元，一年下来生活费就得 2700 元，再加上学费，大儿子一年的花销得 6200 元，不过已经快要毕业，毕业了就可以挣钱养活自己。二儿子 18 岁，在永年县一中读高中，每年的花费也得 5000 元，该读高二了，平时寄宿在学校，一个月才放一次假，只有放假才能回家，在家休息两天又得返校。平时店里不忙了就很希望孩子能回来，想让儿子回家改善改善，给儿子做好吃的，不管孩子以后怎么样，都希望他们趁着年纪还小现在多学点东西。

开始我们以为这家店面是租别人的，任素香说不是，她说这是前几年村里集体整治土地时购买的，类似于宅基地的性质，西街村的村民都可以买，一般是用于居住或做店铺。那时他家就购买了其中的一块地，面积 45 平方米，现在的两层小楼共 90 平方米。我们所在的这个屋里面还有一个屋，这个屋有点暗，墙上挂着几个窗帘样品，颇有古典的感觉，地上用架子支着一个长方形的大板子，任素香说这是专门熨烫布料用的，把窗帘和被罩都做好以后再熨烫一下，使其平整。她还说这个房屋按现在行情要是出租出去的话每年租金也得 1.5 万多元，家里只有这儿的 90 平方米的房屋，别的地方都没有了，平时就在楼上住，做饭生活都在上面，下面是店铺，有时两个儿子都回来楼上住不下，就到楼下凑合住几天。在食品花销上，家里平时每月买菜买油的花费得400元，一年得4800元，这是仅次于孩子上学的第二大开支。夏天做饭都是煤气，方便又快，一罐煤气90元，能用20天左右，一年的煤气费也得1440元。冬天因为要取暖就用炉子做饭，用的蜂窝煤1元一块，由于楼上楼下都得用炉子，冬天用煤也是一项很大的开支，一年得3000元。还有电费开支，因为要熨烫布料，电熨斗用电、锁边机用电，而且是工业用电价格，每度电0.7元，农业用电每度0.6元多，主要是地里用水浇地，一年电费得600元。在红白喜事上，有的给10元，有的给50元，2011年这项花销就有1000元。虽然任素香看起来很会打扮，很年轻，当时她说出自己年龄时我们都不太相信，显得很年轻，说话也很快很利索。全家一年在衣服上花的钱才500元，夫妻俩常年不怎么买衣服，两个孩子都上学，在学校经常穿校服，也很少买衣服。店里有一部固定电话，每月月租15元，用得比较少，每月这点月租就够用了，王永增还有一部手机，全家就这一部手机，每月的话费也不多，15元就可以了，一年的通信支出360元。关于医疗保险，两个儿子都在学校参加了医疗保险，只有夫妻俩参加了新农合，每个人50元，平时可以去规定的诊所或医院报销，2011年除了已经报销的部分，还花了自己200元，主要是感冒发烧之类的小病。任素香说，一开始是10元，后来是20元，直到现在是50元，一开始交的少报销的比例也少，报销比例都在60%以下，现在一人交50元，报销比例差不多是70%，百姓得到了更多的好处。养老保险是20岁以上的村民参加，每年交一定的数额，交到60岁就不用交了，就开始领取了，也是夫妻两个人参加，价格不一样，到时归还的方式和金额也不一样，最高金额是1000元，最低是100元，交的多，到时领取的也多。以前的政策如果家里有老人有年轻人，如果儿子不参加的话，老人就不可以领取，现在这种情况已经不存在了。就她知道的村民缴纳100元的比较多，任素香告诉我们说他们参加的也是一个人交100元的那种，2011年共交了200元。另外家里种的地2011年浇水、施肥、喷药、买种子花掉了840元，差不多占种植业收入的一半，水稻基本都是自己家里吃，玉米卖一部分留一部分，大蒜大部分也都卖掉，留下一部分自己吃，其中相当多的大蒜是留下做来年的种子，由于每家每户种的大蒜并不多，所以在西街村蒜薹基本都是自己吃掉，很少有卖出去的。2011年王永增家的总支出是24220元。以上情况如表9-47所示。

表 9－47　　2011 年家庭支出情况　　单位：元

总支出	生产性	衣服	食品	看病	教育	取暖费	红白喜事	娱乐	通信	电费
24820	840	500	7120	200	11200	3000	1000	0	360	600

资料来源：根据王永增口述整理，2012 年 6 月。

家里最重要的一个耐用消费品就是摩托车，王永增去邯郸进货时全靠它，很少坐车去。其次还有一辆电动车和自行车。我们看见屋里还放着一台粉红色的电脑，任素香说电脑没联网，孩子不在家，夫妻俩也不上网，就没安网线。以上具体情况如表 9－48 所示。

表 9－48　　2012 年家庭耐用消费品情况

项目	数量	项目	数量
电视机（台）	1	小轿车（辆）	0
电冰箱（台）	0	自行车（辆）	1
洗衣机（台）	1	电动车（辆）	1
照相机（台）	0	摩托车（辆）	1
影碟机（台）	0	手机（部）	1
组合音响（套）	0	固定电话（部）	1

资料来源：根据王永增口述整理，2012 年 6 月。

这真是幸福的一家，能说会道的妻子任素香和踏实能干的丈夫王永增，还有两个上学的宝贝儿子，我们希望他们永远这样快快乐乐，小店生意越来越好！

十、收猪屠宰户

（一）收猪户王彦奇家

笔者和调研组在西街村调研期间，发现了一个现象，除了在门店中遇到的人以外，入户所能遇到的都是一些上年纪的老人，一般都有60岁以上，而这些老人一般都与儿子分家另过，所以整个调查倒是很像对农村地区老年人生存现状的一次调研。不过，我们这次的目的毕竟不仅仅是针对老年人，而是深入了解整个村庄的经济社会生活，因此我们的访谈对象多元化就显得很重要。我们很想访谈到那些上有老下有小的中年家庭。没多久，我们便碰到了，王彦奇就是其中一户，并且对他的访谈经历颇有戏剧性。

2012年6月20日上午，调研组在村主任的带领下进了一户人家。村主任让我们先在院子里等一等，自己进了屋里，去跟里面的主人说明情况。很快，我们听到了一个男人不耐烦的声音："你让他们回去，我不想搭理他们。"随后，一个挺着大肚子的中年男子走出房间，询问我们的来历。村主任向他介绍了我们，并且介绍了他，我们知道了他叫王彦奇。王彦奇显然误会了什么，村主任继续解释着。我们决定自己解释，我们向他说明我们的来历和目的，并且一再强调这是一次村庄调查，主要是了解村民的经济发展情况，与政府无关。在我们的仔细解释下，王彦奇渐渐放下了戒心，并将我们请进了屋子。一番寒暄，我们知道了王彦奇之前不愿合作的原因。原来王彦奇与村主任是亲戚，每年上面都有一些政府的官员下来调研，王彦奇常常被村委会选为座谈调研的对象，但是整个座谈过程中，他并不能说真话，总是按照村干部的嘱咐回答问题，这让他感觉像是一个传声筒，无聊而且乏味。于是他对这种所谓调研十分反感，这一次村里又选了他，王彦奇以为我们还是走过场的形式主义。误会既然消除，我们也开始正式的交谈，慢慢进入了状态。

王彦奇，47岁，初中文化。妻子董素金，48岁，也是初中毕业。两夫妻均为汉族，无宗教信仰。王彦奇与妻子1986年结婚，有三个孩子，两个女儿，一个儿子。最小的是儿子。这带有明显的中国传统特征，一直生到有儿子为止。大女儿王菊超27岁，尚未结婚，如今在保定工作。二女儿已经结婚，嫁在外村，离家就几里地，小儿子王登超初中毕业就出去打工了，现在苏州的一家台资公司工作，工资还行。

王彦奇的几个孩子都还不错。大女儿上了大学，是在石家庄念的，去年毕业，如今在保定工作，工资比较低，只有2000元左右，对于处处需要钱的城市生活而言，也刚刚够自己的日常开支而已。如今的大学毕业生刚进入社会的工资就是如此的低。大女儿由于离家近，一个月能回来一两次。小儿子初中毕业后就不愿意继续上了，选择出去打工。通过招工去了苏州，如今每个月能挣3000元，公司还包吃住。这种待遇比上了大学的姐姐还高，这就是所谓的“脑体倒挂”现象，这个现象直接反映了中国高等教育的缺陷。小儿子比较节省，每年能省下2万元汇回家里，这在当下的90后是不多见的。王彦奇提到这里，掩饰不住内心的喜悦。

王彦奇家里的房子是十几年前盖的，是典型的砖混一层平房，住房的建筑面积并不大，大概80平方米。冬天取暖也是烧蜂窝煤。家里做饭则一般用液化气，平均每年得用10罐左右液化气，算下来，大约一年900元，与烧煤持平。屋顶上放了个大桶，这就是农村人利用太阳能的土办法。夏天，经过太阳一天的暴晒，水桶中的水与热水无异，但是却不需要消耗电或者煤。

王彦奇是搞屠宰的，平时常常出外收猪，开着自家的小型货车去河南商丘、山东以及河北等地收购，一般是25头一车。出外的次数与猪肉的行情有关，由于是上门收购，收购整猪价一般是17元/公斤。王彦奇并不将收到的猪运回邯郸，而是将它们送去双汇、雨润这些肉制品巨头，从中挣取差价。从事这种营生的猪贩子各地并不少，这是由于一般农户都不是专业养猪，而是散养，多的三五头，少的只有一两头，主要是让自家的剩菜剩饭以及自家不好卖的粮食得到有效的利用。没有哪个农民愿意花费大笔的费用将家里的几头猪自己送到外面寻找买家，这样的费用和风险都是相当大的，所以农民们一般都会选择将猪卖给上门收购的猪贩子，或者自行宰杀。自行宰杀也带有市场风险，自家又不是专业的屠宰户，太过麻烦。因此除了过年以外，农民们一般选择将猪卖给猪贩子，这就给猪贩子提供了获利的空间。而那些肉制品加工厂对于送上门的原材料，自然是求之不得。如果检疫合格，交易便能按照约定的价格顺利完成，猪贩子们便进行下一轮的收购。王彦奇告诉我们，以前行情好的时候，出去几个月便能挣上好几万元，现在猪的价格波动太大，收猪的生意也不太好做了，这两年就暂时歇了。由于收猪集中在几个月，所以回来之后，一般都会找份临时工干干。

王彦奇家的收入来源分为几块。首先是家里的一亩地，其中三分玉米大蒜，七分水稻。一年能收获300斤玉米，800～900斤大蒜，700斤大米。土地上的毛收入大概3000元。其次是子女的打工收入，由于大女儿并未嫁人，所以还算是这个家庭的一员。只是她的收入比较低，基本上只能够自己在城市的生活费用，所挣的钱也难以纳入相应的统计中。我们在后面的支出也没有计算她的支出。对于子女的收入，一般遵循净流入（出）的原则。表中外出打工收入20000元，是儿子王登超的收入。第三是王彦奇做生意或打工的收入，根据王彦奇的叙述，王彦奇前些年一直从事生猪收购生意，但是这两年由于行情不好，没有出去收购生猪，所以2011年没有做生意的收入，只有出外做了一段时间的临时工，挣了5000元。必须说明的是，这只是2011年暂时性的特殊情况。平时出外收购生猪的年份，一般至少能挣上2万元以上，多的时候能挣到五六万元。

表10－1　　**2011年家庭收入来源情况**　　单位：元

职业	收入	职业	收入
从事种植业	3000	本乡镇就业工资	5000
从事个体经营	0	外出打工	20000
从事屠宰	0	从事运输业	0
从事渔业	0	政府补贴和社会救济	0
从事养殖业	0	出租耕地或房屋	0
从事旅游业	0	其他经营收入	0
总收入合计	28000		

资料来源：根据王彦奇口述整理，2012年6月。

王彦奇家里有一亩地，三分玉米大蒜，七分水稻。一年能收获700斤大米，300斤玉米，800～900斤大蒜。由于农民自己都不太清楚精确的数字，这些收成都是大概的数字，但是实际收成并不会偏离多少。另外家里种了一些蔬菜作为日常食用，由于很少，所以可以忽略。西街村很少看见养殖业，家家户户一般不养家禽和家畜。

表10－2　　**2011年家庭农作物、牲畜和家禽情况**

种类	亩数	折算价值（元）	种类	亩数	折算价值（元）	种类	个数	折算价值（元）
大蒜	0.3	2000	瓜果	0	0	羊	0	0
玉米	0.3	300	花卉	0	0	牛	0	0
水稻	0.7	1050	蔬菜	0	0	马	0	0

续表

种类	亩数	折算价值（元）	种类	亩数	折算价值（元）	种类	个数	折算价值（元）
棉花	0	0	药材	0	0	猪	0	0
大豆	0	0				禽类	0	0

资料来源：根据王彦奇口述整理，2012 年 6 月。

王彦奇家的支出并不大，详细支出情况如表 10－3 所示。在整个支出结构中，食品开支占了其中的一半，在这 4500 元的支出中，包括使用液化气煮饭的 900 元钱，由于液化气的使用也是为了煮饭炒菜，所以一并纳入食品开支中。生产性支出是种地所需要的各种支出，生产性支出大约为毛收入的一半。由于子女都在外打工，所以衣服上面的开支主要是王彦奇和妻子衣服的支出。王彦奇说农村人一般不讲究，所以花费也少。2011 年，家里一切都好，没病没痛，所以没什么花费。子女都已经工作，所以教育上没有支出。家里唯一的娱乐活动就是看电视，但是家庭装的是卫星接收器，所以不用缴纳有线电视费，也不存在支出。而往往居于家庭支出前三位的人情往来，由于去年也少，所以支出不大，只有 1000 元左右。王彦奇告诉我们，由于家里随礼并不大，所以即使红白喜事多的年份也高不了太多。家里如今有一部固定电话和一部手机。固话是办的 400 元的电信套餐，一般打不完，手机平时也没什么事，20 元足够了。至于取暖，由于有空调，家里就两口子在，所以用煤取暖上的开支低于其他的家庭。总体来说家庭支出表数字比一般的家庭都低，这可能是因为子女不在家，所有的日常支出基本上都会折掉一半，同时又没有教育支出的缘故。

表 10－3　　**2011 年家庭支出情况**　　单位：元

总支出	生产性	衣服	食品	看病	教育	娱乐	红白喜事	交通	通信	取暖
9500	1500	600	4500	100	0	0	1000	200	600	1000

资料来源：根据王彦奇口述整理，2012 年 6 月。

王彦奇家的耐用消费品比较多，有两台电视机，一间屋里有一台。电冰箱一台，洗衣机一台，连DVD和组合音响也没少，尤其是音响，农村家庭中除了结婚的年轻人以外，一般都没有这个的。家里也安上了空调，手机和固话齐备。交通工具尤其多，自行车、摩托车、三轮车和小型货车一应俱全。自行车和摩托车是短距离出行使用的，三轮摩托是载地里收获的粮食用，至于小型货车则是王彦奇出门收购猪的运载工具。这些耐用品在我们所采访过的家庭里算是殷实的了，应该是收猪生意所带来的。所以经商，无论有多大，都是一种谋生甚至致富的良好途径。

表10-4　　**2012年家庭耐用消费品情况**

项目	数量	项目	数量
电视机（台）	2	小轿车（辆）	0
电冰箱（台）	1	三轮车（辆）	1
洗衣机（台）	1	电动车（辆）	1
照相机（台）	0	摩托车（辆）	1
影碟机（台）	1	手机（部）	1
组合音响（套）	1	固定电话（部）	1
空调（台）	1	小型货车	1

资料来源：根据王彦奇口述整理，2012年6月。

王彦奇一家都参加了新农合，如今的标准是每人每年50元，这个标准是逐渐变化的。刚开始的时候是每人每年交10元、20元，后来是30元，一直到现在的50元。随着缴纳标准的提高，报销标准也在逐年不断提高，如今最高报销比例已经达到70%～80%，即使去北京的大医院治病，报销比例也在50%，这不能不说是中国农村卫生医疗保障体系的巨大进步。

王彦奇家主要的经济支撑来自于自己的收购生意，如今还加上了子女在外的工作，活动范围已经不再局限于在本乡本土。这在南方农村是非常普遍的现象，但是在北方并不多见。如果没有特殊技能，很多人都选择在附近寻找临时工作，离土不离乡。但是事物的发展程度永远是由开放程度决定的，这个规律无论是对于国家、城市还是一所学校而言都是适用的，因为开放意味着活力和不断提高的动力。农村以前之所以如此凋敝贫穷，与它的不开放有很大关联，至于开放又是由其他因素决定的，这就是另外的问题了。

（二）屠宰户王志林家

王志林是我们调研小组村庄入户调查的第一家。在村委会王主任的带领下，我们来到王志林家的小院。这是一座非常典型的北方小院，由三座一层的砖瓦房围成。对着院门的房子作为主房，主人往往都住在里面，两边的房间作为厨房以及放置多余的杂物，如果家中人口比较多，可能会将其中的一间作为另外的住房。对于王志林家而言，显然主房就已经足够住了。因此，主房贴上了农村常见的白色瓷砖，而两边的厢房并没有多做装饰，院中的墙角下堆了一些杂物，带有农家典型的特点，比如蜂窝煤、大蒜种、柴火灶，还有一辆三轮小摩托。这些杂物都是堆放在房子旁边的角落，院子里则显得干净而整洁。院子里还种了两棵小树，显得生机盎然。

我们走进他家时，王志林和老伴都在家，王志林是一个典型的农村老汉形象，精神矍铄，显得朴实而干练，老伴也是个普通的农妇，两人的皮肤带着经常在阳光下劳作的黝黑。听明来意以后，王志林将我们热情的请进了客厅。客厅的地板是瓷砖的，中间摆放着沙发和茶几，分别是木制的和帆布的。落座之后，我们很快就开始了访谈。

王志林出生于1946年，汉族，像大多数那个时代出生的农村人一样，他只有小学文化，能认识字和进行简单的运算。在当他将要进入初中时，遇上了大跃进，全民大炼钢铁，就辍学回家。老伴张运珠，比王志林小一岁。王志林有两个儿子。大儿子王社平，43岁，生有两个儿子、一个女儿，大儿子在大连当兵，女儿已经出嫁。小儿子王占平，31岁，生有两个女儿、一个儿子。我们对王志林说，三个孙子三个孙女是最好的福气，老人说到这，喜笑颜开。显然对于一个传统的农民而言，儿孙满堂总是一件值得高兴和自豪的事情。

王志林在离开学校后，便在家里种地，当时正是人民公社时期，个人并没有太多的选择。不过王志林显然不愿意一直种地，在他看来具备一项技术才是必需的。于是在1970年左右，王志林开始学习屠宰，从此这个职业就伴随了他的后半辈子，一直到现在。由于当时并没有实行定点屠宰，他都是去外面收购生猪，在家里屠宰，然后直接卖到市场上，或者卖给专门批发猪肉的商户。1997 年，为了保证猪肉的质量，同时便于各项管理，定点集中屠宰开始实行。王志林便与同村的几个屠宰户承包了一个两亩地的屠宰场，专门经营屠宰加工，自己既收购生猪屠宰销售，同时也接受周边的屠宰户在屠宰场中进行屠宰。对于提供屠宰场地，收费规则是，每杀一头猪的小肠归屠宰场，平均每天大概能宰 40～50 头。由于需要管理屠宰场，日常事务日渐繁杂，王志林便不再收购生猪，专门只负责加工。不过在 2011 年，由于年纪的问题，加上加工屠宰并不挣钱，王志林便不再干了。长达四十余年的屠宰生涯也算画上了句号。不过，两个儿子已经承继了父亲的衣钵，如今王社平、王占平都在从事屠宰业。

西街村是南沿村镇镇政府所在地，城镇化的必然结果就是人均耕地的不断减少以及其他就业途径的选择。西街村村民大多做些小生意，其中有显著特色的就是屠宰。这个村的屠宰户很多，尤其是前些年，这其实带有很强的农村地区职业选择特点，往往是一个人选择了一项谋生技能，由于村庄是典型的熟人社区，很多人甚至两代以上同出一脉，所以后来者往往会跟随原来的人选择同样的职业，这往往就导致了一种专业技能集聚的现象，这种现象在农村非常普遍，导致了职业选择上的路径依赖现象。王志林一家都从事屠宰业就是一个典型事例。

由于分家，王志林与老伴两个人独自生活。如今的经济收入来源主要来自三部分：种的一亩二分地的收入、儿子定期给的赡养费以及国家发放的养老金。由于村里土地紧缺，每人才三分地，老人加上两个儿子总共才 1.2 亩，两个儿子不种地，专心屠宰营生。有时收获些粮食，王志林也不忘送些给两个儿子。两个儿子每月都分别给 100 元补贴父母的家用，尽管不多，但对西街村的普通家庭而言，这是平均的生活水平标准。不过每次给的时间并不固定，往往是记得了就给，忘记了下次就一起给，并没有严格的规定。即使不给，老人也不好意思去提醒，在家庭中，钱和经济利益永远不是一个好的话题。另外，由于农村养老制度的推行，王志林和老伴每月每人能领取 55 元的养老金，都是以账户划拨的方法直接将钱划拨到老人的储蓄账户中。王志林每两三个月就去取一次。在我们访谈的过程中，王志林由于担心所说的数据有误，特意将那个养老账户的折子拿了出来，让我们确认。对于这种质朴真诚的行为，我们调查组的成员很是感动。

表 10－5　　2011 年家庭收入来源情况　　单位：元

职业	收入	职业	收入
从事种植业	0	本乡镇就业工资	0
从事个体经营	0	外出打工	0
从事屠宰	0	从事运输业	0
从事渔业	0	政府补贴和社会救济	1320
从事养殖业	0	出租耕地或房屋	0
从事旅游业	0	其他经营收入	0
总收入合计	1320		

资料来源：根据王志林口述整理，2012 年 6 月。

水稻、玉米是西街村的粮食作物，大蒜则是主要的经济作物。玉米和大蒜是采用的复耕法。这是根据两者不同的种植季节而决定的。大蒜一般是农历八月开始种植，到第二年农历四月收获，而玉米刚好是农历四月种下，农历八月收。这样大蒜与玉米种植时间正好实现了很好的衔接，为复耕提供了可能。由于水稻对于土地的专一性比较强，所以种植水稻的水田一般不种其他作物了。水稻是一年一季，一亩地大概能产出 1000 斤稻谷。王志林家的一亩二分地中，一亩地种植水稻，剩下二分地种植大蒜、玉米。

王志林说，种地是一件不挣钱的事。种地是需要成本的，比如每年抽水灌溉的水电费用、化肥、农药，随着农业生产资料价格的上涨，粮食价格的涨幅却很有限，最重要的是耕地面积太小，对于人工和生产资料的使用都难以实现有效率的利用。收入都是看总量的，并不会看你单位面积的土地挣了多少钱。最近几年，大蒜的价格一直处于剧烈的波动中，炒作的氛围充斥着整个大蒜市场，“蒜你狠”就是这样得来的。在这种价格剧烈的波动中，大蒜的收入预期充满着不确定性，曾经最高的收购价格达到 3～4 元/斤，最低的时候只几毛钱一斤，今年的大蒜价格还算正常，大概 1.5 元左右一斤。王志林家去年收获了 500 多斤大蒜，但是收购价格才五六毛，几百斤大蒜才卖了 300 元。基本是人工费用全搭在里面了，虽说蒜种一般是往年留下的，不用自己花钱，可是蒜种是有成本的。如果再算上蒜种以及肥料的价格，算是完全的净亏损。至于玉米，玉米的价格一直稳定，维持在 1 元/斤，王志林像其他村民一样，将玉米换做面食。水稻则是完全自家食用。

表 10－6　　2011 年家庭农作物、牲畜和家禽情况

种类	亩数	折算价值（元）	种类	亩数	折算价值（元）	种类	个数	折算价值（元）
大蒜	0.2	300	瓜果	0	0	羊	0	0
玉米	0.2	200	花卉	0	0	牛	0	0
水稻	1.0	1500	蔬菜	0	0	马	0	0
棉花	0	0	药材	0	0	猪	0	0
大豆	0	0				禽类	0	0

资料来源：根据王志林口述整理，2012 年 6 月。

至于家庭支出方面，我们可以参考王志林家 2011 年的家庭支出情况表。因为农村人都没有详细的记账习惯，所以这些数据都是王志林家的大概估计，因此都是整数，但是数据与真实花费相差不大。从表 10－7 中，我们可以看到王志林家的开支并不算大，都是必要的生活开支，每年子女以及养老保险的那点钱并不能够满足一年的支出。支出超过收入的部分就得依靠王志林这些年的储蓄存款来弥补。从表 10－7 中，我们可以看出，王志林家日常的食品开支并不大，大概 300 元/月，这个数字在城市来说是挺低的，这可能与他们特殊的地理位置相关。除了食品支出之外，最大的开支就是人情往来和取暖费用，北方冬天天冷，取暖几乎与吃饭处于同一位置，一般取暖烧煤要 3～4 个月，这笔费用其实已经算小的了，尽管烧的是最便宜的煤。

在中国，人情往来是成年人必要的开支，并且伴随着人的终生，当然，开支的大小视个人的能力而定。中国一直以来是一个人情社会，各种亲戚朋友的礼尚往来必不可少，主要是红白喜事，根据亲疏远近和平常的随礼记录决定随礼金额的大小。少的十元、二十元，多的有几百元。虽然大儿子和大女儿都已经成家，也开始有着自己独立的人情往来开支，甚至有一部分会和父母重叠，可是这并不能够抵消掉父母这部分的开支，这就是中国社会的独特情况，这一点在农村表现得尤为明显。

对于医疗上的支出，2011 年王志林和老伴身体都很健康，最多有些头疼脑热的小毛病，去村里的卫生室或者镇上的卫生院看看就行，所以在这方面

并没有花多少钱，这就相当于给家里变相省下了一大笔钱。同时，王志林全家都加入了新农合，每人 50 元/年，在他们看来这是小钱，花一点小钱买个放心，是很值得的。根据当地的医疗报销标准，农民生大病住院，最高可以报销 80%。值得一提的是，本地本年度缴纳的合作医疗金额一年一清，并不能累积到下年使用，所以村民往往选择在年底将里面的药品额度换成一些常用的药品。

表 10－7　　**2011 年家庭支出情况**　　单位：元

总支出	生产性	衣服	食品	看病	教育	娱乐	红白喜事	交通	通信	取暖
9840	600	0	3600	200	0	0	2500	100	840	2000

资料来源：根据王志林口述整理，2012 年 6 月。

王志林家现住着普通的几间红砖水泥平房，居住面积不小，大概有 150 平方米，主房就得有 70 平方米，取暖设施与农村相同，冬天没有暖气，使用暖炉，用蜂窝煤供暖。煤的价格根据品质，0.6～1.2 元不等，王志林家一般是烧 0.6 元一块的。村里这几年已经用上自来水，这就保证了饮水的卫生安全，在这一点上享受到了城市水平的服务。村里统一供应自来水，水源是村委会打的一口深达 300 米的水井。自来水价格为 2 元/吨，每年大概用 150 吨左右，自来水费都是村委会派人来收。自来水的价格比市区要便宜很多，市区为 7 元/吨。北方农村由于相对聚集，很多村都使用自来水，一方面节约，一方面能更好控制饮水卫生。在这一点上，南方的农村不如北方。

当我们问及家庭的耐用消费品时，王志林让我们自己看看。我们依照表格统计了一下，如表 10－8 所示。生活中经常能使用到的电器都有，像洗衣机、电冰箱、电视机、电话、自行车，一应俱全。只是对于一些比较年轻化的东西，比如照相机、音响、电脑之类，并没有购买，这也是与他们的年纪相对应的。日常出行都是自行车，远一些就乘车。

表 10－8　　**2012 年家庭耐用消费品情况**

项目	数量	项目	数量
电视机（台）	1	小轿车（辆）	0

续表

项目	数量	项目	数量
电冰箱（台）	1	自行车（辆）	1
洗衣机（台）	1	电动车（辆）	0
照相机（台）	0	摩托车（辆）	0
影碟机（台）	0	手机（部）	1
组合音响（套）	0	固定电话（部）	1
三轮车（辆）	1		

资料来源：根据王志林口述整理，2012年6月。

王志林像村里的其他人一样，常年忙碌生计，所以并没有形成什么特别的爱好，平常看看电视，闲逛一下。看电视一般就是看新闻，或者一些戏曲，老人往往喜欢这些。对他而言，了解一下国家正在发生的事情，关注一下政府的方针政策，不管是不是与自己有关，最起码活得明白一些，这是一项非常重要的休闲活动。由于村里没有打牌的风气，王志林也不打牌，只是经常出去散散步，和其他村民一块聊聊天，与村民保持适当的联系，这样时间也会过得很快。如今王志林又被村党支部选举为人民调解员，不过当我们问他有没有成功的案例时，王志林有点不好意思，他说至今还没有调解过。对于他而言，这个称号的形式大于内容。

这就是西街村中以屠宰为业的普通家庭的整体生活照。这种家庭不像大部分城市的职工有着固定的工作，退休后领着固定的养老金安享晚年，也不像一般农村的农民种着几亩地，出去打点临时工，晚年完全靠子女养老，他们在年轻的时候从事着需要一定技能的小生意，老了也不完全依靠子女，过着自己的晚年生活，不那么滋润，也不那么困窘。随着城市化的不断推进，农村社会保障体系的建立，这种非农民非市民的农村人口将同时享受着城市和农村的双重福利。

十一、本地打工户

（一）鸿达商城清洁工王秋聚家

说到鸿达商城，西街村的村民没有一个不知道的。它是西街村为数不多的大商场，坐落在该村的主干道上，占地百亩，内部呈半包围式的设计造型。鸿达商城共有3层，每层都有几十间单独的店铺，承包给了当地的村民做生意。这些店铺主要经营服装、鞋帽，肥皂、洗衣粉等日用品，也有糖果、零食饮料等副食品的门面。琳琅满目、各式各样的商品和门铺将整个商场挤得满满当当。这个商场不仅对村里人影响颇大，就是外地人到了西街村也不得不被它的阔气的门面所吸引。因为在大门很显眼的地方，“鸿达商城”四个大字用黄字红底制成的门匾高高地挂在上方，较之于旁边的低层小商铺，它格外的突出。

今天我们要采访的既不是这座大商场的总经理，也不是商场里那些经营店铺的老板，而是与“鸿达商城”有着千丝万缕关系的当地村民——王秋聚。

2012年6月20日，我们见到了在门口工作的王秋聚。黝黑的皮肤，微胖的身材，1.70米左右的身高，剔着利落的板寸头，上身一件普通短袖衬衫，下身穿着一件肥大的短裤，衣服都已经褪色很严重了，很明显能看出应该是旧衣服。王秋聚，男，1963年生人，初中文化水平。我们为什么说他与鸿达商城有着如此深的渊源呢？因为他是这座大商场唯一的清洁员兼门卫，更确切地说是清洁员兼商场保安。也正是他的这份“唯一”性，让我们觉得王秋聚对鸿达商城来说是必不可少的一分子。一个商场的清洁程度与否在很大程度上反映了这个商场的未来前景与档次的提升。干净清洁的商场不仅给人正规高端的感觉，为消费者提供一个舒适、愉悦的购物环境，而且还增加了消费者对商场的忠实度，进而又可以提高商场的销售总额；而商场财产的安全与否，不仅涉及商场所有者的利益，更加关系到每个商铺租赁者的权益。王秋聚同时承担着“清洁”与“安全”的责任，他对鸿达商城来说无疑是有着万千关联。

王秋聚告诉我们，由于这个商场的负责人是他的表哥，有着这样一个亲戚的关系，所以2010年他在这里谋得了一份工作，从那以后他的生活就落脚于这个商场了。在商场大门口的里侧有一间6平方米左右的小值班室，就是王秋聚和他妻子的临时居住地。这间小屋门口不远的侧墙上悬挂着一台风扇，屋内放置着两张简易的单人床，在墙角的另一侧放着一台崭新的电冰箱，王秋聚说这台电冰箱是2012年初刚刚从邯郸市买来的。屋内还有一台监控电脑，监看着商场内部的整个安全情况，待到晚上休息的时候，就会用这台电脑看看电视剧。这间本就不怎么宽敞的小屋内，被搁置的一点空地不剩。

王秋聚每天的工作任务就是将商场的三层楼上上下下的清扫一遍，然后还要用墩布做进一步的清理。由于商场面积较大，加之王秋聚的媳妇张秀群也没有工作，所以每晚商场关门后，两个人一起清扫这个商场的卫生。王秋聚说，在打扫卫生的时候他会格外注意白天顾客丢弃的饮料瓶，收集起来，积少成多卖掉换钱。当我们问起商场卫生维持的情况时，王秋聚很高兴地告诉我们说，在每个楼层和每家小商铺内都摆放着垃圾筐，起初他认为尽管有这些收集垃圾的工具，但是人们的素质普遍不会很高，在逛街的时候会随意丢弃垃圾而忽视这些垃圾筐，但事实告诉他，现在人们自觉意识有很明显的提高，随意丢弃垃圾的现象已逐渐好转。乡风文明、村容整洁、提高农民素质、培养新型农民是我国现代化建设进程中的重大历史任务。农民作为农村的主人，是构建和谐社会的重要主体，他们的文明素质提高对于我国建设新型农村具有重大意义，我们也很高兴看到这类农村新气象。

当我们问到每月做这份工作能领到多少工资时，他说这要视商场经营的效益情况而定。如果商场收益好些的话他表哥会多给他开一些工资，若资金不足时，那就发的少些，一年下来每月均值在2000元左右。对于这样的工资制度王秋聚表示很知足，因为当初是表哥帮助他并且给了他这份工作，作为一家的亲戚，他很理解、很相信表哥。

王秋聚除了得到这份工作外，他表哥还免费让他利用大门口闲置的墙道，摆起了一个简易的袜帽摊。但是由于自己又要清扫商场又要去地里清除野草照看庄稼，所以他让自己21岁的大女儿王淑霞来经营这个小摊，补贴家用。2011年10月1日，小摊正式开始营业，摊位虽然小，卖的物品也都是一些较为便宜的袜帽、内衣裤，但是这些小件衣服（尤其是袜子）属于易损耗的服装类，更换频率极快，所以王秋聚家的小本买卖也有不错的收益，2011 年底，仅仅 3 个月小摊总收入达 7500 元。

2011 年王秋聚家的另一项收入来源就是种植大蒜。家里共有 6 分田地，秋季用来全部种植大蒜，等到大蒜收获后，换种玉米。但说起 2011 年卖大蒜、玉米的收入时，王秋聚略略叹了口气，他说现在物价上涨的厉害，自己种植大蒜、玉米的成本也“水涨船高”。2011 年，每亩地浇水的价格涨至 80 元，农用化肥每袋售价 180 元，算下来全部种植成本约为 588 元，而卖大蒜的总收入为 1500 元，家里的玉米收获后大部分换做面粉自家食用，剩下一小部分卖掉。2011 年王秋聚家的收入情况如表 11－1 所示。

表 11－1　**2011 年家庭收入来源情况**　单位：元

职业	收入	职业	收入
从事种植业	1500	本乡镇就业工资	24000
从事个体经营	7500	外出打工	0
从事屠宰	0	从事运输业	0
从事渔业	0	政府补贴和社会救济	0
从事养殖业	0	出租耕地或房屋	0
从事旅游业	0	其他经营收入	0
总收入合计	33000		

资料来源：根据王秋聚口述整理，2012 年 6 月。

从上面收入来源情况表看，王秋聚家的收入主要来源不再是第一产业——农业，而是转变为第三产业中的商业。这种“产业”结构的转变，促进了农民家庭资金的增收。

在我们与王秋聚的交流中，他清晰的普通话不止一次让我们觉得好奇，因为当地人普遍都讲着一口浓重的本地口音，说普通的人在少数。王秋聚笑着说：“也许是年轻时在外地打工的缘故。”

初中毕业后的他，便随着建筑队东奔西跑外出打工。他北上去过新疆、内蒙古，南下到过深圳、海南，这样常年飘无定所的奔波着。但那时的王秋聚还是一个年轻的小伙子，爱说爱闹的他对这样频繁更换地方打工并没有太大的抵触，心中的新鲜感还是略大于厌倦感。随着后来年岁的增长以及娶妻生子后身份的转变，由一个单身汉变为要养家糊口的顶梁柱，让他逐渐想安定下来。于是他选择了离家比较近的北京去打工，在北京修过柏油马路，并且跟着北京中铁三局某中队一起修过铁路，是地地道道北漂大军中的一名农民工。说到那时的日子，辛苦的滋味是王秋聚每天必会尝到的，但性格外向的他总是喜欢找工友聊天排解苦闷的生活，也正是他广泛交友的这个爱好，让他在与人交流中逐渐“熏陶”出了一口流利的普通话。

王秋聚除了这个爱好，平日里也很喜欢栽种一些花草等绿色植物。他告诉我们，在没有来这个商城打工之前，他每天就是去田里种种地，闲下来的时候就在自家的院子里种了一些“芭蕉扇”、葡萄、杏树、枣树、柿子、草花等一些植物。听他介绍如此多种类的植物，不禁让我们幻想出一个自然怡情的他那个家庭植物园。他说只是简单地种了几棵，并不是规模种植，等到果子成熟，家人就采摘下来自家食用。对于小规模的种植这些草树，王秋聚感到挺遗憾。他说西街村的耕地面积太少，没有充裕的土地可以提供给他们，所以只能在自家的院子里玩赏性的种一些。我们猜想能种下这么多种类的植物的院子必然不会太小，于是顺势询问了一下关于他真正居住地的情况。他说自己家房子在西街，是他外婆留下来的老房子，由于家里距离商场较远，平时大部分时间都是在商场里度过的，所以平日里也就不再频繁地往那边家里跑，而是和媳妇在商场这边居住，但是自己的孩子每天必须来回往返。家里的住房面积是80.5平方米，院子的面积达到115平方米，总面积为195.5平方米。家里有一台1989年购买的老牌彩色电视，由河南新乡出产的美乐电视机，以2000元的价格购买下来。由于年轻时在外打工积攒了一点积蓄，那次购买电视机的费用全部由王秋聚自己出钱，当时算是不小的一笔支出。这台电视机很耐用，王秋聚告诉我们，从买来至今，它从来没有出现过一次毛病和故障，王秋聚对它赞赏有加。由于年限已久，当今市面上很难再找到这种型号的电视机，所以王秋聚把它视为珍贵的宝贝。家里还有一台陈旧的洗衣机，不过马上就报废不能使用了，所以平时大多数是采用手洗衣服。除了以上耐用品消费品外，家里还有两台电动车和一辆电动三码车。说到电动车，王秋聚指着街上来来往往的过路村民，说几乎现在每家都至少拥有一辆电动车，现在电动车在村子里十分普及，并且逐渐取代了自行车，这从侧面反映出新农村的经济条件越发的转好。家里的三码车有时用来拉货，不过大部分时候这些货源都是经销商配货送来，这也就免去了他跑路的颠簸之苦。平时到了收蒜的季节，王秋聚则利用这个三码车运送自家的大蒜，王秋聚觉得很是方便快捷。除此之外，家里还有四部手机，自己、媳妇还有两个女儿各有一部。王秋聚在说的过程中掏出了自己的手机给我们看，说是前几天刚刚花了200多元买了一部较为便宜的手机。我们看到这部手机是一个功能很简单的普通机，机型很小，只有通话和接发短信的功能。王秋聚说他一般只买这种手机，第一是因为耐用，第二是由于他自己对频繁更新换代的手机功能无法掌握，所以这种最简单实用的手机就成了他的首选。由于家里安装了网络宽带，需要家里有一部座机支持拨号，所以除了手机作为联系工具之外，家里还可以利用座机上网跟朋友亲戚进行联系。以上家庭耐用消费品情况如表11－2所示。

表11－2　2012年家庭耐用消费品情况

项目	数量	项目	数量
电视机（台）	1	小轿车（辆）	0
电冰箱（台）	1	自行车（辆）	0
洗衣机（台）	1	电动车（辆）	2
照相机（台）	0	摩托车（辆）	0
影碟机（台）	0	手机（部）	4
组合音响（套）	0	固定电话（部）	1
电动三码车	1	电脑	1

资料来源：根据王秋聚口述整理，2012年6月。

尽管家里电脑安装了网络，但是王秋聚向我们反映他家的网经常登录不上去，多次找到运营代理商，每次得到的口头答复都是尽快维修，可是终不见人影。2010年国家几个部委就曾联合发文，要实现村村通光缆上宽带，可是对农村网络后续服务落实却是白纸空文，从另一层因素来讲，是由于互联网垄断，将精力集中在城镇用户中，对于农村网络市场则是抱着已是“囊中之物”的心态，于是放松了思想与责任意识，忽视了农民这个群体的重要性。只有打破互联网垄断，真正服务农村群众，才能让农民真正过上高速网络的信息生活。

对于家里的开支情况，王秋聚说现在的物价涨得很厉害，进货成本和生活成本都明显地增多。2011 年家里生产性支出为 588 元，主要用来购买化肥原料；衣服支出较少，一年的花费大约 400 元；食品类支出中主要是日常饭食的花费，王秋聚家里主要就是他和媳妇两个人，大女儿忙于生意，小女儿在学校就读，所以两口子每天简单地做些饭，一天的饭食费大约 30 元，2011 年的食品支出总额为 10800 元；由于家人身体都很健康，极少生病，所以看病支出所占比例较少，一般都是买些感冒发烧药，约花费近 100 元；家中的小女儿现就读于邯郸市一所高中，由于寄宿在校，所以每月定时给她些生活费和书本费供其完成学业，去年教育支出 2400 元；红白喜事支出 700 元。以上情况如表 11－3 所示：

表 11－3　　**2011 年家庭支出情况**　　单位：元

总支出	生产性	衣服	食品	看病	教育	娱乐	红白喜事	交通	通信	住房
15668	588	400	10800	100	2400	0	700	0	680	0

资料来源：根据王秋聚口述整理，2012 年 6 月。

通过与家庭收入表相比较，我们看到，王秋聚家每年还会有些余额存款。王秋聚说尽管家里没有大富大贵，但是一家人过着健健康康的普通生活他已经很满足了。他说过日子就是根据自己的能力而定，现在自己的能力只能提供这样的生活水平，不怨天尤人，而是知足常乐。我们也祝福知足常乐的王秋聚家永远保持这种快乐的心态。

（二）临时工马红民家

南沿村说是村，其实是一个小镇，加上附近的很多村庄，便构成了一个镇的规模，所以南沿村所在的镇就叫“南沿村镇”。这种命名让我们也很意外。由于南沿村是镇政府所在地，为了便于管理，上级部门就将南沿村分成四个行政村，我们的入户区域就集中在其中的西街村。这个镇是沿着国道建立起来的，道路两旁往往容易繁华起来，因此形成了沿着马路的一整条商业街。在这条街道上个体工商户密布，商业气息非常浓厚，小到小吃，大到电动车店，一般的商品都能在这条街找到。很多商店都是夫妻店，但是也有一些生意比较好的，规模比较大的，或者老板不能长时间守在店里面的，往往会选择雇用一到两个人，主要是从本地或是周围来找，马红民就是被雇用人员中的其中之一。

我们是在街上的一家电器店里找到马红民的。店里面密密麻麻的放着各种品牌的电器，有空调、电风扇、电冰箱、洗衣机、液晶电视，还有饮水机。过道显得十分狭窄，总之，空间利用的非常彻底。当时正好是早上九点多，所以店里面没有多少生意，我们一眼就看到一个穿着衬衣的中年男子，我们说明了来历和目的，并且提出了访谈的要求。马红民解释说，时间可能不多，因为他在上班，这时我们才搞明白原来他是一个打工的，之前我们以为他是老板呢。我们提出在店面做简单的访谈，马红民考虑了下便同意了。

马红民出生于1967年，汉族，高中毕业。妻子王竹芳，比他小一岁，也是汉族，医科中专毕业，现在是一名医生，在南沿村镇中心医院上班。这种学历在西街村那一代人中，算是凤毛麟角。在农村，20世纪80年代的高中生是很不错的，所以他找了个与自己层次差不多的女人结婚，现在妻子有一份稳定的工作。马红民和妻子生了一男一女，大女儿叫马丽萌，如今在北京的一所大学上学，念大一，通信技术专业。这个名词是马红民回想了很久才想到的，本来同样询问了学校的名字，马红民却表示不太清楚，随着以后的陆续入户，我们渐渐发现这个村的男人对家里的事情并不了解，比如子女的生日，甚至多大了，都不是很清楚，这是一件很令人奇怪的事情，调研组成员几经讨论未果。儿子马未宽，18岁，他显然不如姐姐好学，初中没毕业就不肯上学了，现在出外打工。由于没有学历也没有专业技能，所以工作很不稳定，常常一份工作做不了两个月，但是基本上自己能顾自己，一般也不向家里要钱了。

马红民家里一共只有三分地，因为最近一次分地是在20世纪90年代，而妻子由于有正式工作，所以也没有分配土地。但就是这三分地，马红民一家依然种着，中国农民对土地的渴求可见一斑。在这三分地中，种了二分水稻，一分大蒜。水稻自己吃，大蒜自己吃点，然后再卖点。

表 11－4　　2011 年家庭农作物、牲畜和家禽情况

种类	亩数	折算价值（元）	种类	亩数	折算价值（元）	种类	个数	折算价值（元）
大蒜	0.1	200	瓜果	0	0	羊	0	0
玉米	0.1	100	花卉	0	0	牛	0	0
水稻	0.2	300	蔬菜	0	0	马	0	0
棉花	0	0	药材	0	0	猪	0	0
大豆	0	0				禽类	0	0

资料来源：根据马红民口述整理，2012 年 6 月。

马红民家的经济来源主要来自他打工挣的钱和妻子的工资。马红民的打工地点并不固定，一般会去邯郸市区，一年下来，一般能挣一两万元钱。现在这份电器店的活是最近才由别人介绍的。一天 50 元，一个月 1500 元，工资不高，但是好在就在家门口，外出的各种成本，比如吃饭、住宿都省掉了，而且自家与住在外面还是两种完全不同的感觉。马红民说，这就是他选择在电器店打工的缘故。不过，他自己同时觉得这并不是一个长久的活计，到时可能还要再出去。其实最大的问题还在于南沿村镇只是小规模的便利店居多，并没有工业企业，不像其他富裕的城镇，乡镇企业满地都是，那种富裕才是有着坚定基础的，而且就业相对稳定。妻子在卫生院上班一个月只有 500 元，一年才 6000 元。但是在编制内，即使以后退休，仍然有固定的收入来源。所以马红民也没有让妻子放弃这一工作，不过好在如今乡村医生的待遇开始慢慢提高了，这一情况会得到不小的改善。

表 11－5　　2011 年家庭收入来源情况　　单位：元

职业	收入	职业	收入
从事种植业	0	本乡镇就业工资	6000
从事个体经营	0	外出打工	20000
从事屠宰	0	从事运输业	0
从事渔业	0	政府补贴和社会救济	0

续表

职业	收入	职业	收入
从事养殖业	0	出租耕地或房屋	0
从事旅游业	0	其他经营收入	0
总收入合计	26000		

资料来源：根据马红民口述整理，2012 年 6 月。

马红民一家的支出相当大。因为农村人都没有详细的记账习惯，所以这些数据都是马红民一家的大概估计，因此都是整数，但是数据与真实花费相差不大。在表 11－6 中，我们可以看到非常显眼的一笔开支——教育支出。由于马红民家的支出基本上都是由妻子王竹芳掌握，他并不知道确切的数字，实际上子女上学的费用与支付员工工资是不同的，常常可能哪里就会多花了一笔，表 11－6 中的数字还是按照比较保守的标准来进行估计的，数额可能稍微会大一些。在这 11000 元的支出中，包含了每年 4500 元的学费、1200 元的住宿费，剩下的 5000 多元只够基本的生活费用。但是这个数字对于一个收入不高的家庭而言，确实是一笔不小的开支，它往往就是收支不平衡的最大因素。

在食品支出方面，由于马红民一家普遍年龄不大，属于壮年时期，这段时期是消费的旺盛时期。因此，食品上面相应的要求高一些。但是平均一个月 700 元算是比较正常，也并无奢侈消费。比较有特点的是置办衣服，马红民家一般不去服装店买成衣，而是自己买布料，然后让别人做。这样既保证了质量，价格又相当实惠。比如，做一条裤子，买布料 20 元，手工费 30 元，这样算下来一条裤子也就 50 元。其实，裤子的手工费偏贵，服装企业的人工成本平均下来远没有那么高，不过定制的比批量生产的质量应该是要好一些。还有，就是冬天的棉大衣或羽绒服，定制费用是每件 100 元，材料一般是 150～200元，所以整件衣服的花费不到 300 元。而在商场里，现在的羽绒服动辄上千元，很不便宜。

取暖费用也是一项重要支出，北方冬天天冷，取暖几乎与吃饭置于同一位置，一般取暖烧煤要烧三到四个月，马红民家烧的是 0.95 元一块的煤，煤的质量稍好，所以价格也要稍微贵些。至于人情方面，亲戚朋友的礼尚往来必不可少，近到子女、兄弟，远到村里朋友、邻居的红白喜事，根据亲疏远近和平常的随礼记录决定随礼金额的多少。少的十元、二十元，多的有几百元，基本上每年都会有相应的支出。马红民家在这方面的支出属于正常范畴。

表 11-6　**2011 年家庭支出情况**　单位：元

总支出	生产性	衣服	食品	看病	教育	娱乐	红白喜事	交通	通信	取暖
26200	100	1200	8400	100	11000	0	2000	300	600	2500

资料来源：根据马红民口述整理，2012 年 6 月。

马红民家在村头的最北处，也是一个小院，典型的砖混房，人主要住在三间正房中，总共 60 多平方米。取暖设施与农村相同，冬天没有暖气，使用暖炉，炉子是用蜂窝煤供暖。村里这几年已经用上自来水，这就保证了饮水的卫生安全，在这一点上享受到了城市般的服务。村里统一供应自来水，自来水价格为 2 元/吨，每年大概能用 150 吨左右，自来水费都是村委会派人来收。自来水的价格比市区要便宜一半多，市区一吨 7 元。北方农村由于相对聚集，很多村都使用自来水，一方面节约，一方面更好控制饮水卫生。

马红民是 20 世纪 60 年代后期生人，子女还是 90 后，因此家里的现代设施基本上都齐全。除了电视、电冰箱、洗衣机外，空调、音响等农村并不普及的消费品也进入了他的家庭。

表 11-7　**2012 年家庭耐用消费品情况**

项目	数量	项目	数量
电视机（台）	1	小轿车（辆）	0
电冰箱（台）	1	自行车（辆）	1
洗衣机（台）	1	电动车（辆）	0
照相机（台）	0	摩托车（辆）	0
影碟机（台）	1	手机（部）	2
组合音响（套）	1	固定电话（部）	0
饮水机	1	空调	1

资料来源：根据马红民口述整理，2012 年 6 月。

马红民一家都加入了合作医疗，对于有些文化的人而言，很容易理解其中的好处。由于女儿已经在北京上学，户口也随之迁到学校，马红民夫妇和儿子马未宽都加入了合作医疗。虽然儿子不经常在家，即使有点病痛，也并不能享受到合作医疗的好处。但是对于他们而言，合作医疗更多的是为应对大病的保障，所以马红民觉得即使一直在外，只要户口还在家里，就应该加入合作医疗。同时，去年推行的农村养老保险也受到了马红民的欢迎，在他看来每年花费100元为自己老年买得一笔稳定的收入，是一件很划算的事情。养老保险是20岁以上的人才需要交纳，所以暂时还不用替儿子交。妻子王竹芳是卫生院的编制内职工，养老自然不成问题。

如今的马红民在电器店里面主要负责进货，不需要进货时就负责店内的电器销售。来这里买电器的都是周围的一些熟人，马红民自然熟门熟路，所以工作起来并不辛苦。生活就是如此平淡，他将更多的希望寄托在子女身上，希望他们过得更好。他希望女儿读完大学能够继续考研究生，对于一个尚未实现大学梦想的父亲而言，当然希望自己孩子的学历越高越好。马丽萌比较争气，经常打电话给母亲王竹芳，尽管很想家，但是节假日时，会出去做些兼职。说到这里，马红民难以掩饰自己心中的高兴和满足。不过，在谈到儿子时，马红民则说让他自己闯，顺其自然，做父母的也决定不了太多的事情。

马红民受过一定程度的教育，没有摆脱农民的身份，没能摆脱农民的地位，但是很显然已经摆脱了农民的生活方式。同时由于受过一定教育，难免轻视职业技能，所以直到现在，并没有掌握一门专业性的技能，这就意味着他的现状是不稳定的，因此一直处于临时工的境地。但是随着年纪越来越大，临时工也渐渐会向他关闭大门。如何取得一份稳定的收入才是马红民需要思考的问题，专业技能的学习可能已经来不及了，但是像这个村子的很多人一样经营一家属于自己的店或许是一条好的途径。并不一定要挣到大钱，而是为自己的生活找到一个稳定的经济来源，从而为以后的老年生活做好相应的准备。其实村里面类似这种打零工的现象并不少，那些没有受到高等教育的80后、90后往往选择出外打工，当时在打工的过程中并没有学会相应的技能，完全是凭借简单的劳动力在谋生，既没挣着钱，也未锻炼专业技能，随着年轻的优势不在，最终会被劳动力市场所淘汰。所以，发展职业教育、专业技能培训，这是农民走向城镇、迎接城市化所必备的课程。只有做好了这个课程，才可能获得有尊严、有保障的生活。而中国教育的出路也不在于简单的扩张，而是精英教育与职业教育并举，这样才能实现人力资本的有效培养和利用。

（三）缺少劳动技能的王知明家

随着生活水平的逐渐提高，我们发现农村住房结构也有明显的改变。一般经济水平相对较好的农村地区，在构建房屋时会选择把门庭装饰得很宽敞气派，门楣高耸、门扇大而厚实，给人营造出一种家族兴旺的气氛。同时这也从侧面反映出这个家庭的经济条件应该是在本村处于中上等水平的。当今这个繁芜社会，人们都比较“好面儿”，就是经常被提及的“讲究面子问题”。将门面装潢修饰的大气可观些，会让家庭的主人在外人面前有一种自信和优越感，为自己打造了一个良好的“面子工程”。但笔者认为，与其说是“好面子”，倒不如说是高调、虚荣的表现，很容易形成互相攀比的不良风俗。简洁大方、适度的修饰自家的门房，才是真正新农村应该展现的现代风貌。在西街村我们发现，站在村子里的小道上放眼望去，家家户户的门面普遍都还是较为和谐大方的，宁静而整洁的坐落有序，村子里并没有出现攀比的不良风气。并且西街村的大门还有一大风俗特点，那就是家家户户门口的锁链上或多或少都系着红、黄彩带。原来这一风俗是村民为祈求家里平安多福，不定期（逢年过节时尤为盛行）去庙里请回来的“福条”，这些福条一般是由红、黄两色布条制成，请回来拴在自家的门环上，常年积累下来，无论新旧，门上的福条已是满环迎人，同时也表示着这家人怀着无比的虔诚之心迎接福泽的降临与庇护。笔者认为，这种适度的求神拜佛并没有在西街村形成“信奉封建迷信”的坏思想，反而这些“福条”成了西街村里另一道漂亮的“风景线”，并且表达了村民心中美好的愿望。

我们今天要走访的家庭就是一个福条满环、大门气势彰显着温和平实的农户家。2012 年 6 月 19 日下午 3 点钟，我们走进了王知明家。刚到时，大门敞开着，我们在门口试探性地询问是否有人在家时，并没有人回应，于是联络人宋和平先进门去看看情况。原来由于这几日连续高温的缘故，家人都在堂屋避暑休息，没有听到屋外的动静。一位看起来 40 岁左右的大婶从屋里出来把我们招呼进院子里。在她家院子里放养着一群黄色小雏鸡，大约近 40 只，欢快地叽叽地叫着，在大院里跑来跑去到处觅食。我们环顾了一下院子四周的情况，在大门口的一侧，有一间储物室，放着废旧的、暂且不用的杂物。紧邻堂屋的南侧则有一间小卧室，看上去应该是年轻人居住的屋子，因为相对于主卧室灰色的门帘来说，它的彩色卡通人物的门帘告诉我们这应该是王知明子女的卧室了。在院子的南面，用红砖垒建了一个厨房，站在院子里就可以看到厨房门口摆放着一口大大的装面粉的盆钵。

这位大婶一直很客气地招呼我们进屋坐，我们应着声跟着大婶就进了堂屋。由于我们的到访太突然，休息中的王知明还没有来得及准备，只见他一边穿短衫一边走过来。屋内还有一位年轻的小伙子，看上去应该是老汉的儿子。联络人宋和平向王知明说明了我们的来意后，这位老汉频频点头。我们请他坐在桌边的椅子上，开始了今天的调研任务。

王知明，男，1950 年生人，小学文化水平，现在家务农。他的妻子叫李付珍，1952 年生人，同样是小学文化水平。虽然两位老人逾过花甲，但看上去实际年龄却只有 50 岁出头的样子，精气神很是饱满，体格健康硬朗。他们育有一儿一女，小女儿王永丽已经出嫁到别的村子，现在老两口与大儿子在一起同住。大儿子叫王永平，1973 年生人，初中文化水平。也许是家庭良好的遗传基因的影响，王永平也有着比实际年龄年轻的容貌，他看上去更像是 30 多岁的小伙子。我们到访时，王永平的爱人郑雪英没有在家，而是在离村子十几里地的南桥冷库做临时工，工作内容主要是剪蒜头、剥蒜皮等简单体力劳动。虽然技术含量相对较低，但工作量是极大的。冷库并不是每天都有活干，而是采取临时通知上班的制度。如果工厂需要额外人手的话，就会通知她来，没有活儿干就不再让她过来，工资也就不再发放。工厂给她们定的日工资为 55 元，最后按工作的天数结算。这种临时性的工作极不稳定，并且收入也不能得到保障，但由于能力有限，王永平的爱人只能在临时工作的处境徘徊。

王永平有两个儿子，大儿子在本地就读初中二年级，小儿子今年小学毕业。在西街村，有这么一种情况：有条件的家庭大都会把孩子送到市里就读的想法，认为市区教育资源不仅丰富而且质量较高，升入好高中的机会比较大，以致最后可以考取大学找份谋生的好工作。但是美好的愿景是要付出高昂的成本的，市区的消费水平和教育支出相对农村地区比较高，对于经济条件有限的家庭来说，这无疑只能是“纸上蓝图”。当我们问他是否想过把小儿子送去市里就读中学的想法时，王永平只是摇头，他说家里的经济实力支撑不起这两个孩子去市里读书的所有费用。我们问他为什么不从信用社贷些款供孩子去市里读书时，他说农村信用社的贷款难度大，而且自己没有固定的工资可以作担保偿还，所以也就没有去信用社贷款的想法。王永平告诉我们他的收入来源主要是去邯郸市打工赚些生活费，没有固定的时间上班，也没有固定的地点工作。每当求职旺季时，他就会去邯郸劳务市场找些活儿干，一般都是求职的劳动者乌怏怏的扎堆在一块儿，被动地等招工的人来找工人。有的求职者为了能吸引招工的人，会为自己做一张简易的“广告”牌，上面会标明自己擅长的工种，方便招工者一眼识别到自己。王永平说自己没有技术手艺，只能做些最简单的体力活，例如搬砖盖简易的房屋，所以在劳动力市场供大于求的情况下，自己想揽到些活儿干，并不是一件很容易的事。有时从家里大老远地赶到劳动市场时，由于没有适合自己干的活儿，不得不“空手而归”。每次只有遇到大批量招普通工人的时候，自己才有可能获得工作机会。

由于王永平一般揽到的主要是体力活，所以在自由议价的时候，自己并不能掌握主动权。每次商定后的价格均在 90 元/天，这个劳动力价格水平在当地市区并不算高。我们和王永平大概估算了一下 2011 年他在外地打工的收入，大约为 5000 元。作为家里的主要劳动力和顶梁柱，他说自己的心里和收入能力是有一定的压力的。现在孩子们都还小，不用交学费，教育费用这项较大的支出暂且还不用承担，家里的大人们平时过日子都很节省，一年的收入基本维持着家里的生活。当我们问他为什么不学一门专业技术，提高自己在劳动力市场上的竞争力，以此获得更高的工资，改善家里的生活条件时，王永平很无奈地说，在村子里找不到专业的人来教自己，自己本身也没有额外的钱再去专门的培训机构学习，长此以往，自己仍旧在原地打圈，毫无进步。这不禁让我们想到当今农村所面临的普遍难题和困惑：随着计划经济体制向市场经济体制的转型，出现了农民大规模跨区域流动，从农村奔向城市的现象，但随之出现了一些新问题，例如受文化、劳动技能水平的限制，传统的小农经济劳动方式很难适应城镇市场的需要。这时的政府应该适度调整发展政策，对农民提供相应的培训机会与知识，对合适的农民群体进行职业指导，提高农民的专业技术素质，带动新农村的发展潜力。

除了王永平和他爱人郑雪英在外做零工赚些钱养家糊口外，王永平的父亲王知明和母亲李付珍则主要在家务农种些大蒜、水稻和玉米。家里一共近 1

亩的田地，其中0.2亩种植水稻，能产300斤大米，这些大米不再拿到市场上进行交易买卖，而是自家食用。0.8亩种植大蒜，去除籽种后，大蒜的净产量约为1000斤。按照2011年大蒜的市场价格为每斤1元，种蒜的收入为1000元。家里的1亩地可以得到政府发放的粮食直补132元。根据以上情况，王知明一家2011年家庭收入来源情况如表11-8所示。

表11-8　　**2011年家庭收入来源情况**　　单位：元

职业	收入	职业	收入
从事种植业	1000	本乡镇就业工资	3000
从事个体经营	0	外出打工	5000
从事屠宰	0	从事运输业	0
从事渔业	0	政府补贴和社会救济	132
从事养殖业	0	出租耕地或房屋	0
从事旅游业	0	其他经营收入	0
总收入合计	9132		

资料来源：根据王知明口述整理，2012年6月。

在我们采访聊天期间，王知明的话很少，一直是儿子王永平在帮助他来完成问答，并且王知明在整个采访过程中都很拘谨的坐着，显得有些紧张。看得出来，王知明是一个内向安稳的老实人，勤勤恳恳地做好自己本分的事就是他最真实的写照。对于给他带来的紧张感，我们觉得很不好意思，于是跟他聊了一些比较轻松的话题，例如平时的娱乐活动。王知明告诉我们他和老伴儿没有什么特别的爱好，一般晚上闲下来的时候，就是守在家里看看电视。每次村子里农历四月十八“过会”的时候，是家里最热闹的时候，所有的亲戚都会来家里团聚，气氛相当的融洽。王知明指着桌子上一台小收音机，说平时也会听听戏曲，豫剧偏多，都是一些相对较老的戏曲。

我们又聊到了这间屋子，因为这个堂屋不仅高大宽敞，而且墙壁整体也都是整洁干净的，看上去像是刚刚重新装修过的一样。王知明说这个房子是1986年盖的，包括院子的面积一共近200平方米，在2008年的时候简单装修过，也许是因为平日里维持的较好，所以看上去还是相对整洁些。但是宽敞的屋子到了冬天取暖就相对比较麻烦。王知明家里采用土暖气取暖，由于火力不足，冬天的屋内温度并不会太高，不过由于有些年头，王知明一家也早已习惯了。

王知明家主要的日常耐用消费品有1辆电动车、1辆自行车、1辆三轮车，2台电视机、1台洗衣机和1台组装的家用台式电脑，儿子和儿媳妇各有1部手机，除此之外还有1部座机。以上情况如表11－9所示。

表11－9　**2012年家庭耐用消费品情况**

项目	数量	项目	数量
电视机（台）	2	小轿车（辆）	0
电冰箱（台）	0	自行车（辆）	1
洗衣机（台）	1	电动车（辆）	1
照相机（台）	0	摩托车（辆）	0
影碟机（台）	0	手机（部）	2
组合音响（套）	0	固定电话（部）	1
电脑（台）	1		

资料来源：根据王知明口述整理，2012年6月。

全家人的身体情况都很健康，2011年没有生过任何大病，偶尔感冒发烧的小病就到村里的卫生室买些药。家里人都参加了新型农村合作医疗，每年一人缴纳50元，全家共交200元。王知明说尽管自己一家人平时在看病方面支出较少，享受到的实惠政策也就相对较少，但是每年仍愿意参加这个医疗保险，因为花费小的成本就能给家里人换来较高的健康保障，他觉得是一件很划算的事情。并且王知明已经到了符合领取养老保险的法定年龄，所以这两年都可从养老卡内取得660元。

对于家里2011年的支出情况，王知明和妻子李付珍一起为我们罗列出大概的花费情况：2011年过年的时候家里人添置了些新衣服，共花费近500元。一般家里买衣服都是选择在村里的集市上，觉得还算是比较实惠的。全家的食品支出较多，主要包括每天三餐的饭食费，但粮食一般都是自家供给，平时只是买些简单的蔬菜，所以家里食品花费总共7200元左右。看病支出较少为100元；两个小孙子的教育费主要包括书本与杂费，共400元；红白喜事费用一年在400元左右；家里的话费主要是王永平和儿媳的手机费上，但是两个人的总花费相对还是较少的，平均每人每月20元，一年下来共480元。以上情况如表11－10所示。

表11－10 **2011年家庭支出情况** 单位：元

总支出	生产性	衣服	食品	看病	教育	娱乐	红白喜事	交通	通信	住房
8980	0	500	7200	100	400	0	300	0	480	0

资料来源：根据王知明口述整理，2012年6月。

比较分析得出，王知明家的收支大致相抵，家庭每年存款余额不是很多。其中缺乏专业技能是这个家庭不能得到稳定收入的根本原因。我们也希望这个朴实的家庭可以尽快找到、学习合适的劳动技能，使生活过得更加红火。

十二、家庭和睦户

（一）生活悠闲的韩天杰家

韩天杰，男，汉族，62岁，初中文化程度，普通话讲的不是很好，没有宗教信仰。他的妻子名叫米存英，59岁，汉族，文化程度也是初中毕业。韩天杰家的大门从外面看起来非常普通，门廊上面是个吊顶，吊着一个灯泡，我们试了一下这个简易的灯泡，还是很亮的。往里面走一些，有一个拱形的月亮门，门口两侧有两座小型的石狮子雕像，月亮门的对面是一面墙，墙根处有一棵并不算很粗壮的树，在树和月亮门的墙壁顶端架起了几株葡萄藤，葡萄藤上已经结了不少尚未成熟的葡萄，看起来很诱人。墙壁的左手边是一条不算很长的走廊，走廊的两侧是花圃，每边都种了五六棵朱顶红，花圃的尽头每边都是各有两个大花盆，花盆里面都是各有一颗朱顶红，有一颗朱顶红上面甚至还开了一朵很大而且鲜红的花。走廊的尽头又是一道月亮门，比刚才外面的那个月亮门装饰设计的更有质感——墙面的砖涂成了浅蓝色、门洞周边是咖啡色、墙的最上面是白红和黄绿相间的彩砖，透过门洞可以看到院子里的风景。走进院子里面，正中间种了一棵枣树，四周有修剪整齐的冬青和石榴树，树木繁茂，景色宜人。整个院子布置的非常古朴、典雅，回头一看给人的感觉真的是别有一番韵味。

我们到房间里的客厅之后，首先感叹了一下院子里的美景，韩天杰告诉我们说，这个院子是他祖父传下来的，他祖父 18 岁入党、抗日战争时期从事地下工作，当时共产党员活动的团部在这里，占地一亩多，地方非常的大，新中国成立后他祖父南下任广东农垦厅厅长，但是他祖母并未随同祖父一起过去，而是留在了这里守着孩子们和这个院子。后来他的父亲和母亲结婚，父亲因为要去外地念书而离家，学成后分配到北京担任某高校的书记一职，之后便和母亲离婚再也没有回来。当我们问到他现在是否会经常去北京看望老父亲时，他的表情和语气疏离且淡漠，只说父亲很早就在北京又有了新家，都是各顾各的，所以现在他们基本不联系了。他说他一直在这个院子里守着祖母和母亲，直到 2003 年母亲去世，也算是了了一桩心愿。听到这里，我们都是一阵唏嘘。之后他说，院子里的树木都是他自己修剪的，因为特别爱好园艺设计再加上他本人也算勤奋，所以这么多年一直都是这么布置院子的。

接着韩天杰给我们介绍了一下他自己和家人的情况。他 1976 年结婚，当时是 26 岁，爱人是从永年县姚寨乡沙屯村嫁过来的。他们有两个儿子，大儿子叫韩继征，35 岁，毕业于邯郸财校，之后自考本科学的会计学专业，目前在邯郸保险公司工作，每月收入 2000 元左右，现有一儿一女，在邯郸已经买了房子，平时在邯郸住，周末带着妻小回父母这里。二儿子叫韩继涛，33 岁，在西安电子科技大学读的软件专业的硕士研究生，目前在南京某外企做软件工程师，月入 10000 元。2011 年在南京买了一套 100 平方米左右的房子，当时南京的房价是每平方米 10000 多元，首付总共 60 万元，自己付了 30 万元、父母帮忙垫付了 30 万元。2012 年准备回父母这里结婚，当然在南京也要办酒席。当我们问起儿子们是否给他们生活费的时候，夫妻俩都说不要孩子们的钱，他们俩的退休金已经足够用了，甚至偶尔还会给大儿子一些补贴，二儿子基本不需要他们的补贴。两个儿子都比较有出息，夫妻俩说到儿子们的时候感觉也是蛮自豪的。

韩天杰一家都不是以种地为生：他原来一直在供销社上班，2011 年退休，退休工资与退休前工作时的工资相差不多，2011 年的退休工资是每月 1200 元，2012 年涨到了每月 1400 元；他爱人是县卫生院分院的妇科医生，2012 年也退休了，现在自己在家里开个门诊，2011 年的收入是每月 1000 元。他们家总共有 2 亩地，因为夫妻二人都要上班，所以租给了亲戚种，每年收 300 元租金，收成的时候亲戚会送来一些大蒜和蒜薹，他们指了一下院子里墙角的一堆大蒜，说那些大蒜就是前不久亲戚刚给送过来的。政府补贴和社会救济主要是指粮食直补和良种补贴，是国家按照每家的耕地数量和家庭人口数量统一发放给有耕地的农业户籍人口的补贴，他们家全年共 278 元，对于韩天杰一家来说这笔收入着实不多，所以他只是跟我们提了一下。2011 年家庭总收入为 30278 元，具体情况如表 12－1 所示。

表 12－1　**2011 年家庭收入来源情况**　单位：元

职业	收入	职业	收入
从事种植业	0	本乡镇就业工资	26400
从事个体经营	0	外出打工	0
从事屠宰	0	从事运输业	0
从事渔业	0	政府补贴和社会救济	278
从事养殖业	0	出租耕地或房屋	3600
从事旅游业	0	其他经营收入	0
总收入合计	30278		

资料来源：根据韩天杰口述整理，2012 年 6 月。

韩天杰家房子的居住面积大约是 170 平方米，屋子是 1993 年盖的，2003 年在旧房的基础上翻盖了一次，2012 年又花了 20000 元重新装修，添置了一些家具和家电。我们观察到，韩天杰家里的电器很全，耐用消费品基本都有，尤其是有两台空调——客厅里是一台立式的、卧室里是一台壁挂式的。我们在客厅里还看到一面红木材质的隔断，上面用红木隔出了四层形式各异的格子，每层格子上都摆放着或精致或有趣的小手工艺品，隔断里面是一张小单人床，整个空间看起来倒是颇具古色古香的美感。他告诉我们，夏天这里很凉快，所以入暑之后都在这里睡，但是冬天一般去前面的小屋，因为小屋的炉子烧得比较旺。洗澡的话，夏天用家里的热水器，冬天一般都是去浴池，村里有两个稍大一点的浴池。2011 年韩天杰家耐用消费品的具体情况如表 12－2 所示。

表 12－2　　2012 年家庭耐用消费品情况

项目	数量	项目	数量
电视机（台）	1	小轿车（辆）	0
电冰箱（台）	1	自行车（辆）	1
洗衣机（台）	1	电动车（辆）	1
照相机（台）	1	摩托车（辆）	0
影碟机（台）	1	手机（部）	2
组合音响（套）	0	固定电话（部）	1
空调（台）	2	热水器（台）	1

资料来源：根据韩天杰口述整理，2012 年 6 月。

2011 年韩天杰一家的家庭支出情况大致如下：夫妻二人食品类的生活费用支出是每月 1000 元，全年 12000 元；衣服的开销主要是在过年过节的时候要添置一些新衣服，近几年由于衣服价格飞涨，支出也相对多，全年花费约 2000 元；做饭主要是用蜂窝煤，偶尔家里人多时煤气作为备用，全年总共 800 元；冬季取暖是用煤块烧的土暖气，因为房间多、屋子大，所以耗煤量很大，每年要花费 4000 元买煤；因为家里有两台空调，而且生活用水是自己抽的井水弄到水缸里，所以每年电费也不少，2011 年大约为 400 元；家里有一部固定电话，夫妻二人各有一部手机，通信费用全年为 1000 元左右；红白喜事、人情往来方面，韩天杰告诉我们，如果是邻里乡亲的话每次最少要 100 元，如果是兄弟姊妹之间每次就要 300～500 元了，2011 年此项支出全家全年共花费 2500 元；夫妻二人都参加了合作医疗，2011 年都没有生过大病，所以没有住院费用，二人都有高血压，每年吃的常规药和感冒发烧输液的费用总共是 2000 元；提到娱乐方面的支出，韩天杰说他特别喜欢旅游，每年他自己要出去玩两次，每次 4～6 天，都是坐火车去，到当地后在找个当地的旅行社跟团行动，这样只是吃、住、看风景，基本不买纪念品的话，每次要花费2000~3000元，他自己去过大连、沈阳、张家界、云台山、五台山、云南等地，2011年他和他爱人一起去南京看儿媳妇，顺路一起去苏州、上海等地旅游，韩天杰估算2011年他的旅游支出大概是4000元。2011年韩天杰家的总支出共28700元，具体情况如表12-3所示。

表12-3　　**2011年家庭支出情况**　　单位：元

总支出	生产性	衣服	食品	看病	电费	娱乐	红白喜事	通信	取暖	做饭燃料
28700	0	2000	12000	2000	400	4000	2500	1000	4000	800

资料来源：根据韩天杰口述整理，2012年6月。

闲暇时韩天杰和他爱人比较喜欢看电视和打牌，和邻里乡亲打打麻将，随便玩一玩，因为玩的比较小，基本都是不输不赢，最多也只是相差几元钱而已。据韩天杰介绍，村里赶集一般是一、六集，即每逢农历初一、十一、二十一、初六、十六、二十六都会有集市，他们俩没事的时候都会去赶集，热闹又方便。2011年韩天杰已经领取了每月55元的养老金，他爱人上交了每年100元的养老保险金，两个儿子因为户口不在村里，所以并未在村里上缴养老保险金。我们问韩天杰退休之后是否想过做个小买卖或是出去打工，他回答说都没有考虑过。因为村里做买卖的都是周围几个村子互相有生意往来、外地人很少到这边来买东西，基本都是村民之间互通有无；还有打工的话，由于村子附近没有工业和大型企业，所以年轻人外出打工都是做工地的小工，缺乏学习专业技能的机会。他说他的两个儿子都已经成家了，他们夫妻二人没有任何老人和孩子的负担，所以很悠闲、自在、乐和，他闲时修剪院子，他爱人就给附近邻里看个病帮个忙，实在是没有必要再做其他工作了。

当我们采访即将结束的时候，有位妇女来找他爱人看病，他们热情地接待了那位妇女正好送走了我们。通过采访，我们认为韩天杰一家并不是典型农民的“面朝黄土背朝天”的生存状态，而是一种类似于市民的模式——都有固定工作、领取基本工资和退休金。对于这种现实情况，许多学者提出了“建设新型农村社区，推进就地城镇化”的非常有意义的新思路。如国务院参事、农业部农村经济研究中心研究员刘志仁认为："农村城市化，并非一味征地、建造和扩展城市，而应把城市文明和公共财政向农村辐射，缩小城乡差距，将农村建成和城市同等的公共设施齐全、环境优美、就业环境宽松的区域，让农民能就地享受城市文明。"① 所以，我们要转变传统型城市化的思维方式，用科学发展观和构建和谐社会的思想指导城镇化建设，走中国特色城镇化道路，避免和摒弃那种片面追求城市化率、盲目扩张城市规模而忽视农民利益的错误做法，把立足点转移到"城市支持农村、工业反哺农业"的重心上来，在发展大中小城市的同时，推进"就地城镇化"，推进受农民欢迎的、让农民得到实惠的农村城镇化。②

（二）基本温饱的李志国家

李志国，男，汉族，53岁，小学毕业文化程度，普通话讲的不是很好，没有宗教信仰。他的妻子名叫苏小花，53岁，汉族。李志国一家能达到基本温饱的水平，但是每年也不会有很多结余，生活还算能过得去。李志国家在一个胡同里面，大门口最上面写着"宁静致远"四个大字，打开大门之后，正对着大门的是一面影壁，上面描绘着象征吉祥的图案，下面贴着一张"泰山石敢当"的画纸。我们在墙角看到了一张大渔网，李志国告诉我们说这个渔网是他三儿子在农闲时去稻田里捕鱼用的，就是时下年轻人平时的消遣，并不是专门从事捕捞的。院子里拴着一只黑狗，神态很温和，体格也不算很壮硕，没有像其他一些农户家的狗一样看到生人就狂吠，只是叫了几声就一直看着我们进了院子。

李志国有五个孩子，大儿子李学光、二儿子李学亮、三儿子李学飞，大女儿李学芬、小女儿李芬燕。五个孩子虽然都已成家，但至今并未与父母分家。三个儿子都是主要以种地为生，农闲时去附近镇上打零工，一家人都没有做什么小买卖。目前李志国和老伴与三儿子一家同住。当我们采访李志国时，他的三儿子刚巧从外面走进来，我们注意到他走路时有一只脚微跛，李志国解释说三儿子小时候患过小儿麻痹症，因为没有治好所以落下了残疾。

① 杨世松．建设新型农村社区 推进就地城镇化［J］．中国城市化，2009（10）．
② 杨世松．建设新型农村社区 推进就地城镇化［J］．中国城市化，2009（10）．

李志国家里的房子大概有80平方米，包括一间堂屋、他与老伴的卧室、三儿子一家的卧室，房屋是由砖和水泥建的砖混房。李志国一家共有2.1亩地，其中1.5亩水稻，0.2亩大蒜，0.4亩玉米（见表12－4）。当地许多农户都是大蒜和玉米套种以提高土地的利用率，而李志国却并未套种，对此他解释说是由于土地条件不太好，不适合套种，所以每年只种一茬。李志国说，由于人多地少，每年家里种的水稻和玉米基本都是家里人自己吃了，不会有剩余；大蒜收获之后一小部分送给亲戚，其余和蒜薹一并卖给附近的大小餐馆。2011年大蒜的全年平均收购价约为每斤1.2元，蒜薹的全年平均收购价约为每斤2.5元，所以李志国家0.2亩的大蒜和蒜薹的折算价值分别为500元和450元。

表12－4　　2011年家庭农作物、牲畜和家禽情况

种类	亩数	折算价值（元）	种类	亩数	折算价值（元）	种类	个数	折算价值（元）
大蒜	0.2	500	瓜果	0	0	羊	0	0
玉米	0.4	440	花卉	0	0	牛	0	0
水稻	1.5	3000	蔬菜	0	0	马	0	0
棉花	0	0	药材	0	0	猪	0	0
大豆	0	0	蒜薹	0.2	450	禽类	0	0

资料来源：根据李志国口述整理，2012年6月。

2011年全年李志国一家的收入为9790元（见表12－5），其中包括从事种植业的收入4390元：水稻折算收入约3000元、玉米折算收入约440元、大蒜和蒜薹折算收入约为950元；政府发放的粮食直补和良种补贴共计400元以及外出打工所得收入5000元。李志国跟我们说，他们家每年种地的收入都很少，除去种子、化肥、地膜等必需的支出，还要考虑到天气因素的影响，一年的收成下来根本就不够日常开支，所以必须还要打工挣钱以补贴家用。关于打工收入，据李志国介绍，由于文化水平有限，技术性太强的工作他们做不来，所以他和儿子们都是去镇上做工地的建筑小工，大多属于泥瓦匠，每天收入50元左右，基本都是在农闲或者即将有大笔的开支时才去，他说由于自己年纪大，身体不好，2011年出去打工的时间比较少，平均每个月大约

能出去打工10天，2011年全年的打工收入大概5000元。李志国说，与他同住的三儿子打工也是去镇上做建筑工地的小工，由于腿脚不方便，所以出去的时间也不是很多，每年的平均收入大概6000元，这些钱基本能够三儿子自己用，有时不够还需要他补贴，所以这6000元不会有剩余再给他补贴家用。（2011年李志国一家外出劳动力情况见表12－6所示）我们问到他最近有没有出去打工，他说最近正好赶上水稻插秧，所以没时间出去，但是这几天滏阳河上游截流用水，滏阳河已经干了四五天了，现在村民们都在等水插秧和浇地，有些玉米苗已经旱死了，说到这里的时候李志国满脸都是无奈的表情，只能继续等着上游放水。

表12－5　**2011年家庭收入来源情况**　单位：元

职业	收入	职业	收入
从事种植业	4390	本乡镇就业工资	0
从事个体经营	0	外出打工	5000
从事屠宰	0	从事运输业	0
从事渔业	0	政府补贴和社会救济	400
从事养殖业	0	出租耕地或房屋	0
从事旅游业	0	其他经营收入	0
总收入合计	9790		

资料来源：根据李志国口述整理，2012年6月。

表12－6　**2011年家庭外出劳动力情况**

姓名	性别	年龄	外出距离（公里）	备注
李志国	男	53	附近镇上	
李学飞	男	20	附近镇上	

资料来源：根据李志国口述整理，2012年6月。

2011年全年家庭总支出共10380元，其中包括生产性支出——种大蒜所需要的地膜和化肥（每亩约合1000元左右），由于地少、播种和收获全是靠手工完成的，不需要机器操作，所以不存在生产性固定资产的支出。全家买衣服的花销并不多，平均每年800元，2011年因为没有大件的开销所以大约支出500元。食品支出中包含了小麦的折算价值3000元，除了粮食之外，包括蔬菜等其他食品全都要买，李志国估算2011年全家除粮食之外的食品支出大约花费了2500元。李志国说他血压偏高主要是遗传自母亲，他母亲63岁时就因病去世了，所以现在他定期去医疗室买药，每年约240元的开销；全家人都参加了养老保险和合作医疗，先由李志国把钱一并交上去，儿子女儿们再把钱还给父亲，2011年因为没有家人得过大病住院，所以没有关于住院的大笔支出。做饭和取暖都是老伴在管，冬季烧煤、夏季用煤气，李志国大致估算全年的费用分别为800元和1200元。家里共有1部固定电话和2部手机：固定电话的费用是每年240元，李志国和他三儿子的手机通话费用每年约600元。关于红白喜事随礼的钱，李志国说由于三儿子2012年才结婚，因此家里可以说是有大笔的开销，所以目前的日子过的着实不宽松，村里人都知道这个情况，所以份子钱随的比较少，再加上2011年他参加的红白事比较少，所以全年花销不多大概200元。当我们问到是否还有其他比较大的支出时，李志国提到他虽然已经戒酒，但抽烟的花费比较多，每天就要抽1包，然后给我们看了一下他的烟盒，是“红山茶”牌，红塔集团下属的红云红河公司生产的，据他估算每年抽烟的开支大概得有900元。2011年李志国一家的家庭总支出共计10380元，具体情况如表12－7所示。

表12－7　　**2011年家庭支出情况**　　单位：元

总支出	生产性	衣服	食品	药费	抽烟	娱乐	红白喜事	做饭燃料	通信	取暖
10380	200	500	5500	240	900	0	200	800	840	1200

资料来源：根据李志国口述整理，2012年6月。

李志国家的家用电器并不是很全，只有一台电视机和一台冰柜；有一辆自行车和一辆电动车，他和三儿子去镇上打工时就是骑着自行车和电动车当天往返；有1部固定电话和2部手机，除此之外，再没有其他的耐用消费品了。院子里有厕所，在一间屋子的屋顶上有一个大水桶，李志国介绍说那是自制的简易太阳能装置，夏季家里人洗澡用的。他说一桶能盛100升水，足够家里三四个人每天洗澡用的，大桶是铁皮的，买的时候大概是五六十元一个，因为村子里统一安装了自来水，所以大水桶可以自动上水，家里也不再需要水泵之类的抽水设备。由此可以看出，李志国家经济状况确实不算很好，2011 年家庭耐用消费品情况如表 12－8 所示。

表 12－8　　2012 年家庭耐用消费品情况

项目	数量	项目	数量
电视机（台）	1	小轿车（辆）	0
电冰箱（台）	0	自行车（辆）	1
洗衣机（台）	0	电动车（辆）	1
照相机（台）	0	摩托车（辆）	0
影碟机（台）	0	手机（部）	2
组合音响（套）	0	固定电话（部）	1
冰柜（台）	1		

资料来源：根据李志国口述整理，2012 年 6 月。

平时闲暇时间，李志国比较喜欢看电视和打太极，他介绍说他打的是杨氏太极，每天早晨五点起床，在自己家的院子里打 10 分钟太极拳，就是自己随便练练，并没有和村子里的其他太极爱好者一起，村里的文体活动不是很丰富，所以也就没有参加其他的什么活动。当我们访谈即将结束的时候，李志国的大孙子放学回来了，他瞬间就露出了有子万事足的表情，脸上洋溢着幸福的神采，然后又跟我们说起现在生活成本越来越高，尤其是养孩子的花销实在是太多了，给孩子随便买点小零食就得 5～10 元的，做爷爷奶奶的总是会比较宠爱小孩，所以这些钱一年加起来也有不少。再加上由于没有分家，儿子们周末的时候还带着媳妇和孩子过来一起吃饭，所以虽然他和他老伴平时比较节省，但是也会有入不敷出的时候，他只能临时出去打零工以缓解家里紧张拮据的情况，但是打工收入基本也是随挣随花，不会剩下太多可以攒的钱。儿女们成家之后自己的日子过得也是紧巴巴的，可以给他补贴家用的钱也是很有限的，很多方面他都是能省就省的。最后他提到三儿子 2012 年结婚家里又花了不小的一笔钱用于置办彩礼，虽然没有很多但是确实已经尽了他们老两口的最大努力。我们问他是否考虑过找亲戚借钱或去银行贷款，他说他们家里一般不借钱，基本都是靠自己的收入，有收入的时候手头宽松点，收入少或者没有收入的时候就勒紧裤腰带过日子，总归还是能吃饱饭的。李志国说借钱的话欠的债都是越滚越多，总是欠着邻里乡亲的肯定过意不去，银行一般也不愿意贷款给农民，所以村民一般都很少借钱。

通过我们的采访了解，李志国一家目前基本实现温饱，相信随着国家"十二五"规划的实施、国家颁布的更多惠农措施的推广，农民的生活水平一定会逐步提高，李志国一家的经济社会生活状况一定会越来越好。

（三）家庭和乐的李红民家

李红民，男，汉族，47 岁，初中毕业文化程度，普通话讲的不是很好，没有宗教信仰。他的妻子名叫马花兰，46 岁，也是汉族，文化程度是小学毕业。我们上午去他家里的时候，他正和他的老母亲在侧面的厢房，屋子最里面有一张床，他的母亲正坐在床上，床的旁边放着两个衣柜，衣柜旁边是一个沙发，沙发前面有个茶几，茶几上还有两个碗里面剩着一些面汤，看样子是刚吃完早饭还没来得及收拾。看到这个场景，我们很自然的想象到了一幅母子二人在一起吃饭聊天的宁静祥和的画面，真的十分温馨。

李红民家里共有两亩地，一亩水稻、一亩玉米和大蒜套种。据李红民介绍，最近正好赶上水稻插秧，一亩地的水稻如果是两个人插秧的话，大概需要一天半的时间，最近几天滏阳河上游刚刚放水，他和他爱人也是一直忙着插秧，直到昨天晚上才干完家里一亩水田的活。他告诉我们，有时候如果地里的活特别多、可能人手不够、忙不过来的话，给水稻插秧的时候亲戚邻里之间偶尔都会互相帮忙，但由于他家地不多，而且有他和他爱人一起干活，所以很少找亲戚邻里帮忙，他们两口子就可以干完活。他说 2011 年他家的水稻亩产约 1100 斤，按照 2011 年的收购价估算折算价值为 2400 元；玉米亩产也是 1100 斤，按照 2011 年的收购价估算折算价值为 1200 元；大蒜亩产约 2500 斤，按照 2011 年的收购价估算折算价值为 2500 元；蒜薹亩产约 1000 斤，按照 2011 年的收购价估算折算价值为 2500 元。2011 年李红民一家从事种植业的收入为 8600 元，其家庭农作物、牲畜和家禽的具体情况如表 12－9 所示。

表 12－9　　2011 年家庭农作物、牲畜和家禽情况

种类	亩数	折算价值（元）	种类	亩数	折算价值（元）	种类	个数	折算价值（元）
大蒜	1	2500	瓜果	0	0	羊	0	0
玉米	1	1200	花卉	0	0	牛	0	0
水稻	1	2400	蔬菜	0	0	马	0	0
棉花	0	0	药材	0	0	猪	0	0
大豆	0	0	蒜薹	1	2500	禽类	0	0

资料来源：根据李红民口述整理，2012 年 6 月。

李红民告诉我们，他有两个孩子，一儿一女，都是初中毕业。儿子叫李晓征，今年 20 岁，目前在姚乡寨的乡计生委工作，每月收入 800 元，全年工资为 9600 元；女儿叫李晓雪，今年 18 岁，现在苏州某电子厂打工，是 2011 年经别人介绍过去的，每月收入 1500 元，由于苏州的消费水平较高，女儿挣的钱刚够自己用，所以也就没有往家里打钱回来。他说每年光靠种地的收入很难维持生活，他自己农闲时也会去附近镇上打工，一般是在建筑工地做零工，每天收入大概 70～80 元，这样，每年能出去干 3～4 个月的活计，他估算 2011 年全年的打工收入约为 8000 元。政府补贴和社会救济是指粮食直补和良种补贴，按照国家统一规定的补贴发放标准（粮食直补：132.00 元/亩；良种补贴：按人口 7.00 元/人）来计算，2011 年全年李红民全家的补贴收入为 299 元，除此之外，李红民家不再有其他的收入来源了。2011 年李红民家的总收入为 26499 元，其家庭收入来源的具体情况如表 12－10 所示。表 12－11 所示的是 2011 年李红民家外出劳动力的具体情况。

表 12－10　　2011 年家庭收入来源情况　　单位：元

职业	收入	职业	收入
从事种植业	8600	本乡镇就业工资	9600
从事个体经营	0	外出打工	8000

续表

职业	收入	职业	收入
从事屠宰	0	从事运输业	0
从事渔业	0	政府补贴和社会救济	299
从事养殖业	0	出租耕地或房屋	0
从事旅游业	0	其他经营收入	0
总收入合计	26499		

资料来源：根据李红民口述整理，2012 年 6 月。

表 12－11　　2011 年家庭外出劳动力情况

姓名	性 别	年龄	外出距离（公里）	备注
李红民	男	47	附近镇上	
李晓雪	女	18	苏州	

资料来源：根据李红民口述整理，2012 年 6 月。

李红民家里的房子使用面积大约为 100 平方米，大屋 70 平方米，他母亲住的这间小屋 30 平方米。他家的家用电器比较齐全，有两台电视，一台电冰箱，一台洗衣机，一台 DVD，一辆自行车，一辆电动车，一辆摩托车。由于李红民和他的儿女都在外打工，所以每人都有一部手机。2011 年李红民家耐用消费品的具体情况如下表 12－12 所示。

表 12－12　　2012 年家庭耐用消费品情况

项目	数量	项目	数量
电视机（台）	2	小轿车（辆）	0
电冰箱（台）	1	自行车（辆）	1
洗衣机（台）	1	电动车（辆）	1
照相机（台）	0	摩托车（辆）	1
影碟机（台）	1	手机（部）	3
组合音响（套）	0	固定电话（部）	0

资料来源：根据李红民口述整理，2012 年 6 月。

2011 年李红民家的总支出为 19720 元，大致情况如下：大蒜需要用地膜育秧，每亩地需要的地膜费用大约为 1000 元，加上化肥、浇水等成本，据李红民估算 2011 年的生产性支出约为 1200 元；2011 年全家衣服类的总支出约为 2000 元；水稻和玉米收成之后都是家里人吃掉，并未有剩余能够出售的部分，所以食品类支出包括自己家里种的水稻和玉米，折算价值约为 3600 元，还有买菜等其他食品的支出，每月大约花费 400 元，全年为 4800 元，因此 2011 年食品类总支出为 8400 元；他的母亲今年 73 岁，年纪大了，身体不太好，尤其是心脏不好，有心衰的症状，每天都要吃药，比如速效救心丸——每盒 19 元等，以及其他治疗心脏病的常规药，母亲是和他家一起过的，所以母亲的医药费用由他负担，每天要 5～6 元，每年约 2400 元。他有两个姐姐也在本村，时常会回来照顾母亲，所以农忙时母亲也能由姊妹几人轮流照顾，他自己是高血压，也要每天吃药，每月的花费约为 50 元，和母亲的药费算在一起每年大约 3000 元。红白喜事的开支方面，关系一般的每次随礼 50 元，关系比较好的每次 100～200 元，李红民估算 2011 年家里全年红白喜事支出约为 2000 元。由于家里共有 3 部手机，每部手机的话费为每月 20 元，所以 2011 年全家全年的通信费用为 720 元。家里冬季取暖主要烧蜂窝煤，两个屋子每屋有一个炉子，一个炉子每天大概要烧 6 元的煤，整个冬季取暖的费用共为 1600 元。做饭也是完全用煤，除去冬季做饭和取暖的蜂窝煤是共用的，夏季也要烧炉子，所以做饭所用的燃料每年的花费约为 800 元。由于李红民的两个孩子初中毕业就不再继续上学，2011 年的教育支出为 0；李红民和他家人也不太喜欢出去旅游，也很少能抽出时间和闲钱支付大笔的娱乐开支，所以 2011 年的娱乐支出为 0。李红民家 2011 年家庭支出的具体情况如表 12－13 所示。

表 12－13　　**2011 年家庭支出情况**　　单位：元

总支出	生产性	衣服	食品	看病	教育	娱乐	红白喜事	通信	做饭燃料	取暖
19720	1200	2000	8400	3000	0	0	2000	720	800	1600

资料来源：根据李红民口述整理，2012 年 6 月。

李红民告诉我们，他现在空闲时间经常在亲朋好友间的红白喜事中帮忙记账。西街村共有六个村民小组，一般红白喜事都是三、四、五组的村民互相帮忙，一、二、六组的村民互相帮忙。他是四组的，所以他主要是负责三、四、五组，他说村里共有四个人是负责红白喜事的执事，他是其中之一，做执事负责帮乡亲的红白喜事记账已经有 10 多年。李红民 1983 年初中毕业，由于学习不好，他本人也不想再继续上学，之后就没有再读高中。1986 年他 20 岁的时候，开始搞屠宰，自己收活羊自己宰，然后再卖给别人。1988 年结婚，做了十几年时间的屠宰，后来由于做屠宰的人多，不像十几年前好做了，再加上开始做执事，需要抽出大量时间，所以就不再做屠宰了，而是每年腾出几个月去建筑工地做小工。他说原来做屠宰的时候还能余下些钱，后来打小工却是一点钱都留不下，基本都是随挣随花。之前搞屠宰的余钱一般都存到银行了，村里做民间借贷的人不多，大多都是有多少花多少，基本都不会贷款。然后他还跟我们说，儿子今年已经 20 岁了，村里的男孩子一般 22 岁就结婚了，所以他对儿子还没有处对象这件事情非常上心，已经开始张罗着给儿子介绍。现在村里结婚的彩礼钱最少要 5 万 ~6 万元，一般条件稍微好一点的可能要 10 万元左右，所以将来儿子成家的彩礼钱也是一笔很大的开支，现在必须开始给儿子攒钱。2011 年全家人都参加了新型农村合作医疗，每人每月上缴 50 元。李红民说，新农合最高可以报销 80 元，但是医药费报销的程序很多，非常不方便报销，村民一般都不指望医药费也能报销，只是大病能够保障就不错了。他家人吃的药卫生室没有，只能去大药房买，所以他家里的药费也基本是全部自费的。

我们的采访进行到这里基本就要结束了。当我们走出小屋、临到大门口的时候，我们注意到，在他家的照壁和侧面墙壁的前面放着两大排晒干了的大蒜，开始我们以为是还没有卖出去的大蒜，但是李红民告诉我们，这些都是他挑着大个的饱满的留下的大蒜种子，等着明年继续种大蒜，今年收获的大蒜已经早就卖出去了，是邻村的蒜贩把西街村的大蒜都收走了。当我们问到村里是否有专业合作社组织收蒜，他告诉我们还没有，村里没有人带头统一组织收购大蒜，村民靠大蒜挣的钱也不是很多。

通过采访，我们认为李红民家的情况明显属于儿女养老的情况，他们一家非常和睦，儿女们对老母亲都很孝顺，轮流照顾母亲的生活，不存在互相推脱责任的情况。2011 年他的老母亲已经领取了每月 55 元的养老保险，家里四个人也都上缴了每年100元的养老保险费用。当然，当生产力发展到相当的程度，社会财富非常丰盈，政府就有责任也有能力来解决公民养老问题，而不能再将这个责任甩给已经向政府纳税的“子女们”。要建立“老有所终，壮有所用，幼有所长”的和谐社会，必须建立、健全城乡居民社会养老保险制度，这也是全面建设小康社会的重要内容。建立适合农村特点的社会养老保险体系不是一蹴而就，但政府已经开始逐渐消除部门歧见和地区利益之争，建立老年群体的利益表达和协商机制，确保养老制度的推行与公正。新农保制度就是农村社会保障体系的重大创新和进展，为此我们坚信“老有所养、幼有所教”的有保障的小康社会前景在可预见的未来必然是可以实现的。

（四）颐养天年的王尽忠家

王尽忠家的房子是我们访问过的西街村村民中最新的。整齐的一排新房，坐北朝南，算是正房，所有的墙都用干净明亮的白色方块瓷砖镶着，门上面赫然用酒红色的瓷砖镶成的“家兴财源旺”几个大字，气派的大门，白色的窗户，整齐又干净，给人眼前一亮的感觉，东西两侧各有偏房。北屋主要是客厅和卧室，东屋是厨房，西屋是放杂物的储藏室，院子不大，却很整齐，因为是新房子，所以院子都是用水泥浇筑的，没有尘土，显得十分干净。王尽忠很热情，见我们来了，让我们坐下后给我们倒水喝。进到屋里才发现，这房子很高，不像城市的房子那样，王尽忠说这房子有3.8~3.9米高，在村里盖房都是这样，房子高了不觉得压抑，而且只盖一层，高低都没事。城市的高楼既要考虑到安全的合理设计，又要考虑到空间的合理经济使用，所以楼层之间的距离要比这个小，农村盖房不用担心这些，所以盖得都比较高。虽然是新房子，客厅里却没有安装空调，待在屋里确实有点热，他急忙把电扇打开。这个客厅很宽敞，正冲门是一套沙发，一张桌子，其他的都是一些杂乱的小东西，客厅左右两边的屋子都是卧室。王尽忠说这是大儿子的家。

王尽忠，63岁，小学文化程度，初一时就辍学了。妻子王美英，2009年初因得脑血管病去世了，后来就是一个人过。现在的这个房子是大儿子的。王尽忠有四个孩子，三个儿子，一个女儿，在农村，像他这样年纪的人都是有四五个孩子。大儿子40岁了，在邯郸钢铁厂上班，妻子在水利局上班，有一个儿子，夫妻俩的工作都不错，平时过周末或节假日时都会回来看望老人；

二儿子有两个儿子，两个女儿，两个在邯郸上学，两个在铭关镇上学；三儿子有一个儿子，一个女儿；王尽忠的女儿嫁在本村，有一个儿子，一个女儿，外孙也在邯郸上学，外孙女在村里上学。二儿子和三儿子在村里种地、做屠宰。王尽忠说虽然自己在家，但每逢周末或放学孩子们经常过来，家里也就热闹了许多，儿媳平时也会过来帮着收拾家里的杂物。

王尽忠说自己在家没事就去地里干点活，在农村，地是农村人的命根子，即使家里再有钱，一般也不会弃地不种，潜意识里，地就是必不可少的东西。像王尽忠这样年纪大了，又有儿子打理地里的庄稼，自己完全可以不去管，坐享天伦之乐，但他还是有事没事就去地里瞅瞅，除除草，看看自己种的农作物，农民对土地就是这样亲切。全家共有三亩地，一亩水稻，一亩大蒜，还有一亩地种的玉米和谷子，玉米有七分地，谷子有三分地，这部分地在公路南边，不能灌溉，靠天收获，交通又不方便，所以收成都不是很好，在西街村很少有种谷子的，一般都是大蒜、水稻和玉米，西街村是大蒜之乡，家家户户种蒜，玉米是北方特有的农作物，水稻虽然主产南方，因为临着滏阳河，这是西街村特有的地理优势，水源充足，为种植水稻提供了条件，所以家家户户基本都有水稻田。王尽忠家的水稻地离滏阳河很近，因这几天河里还没水，不能灌溉，就没法下地插秧，等到来水时，就可以引水灌溉插秧。2011 年水稻亩产 1100 斤，每斤 2 元，折算成价值是 2200 元，大部分都是自己吃，很少卖掉。大蒜亩产 2500 斤，每斤 0.60 元，卖了 1500 元，蒜薹亩产 1000 斤，每斤 2.50 元，共卖了 2500 元，玉米和谷子都是农历三月开始种，九月收割，只种一季，其他时间这些地都闲着，灌溉不方便也不能种别的庄稼。玉米种了七分，产了 770 斤，每斤 1 元，折算成价值共 770 元，玉米也是自己吃，很少出售，谷子种了三分，产量 300 斤，每斤的价格 1.30 元，共收获了 390 元。其实这些收入都算是儿子的，王尽忠说儿子们都成家了，就把地分给孩子们了，孩子们平时都干别的活，忙不过来，自己在家也没事就帮忙打理打理，闲着也没事，就当消磨时间。天气不冷不热的时候就去地里干点活，现在是夏天，中午太热，上午 8 点去地里，10 点回来，下午 5 点去地里，7 点回来。现在去玉米地就是除除草，没别的什么事，等过几天滏阳河来水了就得抓紧时间插秧，不然插秧晚了会影响收成。王尽忠家种植业的情况见表 12－14。

表 12－14　　2011 年家庭农作物、牲畜和家禽情况①

种类	亩数	折算价值（元）	种类	亩数	折算价值（元）	种类	个数	折算价值（元）
大蒜	1	1500	瓜果	0	0	羊	0	0
玉米	0.7	770	花卉	0	0	牛	0	0
蒜薹	1	2500	蔬菜	0	0	马	0	0
水稻	1	2200	药材	0	0	猪	0	0
谷子	0.3	390				禽类	0	0

资料来源：根据王尽忠口述整理，2012 年 6 月。

王尽忠是西街村典型的靠子女养老的家庭，他平时的花费都是子女给，平均每月给他 400 元，基本够他的零花钱了，如果再有别的开支，孩子们就再给他。王尽忠说这个新房是大儿子翻修的，大儿子说父亲在这儿既有个宽敞的地方住，又可以帮他看家。房子和院子共有 200 平方米，小院有 40 平方米，房屋 160 平方米。平时做饭都是用煤气和电磁炉，我们在西街村采访的几家，这是第一家用电磁炉做饭的，还是老人，一般的老人都是用炉子，老一辈都这样，不愿意接受新鲜的东西，但王尽忠家还算比较现代化。煤气和电磁炉都干净卫生，做饭烧水都快，不像炉子把屋里墙上熏的又黑又脏，还容易熄灭，新家用这个正合适。但只是每年的春夏秋季用这个，电磁炉比较费电，液化气和电费一年得 960 元，冬天就用土暖气，烧煤，屋子多，用暖气每个房间都能暖和。冬天孩子们回来家里住就不会冷了，另外也不用担心煤气中毒，平时老人一个人在家，万一有点什么事就不好了。煤价也不低，质量一般的煤一吨也得 2000 多元，屋子多，烧的煤就多，从十一月到来年的二月，大概四个多月的冬季得花费 3000 元。在食品花销上，每天 10 元，一个月得 300 元左右，一年 3600 元。对待红白喜事，王尽忠家可是很大方，一般村民都是关系一般的随 20 元或 30 元，关系好的随 50 元或 100 元，他家却是关系一般的随 100 元，关系再亲近点的就随 300 元。这在随礼上可是一个不小的数了，2011 年随礼花了 2000 元。自己平时不买衣服，都是孩子们给买。有一部手机，每月 20 元话费，一年 240 元。王尽忠说自己胃不好，患有

① 这是王尽忠儿子家种植的业收入情况，他只是帮忙管理。

胃溃疡，还有高血压，平时吃药都是儿子和女儿给他买，他让我们看了他平时吃的药，桌子上的小盘里放着三种药，其中的一种奥美拉唑溶片是最贵的，每盒50元，四五天就吃完了，这种药是大儿子从邯郸给买的，是花费最大的。另外两种药一个9元一盒，一个19元一盒，这些药吃的时间长花费也小，平时都是靠吃药来减缓这些病，自己参加了合作医疗保险，每年交50元，2011年除了报销的药费以外，还花了孩子们500元。2012年4月因为胃病住过院，住院的花费都是几个儿子合伙出钱，孩子们都很孝顺。2011年家庭支出10300元，具体情况如表12－15所示：

表12－15　　**2011年家庭支出情况**　　单位：元

总支出	生产性	衣服	食品	看病	教育	取暖费	红白喜事	娱乐	通信	交通
10300	0	0	4560	500	0	3000	2000	0	240	0

资料来源：根据王尽忠口述整理，2012年6月。

这么大的房子自己住不免有些空荡，孙子外孙们经常回来，就使家里热闹了许多。说到自己的孙子和外孙们，王尽忠显得很高兴，他说今年家里好几个孩子高考，大孙子18岁了，今年高考，还有二儿子的两个女儿今年也高考，考试分数都还没出来。三儿子的孩子还小，都在村里上小学，经常放学就过来，他给孩子们买些零食什么的，孩子们就很开心。在邯郸和铭关镇上学的孩子在学校住宿，每逢大周末放假回家，也都会过来看望他。孩子们很听话，很懂事，也都很孝顺，孩子们来了，老人就特别高兴。平时家里没人说话，这下可热闹了，很久不见，老人也很想念孩子们，就给他们做好多好吃的，孩子们有时就不回自己家住了，直接住这儿。大儿子有车，到春节假期，全家开车回来和老人团圆，在家住的时间比较长，平时回来看望老人都会给他送些药或买些营养品，工作忙，就很少在家住。

二儿子和三儿子在村里做屠宰，屠宰是西街村的又一个特色。西街村有好多都是靠屠宰发家的，最早做屠宰的都是自己从别处收购少量的猪和羊，然后在自己家屠宰，再把肉卖出去，从中赚取加工费。虽然屠宰加工听着不雅，但确实是能发家致富的。后来发展成小型的屠宰厂，收购的猪和羊也多了，规模大了，也变得正规了，设备也就先进了，由一开始的自己屠宰，发展到现在雇人屠宰，自己只管理，和他儿子一起开屠宰场的还有村民王志迁，王志迁也向我们介绍了一些屠宰的情况，现在虽然自己的工厂经营更正规了，效益却不是很好，因为小商小贩的注水肉越来越多，有的还卖质量不合格的肉，但是价格相对便宜，自己卖的肉既新鲜质量又有保证，当然价格就稍微高点，但是村民不懂质量的好坏，还是图便宜的人多，所以卖得并不好。在小商小贩的挤压下，这种不公平的竞争影响了正规厂家的经营。政府也没有出台相关的政策来规范这些不道德的行为，他希望相关部门能尽快解决这些问题，规范市场秩序，使村民吃上放心肉。我们也希望他们的屠宰场能够坚持下去，而且相信将来会越来越好。

在农村，大部分老人都是子女养老，尤其是靠儿子养老。不是工薪阶层，没有保险，老了没有收入，生活是很难保障的。虽然现在有了新型农村合作医疗和养老保险，医疗保险对于平时的小病还够报销或自己花费很少，养老保险每月的几十块钱，省吃俭用也不够零花。人老了就容易生病，花费就很大，儿女们生活的好，老人就享福，儿女们生活的不好，老人就跟着受苦。这就是农村老人的状况，像王尽忠这样的家庭，有儿子在市里工作，工作也不错，在村里的两个儿子生活也不错，孩子们也孝顺，每月给自己的养老钱也多，孙子们也经常过来陪老人，老人晚年的生活就很好。农村老龄人口在不断增加，我们看到了政府的努力，医疗保险、养老保险政策的实施正处在起步阶段，保障水平不够高，机制也不尽完善。我们相信，随着经济的发展和各项制度的不断完善，补贴的金额会逐步提高，农村老人也可以摆脱子女养老的状况，也可以改善子女们上有老下有小的支出状况，减轻子女们的负担。

（五）军属王虎山家

王虎山家的门是典型的20世纪80年代末的样式，大门的两侧是酒红色的瓷砖砌成的图案，下面两边各是瓷砖砌成的狮子样式。我国北方农村传统的说法是狮子在家门口看守这个家，可以保佑这个家的安全，冲着门的影壁墙是瓷砖砌成的山水风景图案，两侧还有砌成的大大的“福”字图案。大门的过道有两米多宽，大概五六米长，进去往右拐就是院子，给人豁然开朗的感觉，院子很大，听见我们打招呼，一个妇女从屋里出来，身材微胖，这就是王虎山的妻子，因为是夏天的下午，可能是刚睡醒的样子，她说王虎山不在家，让我们在这等会儿，然后她就打电话把让他叫回来。

男主人还没有回来之前，我们参观了一下他们家的院子。这个院子不仅外面的大门大，院子里面也很宽敞。南北很长，有20米长，一般的房屋都讲究坐北朝南，北屋是正房，两侧是厢房，但在王虎山家，北屋只是一间小小的放杂物的小屋子，东边是一间小小的厨房，西面则是住的正屋，整整一排。院子南北20米长，东西5米宽，共120平方米，这排房屋的面积确实不小。虽然房子不少，但现在只用着最北边这两间房子住人，其余的房屋都用来储藏东西。院子里也稀稀拉拉地摆放着东西，最显眼的是院子里的葡萄架，长得很茂盛，枝条到处蔓延，给院子里撑起了一片阴凉，上面已经结满了葡萄，不过还没熟，都是绿色的，看着就让人垂涎欲滴。院子里还种着冬青树，还有几盆花，虽然整个院子给人的感觉是杂乱无章，但这些花花草草却能看出主人对院落的细心照看。

王虎山很快就回来了，他很热情地搬出凳子让我们坐下，就在院子里我们开始聊起来。王虎山59岁，长得很面善，1973年高中毕业，在他们那个年代，高中毕业生算是村里的高才生，是村里文化程度较高的人。妻子李秋香，也是59岁，没上过学。王虎山1979年结婚，当时他们25岁，在村里也是结婚晚的，受传统观念的影响，那时结婚的人们年龄都很小，甚至有的20岁就结婚了。王虎山有3个哥哥，一个妹妹，自己在家排行老四，妹妹最小。

王虎山说他有三个儿子，一个女儿，女儿是最大的，1980年出生，结婚嫁到孙李街了，户口也就跟着迁出去了，现在有两个孩子。大儿子叫王威，31岁，结婚了，在外打工，有两个孩子；二儿子叫王赛，刚结婚，在镇上打工。两个儿子一般都是给建筑队盖房、和泥、搬砖等干一些力气活，每天能挣到70~80元，但不是每天都干，有时没活干就只好在家休息或找点别的活干，两个儿子都没有和父母一起住。王虎山说除了这个院子，他们还有一处房子，离这不远，大儿子和二儿子在那个院子里住，大儿子不和父母一起吃饭，二儿子平时还过来和父母一起吃饭。王虎山说在村里只要家里有儿子一般都是有两处房子，即使这么大的院子能住下他们全家，儿子结婚后也一般都会搬出去住。小儿子王翔，1987年出生，18岁初中毕业后就去当兵了，在山西太原卫星发射基地，是志愿兵，目前在部队做司机，每月工资是4000元，级别是二级士官，到明年底就能结束二级士官，荣升三级士官，如果能升职为三级士官后就可以享受到副营级待遇，就可以在部队携带家属。儿子当兵是全家人的骄傲，全家人的自豪，我们知道当兵是有严格条件的，包括体检等一项一项的层层筛选，儿子能去当兵说明他身体素质很好。王虎山说小儿子的时候脸上挂满笑容，工作不错，挣的钱也不少。但儿子大了父母就更操心孩子的婚事，王虎山说在村里像这么大的孩子都已经结婚了，有的都当爸爸了，可自己的儿子还没结婚。我们知道，军队干部或者士官由于职业的原因，一般不好找对象，找到对象结婚后，还面临着其他问题。如果夫妻俩都能待在部队工作，那将很不错，如果妻子不能留在部队，则以后两地分居的生活将很艰难，所以现在还没有对象，不过在城市这个年纪还没结婚很正常，只是家里的父母很着急，不过他们也能理解儿子。儿子很孝顺，挣的钱每年都会给家里寄些，大概每年给父母 2 万 ~3 万元，2011 年回家交给父母 25000 元，但王虎山说儿子寄回家的钱他们也不花，都给儿子攒着，等将来儿子结婚时用，另外他的这个志愿兵有一个好处就是每年有 40 天的假期，可以回家，每逢假期儿子都会回来看望父母。

说到家里的农田，王虎山说家里有 2 亩地，这在村里算是多的了，但是有五分是荒地，在公路以南，不能种植，村里部分村民都在那儿有地，那块地不能灌溉，真的是靠天吃饭，雨水好的年份收成就好点，干旱的年份甚至颗粒无收，而且土地质量也不好，辛苦劳作一年也未必能收获多少，所以那部分田地基本就荒芜了。除此之外，家里种着 5 分水稻，1 亩大蒜，也是大蒜和玉米套种，每年的农历四月底左右，开始收割大蒜，把大蒜刨出后晾干。说到这儿，王虎山妻子还向我们展示了他们刨蒜的工具，有点像镰刀的样子，只是比镰刀要直。还有一辆机动三轮车，这是他们从地里收获粮食往家运输的主要工具。大蒜被绑成一捆一捆的，堆在通风的地方，过道里或院子里，大概要晾一个月左右，晾干后卖掉。2011 年大蒜收获了 2500 斤，每斤 0.6 元，共卖了 1500 元，蒜薹是要从大蒜当中抽出来的，一亩大蒜能产 1000 斤蒜薹，蒜薹的价格是每斤 2.5 元，收入 2500 元。玉米是在大蒜收割完后种植的，在每年的中秋节左右收割，玉米收获了 800 斤，每斤 1 元，收入 800 元，玉米也是掰了以后弄回家里晾干，晾的差不多干了然后有专门的机器脱粒。水稻有 5 分地，收获的水稻都是自己吃，不卖，2011 年水稻产量 550 斤，每斤 2 元，折算价值 1100 元。2011 年王虎山家在种植业方面的收入是 5900 元。具体情况如表 12 -16 和表 12 -17 所示。

表 12－16　　2011 年家庭农作物、牲畜和家禽情况

种类	亩数	折算价值（元）	种类	亩数	折算价值（元）	种类	个数	折算价值（元）
大蒜	1	1500	瓜果	0	0	羊	0	0
玉米	1	800	花卉	0		牛	0	0
蒜薹	1	2500	蔬菜	0	0	马	0	0
水稻	0.5	1100	药材	0	0	猪	0	0
大豆	0	0				禽类	0	0

资料来源：根据王虎山口述整理，2012 年 6 月。

表 12－17　　2011 年家庭承包土地情况　　单位：亩

总面积	水浇地面积	旱地面积	良田面积	荒地面积
2	0.5	1	1.5	0.5

资料来源：根据王虎山口述整理，2012 年 6 月。

在粮食补贴和种子补贴方面，粮食补贴按每亩地补贴 132 元，2011 年共得到补贴 198 元，种子补贴按人头算，每个人补贴 7 元钱，共 28 元，2011 年共得到农业补贴 226 元。种地根本不能维持全家人的生活，除此之外，王虎山也偶尔出去打打零工，干的活和两个儿子差不多，也是在建筑队里干力气活，但毕竟自己年纪大了，不能常年干，所以家里不忙时就在南沿村镇上打工，也不去远处，2011 年打工收入 5000 元，二儿子刚结婚还和父母一起吃，现在挣的钱也都交给父母，2011 年打工挣了 9000 元。2011 年全家的经济收入是 45126 元。以上情况如表 12－18 所示。

表 12－18　　2012 年家庭收入来源情况　　单位：元

职业	收入	职业	收入
从事种植业	5900	本乡镇就业工资	0
从事个体经营	0	外出打工	14000

续表

职业	收入	职业	收入
从事屠宰	0	从事运输业	0
从事渔业	0	政府补贴和社会救济	226
从事旅游业	0	商店经营收入	25000
总收入合计	45126		

资料来源：根据王虎山口述整理，2012 年 6 月。

说到二儿子结婚，王虎山真是又高兴又有点无奈。现在结婚花销太大了，从装修房子到筹办婚礼结束，装修房子、买家具、给女方彩礼钱、准备酒席等，整个过程下来得 8 万元，这还不包括盖新房子，盖新房得花 12 万~13 万元，加起来得 20 多万元。除此之外，村里结婚还是介绍的比较多，所以还要给媒婆一部分钱，答谢人家牵的姻缘。结婚的这些花费对于一个靠种地和打零工的家庭来说，是多大的负担，要多少年才能积攒够！但是没办法，王虎山说，别人家都这样，自己总不能例外吧，而且结婚是一辈子的喜事，办的风光些也是应该的，这在村里已经成了习俗，不管家里有钱没钱，婚礼该怎么办就得怎么办，没钱的借钱，向亲戚朋友们借钱结婚，这对并不富裕的家庭来说有种“打肿脸充胖子”的感觉。二儿子结婚就是这样的，虽然家里生活条件一般，但结婚动用了家里的全部积蓄，还向亲戚朋友借了钱，当然这些钱都是不付利息的，但是如果不是借亲戚朋友的钱，借钱是要付利息的。当我们问他别人都愿意借吗，他说谁家都一样，都得碰到结婚的事，多多少少会借一点，所以结婚借钱在亲戚朋友之间也成了“礼尚往来”的事。

儿子结婚是家里最大的支出，此外平时零零散散的开支也不少。在食品支出上，买菜买油等的食品支出每月得 400~500 元，一年下来得 3600 元。冬天做饭用蜂窝煤，因为要取暖，所以在西街村用炉子的比较多，蜂窝煤是 0.70 元一块，冬天得花 3000 元取暖费，夏天烧的蜂窝煤少，840 元就差不多够用。另外有时炉子不着了或赶时间就用液化气，这样快，用的液化气是 90 元一罐，一年得用十几罐，2011 年液化气花了 1440 元，光做饭支出就用了 2280 元。电费一个月 20 元，虽然家里装着卫星大锅，买大锅再安装共花费

200元，能收30多个频道，但很少看电视。家里装着一个固定电话，自己有一部手机，一个月70~80元话费，一年得1000元。村里的红白喜事也是少不了出钱的，关系一般的20元或30元，关系好点的50元或100元，一年得1000元。王虎山说他平时不喝酒，但偶尔抽烟，不怎么买衣服，一年家里人买衣服500元就够了。说到用水，王虎山说村里近两年才安上自来水，原来全村只有一口井，每天定点放水，村民就接点水储藏着用，现在有了自来水方便多了。说到这儿，王虎山走到旁边用水冲洗了一下脚，房顶上有个大桶，他说每天都放满水，晒一天水就热了，再往下抻个管子，安个喷头，晚上就可以洗澡。说到滏阳河的水，他说每年这个时候都得有5~8天河流干涸，可能是上游截水浇地，由于要用河里的水栽种水稻，所以现在没水村民就只能等着，等来水了再去插秧。全家人都参加了合作医疗，每人50元，平时感冒的小病可以直接用这部分钱报销，2011年全家的看病支出共220元。种地的花费得3000元。2011年的总支出是15940元。以上具体情况如表12-19所示。

表12-19　　**2011年家庭支出情况**　　单位：元

总支出	生产性	衣服	食品	看病	教育	取暖费	红白喜事	娱乐	通信	电费
15940	3000	500	6980	220	0	3000	1000	0	1000	240

资料来源：根据王虎山口述整理，2012年6月。

我们访谈快结束时，他的二儿子来了，带着大儿子的两个孩子。在院里打打闹闹，很温馨的场景，二儿子有点羞涩，不怎么爱说话，只是很腼腆的和我们打了声招呼。我们祝愿他们全家永远都这样快快乐乐，希望王虎山二老有个幸福的晚年！

十三、西街村的“特殊户”

（一）酷爱太极的城管邢新山家

2012年6月18日下午，村干部带我们到了南沿村镇政府的大院，在院子里一排平房中的一个不起眼的小房间里，我们见到了南沿村镇的这名城管邢新山，当时他正在看电视央视一套播出的关于神舟九号飞船的新闻。我们向邢新山说明来意后，他热情地邀请我们坐下，并表示非常愿意配合我们的工作。

邢新山，1952年生人，到今年底整60岁，但他给我们的感觉绝不是一位年近60岁的老人。身穿一身利落的蓝色城管工作服，身材威武健壮，面容祥和，眼神中透露着开明与智慧，看起来英勇而又不失亲和力，这是他给我们的第一印象。邢新山是土生土长的南沿村镇西街村人，初中文化程度，住在离南沿村镇政府不远的一处老房子里；老伴王花芝，是从距离南沿村镇十来里的外村嫁过来的，现年55岁，小学文化程度，平时给本村的个体服装厂做饭，每个月大概有1200元的收入。邢新山夫妇有3个儿子和1个女儿，3个儿子都是初中毕业，大儿子邢永良，34岁，已婚有两个孩子，都在本村上小学；二儿子邢永齐，32岁，已婚有两个孩子；三儿子邢永昆，29岁，也有一儿一女；小女儿邢琳，20岁，高中毕业，还没出嫁，与邢新山夫妇同住，目前在一个超市里打工，每月工资600多元。据邢新山说，女儿的工资勉强刚够自己的花费，也没有合适的工作，只能是边干着，边寻找更好的工作。现在邢新山也算是儿孙满堂了，虽然平时只和妻子女儿同住，但逢年过节的时候，家庭的大聚会一定是其乐融融，洋溢着浓浓的幸福团圆情。

邢新山的办公室是一间约30平方米的小屋子，进门右手边靠窗位置有一张办公桌，上面零零碎碎的放着水杯、暖壶、笔等物品，桌子靠边处有一大摞报纸，可见邢新山在工作之余有读报的习惯。屋子正中是一个茶几，旁边是沙发，背后墙上挂了好几副风景花草布画，和“家和万事兴”、“莫生气”等文字卷轴。此外，墙上还挂着两件邢新山的工作服，茶几正对面是个储物立柜和一台21寸彩电。邢新山告诉我们，办公室相当于他的半个家，值夜班或有事得住在这儿。就在这里，我们对他进行了采访。

作为南沿村镇的城管，邢新山的工作是每天和同事到街道上巡逻，加强南沿村镇的市场管理、规范经营，监督摊位的摆放位置，不许小贩在马路上占道经营等。邢新山说，现在都是和谐社会了，人们比较懂得遵纪守法，自己管理起来也不太为难。巡逻的时候遇到违规现象，通常只是告诫摊主注意，不会严格罚款，毕竟都是同村人乡里乡亲的，彼此也相互照应一下。邢新山的工作虽然不是风吹日晒的苦力活，却是每天都要上班，没有周末双休日。邢新山表示，作为一名城管，想要偷懒耍滑找轻松也很容易，重要的是自己有责任心和忠于职守的态度，才能维护村镇形象，维护村民利益，为本村的和谐发展注入一股重要的力量。邢新山作为城管是镇政府的临时工，并不是正式编制人员，每月基本工资大概不到1000元。从2003年成为南沿村镇的城管，邢新山已经在这个岗位上勤勤恳恳的工作了近十年，为南沿村镇良好的市场秩序做出了自己力所能及的贡献。

在2003年以前，邢新山是在本村开门市的，主要是卖农机配件，经营用的房屋是自己家的，盈利状况还可以，后来由于村里修公路，占了店面，没有地方经营，于是不再干了，才到镇政府做城管工作。据邢新山说，店面被拆是在1997年，当时政府给了三四千元钱作为补偿。我们问他对这个补偿是否满意，他毫不犹豫地回答满意，他说，在当时，这些钱也不算少了。

问到邢新山通常是否有感冒发烧的小病时，旁边的村委会干部立刻说，“他的体格特别好，从来不生病，他自己就是医生”。确实，邢新山看起来身体健壮，平时对养生方面也略有研究。虽是这样，邢新山全家还是参加了新型农村合作医疗，一家三口每年需交150元的费用。邢新山认为，没病自然是好，一旦需要看病，参加新农合能报销相当的比例，减轻很多家庭的负担，并且平时打针吃药的小病，也可以在本村卫生所报销一部分。

其实邢新山健康的身体，很大程度上得益于他长期练习太极拳。邢新山练的是杨式太极拳，发源地刚好就在邯郸市永年县广府镇，是由广府镇人杨露禅在陈氏太极拳的基础上发展创编的，距今已经有170多年的历史。邯郸永年广府被誉为太极城，我们在那里也确实看到很多打太极的队伍，这里不仅是杨式太极拳的发源地，还孕育了武式太极拳，诞生了杨露禅和武禹襄两大门派太极拳创始人，并衍生出孙式和吴式太极拳两大门派，自1991年以来，成功举办了十一届国际太极拳联谊会，大力弘扬了太极文化。2005年，永年县被命名为“中国太极拳之乡”、“中国太极拳研究中心”。这种近水楼台的优势，也无疑为邢新山等当地喜好太极的人们互相学习和交流提供了便利。

一提起这个话题，他马上神采飞扬地讲起来，刚好我们调研组同行的老师对太极拳也略知一二，两人便迫不及待地交流起来，让我们这些无知群众顿时毫无插嘴之处。听了邢新山的太极生涯，我们不禁感叹，光说人家60岁了身体依然硬朗如年轻小伙子，哪知人家已有40年的太极拳史呢。邢新山练杨氏太极拳，曾向著名的杨氏太极大师付忠文磕头拜师，“师父在上，受徒弟一拜！”邢新山绘声绘色的给我们讲着，付忠文的太极弟子众多，光他这一批就有30多人。多年来弟子之间也多有联系，会不定期地相互切磋，交流心得。如今年纪大了，他不再像年轻时对太极拳那么痴迷，也就是每天早晨打一会儿。他打的是杨氏大架85式，全套下来要15分钟。在我们的强烈要求下，邢新山现场给我们打了两下，拳架舒展优美、身法中正、动作和顺，即使很久不练，那强有力的动作依然是信手拈来。我们在旁边出神地看着，他稳实的马步，好像让人怎么也推不倒，一个个轻慢的动作，好像能把重重的力量都涩掉，那专注的眼神，好像除了自己全世界都消失了。真让人羡慕，让人敬佩，他好像比我们年轻，却又拥有年轻人没有的稳重。

太极拳是具有典型中国文化特点的拳术，目前也是比较大众化的锻炼身体的方式。由于其速度缓慢，动作柔和，呼吸自然、细长、慢均，“一动全身无有不动”的整体运动方式，太极拳可以使人体的微循环得以扩张，能给各组织器官一定强度和量的刺激，激发和促进身体在生理、生化和形态结构上发生一系列适应性变化，使体质朝着增强的方向上转化和发展，太极拳具有十分明显的养生保健功能。对于中老年人及慢性病病人来说，能推迟身体各组织器官结构和功能上的退行性变化，能有效地起到健身、疗疾、延缓衰老的作用。而杨氏太极拳的特点更是柔和缓慢、舒展大方，刚柔内含、轻灵沉着兼而有之，是目前国内最为普及的太极拳种。正是多年来的太极练习，再加上良好的心态和健康的生活方式，邢新山年近60岁依旧身强体壮，正所谓是“年事依稀鬓复青，看书细字眼犹明”。

邢新山家有一亩半地，当初按照每人3分分到五口人的地，如今在上班之余自己也会兼顾种地，现在身体不错，种这些地没问题。土地主要用来种植玉米、大蒜、水稻，其中水浇地0.5亩，用于种水稻，旱地1亩，玉米和大蒜轮种。每年水稻大概能产 500 ~ 600 斤，玉米产 1100 斤左右，大蒜 2500 斤左右，另外还能收大约 1000 斤蒜薹（以上情况如表 13 - 1、表 13 - 2 所示）。除去要留的种子，这些收成差不多都是自己家吃，吃不完的玉米用来换面，剩余的大蒜会卖给到村里收购的商贩。邢新山说，现在种地不赚钱，2011 年大蒜便宜，基本上是赔钱，今年价格上来了，还好点，好在自己家不是靠种地吃饭。由于西街村地少人多，一人 3 分地，若是靠种地过活很困难，因此这里的人大部分都另谋出路，出去打工、开商铺、做小买卖等，也正是这样，开发了本地人的头脑和思想，使这里的人生活的比较富裕。

表 13 - 1　　2011 年家庭农作物、牲畜和家禽情况

种类	亩数	折算价值（元）	种类	亩数	折算价值（元）	种类	个数	折算价值（元）
大蒜	1	2500	瓜果	0	0	羊	0	0
玉米	1	1100	花卉	0	0	牛	0	0
水稻	0.5	1100	蔬菜	0	0	马	0	0
棉花	0	0	药材	0	0	猪	0	0
大豆	0	0	蒜薹	1	2500	禽类	0	0

资料来源：根据邢新山口述整理，2012 年 6 月。

表 13 - 2　　2011 年家庭承包土地情况　　单位：亩

总面积	水浇地面积	旱地面积	良田面积	荒地面积
1.5	0.5	1	1.5	0

资料来源：根据邢新山口述整理，2012 年 6 月。

邢新山和妻子女儿住在离镇政府不远的老房子里，建筑面积大概有 100 多平方米，还有一个小院，交通便利，靠近公路，距离村里的医疗点和学校都比较近，公路边上的超市餐馆也很多。家里有三辆电动车，自己和妻子女儿都骑电动车上下班，有一台电视在邢新山工作的地方，其他的洗衣机、手机、电冰箱等基本设施一应俱全。（见表 13 - 3）

表 13－3　　　　　　　　**2012 年家庭耐用消费品情况**

项目	数量	项目	数量
电视机（台）	1	小轿车（辆）	0
电冰箱（台）	1	自行车（辆）	0
洗衣机（台）	1	电动车（辆）	3
照相机（台）	0	摩托车（辆）	0
影碟机（台）	0	手机（部）	3
组合音响（套）	0	固定电话（部）	0

资料来源：根据邢新山口述整理，2012 年 6 月。

邢新山家的收入来源主要是自己和妻子、女儿的工资，年收入大约有 3 万多元，此外还有粮食补贴和种子补贴 200 多元。子女基本都已自立门户，老两口加女儿的开销也不大，主要是食品支出，然后就是买衣服、取暖费、水电费、电话费等日常生活开支。女儿挣的钱一般够自己花，不向家里要，也剩不下多少给家里。每年老两口要交 200 元的养老保险，一家三口参加合作医疗每年 150 元，村里红白喜事的人情费用支出约有 1500 元。以上情况如表 13－4 所示。

表 13－4　　　　　　　　**2011 年家庭支出情况**　　　　　　　　单位：元

总支出	生产性	衣服	食品	水电费	养老保险	合作医疗	红白喜事	交通	通信	取暖费
15250	2300	800	6500	600	200	150	1500	0	1200	2000

资料来源：根据邢新山口述整理，2012 年 6 月。

邢新山谦虚地说，现在物价高，自己家每年也没什么节约。但我们可以看出来，这是一个幸福的家庭：老人身体健康，儿女成家立业，夫妻和睦，子孙满堂，生活宽裕，衣食无忧，生活滋润。闲暇时候就看看电视，电视接上了有线，能收 40 多个频道，但邢新山最爱看中央频道，尤其是国内国际新闻。其实爱看新闻也是爱生活，邢新山虽是小学毕业，也不是才高八斗，但知书达礼，多年的修养已然将其塑造成一个心境安逸的老人，过着清闲快活的日子，自是自知之明明事理，自得其乐乐晚年。

（二）退休工人刘秀芹家

早上九点钟，我们跟着联络员开始在村里面转悠，看看名单中的人谁在家，我们便入户采访。西街村并不大，跑了几天，大体的地形和道路情况已经比较了解了，只是这些房子建的差不多一个样，如果不能记住具体的位置还真是不容易识别出来，这就显示出有联络员的好处，犹如一个精确制导的导弹，总能准确地找到访谈人物的家。没转多久，很快我们就被带进了一座院子，这座院子坐落在村里的一条小道旁。

刚进院子，就看见院内晒着一些床单和被单，除此之外就是满院子的大蒜，这些大蒜在村里每户人家中都能看见，不过这家尤其多。经过后来询问，我知道这是为下半年种蒜留的蒜种。联络员告诉我们，这是刘秀芹家。本来入户一般是采访户主的，但是由于刘秀芹是党员，她被作为采访的主要对象。我们很快在主房外面见到了刘秀芹，刘秀芹已经是一位快七十岁的老人了，背稍微有点驼，但还是能看到昔日的精干。一番介绍，老人很明显将我们的访谈视为村里交下来的任务，很是热情，体现了“共产党人的觉悟”。老人将我们请进了儿子的房间作为访谈场所，我们也开始了这一次的访谈。

刘秀芹，女，出生于1946年。老伴王九卿出生于1941年，比刘秀芹大5岁，这在农村并不多见，我们入户采访过的家庭年龄差距一般在三岁以内，这可能跟过去农村适龄青年男女一般都会比较早找好对象有关，因为过了某个年龄段就不好找了，因为人们可能下意识的认为可能会存在什么问题，女性在这方面尤为不利。王九卿与刘秀芹生有2男2女，大儿子在邯郸市水电局工作，但是家还在村里面，所以基本上是每天去每天回。大女儿和二女儿早已嫁人，一个嫁在本村，另一个嫁在外村，但是并不远，所以两人几乎每天都会回娘家看看，这种现象在北方农村尤其普遍。这可能跟地理位置有关，北方平原地带开阔，农民一般聚居在一起，而且同村的人相隔很近，抬头不见低头见，这也是北方村庄往往比南方村庄整个结构和人情关系更加紧密的自然原因。小儿子今年也30岁了，如今在郑州打工。我们访谈所待的地方就是小儿子的客厅加卧房。我们刚进来的时候，看见一个抱着小孩的少妇，那就是她的小儿媳。大儿子在村子里早已建了房子，老两口如今跟着小儿子住在一个院子里。小儿子已经生了两个小孩，都是儿子，一个6岁，另一个还在妈妈的怀里。这个6岁的小孩在我们谈话的过程中，一直在跟前，一会儿嚷一声，一会儿去弄弄录音笔，弄得我们手忙脚乱，小孩的调皮可见一斑。

刘秀芹是附近的申刘庄人，未出嫁之前曾经是村里一个风风火火的人物。那时正赶上中国万众一心热火朝天的搞建设，刘秀芹是一个积极分子。干活办事都是一把好手，当时提倡男女平等。曾经完全是男人干的脏活累活，妇女同志们为了证明自己，证明"女人能顶半边天"，一度大包大揽，与男人们共同劳动，完全没有男女差异之说，而且非常有激情。男人们也希望自己干活的地方能有女人，这样干活也更加卖力，实践证明了男女搭配干活不累的道理。由于刘秀芹在村里表现得非常出色，在十八九岁的时候便被推选为申刘庄的妇女主任，并且加入了中国共产党，现在刘秀芹的党龄已近半个世纪了。但是这种态势并没有持续太久，刘秀芹也没有成为最终意义上的女强人。因为在22岁那一年，刘秀芹结婚了。婚后的刘秀芹与婚前判若两人，回到了传统的男耕女织相夫教子的传统路径，除了地里的那点儿活外，主要就是操持家务和伺候公婆。

而王九卿是当时北京水利水电学院的司机，是属于非农户口，用农村人的话就是吃"皇粮"的。非农户口在城乡分割的户籍制度下对农民有着巨大的诱惑，它意味着各种保障，包括养老、医疗，非农户口与农业户口的优势在改革开放前表现得尤其明显，直到现在城乡户籍制度的差异仍然限制着普通国民享有平等的公共服务。王九卿具备的这种优越条件可能也是刘秀芹愿意彻底回归家庭的原因。由于王九卿家在邯郸，刘秀芹是农村户口，两地分居十分不便，于是他与别人对换工作，回到了邯郸。北京户口现在如此珍贵，现在王九卿的家人会为当时的选择而感到惋惜。王九卿在邯郸水电局一直工作到退休，退休后大儿子接了自己的班。接班的同时，王九卿也将自己的非农户口给了儿子，自己成了农业户口，不过退休后并没有将户口迁回村里。

现在，两位老人的经济来源主要是王九卿每个月1700元的退休工资和种的一亩八分地。土地上面没有多少收入，一亩大蒜产2500～3000斤，毛收入4000元，一亩水稻毛收入大概1000元，玉米也是1000元左右。这些收入对于刘秀芹和王九卿而言，已经足够使用。对于老人，尤其是农村的老人，晚年的生活单调而简单，除了生产性劳动外，也没有别的活动，除了串邻居唠家常外，并没有娱乐方面的支出。除了生病外，无论收入多少，基本上日子都能勉强过下去。"富有富过，穷有穷过"说的就是这个道理。2011年实行的农村养老保险为老人又增加了一项收入来源。

表 13-5　　2011 年家庭收入来源情况　　单位：元

职业	收入	职业	收入
从事种植业	6000	本乡镇就业工资	0
从事个体经营	0	外出打工	0
从事屠宰	0	从事运输业	0
从事渔业	0	政府补贴和社会救济	660
从事养殖业	0	出租耕地或房屋	0
从事旅游业	0	退休金	20400
总收入合计	27060		

资料来源：根据刘秀芹口述整理，2012 年 6 月。

刘秀芹家里一共有一亩八分地，分别种了一亩玉米和大蒜，玉米和大蒜是复耕。还有八分水稻。水稻所产的大米供自家食用。收获的玉米跟其他村民一样换了面粉之类的粮食，所产大蒜除了留下一部分作为蒜种，其他的都卖了，所卖的价钱根据当年的市场价格而定。最近几年大蒜市场跌宕起伏，谁也不知道来年是亏是挣。大蒜在种植过程中会有一种副产品，这就是蒜薹，这是我们很多人都很喜欢吃的一种蔬菜，并且价格不便宜。两位老人所种粮食并不全归自己所有，小儿子一家人的粮食也在其中。

表 13-6　　2011 年家庭农作物、牲畜和家禽情况

种类	亩数	折算价值（元）	种类	亩数	折算价值（元）	种类	个数	折算价值（元）
大蒜	1	4500	瓜果	0	0	羊	0	0
玉米	1	1000	花卉	0	0	牛	0	0
水稻	0.8	1200	蔬菜	0	0	马	0	0
棉花	0	0	药材	0	0	猪	0	0
大豆	0	0				禽类	0	0

资料来源：根据刘秀芹口述整理，2012 年 6 月。

支出方面，刘秀芹每年的开支也不小。从表 13－7 中，我们看到，即使是两位老人，一年的开支也达到了将近 2 万元。生产性支出是指种地所支出的成本，近年来农产品价格涨幅有限，倒是农业生产资料的价格连连上升，这种状况不断压缩着农民种地的收入空间。目前的情况是不算劳动力成本，生产资料上的开支基本上要占到毛收入的一半。食品方面的开支为每个月 450 元，平均每天 15 元左右。在所有支出中，最醒目的便是红白喜事，达到令人惊讶的 5000 元。老人解释说有几个方面的原因，一方面亲戚太多，而亲戚又有自己的子女，这样衍生出一个庞大的人情网；另一方面，以前的随礼都比较大，都是几百几百的给。表 13－7 所列开支是 2011 年的支出，去年的人情往来确实多了些，不过每年也差不太多。孙女出嫁的那次，老人一个红包包了 660 元，对于一个普通的农家而言，也不算少了。

在衣服上面，一般都是儿女置办，这种现象在中国十分普遍，无论是城市还是农村。在农村，一般是女儿给买。医药支出上，刘秀芹和老伴都加入了合作医疗。刘秀芹有高血压，需要长期吃药，每个月需要开支 150 元，一般是去药房购买，由于是在药房买的，没有报销。其实对于一些慢性疾病，并不需要住院，但是长期需要药物维持，而新农合一般是针对住院而言，对于平时药物购买上的费用报销的数额很有效，所以这无形中增大了这些人的长期负担，王九卿也有贫血症状。在通信上面，老人有一部手机，主要是与儿女们联系使用，一般每个月 30 元开支足够了。

在取暖上，由于只需要用一个炉子，所以花费较少，一个月 300 元，共 4 个月 1200 元。

表 13－7　**2011 年家庭支出情况**　单位：元

总支出	生产性	衣服	食品	看病	教育	娱乐	红白喜事	交通	通信	取暖
16760	3000	0	5400	1800	0	0	5000	0	360	1200

资料来源：根据刘秀芹口述整理，2012 年 6 月。

由于我们访谈的地方是在刘秀芹儿子的客厅，所以笔者特意去了隔壁老人的住处。老人住的房间比较小，大概 20 平方米。映入眼帘的是一间相当简陋的屋子，在这间房几乎看不到什么贵重物品，一张床，两张沙发，一个立柜，还有一张课桌。整个房间显得昏暗，吃饭的炊具也放在房间中，显得有些凌乱。唯一的电器便是立柜上一台很小的电视机。

表 13-8　　2012 年家庭耐用消费品情况

项目	数量	项目	数量
电视机（台）	1	小轿车（辆）	0
电冰箱（台）	0	自行车（辆）	0
洗衣机（台）	0	电动车（辆）	0
照相机（台）	0	摩托车（辆）	0
影碟机（台）	0	手机（部）	1
组合音响（套）	0	固定电话（部）	1

资料来源：根据刘秀芹口述整理，2012 年 6 月。

刘秀芹是 1965 年入的党，到如今，党龄已经超过了 47 年。虽然结婚后并没有在村中担任职务，但是党员的身份还是让她有机会参与了解村里的事务。西街村如今有 30 名多名党员，每次开党支部会，刘秀芹都会参加，我们特意询问了村里发展党员的情况。西街村每年会发展 2~3 个党员，通过党支部全体党员举手表决的形式，并通过一段时间的考验。刘秀芹认为一个合格的共产党员应该是全心全意为人民服务，拥护党的领导。刘秀芹如今每年仍然按时交党费，对于基层党员，党费 5 元/月。实际上，党员对于大多数人的意义已经简化至简单的参加党支部会议和交纳党费，刘秀芹不过是广大普通基层党员的真实写照。

由于刘秀芹有高血压，不能下地劳动，现在一般在家操持家务，帮助儿媳妇照顾两个孙子。大孙子很调皮，一天到晚停不下来，而小孙子还在襁褓之中，这都是不轻松的事情。而老伴王九卿已经 72 岁了，但是仍然下地劳作。在我们采访的时候，王九卿老人刚刚从地里回来，典型的农民打扮，很难想象他以前是水电局的职工。两位老人基本上也没有什么娱乐活动，一台电视都很少打开。王九卿平时也就是去地里或者村里转转，而刘秀芹很少出门，家里的杂事太多。

刘秀芹家是一个普通的农村家庭，但是对于其他家庭而言，却并不普通。

女方是党员，男方是事业单位职工，这种家庭组合在农村并不多见。从收入上看拿着城里单位的收入，但是在生活上却完全过着农村人的生活。从我们对他们的采访和所见，我们深切感觉到了这一点。除了大儿子接班外，其他子女都是农民。其实对于这种家庭而言，至少应该出来一个大学生的。在农村，教育是摆脱贫困命运的一条捷径。一个大学生对于一个家庭而言，不仅仅只是收入，更多的是生活的观念。笔者见过非常多的家庭，出过大学生的家庭与没有出过的家庭很明显就能分别出来，老人晚年的生活品质更是有着天壤之别。在采访的过程中，笔者心中就一直有着这种感觉。

在我们离去的时候，两位老人坚持将我们送出大门，他们的热情和质朴让我们深有感触。老人如今过的生活不能算是坏，但是他们本应该过得更好。无论从哪一种意义讲，党员和事业单位职工都是一种有别于普通农民的概念。感慨之余，心中只能祝福两位老人能够健健康康的安享晚年。

（三）虔诚的基督徒李梅兰家

2012 年 6 月 19 日下午 6 点多，我们来到了李梅兰家，一进大门就看见一个活泼可爱的小孩，接着李梅兰迎出来，并热情地请我们进去，走进她家，原来有 3 个孩子和两个年轻妈妈都在家呢，看来又是一个子孙满堂的大家庭了。原本我们打算采访的是这家的男主人宋加民，很不巧他不在家，妻子李梅兰告诉我们，她丈夫在外面开白铁店，晚上才回家，于是我们改为采访李梅兰。此时，夏天的傍晚吹来徐徐凉风，感觉很舒服，我们就搬了小板凳坐在院子里聊起来。

李梅兰是 1958 年生人，今年 54 岁，小学文化程度，丈夫宋加民，1954 年生人，今年 58 岁，高中毕业，一直在西街村开白铁店，大概有 30 年了，主要是卖白铁和加工白铁用品，再将加工好的白铁制品放在店里卖，这个店是家里的主要收入来源。我们在他家的院子里看到了用白铁做的洗澡用的太阳能桶，李梅兰告诉我们，那就是宋加民自己做的，家里还有很多丈夫自己做的东西。最初，宋加民这门手艺是自学的，经过 30 年的店面经营，现在已是技艺出众，在附近一带也是个小有名气的铁匠了，一般家里白铁制的日用品他更是大包大揽了，家里有这样一个巧手铁匠，很多事真是方便很多。

李梅兰夫妻俩共有5个女儿，最小的23岁，除了四姑娘，另4个女儿都已嫁人，大女儿有2个孩子，二女儿3个孩子，三女儿2个孩子，小女儿有一个小公主，我们刚刚看到的是二女儿和两个孩子，还有小女儿和孩子。四姑娘是大学生，在天津某大学学商务英语，毕业后在邯郸市教英语，大概一两个月回家一次，平时在市里租房子住，每月的工资收入约有2000多元，养活自己绰绰有余，还能给妈妈交回来一些。算起来这个大家庭有15口人了，可是李梅兰夫妇的5个孩子都是女儿，目前有4个已出嫁，四姑娘常年不在家，白天丈夫出去工作，因此平时就李梅兰一个人在家，好在女儿嫁的都不远，经常带着孩子回家和妈妈做伴。我们透过李梅兰脸上洋溢的微笑，也能看出她对现实生活的幸福感和满足感。

李梅兰家居住的房子是个二层小楼，居住面积约有70平方米，院子30平方米，是夫妻俩一直住着的老房子翻新过的。院子不大，但很干净，站在院子里感觉很清新，她没有养鸡鸭等家禽，而是种了很多花草树木。李梅兰如数家珍地向我们介绍着这些郁郁葱葱的天然净化器，有石榴、桃树、柿子树、枣树、海棠等，种在院子里不仅清爽怡人，还能收获果实自家吃，院子一侧的铁架子上摆着十几盆小型的绿色植物，有仙人掌、芦荟、文竹等。李梅兰给我们的第一印象就是贤惠大气，高高的个子，利落的短发，身穿一件黑色花纹短袖上衣和一条白色长裤。确实，李梅兰一个人把整个家打理的井井有条，丈夫每日出去赚钱，家里都是她自己照顾，5个女儿和新添的孙女儿能够健康成长，她也是功不可没。我们走到李梅兰家的客厅，东西不少却很整洁，还有小孩子的认字挂历和玩具等，我们想即使小孙子孙女经常把家里搞得乱糟糟，李梅兰也会随时收拾干净。

无意中我们在客厅的墙上看到一幅十字绣画，原来是李梅兰自己绣的。或许是有时在料理完家务事后身边无人略感孤单，李梅兰便想到了十字绣，还让她练就了一双巧手。十字绣是一门秀丽的手艺，现在非常流行，绣法很简单，只要在两个交叉的小洞上绣上一针，然后再在两个交叉的小洞上绣上一针，这样就绣成了一个十字，接着只要把这些十字一个一个地拼在一起，再配上颜色，一幅完好的十字绣就完成了。说起来简单，学起来也容易，但十字绣讲究的是熟能生巧，要绣好很不容易，需要足够的耐心、认真和细致才能出好作品，同时，绣十字绣还能磨炼人的心性。客厅那一幅就是她亲手绣制的成品，已经用画框装裱起来，挂在正墙上，粗略一看像是幅水墨画，走近了才看清原来是十字绣，那是一幅有名的“紫气东来”中国风十字绣图，大小长约一米，宽约半米，图上栩栩如生的生长在寒冬傲然开放的梅花，左上角绣着四个秀气的小字“紫气东来”，寓意着吉祥富贵。仔细看它的色泽明快艳丽，绣线整齐一致，没有工业化的平淡乏味，可想而知，这一定是熟练手工的作品，穿针走线之间，让你感觉到手工应该是她幸福生活中的一部分。李梅兰告诉我们，这幅十字绣用了一年的时间才做完。在喧嚣的现实生活中，静下心来做一会儿绣活，完成一幅精致的作品，是一件十分惬意的事，既能体验生活的乐趣，又能装点自己的家，将“紫气东来”放在厅中，既漂亮也希望给自己和子孙添加吉祥如意的福气。

李梅兰家里有一亩地，和当地其他家庭一样，种的是水稻、玉米和大蒜，由于丈夫没什么时间种，因此这一亩地让亲戚种着，自家每年领粮食补贴和种子补贴约有 153 元。家里的住房是砖混房，平时做饭主要用液化气和电磁炉，冬天用土暖气取暖。李梅兰一家现在有 3 口人，夫妻俩和未出嫁的女儿，收入来源主要是丈夫的白铁店和女儿的工资，女儿住在邯郸市，基本上不用家里再管了，自己挣钱不少，每月有 2000 多元，时不时还会给家里点钱。丈夫的白铁店年收入约 2 万元。支出方面主要还在于食品，一年大约需要 7000 元，其次女儿在市里租房每年要 4000 多元，夫妻俩和女儿的取暖费差不多也得 4000 元。其他比较零碎的小项支出也不容小视，像平时邻居朋友的红白喜事支出，至少每年 2000 多元，买衣服大概 1200 元，主要是女儿，正当爱美之心的年纪，加上工作需要，总要时不时添置点衣服。一家三口的水电费支出每年约有 1000 元，电话费 900 元左右，女儿一年来回的交通费大概需要 500 元。此外，李梅兰夫妇都参加了新农村合作医疗，上了年纪总要为自己的身体做些打算，在合作医疗方面的支出每年 100 元，养老保险每年需 200 元。以上情况如表 13 - 9、表 13 - 10 所示。

表 13 - 9　**2011 年家庭收入来源情况**　单位：元

职业	收入（元）	职业	收入
从事种植业	0	本乡镇就业工资	0
从事个体经营	0	外出打工（女儿教书）	24000
从事屠宰	0	从事运输业	0

续表

职业	收入（元）	职业	收入
从事渔业	0	政府补贴和社会救济	233
从事养殖业	0	出租耕地或房屋	0
从事旅游业	0	其他经营收入（白铁店）	20000
总收入合计	44233		

资料来源：根据李梅兰口述整理，2012 年 6 月。

表 13－10　　2011 年家庭支出情况　　单位：元

总支出	住房	衣服	食品	水电费	养老保险	合作医疗	红白喜事	交通	通信	取暖费
20900	4000	1200	7000	1000	200	100	2000	500	900	4000

资料来源：根据李梅兰口述整理，2012 年 6 月。

李梅兰家在本村的生活水平属于中等偏上，家用电器也是一应俱全，有一台彩电、一个电冰箱、一台洗衣机，一辆电动车给丈夫每天上班骑，白铁进货则是租车去，还有一辆自行车，家里没有固定电话，手机人手一部。以上情况如表 13－11 所示。

表 13－11　　2012 年家庭耐用消费品情况

项目	数量	项目	数量
电视机（台）	1	小轿车（辆）	0
电冰箱（台）	1	自行车（辆）	1
洗衣机（台）	1	电动车（辆）	1
照相机（台）	0	摩托车（辆）	0
影碟机（台）	0	手机（部）	3
组合音响（套）	0	固定电话（部）	0

资料来源：根据李梅兰口述整理，2012 年 6 月。

之前，我们采访了好几家，发现本村几乎没有信教的，因此在这方面也没有多加关注，没想到和李梅兰聊到最后才知道，原来她是一名基督教徒，并且她的丈夫和女儿，包括公公婆婆都信奉基督。汉代基督教就传入中国，近代以来，基督教传入中国的步伐加快，改革开放后，由于国际交往的增加，打破了中国基督教会与世隔绝的封闭状态，加强了中国教会与国外教会的联系。而农村实行联产承包责任制以后，不少地区党政建制较为松散，加上农村缺医少药等原因，无形中扩大了基督教的传播空间，促成了基督教的发展。李梅兰告诉我们，30 年前她和其他大部分人一样，没有任何宗教信仰，突然的一场疾病给她带来了无比的痛苦——得了伤寒并且久治不愈，这种疾病每天早起和遇到阴雨天气就咳嗽的厉害，时间久了很拖人。从那时开始，李梅兰便开始信奉基督教，或许是一种心里依托，病竟渐渐好了，现在她的身体恢复得很好、很健康，因此她很感激基督，并从那以后成为了忠实的基督教徒。受妈妈传染，女儿们也都开始信奉基督。除了她家，本村附近还有一小部分基督教信奉者，他们每周日都会去刘庄的教堂礼拜，包括祈祷、读经等活动，只要周日没事，李梅兰必去，无论刮风下雨。李梅兰说，她在家里常常读《圣经》，还欣喜地应我们的要求，将书拿出来给我们翻翻。我们看到，那本《圣经》很干净，但已经很陈旧，书页都有些散了，想必是常常翻阅的原因。

在我们这些无神论者的眼里，总觉得宗教似乎和科学有些冲突，但和李梅兰聊过以后，似乎改变了这个看法。李梅兰全家都是基督教徒，但他们从不烧香，也不崇拜任何偶像，身体有不适就去医院看病。她说，基督与科学不冲突，祷告和读《圣经》也很随意，信奉基督并没有成为他们的全部生活，它就如同他们的一种信念，让他们变得心善，懂得感恩和报恩。李梅兰常常会向教堂和贫苦人民捐钱、捐物品，这便是她信奉基督的最真实的体现了。丈夫宋加民平日不抽烟不喝酒，每天早晨起来去上班，晚上七点多回来，中午李梅兰去给他送饭，闲暇时候除了帮女儿带孩子和做家务，就看看电视、绣十字绣、读《圣经》，或者去邻居家串门聊天，生活过得平淡而幸福。

或许，宗教的力量之所以伟大，就在于它能够把与人之生存息息相关的，最朴素、最现实的问题，用最通俗的话语向最普通的甚至是最底层的人们解释清楚，而这些最朴素的话语中却蕴含着至为深刻的哲学思想。千百年来困扰人类的最直接的问题无非就是“人，为什么活着”，“人，又该怎样活”，这也是哲学的终极问题，基督教的教义中就明确告诉人们：“人，要为爱而活，为谋求福祉而活。”通过对李梅兰的采访，我们对基督教更了解了，也希望李梅兰家的生活永远如今日，始终与幸福结伴同行。

十四、贫困低保户

（一）五保户王九周家

王九周，男，73岁，汉族，西街村五保户户主。调研组由一位村民带领走过一段泥泞的小路，眼前展现出与大多数农户的砖墙不同的泥土墙院落，被雨水冲刷得陈旧开裂的木门紧闭着，木门只比我们的身高略高，我们敲门敲了许久，始终未见主人来开，待大家要放弃时，带领我们的村民在门外大声叫唤了主人的名字，片刻后一位瘦骨嶙峋、皮肤黝黑的老人缓缓将门打开，他茫然地看着门外的我们，那位村民赶快向他说明了我们的来意，他小心翼翼地让调研组进入他家的院子，映入眼帘的是六十平方米大小的小院，小院四周用泥土墙封闭起来，半个院落都长了野草，另有一简陋的鸡窝靠墙一边呆呆而立。调研组来到王九周的房屋门前，料想室内陈设必是简陋，走进一瞧，远比我们想象的更加触痛人心。二十平方米的屋内只有一扇窗，光线暗沉，一张旧式单人床靠墙而置，旁边地面铺着一张草席，两张简陋的木桌，一口小锅歪歪躺在木桌上，此外再也看不到什么像样的家具。调研组虽感慨万千，只能相视不语，随即走出家门。王九周虽然已是历经风雨的六旬老人，但面对调研组仍显现出一丝腼腆，他将家里所有的板凳都搬到院子，才凑够三个，于是调研组的两位成员就坐在砖头上开始了我们的采访。

王九周至今未婚，自然膝下无儿无女，他家共弟兄五人，还有一个妹妹，他排行老二，最小的弟弟在邯郸市从事会计工作，其他兄弟虽有家室，但生活亦是困窘，妹妹自出嫁后来往日减，这就是他仅有而交往的亲戚，然而他很少和自己的兄弟姐妹联系，只有过年才相聚一次，平日不想给旁人添麻烦，也不愿成为亲戚的负担，所以他除了农忙时节在田地里干活忙碌外，几乎都是待在自家的小院，不愿走亲访友。谈及他的生活来源，他说种地都不够自己食用，更无多余出卖，其他就是村民们帮助和政府救济。王九周只有五分田地，2011 年家庭承包土地情况见表 14 - 1，他的地全部用来种植水稻，每年收稻谷约 350 斤，出大米约 250 斤，2011 年永年县大米的市场价平均为 1.80 元，折算总价值为 450 元，这些大米只够他半年多的粮食自给，此外没有任何农作物种植。他还养着十只鸡，每只鸡的市场价为 30 元，折算总价值为 300 元。王九周家农作物、牲畜和家禽情况见表 14 - 2。

表 14 - 1　　2011 年家庭承包土地情况　　单位：亩

总面积	水浇地面积	旱地面积	良田面积	荒地面积
0.5	0	0	0.5	0

资料来源：根据王九周口述整理，2012 年 6 月。

表 14 - 2　　2011 年家庭农作物、牲畜和家禽情况

种类	亩数	折算价值（元）	种类	亩数	折算价值（元）	种类	个数	折算价值（元）
大蒜	0	0	瓜果	0	0	羊	0	0
玉米	0	0	花卉	0	0	牛	0	0
水稻	0.5	450	蔬菜	0	0	马	0	0
棉花	0	0	药材	0	0	猪	0	0
大豆	0	0				禽类	10	300

资料来源：根据王九周口述整理，2012 年 6 月。

王九周的农业种植及家禽养殖全部用于自给自足，生活费用都来自政府的救济金、养老保险金和农业补贴等。他很想外出打工，说自己愿意做任何体力劳动，但是由于年龄太大，没有愿意雇用他做工的地方，若是经营小本生意，他没有资金，更不懂经商之道，而且由于性格沉默内向，又没有受过正规教育，最不擅长和人沟通交流，所以他的收入来源只能是政府救助，2011 年他总计受到政府的各项救助金和补贴 1800 元，而日常用品和衣服多是邻居和其他村民给予施舍，王九周 2011 年家庭收入来源情况见表 14 - 3。

表 14－3　　2011 年家庭收入来源情况　　单位：元

职业	收入	职业	收入
从事种植业	450	本乡镇就业工资	0
从事个体经营	0	外出打工	0
从事屠宰	0	从事运输业	0
从事渔业	0	政府补贴和社会救济	1800
从事养殖业	300	出租耕地或房屋	0
从事旅游业	0	其他经营收入	0
总收入合计	2550		

资料来源：根据王九周口述整理，2012 年 6 月。

王九周 2011 年的支出为 1800 元，即收支相抵，主要用于食品支出，农业生产性支出（包括种子和化肥）总计 100 元，食品支出 1700 元，王九周不使用通信工具，故而无此项支出，红白喜事较少，偶有邻居设宴办席，了解他的经济状况，不需他随礼。提到医疗费用，他说自己身体很好，几乎不生病，若偶尔感冒头痛，只要休息几天就能康复。小病不医是很多中国农民根深蒂固的想法，调研组着实想劝说王九周老人以后生病要及时就医，但是费用从何而来？他的实际困难岂是我们能设身处地可体会的。调研组还未开口，老人低垂的头摇了摇说："干什么都要花钱，咱就靠村里给补贴，能省的都省，不愿意给任何人添麻烦，更不想求别人。"老人声音低沉但语气坚决，调研组感受到了他强烈的自尊心在受到挑战，不便再就此多言。根据以上支出分析，可知其家庭支出的恩格尔系数高达 94%，这在经济学领域是难以想象的惊人数字，联合国根据恩格尔系数的大小，对世界各国的生活水平有一个划分标准，即一个国家平均家庭恩格尔系数大于 60% 为贫穷、50% ~60% 为温饱、40% ~50% 为小康、30% ~40% 属于相对富裕、20% ~30% 为富裕、20% 以下为极其富裕，按此标准，王九周属于贫困至极，比起眼见他家穷困之状引起的恻隐之心，这种理性的数字分析更加让人触目惊心。

表 14－4　　2011 年家庭支出情况　　单位：元

总支出	生产性	衣服	食品	看病	教育	娱乐	红白喜事	交通	通信	住房
1800	100	0	1700	0	0	0	0	0	0	0

资料来源：根据王九周口述整理，2012 年 6 月。

王九周父母都是西街村本地人，除了务农之外，就是在西街村的街上卖烧饼。王九周和大哥没有上学，从他七岁开始帮父母卖烧饼，兄弟几个要轮流着去推磨，父母在家做好热气腾腾的烧饼，然后在南沿村镇的街上摆摊叫卖，他和大哥也要轮流背着一大口袋烧饼在街的另一头叫卖，王九周清楚地记得一个烧饼卖五分钱，每天大约能卖掉二三百个烧饼，做烧饼用比较白的面，剩下的黑面自己吃，能吃饱肚子，能卖烧饼，王九周觉得这样的生活已经很知足。因为没有上学的经历，王九周对学习没有任何概念，整个 20 世纪 40 年代的记忆就是卖烧饼的日子。新中国成立后，社会主义计划经济的时代到来，国家开始严厉打击投机倒把，不再允许小商贩在街上设摊买卖，王九周家结束了卖烧饼的生活，兄弟们都进入村里的生产队。1958 年农业合作社成立，自此之后，王九周一直在生产队务农吃大锅饭，村民们的生活条件没有差别。改革开放后，很多农民离开了生产队出外经商，王九周仍然在生产队务农，于是贫富差距日益拉大。尽管在村务农只能维持温饱，王九周并没有尝试其他的出路，他说自己没有文化，也不聪明，更不擅长与人沟通，所以除了务农之外他别无选择。王九周说改革开放的政策给了农民更多的自由，他也支持改革开放，只是因为自己没头脑没文化，所以生活才日渐困窘，但是很多农民都在改革开放中脱贫致富了。

王九周最小的弟弟在邯郸读完了中专，专业为会计，先被分配到邯郸市石县机械厂做工人，后调任邯郸市某医院当管理员，几年后担任会计工作直到退休，改革开放对于弟弟来说影响不明显，但是王九周和其他农民的差距却深刻反映了政策变化对于农民生存和发展的重要影响。社会主义是要追求人的全面而自由的发展，这种理想是否能够实现，要依赖内外因共同作用，二者缺一不可。新中国成立后，社会制度逐步完善，政治局势稳定，为个人发展提供了根本的有利的外部条件，改革开放后更进一步为个人的自由发展提供了开放性政策，但是劳动者的个人发展主要依靠内因，即劳动者的个人素质，包括身体素质、技能素质和文化精神素质。身体素质是基础，在体能和健康状况良好的条件下，技能素质是主干，包括人的受教育程度、知识和技能；文化精神素质是主导，包括价值观、思想、道德、意志和精神状态等。王九周缺乏的正是技能素质和文化精神素质，单从劳动力论，似乎文化精神不起作用，实际上文化精神素质对于身体素质和技能素质的形成和运用起着引导作用，特别是在协作、交换及生产关系各环节，文化精神素质的作用更为重要。所以在新时期良好的外部环境下，政府应当更加注重帮助农民提高自身的素质技能，从根本上为其全面而自由的发展创造条件，将像王九周一样的农民从落后的小农意识中解放出来，使其能够拥有较高的文化素质技能为自己的发展开辟道路。

（二）一直未婚的低保户马治山家

我们还没走进他家，就见一个小孩跑了出来，跟着出来了一位白发苍苍的老人，很瘦，但看得出来，身体很硬朗，也很利索，但还是很沧桑，这个老人就是马治山，他是我们采访的第二个低保户。他很朴实，手里拿着刚切好的西瓜追着要给小孙女吃，见我们来了，他热情地让我们吃西瓜，我们一再推辞，他还是往我们手里塞。一进院里，就看见院子四周堆着满满的杂乱的东西，晾衣绳上搭满了衣服、床单，院子里还种着几棵小树，这一切使本来就不大的小院显得更加紧凑了，这可以算是一个典型的四合院了，北边、东边、西边都是房子，因为每个屋前都打扫得很干净，所以肯定每个屋经常有人居住，或者说这个院里住着好几户。知道我们来采访他，便热情地把我们请到屋里，他又是让我们吃西瓜还要给我们倒水喝。

马治山，男，72岁，小学文化，当我们问他他老伴时，他说没有，我们以为是老伴去世了，紧接着他说没娶，我们还以为听错了，当他又说了一遍时，我们才恍然大悟，这才明白他说的话。一个已经70多岁的老人居然一辈子都没有结婚！这确实有点不可思议，或许这对于他来说已经习惯了，因为他在向我们说起这件事时，显得是那么的平静、那么的淡然，是啊，对于一个历经沧桑的老人来说，婚姻显得是那么的微不足道。我们迫不及待的想知道是什么原因使这个沧桑的老人终身未娶，当我们问他为什么没有结婚时，他很淡定地解释了两点原因，这对于我们很稀奇，但对于他来说我们的惊讶或许已经让他习以为常了，因为任何人听到这种事情都会感到惊讶。他向我们解释说，第一，他是家里的老大，父母有五个孩子，他有两个弟弟，两个妹妹，因为当时家里穷，没有像样的房子，在家又是老大，不但要多干活，本来收入就少，还要养活弟弟妹妹，就没有结婚，这在那个年代是常见的，但最多的是老大没机会上学，没有理由因为这个不结婚啊，虽然后来家里经济条件好了，但是年纪大了，也就没了结婚的念头。接着他说了第二个原因，当时他的家庭出身是富农，在改革开放以前，这种家庭出身找对象是很难的。这是那辈人的悲哀，也是时代的悲哀。还算好，现在的生活还不错。

他告诉我们，他有三分地，两分水稻，一分旱地，玉米和大蒜套种，因为年纪大了，种水稻插秧不方便，也没精力了，就让弟弟种了，每年收水稻时都会给他一些，够吃就行了。现在自己只种着一分玉米和大蒜，2011 年，大蒜的价格大概在每斤 0.60 元，共收获 250 斤，这一分大蒜共收入 150 元，蒜薹比较贵，每斤 2.50 元，收获 100 斤，蒜薹收入 250 元。玉米是和大蒜套种的，大蒜在每年农历四五月收割，然后种玉米，到农历八月左右收割玉米，这样玉米和大蒜都是种一季，合理利用了土地，他告诉我们，2011 年收获了 110 斤玉米，每斤 1.00 元，收入 110 元。这样，2011 年从事种植业的收入为 510 元。以上情况如表 14－5 所示。

表 14－5　　**2011 年家庭农作物、牲畜和家禽情况**

种类	亩数	折算价值（元）	种类	亩数	折算价值（元）	种类	个数	折算价值（元）
大蒜	0.1	150	瓜果	0	0	羊	0	0
玉米	0.1	110	花卉	0	0	牛	0	0
蒜薹	0.1	250	蔬菜	0	0	马	0	0
棉花	0	0	药材	0	0	猪	0	0
大豆	0	0				禽类	0	0

资料来源：根据马治山口述整理，2012 年 6 月。

在粮食和种子补贴方面，政府发的粮食补贴每亩地补贴 132 元，得到 39.60 元补贴，种子补贴按人头计算，每人补贴 7.00 元，因为只有他一个人的地，所以得到 7.00 元的种子补贴，农业方面共得到政府补贴 46.60 元。另外因为无儿无女，经济条件也不好，作为低保户，政府每月补助 50 元，2011 年共得到政府低保补贴 600 元。他向我们介绍说，除了从事种植业外，原来还卖大蒜，收购别人的大蒜然后出售。再后来就不卖大蒜了，开始打工，在镇里扫公路，就是清扫公路的两边，在这里就是由专人负责公路两边的垃圾，也就是清洁工人，他告诉我们他干这个工作已经五年多了。每天上午工作三个小时，八点到十一点，下午也是三个小时，三点到六点。他只负责清扫公路的一边，大概有 1.5 里地，他说这样也挺好，既能挣钱又能锻炼身体，工资是每月 600 元，2011 年打工共收入 7200 元。现在物价飞涨，所以以后工资可能要提高到每月 700 元，打工收入占他全部收入的大部分。在农村，像这么大年龄的老人或许早已可以颐养天年了，但他还得打工挣钱，养活自己，养活母亲。2011 年的总收入是 8356.6 元。以上情况如表 14－6 所示。

表 14－6　**2011 年家庭收入来源情况**　单位：元

职业	收入	职业	收入
从事种植业	510	本乡镇就业工资	0
从事个体经营	0	外出打工	7200
从事屠宰	0	从事运输业	0
从事渔业	0	政府补贴和社会救济	646.60
从事养殖业	0	出租耕地或房屋	0
从事旅游业	0	其他经营收入	0
总收入合计	8356.60		

资料来源：根据马治山口述整理，2012 年 6 月。

因为没结婚，他和母亲一起住在西屋，而我们访谈待的这个屋子是他二侄子的屋，这时我们才反应过来，仔细看了看这间屋子，屋里有冰箱、空调，这么现代化的装修不像一个农村老人居住的屋子。随后我们去了他和母亲居住的屋子，这是一间相当简陋的屋子，墙上很黑、很乱，杂乱无章地挂着衣服还有破旧的袋子，窗户还是老式木质的，屋里有一台老式电视机、一个电扇，正冲屋门有一张方桌子，应该是老一辈人用过的所谓的八仙桌吧，桌子两边放着两个圈椅，一个椅子上放着棉被套，是给母亲拆洗的被子，被面洗了晾在院子里，等干了再把被子缝好。桌子旁边一个又小又矮的桌子上放着个煤气灶，后来知道这个基本不用。屋里的右边是一个大床，床上放着两个大箱子，箱子上和床上堆积着乱七八糟的衣服和褥子、被子，他母亲就歪歪斜斜地躺在那堆杂物中间，看到我们进去，老人似乎没什么反应，只是愣愣地看着，母亲已经99岁高寿了，在这个村里算是年龄最大的了，常年瘫痪在床，现在的生活起居都需要人照顾，身边离不开人，自己完全没能力照顾自己。他和母亲生活在一起，平时可以方便照顾母亲，只要他不去扫公路，不去地里干活，就会陪着母亲，二妹有时也过来照顾母亲，但因为她丈夫也需要人照顾，就不能经常来，大妹偶尔过来看看母亲。因为和母亲生活在一起，生活花费就大大增加了，由于母亲身体不好，每天的鸡蛋、牛奶、蛋糕等营养品是断不了的，他和母亲两个人每月在食品上的花销要600元左右，这基本会花掉扫公路的大部分工资，由于母亲没有户口，所以没有母亲的低保补贴，也没有享受养老金的待遇。在户籍制度方面，相关的法律和制度还不完善，由于户籍问题牵涉到很多方面，相互扯皮，很多问题得不到解决，一些措施虽然已经在实施中，希望相关部门加大重视力度，尽快解决这些问题。说到他的身体健康状况，他伸出手让我们看了看手指，关节很突出，他患有关节炎，又撩起裤子，说经常腿疼，可能是每天扫公路走的太多的缘故，还有他的心脏跳动过缓，虽然身体状况不太好，但是他从来没去医院看过，一看肯定要花很多钱，为了节俭就没去看，偶尔感冒吃点药也没去报销过，虽然合作医疗去年交了50元。母亲每月吃药也得40多元，2011年吃药花了500元，没有住院，要是住院的话花销就更大了。虽然药费由兄弟几个均摊，但身为大哥，又和母亲生活在一起，还是他花的多些，所以他一年里基本不添置新衣服。为了节俭，夏天做饭经常用木柴，到冬天因为要取暖，就用蜂窝煤，蜂窝煤0.75一块，一天能用4块，一冬天的取暖费要450元。还有一笔大的花销，那就是红白喜事的随礼，一般都随50元左右，2011年花了大概600元，还有种地的种子、农药化肥、浇地的水费、收割的费用共200元。这样2011年总支出共8950元。以上情况如表14－7所示。

表 14－7　　2011 年家庭支出情况　　单位：元

总支出	生产性	衣服	食品	看病	教育	娱乐	红白喜事	交通	通信	取暖费
8950	200	0	7200	500	0	0	600	0	0	450

资料来源：根据马治山口述整理，2012 年 6 月。

我们正聊着，进来了一位妇女，她说她是马治山的弟媳，而这个房子就是她的，随后陆陆续续进来了两个年轻的女人带着孩子，大的才五六岁，小的只有一两岁，足以看出这个家有多热闹。虽然人很多，按理说该很幸福，可在她们滔滔不绝的说话中，我能感觉到马治山老人的凄凉，人老了，一辈子没有婚姻，没有儿女，总感觉老无所依，他说有兄弟和侄子养老，可毕竟年轻人都有自己的事情要做。我们随后也和他弟媳聊了起来，她说他们兄弟几个每月也会给母亲生活费，一般每月 50 元左右，在农村就是这样，虽然少，老人都是省吃俭用的，如果母亲吃药或住院都是兄弟几个共同承担。她说她有 5 个孩子，这个院里住着四户人家，除了她和两个已经结婚的儿子，还有大哥（马治山），随后开始说起她的生活情况，按理说儿子结婚后一般都和父母分开过，但家里经济困难又没办法去买地盖房，几家人只能挤在这么小的院子里，还有几个孩子，只能挤在一起，现在孙子和孙女还小，还能凑合，等孩子大了就不行了，这也是家里目前面临的主要问题。

马治山老人，给我们的印象这么深刻，就是因为这样一位老人，一辈子没有结婚，踏踏实实干了一辈子，劳累了一辈子，像他这个年龄，应该是儿孙绕膝，安享晚年的时候，可他仍然要在外打工，不仅要照顾自己，还要照顾卧病在床的母亲，但他并没有任何抱怨，整个采访过程，他的心态很平淡。婚姻对于他来说，不是缺憾，就像一件很平常的可有可无的东西一样，真正的生活不在于你拥有我们大多数人认为应该有的东西，比如婚姻，而在于自己的心态，积极、向上、乐观、平静，他就是这样的一个人。有几个兄弟和几个侄子，还有几个孙子孙女围绕在自己身边，能给自己的生活增添很多乐趣，在我们采访时进来的那个五六岁的小女孩不停地在马治山老人身边淘气的撒娇，场面很温馨，看得出来，她和老人很熟悉，老人经常带她玩。希望相关部门对这样的孤寡老人能够加大补贴力度，安置好他们的生活，提高他们最低生活保障金的标准，这样老人就不会过度劳累，身体健康状况可能会更好些，同时要建立健全孤寡老人的医疗保障体系。我们衷心地祝愿他们一家人生活的其乐融融，希望老人有个幸福的晚年。

（三）生活不幸的李新珠家

李新珠家也是低保户，跟我们调查的低保户马治山老人家不一样，马治山是年龄大，没有儿子养老，自己又要照顾母亲，所以被认定为低保的对象。但李新珠家不是，全家都是年轻人，要是在平常的家庭，应该是日子红红火火蒸蒸日上的，可是多种不幸却落在了这个不堪重负的家庭里。

李新珠家门前不远处是一片宽旷的地方，但在那儿却堆放着一堆垃圾，村主任说村里会定时找人清理这些垃圾。她家的门前打扫得很干净，我们刚要进门就听到狗的狂叫声，吓得我们急忙往后退缩，接着出来了一位妇女，这就是李新珠，很瘦很黑，眼窝深陷了进去，有点驼背，走路一瘸一拐，看得出来，她的左腿有病，知道我们来采访就赶紧进去拿了几个凳子出来让我们坐下，后来又说外面会有蚊子，便招呼我们进屋坐。她家院子很小，北面和西面各一排房屋，院子里种着几棵小树，角落里还摆放着些杂物，整个院子能用的空间很小。李新珠把我们引到西北角的一间屋子里，屋子很小，李新珠说这是20世纪90年代初建的房子，每逢下大雨都会漏水，要用盆子接水。屋里只有一张床，一个沙发，很久没有洗过的样子。一个衣柜，一台电视机，电视桌的抽屉还打开着，里面放着杂乱的东西，李新珠说这台电视早就不能看了，虽然儿子会修电视，却一直没修，也没人看。

李新珠，55岁，高中毕业，这个年龄的高中文化程度在村里算是高水平的人，当我们问到她的丈夫时，她的回答完全出乎我们的意料，她的爱人叫李守信，58岁了，小学文化程度，2012年4月17日刚逝世，得的帕金森病。虽然丈夫才去世两个多月，但李新珠显得很淡然，这个不堪重负的家庭已经使她没有时间和精力去痛苦和伤心，她现在要做的就是好好管理这个不幸的家。她说丈夫得这个病3年了，一直不能下地干活，自己就在家照顾老伴，地里都荒芜了，没空管理。早在七八年前，丈夫就出现不自觉地浑身颤抖的现象，去医院检查，当时诊断出是帕金森病，帕金森病又叫“震颤麻痹”，患者动作缓慢，手脚或身体的其他部分震颤，身体失去柔韧性，变得僵硬。虽然知道这个病的严重性，但由于家里经济条件的限制，没去住院，一直耽搁着，仅靠药物维持，在四五年前，病情加重了，不能干任何活了，长期卧床，一直39度或40度的高烧不退，这时才开始给丈夫治病，住院就花了15万元，由于参加入了合作医疗，在大医院可以报销40%，在镇上的医院能报销80%，到各处看过，住过院，总共报销了2万元，所以自己还要花十几万元，这对于一个没有什么收入的家庭来说，是天大的负担，家里没钱，就四处借，李新珠说她兄妹五个，一个哥哥，三个姐姐，自己在家是最小的，借钱都是向哥哥姐姐借。虽然花了这么多钱看病，但病情还是在恶化，最终没有治好丈夫。本来家里经济情况就不好，丈夫去世让这个家庭失去了主心骨。李新珠说她自己也是常年有病，血压不正常，低压高，一般正常人的低压80左右，高压140左右，而她的低压在110~130，比正常人的低压高出很多，自己还患有心脏病，在三岁时左腿患了小儿麻痹症，走路一瘸一拐，左腿还很细，她撩起裤子让我们看，很明显，两条腿的粗细差很多，不能干重活。平时自己也是靠吃药维持着，外面药太贵，就经常在村里买药，每瓶药7.50元，一年自己吃药得花费1000元，都是儿子凑钱给买，有时也要向亲戚们借钱看病，2011年自己还因为脑梗塞输液花了不少钱。李新珠说，她家在村里算是贫困的家庭，再加上家人的这些病，简直就是雪上加霜。她告诉我们说，丈夫在时，家里是低保户，整个西街村有十个低保户，每月有50元的低保补助，低保补助按户发放，一户一个折子，折子上可以是一人，也可以是多人，现在丈夫走了，也就没有低保补助了。一开始我们以为低保户是针对一个家庭的，丈夫不在了自己可以继续获得低保补助，但实际上不是这样的，低保是针对个人的，丈夫是低保的对象，丈夫走了，就失去了低保的资格。不过现在她正在申请低保补助，村里的领导也正在积极帮助她争取低保补助金，关于低保对象的确定，谁能够成为低保的对象，以及低保的标准，主要是由村里评审，首先申请低保的人把相关资料交到村里，然后村里要对申请人进行入户调查，再成立低保评议小组，村里领导听取评议代表们的意见，对每个申报对象进行审核，意见一致后，领导根据情况确定是否为低保户，然后才能公示和上报县局评审。其次在县局评审时，实行单位一把手、主管局长、低保科长、相关入户调查的低保工作人员会审，确定保障金额，从而确保在低保申报，评审过程中，坚持公正、民主的立场，杜绝审核、审批的暗箱操作。我们希望她能够早日获得低保补助，虽然不能化解多大的问题，但至少也是一点帮助。

李新珠有三个儿子，老大李海平，初中文化程度，已经结婚了，也是残疾，丈夫的病加上她自己的病已经让我们感觉这个家生活十分艰辛，儿子还患病更是让这个家庭变得狼狈不堪。大儿子左胳膊没了，也是麻痹症，虽然这个病不是遗传病，但同时发生在母子俩身上，使我们不禁感叹世事的不公平。儿子小时候发烧胳膊脱落，已经被鉴定为三级残疾，有三级残疾证书，但是没有生活补贴，政府规定二级残废证书以上才能获得补贴。还好，大儿子有一门手艺，会家电维修，这门手艺对于他这样的人挺好，不太费力气，又不用出远门，谁家里有电视、洗衣机等家电坏了，给他打个电话或者来家里招呼他一声，他就去家里上门维修，一个月也就挣1500元，一年18000元，这几乎是家里全部收入，也刚刚够家里的零花。大儿子有两个女儿，大女儿9岁，小女儿7岁，都在上小学，儿媳是东张寨的，很孝顺，别人家平时都是买菜，自己家经济条件不好，儿媳娘家种着菜，就经常从娘家往自己家带菜，省了买菜的钱，婆媳关系很好，李新珠说儿媳平时很照顾她，并没有因为家里状况不好就和婆婆吵闹，全家就大儿子一家和李新珠住在一起，吃饭生活都在一起，她的生活花费主要由大儿子供养着，在一个院里都有个照料。李新珠平时可以接送孩子上学，在家做做饭，儿媳有空可以做点别的事情。全家也就只有这一个院子，共5间房子，李新珠自己在西北角的屋子里住，老大在东北屋住，老二老三回来就在西屋住。二儿子李海增，小学毕业，他的婚姻很不幸，以前结过婚，由于夫妻关系不好，合不来，已经离婚了，现在在邯郸市打工。三儿子李海东，初中没毕业就不上学了，也已经结婚，夫妻俩也在邯郸市打工，一人一个月1000元，共2000元，偶尔会给母亲寄一两百元钱，现在还没有小孩，挣的钱刚够两人的花费，等有了孩子，生活就更紧张了。二儿子和三儿子学历低，没有技术，都是给建筑工地当小工，挣得不多，收入也不稳定。家里的1.5亩地，在粮食和种子补贴方面，政府粮食补贴每亩地补贴132元，2011年得到补贴198元，种子补贴每人7元，2011年得到补贴240元。2011年全家的总收入是18240元。情况如表14－8所示。

表 14－8　**2011 年家庭收入来源情况**　单位：元

职业	收入	职业	收入
从事种植业	0	本乡镇就业工资	0
从事个体经营	18000	外出打工	0
从事屠宰	0	从事运输业	0
从事渔业	0	政府补贴和社会救济	240
从事旅游业	0	商店经营收入	0
总收入合计	18240		

资料来源：根据李新珠口述整理，2012 年 6 月。

关于残疾的鉴定情况和获得补贴的标准，我们从有关部门了解到，肢体的残疾分为三个等级，一级（重度）、二级（中度）、三级（轻度），李新珠大儿子属于三级残疾范围，有关各级残疾的补贴标准各地也不一样，永年县有各类残疾人 3 万～4 万人，自从残疾人保障法颁布十多年以来，永年县的残疾人保障工作取得了长足进展，但是仍有部分残疾人生活困难。残疾人是一个特殊而困难的群体，需要全社会的理解、尊重、关心和帮助。永年县政府也在加大力度提高对残疾人的社会保障水平，相关部门也要积极拟定并实施残疾人生活救助政策措施，组织实施残疾人专项救助工作，推进城乡残疾人最低生活保障特惠政策的制定和实施；完善重度残疾、一户多残、老残一体等特殊困难家庭的基本生活保障政策并指导地方组织实施；做好低收入残疾人家庭生活救助，指导残疾人社会互助活动，指导各地残疾人专项救济工作。同时我们也要积极帮助残疾人，中华民族有扶残济困的优良传统，广泛动员社会力量，开展志愿者助残，是动用社会化工作方式，扶助残疾人的一种有效形式。开展志愿者助残活动，为残疾人提供经常的，切实有效的帮助，既能解决残疾人实际困难，帮助他们平等参与社会生活，也有助于“奉献、友爱、互助、进步”的志愿者精神在全社会传播和发扬光大，有助于良好社会风尚的形成，这既是人道主义的体现，也是社会主义精神文明建设的重要内容。

关于低保的补助情况，永年县的城乡低保工作已经从单纯地解决城乡困难群众的基本生活上，转向了整合各方面救助资源，整体推进体系建设的新阶段，从相关部门了解到，永年县有农村低保对象20970人户，23694人，月人均补差标准79.5元，2012年已发放农村低保资金1130.4万元。永年县民政局关于低保的下一步工作计划也在实施中，首先要做到“应保尽保，应退尽退”，像李新珠这样的家庭应该尽快划到低保对象中；其次要完善对低保对象的医疗救助方式，尽量做到向低保户的政策倾斜。

李新珠家里的收入主要来自大儿子，大儿子虽然手艺好，接的活也多，但毕竟只是小手艺，挣的并不多，吃饭主要是买油买米买面，一天平均10元钱，一个月得300元，一年得3600元，菜一般都是大儿媳从娘家带。虽然家里没钱，但红白喜事的钱还是要出的，2011年份子随了1000元，关系近的随50元或100元，关系一般的随10元或20元，李新珠还说，现在村里年轻人结婚得花七八万元，办得差点的至少也得五六万元，光彩礼就要给三四万元，她说大儿子结婚时家里就开始借钱了，后来丈夫和自己的病，就开始经常借钱了。家里只有大儿子一部手机，由于要联系工作，每月得花费50元，一年得600元。做饭都是用炉子，冬天取暖也是炉子，用的蜂窝煤，平时做饭就用0.60元一块的，一天4块，共576元，冬天用0.90元一块，一天烧5块或6块，冬天要烧四个月的炉子，取暖费共600元。平时自己不买衣服，全家一年买衣服也就300元，我们问她平时都做些什么事情消磨时间，她说平时在家做做饭，做做家务，接送孩子上下学，照看孩子，干点杂七杂八的活，磨蹭到晚上九点多就睡觉了。2011年全家总支出126100元。以上具体情况如表14-9所示。

表14-9　**2011年家庭支出情况**　单位：元

总支出	生产性	衣服	食品	看病	教育	取暖费	红白喜事	上网费	通信	娱乐
126100	0	300	3600	120000	0	600	1000	0	600	0

资料来源：根据李新珠口述整理，2012年6月。

李新珠家的耐用消费品很少，像一般的家庭都有冰箱和洗衣机，稍微好点的有空调，而李新珠家里却只有一台电视机、一个电扇，有一个电三驴，已经坏了，不能开了，有一辆自行车，大儿子有一辆摩托车，平时上门维修时专用。以上具体情况如表14-10所示。

表 14-10 2012 年家庭耐用消费品情况

项目	数量	项目	数量
电视机（台）	1	小轿车（辆）	0
电冰箱（台）	0	自行车（辆）	1
洗衣机（台）	0	电动车（辆）	0
照相机（台）	0	摩托车（辆）	1
影碟机（台）	0	手机（部）	1
组合音响（套）	0	固定电话（部）	0

资料来源：根据李新珠口述整理，2012 年 6 月。

我们希望像李新珠这样的家庭能得到更多人的帮助，政府要加大救助力度，增加救助补贴，我们大家也要伸出爱心之手，每个人出一份小力量，就能凝结成一股大力量，帮助他们渡过难关！

（四）体弱多病的老司机葛红章家

2012 年 6 月 21 日上午 11 点，我们来到西街村的一户普通人家，出来迎我们的正是本次的采访对象——葛红章。此时正是艳阳天，又是接近正午，外面太阳很毒，于是葛红章热情招呼我们在屋里坐下聊，并体贴地为我们打开了电扇。

葛红章，今年 70 岁，初中文化程度，在家排行老大，还有两个弟弟，二弟已经去世，三弟就在本村住。葛红章年轻的时候是司机，在大队里开拖拉机，后来自己出去跑运输，哪有活就去哪。葛红章开了 20 多年车，直到年纪大了，把拖拉机卖了，才退居在家歇息，如今老人家回忆起来，也曾云游四海，见过各地奇闻逸事呢，但也辛苦了 20 年，赚钱不少，和身体的耗损成正比，以至于到了安享晚年的时候，确是体弱多病。葛红章的妻子芦蜜珠，今年 64 岁，小学毕业，嫁过来后一直在家做家务，相夫教子，从葛红章的表情中看出，妻子是他的骄傲和幸福。他们夫妻俩有一儿一女，女儿已经 40 多岁了，初中学历，已经在邯郸市结婚并定居，做食品生意。儿子葛纪风，29 岁，小学文化程度，目前在邯郸市的某电动车厂打工，经常去各地跑业务，往往是有活就走，没活就在家，我们采访的当天他刚好出去工作了。儿媳妇王领卫，与葛纪风同岁，初中毕业，毕业后一直在南沿村镇上摆摊做小买卖，3 年前她在供销社里租了一个约十几平方米的柜台卖童装。葛红章说，现在什么买卖都不好做，童装更是难，本地做童装买卖的人多，竞争激烈，而且儿媳光柜台租金每年就要近 6000 元，最近还在涨价，因此利润很低。葛纪风夫妇育有两个女儿，一个 8 岁，正在上小学一年级，一个 6 岁还没上学。

葛红章夫妻俩与儿子葛纪风一家同住，房子是 1990 年盖的，如今已经 23 年了。院子不大，约有 140 多平方米，和其他农户院一样，对着大门的是一面影壁，影壁是金桥富路的图案，院里有一些树和盆栽。我们走家串户了几天，发现一个特点，很多家大门上拴着红黄色的布条，葛红章家同样也是，我们就专门了解了一下这种风俗习惯。原来那是去庙里烧香磕头求来的，给香火钱就能得到，系在自家大门上保平安。葛红章告诉我们，区别特殊的含义不在于布条的颜色，而在布条的宽窄，香火钱给的越多，布条就越宽，红色黄色都是一样的。过了院子就是客厅和卧室了，葛红章夫妻俩住在靠里的一间屋子里，儿子一家住另一间，葛红章的居室约有 50 多平方米，基本设施一应俱全，双人床、沙发、茶几、水壶、电扇、衣柜等摆放整齐，屋子门口还放着电饭锅等简单的厨具，屋外有一个生着火的煤炉，儿子经常出差，儿媳妇中午不回家吃饭，因此平时都是葛红章夫妻俩做饭，和小孙女一起吃。儿子儿媳工作忙，两个孙女常常跟着爷爷，我们看到葛红章的屋子里挂着很多奖状和儿童识字的图画，葛红章自豪地说，两个孙女都跟爷爷奶奶亲，得了奖状都贴在自己这屋呢。

葛红章的身体很不好，可以说一直是多病缠身，想必和常年在外面跑运输有很大关系。20 年前，葛红章的胃就有毛病，做过一次大手术，切除了2/3 的胃，吃饭消化都受影响，非常痛苦。20 年前还没有新农村合作医疗政策，因此费用全部自己承担，之后身体就较虚弱了，消化不好，吃东西需要特别注意，老人在应该享乐的年纪，却不能尝尽美味，这也是葛家儿女的痛心之处。旧病还未痊愈，新病又找上身来，2011 年葛红章的肾出现了问题，于是做手术切除了一个，医生说他的两个肾都有毛病，其中的一个已经长了个成型的瘤，所以必须切掉，另一个也有结块，但老人年纪大了，医生建议保守治疗，先不切除。切除肾的手术是在邯郸市医院做的，住院 20 多天左右，之后在永年县医院的分院住了一个月，主要是输液，一天输 3 瓶。葛红章说，他的肾手术很成功，没有什么不良的后遗症，但手术后他感觉体力明显不行了，和之前差距特别大，去年他还种着自家的地，在地里插秧干农活，一点问题都没有，今年本来还想种，但身体不允许了。虽然老人的个子很高，很瘦，坐在床上看着并不像体弱多病的，但一站起来走路就明显看出虚弱。葛红章去年的手术花费了一万五六千元的样子，新农合报销了8000多元。在永年县医院分院输液的费用也得到了报销，报销比例比市里高一些，大概70%～80%。葛红章很高兴地告诉我们，虽然报销的手续有些烦琐，跑了好几趟，需要开医院证明、主治医生证明、用药证明等，再到永年县卫生局去报，但能报这么多，他感觉很知足了，自己当年切除胃手术的费用一点都没报呢。可惜，上天仍然不眷顾这个乐观的老人，2012年3月，葛红章又被查出患了脑梗塞。可能是上了年纪，再加上身体虚弱，各种病都会找上门来。这一次脑梗塞由于检查和治疗及时，没有出现大的危险，但折腾了一阵子，输液20天左右，在市里输了10天，县里10天，可喜的是恢复得很好。葛红章现在每天都要吃药，有治疗高血压的，还有扩张血管的，在葛红章屋里的柜子上，我们看到了好多种药。葛红章说，他买药很方便，就在本村的诊所，几步路的距离。这几次住院的花费国家都给报销一大部分，葛红章感觉也很满意，不过具体的数字他不太清楚，因为都是儿子去办的，儿子很孝顺，不让自己管太多事，也不用过问花多少钱，只管治病和养身体就好了。此外，葛红章不光自己要治病，老伴身体也不太好，有高血压等一些老年病，和自己一样，基本上常年吃药，因此和其他家庭相比，葛家在医药方面的开销是相当大的。

葛红章家有一亩二分地，其中水稻7分，旱地5分，用来种玉米和大蒜。这些地之前一直都在种着，去年由于葛红章做了大手术，身体不行了，于是今年将地转交给三弟种，以后也不打算再种了。2011年收获了约有700斤水稻，留给自家吃，大蒜和蒜薹吃不完的就卖掉，玉米一部分自己吃，一部分拿去换面。以上情况如表14－11、表14－12所示。

表14－11　　**2011年家庭承包土地情况**　　单位：亩

总面积	水浇地面积	旱地面积	良田面积	荒地面积
1.2	0.7	0.5	1.2	0

资料来源：根据葛红章口述整理，2012年6月。

表 14－12　2011 年家庭农作物、牲畜和家禽情况

种类	亩数	折算价值（元）	种类	亩数	折算价值（元）	种类	个数	折算价值（元）
大蒜	0.5	1300	瓜果	0	0	羊	0	0
玉米	0.5	600	花卉	0	0	牛	0	0
水稻	0.7	1500	蔬菜	0	0	马	0	0
棉花	0	0	药材	0	0	猪	0	0
大豆	0	0	蒜薹	0.5	1200	禽类	0	0

资料来源：根据葛红章口述整理，2012 年 6 月。

葛红章一家 6 口，主要的收入来源是儿子外出打工和儿媳在本村做买卖挣钱，每年收入约有 3 万元。支出方面，最大支出就是治病了，尤其葛红章做了切除肾的大手术，花销很大，抵消掉新型农村合作医疗报销的一部分，2011 年葛红章家的医疗支出约有 8000 多元，食品支出大概 10000 元，全家四个大人都参加了新型农村合作医疗，每年 200 元，去年在土地耕作方面的生产性支出约有 1700 元，儿子葛纪风和媳妇交养老保险每年 200 元，已经超过 60 岁的葛红章夫妇达到了领取养老金的年龄，两个人每月可以得 110 元养老金收入。买衣服方面，老两口基本不花钱，主要是儿子儿媳和两个小孙女，过年时候会添几件新衣服，去年花了 800 元左右。孙女上小学的教育花费约 500 元。葛红章家有自己的水龙头，水源是村里统一打的井供水，村里为了节约用水，每天只放3 次水，早晨一次，中午一次，傍晚一次，其他的时候没有自来水供应，所以家里要用水缸接水储存起来，准备随时用。葛红章家的水电费大约每月 60～70 元。葛红章介绍说，家里平时做饭用煤炉，烧的是蜂窝煤，一天一夜大概要烧 3 块，冬天取暖就改烧煤块，因为蜂窝煤里好多土，做饭还可以，用来取暖有点冷，而煤块是纯煤，烧起来火旺，冬天供土暖气比较暖和。在当地，普通蜂窝煤的价格是 0.60 元一块，块煤 0.60 元多一斤，葛红章家去年冬天烧了 3500 斤块煤。他说，卖煤的会定期来村里，需要的话就买点，不用自己出去拉，买煤很方便的，像这些不太耗体力的家务事，葛红章能做就做了，也给儿子儿媳减轻点负担。以上情况详见表 14－13、表 14－14。

表 14－13　　2011 年家庭收入来源情况　　单位：元

职业	收入	职业	收入
从事种植业	0	本乡镇就业工资	0
从事个体经营	0	外出打工（电动车厂	15000
从事屠宰	0	从事运输业	0
从事渔业	0	政府补贴和社会救济	296.40
从事养殖业	0	出租耕地或房屋	0
从事旅游业	0	其他经营收入	15000
总收入合计	30296.40		

资料来源：根据葛红章口述整理，2012 年 6 月。

表 14－14　　2011 年家庭支出情况　　单位：元

总支出	合作医疗	生产性	养老保险	衣服	食品	看病	教育	水电费	红白喜事	交通	通信	取暖费
28000	200	1700	200	800	10000	8000	500	800	2000	600	1200	2000

资料来源：根据葛红章口述整理，2012 年 6 月。

葛红章家虽然经济不富裕，但一家人省吃俭用，儿子儿媳孝顺，总是给老人吃好喝好，小孙女吃饭上学也样样照顾得很好，生活很和睦。葛红章和儿子房间里各有 1 台电视机，家里有 1 辆电动三轮车，1 辆电动自行车，1 辆脚踏自行车，1 个冰箱，1 台洗衣机，2 个挂扇，1 台电脑，4 部手机。以上情况见表 14－15：

表 14－15　　2012 年家庭耐用消费品情况

项目	数量	项目	数量
电视机（台）	2	小轿车（辆）	0
电冰箱（台）	1	自行车（辆）	1
洗衣机（台）	1	电动车（辆）	2
照相机（台）	0	摩托车（辆）	0
影碟机（台）	0	手机（部）	4
组合音响（套）	0	固定电话（部）	0

资料来源：根据葛红章口述整理，2012 年 6 月。

葛红章笑呵呵地说，自己是见过世面的老司机，虽然修个拖拉机什么的绝对没问题，但对现在的高科技完全不懂，自己的手机也只会简单地接打电话，电脑放在儿子屋里，自己更是碰都不碰。他告诉我们，有一次儿子出门，没关电脑，让他帮忙去关机，他都不会关。葛红章闲暇时候就在家看电视，喜欢看新闻和电视剧，有时候出去溜达溜达。葛红章说，自己干活干不动了，出去走走对身体也好。他还在自家院子里种了些树，有葡萄和枣树，还有一些他自己都叫不上名字的树和盆栽，院子小，养不下家禽，种点果树一来可以自己吃，二来打发时间，并且借着种树也能适当锻炼身体。葛红章还很爱下象棋，但苦于无人切磋，村里的人大多做小买卖，平时又忙又累，因此葛红章也只能是想想罢了。

俗话说得好："幸福的家庭都一样，不幸的家庭各有各的不幸。"虽然葛红章身体欠佳，但儿子孝顺，子孙满堂，仍然是一种幸福。希望在未来的日子里，葛红章老人的身体能渐渐好起来，幸福和睦的气氛在这个家庭永不消散。

（五）享受低保的张玉田家

在我们今天访谈开始之前，引导员贾会计告诉我们这次访谈的对象是村里的低保户张玉田家。当我们在村里的小巷中七绕八绕地来到张玉田老人家时，正好碰到他们的邻居要盖新房，所以请来了村里的电工到电杆上停了几户的电，然后把老人家里的老榆树伐掉了一部分。老人告诉我们，等到邻居的新房盖好之后，自己家的榆树顶会刷到邻居的房顶，而且对施工也会带来很大的麻烦，所以就伐掉一部分。因为访谈开始的时候是上午十点，外面很热，所以老人说完榆树的事情后，就很热情地招呼我们到屋里坐。

进入正屋之前，我们打量了一下张玉田家的院子。这座院子不是很大，甚至显得有些拥挤，进入大门后的左手边有一间低矮的瓦房，里面存放着农具和收获的大蒜，还有一辆很旧的二八式自行车，右手边是一间稍好一些的瓦房，是做饭的厨房，里面除了基本的生活用具之外，最占地方也是最显眼的就是那堆蜂窝煤了。虽然有些拥挤，但是院子收拾得很干净，院子里的小摇井被一个特制的东西盖住了井口，几盆连老人也叫不出名字的花也在努力地装点着这座并不起眼的小院落。老人的正屋比院子要高出将近一米的距离，所以张玉田老人和老伴进屋的时候并不方便，特别是在上台阶的时候更是如此。

老人很热情的搬来了几张凳子让我们坐，在我们还没有坐下的时候，张玉田老人又搬来了饭桌，说是"方便我们记"。为了使老人不至于紧张，我们就从老人最基本的情况开始。张玉田，男，75 岁，汉族，小学文化水平，普通话讲的不是很好，但是我们还能听明白一些。张玉田的老伴刘连珠，68 岁，汉族，没有上过学，但是知道自己的名字的形状，也会写自己的名字，但是也仅此而已。她甚至不知道自己老伴和女儿名字怎么写。两位老人都没有宗教信仰。老两口没有儿子，唯一的女儿张素祥今年 36 岁，嫁到了别的村。老人告诉我们说女儿和女婿对他们很好，隔三岔五地就会来看看他们。

张玉田老人一家总共有一亩地，其中有 4 分地种植水稻，其余的种植大蒜。这些种植大蒜的地属于旱地，所以和其他的村民相比，产量不是很高。2011 年，老人 6 分地的大蒜，产量只有 400 斤左右，这还包括今年的籽种。而 2011 的大蒜价格是每斤 0.20 元，也就是说，张玉田老人辛辛苦苦一年，种植的大蒜收入还不到 100 元。这样的市场行情对于西街村的其他村民来讲，或许影响不是很大，但是对于像张玉田老人一家这样的低保户来说，简直就是毁灭性的打击。虽然今年的大蒜产量和去年相比没有什么明显的提高，好在大蒜价格有所回升，达到了每斤 1.8 元左右，这样老人的生活至少比去年好过很多。

表 14－16　**2011 年家庭承包土地情况**　单位：亩

总面积	水浇地面积	旱地面积	良田面积	荒地面积
1	0.4	0.6	0	0

资料来源：根据张玉田口述整理，2012 年 6 月。

作为对低保户的照顾，刘连珠老人告诉我们，国家每年给他们一家 1000 元。这些钱除了购买基本的生活用品之外，主要是去村卫生室购买药品。原来张玉田和老伴都患有严重的高血压和心脏病。两位老人每个月都要在药品上花费相当一笔收入。我们了解到，两位老人现在基本上每月购买一次药物，每次的花费在10元左右。之所以两位老人每月的医药费是10元，是因为老人买的都是最基本的、在村卫生室就可以报销的药品。一些特殊的药品在村卫生室是不能报销的，而要到大一点的医院的话，那里的医生会建议他们输液或者住院。为了不必要的麻烦，也为了省钱，刘连珠老人告诉我们，到他们这样的年纪，像他们家这样的情况，基本上是除非有大病，否则轻易不去大医院。即便是去村卫生室，也是实在扛不过去的时候。张玉田老人说，就在我们访谈的几天前，老伴刚好在村卫生室输了几天液，总共花了将近200元。所以虽然每年国家都会给他们一部分补贴，自己也参加了新农合，但是这些在两个无所依靠的老人面前，还是显得杯水车薪。当我们问国家每年的1000元是否少的时候，老人很实在地说："要是说够用，那肯定是不够，但是总比没有的好。再说国家要照顾的又不是我们一家，知足了。"我们在访谈中了解到，每到过年过节的时候，村里还会有一部分补贴，特别是在过年的时候，村里对每个低保户家庭提供一袋50斤的特一面粉，一桶金龙鱼油，两袋大米，总共是40斤。

表14－17　**2011年家庭收入来源情况**　单位：元

职业	收入	职业	收入
从事种植业	1500	本乡镇就业工资	0
从事个体经营	0	外出打工	0
从事屠宰	0	从事运输业	0
从事渔业	0	政府补贴和社会救济	2300
从事养殖业	0	出租耕地或房屋	0
从事旅游业	0	其他经营收入	0
总收入合计	3800		

资料来源：根据张玉田口述整理，2012年6月。

在西街村做访谈的这段时间，我们注意到，西街村和中国其他农村有所不同的是，虽然这里养儿防老的观念依然很浓厚，但是上门女婿却很少见，甚至可以说几乎没有。在我们访谈期间，碰到过很多例子都是：如果没有儿子，老两口要么将唯一的女儿嫁出去，要么将所有的女儿都嫁出去。

我们在这里从没有见到过上门女婿。这种情况的直接后果是老人晚年的生活保障问题没有根本解决。虽然不少老人都参加了新农合和养老保险，但是在中国强大的传统观念影响下，老人产生的孤独感和生活料理上的不方便给这样的农村老人的生活带来了极大的不便，张玉田老人和刘连珠老人的情况就是这样。

在我们访谈进行的中间，张玉田老人的女儿来看父母了。她得知我们正在进行访谈的时候，就一个人坐在了老人的床上，什么也没有说，也什么都没有问。过了一段时间后，她和自己的父母寒暄了几句就回家了。张玉田老人告诉我们，他女儿会时不时地来看他们。2011 年，为了能及时照顾老人，张素祥还给老两口买了一部老年人专用手机。但是两位老人除了接电话之外什么都不会。每次都是张素祥打来电话，两位老人中的一位接电话，然后他们聊一些老人最近的身体状况，需不需要帮助什么之类的。为了节省话费，每次两位老人都是挑选最主要的说。至于说手机可以当作手表看时间的功能，两位老人基本上也不用。在张素祥走了之后，刘连珠老人笑着说，他们的手机坏掉了，女儿联系不到他们，所以最近来的比较频繁。

访谈中，我们了解到，两位老人的生活很平常，1982 年西街村的生产队解散之前，两位老人一直在生产队劳动。之后张玉田老人买了一辆二八式自行车，开始卖年糕。但是时间不长，因为年纪大了，腿脚不太方便，所以卖年糕的时间并不太长，差不多也就 5 ~ 6 年。在此之后，两位老人的主要时间就在地里了——除此之外，两位老人确实也想不出还有什么可以做。在大蒜的种植中，张玉田一家几乎是赔本的。因为地不太好，大蒜又是劳动密集型的作物，大蒜的种植和收割很麻烦，前前后后需要倒手 7 ~ 8 次之多。而且还需要各种肥料，一袋 100 斤的尿素大约要 120 元。对于两位老人来讲，最难的还不是化肥的购买，最难的是买了化肥怎么将化肥施到庄稼地里。我们在老人的院子里看到一辆解放战争时期的独轮车，张玉田老人告诉我们自己就是用这辆独轮车推着化肥和收获的作物来回往返。去年收获的 400 多斤大蒜，老人总共推了 13 个来回！这样算的话，老人种地基本就是赔本的买卖，但是不种更不行，国家的补贴根本不够两个人的基本开销。所以明知种地种不出希望，但还是得接着种。或许这就是张玉田老人一家现实版的“二律悖反”吧。

表 14－18　2011 年家庭支出情况　单位：元

总支出	生产性	衣服	食品	看病	教育	娱乐	红白喜事	交通	通信	住房
2900	500	0	800	1500	0	0	100	0	0	0

资料来源：根据张玉田口述整理，2012 年 6 月。

在基本的生活方面，无论是烧火做饭还是冬天取暖，两位老人用的都是蜂窝煤，这个和其他村民还有点不一样。在西街村，家庭状况一般的农户，做饭主要是蜂窝煤，而冬天取暖则主要是用块煤或煤球。张玉田老人对我们说，用煤球还得用另外一个火炉，而且煤泥做的煤球没有蜂窝煤的燃烧时间长，用蜂窝煤主要是节省。但是也正因为这样，两位老人的膝关节都有毛病，刘连珠老人还患有严重的风湿病，这个似乎不能用得不偿失来解释。老年人有他们自己独特的思维方式，我们除了尊重之外，似乎没有什么其他的想法。在吃菜方面，老人说自己没有多余的地，在院子里也没法种，所以大部分蔬菜都是女儿买的。刘连珠老人说着还拿出了刚刚切好的西葫芦让我们看，告诉我们这是女儿昨天送过来的，估计能吃两天。当我们问多长时间吃一次肉时，刘连珠老人笑着说："除过年和重要的日子外，我们基本上是不吃肉的。"对于老人的这些话，我们也没有再多说什么。在衣服方面，两位老人几乎不添置新衣服，都是女儿有时候过来给老两口送几件，或者是左邻右舍送给张玉田老人几件工作服之类的。

刚进入正屋的时候，我们就对这间房子充满了好奇，确切地说是对它的房顶充满了好奇。因为老人房子的房顶和其他村民的房顶不同，是平顶的，而其他村民的房顶都带有斜坡。老人说 2003 年盖房子的时候，因为经济拮据，所以就没有买檩子，只是花 400 元买了两根大料。其实 400 元在当时算是很便宜的，我们看了看房顶的大料，上面清晰地写着"公元二〇〇三年农历二月二十七日巳时上梁大吉利"。张玉田老人告诉我们，他自己当时也考虑到了房顶的积雪和排水问题，但是也没有其他办法，所以也就只好这样凑合了。不过还好，西街村最近几年没有下大雪，也没有下大雨，所以到目前为止，老人的房子还是很安全的。不过老人自己有自己的想法，他在房顶上砌了一排砖，这样对于排水还是有很大帮助的，但对下雪就没有更好的办法了。

在访谈快结束的时候，我们仔细看了看张玉田老人的屋子。整个屋子的摆设极其简单，基本没有什么像样的现代化东西。一台缝纫机、一个吊扇、一部不能再收听的收音机、一张床，这就是我们进入正屋后最直观的、最先看到的东西，除此之外，似乎已经没有什么了。屋子的墙壁上也没有什么像样的贴画，除了一张泛黄的灶王爷之外，唯一我们能认出来的就是一张画有毛宁和杨钰莹的塑料纸画，而这两位都是十几年前的明星。老人开玩笑地说自己和老伴也不认识画上的人到底是谁，更不知道现在他们的状况，这是当时快过年时女儿买的，这些年了一直贴在墙上，从来就没有动过。我们看了看，这些年两位老人似乎就没有买过贴画。我们很好奇地问两位老人怎么看日期，刘连珠老人笑着说："每年过年的时候，村里都会给每户发一张带有日历的年画，我们就是这样看日期的。"

在生活娱乐方面，老人的精神生活很贫乏。由于没有电视，唯一的收音机也早已坏掉，加上老两口没有订报纸，所以两位老人对于外面的事情几乎完全不知道。我们访谈的时候，正是神九和天宫一号交会对接的时候，但是两位老人对此一无所知。其实私下想，这个似乎和老人的生活没有多大的关系，他们关心的只是自己的生活。不过这并不代表老人完全没有娱乐活动，张玉田老人的二胡拉的非常好，没事的时候就拉二胡，曲目也是一些经典的选段，老人特别提到了河南豫剧《朝阳沟》，说之前没事的时候就拉一段《朝阳沟》的经典选段。不过近几年年纪大了，也不经常拉二胡了。我们提到了最近的电影下乡活动，老人告诉我们，自己知道有这个活动，但是对于一些电影他们看不懂，一是因为对于故事情节没有一定的了解，二是两位老人的文化程度都不高，电影的字幕看不懂也看不清楚，另外就是耳朵有点背，电影的对白也听得不是很明白，所以基本不怎么看电影。

表 14－19　2012 年家庭耐用消费品情况

项目	数量	项目	数量
电视机（台）	0	小轿车（辆）	0
电冰箱（台）	0	自行车（辆）	1
洗衣机（台）	0	电动车（辆）	0
照相机（台）	0	摩托车（辆）	0
影碟机（台）	0	手机（部）	1

续表

项目	数量	项目	数量
组合音响（套）	0	固定电话（部）	0
收音机（台）	1		

资料来源：根据张玉田口述整理，2012 年 6 月。

最后我们问老人对国家的养老和补贴政策是否满意时，张玉田老人说："当然满意，满不满意得和以前比。"老人告诉我们，自己出生在新中国成立前，以前像他这样的老人，基本上是没有人管的，现在虽然补贴的钱不够花，但是最起码还有补贴，说明国家还没有忘记他们这样的群体。张玉田老人一家致贫的主要原因，用刘连珠老人的话说就是"没有文化"，在生产队解散之后，对于经济机会的捕捉不及时，除了种田之外，没有想出更好的致富办法。所以在访谈结束之后，两位老人像教导自己的外孙一样说"要好好学习"。我们祝福两位老人晚年的生活平静幸福。

（六）因病致贫却满怀希望的葛红文家

在村子里调研的时候，经过村子的主巷总是能碰到一个面色祥和的中年男人坐在巷道边，后来经过了解，他的名字叫葛红文，是村子里的低保户。但是"吃低保"这三个字和我们印象中的葛红文的气质似乎并不接近，于是我们怀着好奇，第二天傍晚时分来到葛红文家。

葛红文听明白了我们的来意，很热情的起身领我们进家门。葛红文起身时我们才发现，他的腿脚活动并不是很方便。当时，葛家正在对房子进行大修，葛红文和爱人暂时住在侧房，我们就在院子里坐定，开始了对葛红文的访谈。

我们了解到夫妻二人都在领取最低社会保障金，这在西街村也并不属于常见现象。原来，2008 年，葛红文突患严重脑血栓，经过一年的治疗和两年的静养，身体才逐渐恢复到目前的状况。身体的恢复是可喜的，但是这场大病之后，葛红文基本丧失了劳动能力，家里的经济支柱轰然倒塌，失去了持续的收入来源；而葛红文的爱人主要以务农为主，也是有病缠身，医疗费用负担重上加重。这些就使得葛家一夜之间就由小康家庭转变成了典型的低保户。

葛红文，西街村人，1955 年出生在一个普通的农民家庭里。葛红文 7 岁进入南沿村完小读书，但 4 年后便辍学，开始在生产队务农。这农活一干就是十几年，或者是在队里，或者是在家里。成人之前，干一天农活只能得 5 分，10 分一个工，一个工大概两毛多钱；成人后，所有的劳动也只能是基本满足全家的温饱。当问及当时有没有想过自己做点儿小生意，葛红文很无奈地说，想过也尝试过，但是在他成长的年代，农民自主经商的生存方式毕竟是不被允许的，很容易就会被扣上“投机倒把”的帽子。不过，也正是他对摆脱农业生产仅能提供极其有限生活资料束缚的渴望，使得他在国家改革开放的大门刚一打开，便第一时间抓住时机，开始了商业经营。从 1978 年 23 岁一直到 2008 年 53 岁生病丧失劳动能力，从事农副产品买卖的生意差不多有 30 年的时间。谈起这段经历，他显得神采奕奕。

葛红文始终从事的是农副产品的交易活动。在最初的十年里，葛红文主要通过流动售卖方式，把本村收获的大蒜、宰割的鲜肉等农副产品小批量的卖到南沿村镇的其他村子，或者是永年县城和邯郸市区。葛红文的足迹涉及的范围较为广泛，其中一个主要原因就是西街村坐落在距离邯郸市区最近的永年县域内，交通便利。

1987 年，葛红文 32 岁，和爱人杨引凤喜结良缘，当年花了 5000 元把老房子修葺一新，组建起了属于自己的幸福家庭，三个孩子也分别在 1988 年、1991 年和 1994 年降生。当时，葛红文在外面跑生意，维持家用，爱人则在家里服侍老人，养育孩子，同时还把家里的农活儿都包了下来。夫妻俩一个主内，一个主外，相濡以沫，共同持家。成家后，只是在本地区内经营蔬菜生意已经远不能支撑家用了。葛红文再次利用南沿村镇的便利交通，搭上了邯郸市的铁路运输，将自己的小买卖做到了距离邯郸较近的大城市北京和天津。葛红文说，最初，自己用的是最笨的办法，白天在村子里收菜，坐上下午四点钟到天津的火车，早上四点钟到达，然后就一个人背着篮筐，在天津这样一个大都市里走街串巷，售卖自己的蔬菜。人生地不熟，一天只能吃到一顿饭。风餐露宿还不是最大的问题，在小区里，还经常会遇到小地痞的敲诈勒索，一天的辛苦钱便所剩无几；如果是遇到了公安和工商人员，货物会被没收，同样是白费了力气。就这样，葛红文夕发朝至地以两天为一个周期的来回奔波着。当问道，这么辛苦为什么还如此坚持的时候，葛红文说，当时家里的孩子小，地又少，那些农产品如果在邯郸本地卖，也只能是几毛一斤，可是运到北京、天津，情况就不同了，一般都能卖到一元一斤。辛苦是辛苦了些，好在一年自己能给家里挣回两三千元的收入。

大概从 1994 年开始，一方面因为积攒了一定本钱，一方面也是因为独自流动售卖所能涉及的经营范围和利润空间在市场经济的大潮下显得越来越单薄，所以葛红文开始了与几个老乡的合伙经营，差不多十个人租赁一辆货车，装载千斤左右的蔬菜，充分利用南沿村镇紧邻省道的地理优势，通过公路运输，经过大概 5 个小时的车程，将大蒜运往天津和北京等地。但是，大蒜到达目的地后不再是通过自己流动售卖而出售，而是直接运往当地的农贸市场，对外批发或零售。葛红文说，在农贸市场里出售蔬菜，最大的改变就是不用时时处于提心吊胆的状态，流动售卖所面临的各方面障碍消失了，很有安全感。葛红文和合伙人在当地大概需要 15、20 天的时间卖完一批蔬菜，然后返家。这样的话，一年的时间能跑上 10 个来回，但由于蔬菜售卖具有明显的季节性，所以夏秋时节葛红文就跑的密集一些，冬天便基本歇了下来。此时的年收入，也逐步提高到了 5000～6000 元。就这样，靠着这 20 多年的全力付出，葛红文养活着一家老小六口人。一年 5000 元左右的收入水平，即便是平摊在一个 6 口之家中，在 20 世纪 90 年代中后期的中国农村仍是相当可观的。可是细想开来，20 多年的付出与积累，如何在一场大病后便一无所有，夫妻二人才刚近花甲年龄就都转变成了合格的国家的最低生活保障的扶助对象？笔者归结了以下几点原因。一是家庭基础薄弱。葛红文家里两辈人都出生成长在一个典型的农村家庭里，除了土地，没有额外的生产资料。再加上本地农村人多地少的实际情况，一个家庭的收入来源便完全受限于极为有限的土地年产出。二是家庭里缺乏有效的劳动力。葛红文一家六口人。其中，在这二十年的时间里，老人和孩子四口人是完全没有劳动能力的家庭成员，他们无法取得收入，相反，其日常生活、教育、医疗费用则是会占到家庭开支的一大部分；而葛红文的爱人，则是将全部精力都投放在了照看老人孩子、家务以及农活上，非常辛苦，但是基本不创造现金收入。从另一方面，葛妻对家庭的照顾，也是分工明确地为葛红文的外出解除了后顾之忧。就这样，葛红文以一肩之力扛下了挣钱的担子。所以，从家庭收入角度讲，葛红文就是家里唯一的支柱性的劳动力。葛红文的广阔的眼光和辛勤的劳动，虽然在一段时间内赚取了可观的收入，可是一个人挣钱六个人花，家庭人均收入一下子折成了1/6，也就不会很富裕了。收入抵消掉日常支出，在这20年的黄金时间里，葛红文家里所能积攒的储蓄也还是极为有限的。三是主要劳动力的劳动周期较短。通过我们对葛红文几十年的人生经历的了解，他能够支撑家用的劳动时间只有1988—2008年大概20年的时间。针对这一问题，从葛红文个人角度讲，笔者认为是受教育程度低决定的从事简单劳动的性质导致的。葛红文是个地道的农家人，他能够将自己的经营范围拓展到京津等地已经是拥有了超出常人的见地，但是这种营生手段仍然对劳动量的要求高、缺乏可持续性，葛红文只能在有限的时间集中付出劳动赚钱养家，而生病之后则只能放弃，而且放弃了这一个活计就等于是整个家庭收入完全丧失了来源。

经过4年的治疗和修养，随着身体的逐渐康复，葛红文也恢复到了可以干些轻活的程度，村委会雇用葛红文清扫村子的街道。这样，葛红文每月能够领到300元的工资收入。由于行走不便，葛师红文驾驶一辆电动三轮车，拉着扫把，每天按时清理街道卫生。葛红文说：工作并不辛苦，每天有半天的时间就可以完成，这是队里给自己的照顾。不仅仅是村委会的照顾使葛红文坚信困难终会过去，葛红文的亲人更使他能够切实看得到美好的未来。

前面提到葛家正在全面翻修房子，起初我们也是存有疑惑，葛家是双低保户，盖房子的钱是从哪里来的呢，大动土木的场景毕竟与我们见到的村子里的其他低保家庭是有所反差的。听葛红文和爱人细细道来，我们这才了解到，原来二人自从1987年结婚以来，一直与葛红文父母合住在家里的老宅里。两个人刚成家的时候对房子进行过一次翻新，之后便一直在这里生子立业，从未离开过。但是，到了去年的冬天，亲戚们说“实在看不下去了”，“这老房子都已经成了危房，我们大家给你凑点儿钱，你两口子给它重新翻盖一遍吧”。说到这，我们才恍然大悟，一下子明白了葛红文和爱人发自心底的愉悦之情，有了亲戚的帮助和支持，即便自己正处于最困难的时期，也能够获得弃旧迎新的快乐。

葛红文的另一大精神支柱便是自己的两个女儿和一个小儿子了。葛红文的大女儿目前在苏州的一家电子厂做质量检查的工作，每月的收入葛红文虽然说不清，但是他知道大女儿自己省吃俭用，留出来一些钱寄给家里，另外一些就寄给弟弟妹妹，供给他们上学的费用。小女儿是在葛红文生病的那一年考入的高中，后面三年的时间里一边帮忙照顾家里一边用心又刻苦的学习，最终考入了唐山大学的对外汉语专业。讲到这里，葛红文自豪的情绪溢于言表，他说，小女儿今年已经是大学二年级了，她所学的对外汉语专业，在全省就只有两所高校招生，一个是河北师范大学，另外一个就是唐山大学了，她们一个班也就只招收了42个人。另外，小女儿每月花销固定，特别懂事的利用课余时间打工，挣取自己的生活费。小儿子职中刚刚毕业，之前一直在家里帮助母亲干农活，暑期想离开家，去苏州找姐姐，想靠自己的双手打工挣钱，以贴补家用。

以下是葛家的基本经济情况：葛家共拥有土地1亩3分，其中旱地8分，一年中交替耕种玉米和大蒜；水浇地半亩，用来种植水稻。葛家五口人，平均每人拥有耕地不到3分。西街村人多地少的特征比较突出，葛红文也提到，在改革开放的过程中，分配给村民的土地是在去掉行政部门用地之后所剩余的极为有限的耕地，再加上本地人口密集，所以每家可以分得的土地只有人均3分左右。这些土地对于村民来说，只能提供基本口粮，而无法生产出基本口粮需求之外的经济收入。

2011年葛家有如下几项收入来源：首先是种植业，根据葛红文的估算，蒜薹年收成500公斤，全部卖掉，获得了2000元收入；玉米收了450公斤，全部留下，自己吃一部分，送给亲戚朋友一部分。根据当年玉米的市价，折算成货币收入即为900元；水稻收成大约250公斤，同样全部留作粮食自用，根据市价折算成货币收入约为950元。除了自给自足的种植业，工资收入也是葛家的一个主要收入来源。一是葛红文清扫村巷街道的300元月收入，二是大女儿的打工收入，寄回家里大概每月1000元。葛家的其他收入就主要是政府补助了，包括粮食直补（每亩132元）和良种补贴（每人7元），每年合计206.60元。葛红文不能清楚地说出补贴的方式，但是他说"每亩每年不到200元"，与实际情况极其接近。而根据这一段时间我们的走访经验，能够把补贴收入说得极为接近的农户也只有葛红文一家。这一方面可能说明了村民的家庭条件比较富裕，加之每家只有大约2亩土地，大家对这部分每年只有几百元的收入并不十分关注，不过这方面也还是需要基层政府将农民可以得到的实惠宣传的更加到位；另一方面也说明了葛红文还有爱人都头脑清晰有自己的明白账，这一点在访谈中体现的很明显。葛红文和爱人的低保金是每人每年1000元。葛家的支出主要是医疗费、生产支出和生活方面的费用。医疗费用方面，葛红文2008年治疗脑血栓，医疗费2万元，其中40%由市级医疗报销；爱人2011年因关节炎住院治疗，花费2000元，县级医疗报销了

80%。除了住院的花销，二人每年吃药、输液的费用也在 2000～3000 元。生产性支出方面，根据葛红文的计算，土地耕种上，水泵的租赁，加上种子、农药和化肥的购买，一年下来的费用大致 1300～1400 元。住房方面，翻新房子的总支出大概在 9 万元，夫妻二人拿出储蓄的 2 万元，其余 7 万元都是亲戚朋友的支持，葛红文说这些钱后续会悉数归还给亲戚朋友的。另外，葛家使用煤炉做饭取暖，所以每年要买入 2000 块蜂窝煤，2011 年低价位蜂窝煤的单价是 0.90 元一块，这样买煤的支出就是 1800 元。吃穿住行方面，夫妻二人一个月吃饭需 600 元；提到穿，二人更是说，年纪大了，过去的衣服都可以穿呢，不用买新衣服，所以算算，一年下来 300 元就足够啦。即便如此，我们对两位的印象却是虽然衣服都没有崭新的样貌，但仍是穿戴整洁、利索合体。交通费用方面基本为零，因为夫妻二人除了看病拿药之外基本不离开镇子。还有一项支出不得不提，就是葛家的红白喜事人情支出方面，夫妻二人一年能够支付出大约 2000 元的份子钱。根据我们的走访经验，本村的礼钱大概是这样一个习俗：普通关系是 30 元，比较亲近的关系则是 50 元、100 元、200 元不等。更有意思的是，我们了解到每家的礼钱支出，不论家庭条件好坏，每年的支出水平都在 2000 元左右，可见全村村民的关系相处得都较为融洽以及人情观念的根深蒂固。

采访接近尾声，当问及对今后生活的打算，葛红文满怀憧憬地对我们说，开一家加工作坊是自己一直的目标，只是突发的疾病打断了计划，最终还是没有积攒出足够的资金来完成。如今，看到村子里已有许多对大蒜进行切片、烤干或研磨成粉或腌制等加工后出口韩国、日本的企业，自己也是心里痒痒。不过没有关系，儿子一直都理解我的这个想法，他说总有一天会回来帮助我把厂子建起来的。说到这里，笔者终于明白了葛红文和其他低保户的不同，虽然身处困境，但是他却仍在展望着未来。这未来也并不遥远，它就在眼前一天天修建起来的新房子里，就在眼前一天天成长起来的自己的孩子身上，所以葛红文才能够始终祥和地微笑着。

在后续的调研过程中，每经过葛红文的家门前，他都会向我们点头微笑问候致意，衷心祝愿葛家一天一天好起来，一家人再次迎来果实累累的收获季节。

第三部分　农民

十五、西街村村民委员会成员

（一）年富力强的西街村党支部书记石建武

第一次见到石书记是我们刚到西街村的第一天，和他一起来的还有一名警务室的工作人员，他说这就是石书记，给我们的第一印象就是年轻，这么年轻就当书记了，肯定很能干。石书记很高，黝黑的皮肤，衣着整洁，一看就是个很在乎仪表的人，在我们和他相处的这十几天几乎每次看见他都会穿不同的衣服。石建武是西街村的党支部书记，也是我们这次调研的总协调人。虽然我们每天都能看到他，并通过他了解村里的相关情况，对他本人也有初步认识，但我们还是专门拿出时间在他家里对他进行了采访。

石建武，43 岁，高中毕业，妻子王丽英，42 岁，初中毕业，都是汉族，没有宗教信仰。石建武有两个孩子，老大是个儿子，20 岁，在永年二中读高三，2012 年将高中毕业，参加高考。女儿 15 岁，在汉光中学读初二，石书记说女儿三年级就去市里上学了，当时才 7 岁。

石建武的家是我们在西街村访谈见到过装修最好的家庭。两层的楼房，挨着公路，一层是自己家开的摩托车店，雇人管理，面积很大，460 多平方米，我们去时，店里的工作人员正在忙。从店里穿进去，后面是一个小院，还没走到里面就听见狗叫的声音。从后院的露天楼梯上去，房顶上也是一个小院，三四十平方米，房顶上还开垦着一小片土地，种着蔬菜，有茄子、西红柿，还有几盆花。石书记的妻子招呼我们进屋，她看起来也很年轻，更不敢相信已 42 岁了。进到屋里，不得不说，真是气派，而且装饰也很讲究。宽敞的客厅，我们十几个人坐在客厅里也不显得拥挤，左边是两个金色的长沙发，两张宽大的玻璃桌子，最有特点的就是墙上镶嵌的橱子上摆满了各种玉石瓷器，看来石书记平时有珍藏的爱好。里面就是卧室了，楼上的面积和楼下一样，也有400多平方米。

石书记向我们介绍了一些村里的情况，他说西街村土地少，每人分得3分地左右，作为大蒜之乡，几乎家家户户都种蒜，但即便是这样，因为土地少，所以也形不成规模，一家种几分，也不能大规模批发卖，都是外面有人来村里收购时卖掉，赚不了多少钱。做小生意的比较多，开个商店、饭店，做屠宰、卖羊汤。

石建武1977年上小学，1989年高中毕业，在他七八岁时，父亲就瘫痪在家，从自己记事起，父亲就常年卧床，到他13岁，刚上四年级时，父亲就去世了。村里原来有事管会，父亲就在那里面工作。家里5个孩子，自己是最小的，有两个哥哥，两个姐姐，本来就穷，父亲去世后家里生活就更加困难。那时没饭吃，总吃不饱。石书记回忆说，那个时候在庙会上向讨饭的人买来一些散碎的白面馒头就算是好东西，那时能吃到这个就感到很高兴了，自己在家的话只能吃窝头。说到自己当年的学习成绩，石书记笑着说，在读小学和初中一年级时，成绩还可以，初中就在镇上的永年七中读的，到初二时，参加了学校的篮球队，经常打篮球，不学习了，成绩就慢慢下降了。到高中时，就不打篮球了，但也没有参加高考，他说，那个时候参加高考要经过预选，相当于高考资格选拔，各县甚至各中学都有预考指标，只有参加考试，并在指标内才有资格参加高考。我们都很惊讶那时居然还有这个制度，感觉对学生很不公平，平时学习不好不等于高考考不好啊！预选通过的比例本来就低，自己学习成绩又不好，被刷下去也是情理之中的事情。没能参加高考，后来也没有复读。家里穷，那时两个哥哥都结婚了，都有了各自的家庭，家里只剩下他和母亲，母亲靠在路边摆摊卖鞋、帽子等维持生活。他说母亲去世也很早，有十六七年了。

说起石书记的经历，真是丰富，经过这么多的磨难和闯荡，才有了现在的生活。没有上大学，又没有复读，高中毕业后他就和母亲一起卖鞋帽，这段日子很艰辛，要坐汽车或火车去石家庄进货，然后去外地的集市上卖，每逢外地哪个村子有集市、庙会，他就骑着柴油三轮车带着母亲拉着货物，像打游击一样，四处流动，到地点后用木板搭个架子摆摊卖鞋帽，利润很小，刚好能维持家里的生活，就这样他和母亲奔波了两年。到1993年，又改行屠宰，自己去外地收购猪，回来自己杀，然后卖肉，和别的屠宰户一样，生活还可以，这样又干了两年不干了。1995 年初，石建武和别人合伙买了一辆大货车跑运输，共十几万元，有 8000 元是自己出钱入的股，余下的钱都是借的。买车后主要业务就是运输玻璃，从邢台沙河玻璃厂，拉到浙江温州，长途运输，既耗费精力，再除去油费，也挣不了多少，这样跑了一年运输，到年底时不干了，把车转给了别人。最后，石书记很轻松地笑着说，他清楚地记得自己这一年跑运输最后挣得了什么：挣的 2000 元现金，一块大帆布——遮盖玻璃用的大帆布，还有两条大绳，一件军用大衣，说到这些，他还重复了好几遍，好像事情依然历历在目的样子。

年轻就得有干劲，有闯荡的精神。不断地转行，干了这么多行，我们不禁打心眼里佩服起石书记来，百折不挠的精神就是这样的，这样的人性格应该很独特，我们问他的性格是什么样的，他只是笑着说，没啥性格，就是好胜心强，总希望自己什么事情都做得比别人好，比别人超前，能看到别人的优点和长处，自己就想方设法赶紧追赶。就是这股劲头，一直促使他不断向前发展，争取更好的。

1995 年底，石建武又和其他五人合伙卖摩托车，每人入股 22000 元，由于家里经济条件不好，只能拿出 8000 元，就从亲戚朋友处借了 14000 元。那个时候不像现在有店面，把车摆在那就行了，当时除了有货物，别的什么也没有，没有店面，院子里有个屋子做仓库用，每天白天把摩托车从箱子里抬出来，抬到公路边，摆好卖，没卖出去的到晚上再放回箱子里，搬到院子里的仓库，第二天继续这样。他们卖的摩托车的型号是重庆 80，那个时候比较流行这种大摩托，也比较贵，每次进货大概有 20 台，售价在 5000 ~ 6000 元，一开始是一般家里有钱的人才买，到后来 1998 年以后买的人就多了。主要是新结婚的小夫妻买的多，那时结婚流行买摩托车，条件一般的买一辆，条件好点的买两辆。那几年生意不错，平均一天就能卖出一台，除了卖摩托车，还卖摩托车配件、机油等，相比之下，这些东西的利润要比摩托车的利润大，而且这些东西更容易出售，一年下来，每股能赚 8000 ~ 10000 元。

合伙卖摩托车经营了几年，在 2003 年的时候，根据厂家要求和市场需求，原来的合伙经营就改为自己经营，也就有了现在自己的摩托车店，这个地方原来是南沿村镇的汽车站，2003 年汽车站拆迁，拍卖这块土地，石书记总共花了 29 万元盘下这块地皮。石书记说这一年的经历对自己的影响是最大的，这也是他人生第一次下这么大血本、这么敢豁出去的大干一场。这块地紧靠公路，将来肯定发展不错，自己又缺乏卖摩托车的店面，这样正好有地儿了。有了属于自己的店面，就专心的经营，现在除了摩托车还有电动车。原来卖的都是多种品牌，最近几年摩托车主营的品牌是豪爵一铃木，电动车是宝岛。这么大的规模，关于怎么进货，石书记说，不用自己去进货，都是别人送货，这些货物在邯郸有中转库，厂家把车子运送到邯郸市，中转库的人再往下面各个地区派送，主要负责邯郸地区和邢台南部地区的销售。这些货款的交易都是用现金，不能欠款。他还特别强调说，不像家电，进货都要提前付款，再发货，摩托车不用。为了防止串货，摩托车的价格都有最低限制，店里卖过的最贵的是 9000 元。近几年店里的生意越来越好，2011 年销售 1600 辆，销量最多的是 2010 年，卖了将近 2000 辆。相比于摩托车，电动车不怎么赚钱，在南沿村镇，我们发现有三四家卖电动车的，代理的品牌各不一样，每年仅南沿村镇就销售 6000 ~ 7000 辆电动车，至于石建武的店面，还是以摩托车为主。除了卖摩托车，还卖摩托车部件和维修摩托车，不管是不是从自己家买的，坏了都可以来这修。店里雇了两三个小伙子，看来这家店真是经营的不错，墙上挂了好几张奖励证书。

他的第二个产业是学校食堂。说起这个，我们不仅纳闷，经商怎么能和食堂挂起钩。他说 2005 年普九验收时，学校设备陈旧，房屋简陋，但是又没钱盖，就找人投资，不仅学校的食堂，连学校的宿舍楼、教学楼也都是别人投资建的。当时想要投资食堂的人很多，也有好多人请领导吃饭、给领导送礼，但最终选定的是他，就看中了他的人品好、有诚信。石书记说，学生食堂嘛，肯定没有什么利润可图的，就凭着这个不以营利为目的的心，他们获得了这个食堂的投资权。这个食堂不是他自己投资建的，还有哥哥和姐姐，三个人合伙，从建成到现在已经五年了，这是第六年，投资的成本已经收回来了。他们既是投资人，也负责管理食堂，也要雇用工人，目前食堂共 14 人，厨师有 8 人，其余都是清洁人员和看门的。除去工作人员工资，每年的收入在 4 万元左右，姐弟三个平均每人分 1 万多。他们对食堂的管理权是 25 年。这实际上就是我们学习到的 BOT 投资方式。

越能干越敢干，钱也越来越容易挣，产业也像滚雪球一样越滚越大，财富也集中的越来越快、越来越多。石书记真算是这个小镇上的富豪了。

石书记的第三个产业就是恒利商业广场，相比于摩托车店，这个利润就更大了。恒利商场是这个镇上最高档的商场，三层楼，坐落在公路北边，总面积不到6000平方米。这块地原来也不是自己的，2003年土地拍卖时，别人买的这块地皮，2007年从别人手中买过来的。原来一直是平房，随着人们消费水平的提高，消费层次也提高了，2011年改建成了三层楼房。规模大了，现在地皮和房子都是属于自己的，二楼和三楼都安装了电梯。店面都出租出去了，第一层和第二层共有70多户，主要经营服装和鞋。入驻恒利商场的品牌有康踏、特步等，第三层只租给了一户。整个恒利商场以良性的循环方式正常运转，商场的管理也是雇的职业经理人，还有卫生、水电、保卫也都是雇人。镇上也有其他商场，要么规模小，要么太老化，相比恒利商场，都逊色了些。确实，在一个小镇有如此规模的商场已经很高档了，看到恒利商场，才感觉到小镇的商业气息十分浓厚。

说起自己现在的辉煌，不能不想起当年的酸楚。石建武书记告诉我们，他1989年经人介绍，和王丽英认识，一年后结婚。石书记说当时爱人家里条件比自己家好多了，要彩礼钱1500元，自己没钱只好借钱，结婚共欠账7000元。是啊，夫妻两个一同享用财富不算什么，一同经历困难的日子才是最好的，才更懂得珍惜现在的所有。

石书记给人的感觉就是风风火火，敢作敢为。都说商人重利轻义，这在石书记身上可是一点也说不通的。石书记2001年加入中国共产党，2009年经选举当的南沿村镇西街村党支部书记，石书记说，当时有36名党员，选举时共有三名候选人，自己有幸得到大家认可，赢得了党员、群众的信任和支持，成为南沿村镇西街村党支部书记。我们在村委会办公室的墙上看到村委会和党支部的荣誉，“先进基层党组织”、“党的好干部”、“群众带头人”等表彰和锦旗。石书记说，原来村里没有像样的村委会办公的地方，现在的这个办公室是在2009年建的，是一个二层小楼，西街村村民委员会、党支部、警务室都在这办公。关于建这个房子，还颇有一番争议，这块地原来属于第三生产队，村民占了20年，2009年村里领导要把这块地收回来建村委会，三队的村民不乐意，就要抢占地基，没办法，村里只好根据当时的地价赔偿。村委会前面的小区楼房也是当时建的，这些房子也让三队的村民优先选，这样村领导和村民达成了一致的意见，村委会的办公室才得以顺利建成。

自从石书记上任以来，村里的面貌改善了很多。我们去村民家采访时，经常听到村民对石书记的赞扬，说石书记干得不错，为村民谋到了实实在在的福利，村民得到了实惠。

水是生命之源，首先要保证村民方便地吃上放心水，在别的村已经用上自来水时，西街村还停留在以前的样子吃井水。2009 年，除了建成村委会这件事情外，石书记积极筹资，多方联系，为村民安装上了自来水，从而解决了村民饮水用水的问题。全村共用一口井，就是学校的深井，现在全村都用上了自来水，随时都有自来水，方便多了，不像以前，到时间了就得接水储藏，否则过后就没有水了。

镇上原来有个露天电影院，不过没人去，也不盈利，已经破产了。2010 年，石书记把这个电影院收了回来，收回这一闲置的旧房建成了村民住宅楼，既解决了宅基地紧张问题，又节约了土地。在我们采访的村民中，听到有人说，村里办事没钱了就去支书家里借，支书有钱，心肠好。我们想，村里有这样一位支书确实不错。

要致富，先修路，石书记自从担任西街村支部书记以来，修路就成了他心中一项重要任务。经过多方面努力，2011 年，带领西街村打通了全村的主干道路，铺上了水泥路，彻底改变了全村“通行难、难通行”的状况，改变了以往下雨天道路泥泞坑坑洼洼的状况，方便了村民行走。说起村支书石建武，村民们纷纷表示，石书记确实干得不错，“以前我家门口的道路特别难走，每逢下雨就积水，现在修成水泥路，一点积水也没了。”

好支书，人人夸。村民说最大的感受就是自己的村子变干净、变漂亮了，道路宽阔整洁了，而且有了集中供水，这对我们每个村民来说都是一件值得高兴的事情。石书记为村民谋到了福祉，得到了村民良好的口碑。在对待村里的低保户上，石书记说，每逢过年过节都会给他们发东西，米、面、油，给他们送去一些慰问品，也在努力提高低保户的补贴水平，争取让他们过上好的生活。

关于西街村未来的发展，石书记说，他最想做的就是让西街村更富，人民生活水平更好。虽然西街村的土地不多，但是他仍然留着集体地，就是想引进外地的企业来这建工厂企业。本地没有人办工厂，西街村村民都没有这个传统，所以如果能够吸引外地企业，在本地建工厂，促进西街村的经济发展，村民还可以到工厂上班，解决村民的就业问题。

采访石建武书记的当天，正是他的生日，我们西街村调查组部分师生在他家里吃了一顿丰盛的午饭，也给我们此次调研画上了一个圆满的句号，第二天我们的调研结束。此次调研，我们结识了很多平常百姓，了解了民情，带着满满的收获和恋恋的不舍，我们踏上了归程。感谢石建武书记和西街村村委们的大力支持，我们相信西街村在他们的带领下发展会越来越好，更上一层楼！

（二）老支书、现任西街村村民委员会主任王兰

王兰，男，1954 年出生，初中文化水平，是一名老党员，现任西街村村民委员会主任，是原西街村党支部书记。调研组在村委会办公室第一次见到王兰，他言语不多，从容和善。

王兰在家中排行老六，上有三个姐姐，两个哥哥，下有一弟弟。年幼时家中极为拮据，故而姐姐们没有上学，只有兄弟三人有上学的机会，王兰学业不是非常出色，但学习很用功。1972 年国家征兵时，西街村有两个名额，王兰像当时的大多数农村青年一样，向往部队的生活，在家人的支持下，他毫不犹豫地申请报名参军，18 岁的王兰身材高大，相貌英俊，在品行方面有良好的口碑，文化程度也相对较高，故而在报名的十几个青年中脱颖而出，被选入铁道兵铁一师铁三团卫生队，在 20 世纪 70 年代的中国，农村青年参军能进入卫生队是难得可贵的机会，因为进入卫生队意味着要掌握一门专业技能，并且是相对高端的医学技能，这样就有更多的个人发展空间。王兰进入卫生队后开始学习中医、西医、内科及外科，开始入门感到吃力，但他下决心要掌握好这些知识，每天都起早贪黑地读书、做笔记，经过半年多的刻苦学习，开始了内科护理的实习生活，负责对病人进行入院指导，根据病情安排床位，采集主客观资料，填写护理病历，保持病室清洁、整齐、安静、舒适，室内空气保持新鲜，光线充足，这些看似琐碎而简单的工作，王兰总是一丝不苟地完成，由于工作态度认真，且护理技术出色，他又被调任从事重症护理，伤员大多是修铁路、建桥梁或打隧道时负伤，常会遇到大出血等危险情况，王兰必须随时对急救药品和物品准备到位，护理工作记录时间要精确到分，患者的痛苦和精神损失使王兰承受着不小的精神压力，因此他只能对自己的工作更加兢兢业业。

王兰工作认真负责、政治表现良好，并拥有出色的重症护理技术，因此

1976年团长遂推荐他赴广州任职带兵，主管心脏科，兼负新兵体检工作。王兰此间积极申请加入中国共产党，终于在1978年如愿成了一名共产党员，同年，国家政策有变，部队不再负责退役军人的工作安排，所以王兰在1980年退役回乡后，只能暂时再次从事农业劳动。但是西街村所属的整个永年县都长期处于人多地少的困境，且土地质量差，单产低，农业的微博收入难以养家糊口，王兰不甘于仅靠农业收入勉强维持温饱的生活，他开始琢磨着学习其他技术，考虑到不能置家庭于不顾而外出学习，他就和大哥学习烧制花盆的技艺，由于大哥既有烧制技艺，又有市场销售经验，王兰和大哥合伙制作花盆并售卖获得了不小的收益。

1981年，王兰听闻一位战友在东北做木材生意，他想到西街村的一些农民刚得到宅基地，盖房子需要木材，就联系战友买进木材，但是自己没有足够的资金支付费用，于是他和同村三个亲密朋友商量共同出资做木材生意，每人出资2000元，四个人共8000元购进了第一车皮木材（当时木材以车皮为单位计量），卖给本地农民建房用，共收益11000元，获得3000元的利润，这对于当时的农民是很大一笔收入，第一次的成功生意鼓励了王兰，他与合伙的朋友继续买进木材再卖出，第一年每人就赚得六七千元。王兰的木材生意做到第三年，越来越多的当地人进入了木材生意的行列，利润已经远不及当初，王兰判断未来的利润会继续下跌，于是果断停止了木材买卖。

1989年，在西街村老支书王清海的推荐下，经全村民主选举，王兰成了西街村的新支书。第一年工作由于缺乏经验，王兰遇到了不小的困难。首先是计划生育工作难做，村民普遍不能理解计划生育的题中之意，村委会到农户家中讲解时时吃闭门羹，村民不愿配合，更不会因为超生而接受罚款。其次就是农业税难收。西街村的农业收入不够养家糊口，贫困家庭更是难以维持生计，农业税缴纳受到强大阻力，王兰能够理解村民的苦衷，但是税收上缴任务又必须完成，他领导的村委会按照政策规定免掉贫困户的农业税，其他农户就只能强行执行，不交农业税就搬走同等价值的家居用品，交上农业税再完整退回物品。这两项工作没有做好，王兰时至今日还是心怀愧疚。上任村支书一年后，他认真总结了经验教训，并听取了众人意见，在计划生育方面采取强硬执行和方法妥当相结合的工作作风，在农业税方面努力为村民争取免税名额，在缴税问题上采取了缓和方式，所以从1990年后工作开始有了突破，王兰在村支书的位置上找到了自己的平衡点。之后为了西街村保持良好的村容村貌，王兰每年召集村委会成员带领群众清沟挖淤，在这项工作上从一开始就很顺利，王兰说因为这是为全村办的实事，大家都很愿意参加，十几年来，从未有一个村民拒绝参加清沟挖淤，这项工作不仅使得西街村的面貌越来越整洁，而且使得村民更加团结向上。

20 世纪 80 年代末期，西街村的住房难问题突出，很多农户家老人与几个成家的儿子挤住在一处院子，村民们向村委会反映，希望得到宅基地盖新房解决问题。王兰领导的村委会开始规划宅基地，将十几亩废耕地改成宅基地，整个规划工作由王兰主导，这些宅基地首先被分给住房最紧缺的农户，一般是三四个兄弟和老父母同住的情况。然后计划用四到五年的时间完成全部房屋建造和街道建设，街道统一规划为 6 ~ 7 米宽，胡同统一设计为 2 米宽，调研组所见的西街村就是那时规划完成的街道布局。

1993 年王兰主导开始修建西街村的柏油马路，但是上级部门拨付的资金极为有限，面对资金缺乏修路难的困境，村委会起初也一筹莫展。王兰明白修路对于西街村发展起着至关重要的作用，无论如何一定要修好柏油路。他开始琢磨如何筹集资金，既然向上没有其他办法，那就只能靠全体村民，他动员在外发展较好的西街村人捐资修路，朴实的村民难以割舍对故土的热爱，大部分在外务工或发展的村民都积极响应号召，尽自己能力捐资修路，发展好的能捐到万元以上。此外，王兰带领村委会组织村民以民主方式投票通过决议，规定每户按成年人均 30 元上交修路费。这样补充了上级部门拨资不足的部分，最终解决了西街村修路筹资问题。西街村之后近二十年的发展很大程度上仰仗了这条 20 世纪 90 年代初修建的柏油路。

2005 年 10 月，中国共产党十六届五中全会通过《十一五规划纲要建议》，提出要按照“生产发展、生活宽裕、乡风文明、村容整洁、管理民主”的要求，扎实推进社会主义新农村建设。王兰领导的西街村村委会，以此为契机再次辟出宅基地，规划建设两栋居民楼解决村民住房难问题，2009 年这两栋楼如期完工，解决了西街村 32 户住房难问题。2006 年前西街村的饮用水主要来自河塘沟水和压井水，王兰领导的村委会开始全面组织饮水卫生和改水宣传工作，同时规划普及自来水工程，2009 年全村 400 多户村民全部用上了自来水。

2009 年王兰卸任西街村党支部书记，虽然仍在村委会任职工作，但工作量大大减轻，他有了多余的时间回家务农，打算过平平淡淡的生活。他身体很硬朗，干起农活来还是一把好手，2011 年，他家的种植业收入约为 6000 元，工资收入为 1.5 万元，其他经营收入为 5 万元，获得的粮食直补和良种补贴共计 170 元。王兰家 2011 年家庭收入来源情况如下表。

表 15－1　　**2011 年家庭收入来源情况**　　单位：元

职业	收入	职业	收入
从事种植业	6000	本乡镇就业工资	20000
从事个体经营	0	外出打工	0
从事屠宰	0	从事运输业	0
从事渔业	0	政府补贴和社会救济	170
从事养殖业	0	出租耕地或房屋	0
从事旅游业	0	其他经营收入	80000
总收入合计	106170		

资料来源：根据王兰口述整理，2011 年 6 月。

2011 年王兰家的支出主要用于衣服和食品上，这与西街村的大多数村民没有差别，全年衣服花费约 1 万元，食品约 3 万元，看病约 1000 元，教育费用约 5000 元，娱乐约 5000 元，红白喜事约 3000 元，交通费约 3000 元，通信费约 3000 元，其中教育费用完全花费在其小儿子的高中教育，娱乐费用主要是外出度假。王兰家 2011 年家庭支出情况如表 15－2 所示。

表 15－2　　**2011 年家庭支出情况**　　单位：元

总支出	生产性	衣服	食品	看病	教育	娱乐	红白喜事	交通	通信	住房
60600	600	10000	30000	1000	5000	5000	3000	3000	3000	0

资料来源：根据王兰口述整理，2011 年 6 月。

从以上描述中可见，王兰在卸任村支书后的经济生活水平略高于中等收入的村民，他对这样的生活很满足。然而 2012 年 1 月村委会换届选举，王兰被选为村委会主任，这意味着他又一次要挑起西街村建设和发展的重任。尽管这改变了他平淡生活的计划，但是能在58岁的年龄再次担当重任，他愿意做更多的努力为西街村的发展谋划出力。现在王兰认为最为要紧的是西街村的排水问题，凡是雨水多的天气，西街村整个街道都陷于深水之中，调研组工作期间就遇到下雨天，队员们在进村入户做问卷时都是淌水而行，水深之地可没膝盖，行走十分不便。王兰已经主导村委会的六个工作组展开群众评议，规划下水管道铺设等整体排水工程。住宅建筑室内排水系统是采用污水、废水分流还是合流方式，应根据所在城市室外排水制度，市政主管部门的要求及是否有利于综合利用与处理要求来确定。由于农村住宅排水总量比较小，所以生活污水和生活废水宜采用合流排出，王兰为首的村委会和党支部已经做出了详细的规划，预计两年内完成西街村的排水工程，废水将排到西街村旁的滏阳河。

王兰担任村支书期间，主要进行了计划生育、农业税收、征兵、清沟挖淤、修路及兴建住房等工作。现任村委会主任的他虽然职位上有差异，但是关心的问题始终如一——西街村的持续发展。"十一五"以来社会主义新农村建设强调以发展农村生产力为基础，最重要的是发展现代农业，重点是提高粮食综合生产能力，然而西街村土地严重紧缺的现实使得其农业和经济发展正处在艰难的爬坡阶段，今后几年，提高农业综合生产能力方面有待突破，非农产业将为西街村的经济发展提供空间，然而在市场经济条件下，一家一户的农民由于生产生活分散，信息不灵，在市场竞争中处于弱势地位，专业合作经济组织在带领农民致富有很大优势，村委会可以鼓励村民发展各种类型的新经济，提升农民的组织化程度。在加快农村社会事业发展方面，农村文化建设与经济社会的协调发展还不适应，与农民群众的精神文化需求还不适应，主要问题是文化基础设施落后，因此如何使西街村农民过上丰富多彩的精神文化生活，仍是村委会及上级政府部门在新农村建设的重要任务。此外，基层民主建设与市场经济有机结合起来也是西街村建设和发展中一个很大的课题，希望王兰在以后的工作中能够针对上述问题带领村委会为西街村的发展探寻出持续发展的道路。

（三）为人谦和做事认真的村委会委员宋和平

刚到西街村的时候，在村委会安排的第一次简短的座谈会上，我们便认识了这位温和老实的村委会委员——宋和平。根据调研安排，我们分成若干组，分别对西街村各户进行入户调查座谈。由于人生地不熟，加上西街村本地老乡讲话带有一定的地方方言，使双方交流有些小困难，于是村委会为我们每组委派了一位联络员，我们有幸与宋和平分在同组一起合作。

在后来多次的交流中，不管是别人向我们介绍宋和平，还是从这段时间以来与我们一起工作的时候，我们都能看得出来，宋和平为人低调、谦和，做事兢兢业业。对于我们这种每天重复性的工作，他都不厌其烦地和我们一起从头进行到尾，即使在家里插秧最忙的这几天，他也没有抽身而退，而是两头兼顾，协助我们顺利地完成调研任务。由于我们进行调研的农户并没有紧挨着，都是有一定的距离，有时我们并不能确定下一个要进行调研的家庭是否有人在家，如果我们没有预先向这些村民打招呼留人在家的话，我们“空手而归”的概率是非常大的，这不仅浪费了精力和体力，而且大大增加了时间成本。为了让我们少走冤枉路，节省时间更快地顺利完成任务，宋和平都会骑着他那辆略有些旧的自行车从东跑到西，帮助我们确定是否有人在家或者提前向被专访的村民家打招呼，然后再骑回我们的集合点，推着车子与我们一起走过去。在这炎热的伏天，他就这样默默地、一趟趟地跑来跑去，让我们很过意不去，更多的是敬佩他吃苦耐劳从不抱怨的精神。这也让我们真切地感受到了西街村乡亲朴实的民风。

是什么经历和生活环境造就了宋和平隐忍且又有担当的性格？又有一些什么精彩的故事发生在这位憨厚的中年男人身上？其实在调研开始的第一天，我们就热情地邀请过宋和平，想要对他进行一个专访，他总是憨厚地笑着说自己没什么可写的，我们总是开玩笑地说他粗心，没有留意自己，这次我们要帮他重新认识一下自己。我们小组最后一个调研的对象是宋和平，之所以把他留到最后，是想有充足的时间认真地与他进行了一次深入的交流。6月26日早上九点，他准时骑着车子到了村委会门口与我们会合，然后顺着他再熟悉不过的小路，把我们请到了家中。

大约走了五六分钟的路程便到了他家门口。宋和平的家位于村子的最北边，房子的后面就是一片庄稼地，但房子的地基是明显高于庄稼地。门口外面有一条小道，他把那辆自行车放在了靠近大门的地方，但是并没有给车子上锁，而是直接把我们请进了屋内。西街村家家户户彼此都很熟络，乡亲们也都很本分，所以在村子里即使不锁车子放在门口也是很放心的。

在院子里，宋和平的家人正在吃早饭，他向家人简单介绍了一下我们，说“这就是这些天在村子里做调研活动的同学们”。大伙友好地向我们笑了笑，其中一位阿姨很是热情地让我们进屋坐，我们表示了感谢后便随着宋和平进了大屋。

屋子很敞亮，墙壁没有丝毫泛黄的痕迹，反而很洁白，家具也都有八九成新，一切新气象都显示出这个屋子应该是新建起来的。宋和平为了让我们更凉快些，一进屋就把电扇打开了，并且热情地让我们坐在沙发上，我们的调研话题就在这种热情的气氛中开始了。

宋和平，男，汉族，1968 年生人，今年 44 岁，现任西街村村委会委员兼民兵连长。妻子马素梅，生于 1968 年，现在跟宋和平一起在家照顾羊下水的买卖，还负责这一家的生活。家里有两儿一女：大儿子宋少杰 23 岁，2010 年娶妻成家；小儿子宋泽杰 21 岁，2011 年刚刚娶妻成家，并且现在都有了自己的宝宝。前面说到屋子里呈现出崭新的气象，正是由于为了儿子们结婚而重新粉刷整理过的。小女儿宋赛，今年刚刚 13 岁，就读于本村小学六年级，瘦瘦的宋赛有一双漂亮的大眼睛，和她的妈妈长得很像。

宋和平告诉我们自己与妻子马素梅是同年同月同日生人，在上中学时，两人曾在同一所中学就读，那时虽没有在同一个班级，但是由于都是本村的人，彼此是认识的。说来也许是注定的缘分，经过媒人的介绍，正好将这两个同年同月同日生的年轻人促成了一对，最终两人在 1989 年喜结连理。谈到这件事情的时候，宋和平总是笑着的，我们猜想他的心里肯定满是幸福。

小的时候由于家境不好，宋和平在家里排行又是老大，下面还有两个弟弟和一个妹妹需要照顾，1980 年还在上初中的他不管是在心理还是在现实生活中，都承担了重重的担子和责任。白天要在学校认真学习，晚上下课后还要回家帮助父母干活。那时家里就是一个小小的作坊，在 40 平方米的小屋里父母每天晚上都要整理清洗一些羊下水并且还要进行一些简单的加工煮沸。很体恤家里的宋和平那时虽然还小没有什么力气，但是仍会出手帮着清理羊下水。西街村的一项特色小吃就是羊汤，羊汤里的食材主要就是羊的下水。所谓当地叫的羊下水是指宰杀羊时得到的羊的内脏，即羊杂。源于过去人们杀猪宰羊时，案板下都有一个水桶或大盆，宰杀的猪羊的内脏都往下面的桶或盆里放，后来就称放在下面的内脏为下水。年幼的宋和平所要做的就是要清洗这些羊下水。正所谓穷人的孩子早当家，宋和平早早分担了家里的困难，在这重重的担子下宋和平逐渐养成了吃苦耐劳、隐忍踏实的精神和性格。待到初中毕业，成绩并不理想，宋和平也就没有选择继续读书，而是弃学在家带领弟弟妹妹们帮助父母干活。

1997 年兄弟成家之前，由于父母上了年纪，身体也出现了一些毛病，就逐渐从主要劳动力的位置退了下来，换作子女们来打理这个生意，兄弟姐妹四人分工协作，有人负责去市场进货，有人负责清理羊下水，有人负责煮羊下水，父母在一旁协助孩子们做这个活。等到宋和平的弟弟们成家后，父母就放手不再管羊下水的生意，而让兄弟三人各立门户了。从原来要花大量的时间剔一个羊头到现在 3～5 分钟熟练剔一个羊头，宋和平干得越来越上手了。宋和平告诉我们，做这个小买卖并不容易，每天下午五六点去屠宰场进一些羊下水，回来以后和妻子一起对这些羊杂再做进一步的清洗处理，例如用刀子对羊头进行水退毛。做完这些前期工作差不多已经到了晚上 9 点钟，可是工作并没有结束，接下来要做的是把这些羊杂分成两类，把羊头和羊肚儿等一类颜色较浅并且较硬的分为一类，剩下的像羊肺、羊肝等一些较软的内脏归为一类，分别下锅煮熟。这种熟食的粗加工为何要分得如此细致？宋和平告诉我们，这些下水要想卖个好价钱，肉的鲜嫩程度不仅重要，它们的品相上也有一定的讲究。外形好看完整的肺、肝自然会吸引到更多的买家，因而生意也就会更好做些。这让我们从另一个方面看到了宋和平粗中有细、“包装商品”的商业头脑。等到这些下水全部煮熟差不多已到深夜，这一天的工作算是结束了。宋和平说其实还没有结束。第二天早上 5 点，天刚亮就得去市场上卖这些煮熟的羊下水。一般村子里的小饭店、食堂都会定点来这里买羊下水。常年积累下来的好口碑和人缘为宋和平带来了稳定的客户群与收入。当我们问起为什么不考虑扩大市场，把生意做得更好些的时候，宋和平憨憨地一笑，他说不是没有想过做得更大，但是现在食品安全引发的问题太多，人们生活得越来越精细，说不准什么时候就惹到麻烦，自己不想再冒这个风险，现在这样能维持一大家子的生活就可以了，比较知足。说到卖羊杂的收入，宋和平告诉我们并没有什么确定是数字，因为受季节性的影响，羊杂的价格也会随着波动。一般来说，冬天收入和成本都会高一些，因为羊汤有驱寒保暖的效果，冬天喝羊汤的人比较多，羊杂就会卖得多一些。宋和平估算 2011 年冬季每天可以收入 700～800 元，进货成本为每天 400～500 元。夏季每天可以收入 500～600 元，成本在 300～400 元。一年的收入大概在

36000 元。对于六口之家来说，这样的收入状况是处于中等水平的。以上情况如表 15 – 3 所示。

表 15 – 3　　**2011 年家庭收入来源情况**　　单位：元

职业	收入	职业	收入
从事种植业	1640	本乡镇就业工资	0
从事个体经营	36000	外出打工	0
从事屠宰	0	从事运输业	0
从事渔业	0	政府补贴和社会救济	0
从事养殖业	0	出租耕地或房屋	0
从事旅游业	0	其他经营收入	0
总收入合计	37640		

资料来源：根据宋和平口述整理，2012 年 6 月。

宋和平常年劳累辛苦的赚钱工作养家糊口，使得这个中年汉子早早驼了背。当我们问起为什么不让儿子多为你分担些活儿的时候，宋和平给我们最多的词是：不放心。他不是不放心儿子干不了这些手工活，他说孩子们干的手工活也都很好，做得也都很熟练，但是孩子们都刚刚成家，又都刚刚做了爸爸，现在家庭应该更需要他们。尽管这个汉子平时不善言辞，但我们从跟宋和平交流当中字字句句中都能深深体会到一个父亲舐犊情深的感情。宋和平一家一共 9 分地，6 分地种水稻，一般是换白面吃，3 分地种大蒜。2011 年 3 分地的大蒜产了 300 斤的蒜薹，市场价格为 2. 80 元/斤，所以蒜薹收入为 840 元；3 分大蒜的总收入约为 500 元，3 分玉米地总收入为 300 元。（见表 15 – 4）

表 15 – 4　　**2011 年家庭农作物、牲畜和家禽情况**

种类	亩数	折算价值（元）	种类	亩数	折算价值（元）	种类	个数	折算价值（元）
大蒜	0. 3	500	瓜果	0	0	羊	0	0
玉米	0. 3	300	花卉	0	0	牛	0	0

续表

种类	亩数	折算价值（元）	种类	亩数	折算价值（元）	种类	个数	折算价值（元）
水稻	0.6	自家吃	蔬菜	0	0	马	0	0
棉花	0	0	药材	0	0	猪	0	0
蒜薹	0.3	840			0	禽类	0	0

资料来源：根据宋和平口述整理，2012 年 6 月。

2011 年宋和平家最大支出是为小儿子举办婚礼的花费。西街村举办婚礼的风俗习惯是男方给女方一定的礼金，像家用电器之类的生活用品男方买一部分，女方陪嫁会带来一部分，再加之宴请乡亲邻里的费用，这样算下来举办一场婚礼花去了宋和平近 9 万元。相对于 2011 年家里的收入来说，支出是不够用的，这就不得不动用宋和平夫妇多年的积蓄。2011 年宋和平家庭支出还包括：上网费 1500 元，红白喜事 1500 元，三个人的通信话费一年总共 1300 元。生活费用为 14600 元。每年的养老保险金，宋和平和他的爱人都选择了每年交纳 500 元，他们认为这也算是一项划算的长期投资，儿子们则选择每年缴纳 100 元。（见表 15 – 5）

表 15 – 5　**2011 年家庭支出情况**　单位：元

总支出	生产性	衣服	食品	看病	教育	网费	红白喜事	交通	通信	住房
112400	0	0	14600	0	0	1500	95000	0	1300	0

资料来源：根据宋和平口述整理，2012 年 6 月。

宋和平还有另一个非常重要的身份，那就是村委会委员兼民兵连长。2003 年，四年一次的村委会选举如期而至，宋和平凭借着自己的实力，在当年被村民们选举为村委会委员。对于村委会委员一职，村委会民主选举制度始终不渝地遵循着一个鲜明的价值主题，保障与扩大选民权利，推进民主化。村民委员会选举工作，不仅有利于社会稳定，有利于调动村民参与民主管理的积极性，还有利于促进农村经济发展和社会进步。宋和平说，自己当这个村委会委员并不是为了当官发财，而是真的想当人民的公仆，通过自己的辛勤劳动回报村民们的信赖和家人的支持，对自己也是一份荣耀。在任期间，宋和平作为一名村委会委员协助村支书及村民委员会开展了许多工作。踏实肯干的宋和平，赢得了村民们的信任与支持，在2006年的选举中，当选为西街村村委会副主任兼民兵连长。2009年，新一届选举工作又如火如荼的开始，这次选举不比往常，竞选的程度不仅更加激烈而且选举过程更加隆重和严肃。选举当天，为了整个选举过程更加公平和公正，镇里抽调出人员负责监督和记票，早上8点全村村民开始投票，一直到当天中午12点钟左右。宋和平多年的工作经验和威信赢得了村民们的支持，最终在两名候选人中脱颖而出，继续连任村委会委员兼民兵连长。作为一名村里的正式委员，每个月可以领到204元工资，工资与工作量不成正比。面对现在通货膨胀迅猛的市场经济状况，200元的购买力显得如此苍白。这也从侧面让人们反思：随着农村向城镇化进程的推进，缩小农村与城镇间的差距，不仅在产业结构转化和城乡空间社区结构变迁上做文章，对于这种落差极大的工资水平，相关部门是否能制定出合理的政策和分配制度，缩小差距，加快农村向城镇化演进的速度。

说起民兵连长的工作内容，宋和平是这样向我们讲述的：民兵连长主要负责每年一次的农村征兵任务，向适龄青年及青年的父母做征兵宣传工作。一个村每年征兵名额为千分之三，根据西街村人口数量计算，这个村只有2~3个名额。近些年来，农村“征兵难”已成了不争的事实。原因大致有以下几点：首先，思想观念的冲击。一些青年受市场经济与改革开放的影响，大都形成“当兵两年，不如打工挣钱”的思想误区。他们的价值观更多的是被现实中短期效应和市场行为所影响，他们想的是如何寻求一份好工作、如何当老板，而对奉献和义务的观念是逐渐淡化的。其次，当前一些地区的优抚政策水平较低，使得部分农村青年缺失了参军入伍的激情。再次，农村退伍军人待遇低，使得农村群众支持子女参军的积极性并不高。宋和平说，近些年的招兵工作确实不好做。有一次为了调动鼓励一位适龄的青年积极参军，宋和平连续好几天亲自上门做工作，但最终这个年轻人还是没有响应号召。当我们问起宋和平对国家征兵是怎么看的，他告诉我们，当兵是一件很光荣的事情，不仅可以保卫国家，自己在部队也可以得到历练和成长，“一人当兵全家光荣”。他还是希望适龄青年积极参军，响应国家号召。据他了解，今年参军的优抚条件有所提高，补贴大致提高到每月500~600元，他真切地希望国家优抚政策逐渐改善后，适龄青年们征兵入伍的积极性变高。

最后我们按照惯例询问了一下家里的耐用消费品情况，他说由于和两个刚刚结婚不久的儿子一起生活，所以有些电器都是双份的：2 台电视、2 台电脑、2 台空调、2 台洗衣机，1 台冰箱，自己和两个儿子各一部手机，1 辆自行车，1 辆摩托车，1 辆电动车，1 辆汽油三轮车。汽油三轮车一般用于装载大蒜、羊杂等。以上情况如表 15 - 6 所示。

表 15 - 6　　2012 年家庭耐用消费品情况

项目	数量	项目	数量
电视机（台）	2	小轿车（辆）	0
电冰箱（台）	1	自行车（辆）	1
洗衣机（台）	2	电动车（辆）	1
空调（台）	2	摩托车（辆）	1
影碟机（台）	0	手机（部）	3
组合音响（套）	0	固定电话（部）	0
汽油三轮车（辆）	1	电脑（台）	2

资料来源：根据宋和平口述整理，2012 年 6 月。

时近中午，宋和平很热情地留我们在他家吃饭，我们实在不好意思再打扰麻烦这个忙碌劳累的汉子，谢过之后我们便离开了。我们祝福知足常乐的宋和平一家永远幸福。

（四）乐于助人的妇女主任王爱芹

我们是第二次来到王爱芹家才完成了本次采访。第一次我们来的时候是早晨，她们家里人正在忙碌，没有时间接受我们的采访，而且当时王爱芹不在家。于是，我们调查组等到晚上，又一次来到了她家，正好家里人刚吃完饭，全家人坐在一起和我们聊了起来。

王爱芹，女，汉族，无宗教信仰，今年 58 岁，初中毕业，高中只上了一年就辍学了，其爱人名字叫李平君，57 岁。家里有两个儿子，两个儿子都已经成家，并分别有了自己的孩子：大儿子现在有两个小孩，小儿子有一个孩子。我们走进王爱芹家后，可以感觉出来，她家里经济条件还算不错，虽然收入不是很多，但是相应的支出也不多，相对而言，一年家里可以存下来一些钱。具体来说，2011 年，王爱芹家的总收入为 30000 元，主要收入来自外出打工，家里的土地收入只占总收入的一小部分，而且地里种的水稻都是自己家里人吃了，没有余粮去换取收入，如表 15－7 所示。

表 15－7 **2011 年家庭收入来源情况** 单位：元

职业	收入	职业	收入
从事种植业	2000	本乡镇就业工资	0
从事个体经营	0	外出打工	28000
从事屠宰	0	从事运输业	0
从事渔业	0	政府补贴和社会救济	0
从事养殖业	0	出租耕地或房屋	0
从事旅游业	0	其他经营收入	0
总收入合计	30000		

资料来源：根据王爱芹口述整理，2012 年 6 月。

王爱芹认为制约她们家农副业收入增长的主要原因有两点：一是因为家里土地少。王爱芹家一共 9 口人，18 岁及以上的劳动人口有 6 人，但是家里一共只有一亩八分地，其中水浇地面积为 5 分，旱地面积为 7 分，良田面积只有 6 分，如表 15－8 所示。第二个原因是缺少资金、技术、信息等。

表 15－8 **2011 年家庭承包土地情况** 单位：亩

总面积	水浇地面积	旱地面积	良田面积	荒地面积
1.8	0.5	0.7	0.6	0

资料来源：根据王爱芹口述整理，2012 年 6 月。

相对的，2011 年，王爱芹家的总支出有 20000 多元，具体支出情况如表 15－9 所示。这样，可以知道，王爱芹家去年略有剩余。

表 15－9　　2011 年家庭支出情况　　单位：元

总支出	生产性	衣服	食品	看病	教育	娱乐	红白喜事	交通	通信	住房
24180	1000	7000	10000	0	0	0	700	5000	480	0

资料来源：根据王爱芹口述整理，2012 年 6 月。

经过我们调查采访，我们也确实了解到，王爱芹家的经济情况是不错的，家里家电齐全。现在她们家里有电视 3 台，电冰箱 1 台，洗衣机 1 台，电动车 3 辆，手机 2 部，自行车 1 辆，如表 15－10 所示。

表 15－10　　2012 年家庭耐用消费品情况

项目	数量	项目	数量
电视机（台）	3	小轿车（辆）	0
电冰箱（台）	1	自行车（辆）	1
洗衣机（台）	1	电动车（辆）	3
照相机（台）	0	摩托车（辆）	0
影碟机（台）	0	手机（部）	2
组合音响（套）	0	固定电话（部）	0

资料来源：根据王爱芹口述整理，2012 年 6 月。

以上是王爱芹家的大体情况，在 240 平方米的砖瓦房里，王爱芹一家人和和睦睦的生活在一起。

王爱芹，1954 年出生在西街村一户普通农民家庭，自出生后就一直住在这里，几乎没有离开过。1965 年，王爱芹开始上小学，在她二年级的时候，爆发了“文化大革命”。那时候，学校基本上停止了教学，王爱芹告诉我们，当时“文化大革命”爆发后，就没有老师教课了，她上学的主要内容就是写大字报、开批斗会等，几乎没学到什么知识。当时只要学生的思想向上、会劳动而且家庭成分是贫下中农的话，都能上高中，不像现在要考试。所以，当时王爱芹在几乎没学什么知识的情况下，依然升入了高中。但是高中上了一年后，由于家里太穷，没有钱来继续支持王爱芹上学，因此，她在高二那年就辍学了。

辍学后，王爱芹回到生产大队，加入了生产大队的清账班（清账班相当于我们现在所说的会计）。加入清账班后，王爱芹工作积极、认真务实，大家都夸赞她做的账目清楚，觉得王爱芹的工作做得很好。为此，在1973年也就是王爱芹加入生产大队清账班的第二年，由生产大队干部推荐，王爱芹加入了中国共产党。

随后，王爱芹在清完了当年的账目后，其积极务实的品质，在群众中树立起了良好的形象，在这种情况下，王爱芹接任了村里的妇女主任一职。就是在这个职务上，王爱芹一干就是十多年，并且十年如一日的工作，任劳任怨，认真踏实，成了一个村里人人敬佩的人。王爱芹接任妇女主任后的主要工作有三个，分别为：指导大家栽种棉花苗、负责计划生育工作以及村民家庭内部出现问题时的调解工作。

当时，村里人都不懂得种植棉花，公社里的农业技术员虽然懂得怎么种棉花，但是他不可能一个人挨家挨户把村里每一个人都教会，于是公社的农业技术员就把栽种棉花的技术教给了王爱芹，而指导村民的任务，就落在了王爱芹的身上。那时，王爱芹负责整个村里的棉花种植的指导工作，大家有什么不懂的技术都会来请教她，她每次都会耐心的指导大家，不厌其烦回答大家的每一个疑问。而她也经常在田地里，看大家种植棉花的情况，如果发现有不对的地方就会马上提出意见，让大家改正。王爱芹告诉我们，当时种棉花的时候要注意，在一块地里先种植种子，然后多施肥，等棉花苗长出来后会发现，棉花苗长的太密集、太稠，因此要育苗，移栽棉花苗，不让其生长的太过密集。

计划生育的工作，王爱芹做得非常尽职尽责。对于人民公社的指示，王爱芹坚决执行，人民公社怎么下的命令，她就如实地向大家传达。计划生育一般是以宣传为主，惩治为辅。当时，王爱芹接任妇女主任后，为了将公社的指示传达给大家，引起大家的注意，把计划生育工作做好，她挨家挨户向村民宣传国家的计划生育政策，给大家做思想工作，传达她去公社开会时得到的精神：一对夫妻两个孩等。她给大家做思想工作的主要方式就是给大家讲道理，比如她告诉大家：要想富，少生孩子多种地；再穷不能穷孩子，家里条件不好，多生的孩子也都缺衣少穿，不如少生几个，让生下来的孩子生活过得好些等。土地承包到户以后，计划生育的很多事情都有了明文规定，王爱芹的工作就更有条理了。比如村里规定，如果第一胎生的是女孩，那么间隔4～5年，可以生第二胎，这样是合法的，不用接受惩罚，否则的话，每多生一个就要罚款500元。而相对的，在分地前，并没有这样明文规定的处罚措施，那时家里如果有多生的情况，公社就会派人去家里搬东西，有时还会把人抓起来。

王爱芹担任妇女主任期间，另外一件很重要的工作就是调解村民家庭内部的一些矛盾，这些矛盾大都是家里因为经济问题，引起的婆媳不和，王爱芹就充当着调解员的角色。每当别人家出现问题解决不了时，都会来找王爱芹，让她帮忙去调解。王爱芹告诉我们，很多情况都是媳妇想要某些东西，自己没钱买，就想着去找婆婆要，但是婆婆不给，就产生了矛盾。这种情况下，王爱芹去调解的时候，首先要先去家里了解情况，不能只听一方的言论，因为两边都会说是因为对方不对才这样的。然后她了解完情况后，开始对两边进行教育。见到婆婆就会说是因为婆婆不对，见到媳妇会说媳妇不对，这样王爱芹教育完两边后，婆婆媳妇都会认识到是因为自己不对才出问题的，这样回去后，两个人都会承认错误，家庭就又和睦了。王爱芹调解的时候，教育别人时说的都是很朴实的道理，比如，她教育媳妇的时候会这么说："你不能向你婆婆要东西，这样是不对的，她不是不想给你，是因为她没有钱，如果她有钱就肯定会给你的，而且婆婆把她的孩子养大，再给他娶一个媳妇就很不容易了，不要再要什么了"。具体来说，有一次，有一个媳妇跑来找王爱芹，很着急，王爱芹先给她倒了杯水，告诉她"别急，先坐着，有事慢慢说"，听完媳妇的叙述后，王爱芹又去了媳妇家了解了情况，然后，她先对媳妇说："你是家里的老大，你丈夫还有弟弟妹妹，你不能只考虑你自己，还要想想这些小的"，然后王爱芹又给媳妇的丈夫说："你挣的钱不能全给老人了，还要给媳妇点零花钱，比如，你挣500元，给家里老人300元，给自己媳妇200元，这样就不会再吵了。"就是用这样朴实的语言和道理，王爱芹化解了一次一次的矛盾，使得村里一户户人家重归和睦。王爱芹很自豪地告诉我们，她的每次调解都很成功。

妇女主任一职，王爱芹一直干到1993年，在这期间，她任劳任怨，认真完成自己的工作，指导大家种植棉花，做好计划生育工作，为大家调解家庭矛盾。而且在生产队的时候，王爱芹三天两头就要开会，每次都要开到11点，忙得焦头烂额，根本顾不了家，更重要的是，她做的这些是没有报酬的。就算是这样，她依然勤勤恳恳的做着她认为应该是自己做的工作。王爱芹说：

“我也不图钱，别人有问题来找我，要我帮忙调解，就是相信我，我是肯定要帮忙的。”因为几乎所有的家庭矛盾都是因为经济问题，“经济与家庭矛盾有直接关系”，所以到1993年以后，村里人们的经济条件慢慢都好了，这些因为经济问题引起的矛盾就少了，再加上王爱芹这时也需要照顾家里，家里确实忙不开了，需要人手。因此1993—2012年，王爱芹就没有再担任妇女主任的职务。但是，西街村村民并没有忘记这位大家敬佩的老妇女主任，于是，在2012年刚结束的村干部选举大会上，王爱芹又一次被大家选为新一届的妇女主任。

王爱芹有一个最大的优点就是特别喜欢帮助别人，这是村民都喜欢和尊敬她的原因，也是因为这个，村民在有困难的时候，总会想到王爱芹这个名字。即使是别人有经济方面的困难来找她，王爱芹也总会想办法解决。别人来找她借钱的时候，就算王爱芹自己当时也没钱，她也说不出拒绝别人的话，这时她总会想办法从别的途径弄点钱，不管多少，都会帮忙的。比如，1987年，村里有一个刘某，家里很穷，那时他想给儿子娶媳妇，但是自己却没钱，他就想找别人借点钱给自己的儿子娶媳妇。可是，他找了很多家，别人都不借给他，因为刘某家没有钱，而且人缘不好，大家都怕他借了不还，就都不借给他。后来，刘某找到了王爱芹，把他的困难告诉了她，王爱芹知道了他的情况后，觉得他很可怜，马上借给他2000元。当时王爱芹借给刘某钱的时候，就没想过再要回来，就相当于直接给了刘某2000元。这笔钱，刘某一直到了1998年，才还给了王爱芹。直到现在，刘某都特别感激王爱芹，每次在路上见到她，刘某都会热情地打招呼。通过这一件小事，我们就可以感觉到王爱芹的这种热心肠。2000元在当时的农村是一笔相当大的金额了，但是她可以为了帮助别人，毫不犹豫地拿出来，并且不要回报，甚至没想着要别人还，仅仅就是因为她想帮助别人，这不是每个人都能做出来的。

其实，王爱芹能做到这样，与她爱人的支持是分不开的。她说，她的爱人李平君一直都很支持她的工作，对于这些外面的事情，几乎都是王爱芹说了算，她怎么说，李平君就怎么做。这个从我们采访的过程中，我们也可以感受出来。在我们采访的时候，李平君一直微笑着陪在王爱芹的旁边，大部分时间都只是听着，仅仅是在王爱芹想不起来或者问他的时候，才会提醒她两句。随着我们采访的渐渐深入，王爱芹家里人也回想起了曾经发生的一些点点滴滴的事，李平君满脸笑容地说着王爱芹：“她啊，心眼特别好，不记仇，宁愿自己吃亏，也不占别人的便宜。”

当我们问到王爱芹对现在生活的感受时，王爱芹告诉我们，她觉得现在生活挺好的，国家正常了，不再像“文化大革命”的时候那样，而且有了新医保、农村养老保险、粮食补贴和种子补贴，这些都非常好，国家对农民照顾得越来越周到了，新农村的政策也很好，村里的商品楼很漂亮，以后肯定能越过越好。对于她当选新一届的妇女主任，王爱芹说，自己会做好这新一届妇女主任工作的，大家选她就是还相信她，况且她现在家里也没有负担了，两个儿子都大了，不需要自己照顾了，而且儿子们以及自己的爱人都很支持自己的工作，她觉得自己一定要做得比以前更好。我们相信王爱芹会在妇女主任这个位置上做得越来越好，会不断为大家解决实际问题，因为她就是这么一位乐于助人的热心人。

（五）西街村村民委员会副主任、劳动能手贾成海

贾成海，西街村村民委员会副主任，我们关注到贾主任，主要有两个原因，一方面，村里的书记说，贾主任是村里公认的劳动能手，需要种地的细节，问他准没错；另一个原因就是在采访其他农户的时候，好多村民都跟我们提起了最近这两年村子里硬化了村内道路，这对于村民的生产和生活都提供了极大的方便，这与村副主任也不无关系，就这样我们在西街村村委会采访了他。

村委会，坐落于西街村的沿街胡同，两层办公楼，坐北朝南，几十平方米见方的院子里国旗飘扬，墙壁上写着“立党为公，执政为民”和“筑坚强堡垒，树先锋形象”的宣传语。走到二楼的尽头，就是贾主任的办公室了，屋子里除了一个书架和一个书桌外，其余空间都放着沙发。

先从贾主任的个人经历谈起吧。贾成海，1957 年出生于西街村一个普通农民家庭，家里兄弟姊妹 7 个，家境很贫寒。即便如此，作为家里最小的一员，父母仍然十分支持贾成海读书。贾成海先后在南沿村小学、南沿村镇七中接受了五年的小学教育、两年的初中教育和两年的高中教育。贾主任较高的工作能力和劳动能力与连续且系统的学校教育是分不开的。

在前三十年，贾成海的人生经历与我们采访到的村子里大部分男人都很相似：在生产队里务农或务工，开始是一个人，后来是合伙跑运输，外出销

售本地的农贸产品。但是，贾成海不高的个头，看起来却透着一股精明能干、精力充沛的劲头，在这些生计之余，他的个人经营的经验却较其他人更加丰富一些。

1972 年高中毕业，15 岁的贾成海在生产队开始了自己的第一份工作。起初是务农，而后便主要负责赶牲口为生产队拉煤，或者拉土肥。说起赶牲口，这可不是个轻松的活计，怎么赶它才能往前走，怎么拴嚼子都是有技巧的。根据贾成海的回忆，当时他所在的生产队收入比较高，他的劳动按成人计算，每天挣 10 个工分，折合成现金就是一元，每次拿钱回家家里人那叫一个高兴。

后来，随着年龄的增长和心智的成熟，贾成海离开了生产队，开始试着外出打工生活。仗着年轻力壮，他进了邯郸市里的建筑工程队，工种不定，建筑工地的活儿他基本都做了个遍。不过打工也不是一整年都有活儿干，到了耕种和收获的季节，贾成海就会回家料理农活。比如说刚刚入冬的时候，他便回家种植大蒜，春夏交际就种植水稻和玉米。而进入了寒冷的冬季，既不用出门打工也没有农活的时候，贾成海就经营起自己的小生意。最初的时候，他做收购麦子换面粉的买卖。贾成海以 7 两面粉换村民 1 斤 2 两小麦之后，再以 1 斤小麦换 7 两面粉的价格对外交换，从中赚取实物差价。商品经济的萌芽状态——物物交换在西街村得到了充分的验证。

贾成海就是这样一个闲不住的人。逐渐地，贾成海除了自家的农活儿，他不再外出打工，而是将自己的主要精力都放到了做生意上。用贾主任自己的话说，就是“始终都有个小生意”。大约在贾成海二十七八岁时，他开始做小百货生意。他坐晚上从邯郸通往省会石家庄市的火车，第二天一早便到距离火车站不远的南三条批发市场，批发几箱鞋、帽和袜子之类的小商品，再坐上回家的火车，将这些小商品拿到村子里售卖。贾主任说大概是一天一宿跑一个来回，这样的生活维持了大概两年的时间，自己挣到的钱也就只能维持温饱。在这之后，有了几年的微薄积累，贾成海在南沿村镇沿街开了一个小型面粉店，通过店面经营了 3 年的面粉生意。

20 世纪 90 年代初，横贯南沿村镇的省道——临清线路面要拓宽，贾成海的面粉店就在拆迁范围内，因此，导致面粉店无法继续经营。不过，也不算坏的是，贾成海正是利用了这条公路的便利条件，与他人合伙开始向天津和北京等城市运输售卖本地的大蒜。在起初的阶段，贾成海连同村上的几个伙伴，直接在这条省道上拦截过路的顺风车搭车装货到京津售卖。详细说来，就是从外地跑运输经过邯郸地界的大货车，时常还会有空闲的装载量，贾成海等人就是利用这种货车，在与车主商议过价格之后，达成顺路搭载他们的大蒜到北京或天津的协议。贾成海说拦下一辆这样的大货车，一次可以装运10吨左右、大约1000辫的大蒜，然后几个小时人和货物都被载到了目的地。寻找一家旅店，卸下货物，几个人在入住后的时间里，通过骑自行车的方式运往当地的小型农贸市场进行售卖。据贾成海的回忆，这样做一遭的买卖，大概需要半个月时间，一年差不多能跑10趟，一般每趟每个人都能大概有1000元的收入可以分享。从收入额来看，这也是一个相当不错的生计了。更为可喜的是，到了2000年，镇子里有了农贸产品的配货站，贾成海和他的伙伴们再也不用依靠在大马路上拦顺风车的方式做生意了。

从贾成海的这段经历我们也可以看到，首先，在20世纪80年代末90年代初的中国，货物流动往来的需求较为旺盛。其次，能够与市场的开放相匹配的最基本也是极为重要的条件就是畅通的道路。再次，随着商品经济的发展，公共部门为本地商贩建立的集中交易场所、集散场所对于商贸往来的规范化和持续化经营带来了很大方便。但是，我们在调研的过程中，也注意到了这样一个现象：村子里许多依靠跑运输发家的农户，在近几年的时间里自己或者是后代仍然从事运输业务的越来越少了。这种经营方式不仅没有随着资本的积累日益壮大，比如说更换更大承重的交通运输工具、雇用司机或学徒，甚至是成立运输车队，而是相反，村子里的对外运输业务在逐渐萎缩，有车的卖掉了车不再经营或者是只是做司机为他人打工，没有车的也没有要从事这一行业的计划或念头。不同时间段的对比差异还是很值得我们关注的，究竟它代表的是一个经济社会的发展规律还是现实因素诸多限制带来的不良影响，还留待我们以后的考证与研究。

下面贾主任的拿手好戏该出场了。2003—2007年，贾成海开始经营养鸡场。说起养鸡，贾主任对我们是侃侃而谈。贾成海先是买来砖块和木材搭建好鸡舍，随后便一次性买入1000只鸡苗。养殖场收入的主要来源在于鸡蛋。从饲养鸡苗到母鸡下蛋，贾成海掌握了一套成熟的操作流程。贾成海说，根据自己的经验，幼鸡的成活率一般在92%～93%；从第120天开始，母鸡开始下蛋，产蛋率在93%左右，这样一天算下来，鸡场每天能产出855～864只蛋；到了第280天，鸡群的产蛋率明显下降，大约能够维持在80%上下，直至第500天，产蛋率将降为75%左右。此时，如果继续养殖这一批蛋鸡，就会入不敷出了。所以，到了这个时期贾成海会整批次的把这些蛋鸡卖到屠宰厂，然后重新购买新的鸡苗，开始鸡场新一轮的养殖。根据笔者的了解，蛋鸡养殖厂的最大风险就在于饲养技术是否能保证母鸡的成活率和产蛋率，贾成海能够轻车熟路地平稳持续经营了四年时间，可见他也称得上是一位劳动能手了。

除了养鸡，关于农活儿，不管是种水稻还是种大蒜，贾成海讲起来那也是头头是道。比如说大蒜，贾成海种的大蒜是村子里出了名的蒜瓣大、收成高。贾主任介绍说，种蒜的基本技巧就是肥大、水勤，再加上精耕细作，每亩每年就能收获2500~3000斤。细听起来，这里的学问还真不少：第一步是选种，一定要挑选出瓣大又圆的蒜，将其晒干，而且要干透；第二个步骤，在耕地前施肥，土肥（土、柴草堆腐烂发酵形成的生物肥）每亩用5方，化肥每亩用到150斤；第三步，耕地，用旋耕机把地翻整两遍，深度大约是15厘米；第四步，用耧把翻好的地犁出沟道，然后根据一扎（用大拇指和食指丈量形成“扎”）3颗种子的株距和20厘米的行距放置蒜种；第五步，放置完毕后，用耙子平整土地，然后浇一次水；第六步，铺盖地膜，给种子保暖；第七步，待到蒜芽生长到开始触碰地膜的时候，用蒜锥子把小芽钩到地膜之外，直至春节前，可以任其生长；第八步，开春，也就是清明节前开始浇水，每十几天浇水一次，共浇三次；第九步，到了五月，一般是农历的四月中旬，收获蒜薹；第十步，收获蒜薹后，再浇一次水，然后等待半个月的时间，便可以收获大蒜了。在收获大蒜之后的土地上，便又该接着播种玉米了。

时间到了2007年，村支书找到贾成海，说村子里的老会计去世了，想让他过来接班。问其原因，贾主任说，可能因为他是高中毕业，有一定的文化程度，加上平时村子里的红白喜事他一般都会参加，负责理账，村支书说他不仅有这份技能而且始终有诚信的名声。就这样，贾成海接受了这份工作。过了没多久，贾成海便开始担任村委会副主任一职。

作为村委会副主任，贾成海主要负责计划生育工作。2009年，村子里新上任的石建武书记开始着手村子道路硬化和家家通自来水这两项便民工程，贾主任便协助负责购买原材料和施工监督的工作。贾主任说，自己的这份工作比较细碎，但确是在为村民办实事、办好事，所以自己不敢有一丝一毫的马虎和懈怠。说起这两项便民工程，贾成海也是眉开眼笑，并给我们做了一个大致的介绍：它们都是"一事一议"政策在基层组织实施以来结的硕果。村委会通过该流程向上级政府部门申请立项和财政拨款。项目很快得到审批，并针对这两项工程，确立了每人 20 元的财政拨款标准。在这笔资金的基础上，村委会又通过村民大会的形式，进行立项工作，从村民手里筹集剩余的建设资金：一方面是动员凡年满 18 岁的村民，按照每人 20 元的标准共同筹集经费；另一个方面则是鼓励社会捐助。无论是按标准上缴还是无偿捐赠，无论是普通村民还是较为富裕的个人或企业，都积极响应。每段路面上有捐 300 元的，有捐 500 元的，还有捐助几万元的单位。就这样，在上级政策的鼓励支持和全村村民的积极拥护下，在三年的时间里，全村家家户户用上了自来水，村子里的五条街道也已经修整硬化了四条。我们所到之处，不仅可以在几条街巷中看到公示牌，而且能够听到村民对这两项工程的一致的发自内心的叫好声。

贾成海主任不仅工作上自觉欣慰，家庭方面也是和和美美。贾成海 1980 年和妻子结婚，分别在 1982 年和 1985 年喜得一儿一女。老伴比贾成海年轻两岁，同样是高中毕业，现在南沿村小学教书。女儿已经出嫁，儿子在北京从事销售药品的业务，每个月除了基本收入 3400 元，还有一定比例的销售提成，儿媳在家里看孩子。儿子儿媳一家虽然跟老两口住在一起，但是吃喝都是各自支付的。贾主任笑谈，儿子给自己的小家庭挣钱，眼前用不着儿子顾及老人。

由于村委会的工作繁忙，贾成海在 2007 年卖掉了家里的养鸡场，也没有时间进行任何副业经营，个人收入大大减少。目前主要的支柱性的收入来源就是老伴教书所能拿到的每个月 2000 多元的工资。贾主任坦言，自己作为村干部，每个月只有 200 元的工资收入，这笔工资实在过低，甚至都凑不够自己的烟钱，对于贴补家用更是无从谈及，所以想试图能够通过我们的采访，表达一下国家应该增加最基层干部工资收入的愿望。

随着访谈进入尾声，我们很想听听贾主任对今后生活和工作的想法和安排。贾主任说，当然是盼望生活节节高，工作上呢，就是希望能顺顺利利的，"小车不倒只管推"，只要自己身体还行，就要继续在这个岗位上服务下去。比如在今年，全村还有 600 米的道路需要完成硬化，为了方便大卡车通过，村委会已将街道拓宽作为路面硬化的后续工作列入工作日程。另外，村子里的排水设施亟待修缮，现有的西台子水坑已经完全不能满足村民的日常生活需要了，所以，下水管道铺设将成为下一个“一事一议”的立项工程。除了村子里的基础设施建设外，第四项重要的工作任务就是南沿村小学的搬迁事项。南沿村小学的搬迁项目已经通过河北省政府的审批，目前村委会正在为其申请30亩土地和几百万元的财政资金。上级资金如果仍不足以满足学校搬迁需要的话，村里将会继续动员社会资金，因为毕竟学校建设是村里事关孩子未来的大事，必须积极稳妥的把它办好。

（六）村委会红白喜事理事李长军

李长军，男，汉族，56岁，西街村红白喜事理事。调研组两次到李长军家，他家都没有人，之后从其邻居口中得知他和妻子正忙着插秧，白天只有中午在家小憩一下，于是我们选择在一个傍晚来到他家进行采访。走进院门，只见他和妻子正忙着做玉米馍馍，小院中摆着一张大桌子，周围有几把用旧了的小木椅。我们向李长军夫妇说明来意，他们赶忙请大家坐下，在夕阳的柔和光芒中开始了我们的采访。

李长军是土生土长的西街村人，初中毕业后就在家中务农，23岁时结婚，妻子也是西街村人，同样是初中文化程度。夫妇俩都是不善于表达的人，但是这并不影响两个人情感交流，性情都很温和而乐观的他们自结婚以来，很少有过争吵，两个人一起下地种田，一起分担家务，一起抚养子女孝敬老人，李长军说能够这样生活已经觉得特别幸福了，妻子在旁边腼腆地笑笑，也难以抑制满脸的幸福。现在两个儿子都成家立业了，大儿子一家在外地生活，小儿子一家安置在西街村，还有一个女儿，两年前考上了北京一所大学，2011年李长军还和妻子亲自去北京探望女儿。儿子们各自成家不再需要夫妇俩照顾，他们现在主要的精力都花在女儿身上，女儿很懂事，学习也很用功，夫妇俩很欣慰，他们对女儿的期望很简单，将来有份安稳的工作，能快乐生活就好，说到这里，夫妇俩对视一笑，好像生活中的一切都是那么称心如意，他们很庆幸也很珍惜这幸福生活。

李长军家的主要经济来源是农业收入和他的工资收入（2011年家庭收入来源见表15－11）。两儿子已各自成家立业，李长军夫妇与儿子在经济上相互独立。2011年，他和妻子从事种植业的收入约5000元，其承包土地共2.4亩（2011年家庭承包土地情况见表15－12），主要种植水稻、玉米、大蒜和蒜薹，其中1亩地用于种植水稻，1.4亩地先种植玉米，玉米收割后种植大蒜，2011年水稻收入1200元，玉米收入800元，大蒜共收入2000元，蒜薹收入1000元（见表15－13）。虽然永年县的大蒜闻名全国，但是由于土地有限，李长军与其他村民一样只有一亩左右的田地能够用来种植大蒜，而水稻主要是自给自足，蒜薹市场也很好，但仍受限于土地资源匮乏。

表15－11　　2011年家庭收入来源情况　　单位：元

职业	收入	职业	收入
从事种植业	5000	本乡镇就业工资	20000
从事个体经营	0	外出打工	0
从事屠宰	0	从事运输业	0
从事渔业	0	政府补贴和社会救济	170
从事养殖业	0	出租耕地或房屋	0
从事旅游业	0	其他经营收入	0
总收入合计	25170		

资料来源：根据李长军口述整理，2012年6月。

表15－12　　2011年家庭承包土地情况　　单位：亩

总面积	水浇地面积	旱地面积	良田面积	荒地面积
2.4	0	0	2.4	0

资料来源：根据李长军口述整理，2012年6月。

表15－13　　2011年家庭农作物、牲畜和家禽情况

种类	亩数	折算价值（元）	种类	亩数	折算价值（元）	种类	个数	折算价值（元）
大蒜	1	2000	瓜果	0	0	羊	0	0
玉米	1	800	花卉	0	0	牛	0	0
水稻	1	1200	蔬菜	0.4	1000	马	0	0
棉花	0	0	药材	0	0	猪	0	0
大豆	0	0				禽类	0	0

资料来源：根据李长军口述整理，2012年6月。

在支出方面，因为要供养女儿读大学，教育费用成为李长军家的主要支出款项。对于西街村的多数村民来说，只要家中有子女上大学，教育费用无疑就会成为主要支出项，但是李长军和其他村民一样，只要孩子能够上大学，无论自己多么劳累都感觉幸福，因为在村民们心中上大学是改变命运的重要途径，甚至是唯一途径。2011 年，李长军在女儿的教育上投入了约 6000 元开支，不足的生活费由两个儿子补贴。除此之外，花费最多的就是食品，2011 年家庭食品支出约 10000 元，约占总支出的 50%。其次是衣服花费约 3000 元，主要用于女儿的衣服支出，李长军夫妇俩的衣服花费总计 1000 元左右。2011 年生产性支出、交通和通信支出各约 500 元。李长军家 2011 年支出情况如表 15 - 14 所示。

表 15 - 14　　**2011 年家庭支出情况**　　单位：元

总支出	生产性	衣服	食品	看病	教育	娱乐	红白喜事	交通	通信	住房
20750	500	3000	10000	50	6000	0	200	500	500	0

资料来源：根据李长军口述整理，2012 年 6 月。

李长军一直都是勤勤恳恳、脚踏实地的生活，只想和妻子把家庭经营好，之前并没有想过会在村委会任职。1998 年经村民小组举荐和全村民主投票选举通过，由李长军担任村委会的红白喜事理事，既然村民信任自己，他就想把这份工作做好。开始他的工作内容主要就是参加村小组和村委会的会议，一方面定期学习上级党组织传达的精神，另一方面就是参与政府政策的上传下达并参与村务讨论。真正在红白喜事范畴的工作并不多，只是凡有村民家中筹办红白喜事，就请他去帮忙。但是他注意到西街村和周边其他村子一样，随着改革开放以来生活水平逐步提高，随之而来的铺张浪费之风也日益严重。在办红白喜事时，包括男子结婚、女子出嫁、孩子出生和过生日、老人做寿和丧葬之事，因很多人要面子，互相攀比，从而助长了一股不正之风，大肆兴办酒席，一次下来花费近两三万元，若是一个大家族，亲戚甚多，那花费更是多得令人咂舌。尽管有很多普通人家不能担此重负，但仍不惜负债累累，也不甘愿低人一等。对于此种情况，很多村民内心也甚为反感，希望村里这种风气能够有所改变，但是大家都碍于颜面，不能在真正的行事上有所突破。李长军觉得这种陋习必须改变，他在村小组会议上提出制定专门的条例对红白喜事的花销进行严格限制，一切从简，以杜绝铺张浪费，改变旧有的不良风气。这个提议得到了村委会的认可，村委会成立了移风易俗领导小组，由村支书领导，李长军主要负责宣传和起草条例的具体工作。

李长军挨家挨户去宣传，让大家明白红白喜事的大操大办不仅给村民自身带来沉重的经济压力，而且使得铺张浪费之风愈演愈烈，严重败坏民风民俗，吃喝观、攀比观是落后而制约全村发展的观念，大家要树立节俭光荣、浪费可耻的积极健康的思想观念。这和村民们的内心价值观是一致的，所以大家都很赞同制定条例来制约红白喜事大操大办，并且都愿意按照条例执行。在红白喜事操办程序的每个细节上，李长军广泛听取和吸收村民意见，做了详细的笔录，包括各种酒席的设桌数量、菜盘数量、烟酒数量等方面的意见和建议。

根据李长军所做的意见笔录，村委会及各村小组几经讨论，终于制定了西街村的红白喜事条例。考虑到农村婚丧之事的传统习俗在村民心中根深蒂固，缩减其操办项目实不可行，故此条例对红白喜事可操办的种类没有具体规定，只是提倡减少生日等喜庆等项目的操办，而对操办项目每个细节的数量和开销则进行比较严格的限制。例如过去结婚宴席，每桌都要将近二十道菜，烟酒的档次和数量更是攀比的关键点，现在红白喜事条例规定每桌菜盘不可超过十道，烟酒的档次和数量也有明确限制。

权力和制度，一旦脱离监督，就可能会走错方向。不仅要建立约束村民行为的制度，还要建立管理者自身及监督管理者的制度，落实各项制度，使已建立的机构和制度切实发挥它的作用。村里无论大户小户皆需遵从条例同标准的上限规定，凡遇红白喜事，李长军就和其他村委会成员到当事人家中，一面监督农户严格按条例执行相关事宜，一面为红白喜事帮忙搭手。问及大户人家如果想大摆筵席如何处理，李长军说在颁布红白喜事条例以前，确实常有这种情况，而贫困户却一席难设，红白喜事上的铺张浪费在周边的村子也是惯常现象，村委会意识到这种不良民风不仅会影响村民的精神风貌，而且不利于农村建设的长远发展，于是几经修订颁发了现行的红白喜事条例，并且在条例酝酿之初就向全体村民进行避奢就俭的宣传教育，这是从农村实际情况出发提出的问题，也是与每个村民切身相关从而使其深有感触的生活方面，故而不仅被全体村民所接受，而且受到人们的热烈欢迎。这样，条例颁布以后得到了大家的自觉遵守，曾经因顾及颜面而行奢的村民也不再有所顾忌，红白喜事皆从简行事。西街村的红白喜事条例为永年县各乡村开了筵席由奢入俭的历史先河，不仅在西街村起到了纯洁民风的作用，而且周边农村也在其影响下开始推崇红白喜事从简的作风，李长军非常热爱自己的工作，不仅因为这项工作和村委会其他工作一样是利人利己的事业，而且在营造良好民风上可以有开创性作为。

最后，李长军说道农村的“礼多”和“看病难”问题是严重制约农村经济发展的两个大问题。现在虽然生活条件比较好了，但是村民们还是勤俭节约才能经营好生活，农村名目繁多的“应门面”（指婚丧嫁娶、乔迁、做寿、升学、入伍、开业等）的费用是个无底洞，每户农民每年在这些“恭贺”声中所花的礼钱多则数千元，少则也有五六百元。西街村的红白喜事条例在全体村民的拥护下确实起到了约束奢侈浪费行为的作用，是实现文明乡风的一次成功规则尝试。李长军觉得永年县的所有村镇都应该有这样一个条例，让节俭致富的观念深入人心，在想法上和做法上发挥其广泛而长久的影响。还有一件不得不提的事就是看病问题，农民最关注的问题还是求医问题，“不怕穷，就怕病”，因病致穷、因病返贫的农民大量存在。就拿治一个普通的感冒来说，以往几元钱买点药就能解决问题，如今花个百八十元是常有的，如果做一个手术，就可能使一个经济较殷实的农村家庭一夜之间陷于穷困。现在政府全面推行新型农村合作医疗制度，村民都享受到了实惠，因此这项制度深得人心，但是要切实解决农民就医难的问题，政府还要进一步发挥服务职能，增加医疗投入，改善医疗条件，充分发挥公有医院卫生机构和卫生设施的作用，进一步规范医药管理制度，降低医药收费，在坚持农村合作医疗制度的同时，积极创造条件，建立对贫困群众的医疗救助制度，使贫困农民能享受到正常的、基本的、平等的公共医疗服务，使农民真正得到实惠。

（七）简朴的前任西街村村民委员会主任王志平

王志平，1952 年生人，2012 年 60 岁，党员，初中文化水平，是南沿村镇西街村的前任老村长，由于腿脚不太方便，现在赋闲在家，没有种地。他的妻子叫刘素英，58 岁，也是初中文化，家里的 1.8 亩地都由她照料。夫妻两个都是汉族，没有宗教信仰。老两口只有一个女儿，已经结婚，女儿女婿都在一家保险公司工作，平时工作忙，很少回家。现在老两口和小孙女在一起生活。家里每年的支出大约要 20000 元，种地的收入却只有几千元，日常的开销大都来自于女儿和女婿。

我们来到王志平家时已是傍晚，王志平的家显得十分简陋，作为本村的老村长，这和我们想象中的大相径庭。当地村民有一种风俗，他们认为房子的门脸代表了一个家庭的生活水平，所以，在盖房子的时候都要特意把大门设计得非常巨大，并且格外华丽。但是王志平的家并不是这样，确切地说，他们家并没有设计门房，取而代之的是一条 10 米长的胡同，穿过胡同就直接进到了他家的院子里。王志平家的院子不大，大约有 50 平方米。院子北边是一个约 10 平方米的棚子，用于储存杂货。东边是厨房，南边是卧室和客厅。院子西边堆了一垛蒜。院子没有整体硬化，只是用红砖铺出几条小路通往各屋。虽然他家的条件不是很好，但是目所及处都被打扫的一尘不染。西北角的独立小厕所也没有一点异味。我们的采访就在院子的正中间进行，采访刚开始，王志平的爱人刘素英就拿出一台崭新的落地扇放到我们旁边，笑着告诉我们夏天晚上蚊子多，用风扇吹着不挨叮咬。看得出，刘素英是一个细心又贤惠的家庭主妇。

表 15－15　　**2012 年家庭耐用消费品情况**

项目	数量	项目	数量
电视（台）	2	农用车（拖拉机）（辆）	0
电冰箱（台）	1	卡车（辆）	0
洗衣机（台）	1	小轿车（辆）	0
照相机（台）	0	电话（部）	1
影碟机（台）	0	组合音响（套）	0
电动车（辆）	1	手机（部）	1
摩托车（辆）	0	自行车（辆）	2

资料来源：根据王志平口述整理，2012 年 6 月。

王志平是土生土长的本地人，1952 年出生，父母都是农民，家里有三个兄弟，他排第三。关于童年，他有一段很苦涩的回忆。

王志平 8 岁上小学，正是长身体的时期，也正碰上 1958 年大炼钢铁和随后 1959—1961 年的三年困难时期。虽然那时只上小学一年级，但是王志平对那时的回忆还是很深刻。他回忆，当时只知道是“还苏联债”，因此，要勒紧肚子，至于“三年自然灾害”的说法是后来才听说的。1960 年给他留下的印象尤为深刻。那时候，村里已经成立了“人民公社”，生产队吃“大锅饭”，吃饭的时候就是一锅饭、一锅菜，平均每人每天也就是 8 两粮食。那一年，粮食很快就吃完了，开始的时候，人们就把棉花秆磨成面吃，后来棉花秆吃完了就开始吃树叶。树叶很快也吃完了，就只能吃树皮，然后吃任何可以吃的东西，据说最后有些人没能熬过饥荒。听王志平说，1961 年情况就好转了，基本上不会饿肚子。

王志平小学就在当地的南沿村小学就读，初中在县七中。初中毕业时只有 16 岁，当时并没有继续读书的想法，于是来到了本村的生产队干活。但是对生活并没有什么打算，也没有想过以后会怎样，貌似跟着生产队干活就是以后唯一的出路。由于当时还没满 18 岁，不算成年劳动力。按照生产队的规定，成年人干一天活给工分 10 分，未成年人每天只有 5 ~ 6 分。每 10 分算一个“工”，当时每个“工”大约为 0.50 ~ 0.60 元，每年底结算。王志平在生产队干一年大约有 40 多元收入。

1970 年，王志平刚好 18 岁。当时正碰上生产队搞副业，开了一个制造泥盆的小工厂，王志平就被生产队分到小工厂工作。在这里，他的收入有了一定的提高。据他回忆，当时小工厂把每个烧泥盆的窑分给个人，烧一个窑大约要大半个月的时间，如果顺利，一个月最多能完成两窑。每个窑工厂发 20 ~ 30 元。说实在的，烧窑比种地还累，而且收入也不算高，但是，任劳任怨的王志平还是一干就是两三年，直到小工厂倒闭。

1972 年，由于效益不好，小工厂不得不倒闭。但是，生产队又给王志平安排了一份新的工作——外出务工。生产队在队里的青壮劳力中挑出一些踏实能干的组成一个生产队，安排到邯郸市里打工。王志平当时家里比较困难，大哥、二哥都在外打工，家里只有他一个人。又加上王志平为人实在，干活吃苦耐劳，村里干部特别照顾他进生产队，去邯郸市工作。可以说，在当时的社会环境下，能从村里出来到市里工作是件很好的差事。当时王志平所在的生产队被安排到市供电局工作，专门负责供电局仓库的搬运工作。每天都要把成捆的电缆和各种变压器在大卡车和仓库之间装卸。虽然干的也是力气活，但是王志平觉得这份活还是比烧窑和种地要轻松些。据他回忆，当时邯郸市供电局每天给他们每人发 2.50 元工资，其中 1.50 元要交给生产队，剩下 1 元就是他们每天的净收入。由于供电局管吃管住，所以对于王志平来讲，这份工作的收入还是非常令人满意的。由于收入的改善，抽的烟也变好了。王志平笑着回忆道，“当时能抽得起 0.26 元一包的金钟烟了，之前都是抽 9 分一包的”。供电局给他们提供的伙食并不是很好，基本上每天都是土豆、青椒、萝卜、白菜等，但是王志平并不挑剔，对于他来说，有一份踏实的工作和一份还不错的收入，也就满足了。看得出来，那几年的工作经历，对于王志平来说是一段比较美好的回忆。

1975 年，王志平在邯郸市供电局干了大约三年的时间。因为大队的原因，王志平被调回了西街村。当时大队里自己办了一个粮站，急需一些像王志平这样踏实的工人，于是就把他从市供电局抽调回来，到粮站里当搬运工。从性质上看，这份搬运工的工作和前一份工作并没有区别，但是，事实上工作强度却大了很多。在供电局时，电缆、变压器等器材虽然很重，但都是在一个团队合作下完成的，体力消耗并不很大。但是，在供粮站，每袋粮食都有 180 斤重，需要由一个工人完成搬运，每一趟都很辛苦。更重要的是，原来供电局的搬运工作是按月计工资的，而在供粮站，实行的是“计件工资制”，也就是说是按照每天搬运的粮食数量来计算报酬的。王志平当时已经结婚，肩上的担子也比以前大了很多，他觉得自己身强力壮，于是就不怕苦、不怕累，希望能多挣些钱贴补家用，就特别卖劲的工作。王志平大约一个月能挣 100 多元，这在当时已经算是不菲的收入，但是，过度的劳累却给身体造成了很大的负担。这份工作，他一干就是六年，长时间的超负荷工作，在他年轻的身体上落下了病根。

说到这里，王志平指指自己的腿。医生检查说是 5～6 节的颈椎管狭窄，压迫神经，影响全身，特别是腿，基本没有知觉，走路很成问题。王志平说，这应该就是那个时候工作过于劳累造成的。

1981 年，改革开放的春风已经吹遍中华大地，人们的思想也得到了极大的解放。以前只知道在大队的安排下干体力活的王志平，也开始有了一些自己的想法。经过多年的努力工作，王志平有了一点自己的积蓄。于是，他辞掉了当时已经很不景气的粮站的工作，做起了木材生意。

当然，做木材生意一个人是不行的。虽然有些积蓄，资金还是最大问题。他通过农村信用社的熟人贷了5000元，又拉了大队的支书入伙，才凑足了本钱。做生意也比较辛苦，但是比起之前搬粮食来讲，也算不得什么。收入上来讲，虽然并不是特别多，但比之前还是要多。据王志平回忆，大概每根木材能合0.2~0.3元的利润，综合起来，每个月大约能有150元的利润。这跟许多那个时候靠做生意走上致富路的人比起来，并不是一笔很大的收入，但是对王志平来讲，人生却上升了一个新的台阶。

由于王志平为人比较实在，工作踏实肯干，村里人普遍对他比较信任。几年做生意致富的经历，又让村民对他的能力给予了不错的评价。这些都让王志平在村里具有了一定的威望。1984年，他开始在村里当民兵连长，1985年加入中国共产党。后来，村委会的副支书退休，村镇领导就开始找王志平谈话，希望他能接任村副支书的工作。可以说，副支书的职位还是有很多人在竞争的，但是，领导偏偏看中了他，就是因为他注重与人合作，凡事不爱争，能摆正自己在工作中的位置。于是，经过镇长任命，他成了西街村党支部副书记。

于是，他一人身兼两职——民兵连长和副支书。民兵连长的工作比较轻松，除了本人每年需要去县里参加一次军事训练外，基本上就是每年根据国家规定，征1~2个年轻人入伍，他只负责办一办相关的手续即可。但是，副支书的工作就非常杂，并且非常忙。村子里的日常工作基本都跟他有关，调解村民矛盾、收公粮等许多事情都要由他出面。特别是计划生育这一块的工作，非常的难做。

在当时的农村，“多子多福”的思想还非常严重，“重男轻女”的观念也很普遍。许多人都觉得家里没一两个男孩，在村里都抬不起头。在这样的意识下，头胎生了男孩的人就想再要一个男孩，头胎生了女孩就非要再生个男孩不可。这种根深蒂固的思想在我国农村之普遍，给国家带来了极大的人口负担，也给村民的生活带来了很大的压力。为了保证国家计划生育政策的实施，王志平总要挨家挨户的做工作，不知道跑了多少路。但是，想要扭转村民的思想谈何容易？有些村民，不管他如何劝说，都坚决要把孩子生下来；还有些村民，干脆在怀上孩子以后，跑到别村的亲戚家住上几个月，把孩子生下来之后再回来。对于坚决要生孩子的，只能根据当时的政策强行打胎，而对于已经偷偷生下孩子的村民，则只能进行罚款。不管怎样，计划生育工作是个很得罪人的工作，很多被强制打胎或被罚款了的村民，至今都在记恨王志平。王志平说，“开展工作就不可能不得罪人，只要大多数人说我的好就行了”。

王志平的工作的确是得到了大多数人的认可，在副支书的职位上干了两三年，1992 年，他就被推选为村委会主任。当时村委会里包括他共有 5 人，竞争也很激烈，可是，王志平就是比其他人更具有竞争力，经过镇长任命，他顺利地当上了村长。在村长的任上，他一干就干了 18 年。

成为村长之后，他的工作就更忙了。问起在当村长的 18 年里，他最满意的工作是什么，他说，首先应该就是给村里铺路。当时村里还是土路，一下雨就泥泞不堪。为了能给本村的发展提供一个更好的环境，王志平决心分段分批硬化村里的道路。可是，当时镇里并没有提供拨款，王志平就号召村民集资。前前后后募集了十几万元的资金。每凑到一些钱就铺一段，在长达 18 年的工作中，铺路的工作从来没有停止过，直到现在，村里大概只剩下 100 ~ 200 米的土路。

除了铺路，他还负责给村里盖了一座冷库。雇工程队、进料、看工，都是他一手操办，为了监督工程队保质保量地完成工作，他常常要在工地上一待就待上 24 小时，经常彻夜不归。盖冷库的钱是大队里出的，有 30 多万元，经过他的精打细算，全都花在了工程上。冷库盖好后，用于对外承包，收入算作村里的财政，用于给农民补贴农业税。

另外，村里换变压器，铺电线等许多事情，都是在王志平任上完成的，林林总总，王志平已经记不清楚了，他总是说，“干得太多太杂了，记不得了，记不得了”。

为村里干了这么多的实事，他得到了大部分村民的好评。但是，他的身体却越来越不好。年轻时落下的病根，并没有引起他足够的重视。在任村长的 18 年里，又日日操劳，没有进行像样的治疗。终于，他发现自己越来越力不从心，腿越来越不听使唤，最后连走路都成问题了。

2010 年，王志平主动提出了退休。他说：“身体不行了，不能为大家服务了，还何必占着村长的位置呢？该让贤了。”村长的薪水是非常少的，每月只有二三百元，在 2006 年以前根本就没有，但是 18 年的村长工作，负责了几项大的工程，经手的资金总在几十万元上下，他却从来没有拿过一分自己不该拿的钱。总结他这么多年的工作，他觉得，自己做到了问心无愧，做到了始终把为村民服务放在首位，虽然得罪了很多人，直到现在还有人偷偷地破坏他家的庄稼，但是他不后悔，能在大多数人那里得到一个好名声，他心满意足了。

谈起对村子未来的看法，他说，新任村长和支书都很有能力，对村子的发展也很负责，近两年还给村里各家各户都通上了自来水。他相信，西街村会在新任领导班子的带领下拥有一个更加美好的未来。

十六、西街村的致富能人

（一）坚强乐观的窗帘店老板王双兰

王双兰，女，汉族，1970 年生人，小学文化水平，普通话很好，现在是一家窗帘店的老板。她的丈夫叫刘文观，也是汉族，比她小一岁，现在由于身体不好长年在家，除了偶尔照顾一下自家的田地，没有其他工作。夫妻两人都不信教。有一个儿子和一个女儿，儿子已经结婚，也有了小孩。王双兰家里只有 6 分地，3 分种水稻，3 分轮种蒜和玉米。王双兰是我们的采访对象中为数不多的女性，她不仅是位家庭主妇，更是一位持家好手。

我们来到王双兰家的时候，她正坐在门口逗小孙子玩。可以说，我们能找到王双兰很幸运。我们到村子里的时候，正赶上滏阳河刚有水，村民都在忙着插秧，村里人白天大都在地里忙乎，往往要到晚上八九点才能回家，所以那天我们接连走了几家都没有人。王双兰是做窗帘生意的，不用种地，现在又正逢生意的淡季，店里不忙，所以才回家坐着。她说，其实她也不常在家，今天是偶尔回家看看，过会儿就又要去店里了。

我们的采访就在王双兰家的门厅里进行。她家的门厅很大，房子也很气派，院子大约有 200 平方米。她家的房子和村里大部分的房子构造很不一样，分上下两层，盖成一个“回”字形结构，把自家的院子围在中间。上下两层的住房面积加起来有 300 多平方米，非常宽敞，室内的装修也很不错。可以说，她家的房子比村里大多数人家的房子都要好。这让我们很难相信，这一切，都是靠她一个人打拼挣来的。她的丈夫身患重病，已经基本丧失了劳动能力，很多年来，这个家确实是靠她一个人打理。

表 16－1　　2011 年家庭耐用消费品情况

项目	数量	项目	数量
电视	2	农用车（拖拉机）	0
电冰箱	1	卡车	0
洗衣机	1	小轿车	0
照相机	0	电话	0
影碟机	0	组合音响	0
电动车	2	手机	4
摩托车	1	自行车	2

资料来源：根据王双兰口述整理，2012 年 6 月。

表 16－2　　2011 年家庭支出情况　　单位：元

总支出	生产性	衣服	食品	看病	教育	娱乐	红白喜事	交通	通信	住房
149500	300	8000	18000	120000	0	0	2000	600	600	0

资料来源：根据王双兰口述整理，2012 年 6 月。

王双兰是西街本村人，家里有 3 个哥哥，1 个姐姐，1 个弟弟和 1 个妹妹。小时候父母靠种地为生，家里又有这么多的孩子，所以生活很困苦。8 岁时，父母送她到南沿村小学读书，可是读到四年级时，由于厌学情绪滋长而辍学不上了。其实，虽然当时家里条件比较困难，供她读完小学还是不成问题的。说起这个事，王双兰表示非常后悔。现在做生意才发现，文化水平低让她在很多方面都受到限制。平时经营窗帘店，在订货的时候，总是连名字都写不好。有时候碰见赊账的，写个赊账的条子，又由于没文化而吃亏。

1981 年，父母开始做点小生意，在附近开了个小店，主要卖烟酒。这样，家里的生活才算好了一些。王双兰辍学后，由于只有 13 岁，年龄还小，又是女孩，所以没有像同村的男孩子一样出去打工挣钱，而是待在家里专门负责做饭。事实上，在这之前，她连做饭也不会。王双兰说，她小时候挺懒的，虽然家里条件并不是很好，但她也从来没有觉得生活很紧张，反而天天自由自在，无忧无虑。也就是在那个时候，才学会了做饭。当时父母照顾店里的生意，比较忙，她就负责给还在上学的弟弟、妹妹做饭，也算是帮父母分担家务。

这样，在家做饭的日子过了5年。1986年，王双兰16岁，逐渐长大的她开始不满足于每天无所事事的生活，也开始受不了总是憋在家里的日子。随着她父母的小商店生意逐渐红火，店面也开始扩大，这时父母也上了年纪，经营起来有些力不从心了。所以，这一年，他开始到父母的小店里工作。小店虽然不大，却也很烦琐，刚开始的时候，她就只能负责看店。父母则每天要早起专门负责给小店进货。等到她把小店里所有商品的价格都烂记于心，并且对小商店的运营有了比较深入的了解后，她就基本上接管了父母的小店，开始独立经营。可以说，王双兰不仅心灵手巧，而且很有做生意的天赋，在她的打理下，小店的生意蒸蒸日上。当时，西街村做生熟肉生意的人居多，但是也有很多人在临近村子的公路边卖烟酒。王双兰家的小店就开在公路边上，附近的烟酒小店也有很多，相互之间也有竞争。但是，王双兰家的小商店算是生意最好的，在当时的物价水平下，每年都能有几千元的收入。对于王双兰来讲，这笔收入已经是非常丰厚了。问起是不是很辛苦，她说，小店每天都很晚才关门，因为小店靠近公路，在她的客户中，有一大批是晚上跑车的司机，即使到了半夜，也经常有客人光顾。为了能给司机师傅创造方便，当然也为了能多挣些钱，她经常要熬到半夜一两点。在那时的农村，用电不方便，大家都睡得很早，一般到晚上九十点钟村里就基本上看不到灯光了。但是，她的小店经常开到深夜，在给许多司机提供方便的同时，王双兰也给客户留下了很好的印象，并得到了很好的口碑，渐渐地有了一批很稳定的客户。虽然每天晚上要熬夜，早上要早起进货，但王双兰还是觉得，自己过得很充实，并不觉得辛苦。

1991年，王双兰结婚，那年，她21岁。王双兰的丈夫刘文观就是村里的一名屠宰生意人，家庭条件还可以，当时结婚的新房还是婆婆家出钱盖的。刘文观是做羊肉生意的，每天早晨要早起到附近的村子里买活羊，然后在家里处理一下，下午进行屠宰，然后就直接在家里出售。当时，王双兰的丈夫很能干，所以收入也还算比较高。他们卖羊肉基本上不零售，都是批发。由于羊肉质量过硬，刘文观人又讲信用、重感情，所以生意一直得很顺利，家里生活也比较宽裕。

结婚之后，很快王双兰和刘文观就有了第一个孩子，并且是个男孩，这对王双兰两口来说都是一个很大的喜讯，生活一下子就多了许多乐趣。1993年，王双兰又添了一个女儿，对于刚刚成立的小家庭，尽管由孩子的奶奶经常来家里帮助看孩子，但两个孩子都不大，这无疑也增加了很多家务活，从那时起，王双兰就成为了一个专职的家庭主妇，专门负责照看孩子。

到1999年，两个孩子都上了育红班，王双兰才开始有了一些闲暇的时间。于是，她开始帮丈夫料理生意。丈夫是经营羊肉生意的，总是要买活羊到家里来屠宰，每天屠宰活羊的场面都是“白刀子进，红刀子出”，非常血腥。这种场面不是每一个妇女都能忍受的，更别说下手帮忙了。但是，王双兰却很不一样。为了能给丈夫分忧，她竟毅然决然地加入到了屠宰的行列。每天早晨，丈夫把买来的活羊拉进家里以后，王双兰就开始帮丈夫宰羊。虽然王双兰不能直接进行屠宰，但是却全程参与了其他的过程，从前期的抓羊，到后期扒皮、切肉、剔骨，王双兰样样都会。这时，刘文观的生意已经做得比较大，他卖的肉不仅在本地进行销售，还有许多邯郸的客户专门来他这里批发。光靠王双兰夫妇已经很难满足日常运营需要，于是，就和刘文观的大爷一起合伙经营。回忆当时那些事，王双兰说，那时虽然村子里有很多人做羊肉生意，但是总体上竞争不是很激烈，生意还算是比较好做。

2002年，羊肉市场竞争越来越激烈，生意越来越不好做，王双兰的收入也开始走下坡路。她深知，竞争者越少的市场越容易占领市场，很有经济头脑的她开始策划把多年来积蓄用于经营一项新的生意。于是她开始进行市场调查。经过调查，她发现，村里人大多经营食品生意，开饭馆、开小商店，甚至经营屠宰的人都非常多，这些生意本钱小、流动大，市场准入门槛低，所以竞争者也多。但是，村里还没有一家像样的经营大宗家具的商店，随着村民收入的提高，许多村民都开始盖新房、置办新家具，添置新窗帘是少不了的。窗帘市场应该是一个潜在的市场。当时她有一个远亲是做布料生意的，在亲戚的帮助下，她决定在村里开一家经营窗帘的商铺。于是，她在靠近村子的公路旁租了两间门市铺，雇了人，自己当起了窗帘商店的老板。当时的窗帘市场在当地还算是新兴市场，参与竞争的人很少，附近几个村加起来也只有一两家。这样，刘文观继续做羊肉生意，王双兰则改行经营窗帘生意，两个人都能有一份各自的收入。但是，在经营窗帘生意的开始阶段，王双兰的生意还是不太好做，尽管竞争者少，但客户也少，销量不大，家庭收入和花销主要靠丈夫的生意维持。

没过几年，王双兰的生意就有了好转，老客户越来越多，附近一二十里村子的人都来买她的窗帘。2006 年，王双兰给家里盖了新房，就是现在住的房子。当时盖房子花了 30 多万元，其中有 10 万元来自借款。虽然借了钱，但是，王双兰想，夫妻俩住再好的房子也没啥必要了，主要是给儿子准备套好房子，所以，秉承着“一步到位”的理念，王双兰愣是把自己家的房子盖成了全村数一数二的好房子。

盖好了房子，生意又红红火火，就等着儿子长大给儿子娶媳妇了。可以说，王双兰当时对生活充满了希望。但是，天有不测风云，2010 年 2 月，刘文观突发脑梗塞，一下子近乎成了残废，这让王双兰承受了不小的打击。带着爱人东跑西跑看了几个月的病，脑梗塞症状刚刚缓解，刘文观又突发心肌梗死。这下，刘文观彻底丧失了劳动能力，也让王双兰彻底傻了眼。前前后后带丈夫四处看病，花了几十万元。现在，丈夫恢复的还不错，但是，还是留下了后遗症，走路都走不稳，更别说干活了。从那时起，全家的重担都落在了王双兰一个人的肩上。

但是，王双兰并没有被突如其来的变故所压垮。她不仅没有由此消沉，反而更加自强。2010 年，在她丈夫病情开始缓解的时候。她就开始和一个浙江人合伙做了一项新的生意——做棉袄。由于王双兰家的房子比较大，有上下两层，楼上的部分本来是准备给孩子结婚用的。但是，由于孩子还小，楼上的房子一直闲置。于是，王双兰就把二楼的房子租给了那个浙江人。浙江人出资出机器，王双兰负责招募工人，做出来的棉袄运往北京销售，王双兰每月收取租金。工人的工资每月 1000 多元，王双兰自己的收入是每月 3000 元。王双兰说，本来觉得这是个好事，能让闲置的房子发挥点作用，所以，开始还积极主动地去做这件事情。最多的时候，在她家二楼的小棉袄厂里有 20 多个工人，都是由她招募的。但是，后来，王双兰发现这个浙江人心眼儿很多，这让王双兰很不舒服。她说，起初，她负责管理这些招募来的工人，浙江人负责给工人结算工钱。但是，过了一年，浙江人改变了工资的结算方式，把王双兰和工人的工资打包给王双兰，然后由王双兰给工人结算工钱。开始，王双兰觉得还可以接受。后来，她发现，浙江人为了节省成本，给她结算的工钱越来越少。但是，工人是王双兰招来的，有些甚至还是她的亲戚。工人的工资不能省，王双兰得到的报酬却越来越少，最后，自己竟一点也落不下了。这时候，王双兰才发现上了浙江人的当。发现做这个生意得不偿失的她，决定马上抽身，终止了和浙江人的合作。

现在，王双兰就只经营她的这家窗帘店。生意一直也还不错。闲暇之时，她还经常参加一些文艺演出。现在，还组建了自己的秧歌队。谈起秧歌队的事情，王双兰很高兴。大约是 2006 年，在一次庙会上，村里请了外面的秧歌队到村里做了一次为期一周的演出。当时秧歌队的表演在村民中引起了轰动。王双兰是个敢想敢干的人，她立即找到秧歌队的队长，跟她学起了扭秧歌。王双兰的举动被村里人知道后，也纷纷前来，甚至在村里的妇女中掀起了一次学习秧歌的小高潮。经过这次学习，王双兰基本上了解了秧歌动作。后来，又经过自己的自学，竟然越跳越好，开始能教别人了。王双兰发现自己跳舞的天赋后，非常高兴，随后，就把村里会跳秧歌的妇女都召集到一起，组建了村子里自己的秧歌队。现在，王双兰的秧歌队在当地还有了点小名气，附近几十里地的村子里办庙会都请她们去演出。跳秧歌纯属大家的兴趣，所以，即使经常外出演出，王双兰也没想过要收一分钱的报酬，她觉得，只要大家高兴了就好。现在，王双兰的秧歌队每年都要到外面跳上十几场。

王双兰是一个积极向上、敢想敢干的人，她具有很好的经商头脑，能拥有自己的一份事业。她乐观、开朗，在面对生活的打击时能坦然面对，积极应对。说起对未来的打算，王双兰说，现在没想那么多，她只是觉得，车到山前必有路，自己的生活一定能够在自己的努力下，越过越好。

（二）德高望重的西街村“百事通”葛红彬

葛红彬，男，汉族，62 岁，小学毕业文化程度，普通话讲的不是很流利，没有宗教信仰。他的爱人叫赵芹，汉族，58 岁，文化程度是小学。由于时间关系，我们一共采访了两次葛红彬老先生，都是去的他经营的门脸，也就是他家里。第一次采访是将葛老先生作为入户调查的对象，彼此交流过程中发现老先生很了解西街村的各种事情，对西街村的人和事有自己的看法，于是我们决定再对老先生进行一次人物专访。所以，第二次他给我们详细地介绍了他家族的历史以及他的个人经历。

葛红彬 7 岁上小学，到 1964 年 14 岁时高小毕业，之后就去生产队干活，因为年纪小，所以就看地挣工分，最开始是每天 2 分、每天 5 分，再到后来的每天 6 分。1976—1978 年，由于西街村盛产大蒜，他曾经带着大蒜去外地卖，有时在村里开个证明，再租辆配货车亲自出去卖，到过邢台、石家庄、北京、天津、安阳、太原、辽宁、内蒙古等地。之后在供销社当了两三年的临时工，为供销社代销烟酒，收入也还可以。1982 年实施开放市场的政策，葛老先生就开始卖小百货和日用品，主要包括背心、裤子、帽子之类。当时一般是去石家庄、北京、邯郸、安阳的门市进货，然后再回南沿村镇的集市上卖货，每件都能挣几毛钱，在当时来说算是挺多的收入了。1983 年开始卖布匹，主要是各种棉花布和的确良布料。1982—1994 年，他还经常去赶集赶会，南沿村镇是一、六集，北中堡是四、九集，周边其他各村也都有庙会，当时流动性出摊的频率还比较高，10 天里大概会出去五六天，每次能挣到 200 ~ 300 元，营业利润率大约为 15%，因为当时三个孩子都在上学，所以开支特别大，每年基本都没有剩余，手头能有点活钱，但是不多。1994 年，在现在所在商店的位置建起了简易的小坯房，在小坯房里卖布料，之后的两三年就不再流动出摊了。1998 年，由于村里统一拓宽马路，才盖了现在的房子。从 1994 年之后，他主营衣服布料之类的买卖。最近几年，开始主营白布的批发和零售。

葛红彬经营了两个店面，一个是白布的批零，另一个是花圈寿衣。这两个门脸位于邯临公路路南斜对着镇政府。两个门脸相邻，且都是自己家的房子。一层摆放的是各种出售的布料、寿衣等，与售货的地方隔开，往里走是一个小客厅，大约 6 平方米，走出小客厅，后面有个不太小的院子，可以在院子里做饭。一层的总面积约 60 平方米，二层是卧室，约 40 平方米，还有个近 20 平方米的阳台。葛老告诉我们，这个门脸是 1998 年村里修路时按照统一的标准自己花钱盖的，他和老伴现在就住在这里。家里还有个老房子，建于 1986 年，正房约 90 平方米、偏房 50 平方米，总共 140 平方米，现在有人给看着，他们两人基本不过去。他们家一共有一亩多地，但是现在已经给别人种了，收成之后会给他送过来一些粮食。粮食补贴和种子补贴还是会打到他的存折里面，每年约 146 元。据估算，每年经营两家店铺的收入约 20000 元。所以 2011 年葛红彬家的收入共 20146 元。2011 年家庭收入来源的具体情况详见表 16 - 3 所示。

表 16－3　2011 年家庭收入来源情况　单位：元

职业	收入	职业	收入
从事种植业	0	本乡镇就业工资	0
从事个体经营	20000	外出打工	0
从事屠宰	0	从事运输业	0
从事渔业	0	政府补贴和社会救济	146
从事养殖业	0	出租耕地或房屋	0
从事旅游业	0	其他经营收入	0
总收入合计	20146		

资料来源：根据葛红彬口述整理，2012 年 6 月。

由于只有葛红彬和他老伴在家里吃饭，每月伙食费约 600 元，但是葛老说他虽然不抽烟，但平时喜好喝口小酒，每天喝 2 两，都是在附近打的 10 元一斤的散酒。全家每月生活费大约 800 元，全年 10000 元左右。2011 年老两口衣服的开支约为 600 元。全年家里做饭都是用煤气，冬季取暖是用空调和电暖气，所以电费的开支会比较多，每月约 150 元，全年 1800 元。院子里有自来水，每年水费约 120 元。关于红白喜事，他说每次基本随礼都是 10 元、20 元，亲戚的话一般都是 100 元，关系很好的给到 200 元就已经算很多了，2011 年全家红白喜事支出约 1000 元。葛红彬和他爱人都参加了合作医疗，医保卡里面的钱是一年一清的，所以基本都会去药房取药，葛红彬由于有三高的症状，即血压高、血脂高、胆固醇高，所以要每天吃药，如降脂灵、阿司匹林、丹参片等常规药，每年吃药的钱大概要 600 元，除去合作医疗中可以报销的部分，2011 年自己支出的药费约 400 元。他和他爱人各有一部手机，每年的通信费用为 600 元。葛红彬说他非常喜欢出去旅游，每年自己都会出去玩两次，去年去了西柏坡和开封，基本都是坐火车过去的，最远到过武汉，据估算 2011 年这项开支约为 2000 元。生产性支出主要是指他进货的支出，我们第二次去他家里采访的前一天恰好他去进货，他告诉我们他是在邯郸轻纺城进的货，主要是白布、寿衣，每次进货数量都不一样，他估算 2011 年全年的生产性支出约为 4000 元。2011 年葛红彬全家的家庭支出总计为 20520 元，具体情况见下表 16－4 所示。

表 16－4　　2011 年家庭支出情况　　单位：元

总支出	生产性	衣服	食品	看病	教育	娱乐	红白喜事	水费	通信	电费
20520	4000	600	10000	400	0	2000	1000	120	600	1800

资料来源：根据葛红彬口述整理，2012 年 6 月。

葛红彬家里的家用电器比较齐全，电视机共有 2 台——小客厅、二楼卧室各有一台，客厅里还有一台饮水机、一台 DVD、一台壁挂式的空调，院子里有一台洗衣机、进货用的一辆自行车、一辆电动车，一楼两个门脸卖货的前厅和里面的小客厅都各有一台吊扇，再加上二楼卧室也有一台——总共有 4 台吊扇，有 2 部手机，无固定电话。葛老说他家里没有电冰箱，是觉得真的没有必要，并不是因为买不起，主要是有什么想吃的他们就随时买着吃了，放到冰箱里也不如刚买的新鲜。2011 年葛红彬家耐用消费品的具体情况如表 16－5 所示。

表 16－5　　2011 年家庭耐用消费品情况

项目	数量	项目	数量
电视机（台）	2	小轿车（辆）	0
电冰箱（台）	0	自行车（辆）	1
洗衣机（台）	1	电动车（辆）	1
照相机（台）	0	摩托车（辆）	0
影碟机（台）	1	手机（部）	2
饮水机（台）	1	固定电话（部）	0
吊扇（台）	4	空调（台）	1

资料来源：根据葛红彬口述整理，2012 年 6 月。

葛红彬有三个孩子，两儿一女。大儿子叫葛建波，今年 36 岁，目前是永年县环保局的科长，原来在邯郸市上大学。二儿子叫葛建坤，今年 35 岁，现在是邯郸铁路工务段的车间副主任，毕业于天津铁路学院，当时报的志愿是委培，1995 年入学的时候一次性交了 10000 元的学费。小女儿叫葛利，今年 30 岁，毕业于邯郸师范学院，目前在北京打工，在某私立学校教书。姑爷也在北京工作，是地铁4号线技术院的工程师。他现在总共有两个孙女和一个孙子，可谓是儿孙绕膝。儿女们过年过节都会带着他们的孩子回来，基本是1~2个月回来一次，给他们老两口买好多东西，包括衣服和食品。他也经常去邯郸，但是都不会去打扰儿女，一般都是自己去饭店吃点饭、喝点酒。他说他基本不要儿女的钱，因为他自己挣的钱已经足够老两口花了。

平时的休闲活动，葛红彬比较喜欢听戏，尤其爱好永年西调（当地的地方剧种）和河北梆子，偶尔也听听京剧，谈话兴起时还给我们哼唱了几句，非常的地道。他说他虽然上的学少，但却是很爱看书的——如报纸和小说之类的，主要是看短篇小说，长篇的看过《鲁滨逊漂流记》，闲时还看看邯郸电视报，比较爱看新闻联播和今日说法。除此之外，还非常喜欢听20世纪八九十年代的流行歌曲，比如当年红极一时的"黄土高坡"。他说村里的文体活动倒不是很多，每年有两次庙会，在中老年活动中心那里有舞台，2011年阴历四月十八请戏班过来唱了一次戏，他还去听了，有西调和豫剧；还有一次是阴历九月初九，也是在那儿。另外就是每晚八点至十点在恒利商场门口有跳秧歌和广场舞的，其他的就没有别的活动了。葛老认为，南沿村镇作为一个中心镇，过年过节都没有活动，上面也没有人组织，文化活动着实少了一些。实际上这也是中国大部分乡村，起码是北方乡村文艺生活的普遍情况。他听长辈们说，新中国成立前，大约是一九三几年，村里的太平车非常出名，但是新中国成立后一直没有很好地恢复起来，特别是1960年地震坏了之后就没有再修起来，非常可惜。

我们第二次去他家里采访他的时候，他首先给我们介绍了他们家族的历史。据葛老介绍说，他的祖籍是肥乡县毛演堡乡东谢店村，全村共有2000口人，姓葛的占了大多数——70%~80%。东谢店葛氏家族还有一些很有趣的民间传说：族人是明朝燕王扫北时从山西洪都县迁过来的，小脚趾甲上都有另外一块小指甲。实际上这与华北平原，甚至北方很大区域的传说是一致的。他每年都会回老家拜年，如果有事的话每年会回去2~3次。这时候他拿出了他的记事本，告诉我们他2011年正月初七回肥乡县贾庄村去看望他的六爷的时候，顺路去屯庄营乡周寨村的葛氏祠堂祭拜了一下，里面记录了一些葛氏家族最近的情况：当年有两个山西来的老弟兄，一个落到了屯庄营乡周寨村，另一个落到了东谢店村，葛老听他70多岁的叔叔说东谢店原来有个葛氏祠堂，里面是有石碑的，但是"文革"时破四旧给毁了，至今尚未复原。

葛红彬说他从小就听长辈说过，老家在东谢店，祖上三四代都是大地主，包括他的祖父、曾祖父、高祖父，有钱但是威望也颇高，都是善行人家，都会尽量救济穷人、要饭的，从来不做坏事。葛老还给我们讲了一则他听长辈说的关于他高祖父行善的小趣事：20 世纪初，高祖父在外村还有大量土地，在麦熟时期，有一次正巧碰上穷人去地里偷麦子，这个人捆了一大捆背不走，高祖父不仅没有制止呵斥他，反而帮忙把麦子扶上去，并且告诉这个人说不要跟别人说我帮你了。他高祖父说既然来偷，就一定是饿得不行了，那就拿回去和老婆孩子吃吧。葛红彬说他祖父在新中国成立前40 多岁时就因病去世了，他父亲有弟兄二人。1946 年之后土改，当时他大爷葛登宇 20 多岁，从东谢店来到西街村搞革命，又随刘邓大军南下，半路上生病，不得已离开部队又转回西街村，然后也将他父亲葛登林带到了西街村，当时他父亲只有十四五岁，之后弟兄二人就在西街村落户，至今有 70 多年，再也没有回去。父亲来了西街村之后就开始经商，主要是买卖粮食，兼职做会计，一九四八年之后做生意开始卖小百货。1955 年、1956 年国家开始搞公私合营，大爷、父亲、姐姐都去了南沿村镇供销社上班，葛红彬说当时他还很小，才五六岁的样子。到了“文革”时期开始定成分，爷爷自然是地主，父亲由于少小就离家了，所以当时没有给定，直到“文革”后期才定的中农成分。母亲是附近村子的，也姓葛，姥爷的成分是中农。虽然如此，村里还是按地富子弟对待他们家，所以高小毕业后，由于成分高就不让他再上学了。葛老说，他当时很喜欢上学，成绩在班里也是中等以上，为此他父亲还找过学校好多次，但是校长却说别再找了，找了也不让上。当时年纪小，还不懂事，感觉不用上学还很高兴，但是后来却成了一辈子最大的遗憾。他一直都认为毛泽东时期的家庭成分政策真是耽误了一代人。他说到这里的时候情绪很低落，潸然泪下，我们只能在旁边劝慰说现在都已经过上好日子了，不要总因此伤心了，面对大环境的影响，每个人都无法改变什么，大家都会有一种深深的无力感。

葛老做买卖 30 来年，一直都非常讲信誉，并且对做生意有自己的一些看法：“文革”之前，生意人都很讲信用，所谓“古人诚不欺我也”。直到改革开放初期，生意人还比较少，当时的生意还算好做。但是到了 20 世纪 90 年代之后，商业方面开始出现了信誉危机。他还给我们分析了一下原因，因为之前毛泽东的政策是禁止做生意，认为经商就是资本主义，中间 20 来年导致出现了信誉断裂带，“文革”时期由于政治环境的因素甚至还批判信誉，到了改革开放之后，开始允许做生意，政府宣传做生意、扶持生意人，所以做生意的人就如雨后春笋般一下子兴起来了，由于信誉的真空断裂带存在，导致商业信誉并未传承好，好多人没有做过生意，不懂得这些，都盲目跟风，不讲信用，直至20世纪八九十年代出现了信用危机、三角债的情况。现在在政府的倡导下，老板们都逐渐讲信誉了，情况亦随之逐渐好转。葛红彬还提到，西街村人做生意都相当讲究信誉，主要是重视，从来都不坑人、不讹人、不欺负人、不敲诈人，外地有人来西街村的话，村里人都是尽量保护、包容性非常强。集市中心由过去的广府集转移到南沿村镇集也正是这个原因。广府镇过去集市很多，主要的有一、六日集，20年之前的时候集市上的人非常多，但是当时信誉不好，普遍存在坑、蒙、拐、骗、强买强卖的现象，所以最近五六年衰败得很厉害，到目前基本都没有人了。他还说到，在改革开放初期，邯郸市也曾经出现过欺诈外地人的现象，但是现在改变了，对本地人和外地人都一视同仁。

葛红彬的三个孩子都是大学生，都非常有出息，所以他家对孩子的教育是非常成功的。谈到对孩子的教育问题，葛老又侃侃而谈跟我们说起了他的教育经。他首先告诉孩子们，他自己因为成分的原因小学毕业了就没能再继续上学，他老伴因为家里条件比较困难，小学没有毕业就休学了，父母没文化，所以都在家里当农民，但是叔叔、姑姑们都有工作，一定要好好学习，才能改变“面朝黄土背朝天”的生存状态，否则只能一辈子在家里当农民了。而且当时国家政策是管分配的，这对于农村孩子来说是最好的一条可以改变命运的出路。其次在教育方法上，葛老也有一些自己的见解。第一，对孩子从来都不娇惯，一直给他们灌输正确的价值观、是非观，对撒谎从来都不迁就，对儿子的要求尤其严格，对女儿稍微宽松些。儿子、儿媳、女儿、姑爷现在有事都会征求他的意见，很尊重他，并且也都非常孝顺他们老两口。第二，在学习上，不要打孩子，主要还是靠孩子的个人自觉，父母应该经常说着点，经常告诉他们努力学习的好处，但是不要强迫孩子们。村里有些家长总是打孩子，其实这样非常不好。第三，并不是所有的孩子都非得是读书的料，如果不是就不要勉强，有能力就上学，实在不行的话就另找出路。葛老说，三个孩子都比较争气，都读书读出来了，弥补了他这辈子不能上学的最大的遗憾，他和他爱人省吃俭用也要供三个孩子念完书上完学。他还说，现在人的思想意识改变了很多，认为读书好、读书有用的人不多了，尤其是读书无用论非常严重，而这种思潮在“文革”期间一度非常盛行。现在主要是因为国家不管分配了，大学生的工作不好找，都是高不成、低不就的心态，年轻人应该摆正心态才好。

对于目前村里的状况，葛红彬认为干群关系比较和谐。我们了解到，石建武书记是他的亲外甥。他说石书记在任这几年做得非常好，包括修路、引自来水、给学校建食堂等，都是为村民谋利的好事。主要是石书记本人也不缺钱，也不会存在因公职贪污腐败的行为。而且他对当前的政策非常满意，觉得共产党是在切切实实为老百姓谋福利。

对于村里婚丧嫁娶的习俗，葛老也了解很多，但是由于时间关系，他并没有给我们很详细的介绍，只是告诉我们目前丧礼主要还是火葬为主，也有少部分是土葬的，主要是在村子的周围附近，当然这些现在已经非常少了。

最后，葛老还给我们介绍了他在西街村具有轰动效应的“三大事件”。第一件事情发生在 1968 年、1969 年的时候，当时他十八九岁，和五六个人一起看护大沟，旁边有根广播电线，那条电线是火线，差不多齐胸高，因为挡路了，所以他一下子就把电线撩起来，当时立刻就触电了，眼里充血，幸亏同伴把他及时送到医院，很幸运的抢救过来了，后来村民都说他是大难不死、必有后福，到现在手上还有当时留下的疤。第二件事情发生在 1975 年，当时正值“文革”后期，他是村里第一个作为地富子弟结婚的人。他说当时成分不好的好多人家的孩子都娶不到媳妇，甚至连残疾的女孩都娶不到，有好多人比他大几岁的至今都未娶妻，相比之下他很就幸运了——他老伴身体健康而且家庭和乐。他和老伴是经媒人介绍认识的，说到这里很温柔的看了他老伴一眼，然后才继续说道，起初的时候他老伴和他岳母是不同意的，觉得嫁给地富子弟是会被别人看不起的，只有他岳父同意，因为葛老的大爷和他老伴的三爷是从小的结拜兄弟，所以对他也算是知根知底，他岳父的成分是中农，对于这门婚事非常支持，他岳父甚至说地主家里的孩子有规矩、有教养。之后他教育自己的子女时说，有合适的可以找，他也不反对先谈着，但是绝对不能随便。大儿子和大儿媳是经介绍认识的；二儿子和二儿媳在同一个单位是自由恋爱；女儿毕业时还没有对象，是后来经别人介绍认识的，女婿是在沧州上的大学，之后分配到北京工作。三个孩子的夫妻关系都很好、很和谐，全家都非常的和睦。第三件事情是 1993 年和 1994 年，两个儿子分别都考上了大学，大儿子在邯郸、小儿子在天津，村里人都说他们家门里出大学生，他老岳父也觉得面上分外有光，亲戚都夸他们家教育有方。

葛老做生意30余年，说话、为人处世方面不偏见、不自私，心态平和、心眼好，用他女儿的评价来说就是：在村子里虽然名望不大，但却算是德高望重的人。在此，我们衷心地祝愿德高望重的葛老和他老伴晚年幸福安康。

（三）商场经理王海军

王海军，1956年出生，本地人，初中文化，能说一口流利的普通话，现在是南沿村镇一家商场的经理。妻子叫郭密兰，比王海军小一岁，小学文化。夫妻两个都是汉族，没有宗教信仰。家里有一儿一女，都已结婚。现在儿子、孙子和孙女与王海军夫妇一起住。王海军家里有2亩地，这在当地已算很多，有7分地种水稻，6分地轮种蒜和玉米，另外7分地为盐碱地，没有耕种。由于耕地很少，收入自然也不多，种地的收入每年大约只有2000元，王海军做商场经理的每月工资是1400元。

我们来到王海军工作的商场时，王海军正在商场里巡视，通过对讲机，我们找到了他。说明来意后，他很热情地接待了我们，并带我们来到了他平时工作的办公室。说是办公室，其实就是在一楼楼梯的楼梯间外面加了一扇玻璃门，室内面积不过10平方米，放了一张床，一个桌子，桌子上面摆了一台广播设备。王海军是一个很和善的人，从他的言行举止中，我们能看出他的沉稳与干练。

王海军是农民出身，小的时候，家里很贫困。那时，家里有6口人，除了父母外，还有两个哥哥和一个姐姐。由于家庭贫困，姐妹众多，王海军小时候上学的事情也被耽搁了，直到9岁，才进当地的南沿村小学上学。当时的小学还是6年制，在这6年里，王海军的学习成绩不是很好，始终处于中等水平。1971年，王海军15岁，成绩不是很优秀的他还是考进了南沿村公社中学。用王海军自己的话说，他这3年中学就是“混”过来的。他们当时并没有很明确的读书意识，也并没有多少人能认识到读书的重要性。在农村，人们往往希望能早点到地里干活，早点有一份收入，毕竟，下地干农活并不需要多少文化知识。所以，王海军上初中时，也就是15岁的时候就开始去村里的生产队参加劳动，给家里挣工分。据他回忆，他们生产队允许小孩参加劳动，但是工分给得很少，大概一天只有5~6分，成人一天是10分。他当时所能干的农活也跟成人不一样，只能干一些比较容易的工作，一般就是在地里除草、犁地。这样，一年下来，王海军大概能挣10元。

1974年，王海军18岁初中毕业，在当地来说，这已经算是比较“高”的学历了。所以，王海军没有继续读高中，开始全身心地进行劳动。由于当时他哥哥是生产队的队长，于是给他安排了一份相对比较轻松又挣钱多的工作——进城打工。当时，他们生产队和邯郸市供电所有一份关于劳动力外派的合作项目，于是，王海军同村里的十几个人一起，被派到了邯郸市供电所当临时工。临时工的工作确实比干农活要轻松一些，每天主要的工作就是在供电所的工厂里打杂，比如拧螺丝、搬电线、抬设备等，工作难度不大，大家都能胜任。当时的工资也相对比较丰厚，一天1元多，并且每个月都会结算一次。在供电所，伙食条件和住宿条件都要比农村强很多。这里的工作，不仅给王海军带来较好的经济条件和生活条件，最主要的，还开拓了他的视野，给他日后的发展带来很大的影响。

1975年，王海军在供电所已经干了一年多，这时，适逢村子里招兵，在民兵队长李龙江的鼓励下，王海军应征入伍。王海军入伍的部队在天津市郊区，兵种是通信兵。在部队时，王海军学到了很多东西。作为一名通信兵，他首先学会了开车，并拿到了驾驶执照。在部队的几年里，王海军不仅能开吉普车、卡车、面包车等多种车型，而且技术娴熟，能应对各种条件的路况，还能适应夜间行驶。更重要的，在部队里，他认识了很多战友，这给以后的事业打下了坚实的基础。

部队的生活条件也还不错，当时每月有5元钱的津贴。王海军很快适应了部队的生活，并且深深地爱上了部队的生活，他很想留在部队里。但是，由于各种原因，他最终还是不得不退伍，4年的军旅生涯就这样结束了。

1979年，王海军退伍回乡，回到村里务农。他干一天农活还是10分，但是，收入大约为每月10元，虽然这时的收入比参军之前要高出很多，但是，在外面摸爬滚打了很多年的王海军已经不再满足于老老实实做一个农民了。他见过城里人的生活状态，也掌握了驾车的技术，心气已经比以前高了很多。在生产队干了一年，他就待不住了。1980年，听说跑运输很挣钱，通过朋友介绍，他认识了邻村一个跑运输的个体户，当上了司机。由于只有一辆卡车，一个人负责联系生意，一个人负责运输，两个人倒是合作的很愉快。王海军为人实在，干活又不怕苦，很得老板的信赖。当时跑运输主要是短途，最远到达山西、河南、山东等地，拉的主要货物是煤。当时做司机的收入还是不错的，每个月固定工资，有 180 元。当然，他的老板挣的钱，还是要比他多得多的。

司机的工作做了五年，王海军有了一点积蓄，于是，他决定自己当老板。1985 年，他在当地的信用社贷款 3 万元，又向亲戚朋友借了 5 万多元，加上自己几年来攒下的两三万元的积蓄，一共出资大约 10 万元，买了一辆在当时非常多见的绿皮解放牌卡车，载重 5 吨。以前当司机时总是觉得大部分的苦都自己吃了，大部分的钱都让老板赚了，心里不平衡，但实际上，自己当上了老板，王海军才发现，当老板确实非常的操心。首先，他要雇两个可靠的司机，一个跑白天，一个跑晚上，两个司机就总会有这样或那样的事情，如果其中某个司机有事，他就要自己上去开车。有时候，司机也会因为工资的问题发生纠纷，当时，司机的工资大概是每天十几元。在运输的途中，又会发生许多意料不到的事故。比如，碰见下雨天，路滑，就有可能出现抛锚或翻车的事故。有时候，夜间行车，还会碰见劫道的匪徒，如果不给钱就要挨打。一方面怕匪徒，另一方面他们也很怕交警，因为他们常年超载。说起超载的事情，王海军当时也觉得很无奈。在 20 世纪 80 年代末，中国的道路系统还不是很规范，大大小小收费站繁多，使得运输成本偏高，再加上养路费，按每吨每月 200 元计算，5 吨的车每月就是 1000 元，如果按照卡车的标准重量载重，跑一趟运输下来，不仅不会挣钱，还往往会赔本。所以，王海军知道超载会给交通安全带来隐患，甚至给司机的生命安全带来威胁，但是，他也只能超载行车，即使是他亲自开车跑运输，也不得不做这种拿安全换收入的行为。王海军说，其实，当时他最怕碰见的就是交警。碰见劫道的，无非是想要点钱，他们也不愿事情闹大，因为车上一般不带现金，最多也就是损失一两百元，只要摸清了路子，做好思想准备，不会影响本次的生意。但是要碰见交警，一次要罚款上千元，还要另找车分装货物，按标准载重行车，有时连货物也会被扣押。同时，如果车子某些硬件不合标准，又要被额外罚款，用王海军自己的话说“只要想查，没有哪辆车是没毛病的”。在一趟运输中，只要碰见一次较真的交警，这次生意就会血本无归。王海军回忆说，跑运输有风险，每次一把车放出去，他就开始担心，一旦某天半夜忽然电话响起，他就会提心吊胆，生怕出了事故或被交警查扣。不过，当时的运输业还不是很热，参与竞争的车少，所以，总体上生意还是比较好做的。

当老板多操了很多心，也确实挣了很多钱。1990 年，王海军花了 14 万元买了第二辆车，这回是一辆蓝色的欧曼车。除了卖掉上部车的六七万元的收入，加上向亲戚借的两三万元，剩下的钱都是王海军用存款支付，没有再从银行贷款。这辆车准载也是 5 吨，但是质量要比前一辆好很多，他开始能跑一些长途生意。除了跑北京、天津外，最远还能跑到浙江，做一些温州、义乌、宁波的生意。他说，去的时候一般是给工厂拉钢材，回来的时候就在当地的配货中心拉些小商品。这段时间，他就不再拉煤了，也就没再跑山西。

过了没几年，王海军又买了第三辆车。还是一辆欧曼卡车，前后有 6 排轮，准载 27 吨，共花费 34 万元，其中 10 万元来自于向亲戚的借款，没有贷款。有了这辆车以后，他仍然是以跑浙江等地的生意居多。当然，他仍然是超载行车，他说，准载 27 吨的卡车，最多能装到 43 吨，一般来讲，他跑温州都是装到 40 吨左右。这样，如果一切顺利，一趟温州大概能收入 3000 元，要跑 7～8 天，一月能跑 2～3 趟。他说，到 2000 年左右，虽然参与竞争的车多了，但是生意反而要更好做了，原因是我国的道路系统得到了很大改善。首先，建成了许多高速公路，公路的路面质量也得到了很大改善，这极大地提高了运输速度，其次，公路上收费站的数量也得到了规范，以前公路上收费站林立的现象在那时基本上得到了遏制，收费价格也比较合理，基本上一次 15～20 元。最重要的改进是，公路的收费方式也由以前的按公里收费改成了按载重量收费，载重越多，就要缴纳越多的过路费。这就有效地遏制了超载的现象，并且节约了运输的成本。所以，2000 年左右的时候，王海军觉得做生意比以前舒服多了，跑在路上也不像以前那么怕交警了。司机不怕交警，行车安全顿时好了很多，10 年前乱象丛生的运输业得到了彻底的改变。那时，王海军觉得，只要认真按照交通规则执行，每月就能有一份不错的收入，也就没有人再愿意去做那种拿安全换收入的事了。王海军的新房也是那个时候盖好的，花了十四五万元，也没有借钱。

不过，王海军最关心的油价却是一天高过一天，高得有点承受不起了。干运输这么多年，最后还是萌生了“退休”的念头。2006 年，一件突发事故，让他彻底放弃了继续搞运输的念头。那一年，他往温州运一批饮料瓶子上的塑料瓶盖，走的也是高速公路。在杭州的一个服务区停车休息的时候，他发现，卡车上装的成包的塑料瓶盖有一包已经在运输的途中被颠簸歪了，随时有掉下来的可能。于是，他就同司机一起想用绳子拉紧装瓶盖的袋子。可是，那一大包瓶盖忽然从车上掉了下来。成吨的重量一下子砸在了王海军的腿上，顿时，他就晕了过去。王海军的腿被砸断，由于伤得很重，从此就带上了钢板。这种钢板是内置的，固定在腿部的骨骼上，需要长期使用，基本上成了身体的一部分。所以，这钢板一带，就是5年。

由于腿部的重伤，加上王海军本来就有“退休”的念头，在住院期间，他干脆以12万元的价格处理掉了卡车，彻底告别了从事了20多年的运输业。现在，他的儿子已经成年，学习了驾驶技术，也干上了运输业。但是，王海军虽然自己当老板十几年，却不让孩子当老板，而是让他以一个司机的身份，给别的个体户打工。这十几年来，他还是觉得当个普通的司机要更轻松些。

在腿部有伤的几年里，年过半百的王海军终于过上了一段比较清闲的生活。没事就在家里看看电视，溜达溜达。自己家里有2亩地，有空就照料一下，也不图能有多少产出，主要是为了腿部的恢复性锻炼。小孙子和他一起住，看孩子就成了这几年里的主要工作。虽然很麻烦，却让王海军的生活充满了乐趣。

2011年，王海军终于拿掉了腿部的钢板。他的腿恢复得不错，如果不仔细看，还真看不出他的腿曾经受过重伤。他的战友在本村开了一家商场，很需要一个又可靠、又有能力的人照料，于是，他找到了当了十几年老板的王海军。听说商场里的工作并不辛苦，王海军答应了战友的请求，来到这家商场当“经理”。王海军说，其实，自己就是个打杂的，平时管管商场的卫生、招聘、发工资等，主要的是一些杂事。我们来的时候，正碰上商场的空调坏了，王海军一直在通过对讲机联系修空调的事情。

王海军，通过自己的辛苦努力，走上了一条致富的道路，中间虽经历坎坷，终于在知天命的时候，过上了幸福闲适的生活，祝福王海军的生活一直像现在这样幸福美满。

（四）头脑灵活的经商达人王治民

他中等身材，较瘦，脸色有些偏黑，戴着一副大大的近视镜，衣着穿得很讲究，蓝色的短袖衫束在黑色的西装裤内，脚上配着黑色的皮鞋。从外在穿着看，他要比村子里大部分人注重自己的形象，因为在我们这几天调研中发现，为了更凉快些，村子里的男人们穿着大部分是短裤、拖鞋，比较的随意。他正式的穿着很容易引起我们的注意。这就是我们今天要调研的目标人物——经商达人王治民。

说起王治民，不得不说是一次机缘巧合。原本在调研名单中并没有王治民，而我们调研小组却有幸碰见了刚刚从外地回来的王治民。2012 年 6 月 25 日下午 3 点钟，我们原本要从村委会前往刘文现的家进行调研，联络员宋和平却告诉我们，刘文现近段时间一直没有在家，只好让我们临时改变计划。由于小组内其他调研对象都已完成，突然的改变让我们也无法临时找到可以进行调研的人物和家庭。就在宋和平和我们一起商量村里还有谁比较合适的时候，王治民正好闯入了宋和平的视线。宋和平很是高兴地上前去跟他聊了一会儿，看样子宋和平和王治民很熟络。过了一小会儿，宋和平高兴地跟我们说，咱们就采访他吧。当我们向宋和平问起王治民大致是个什么背景或者在村子里有什么特点?“他可是个大老板，王老板”，宋和平开玩笑地拍着王治民的肩膀说。王治民忙解释道：“什么老板，我可不是什么老板，就是一个普通老百姓。”就在这说笑中，王治民把我们领到了家门口。

王治民家的位置就在村委会大门口的斜对面，走几步就到了。在家门口遇到了王治民的爱人，一位显得很利索的阿姨。当我们看到王治民家的大门的时候有些疑惑，因为门扇不仅小而且门的木材都已经斑驳破旧，看上去更像一座老宅，这样的景象很难与“老板”、“穿着体面”联系起来，我们带着疑惑走进了院子。

院子是普通的土砖地，院子角落种着些花草，虽然是老式的旧院子，但看得出来，这个院子是经常有人清扫打理的，因为院里的一切不仅干净而且井然有序。王治民和他的妻子很热情地把我们招呼进了屋子。屋内的光线很暗，但很凉快。屋内的家具也都是陈年已久的老式样，正在我们观察着周围的环境时，王治民的爱人已经端着白开水送到我们桌前，谢过她之后，我们开始了今天的调研。

王治民，男，汉族，1965 年生人，高中文化水平，西街村本地人。爱人路青兰，汉族，1964 年生人，初中文化水平，路庄村人，经人介绍嫁到了西街村。王治民有一儿一女，这双儿女可谓是家里的骄傲。我们采访时，孩子们都还没有放假回家。王治民给孩子取名的方式很特别，儿女分别叫王冰、王雪，我们问到取“冰、雪”是因为生于冬天么？王治民说恰恰相反，两个孩子都生于夏天，正是由于夏天容易让人焦躁张扬，所以取了相反的名字，目的是想让他们性格稳重些，另外的意思是想取“冰雪聪明”之意。大儿子王冰，1989 年生人，现就读于重庆西南大学工商管理专业，2012 年 9 月即将成为大四的学生。王治民告诉我们儿子一年的学费 5000 元，但重庆的消费水平较高，加之男孩子吃饭花钱的地方一般比女孩子多，所以一年下来，儿子的生活费、教育支出将近 2 万元。前几个暑假王冰并没有回家而是选择留在学校找了一份家教的兼职，一方面是想锻炼自己，另一方面是想自己亲手赚些生活费，替家里减轻负担。王冰即将面临毕业，在工作与读研继续深造的选择过程中，王冰毅然决然选择了后者，加入了考研大军。王治民说，今年暑假儿子已经开始着手考研，正在复习当中。小女儿王雪，1993 年生人，2011 年以 617 分的好成绩考入北京第二外国语学院，专修旅游管理专业。王治民说小女儿更为乖巧听话，并且在学校生活得很节俭。在北京这样的大城市，王雪在学校的生活费每天将近 10 元；北京的电话费用贵一些，她就每次打电话振父亲一下，再由父亲打回去；大学的第一个暑假她就选择留校找兼职，力所能及地赚些生活费。王雪一年多学费与生活费用支出在 12000 元左右，比哥哥花费稍少些。

能把子女全部培养成为优秀的大学生，在农村并多见。当我们问起王治民教育儿女的心得，他说自己并没有做什么，主要在于孩子他们自己。兄妹两个人自中学毕业后，都陆续考入了县里的重点高中，并且进入实验班，长期住校的生活，使他们自觉养成了独立自主的学习习惯，平时他很鼓励孩子读书，因为他深信“知识改变命运”这条古训。

除了这双懂事、聪明的儿女和幸福的家庭之外，王治民丰富的从商经历也是可圈可点。刚高中毕业那会儿，王治民一开始并没有打算做买卖经商，而是跟随父亲去了邢台做了一名狱警。王治民父亲是名老八路，在河北省公安某中队做了一名警察，每月有固定的工资。1984 年，随着公安部门“自然减员”，一些老干警到了退休年龄的时候，于是公安部门就会出现几个空缺的警察名额，正是这个机遇王治民补了这个名额当上了狱警。王治民告诉我们，那个时候有一个词可以形容当时的工作，那就是“以工代干”。他解释说当时上班虽然是一名工人的身份，但是三年后转正就可以享受干部的待遇，在那个年代这是一份令人羡慕的铁饭碗。所有人以为王治民就这样安安稳稳从事着这份工作的时候，王治民心中却计划做自己更喜欢的工作。他说做狱警时，工作地点比较偏僻，几乎可以说是跟外界脱离了联系，而且每天的工作内容大致就是白天带着劳改犯劳动改造，等到晚上再把他们如数领回。这样枯燥平淡的生活把年轻的王治民紧紧地束缚着，王治民笑笑说那时自己就像“第二劳改犯”，没有自由。1990 年南沿村中学建了一个规模不大的冷库，向外租赁。王治民得知这个消息后，很兴奋，因为觉得这是一个好的机会，这更加坚定了他不再受约束，获得自己应有的“自由”的想法，王治民果断辞去了这份铁饭碗，回到了西街村，这一年他真正开始了经商的生涯。

刚开始出手大干一番时，就有一道难题摆在了他的面前，启动冷库的资金需要近 20 万元，当时王治民手里只有这几年的工资和家里的一些积蓄才 8 万元，他不得又向农村信用社贷款，当时贷款最高金额为 5000 元，这与启动资金还是相差甚远，于是他又找到同村的朋友，最终一起合伙把这个冷库租了下来。这个冷库的贮存量并不多，约为 25 万斤，近 100 多吨。当时王治民观察到一些反季的蔬果比时令蔬果更受人们的追捧，而且价钱也是时令蔬果的好几倍。于是他利用冷库贮存了苹果、蒜薹等季节性蔬果，待到春节的时候适时反季出售。虽说市场是找到了，可是技术上又碰到了难题。冷库的管理是需要有技术员指导的，可是当时的技术人员很难找到，根本聘请不到专业人员来村里做指导。王治民只好自己摸索着前行，就这样维持了四年，最终还是因为缺乏技术，最终不得不放弃继续租赁冷库。王治民说，这四年的收益并不理想，自己是绊在了技术知识上，也正是这次的经历让他深刻了解知识的重要性，也让他更加懂得自己想要的“自由”生活并不是那么容易。但是这并没有让他放弃继续追逐“自由生活”的想法。

1994 年，王治民的一个朋友要将自己经营的小饭店转租给别人，当时王治民刚刚放弃冷库生意，看到又有全新的机会摆在面前，他毫不犹豫地租赁下这个小饭店。王治民告诉我们，他并不是一时冲动，而是经过成熟的考虑后做的决定。随着人们的经济生活条件日益丰富起来，消费范围也逐渐扩大，小饭店的位置在村子的主干道旁，地理位置比较好，川流不息的车流和人群，可以带来稳定的客源。盘下这家店后，原班的厨师和服务员仍旧可以留下来工作，这也省下了重新找人的成本。权衡过优劣势后，王治民最终接过这个小店的经营权。他说当时租下的这个饭店的装饰、格局都还算不错，楼上楼下总共十几张桌子，全是雅间。20 世纪 90 年代国家的物价水平整体都不高，王治民说当时的一盘肉菜只卖七八元，并且当时市场存在着一定的通货紧缩的情况，国家为了缓和通货紧缩的经济现象，降低了存款准备金率，刺激国内居民消费。随着人们的消费欲望的增加，加上王治民自己勤劳的操持，生意逐渐红火起来。直到1997年，王治民听说村里的这条主干道要进行规划，临道的门脸儿、小作坊都要进行集体拆迁。一开始王治民并不太敢确定这个消息内容的真假，后来经过多方面的打听，村里确有规划马路的意向后，王治民决定出手转让店铺。于是在拆迁动土的前一年，王治民将饭店二次转让盘给了别人。他说自己并没有要坑害别人的意思，而是考虑到自己转业经营的成本以及拆迁对自己的影响较大，于是他提前退出了这个行当。

经商多年，王治民不仅学会了如何应付经商的难题，而且还养成观察、分析市场的好习惯。1998年，就在西街村的老乡们还在专注于自己仅有的几分蒜地的时候，王治民却发现了一片新的市场。他说西街村素来以紫皮大蒜闻名，它蒜皮紫红，头肥瓣大，辛辣味浓，包衣非常紧密，所以慕名前来收购的小贩比较多，但是西街村人均耕地面积较少，我们粗略统计了一下，平均一户农家大蒜种植面积约0.3亩，蒜的总产量约为750斤，去除籽种后，蒜的净产量约为500斤。按照2011年大蒜的市场价为每斤1元，一家种蒜的收入为一年500元，这样的收入水平是很难维持一家人的基本生活需要的。面对这有限的收入，大部分村民选择无奈地接受事实，认为自家就那么点的耕地面积，就算是有心扩大种植规模，却无力改变现实条件。这些瓶颈难住了好多村民，但是王治民换位思考后从瓶颈中跳了出来，他从被动的卖家角度换位到了买家的角度。他认为如果想扩大规模，赚取更多的钱，只有自己集中收购散户的大蒜达到一定的产量后，从自己的手中将这些物品转手售出，将大蒜形成真正意义上的商品。他通过对山东市场与本地市场对比分析后，发现两地的蒜价是有差价的，于是他找准了市场，开始在两地倒腾大蒜，赚取价格差。有了稳定的货源和一定数量的大蒜，王治民的生意也逐渐好了起来。

我们可以看出王治民是一个爱动脑筋、精明能干，能随时把握商机的商人。他从不满足停滞在现有的经营状态，只要有机会和新的市场，他总是想大胆的放手去搏一把。2007年，王治民在做大蒜生意的时候，发现外地一些产蒜的地区不仅仅只有市场收购这种单一环节，还有深加工等多个环节，这样不仅扩宽了交易范围，而且带动了当地的收入提高。这种双赢的局面，再一次让王治民心动了。于是他和朋友商量过后，两人一拍即合，决定在邻村西张寨的地方合伙开一个深加工的工厂。王治民说之所以选在那里开工厂，其一是因为那里临近大蒜市场，可以为自己提供丰富的货源；其二，受西街村当地土地资源有限的影响，只好选择了别的地方。就这样，这个占地10亩的工厂开始运营了。王治民告诉我们，大蒜的深加工就是为大蒜进行脱水，然后返销给山东地区进行出口。但是由于大蒜是季节性的经济作物，所以大蒜的深加工也只在8~10月进行。为了充分利用场地和机器，他做起了蔬菜脱水的深加工项目。这些脱水蔬菜最终作为方便面调料包售到天津康师傅方便面厂。王治民说，这看似简单的大蒜加工，却面临着极大的风险。因为加工后的大蒜是向国外进行出口销售的，国际市场的波动直接影响到他这个行业。2008年全球的经济危机，让他受到了不小的打击。那年脱水大蒜的成本价由每吨11000元跌至每吨1500元，每吨净赔近10000元。而其他机会成本损失高达150万元，这样大的经济压力让他每晚都难以入睡。面对跌入谷底的蒜价，90%的人都已沉不住气了，抛手卖掉手中的大蒜，怕以后的蒜价跌得更狠自己损失更大，但王治民作为少数人的代表，他选择了“以静制动”。他告诉我们，其实那个时候心里压力很大，但是妻子的一些话给了他莫大的支持。妻子说现在蒜价已经跌到最低，“卖”与“留”同样是赔本买卖，与其卖掉手中的大蒜，还不如静观其变，等蒜价重新回到合理的价位。妻子不仅不鼓励他卖掉手中的蒜，而且还让他大胆放手买进些低价的大蒜。2010年大蒜市场出现了“蒜你狠”的现象，大蒜价格达到了近年来的最高水平。王治民看准了时机抛售了手中的大蒜，打了一场漂亮的翻身仗。

做生意虽然要担风险，而且也比较辛苦，但是王治民的聪明才智和高瞻远瞩的经营理念得到了丰厚的回报。经过这些年的打拼，现在的日子过得还算殷实。2010年花了13万元在本村买了一套110平方米的新房子，购置了新的家具，这也解开了我们一开始的疑惑，原来现在这座房子是个老宅，现在王治民一家已经搬到了楼房居住。家中装有3台空调、1台电冰箱、1台洗衣机，家里每人一部手机。出行的交通工具有1辆自行车、1辆电动车、1辆电三轮。如表16-6所示。

表 16－6　2012 年家庭耐用消费品情况

项目	数量	项目	数量
电视机（台）	1	小轿车（辆）	0
电冰箱（台）	1	自行车（辆）	1
洗衣机（台）	1	电动车（辆）	1
空调（台）	3	摩托车（辆）	0
影碟机（台）	0	手机（部）	4
组合音响（套）	0	固定电话（部）	0
电三轮（辆）	1		

资料来源：根据王治民口述整理，2012 年 6 月。

2011 年家里主要的开支是孩子的教育费用以及家里的生活费用。两个孩子的教育支出 35000 元；由于搬到楼房居住，取暖则主要用空调，所以一年的电费 5000 元；一年的网费 600 元；红白喜事支出 2000 元；由于经常在外地跑活，通信费用支出也较多，一年花费近 3000 元；由于王治民做生意要经常应付客户，所以吃饭花费也有一定的支出，加上妻子的生活费用，在食品支出上一年花费为 8000 元。对于收入，王治民说除了家里 2 分地的蒜和 3 分地的棉花有 500 元的收入外，大蒜加工会结余 4 万元的纯收入。收入来源见表 16－7；消费支出见表 16－8。

表 16－7　2011 年家庭收入来源情况　单位：元

职业	收入	职业	收入
从事种植业	500	本乡镇就业工资	0
从事个体经营	90000	外出打工	0
从事屠宰	0	从事运输业	0
从事渔业	0	政府补贴和社会救济	0
从事养殖业	0	出租耕地或房屋	0
从事旅游业	0	其他经营收入	0
总收入合计	90500		

资料来源：根据王治民口述整理，2012 年 6 月。

表 16－8　　2011 年家庭支出情况　　单位：元

总支出	生产性	衣服	食品	电费	教育	上网	红白喜事	交通	通信	住房
53600	0	0	8000	5000	35000	600	2000	0	3000	0

资料来源：根据王治民口述整理，2012 年 6 月。

王治民说，他喜欢品茶、看书、看新闻，也很注重生活的质量。他可以守着电视看一天的经济新闻，新闻里的经济实时动态能给他很多的启发。对于未来的道路，他说只要有好的机会，他还是会去大胆转变抓住机会的。我们祝福“遇事则思，思则变，变则通，通则达”的王治民，祝福他在经商的道路上越走越顺利。

（五）金店老板张静科

在西街村，大部分村民家里都是靠种地为生的，或者家里多多少少都会在地里种一些东西，但是凡事都有例外。在西街村，有一些人就完全抛弃了种地的日子，凭着自己的能力在经商的路途上，走出了自己的路。张静科就是其中非常有代表性的一个人，我们是在张静科的店里见到他并对他进行了采访。那真是一个大金店，店门口挂着的牌子上写着“老凤祥”。我们刚看到张静科的金店时，感到非常诧异，诧异的是西街村竟然还有这么大一个金店。张静科，尖瘦的脸庞，身材也很瘦，我们感觉出来这是一个非常精明，而且是一个不喜欢“循规蹈矩”的人，也难怪他能有开金店的想法和魄力。至此，我们对他产生了浓厚的兴趣，非常想知道他的一些生意经。

张静科，男，43 岁，初中文化，无宗教信仰，爱人叫庞增敏，41 岁，家里有两个儿子，一个 20 岁，一个 18 岁，以及一个 13 岁的可爱的小女儿。这是一个幸福的家庭，而支撑着这个幸福小家庭的，是张静科的奋斗。

张静科 1985 年初中毕业后，回家务农。那时他 16 岁，正是年轻人最不安分的时候，也是年轻人想法最多的时候，他当时根本不想在家种地，不甘心就这么过一辈子，想自己闯闯，走出属于自己的路。于是在家里待了两年后，张静科的机会来了。在他 18 岁的时候，张静科的哥哥买了一辆车，用来跑运输，彻底勾起了张静科从小就喜欢开车的情绪。张静科告诉我们，他从小就喜欢开车，还记得上小学 4 ~ 5 年级的时候，他哥哥就买了一辆拖拉机，用来往曲周拉水泥跑运输，当时，他就非常想开，但是因为他当时年纪太小了，家里人不让他开拖拉机。每当他哥哥出去跑运输的时候，他都想跟着去玩，然而他的父亲不让他去，担心他的安全，有好几次，他都是偷偷地溜出去的。每当这种时候，只要张静科还没回家，他父亲就会在路边一直等着他。这种从小就有的爱车情结，使得张静科在 18 岁时，看到哥哥又买了辆车后，义无反顾的选择了和他哥哥一起跑运输，脱离了他不喜欢的务农种地。

张静科决定后，用了一年的时间学会了开车。当时张静科和哥哥主要从山西往山东拉煤。在那个时候，干运输的人还比较少，他们看准了这个机会，专门从山西拉煤，然后送到山东的水泥厂、电厂等地方。这条线路，哥俩一共跑了三年。三年后，张静科的哥哥用这三年跑运输的钱，换了一辆大车。但是，那时山西太原的煤已经少了很多，另外，做运输的人也越来越多，竞争激烈了，赚的运费低了很多，每个月只有 1000 多元。于是，他们进行了改变，把从山西拉煤改成了从他们当地向外拉蔬菜，这个生意他们又做了 3 ~ 4 年。后来，张静科也有了些积蓄，于是就自己买了一辆车，跑运输，不再跟着哥哥一起干了。那时，在距离西街村 30 多公里外，有个沙河玻璃厂，很多人都会到浙江温州、东北黑龙江买玻璃，然后卖给沙河玻璃厂。张静科有了自己的车后，在村里靳海的带领下，也加入了这个行列。那时张静科跑一趟长途，回来卖给玻璃厂后，能有 3000 ~ 4000 元的收入，平均下来，每个月能收入接近 10000 元，这在当时算是很高的收入了。这个玻璃运输生意，张静科一做就是 5 年，在这期间，他又换过两次车，运输的车一次比一次大，最近一次换车是在 2009 年。

后来，张静科敏感地察觉到运输这个行业快要饱和了，利润越来越少，到现在几乎没多少利润了，他意识到自己需要寻找别的赚钱的门路。于是，他就去找自己的一个亲戚，想问问亲戚有什么好主意。他这个亲戚是在永年县城开金店的，经营的就是老凤祥连锁金店，认为自己的利润还行，就推荐张静科也加入他们这个行业，让张静科在西街村自己开一个老凤祥的连锁店。张静科听了亲戚的这个建议后，考虑了半年，在这半年内，他认真地思考了在西街村开金店的销路问题，并做了考察，发现确实是有市场的，而且，因为亲戚是在永年县卖老凤祥的商品，老凤祥也是一个著名的黄金首饰品牌，张静科不需要考虑货源的问题。于是他决定听从亲戚的建议。在开店地点这个问题上，张静科明白它的重要性，并没有匆匆地做决定，经过半年的考察后，张静科才决定了老凤祥金店的地址。

这样，经过一年的思考准备后，在2006年，张静科的老凤祥金店正式开张了。这个金店，张静科在一开始就投入了接近30万元，这些钱大都是他前些年跑运输的时候赚的，以及家里父母给的一部分钱，还有6万元是借款，就这样用这些拼凑起来的钱，张静科的金店生意开始了。一开始的时候，金店只有一间20平方米的小平房。而且张静科以前根本没接触过这个行业，完全不知道怎么向别人销售黄金，他当时都不怎么了解黄金，顾客上门的时候，他也就不懂得怎么向顾客介绍，有时顾客的几个问题就会把他给问住了，这样根本卖不出去首饰。张静科对于这种局面无能为力，非常着急，于是只能再向他的亲戚求救。他的亲戚知道这种情况后，派了自己店里的两个服务员来张静科店里帮忙。每当有顾客来店里的时候，张静科就认真地跟在这两个服务员身边，仔细专注地学习他们销售黄金首饰的方式，包括怎么识别黄金、怎么介绍老凤祥这个品牌、怎么说服顾客买自己的首饰等，仅仅用了3个月，精明的张静科基本上掌握了一些黄金饰品的知识、价格及市场销售，张静科能自己卖了。

当然，困难不会随着张静科学会了怎么销售黄金首饰就消失了。刚开始开店时，家里资金很紧缺，所有的存钱都投入到了张静科的金店。而且虽然张静科会销售了，但是别人一开始都不相信他说的话，那时，有时一连三四天都卖不出去一件商品。张静科的爱人庞增敏看到这种情况着急了，就想不干了，想把店卖了，把投入的钱收回来。这时张静科的大哥劝说张静科，告诉他在大城市的大金店也有三四天不开张的，这种情况很正常，不需要着急。而张静科也明白这个道理，把自己心态放平稳了，一点都不着急，特别有耐性，他想反正他自己的东西确实是比别的店里的好，店在这也不会跑，根本不需要着急，肯定会卖出去的，于是张静科就这么一直坚持下来了。后来，张静科经过反复考虑，自己制定了价格策略，决定先冒着风险，把他自己店里黄金首饰的价格定得低一些，这样虽然他的利润会少一些，但是可以此来吸引客源，让大家注意到自己，到那时大家会明白自己卖的确实是真的黄金首饰，那样就会有熟客了，等回头客多了以后，他再慢慢地逐步恢复价格。这个方法起到了非常好的效果。比如有一个人，去邯郸买了黄金首饰后，拿到了张静科的店里，和他店里的首饰做对比，然后发现两个差不多，就相信了张静科卖的黄金首饰是真的，而且更重要的是，张静科店里的首饰价格要比自己在邯郸买的低，以后这个人就一直都在张静科的店里买首饰，不再去邯郸了。从这件事中，我们可以看出，张静科有着非常敏锐的经济头脑，他虽然读书不多，但是凭着他自己的直觉，他认为应该压低价格来抢占客源，这是为了获得长远的利润所必需的，这种直觉，是不断实践、反复捉摸、换位思考获得的。通过这种办法，张静科店里的回头客越来越多，相信张静科的人多了，大家口口相传，他的信誉也越来越好，就使得张静科店里的生意越做越大。生意做开了以后，张静科依然很清楚一件事情，那就是：开金店，地理位置特别重要，必须选一个好的地方，必须选一个醒目、显眼、人流量大的地方。因此，张静科决定把自己的金店移到村里新建的商场门口一层，紧靠马路边的地方，也就是我们采访所在的地方。毫无疑问，张静科的选择是十分正确的，从现在来看，张静科的老凤祥金店就在村里的柏油马路边上，车来车往每天都很热闹，而且商场的人流量很大，村里的很多人都会来这买东西，大家进商场前，都会首先看到张静科的金店——老凤祥的大牌子，令人印象深刻。

张静科告诉了我们一些开金店的经验。首先，张静科告诉我们，要做他们这一行，首要的一点，就是要能分辨出黄金的真假，以及大体的纯度高低，否则自己进货的时候都被骗了，怎么拿来说服别人买呢。这可以从三个方面来识别，首先是看黄金的成色。发黄的而且颜色比较正、亮的黄金是纯度较高的，相反，如果黄金颜色较暗，且色泽不纯正，就是纯度不高，正所谓“七青、八黄、九五赤、黄白带灰对半金”，就是说根据黄金的不同光泽和颜色即可大体区分纯金、K金、真金、假金。即金以赤黄色为佳，成色在95%以上；正黄色成色在80%左右；青黄色成色在70%左右；黄色略带灰色成色在50%左右。其次，就是用手去感受黄金的软硬，考察黄金的手感。首饰含金量越高越柔软，用手很容易折弯，韧性好，不易断，用硬东西刻划会留下清晰的划痕；而纯度低的金首饰则相反，含金量越低则越坚硬，需要用较大的力气才能弯动，而且易折断，用硬东西刻划时，划痕不明显。最后一个方法就是用火烧金首饰。把黄金烧红后，离开火焰，如果黄金变得更亮，那么就是真金，如果离开火焰后，黄金变黑了，那么就是假的。这个方法，张静科亲自试验了一下给我们看。他的店里有一台专用的SH3－5型多功能熔焊机，能提供很高的火焰，这个机器是张静科用来给客人修理金首饰用的，比如客人金项链的链子断了，他就可以用这个多功能熔焊机，把黄金融化后，给它接上。张静科就是用这个机器，拿了一块真金一块假的黄金，烧了后，让我们看各自的效果。通过对比，我们发现，真黄金和假黄金在经过火烧后，变化差别非常明显。随着张静科看黄金、卖黄金，接触黄金的时间长了以后，现在他几乎一眼就能看出金首饰是真是假。

做黄金生意，识别黄金是第一步，第二步就是要让来的客人相信自己卖的是真金。这点，张静科告诉我们，向别人销售黄金必须要讲解详细。首先要告诉他们老凤祥这个品牌，让顾客了解老凤祥，让他们知道老凤祥创业于1848年，已走过了160多个春秋，是中国首饰业的世纪品牌，至今为止，老凤祥已经形成了连锁产业，在全国很多城市都有老凤祥的分店，是一个值得信赖的品牌。然后向顾客介绍老凤祥以及他们家店里金首饰的特点：含金量高、不褪色，而且质量好，一般不会出什么问题，就算有问题，他这里也是承担维修的，相对而言，其他的很多金店卖的金首饰的含金量没有他们家的高。

第三步就是要有好的服务，客人买了他的首饰后，如果脏了、链子断了或者其他的什么问题，拿回张静科的店里，他会马上给客人解决。而且绝对不能以次充好，要卖就要卖好的东西，这样信誉才会一直保持下去，这才是长久之计，不能贪图眼前的那一点小利。

在张静科开店的过程中，还出现过一个小插曲。2011年10月，位于曲周县的老凤祥代理知道了张静科开的店，于是他们就向老凤祥总部报告了张静科的情况，要求总部来人，禁止张静科继续卖首饰。后来，北京和上海的老凤祥分别派人来张静科的店里，验证了张静科店里卖的首饰确实是老凤祥的正品货，才同意张静科可以继续售卖。

当然，张静科开金店的同时，并没有完全抛弃自己的老本行，他还一直同时做着运输生意。直到2011年12月，发生了一件事情，才使得张静科暂时放下了运输生意。这件事发生在浙江嘉兴，他当时把车停在路边，还没走下车呢，就有人从后面把他的外套抢走了，外套衣服里有他跑运输的1万元钱。张静科当时一着急，跳下车，想把外套抢回来，没想到一不小心，把自己的脚崴了，一直到我们采访他时都没好，也再没开过车。

我们感觉到张静科通过自己的努力，已经实现了致富。和村里其他人比，张静科完全可以算得上富裕一族了，就张静科2011年的收入来看，从事运输

业收入了5万元，金店纯收入在10万元以上。（如表16－9所示）

表16－9　　**2011年家庭收入来源情况**　　单位：元

职业	收入	职业	收入
从事种植业	0	本乡镇就业工资	0
从事个体经营	0	外出打工	0
从事屠宰	0	从事运输业	50000
从事渔业	0	政府补贴和社会救济	0
从事养殖业	0	出租耕地或房屋	0
从事旅游业	0	其他经营收入	100000
总收入合计	150000		

资料来源：根据张静科口述整理，2012年6月。

而家里的8分地都给别人种植了，也没有收取租金。张静科家里的耐用消费品也一应俱全，包括1台电视机，1台电冰箱，1台洗衣机，3辆电动车，1辆摩托车，1辆卡车，2部固定电话，4部手机以及1辆自行车。如表16－10所示。

表16－10　　**2011年家庭耐用消费品情况**

项目	数量	项目	数量
电视机（台）	1	小轿车（辆）	0
电冰箱（台）	1	自行车（辆）	1
洗衣机（台）	1	电动车（辆）	3
照相机（台）	0	摩托车（辆）	1
影碟机（台）	0	手机（部）	4
组合音响（套）	0	固定电话（部）	2
卡车（辆）	1		

资料来源：根据张静科口述整理，2012年6月。

现在的张静科在金店的生意稳定下来后，又有了新的想法。他想自己搞一个企业，因为他发现村里卖的很多商品都是从别的地方运来的，其中一些商品，他可以自己生产然后卖给村民。但是搞企业面临着很多问题，比如开企业需要土地，而现在村里的土地大部分都是耕地，不好占用，而且自己现在也没有那么多钱，很缺钱。虽然情况如此，但是我们有理由相信，张静科凭借着自己不断向上奋斗的心，再加上他自己精明的头脑，未来肯定会有一个更好的发展的。

（六）致富能人王群香

王群香，女，55 岁，初中文化。初次见到她是调研组来到西街村的第一天，她是一家旅店的老板，调研组就住在她的旅店。那天当我们收拾妥帖走出旅店准备工作时，只见一位体态丰盈、笑脸迎人的中年妇女站在旅店院子中央热情地招呼我们，还吩咐身边的服务人员照顾周到，那种热情不仅触动人的感官，而且感染人的心灵。当我们结束了一天的工作，在旅店的院子再次看到了女老板的笑脸，便和她聊了起来，于是她成了我们的访谈对象。

王群香将我们邀请到她家中，她所住的房子在西街村算得上绝对的大面积，有几间相通的居室，我们走进一间近期装修过的房间，雪白的墙壁上挂着一对新人的结婚照，未等我们问及，王群香便为大家冲泡绿茶并解释道这是她儿子的房间，她和丈夫育有一儿一女，儿子已经成家立业，2011 年还有了可爱的孙子，儿子和儿媳暂时在外地工作，一段时间回家一次，女儿还不满 20 岁，在外地读书，俨然一个幸福的六口之家。我们仔细观察了王群香家中的陈设，电视机、洗衣机、沙发、茶几一应俱全，在西街村算得上经济条件优越。王群香家的主要耐用品消费情况如表 16 – 11 所示。

表 16 – 11　　2011 年家庭耐用消费品情况

项目	数量	项目	数量
电视机（台）	3	小轿车（辆）	0
电冰箱（台）	2	自行车（辆）	2
洗衣机（台）	2	电动车（辆）	1
照相机（台）	1	摩托车（辆）	2

续表

项目	数量	项目	数量
影碟机（台）	1	手机（部）	5
组合音响（套）	0	固定电话（部）	1

资料来源：根据王群香口述整理，2012 年 6 月。

王群香家是村里典型的富裕户，她和丈夫目前的主要收入来源是经营旅店。旅店是一栋四层小楼，尽管只能叫作小楼，却是西街村最恢宏的私有建筑了。王群香说起自己的小楼禁不住满面笑容，因为这是她和丈夫用多年积蓄亲自监工完成的，是她和丈夫共同奋斗的成果。每年单是经营旅店，王群香就能获得十几万元的收入，2011 年旅店的营业收入是 15 万元左右，她说村里的任何补贴她都不接受，因为和村里的大部分人家比较，她家的生活条件算是非常优越，自己日子过好了，她总是希望别人也都过得好，村里有补贴就多分给困难户，她说钱对她来说现在已经不是难事也不是要紧的事了，除了在家经营的旅店，她和丈夫在外也有投资，每年的收入足够一家人过上舒适的生活。王群香家 2011 年家庭收入情况见表 16－12。

表 16－12　**2011 年家庭收入来源情况**　单位：元

职业	收入	职业	收入
从事种植业	0	本乡镇就业工资	0
从事个体经营	150000	外出打工	0
从事屠宰	0	从事运输业	0
从事渔业	0	政府补贴和社会救济	0
从事养殖业	0	出租耕地或房屋	0
从事旅游业	0	其他经营收入	100000
总收入合计	250000		

资料来源：根据王群香口述整理，2012 年 6 月。

王群香与多数农村妇女不同，和初次见面的外地人也能很快攀谈起来，语言表达流畅，富于感染力，透露出生意人的精明干练，这一方面是多年经商的历练，另一方面是天赋性格而成。王群香的父母都是西街村本地人，由于父母比较开明，让身为女孩的她从小就与兄弟一样接受教育，她回忆说上学时她的文化课成绩一般，但是热爱文艺，只要有机会唱歌跳舞，她一定第一个参加表演，从来不会胆小害怕，男孩子也少有她那种胆量，她还在上学期间担任了文艺委员，总是积极地组织同学们排练节目参加表演，虽然因为学习成绩平平只读书到初中二年级，但是她学生时代都做了自己喜欢的事情，所以觉得那是很快乐的时光。可见王群香从小就有开朗性格、乐观态度，对待生活总是积极向上，是个充满活力和有感染力的人。她结束学业后一位近亲承诺为其谋一份工作，于是父母便留她在家中等待就业，不料一等就是两年，结果工作却被表亲顶替。她是有骨气的人，不甘再受制于人，便决心去做生意，心里想着：好汉不挣有数的钱，就不信自己不能干出一番天地，于是16岁的她开始了自力更生的生活。起初她对前途也是一片茫然，偶然被邻居拉到街边市场上去卖羊肉，发现可以赚钱，自己就尝试卖起来，因为读过书又勤快，她的生意很快就做起来了，一段时间后她观察到市场需求大于她的供给，就琢磨着使经营扩展，她劝说父亲辞掉外面的工作回家和自己一起做生意，于是父亲就成了她的得力助手。当我们询问她的生意经时，她说自己做生意最讲究诚信二字，加上自己热情坦诚的性情，吸引了大量的回头客，生意就这样日益兴隆，有时候她收购到的羊肉并非上等，便诚实相道与客，客人们却说她这样诚实便坚持买她的货，于是她更深刻地明白了一个道理：做生意和做人一样，一定要厚道，这样才能长远发展。

经营了四年肉货生意后，弟妹也长大成人，王群香便将生意交与弟妹经营，自己又去寻找别的商机，她窥探到布匹生意市场前景不错，就去集市铺地摊卖布匹。做生意虽然自由，也有其他工作不能相及的辛苦，她每日凌晨三点就要到集市抢占摊位，白天只带干粮和水艰苦支撑，但是顾客与日俱增，给了她极大的鼓舞。后来她得知武安市有赶集，便大胆到相距不远的山东省临沂市买了一辆柴油农用三轮车，自己学习驾驶，家人多有阻拦，一方面顾及其安全，另一方面考虑有损女子形象，但是这些劝诫丝毫没有动摇她亲自驾驶三轮车的决心，很快她便驾轻就熟，用她自己的话说，就是一点不比男人差。她驾着自己的三轮车一溜烟赶到了武安市，高高兴兴去赶集，谈到这里她很自豪地说自己很有可能是中国第一个三轮车女驾驶员。

在她之后，同村的很多人开始购买农用三轮车，临沂市出售的农用三轮车曾一度供不应求，王群香的丈夫将这种情景看在眼里，心里琢磨着越来越多农用三轮车都需要不定期的维修，但是村里还没有相应的农机配件出售，更没有专门针对农用三轮车的维修处，于是他发现了农机配件的广阔市场，丈夫和王群香商量着要在村里开设一个农机维修处，王群香觉得丈夫的想法很符合实际，就义无返顾地给予支持。丈夫平时修理家中的农机三轮车，已经基本掌握了维修技术，只需要选择合适的地理位置，再找到农机配件的供销商，夫妻俩的想法就能变成现实。就这样王群香和丈夫在西街村的街边上开起了农机维修处，既做维修，又售卖配件，最初只是一个敞口的帐篷，但客流量很大，甚至比料想中的还好，夫妻二人忙得不亦乐乎，很快就有了不小的积蓄。此时恰好赶上街边宅基地新建的平房要出售，夫妇俩毫不犹豫地购置了一处，他们的农机维修处算是扩大了规模，几年下来积累了一大笔财富。随着农用三轮车市场不断扩张，西街村所属的永年县已经达到了饱和程度，加上农用三轮车已经展露出退出市场的趋势，王群香夫妇便开始寻找其他商机，准备停手转行。

王群香家的农机维修处在西街村的公路旁，眼见着南沿村镇在改革开放后快速发展，过往旅客的数量膨胀起来，客运货车日夜兼程，客货司机和生意人都有食宿需求，村里虽然已经有不少餐馆，但是没有像模像样的旅店可以满足这样的夜宿需求，王群香和丈夫就有了经营酒店生意的想法，平房显然不足取，况且也没有足够大的宅基地用来建筑平房，夫妻俩就决定建筑自己的楼房。首要的问题是选址，楼房一定要建在公路的一侧，而当时公路旁只有一块有坟墓的空地足以建楼，而此处通向村内的路仅有一条自然踩踏的泥土路，路面弯曲坑洼，逢雨便积水难行，但是这些困难并没有吓倒王群香夫妇，拿到这块宅基地后，他们转移安置了故有的坟墓，按照村里的传统为墓主烧香拜佛，而后亲自监工建筑楼房，楼房建起后，王群香和丈夫就着手修路，这也是购置宅基地前已有的打算，这条路一直延伸到村里，夫妻俩自己出资，将楼前通往西街村的道路修得平坦齐整。王群香说修路不仅方便自己，更给村里造福，路修好了大家都高兴。

2008 年，王群香夫妇开始在自家四层新楼经营邯临大酒店，酒店经营实属不易，两年的经营虽然大有收益，但是由于缺乏餐饮方面的管理经验，王群香觉得心有余而力不足，况且自己已过中年，不愿在钱财上耗尽心血，她想将更多的精力用于享受生活和行善积德，所以 2010 年她和丈夫停止了邯临大酒店的经营，将楼房的一层用于售卖电动车和摩托车，出租一半的楼层给他人经营，另一半经营普通旅店，这样王群香一人就能打理好生意，丈夫可以有多余的精力寻找其他商机。实际上，他家的旅店上水压力还能够满足住店客人的需要，但是整体村庄没有下水设施，楼房如果客人多，下水道经常有堵塞的可能，房间内淋浴设施不敢添置，所以客人洗澡的问题一直不能很好解决，我们只能到她们家楼底平房洗澡。这也是旅馆经营不能提升服务水平，吸引更多顾客的原因。攀谈中，对于村庄规模扩大，而相应的基础设施不能跟上，她们也感到无奈。我们住店期间，看到来此住宿的客人大多为来此做买卖的小本商人，消费水平低，对于她们家的旅店也基本能够满足需要。客人平时也不多，客人多时，王群香就雇用一些妇女在旅店做清洁工作。她说有两个妇女是她亲自找来的，之前听闻她们生活极度贫困，又要养家糊口，便给她们提供这份工作，平日有多余食物和用品都送与这二人，王群香觉得只是自己丰衣足食，眼见别人受苦受难，她也高兴不起来，活着能让别人也开心，自己才能更舒心。

似乎正如王群香所说，丈夫是个有天赋的商人，不开酒店后便在邯郸市找到了投资机会。他购买了挖掘机，雇用专业司机作业，到建筑工地施工，2011 年王群香夫妇在建筑工地的投资收益就有 10 万元左右。

王群香放弃经营酒店生意之后，将大量精力投入到了组织村里妇女进行娱乐活动和修建奶奶庙。她说自己从小就喜欢唱歌跳舞，上小学的时候，老师让大家唱歌，小朋友们都害羞，只有她胆大音亮，提嗓就唱，还当上了班里的文艺委员，经常组织同学们唱歌跳舞。现在她又成了村里的“文艺委员”，逢年过节都组织村里的妇女扭秧歌，和大家一起挑选漂亮的演出服，她说以后要让文艺活动更加丰富，让农村妇女们生活得更加多姿多彩，她还想成立一个专业的演出团，可以到周边的村子循环演出，不仅可以加深交流，还可以为演出筹到经费。奶奶庙的存留是封建迷信的遗风，但是它在西街村现实的存在不再是迷信的宣扬平台，而是村民对于幸福生活的寄托和对世间美好事物的祈盼。政府并不鼓励这种风俗，所以不会资助修建或参与管理，而只是审慎监督，就像对于其他宗教信仰一样，尊重村民的信仰自由，但不参与其中。王群香认为修建奶奶庙是一种行善积德，她还想筹划修建毛主席纪念堂，以缅怀一代伟人带领中国人民赢得革命的胜利和成功建立新中国。谈到此处她越发声情并茂，跃跃欲试，且不论她此举的价值所在，她给我们展现了一个积极向上、乐观进取的新时代的农村妇女形象。

（七）集中屠宰实践者王志迁

对王志迁的访谈颇费周折。在入户前期，村里的联络员带着我们在村里不停地转，寻找入户名单上的村民，如果被采访人在家，那么我们就直接采访。即使这样，中间的采访还中断了三天，因为滏阳河上游来了水，村民们必须抓紧时间插秧。随着村庄调查接近尾声，联络员终于带我们来到王志迁的家，更确切的是他现在的住处，因为他和老伴正在替在城里的弟弟看房子，也就住在那儿了。见到王志迁后，他了解了我们的来意，欣然接受了我们的采访。不过他解释说，十点时必须出趟门。我们承诺绝不影响他的正经事，访谈进行得很顺利，而且大家都进入了状态，因此时间超过约定时间半小时。由于还有部分内容没有聊到，我们只好约了第二天上午继续。因此王志迁成了我们第一个需要回访的村民。

王志迁是一位十分面善的老人，我们刚刚见到他时，便有一种很亲切的感觉。而在我们的不断诱导之下，老人也提供了更多的信息。这是一个很有经历的人，这是入户结束后，我们对他的评价。

王志迁生于 1951 年，出生在一个普通的农民家庭。作为共和国的同龄人，他见证了共和国的起起落落，灾难和繁荣，发展和衰退。当王志迁能够记事时，中国便已经处于一场狂热当中，当然狂热过后还有饥饿。当王志迁应该要进入学校时，三年严重困难发生了，很多地方都出现了大面积的饥荒，这时连肚子都吃不饱，更别提上什么学了，小孩们也是帮着家里到处挖野菜。按照王志迁的讲述，虽然当年大收铁锅、铁器大炼钢铁，从而导致村里减产严重，但是实际上 1959 年还是一个丰收年，只是由于人民公社的原因，所有收成全部上缴生产队，干活与否都有饭吃，农民缺乏劳动的积极性。王志迁 1961 年下半年上了小学，当时上小学是免费的，不需要交学费，而且在上学的同时还能帮父母干点零活。

而中国也在这个时候经历着变化。由于“大跃进”时期的严重错误，很多地方开始有限度的开放市场，尤其是在农村地区，允许个人平时做些小买卖，并且恢复了定期的赶集传统。农历的每个月中一、三、六、八日就是赶集日，到了 1966 年，因为对市场交易的严重排斥，每个月中的赶集日便减少了一半，只有尾数为一、六的日子才赶集。尽管减少了交易时间，但是在整个“文革”期间也并没有取消，这说明交易是人类社会的本能需求，人为的强制消灭不了这种需求。

在允许交易的同时，从1962年以后，村民们便开始有了部分自留地，不过面积很少，一个家庭也不过三四分地，平均到个人身上就更少了，但是总算是有了。村民们一面继续糊弄着集体，一面精心“伺候”自己微薄的自留地，在这些自留地里种上大蒜和玉米，以补贴平时的家用。

在这过程中，由于王志迁刚上学不久，并没有辍学去做买卖，但是到了“文革”，他最终没能留在学校。因为“文革”开始后，学校不再上课，老师们遭到各种批斗；比如戴高帽子游街，这对于王志迁这些学生而言，记忆是十分深刻的。

辍学回家后，王志迁便到生产队挣工分，第一年一天7分，第二年提高到8分，等到十九岁那年，便拿完整的10分了，这是生产队时期一个成年劳动力一天的最高工分。工分是集体分口粮时的依据，一定的工分折算成相应的口粮。口粮分配一年两次，第一次分粮是在5月，第二次是在秋后粮食收获以后。个人凭借自己在生产队的劳动工分记录分到相应的粮食。分粮以后，每家根据分到的粮食安排下一次分粮前的口粮消费，如果不做计划，消费容易超支，到时候还得向其他村民或者直接向生产队借粮。有的时候省着点也能勉强熬到下一次分粮，有的时候再怎么节省也难以撑到下一次分粮，所以不得不向生产队借粮。这时就出现了旧社会灾年才有的现象，很多村民忙碌了一整年，不但没有任何剩余，最后倒还欠了生产队许多粮食。大家反对不了集体生产的模式，便开始消极怠工，而村干部们也是应付了事，等到领导来检查便做些样子。尽管大家都偷懒，王志迁还是强调自己当时还是很勤劳的，并没有学习他们。

1976年，“文革”结束后，各种限制都开始松动起来。王志迁凭借父亲的关系去当地的供销社当临时工。王志迁的父亲原来是供销社的员工，1956—1961年在永年县食品公司上班。1961年随着人员下放，父亲便回到了村里，在家务农，1964年又回到了供销社，一直到退休。当时父亲工资是30元/月，二十年过去了，王志迁接班时的工资仍旧是30元/月，但是总比在家务农强。王志迁是在供销社下属的食品加工厂工作，干了四年但是并没有转正。1980年，王志迁去了邯郸市的供销社食堂工作，这时的工资有40元/月，并且上夜班还有加班费。在供销社食堂工作期间，王志迁做过采购、会计，还有营业员。在这里干了两年，当时改革开放的浪潮已经深入农村，王志迁再也闲不住了，几番考虑之下，便辞去了食堂的工作，回到了家里，开始从事屠宰业。

王志迁家里是世代的屠宰户，父亲在食品公司和供销社工作时就是干的屠宰的活。王志迁耳濡目染之下，很快便把这门技能学会了，并且后半辈子一直与之相关。1982 年，王志迁回家以后便开始屠宰，先是杀羊，羊是从周围地区收购来的。后来发现杀猪更加挣钱，便开始杀猪。当时的羊肉价格是一斤 0.80 元，而猪价则是一斤 1.20 元，猪肉更贵，不像现在。当时村里是有屠宰场的，屠宰场位于镇政府的南边，占地二亩，一年大概能宰三四万头猪或者羊，除了满足周边农村的需要外，剩下的送到邯郸市区。

1997 年开始实行定点集中屠宰。同村的几个屠宰户将这个两亩地的屠宰场承包下来，专门经营屠宰加工。2000 年，王志迁经邀请加入了这个屠宰厂，成为合伙人之一。自己既收购生猪屠宰销售，同时也接受周边的屠宰户在屠宰场中进行屠宰。对于提供屠宰场地，收费规则是，每杀一头猪的小肠归屠宰场，平均每天大概能宰 40～50 头。这次承包的收益还是不错的，尤其是 2006—2010 年，屠宰场的利润比较不错，经常不定期分红，最多的一次一个人分了 4 万多元，由于合伙人多，总利润便显得很可观了。

进入 21 世纪后，食品安全形势越来越严峻，政府也更加重视起来，猪肉作为主要的肉类自然成了监管的重点。王志林看准了这个市场，找了三个合伙人，准备大干一场。2011 年，新屠宰场建成，新的屠宰场规模更大，设施更加齐备，也显得更加正规了。新屠宰场占地十亩，用地是通过租赁和置换实现的，将原来的屠宰厂土地进行置换，同时租赁了八亩地，每亩地一年 1000 斤粮食的租金，因为存在物价上涨，货币会缩水。整个屠宰场分四股，每股投资 100 多万元。王志迁说自己投资的钱中 80% 都是借的，由于银行不愿意借给农民，所以只能向亲戚朋友借，每年利息 15%，利息压力非常大。

新屠宰场不再像旧屠宰场那样以实物收费，到这里来屠宰的生猪，一头 14～15 元，作为场地费、卫生费和管理费。但是新屠宰场建成以后并没有获得预想中的成功，瘦肉精事情出现以后，动物防疫站便派人常驻屠宰场，加强检验的力度和强度。由于管理更加规范，对肉的检查更加严格，有一半的屠宰户都不愿意再到这里来屠宰了。一方面是因为少数黑心屠户他们不能加工病猪了，也不能加工注水肉了；另一方面是因为即使不是病猪，有些指标也不一定达标。为了避免麻烦，这些屠户便选择了去别的地方。当然也有变通的方法，有些屠户一年给屠宰场一笔费用，一般是 1000 ~ 2000 元/年，挂个名，然后在家里宰，省得被动物防疫站的人一查再查，有关系的便直接免除了这笔费用。

一谈到屠宰场上面，王志迁便大倒苦水。屠宰场的运营是需要成本的，以前每年交给商务局一年 3 万元的承包费，现在虽然降低到了一年 2 万元，但是随着规模的扩大，其他成本必然增加了。比如需要雇人了，像看门、烧锅炉、清洁这些都是需要有人干的，光这些人的开支就得好几万，这还是因为本地人工资比较低。为了减少雇用的人手，几个合伙人也必须参与管理。以前王志迁还宰猪，过年过节更多一些，平均每年 1500 头/年，现在屠宰场必须有人管理，只能放弃，拿着一天 60 元的工资。四个合伙人轮班，两人一班，一班一个昼夜，每一班中也分主班和副班，这就是同组人员的协调了。规模的扩大引起了成本的增加，但是并没有带来收益的相应递增，因此现在新屠宰场一直处于亏损状态。有一个合伙人扛不住了，要求退出，王志迁同意了，不过还没有最终算账分家。

尽管新建的屠宰场尚未盈利，但是王志迁认为正规屠宰是一种必然的趋势，这是由当前食品安全的形势决定的，而人们对于健康食品也更加看重，价格已经不再是最重要的决定因素了。同时，王志迁也认为，当前政府对于正规屠宰的支持还没有化成实际行动，比如补贴，而对非正规屠宰的打击力度也不够，因此很多个体屠宰户选择钻空子。对于这些王志迁说出了两点意见：第一，上级部门的管理还不严，太官僚主义，在管理的过程中也没有深入调查，更加没有努力规范定点屠宰，往往是出事了，才采取一些措施，过后又恢复了常态；第二，个体屠宰的市场已经变得比较坏，很多屠宰户为了多挣些钱，昧着良心造假，而不顾这些行为会不会危害人的健康，主要体现在卖病猪肉和注水猪肉。当我们问及王志迁自己是否卖过这类猪肉，王志迁很诚实的承认自己曾经也卖过注水肉，但是现在不再卖了。

王志迁有一个大家庭。王志迁与王素花 1969 年结婚，有四个子女，三个女儿和一个儿子。儿子年纪最大，已经 42 岁了，尽管只有一个儿子，王志迁和老伴也没有跟儿子一块生活。三个女儿也早已结婚，最小的都 30 岁了，大女儿嫁在了北街村，三女儿在邯郸，小女儿嫁在附近的王庄。

采访结束后，在我们的要求下，王志迁带我们去参观了他自己的房子。他家的房子虽然也是一个小院，但是主房却是北方少见的二层小楼，显得很是洋气。房子是砖混结构，面积至少得有 150 平方米，使用的是村里集中供应的自来水。平时做饭，夏天用液化气，冬天用蜂窝煤，因为冬天需要供暖，顺便也能够解决煮饭问题。

王志迁与老伴两人生活，可是每年的支出并不少。主要集中在住房、看病、食品、红白喜事等方面。由于北方寒冷，因此北方的冬天需要专门取暖，在农村具体取暖方式由自己的收入决定。王志迁的房子虽然安装了空调，但是由于空间太大，空调不太管用，所以冬天采用土暖气，土暖气的花费比一般的取暖方式要高，这样每年在这方面的支出达 4000 元。食品方面的支出并不算多，因为两个老人都是苦过来的，一贯节俭，所以每个月差不多 400 元。在通信费用上面，由于王志迁现在是村里屠宰场的负责人之一，因此找他的人很多，也需要跟很多人打交道，因此这方面的支出比较大，达到 2500 元/年。由于生意场的朋友多，再加上自己还有四个孩子，人情往来上的开支必不可少，每年也差不多需要 5000 元。在医疗方面，由于老伴王素花有各种慢性病，需要长期吃药维持，而这笔费用是不能报销的。2011 年，老伴就住了两次院，而且都需要动手术，去的市医院，花了 7000 多元，报销了 2000 多元。我们对这种报销比例有疑问，王志迁解释道，很多药物都不在医保的范围内，这部分药品是不能报销的。

表 16－13　　**2011 年家庭支出情况**　　单位：元

总支出	生产性	衣服	食品	看病	教育	娱乐	红白喜事	交通	通信	住房
21600	0	0	4800	5000	0	0	5000	300	2500	4000

资料来源：根据王志迁口述整理，2012 年 6 月。

由于王志迁是一向吃苦吃惯了，在生活方面相当的节俭。因此家里的耐用消费品并不多，只有电视机、电冰箱、电动车、自行车和手机这几种必备品，唯一例外的是安装了一台空调。连洗衣机都没有，想必是因为老伴年纪大了，不会用洗衣机的缘故，所以干脆也就不买了。

表 16－14 2012 年家庭耐用消费品情况

项目	数量	项目	数量
电视机（台）	1	小轿车（辆）	0
影碟机（台）	0	手机（部）	1
组合音响（套）	0	固定电话（部）	0
电冰箱（台）	1	自行车（辆）	1
洗衣机（台）	0	电动车（辆）	1
照相机（台）	0	摩托车（辆）	0
空调（台）	1		

资料来源：根据王志迁口述整理，2012 年 6 月。

由于王志迁和老伴都已经 60 多岁，所以每个月都能享受到农村养老保险，两人 110 元/月，也算是对家用的一种补贴。王志迁一直都很忙，所以闲暇时间相对较少，不过在没有事的时候，也会看看电视，在村里面散散步。因此对村里的一些变化也是看在眼里，比如他觉得西街村最近几年在基础设施方面开始好起来，比如全村统一使用自来水，把村里交叉的道路全部铺成了水泥路面，这些事情都增加了村民的便利程度。因此，他对这一届村委会还是比较满意的，认为村干部做了几件实事。

西街村是一个有着屠宰传统和历史的地方，村里大大小小的屠宰户很多，对于这些屠宰户作业的管理和监督确实是必要的，屠宰的集中和规范化是一种有效的途径。王志迁是世代的屠宰户，自己又从事屠宰业 30 年，因此对屠宰业有着自己独到的认识和判断。食品安全是当今全社会的重大问题，随着政府继续加大力度整治，正规屠宰是可以预见的。王志迁看到了这一趋势，并且自己投资正规屠宰场，这是一种具有远见和勇气的行为。虽然由于种种原因，正规屠宰场并没有获得应该有的利润，但是做事情必须以长远计。王志迁依然坚信自己的判断，并且没有打算放弃。我们的社会需要这种人，基层正是有了这些人，经济的发展才具有了活跃的微观主体；农村地区正是有了这些人，经济才会越来越活跃。我们作为普通的消费者，非常希望正规屠宰能在全国推行，从而在源头上消除可能的食品安全问题，让老百姓都能吃上“放心肉”，而这些屠宰户们也能够安安心心的挣着自己的干净钱，这就是所谓的双赢。

（八）电脑专卖店老板李聚军

西街村地处永年县东南，商业发达，商品交易辐射着方圆几十里的村庄。附近的人们需要什么商品，都会来到这里购买。在20世纪90年代，这里还只是隔几天才一次的赶集场所，虽然如今这种赶集习惯仍然还存在，但是随着经济的发展和交通工具的普及，周围的村民并不再局限非得在特定的时间才来西街村购买需要的东西，而是需要什么当天便直接骑摩托车马上购买，十分便捷。农民生活方式的改变形成了对固定商品交易场所的需求，于是国道周围建起了越来越多的房子，这些房子变成了固定的商品销售点。同时，随着农民收入水平的提高，对商品的需求更加丰富和多样化。商家也看中了广大农村的强大购买力，选择将渠道下降至城镇级别，消费者和生产者的互动彻底激活了农村市场。

西街村两旁的街上，可以看到一应俱全的商店，甚至还有算得上规模的商场。我们在这里可以买到绝大部分的消费品。电脑一般被视为现代化生活方式的标志，随着互联网的普及，农村自然受到互联网的影响和冲击，但是电脑直接在农村乡镇销售还是比较少见。笔者以往见到的电脑专卖店至少也是在县城里，但是在西街村，我看到了好几家，其中一家的规模比得上城里的体验店。这些商家都是个体户，他们与邯郸市的代理商进行长期的合作，作为品牌电脑最终的零售商，这是发展中国家典型的营销渠道发展模式。

李聚军就开着一家电脑专卖店。在距离李聚军的店不到100米的地方，就有一家镇上最大的电脑专卖店。李聚军的电脑店并不大，门面大约10米宽，门口放着一些崭新的电脑椅，款式和颜色各不相同。最醒目的是挂在门口的那个大招牌，招牌上写着“联想电脑”几个大字，并在大字下面写了一行小字“组装电脑，品牌电脑，维修电脑”。甚至连门店的可折叠铁门上还写着“品牌联想，网络组建，专业维修，组装电脑”。从这些招牌和标语，大家很容易知道这家店的主推商品和其他业务。联想电脑是这家店的主要销售商品。在我们进入这家店时，还看见了还未撤去的“五一”促销条幅。进入商店后，我们发现商店的营业面积确实不大。四周的墙上贴着电脑的宣传海报，店里摆放了几台崭新的联想电脑台式机，还有一些电脑桌，电脑桌上有几台组装好的台式机主机，没有什么牌子。商店的橱柜上还摆放着一些电脑配件，比如鼠标、音箱、路由器、摄像头等。从总体上看，跟电脑城里面的柜面差不多，不过显得没那么拥挤。

我们走进商店的时候，李聚军和儿子、妻子三人正在组装一台电脑。李聚军是一位和气的中年男人，穿着比较运动化，身上没有什么乡土气息。妻子的打扮更是与一般印象中的农村妇女有着很大的差别，脖子上还挂了一条珍珠白的项链。儿子长相清秀，穿着也不花哨，给人印象比较好。经过例行的介绍后，他们放下了手中的活，开始了我们的访谈。

李聚军出生于1969年，此时正处于“文革”时期，等到1976年上小学时，“文革”刚好在那一年结束。我们对他说你很幸运，好时代全让你赶上了，李聚军笑笑。李聚军的父亲原来是生产四队的队长，一直当了七八年，后来随着家庭联产承包责任制在全国的普及，生产队随之解散。李聚军是在南沿村完小上的小学，当时的小学，一个年级两个班，每个班大概50人，课程设置上面只有语文和数学两科。谈到这里时，李聚军特意强调当时的老师都很好，管得严，对学生尽职尽责，当然那时候家长也比较信任老师。而现在的老师大部分都不太负责任，仅仅只是把教师当成一份谋生的职业而已，缺乏责任感。尽管当时老师负责，可是李聚军的心思完全不在学习上，整天想着放学，放学后好去帮家里的忙。当时，李聚军家里做点小买卖，卖现在已很少见到的麦芽糖，当时的小孩都喜欢吃这个，又甜又便宜。由于李聚军的心思一直不在学习上，他的成绩常常是班上最后面的几名，留了好几次级，上学一直也是断断续续，直到十六岁才小学毕业，这也算是创造了一个纪录——小学学业完成时间最长。时至今日，李聚军也感觉很不好意思，也挺对不起以前的老师。

结束上学的折磨后，李聚军便跟随家里做买卖，父亲也早已不再卖麦芽糖，而是专门加工熟肉即卤肉。选择这个行当，是因为西街村屠宰户比较多，肉的来源比较广，而且相对便宜。李聚军的加入使得父亲多了一个帮手，销售范围随之扩大，到了邯郸市区。具体流程是这样：先在家里加工成卤肉，煮好后，用自行车驮着去邯郸市卖。由于西街村离邯郸市区并不远，为了降低成本，李聚军和父亲都是骑自行车去邯郸菜市场卖，每天40~50斤，以前的猪肉便宜，熟肉才2元一斤，而现在随着猪肉价格的翻番，卤肉价格早已涨到每斤20元以上。这个买卖一做就是25年，一直到2009年，由于这个买卖太过辛苦，挣得也不多，而儿子要开电脑店，他一个人完全忙不过来，一番考虑之下，李聚军放弃了自己干了二十多年的卤肉加工买卖。我们特意询问了加工卤肉的收入情况，李聚军算了算，说去掉成本和相关费用，最近年份的净收入一年3万元左右的样子。

2009年，电脑专卖店在李聚军的出资支持下在国庆节开业了。当时的互联网已经在农村通过网吧的形式普及开来，计算机的价格也比较便宜。开业以来生意还不错，全年一般能卖上100~200台。虽然镇上卖电脑的店多了起来，但是对电脑的需求也在增加，所以竞争对销量的影响并不太大。倒是不断上涨的房租侵蚀着利润，虽然李聚军门店的面积不大，但是每年需要15000元的房租，确实是一笔高昂的支出。门店主要与邯郸市的代理商直接联系，定期去市里进货，每次2万元的进货量，也就是六七台的样子。进货太多，对资金的需求比较大；进货量太少，上面的代理商不愿意。农村的电器包括电脑销售有一个特点：几年之内，产品出了问题不找售后服务点，而是直接找销售的门店负责，而这些门店也默认了这种要求的合理性。这是农村门店的优点，也是最吸引顾客的原因。因此尽管可以去市区买，但是农民还是选择了镇里的门店。李聚军的门店的售后还包括电脑安装和调试，因为有不少人并不具备相应的知识。李聚军的儿子刚好学过这方面的专业知识，于是便免费替人安装，从而吸引顾客。

农村地区对电脑的需求主要集中在结婚的新人，现在的随嫁电器早已加上了电脑。虽然很多地方并没有网络，或者即使安装网络费用也偏贵，但是作为单机的游戏机以及电脑播放器还是能胜任的。随着竞争的日趋激烈，已经有些商家开始赊售，这一示范带来很坏的影响，其他的商家不得不跟着效仿，因为如果不效仿，生意将会丧失殆尽，只是每一家的赊购比例和时间不同而已。这种赊购行为增加了资金的周转压力，而且在最后的还款时会以各种形式少付一点钱。这种恶性竞争让李聚军很无奈，直感叹生意难做。

李聚军家里有2.5亩地，其中1亩水稻，0.5亩大蒜和玉米，1亩棉花。值得说明的是，种植棉花的土地是属于村南的望天收旱地，收成多少完全看当年的天气和降水，有的年份正常收成，有的时候减产，最差的时候颗粒无收，所以在这种土地上种植经济作物风险很大，因此很多村民都不愿意种植，而李聚军看着地荒着可惜，反正平时的活也不忙，所以干脆就种植些棉花。而且在种植之前会预测当年的天气，如果预测比较悲观，当年便放弃种植了，但是这种情况比较少，往往都会抱着试试看的态度。2011 年，收成不太好，正常情况下一亩地能收 400 斤棉花左右，当年却只收了 200 多斤。收获的棉花一部分加工成新被子，一部分便出售了，出售价格为 3.5 元/斤。水稻收成维持在亩产 1000 斤左右，算上损耗，可能还会少些。

表 16 - 15　　2011 年家庭农作物、牲畜和家禽情况

种类	亩数	折算价值（元）	种类	亩数	折算价值（元）	种类	个数	折算价值（元）
大蒜	0.5	2000	瓜果	0	0	羊	0	0
玉米	0.5	500	花卉	0	0	牛	0	0
水稻	1.0	1000	蔬菜	0	0	马	0	0
棉花	1.0	700	药材	0	0	猪	0	0
大豆	0	0				禽类	0	0

资料来源：根据李聚军口述整理，2012 年 6 月。

李聚军有一个儿子，两个女儿，三个孩子都已经成年，在近处工作，而且尚未结婚，因此在收入来源上，我们也将这三个孩子的收入算入整个家庭的收入中。李聚军由于已经不再从事加工熟肉的生意，而与儿子李亚杰一块经营电脑店，顺便种植自家的两亩多地。2011 年的收入情况大致为：土地上的收入大概为 4200 元，电脑店的收入为 30000 元，小女儿在镇上超市的工资为 700 元/月，一年总额为 8400 元，大女儿李晓娜一年的工资为 24000 元。具体情况见下表。

表 16 - 16　　2011 年家庭收入来源情况　　单位：元

职业	收入	职业	收入
从事种植业	4200	本乡镇就业工资	8400
从事个体经营	30000	外出打工	24000
从事屠宰	0	从事运输业	0

续表

职业	收入	职业	收入
从事渔业	0	政府补贴和社会救济	200
从事养殖业	0	出租耕地或房屋	0
从事旅游业	0	其他经营收入	0
总收入合计	66800		

资料来源：根据李聚军口述整理，2012 年 6 月。

虽说收入来源多了，但是李聚军的开支也是很大的。生产性的开支：种地每年支出 2000 元；电脑店每年需要 15000 元的房租。在住房上，李聚军住的是自家的房子不存在房租，但是其他方面的开支并不少，最大的就是取暖和用电。由于装上了空调，李聚军放弃了煤球取暖，而选择空调，空调是大功率电器，因此冬天在电费上的花费不少，平均每个月达到 500 元，这笔钱相比煤球取暖并不昂贵，而且对于人的身体可能更好些。另外，通信费用也是高得惊人，李聚军夫妻和每个孩子人手一部手机，手机已经成为年轻人的必备品，因此年通信费用达到 3000 元。日常的食品支出是家里最大的单项开支，因为除了大女儿周末回家以外，儿子和小女儿都在身边，因此李聚军在食品方面并不过于节俭，每个月 1000 元，虽说不高，但是也是一笔不小的开支。除了食品开支外，最大的支出就是红白喜事的随礼，由于孩子们都已经长大，尤其是大女儿和儿子，已经具备一定的收入了，他们也开始有着自己的人情关系和往来，主要是朋友和同学。在农村 20 ~ 25 岁是结婚的主要年龄段，李晓娜和李亚杰的朋友同学纷纷结婚生子，因此年年都有随礼，而且年轻人的随礼往往比较大方。李亚杰告诉我们，他的同学结婚生小孩都会随礼，一般都是 100 元或者 200 元一次，视关系的亲密程度而定。当然，这些钱也会在自己结婚的时候收回来的。家里去年没有人得过大病，因此花费很少。衣服方面的支出是视自己的情况而定，开支维持在 3000 元左右，这是李聚军夫妇了解到的，因为孩子们有了自己的收入，具体支出并不会详细汇报，女孩子尤其喜欢置办些漂亮衣服。由于自己家卖电脑，家里自然装了电脑，并且安装了网线，每年 700 元，主要用于日常娱乐，比如上网看看电视剧或者电影，也可以玩玩游戏。

表 16－17　　2011 年家庭支出情况　　单位：元

总支出	生产性	衣服	食品	看病	教育	娱乐	红白喜事	交通	通信	住房
44500	17000	3000	12000	300	0	700	5000	500	3000	3000

资料来源：根据李聚军口述整理，2012 年 6 月。

李聚军家里经济情况相对较好，自己的年纪也不太大，比较能够接受新事物。因此，在耐用消费品上面，李家与村里的其他人有着明显的区别，显得丰富得多，更像是城市的家庭。家里添置了两台电视机，并且配备了影碟机和音响。洗衣机两台，电冰箱一台，空调一台。通信工具上，家里有五部手机和一部固话。交通工具上，电动车和自行车均有两辆。电脑这类农村不多见的产品也进入了家里，而且连上了互联网。

表 16－18　　2012 年家庭耐用消费品情况

项目	数量	项目	数量
电视机（台）	2	小轿车（辆）	0
影碟机（台）	1	手机（部）	5
组合音响（套）	1	固定电话（部）	1
电冰箱（台）	1	自行车（辆）	2
洗衣机（台）	2	电动车（辆）	2
照相机（台）	0	摩托车（辆）	0
电脑（台）	1	空调（台）	1

资料来源：根据李聚军口述整理，2012 年 6 月。

对于农村公共服务，李聚军一家都参加新农合，同时也为每个子女每年缴纳 100 元的农村社会养老保险费用。对于这些花钱不多却能提供长久保障的项目，李聚军一向是乐于接受的。这可能与人的年纪有关，毕竟年纪比较大的人一般都难以理解政府的意图，尤其是试图从他们的口袋中掏钱的项目。但是，李聚军同时指出新农合报销手续上有些麻烦，也有一些地方并不能覆盖。2009 年，李聚军的父亲生病做手术，中间前前后后花了 7 万多元，但是却只报销了 9000 多元。因为是在石家庄的医院做的手术，报销比例没有本地高，另一方面有些药物并不在报销的范围内。这让很多农民感到无所适从，因为并不是每个人都对这些医保规则很清楚，往往是兴冲冲地去报销，得到的却是一个不太理想的结果，这也制约着农民对新农合的观感。当然，这些年来中国一直在改善这种状况，并且一年比一年好起来，我们调研时的情况就比三年前好了很多。

李聚军平时的主要休闲活动就是看电视和打牌。看电视是中国普通大众的共同休闲项目，在农村尤其如此。而打牌也是闲暇时候常玩的一项活动。打牌一般都是赢钱的，只是玩的并不大，都是一些小钱。无论是在城市还是农村，挣辛苦钱的正经人知道挣钱不容易，倘若玩的太大，就完全是赌博了。

李聚军是从做了二十多年的熟肉生意上转到电脑销售上的，尽管规模不大，但是这个转型幅度却是相当的大。当我们问及现在的工作与原来的活相比时，李聚军告诉我们现在没有以前挣得多了，但是也不像原来那么辛苦。毕竟三个人打理一家小店还是绰绰有余。这个转型除了有帮助儿子的意思，更多的是因为原来的生意也不太好做了，而且又脏又累，自己又没有更好的选择，只能是先把店开起来再说。其实反映了农村一个中年男人的困境，没有固定工作，没有专业技能，生存完全依靠自己去寻找市场中可能存在的缝隙，但是缝隙并不可能永远都存在。可是要想转型，却非常艰难。李聚军比较幸运的是让子女获得了相应的教育，正是由于儿子的归来，才让他的转型显得稍微的轻松。因此，知识和信息的获取对于一个家庭非常重要，尽管现在的竞争也日趋激烈了，但是市场的眼光提高了，总是能够找到生存的门路。李聚军对电脑的经营也许不会是他的最后一次转型，但是乐于接受新事物和尝试新事物，这是在不断变化的市场中生存下来的不二法门。李聚军做到了，农村也需要更多的“李聚军”。

（九）曾经的成功商人石建忠

我们这几天的调查进行的并不顺利。因为前些天滏阳河没水，村民们都不能插秧，这几天正好稻田里开始有水了，同时种水稻也到了最后的时间，再晚就过了农时，因此村委会干部带着我们走了好几户人家，都被告知我们的采访对象不在家，大家都下地插秧去了。最后，我们转了一圈，来到了永年县七中。走近七中，我们发现在七中的门口贴着“热烈祝贺永年一中的×

××（来自于永年七中）在今年的高考中获得永年县理科状元”的喜报，进入七中后，校园里挂着大大的条幅，也在庆祝这个喜讯。我们今天所要采访的对象就在这所中学，他就是石建忠。

永年七中，就在我们所住旅馆的对面，进入学校，我们首先来到学校食堂旁边的一个小屋。走进小屋，我们首先看到一张小床，床边的墙上贴着郭沫若的一句名言：“时间就是生命，时间就是速度，时间就是力量”，小屋内有空调，这令在炎炎夏日下已经走了很长时间的我们十分开心，打开空调后不一会儿，石建忠就走了进来。当时看到石建忠戴着墨镜走进来，感觉真是酷啊。我们都坐下后，近距离观察，才发现原来石建忠的右眼失明了，所以才戴着墨镜的。当我们问他原因的时候，他只是轻轻地说了句是年轻的时候受伤导致的，几乎失明。然后，我们开始了对石建忠的采访。

石建忠，1956年出生于西街村的一户普通农民家，小时候，家里兄弟姐妹多，劳动力少，只靠他父亲一个人在生产队干活养活全家，因此家里条件比较差，属于中下等水平。1963年，石建忠开始上小学，到四年级时，“文化大革命”爆发，学校听课，因此他基本上没学到什么东西。在那个年代的人基本上都差不多，上学就是写大字报、游行等，这些事情直到现在，石建忠都印象深刻。随后，石建忠开始在永年县七中上初中。在上初中的时候，学校有组织的勤工俭学，主要就是收大蒜和钉包装箱等，石建忠也参加了。那时一年能赚30~50元不等。石建忠自豪的告诉我们：“在那时，这就是一笔很大的收入了，够我自己交学费、书费、零花钱什么的了，在初中的时候就不需要向家里要钱了，自己完全可以自理。”

就这样过了三年，初中毕业后，石建忠就回家在生产队干活。那时石建忠因为没有成年，只能算半个劳动力，一天能得5分。1981年，生产队解散，而且正值国家实行改革开放政策，石建忠命运的转折点来了。当时，永年县有一个物资局，曾经有一个经营木材生意的人在这儿卖，但是后来，卖木材的人走了。正好村里的王兰（老支书，现在的村委会主任）当兵退伍回家，王兰的一个战友在东北弄木材，就让王兰去卖木材。王兰就作为一个带头人，拉着石建忠一起干，石建忠没有错过这次宝贵的机会，于是答应了。最后，包括石建忠在内一共四个人，每人出了2000元，合伙开始卖木材。他们就在邯郸货运站买进木材，主要是盖房用的梁和檩等，然后回村卖给那些盖房子的农民。石建忠告诉我们，当时的情况是这样的，在改革开放以前，村里是没有分宅基地的，很多农民家里虽然有很多人，但是没有地方盖房子，一家人只能挤在原来的住宅，一直到改革开放以后，村里开始给农户宅基地，这需要农民根据自己的情况向大队申请，大队通过考察对比，决定给谁多少土地作为宅基地，这样就引起了当时农民们争着盖房子的热潮。石建忠他们就是看准了这个，也就是看到了当时木材生意的市场、需求的旺盛，才决定一起卖木材。当时石建忠出的2000元钱大部分都是借的，但是卖木材没过太长时间就全还上了。他们当时四个人一共8000元，正好够买一火车车皮的木材，第一笔生意一共赚了11000多元，每个人得3000多元。从结果上就可以看出石建忠选择的正确性。石建忠可以算得上是中国最早一批下海的人啊！石建忠一共做了6年木材生意，这个生意刚开始的两三年因为做的人少，需求也大，因此很容易赚钱。后来大家都知道这个能赚钱，纷纷集资卖木材，慢慢地就不赚钱了。石建忠敏锐地觉察到这个问题，1987年就不干了。在那个万元户就是很了不起的时代，他六年来总共赚了5万多元。

从石建忠的第一桶金，我们意识到石建忠是一个很有经商头脑的人，但是，他1987年不卖木材后，竟然又回家开始打工了。在1987—1994年，石建忠先是在路边的一个饭馆打了4年工，当时每个月的工资是400元。后来又到供销社饭店做跑堂、炒菜、蒸饭等，这种工作他又干了3年。石建忠笑着告诉我们，“一开始自己什么都不会，于是就在小饭馆打工，学习炒菜什么的，后来学会了，才又转到供销社打工，因为供销社饭店每个月工资是500元，相当于算是升级了”。后来石建忠的腿部静脉曲张，1992年做了手术，坚持到1994年，身体实在是不行了，才回到了家里。石建忠其实是很希望学一门手艺来维持生活的，但是改革开放后，他1986年就结婚生子，那时面临着上有老人要照顾，下有孩子要抚养的情况，不允许他再去学一门技术来生活，于是他只能出去打工。1994年回到家后，一直到1997年，石建忠一直在家务农。

到了1998年，有人来找石建忠，要求合伙一起做生意卖柴油三轮车。石建忠看到农民下地干活经常需要用到柴油三轮车，而且那时农村结婚需要三轮车来做嫁妆，察觉到了它的需求和市场。因此他就与四个人合作，每个人出资5万元，开始卖三轮车。他们是当时第一批在邯临公路上卖柴油三轮车的人，在山东进货。石建忠印象很深的告诉我们叫作“时风三轮车”，还给我们说了它的广告词：“时风，时风，路路畅通”，直到现在大街上还能看到时风三轮车。当时他们第一批货进了 24 辆时风三轮车，每辆进价是 3500 元，他们每辆能卖到 4100 ~ 4200 元。石建忠对我们说，当时三轮车实在是太好卖了，经常是进的货还没运到，大家就在店门口等着，三轮车一运到，还没从货车上卸下来，就基本上被大家预定完了。1999 年和 2000 年两年是市场最好的时候，那时候需求远远超过供给，经常是店里没有货，他们虽然着急但是也没有用，因为厂家生产不出来，而且他们也没有新的货源。就这样他又做了八年生意，平均每年能赚 6 万 ~ 7 万元。后来渐渐地，周围的人都看到了卖三轮车的利润大，于是卖的人开始多了起来，柴油三轮车生意越来越难做了，到了 2005 年，石建忠就退下来不干了。之后就一直在七中食堂工作，直到现在。工资一开始是每月 800 元，现在是 1200 元。

从石建忠卖木材获得第一桶金，我们就能看出来他很有经商头脑，那么之后他卖三轮车的生意使我们更加确定了这一想法，我们感觉他不是一个喜欢赚那点固定工资的人，而是一个喜欢做生意的人。那么，既然这样，在他做木材生意赚了第一笔钱以后，为什么会突然又回到家里开始打工了呢？为什么他没有继续做生意呢？如果说他不喜欢做生意，后来他又开始卖三轮车，这又推翻了我们这个想法。于是，在这点上，我们又详细地询问了一下石建忠。在我们的追问下，石建忠说出了真实的原因。原来在 1986 年到 1987 年期间，虽然石建忠还在做木材生意，但是他已经发现木材生意不好做了，觉得自己应该找一个新的生意做，不能仅仅依靠木材生意。于是他通过对市场的考察，把合伙卖木材的那个地方自己给整个租了过来，然后和一个亲戚一起办了一个明胶厂。就石建忠的经济嗅觉以及改革开放当时的形势而言，如果不发生意外的话，我们相信他这个买卖也肯定是一个赚钱的生意。但是人算不如天算，1987 年，永年县突降大雨，他们生产了一年的产品泡入水中，几乎全毁，再加上那时中国面临着美国的经济制裁，国内物价一直在下跌。这笔明胶生意，让石建忠损失了 3 万多元，之前卖木材赚的钱几乎全赔进去了。这次在生意场上的失意虽然不是自己的原因，但是也让石建忠低沉了很长一段时间，足足用了一年的时间才恢复过来。这件事让石建忠深刻地体会到了失败的滋味，也让他深刻地体会到了做生意的风险。以前虽然自己知道做生意是有风险的，任何生意都是有赚有赔的，俗话说做生意就是“有同本没有同利”，这些都是在自己的预计之中，但是知道归知道，当自己真正经历了，认识和感受还是不一样。因此，他又回到了家里开始打工。当时石建忠的思想也受到了这件事的影响，觉得他自己干的风险还是太大，不如跟着别人打工，没有风险。但是由于身体等方面的原因，加之石建忠也确实觉得跟着别人打工赚得太少了，就回家了。在家务农的这三年，让石建忠彻底地从上一次失利的阴影中走了出来，彻底地恢复了他做生意的欲望，干劲又上来了。于是石建忠又开始做生意。在这之中，石建忠能彻底恢复过来，与家人对他的鼓励支持是分不开的。在他自办的明胶厂失败，赔钱的时候，家里人并没有埋怨他、怪他，虽然也没说什么鼓励的话，但是他明白大家都是在默默地支持他，在他又开始准备和别人一起做卖三轮车生意的时候，也没有人提出反对的意见，都很支持他的决定。另外，虽然说石建忠办明胶厂的生意没成功，但是他有一件事是做对了，就是把卖木材的地方给租了过来。我们当时询问过石建忠，为什么当时会有人找你一起卖三轮车呢，那个人自己卖不更赚钱吗？他说就是因为他手里有这块地，当时虽说做明胶生意没成功，但是他已经把地租过来了，就是因为有这一块地，后来才有人拉着石建忠，要用石建忠的这块地来一起卖三轮车，这才让他觉察到了这个契机。他通过自己的考察，觉得卖三轮车的主意委实不错，肯定能赚钱，因此，他同意了，把握住了这一个通向成功的契机。也正因为明胶生意失败带来的对市场风险的深刻感受，使得他在觉得三轮车生意风险扩大的时候又即时抽身而退，重新干上稳定而收入较少的工作。

接下来，我们对石建忠的生意经产生了好奇。我们问他当时做第一笔生意的时候，一开始就不害怕自己买了木材卖不出去吗，他告诉我们，做生意要是前怕狼、后怕虎就肯定做不成了，他说当时自己觉得最担心的就是没钱，缺钱进货，每次不能多进一些木材。他认为肯定能卖出去的，就是时间问题，好卖的时候就卖得快些，不好卖就先放着，慢慢地肯定就全卖出去了，卖三轮车的时候也同样存在缺钱的问题。谈及石建忠做生意的经验时，他告诉我们，做买卖，人一定要诚实、老实、和谐、不骗人，要和气生财、买卖公平。因为只有这样，厂家才能对自己有好感，慢慢地就可以先给货，后汇钱。不需要太严格的必须先给钱才给发货，这样在自己资本不充足的时候，也不会面临无法进货的境况。另外，这样做生意，会让客户觉得在自己这儿买东西能安心、舒心，大家在自己店里买了一次后，以后再买还会再来这儿，回头客就会多起来，这与我们现在所熟知的无商不奸的区别很大啊。

当问及石建忠对国家政策的感觉时，他觉得现在的形势对农民挺好的，有医疗保险和养老保险，他对政策很满意，而且在改革开放后，想干什么就能干什么，只要肯吃苦、肯干，就能生活得好一点，就能比别人赚得多。有钱的就能住好的地方，住三层小院，没钱的就只能住一层的房子，他认为这样好，比以前吃大锅饭、搞平均主义好多了，那时他觉得是有能力却没处用，只能干着急，因为不管怎么努力，大家得到的都一样。不过，只有一点，他觉得现在的工资不涨，但是东西却是越来越贵。

在采访的最后，我们发现石建忠是在永年七中上的学，现在又回到了永年七中工作，算是永年七中的资深级人物了，对七中的历史应该是很了解的，因此，我们让他简单介绍了永年七中的历史。在石建忠的介绍下，我们了解到永年七中于 1958 年建校，到现在已经有 50 多年的历史，2004 年村里搞新农村建设的时候，建了新校区，就是我们现在所在的地方。而原来的老七中就在新七中的马路对面，现在已经翻建成老师们的住房。而且随着发展，永年七中的学生一年比一年多，师资质量也越来越好，之前都是中专毕业的人来当老师，现在大部分都是河北师范大学毕业的本科生。

石建忠今年 56 岁，有两个儿子：大儿子 32 岁，已经结婚，已有两个女儿，一个儿子，工作是修理摩托车，每个月大约有 1500 元的收入；小儿子 22 岁，还没有结婚，现在永年县城做城管，每月工资是 800 元。

表 16－19　　**2012 年家庭耐用消费品情况**

项目	数量	项目	数量
电视机（台）	2	小轿车（辆）	0
电冰箱（台）	2	自行车（辆）	3
洗衣机（台）	2	电动车（辆）	2
照相机（台）	1	摩托车（辆）	1
影碟机（台）	1	手机（部）	4
组合音响（套）	1	固定电话（部）	1

资料来源：根据石建忠口述整理，2012 年 6 月。

从表 16－19 我们可以看出，石建忠家现在的生活是很好的，现在有了孙子、孙女，他感觉到很满足。通过他自己努力，用自己的经济头脑去发现市场，抓住机遇，努力奋斗，才有了今天的生活，即使遇到挫折也没有倒下，坚持自己的信念才有了现在的生活。这些宝贵的经验给我们留下了深刻印象，一个有着独特经济眼光的石建忠。

十七、西街村的文化人

（一）退休老校长李锡海

西街村六月下旬的气候与华北地区其他村落的气候相差无异，都已进入了暑气炎热的阶段。自进入西街村调研数日以来，骄阳炙热，而在2012年6月24日这一天，我们迎来了数日后的第一场小雨。我们调研小分队带着凉爽的心情，对南沿村小学退休老校长李锡海老人进行了专访。

李锡海老人在村里绝对是位德高望重的人。因为就在昨天，年轻的村支书专门邀请了李锡海老人为我们全体调研人员开展了一场交流会。李锡海老人坐在我们当中，热忱地讲述了西街村发展演变的过程以及整个村庄的概况。也许是多年从事教育工作的缘故，李锡海老人在讲述过程中，不仅表达流畅、思路清晰，而且内容也详细而得当。我们小一辈不得不佩服这位老校长超强的思维能力和丰富的阅历。

由于昨天调研同学要与李锡海老人进行更为细致详实地了解本村的具体情况，其他同学则不便再打扰老人，我们不免对于错失与老人家进一步交流的机会感到有些遗憾。当得知今天要对李锡海老校长个人进行专访时，对于昨日错失的机会今天得以补偿，我们心里甚是高兴。

在联络人宋和平的带领下，我们调研小组走进了李锡海老人的家中。当我们刚进院子的时候，李锡海老人正与老伴儿收拾院子，而一位中年男子则在院子的一角洗手，好像是刚刚干完什么活。老人家的大院子整洁干净，种的花花草草也错落有致。我们注意到，老人家院子的地面都是用水泥砖铺成，与村子的狭长土道形成鲜明对比。在农村像这样用心打理院子，并且保持院子如此敞亮干净的现象并不多见。

老校长看到我们，又露出了他那温和亲切的笑容，我们向他老人家说明这次来的用意是想更仔细地了解他本人情况以及挖掘老人那宝贵可鉴的阅历，写一篇自传，李锡海老人欣然同意，并把我们请到了屋前的门廊下，说这里更凉快些，我们在这里开始了今天的专访。

李锡海，男，汉族，党员，生于1942年，今年70岁，师范毕业。在西街村李锡海老人可算是一位资深的教育工作者，像老校长这个年纪的人拥有师范学历的人不多，这样的特殊学历背景让我们对他的经历充满了好奇，老人娓娓地向我们道来：1951—1957年，李锡海就读于本村唯一的一所小学——南沿村小学。那时的年级设置与我们现在大部分实行的单式班不同，由于原来师资力量有限并且村子里的适龄上学的孩子不多，小学里的1~4年级合为一个班，称为复式班，5年级、6年级各为一个班。对于复式班，老师要兼任四个年级的教学任务，不同年龄的学生都挤在一间教室里学习。那时的李锡海晚上学习时没有电灯，每每在晚上看书写作业时都是依靠煤油灯借光写字看书的。艰苦而复杂的学习环境并没有让李锡海觉得生活枯乏，却很满足这种有学上、有饭吃、有朋友玩的快乐时光。1957—1960年，李锡海通过小学毕业考试顺利升入初中，就读于南沿村中学，也就是现在的南沿村第七中学。那时的初中最多时也就三个班级，学习环境有所改善：告别了煤油灯，换成了汽灯。汽灯的大致原理是把煤油汽化成为蒸汽，点燃后形成的高温气体喷射到一个特制的耐高温网状纱罩上，这纱罩温度升高达到白炽，就发出明亮的白光，一般的教室，一个灯就基本足够。在那个年代，这种洋灯的出现，大大解决了煤油灯发光强度微弱的问题，也成为人们的稀罕物。到初三毕业，一些同龄人由于家庭经济困难或是对于继续深造学习不再感兴趣，陆陆续续地放弃了学业。那时的李锡海家庭经济条件还可以，不仅父母支持他继续念下去，而且自己也想再继续读下去，于是在家里支持和自己努力学习的情况下，1960年李锡海顺利考取了永年师范学校。在这期间，正是国家三年困难时期，在这个大环境下，李锡海就读的永年师范学校不得不由原来的17个师范班裁减到2个班，这2个班分为幼师班和中师班。接下来的1962年，学校又从班里抽调十几个优秀的学生到大名师范学校就读，李锡海就在这其中。他们那时上学并不清闲，白天的时候要上课，晚上则要去各家做扫盲工作，教他们识字。在三年困难时期，李锡海的中专生涯也过得异常艰苦。李锡海告诉我们一句话，是那时他们生活真实的写照：低指标，瓜菜代。他说三年困难时期，粮食少，在学校每天只有8两玉米或面粉的口粮，对于年富力强的他们来说，这是难以填饱肚子的。但他还是感到很满足，因为在家里，连这点粮食也是很难吃到的。就这样来来回回、困苦难耐地度过了他的最后的学生生涯，于1963年完成学业顺利毕业回家教学。

从1963年开始，李锡海开始了他真正的教育生涯。1963—1969年，李锡海并没有在本村教学，而是在西沿村小学教数学。那时他每月可以领到29.50元的工资。除了自己平时必要的生活花费外，剩余的工资用来补贴家用。1964年与现在的老伴儿李凤英结婚生子后，李锡海的工资则主要用来供养这个家庭。一直到1969年，由于本村的南沿村小学缺少一位经验丰富并且有相关教育背景的人，于是李锡海被调回南沿村小学担任校长一职，管理着一所拥有500人的学校。在这个学校一干就是10年，这10年的教育生涯，李锡海积累了丰富的管理经验。

1977—1980年，李锡海凭着多年丰富的教育管理经验，被调到南沿村中心校，管理着规模更大的学校，这个学校的师生达3000人左右。1977年国家恢复了高考，每个乡办一个高中班以参加高考，南沿村高中班在李锡海和老师们努力带领下，当年的高考获得了全县第一名的好成绩，得到了县里颁发的荣誉奖状。李锡海不仅帮助了那些渴望上学的孩子们，而且也为村里、学校争得了荣誉。在20世纪80年代，县文教局面向42个乡设置了10台电视机作为奖品，在他带领的中考班里，由于成绩出色，为学校获得了难得的两台电视机。当谈到这些成绩时，我们不时地夸赞李锡海老校长出色的成绩和付出的努力，他谦虚的一直摆手，一直强调全是老师们的功劳。

到20世纪80年代后期，李锡海作为一名文教助理，不仅管理学校事宜，也负责起了村子里的文化艺术方面的工作。在村子里，不仅敢为人先地办起了简易电影院，还组织文艺宣传节目，当时得到县委及各村的观摩学习，还被《邯郸日报》专题报道过。1996年后，李锡海退居二线直到2002年退休在家，期间一所私立小学——南沿村私立小学曾多次邀请退休在家的李锡海出任该校的校长，教师情结难忘之下，李锡海答应再次出马，担任了几年的校长职务并又创造出佳绩。最后由于自己心脏出现了些问题而彻底离开了三尺讲台回家休养。

谈起村子里现在的教育情况，李锡海认为还是比较满意，不管是教育硬件环境还是软件环境都大大提高了，但是说起村子里的孩子们，李锡海有些恨铁不成钢。他告诉我们现在的孩子不是很听话，随着生活质量日益提高，孩子们的娇逸情绪也越来越高。以前的孩子是没有条件读书，现在的孩子是没有兴趣读书。对于送走了几代孩子们的老师，他真真切切地感受和目睹了整个变化过程。

随后我们又了解到，李锡海老人的家庭是一个由14口人组成的大家庭，三儿一女，均已成家立业，并且都育有了下一代，最大的孙儿也已28岁。李锡海老人在给我们介绍家庭成员时十分高兴，我们能够真实地感受到老人家所拥有这儿孙满堂的幸福与满足感。

由于儿女都成家立业，自立门户，老人现在是与最小的儿子生活在这200多平方米的院子里，我们问起刚才在院子里洗手的那个人莫非就是老人家的小儿子时，李锡海老人笑着点头示意说："对，那就是家里的老三，最小的儿子，现在学校放假，他也就放假在家休息了。现在正好赶上田里干农活，平时也到地里干活。"李锡海老人告诉我们，人到中年的小儿子叫李彦军，也是一位教师，师范毕业后在本村小学教数学，已经从事教师这个岗位十几年了。说到教师这个岗位，李锡海老人充满了自豪感，他告诉我们，除了这个小儿子是教师外，他的28岁的长孙也是一名已经从教7年之久的优秀教师。我们不禁感到吃惊，他的长孙与我们都是80后，岁数相差不多，而他却已经执教7年了，让我们的敬意油然而生，我们敬李老校长不仅把自己大半辈子的岁月倾注在辛苦而神圣的三尺讲台上，而且还积极鼓励后代接过自己手里的接力棒，继续教书育人。李锡海老人很平和的告诉我们，他一直支持子女从事教育这个行业主要是因为两点：首先教师这个工作在农村是很受人们尊重的，而且十几年前村子里教师资源非常少，能胜任这项工作的人在村子里不容易找到；其次，对于农村青壮年外出打工挣钱养家糊口的情况来说，教师的工作环境和工资待遇要稳定和安全些。因此，种种原因和机缘促使了一家三代人都扛起了培育祖国未来的艰巨而光荣的教育使命。这些年，随着国家政府对乡村教师的关注，老师的福利待遇有所提高，李老校长告诉我们，现在小儿子一个月的基本工资大概为2000元，长孙由于参加工作时间相对较短，所以一个月的基本工资为1700元。李锡海老人现已退休在家，一个月也可以领到2700元的退休工资，这样稳定的工资收入水平在本村来说是相对不错的。

就在我们聊着有关教育工作的时候，一位年轻壮实的小伙子从大门口走了进来，李锡海老人指着小伙子告诉我们这个就是他的最大的那个孙子。我们很快地打量一下这位与我们同代却已经从事教育岗位7年之久的小伙子，中等个头，很随意的衣着，壮实的身体，有点黑的肤色，与人们传统观念里老师的形象不太相同，他呈现出更多的是一份不拘小节。他见到我们几个陌生的面孔的时候，只是憨憨的笑了一下，原来他是来这里看看老人家顺便问些事情的。他好奇的问了一下一直在旁边的奶奶，才知道我们是对李锡海老人做调研写专访的，也没有再往下细问就进屋去了。

经过我们了解，西街村的村民，尤其是老人大都在家务农，照料自己的田地。但是村里耕地并不充裕，因而每个人分到的种植面积也就相对较少了，每人也就0.3亩即3分地。李锡海老人说家里一共2.4亩地，但20世纪70年代大队分地时，除了李锡海老人自己，家里符合条件的人均得到了。原来李锡海老人年轻时在永年师范上学，把户口也随之迁了过去，一直到现在，户口也没有再做变动，而是以非农业户口的身份保留着，所以分地的时候老人不符合分地的条件。而对于现在这2.4亩地，老人已经全部分给了儿子，与老人在一起同住的小儿子分得5分地，其中3分地种植玉米、大蒜，2分地种水稻。水稻一般不用于出售，都是自产自用。由于当地一年四季气候分明，大蒜只能在秋季种植，一般为9月下旬至10月上旬进行，收获季节为次年的春夏之间。一年只可以种植一次。村民收完大蒜后继续在这旱地上种植玉米，两种农作物换季轮流种植。待到收购的时候一到，自会有人来村子里挨家挨户收买，当我们问起为什么自家不去农贸市场上卖掉，占有主动权，也许比被动地在家等人上门来收购的单价会卖得高些，老人告诉我们说，还是因为土地少的原因，家里这点地总共收的蒜也不多，不值得专门去市场卖，而且上门收购的价格与市场价格不会相差很多，大部分时候价格几乎是一样的。当问到这些作物大概能卖多少钱时，老人也不是很清楚，如果按照2011年市场价格玉米市场价格每斤1元，3分玉米地大概可以收获330元；去年大蒜市场均价为每斤1元，2分地的大蒜大概可以收500元。根据国家颁发鼓励农民种植的政策，每亩地直接补贴132元，小儿子的这5分地每年可以得到66元的粮食直补。

李锡海说对自己现在的生活水平还是满意的，自己有稳定的收入，身体也比较硬朗健康，儿女们也都很孝顺。2011年，家里人没有生过什么大病，只是自己的老伴儿常年腰疼病需要天天吃药维持，这些药从本村卫生所里就可以买到，而且较为便宜。当问到是否参加新型农村合作医疗保险，老人说全家都参加了，尽管自己身体比较健康去医院看病的次数较少，但是用较少的钱可以为自己的健康买一个保险，也是很划算的，并且认为这是一项很惠民的政策。对于社会养老保险，超过60岁的老人每月可以领到55元，李锡海表示也较满意，他感谢国家对老年人的照顾，并且养老金每年可以按时发放到本人的养老金账户中，从不拖欠。对于家里的支出情况，李锡海说并没有特别大的支出，在2011年衣服方面的花费大概100元，因为自己和老伴儿都上了岁数，在衣服方面的消费都比较节省；一年的生活费比较多，因为家里人口较多，一年大约17700元；老伴儿一年买药大约500元；村子里的红白喜事比较多，一年大概1000元；家里固定电话支出一年120元左右；网费一年640元。（见表17－1）

表17－1　**2011年家庭支出情况**　单位：元

总支出	生产性	衣服	食品	看病	教育	上网	红白喜事	交通	通信	住房
20060	0	100	17700	500	0	640	1000	0	120	0

资料来源：根据李锡海口述整理，2012年6月。

说起电脑上网，李锡海老人告诉我们他可是电脑忠实热爱者。对于一位70岁花甲老人来说，能掌握这种新型高科技的设备，无疑又让我们大为惊叹。老年人使用计算机上网在城市里都很少见到，更何况在村镇里这种情况更为稀有。老人说他喜欢研究电子产品，年轻的时候自己拆装过收音机，前些年买过影碟机，用它来看戏以及学校的各种录像。李锡海说他是自学上网的，学会上网后每天早晚都要在网上看看国家新闻，最喜欢的栏目是《今日关注》与《科技发明》，并且会在网上搜索一些资料，李锡海说他唯一不熟的就是打字，由于眼睛有疾，看键盘不是很清晰，打字速度比较慢。

这就是一位老校长丰富多彩的生活，他热爱教育，热爱生活，他给我们的感觉总是亲切的。他叮嘱我们要好好学习、努力争光。我们谢谢这位老校长，让我们懂得知识不仅可以改变生活，知识还可以让人享受生活。

（二）富有不断创新精神的南沿村完小校长安静梅

安静梅，1968年出生，南沿村镇东街村人。初次见面的时候，安校长给人的印象是身材高挑（后面在访谈中才了解到，她是体育老师出身），利落精干，但却没有丝毫张扬之气，十分的内敛。

安静梅校长是笔者此次调研遇到的可以称得上“伟大”的人物之一，对她的访谈是我们意外却极为珍贵的收获。安校长的事迹没有惊天动地的场面，但是她内心始终如一的信念却使得一个平凡的女人身上镌刻着别样的沉着与深刻。正是为着这样一个信念，她不断地思考着、付出着，为南沿村小学的发展和几代孩子们的成长做出了不可磨灭的贡献。借用诗人的一句话，她不是大海的观望者而是出海的搏击者，智慧、勇敢且无畏，她把生命给了这片海。

事情还要从南沿村小学开始说起。

河北邯郸永年县的南沿村镇由四条主街道划分为四个行政村，四村你我相接，民众生产生活密不可分。南沿村小学自新中国成立初期建校，校址坐落在西街村，所以，我们采访过程中遇到的村民，上小学都是在南沿村小学。

南沿村小学建校时间早，到2000年，校舍的老旧破败，已经远不能满足在校师生的日常教学需要，重建南沿村小学已经在镇政府、教育部门与南沿村小学主要负责人之间达成了共识。当时的南沿村小学的校长自知已经步入退休的年龄，要想把学校建起来，就必须要找到一个能干又负责的新校长来接手。就这样，通过在各教育部门和教育机构的打听和询问，老校长找到了安静梅。安静梅说，当时老校长找到自己，语重心长地，说他相信安静梅就是自己放心托付南沿村小学的那个人。

2000年11月，安静梅接手担任南沿村小学校长一职。当然，上任后第一个也是最为紧迫的任务就是学校的重建工作。经过了解，安静梅发现，筹集建设资金是最大的难题：小学校舍建设的资金来源主要还是财政资金的拨付，而当时，镇政府的拨款及时却很有限，四个村委会的情况则是无法立即将资金筹集到位，因为本层级行政运行资金本身就相对紧张，村委会的一部分资金又是以债权的形式存在的，所以村委会支付这笔建设款的积极性并不高。可是看着眼前破烂的门窗、挨冻上课的孩子们，安静梅知道自己无法坐等资金到位了。

首先得到落实的是镇政府的拨款，拿到资金后，安静梅一边联系建筑队就位，一边着手学校师生的暂时转移与安置工作。安静梅说，当时正值深冬时节，有一部分孩子在一些村民废弃的房屋里坚持上课，没有暖气，只能在屋子的中央放置一个小火炉，孩子们很可怜。但即便如此，这些房屋也不能容纳所有的学生，安静梅和老师们只好联系村子里的农户，跟村民们借家里的地方维持孩子们的正常上课。这段时间多亏了全校师生和村民们的支持，学校才能渡过这个难关。关于建筑队，这里还有一个故事，最初建筑队的负责人是安静梅的亲妹夫家人，但是安静梅发现，妹夫家的工程队存在拖延工程的现象。安静梅曾经找到自己的妹夫家谈过几次，可是对方既没有改正错误更没有深明大义，工程问题依然如故。经过镇里领导协商也无济于事。经建校筹委会决定，妹夫的工程队被辞掉了，以另外一支费用低效率高的工程队将其替代。说到这里，安静梅言语中有哽咽，她说妹夫一家对自己始终恨在心头，由于妹夫一家的误解，妹妹婚姻破裂这件事是主要因素。

镇政府资金足额到账后，要拿到四个村委会的资金就没那么容易了。安静梅每天下了班就去村支书家里要钱，今天这家，明天那家，四天一个来回，一分钱一分钱地磨，踏破了村支书家的门槛，说破了自己的嘴皮子。村支书们既不情愿，也无可奈何。如果是不情愿的，安静梅就凭着自己的耐心和毅力，还有孩子们的未来这些情理来打动对方；如果是因为有债权在外而无力支付的，安静梅就去帮忙讨债，仍然是两条腿一张嘴皮子，安静梅讨回了债，然后拿给村委会，最终再从村委会支付学校重建的工程款；如果是因为需要等待上级拨付才能支付的，安静梅就每天一个电话或者跑一趟村委会，问询是不是有到账的资金可以拨付了，然后在第一时间拿到建设资金。

拿到一分钱就干一分钱的活，就这样安静梅用每次拿到的极为有限的资金，用时三年，安静梅还深情地说，就这样还是多亏了时任南沿村镇党委书记张春山的大力支持和协助。到2003年7月，把南沿村小学的校园重新建了起来。这里不得不提及的是，出于资金的约束，校园里的许多地方都是安静梅带领全校老师集体劳动的成果，如教学楼的墙漆，院子里的砖地，全部是他们利用课余时间一块砖一块砖铺成的。在我们结束访谈之后的时间里，笔者曾经两次站在操场上细细地审视这个校园的每个角落，品味着安校长和全校教职工的辛苦与伟大。

安校长的这股责任心和干劲儿并不是在她成为校长之后显现出来，这些优良品质与她的一贯的工作作风密切相关。

安静梅8岁上学，读完了小学、初中、高中，当时由于父亲早逝，家里的条件已经不允许自己再继续读书了，所以高中毕业后开始帮着家里干农活。一年后，安静梅的老师很惦念这个学习好、品性优的女孩子，便给她建议说：

不如回学校再读一年初三，然后考一个师范学校。如此，在老师的指导下，安静梅重新回到学校，并于第二年考取了邯郸市大名师范学校的体育专业。1987年，安静梅师范毕业，就被分配到了南沿村镇中学，成为一名体育老师。

安静梅来到学校，发现孩子们的体育成绩都很不好。她说，这可能一方面是因为，在农村，不管是老师、校长，还是学生家长，大都认为体育本身就不是一门重要的学科，成绩好不好也"无所谓"，这个想法即便是今天的我们听了也感同身受，此时笔者不自然地产生了"在这样一个社会环境下，这体育老师的岗位根本就是一个无事可做的闲差"的念头。可是，这一世俗的念头马上就被安静梅后面对自己想法的一句描述给打了个粉碎，这就是笔者为安静梅对自己履行岗位职责的信念和开拓岗位平台的能力深感佩服的重要原因。另一方面的原因，安静梅说，是当时学校缺乏专业体育老师，孩子们的体育课都是其他学科老师代上的，只相当于一个课外活动课。安静梅说，正是基于后面这一个想法，当时自己就想，既然来了，作为一个拥有专业技能的体育老师，有义务给孩子们以科学训练的指导，提高孩子们的体育素质。

说做就做，刚好县里每年都会组织一次学生运动会，就以准备这个比赛为契机，安静梅分别在1991年和1992年组织了一个田径队和一个篮球队。两个队伍的组建很是经历了一番过程：两年的教学中，安静梅在教授普通体育技能和提高学生整体体育素质的同时，还在默默地观察和挑选着拥有较好体育潜质的学生。除此之外，安静梅还利用学校的资源组织班级对抗赛，在学生中展开进一步的选拔。这样，又是一年的时间，校田径队得以成立。自此，安静梅开始了对学生们的集中强化训练。安静梅说，当时规定，田径队成员每天利用早起和放学后的时间进行训练。在当年的那个冬天，孩子们每天无一例外地五点半在田地集合，开始早晨的专项训练，包括调整呼吸、规范动作、增强体能等各种项目。"学生起床早，老师只能更早"，安静梅如是说。因为要给孩子做好表率，更要提前整理场地，安排训练项目，安静梅每天五点就到了集合点。1991年的安静梅刚刚结婚，为了能够给孩子们按时、持续地训练，她跟老公和家里的老人商量着就先不要孩子了。安静梅的想法是：自己一旦生育，肯定要请假，而休假就意味着孩子们的训练会被中断。就这样，一年的训练结束后，比赛之前，用心良苦的安静梅再次组织了一场选拔赛，优中选优，组成了一个经过严格又科学训练的最强队伍。功夫不负有心人，在第二年的永年县春季田径运动会上，南沿村镇中学一跃获得了中学组全县第一名的好成绩。正是在收获了成功的喜悦后，安静梅又组织起了篮球队。自此，南沿村镇中学的体育活动开展得如火如荼，后来还取得了乡镇总校的田径比赛第一名。

说到这儿，安校长的字字句句都弥漫着自豪。安静梅说，这些成绩离不开校长、老师和同学及家长们的全力支持。只是因为自己爱这一行，同学、家长、其他老师也都一齐付出着努力，每年的训练大家没有跟学校要过一分钱的训练费和补助。而校方也在默默支持着她的工作，除了提供场地、器材，按照当年的体育老师的福利规定，学校给老师两年发一次夏、冬训练服，而当时的校长却破例给这些老师一年发一次，而且每套都是100多元的标准。

20世纪90年代初，南沿村镇叫作南沿区，区内设置办事处，全区共8个乡镇，8个中心校。在学校里取得了优异教学成绩的安静梅，还把自己的体育治学理念带到了区里，在办事处设置了一个“体育教研组”。安静梅说，自己创办这样一个教研组的目的就是把区内8个中心校的老师都召集到一起，主要通过每月一次的培训，开展教学方法的研讨活动。由此可见安静梅治学态度的严肃性，出于一心要把体育教学做好，增强学生体育素质的理念，她想出各种思路和方法，并且始终如一地落实下去。

如此这般，在日常教学和比赛训练相互交替的紧张生活中，安静梅度过了自己做体育教师的十年时光。这期间，有一件事情不得不提，1993年春天安静梅怀孕了，当时却是一场比赛的准备阶段，安静梅说有一段时间开始觉得自己身体不舒服，所以在训练的时候就只是做监督工作，停止了动作示范，可是最终还是由于身体长期处于过于疲劳的状态，她流产了。安静梅说当时也很心痛，觉得对不起自己的丈夫和公婆，可是想到自己还有学生，只休息了两天就回到学校继续训练。就这样，直到1994年，安静梅才生下自己的第一个孩子。1997年5月，第二个孩子出生后，安静梅也只是利用暑假时间留在家里休息，学校开学就立即回到了学校，开始自己的正常工作。听到这里，笔者无法不由衷地敬佩着眼前这一位平凡而伟大的人民教师，她拥有的不只是一时的信念，而是一生的信仰。虽然她自己对此没有任何的语言表白，但是从她的每一份付出中，我们都可以深刻的体会到。1997年，学校里新来了一位体育老师，安静梅考虑到两个孩子都还小，就不再做体育老师，转而教授语文课程了。

说到这儿，我们可以体会到，安静梅不仅拥有强烈的责任心，她的头脑中还有一系列先进的治学理念。新校舍建成后，学校的教学活动重新步入正轨，安校长开始在治学方法上发挥自己的才能。一方面，由于全校教职工对学生的认真负责精神，学校的教学质量得到充分的保证，这可以从南沿村小学在永年县每年例行的小学组统考与竞赛中获得的优异成绩作为证明；另一方面，除了基本的文化教育课，南沿村小学还为孩子们全面开设音乐、体育、美术等课程，根据安校长的说法，这些都是孩子们应该了解的知识，任何一方面都不可偏废。这些技能不仅通过日常课程传授给孩子们，学校还通过举办各种美术、书法、合唱、跳绳、太极拳等兴趣班和比赛，让孩子们根据自己的兴趣自由选择。就在我们访谈的过程中，安校长还邀请我们第二天来学校参观孩子们的太极拳大型表演。

另外，安静梅作为校长，还以最大努力为孩子们争取最便利、最舒适的学习环境。比如，在安静梅的带领和全校教职工的共同努力下，南沿村小学获批省取暖工程，一改校舍里之前的小火炉、棉帘子和塑料布糊窗户的教室环境，从省教委争取到了为每间教室安装电暖和空调的资金。安校长说，一到冬天，孩子们的小脸儿都红扑扑的，来学校接孩子放学的家长们都说，孩子们在学校里比在家里都暖和舒服。安静梅的另一项重大的工作成就就是为南沿村小学争取到了建设标准化小学的资格，这意味着在不久的将来，孩子们将会有更加明亮的教室、更加开阔的操场和更加现代化的教学设备。

在这里，笔者有一个深切的感触，一个公共服务机构（包括国家行政机关、事业单位等）的发展，拥有来自于国家各项鼓励政策所提供的众多机会，固然与当地经济条件的客观约束关系甚大。但是，所有这些发展机会的获取与实现，除了各层分管机构的精心宣传与组织外，更加需要本机构领导人以积极且负责的心态，发现机会，并动员、组织、依靠全体成员的共同努力，主动地争取机会。而一个公共服务机构发展的成果，要看其服务范围内的群众有没有通过本单位的努力获得切实的、越来越多的实惠，这才是考核公共服务绩效、官员绩效的关键所在。

说到这里，安静梅面露欣慰。她说，学校所有的这些成绩，依靠的就是全校教职工在办好学校的信念下共同的付出和努力。自己每天都会在确定最后一个孩子离开学校回到了家中后才会下班，而老师们也同样不含糊，晨读、课外活动、校园布置、批改作业，早来晚归，也始终默默地付出着。听到这里，看着安校长办公室环绕墙壁的各种荣誉证书，笔者心中已经充满了对安静梅校长和全校教师的敬佩之情。

安校长工作相当繁忙，在快节奏的结束了采访之后，我们流连在校园里，看到有几个班的孩子正在上课外活动课。孩子们三三两两，有的在小树边劳动，有的在大黑板报前忙活。在小树边，有打水的，有刷漆的；黑板报旁边，有搬椅子的，有擦黑板的。每个都忙得不亦乐乎。老师们也在校园的宣传栏那工作着，安校长说宣传栏是定时更换的，老师们是在利用自己下班的时间精心布置。

在采访的过程中，我们有一个队员在一位老师的带领下，走到了孩子们的教室，坐下来跟他们一起听老师讲课，还悄悄为老师和同学们拍了一组照片。从照片中，我们可以看到，孩子们在课上是那么的专注，老师是那么的投入；教室的布置也充满了老师与同学们的巧妙心思。

这个时候，下课铃响了，瞬间，操场里都是高高矮矮的孩子们。看着每个孩子脸上开心的表情，我们很不舍地离开了校园。

就这样，校园里的一砖一瓦、一草一木都记录着她的故事。宏大的志向加上坚忍的意志使得安校长在平凡中透出伟大的光环与美丽。她年轻的时候，满怀的是青春的热血，待人步入中年，一腔热忱沉淀为沉着与深刻。安静梅，一个小学校长，在平凡的岗位上做着不平凡的事业，使人振奋，使他人为之自豪。

（三）自主创业的大学毕业生王帅莉

王帅莉，女，1988 年生人，未婚，毕业于石家庄师范学院。联络人贾成海告诉我们说，王帅莉是他们村里少有的大学毕业后回家创业的孩子。作为与帅莉同时代的大学生，我们尤其对她的创业经历和创业的初始想法感到好奇。刚见到她时，王帅莉正在教孩子们唱儿歌，听说我们要对她做一个人物专访，王帅莉很热情的招呼我们坐下，然后将音响关掉，并嘱咐孩子们注意不要大声喧哗。

我们的专访从了解王帅莉的基本情况开始。她的父亲王学增在南沿村镇司法部门工作，母亲王想兰是小学教师，主要教数学课，而王帅莉还有一个双胞胎姐姐，从北师大毕业后，在张家口工作。王帅莉专门说到了自己的弟弟。她的弟弟王琛凯今年 22 岁，2012 年开始在三十八军当兵。说起弟弟王琛凯，王帅莉和她妈妈还为我们专门说了他从军的初始动因。因为王琛凯在家里的孩子中是最小的，而且是男孩，受传统观念影响，家人从小就很宠爱琛凯，这使得他缺乏一定的自主性和独立性。王琛凯 2011 年从邯郸财贸学校毕业后，产生了参军入伍的想法。当时家里人担心他从小没有怎么吃过苦，害怕他受不了部队的严格管理，但是琛凯却执意要去。最后家里人也只好同意，尊重了他的选择。王帅莉的妈妈王想兰告诉我们说参军可以锻炼他的品质和毅力，为他以后的个人发展打一个良好的基础。当我们问起复员的事情时，王想兰告诉我们说："琛凯在部队的这半年多时间里，逐渐适应了部队的生活，而且喜欢上了部队有规律的作息，所以他有继续当兵的想法。只是不知道这孩子最终是否能够留在部队。"

当我们告诉王帅莉村里的贾会计对她评价很高时，王帅莉谦虚地说，自己只是喜欢追求自己的想法而已，至于说创业，那还说不上呢。王帅莉的创业是在她大学毕业后，没有像其他同学那样去找工作，或者考公务员，而是回家自己开办了一家幼儿园。我们了解到，这家幼儿园现在共有将近 90 名学生，加上王帅莉共有 5 名老师。王帅莉的幼儿园有两间教室，教室里配有空调和暖气。课时的设置上，考虑到这个年龄段孩子的性格特点，小班每节课为 20 分钟，大班每节课为 35 分钟。夏天每天早上八点半开始上课，下午五点半放学；冬天每天九点上课，下午五点放学。每天中间有两次吃饭的时间和适量的活动时间。这些学生中，有将近一半是 2 周岁半到 5 周岁的孩子，其他的都是 5 周岁以上的，2 周岁半以下的孩子也有，但不是很多。王帅莉告诉我们，这些 2 周岁半以下的孩子之所以被送到这里，主要原因是孩子的父母都比较忙，没有时间照看孩子。虽然这个村子的地很少，但是商贸相对比较发达，很多家长都在村里的主干道两旁有小摊和商铺，带着孩子很不方便，所以就把孩子送到了幼儿园。而对于这些很小的孩子，王帅莉主要的职责就是照看他们，保证他们的安全，在这个基本的前提下，教他们一些简单的儿歌。我们问现在如此早地教孩子唱儿歌是否会影响孩子的成长，是否会对孩子的思维产生影响时，王帅莉说自己之前也有过这种担心，后来就不再有意识地教了，而是通过对大一点的孩子的教育，潜移默化地引导那些比较小的孩子。在幼儿园的五名老师中，除她自己外，其他老师的年纪都在 23 岁左右，还有一个是自己的高中同学，另外三名老师也都是高中毕业。我们了解到这个情况后，感觉放松了一些。因为在前几户的采访过程中，我们注意到一些上了年纪的人基本不会讲普通话，有些会讲的，在说普通话时也带有浓厚的地方口音。现在这里幼儿园的孩子从小接受普通话教育，对于以后的学习和生活，肯定是会有很大帮助的。

王帅莉的幼儿园有两个班——大班和小班。小班主要是5周岁以下的学生（也包括2周岁半以下的那很小一部分），大约有40人；大班主要是5周岁到6周岁的孩子，有将近50人。在收费问题上，王帅莉告诉我们，因为小一点的孩子比较费心，所以费用相对高一点。2周岁半以下的孩子，每人每月收费180元；2周岁半以上的孩子，每人每月收费150元。这些收费中，包含了孩子每月的基本生活费用（主要是伙食费）。孩子从早上来到学校直到晚上回家之前，所有的饮食作息都在学校，中途孩子不回家。王帅莉告诉我们说，这也是没有办法的事情。家长太忙，不能上下午都来接送，自己的资金不够，也没能购置校车，为了安全上的考虑，所以只好采取这个办法。

在学科的设置上，小班除基本的识字和认数之外，主要是学习中国古典文化和一些简单的现代艺术，例如《三字经》、简单的古诗词、画画、儿歌和跳舞等。我们很好奇地问道，这么小的孩子能知道《三字经》的意义和内涵吗？王帅莉很腼腆的笑着告诉我们，她自己曾经也和妈妈考虑过这个问题，最后还是觉得要教孩子这些东西。她们这些老师会在教孩子们背诵的同时，尽可能地讲解关于这些东西的故事，孩子们能懂多少是多少。而大班学习的东西相对多一点，主要是学习拼音、普通话、手脑心算以及简单的英语单词等。除此之外，还教授孩子关于太极拳的一些基本动作。这里是杨氏太极拳的发源地，距离我们采访的这个村不远的广府，就有杨露禅的故居，因此这里会打太极拳的人很多。而王帅莉告诉我们，她这里的太极拳主要是她妈妈教授。因为王帅莉的妈妈也是小学教师，有一次学校组织老师集体学习太极拳，所以王帅莉的妈妈就学会了杨氏太极拳。我们问王帅莉的妈妈为何教这么小的孩子打太极的时候，她告诉我们说："现在的孩子都太娇贵，缺乏必要的锻炼。教他们打太极，一方面是增强孩子的体质，另一方面也是一种文化的传承。"

王帅莉在教学方面很注重培养孩子的自主意识和独立精神。我们在采访的过程中，碰巧遇到一位家长送小孩上学。估计是孩子太小，那个小男孩一直哭闹着不愿意来，他妈妈给那个小孩买了很多零食，但是小家伙就是一直不停地哭着不愿意离开妈妈。王帅莉让我们先看看学校的其他孩子，自己走过去对那个小孩的妈妈说让她先走，然后告诉小男孩要做个小小男子汉，说完就抱着他去了教室。等王帅莉回来后，我们问这样的情况是否很普遍时，她告诉我们说："孩子刚来的时候会很认生，也有的孩子开始时很厌学。但是这都很正常，慢慢地习惯以后就没什么了。"我们很好奇的问她是如何让这些淘气的小孩安心待在学校的时候，王帅莉笑着告诉我们，其实刚开始办幼儿园的时候，她自己也不知道如何处理这个棘手的问题。不论家长和她自己如何劝说，很多小孩就是哭着闹着不愿意进学校门，最后还是做老师的妈妈帮了她的忙。现在虽然还有小孩偶尔不愿意来，但是她自己已经能独立地应付了。王帅莉对家长送孩子上学时给孩子买的零食也有自己的一套，她不允许孩子们一次把零食吃完。因为孩子来学校的时候，都是吃过饭的，她不允许这样小的孩子暴饮暴食。而且经常吃零食会让孩子养成不给零食就不来学校的坏习惯。

刚刚过去的六一儿童节，她和其他几位教师一起编排了节目。这些节目的种类涉及了儿歌、舞蹈、经典小品配音、诗歌朗诵等形式。由于资金限制，这些节目所需要的很多道具都是她和老师们亲手制作的，孩子们也发挥了他们天真的构思。在采访中，我们还看到了她们自己设计制作的塑料马。在教学娱乐设施方面，幼儿园因为资金和场所的限制，并没有多少大型的娱乐设施。我们看到学校里只有一个大的滑梯，其他的玩具主要是占地不是很大的小型玩具。

创办一所私人幼儿园对于一个刚刚大学毕业的女孩子来讲，是一个不小的挑战。王帅莉告诉我们，大三暑假的时候，她在一所幼儿园做实习老师，从那个时候开始，她就产生了毕业后创办一所幼儿园的想法。当时只是一种想法，但是当真正开始的时候，才发现这件事远比自己想象的要麻烦。首先遇到的问题并不是她自己想的找不到学生，主要是要一连串的审批手续。我们问过王帅莉的妈妈关于审批的细节，王帅莉的妈妈说，包括教育局、环保局、税务局、卫生部门等在内，这个幼儿园前前后后总共盖了七个章。王帅莉告诉我们，要将这些公章完全盖下来，还多亏了她父母。王帅莉的妈妈是小学老师，爸爸是镇里司法部门的工作人员，他们对王帅莉幼儿园的开办起了巨大的作用。而对我们关心的启动资金和生源的问题，王帅莉的妈妈则很爽朗的告诉我们，开办幼儿园的启动资金都是她和王帅莉的爸爸出的，总共是4万元左右，这些费用主要用在学校的教学设施上。而教师的工资则是采取一种循环的形式：每个月每个孩子交的钱中，除孩子和他们自己的基本生活费用外，剩余的就是老师的工资，如果不够，就动用家里的积蓄。幼儿园老师的工资是每人每月 1000 元，这个工资在西街村是属于平均工资的。而生源也不是很大的问题。因为大部分学生都是周围邻居的小孩，大家平时乡里乡亲的都很熟悉，把小孩送到其他的幼儿园不仅较远，而且没时间按时接送。况且王帅莉的费用也算是合理，所以很多邻居就把孩子就近送过来了。王帅莉的妈妈告诉我们，即便如此，开始的时候也只有四十多个孩子，主要是大家对王帅莉这个刚刚大学毕业的女孩子的能力还有所怀疑。经过将近一年的时间，更多的人认可了王帅莉的幼儿园，把自己的小孩送到了这里，现在幼儿园已经有近 90 人了。

开办幼儿园不仅是教小孩认字识数，孩子的安全更是重中之重。根据县教育局和卫生部门的规定，王帅莉要求学生家长必须按时给孩子注射各类疾病的预防疫苗，为小孩参加意外保险。当我们了解孩子们的注射情况和参保情况时，王帅莉告诉我们，西街村的卫生所就在幼儿园的斜对面，出了门不到三米远就是村卫生所，因此疫苗的注射不是什么大问题。而现在人们的保险意识比过去有了很大的提高，因此这些事情基本没有对自己造成什么困难。下午放学后小孩回家的问题，是王帅莉每天都必须面对的一个大问题。西街村人多地少，平均每个人只有三分地，因此这个村的很多人都开着门市部。而且西街村是南沿村镇的镇政府所在地，因此村子的商贸活动很发达。这给王帅莉的幼儿园造成很大的影响。一方面，很多家长在幼儿园放学的时候还得继续经营门市部，没办法及时地接孩子回家；另一方面，王帅莉也不敢让孩子自己回家，西街村来往的流动人口很多，车来车往，让孩子单独回家很不安全。自己由于资金限制也没有能力购买校车统一接送，所以每天下午自己都要等到所有家长都把孩子平安地接走之后，自己才走着回家去。有时碰到有的家长有事不能来接孩子时，王帅莉首先打电话确认家长在本村，然后就自己送孩子回家。

王帅莉自己的空闲时间也比较简单。她告诉我们说因为自己目前还没有对象，所以放学后主要是上网和看书。上网除了聊天和浏览消息之外，主要是补充一些关于幼儿教育的知识以解决幼儿教育中经常出现的问题。她自己去年还专门去邯郸进行了一次关于幼儿教育的培训，丰富了自己的知识。而且王帅莉的妈妈告诉我们，到目前为止，王帅莉还没有打算考试进教师编制的想法。王帅莉说她打算过几年把这个幼儿园开得更大些，争取把旁边自己家那栋三层房子也用来招生，一直把这个幼儿园经营下去。

王帅莉家里虽然有五口人，但是只有三个人的地，自己和弟弟没有地。家里总共9分地，其中有5分种大蒜，其余4分种水稻。这9分地主要是她爸爸和妈妈下班以后和节假日放假的时候种，自己基本不种地。

表 17-2　　2011 年家庭承包土地情况　　单位：亩

总面积	水浇地面积	旱地面积	良田面积	荒地面积
0.9	0.5	0	0.4	0

资料来源：根据王帅莉口述整理，2012 年 6 月。

王帅莉家里的收入主要由三部分组成：爸爸每月 3000 元，妈妈每月 2000 元，另外就是自己从幼儿园招生的部分收入。

表 17-3　　2011 年家庭收入来源情况　　单位：元

职业	收入	职业	收入
从事种植业	4000	本乡镇就业工资	60000
从事个体经营	147000	外出打工	0
从事屠宰	0	从事运输业	0
从事渔业	0	政府补贴和社会救济	130
从事养殖业	0	出租耕地或房屋	0
从事旅游业	0	其他经营收入	0
总收入合计	211130		

资料来源：根据王帅莉口述整理，2012 年 6 月。

我们提到对当兵的家属的补贴问题时，王帅莉的妈妈开玩笑地说自己家的王琛凯没有赶上好时机。后来我们在采访西街村的民兵连长时了解到，对于当兵的孩子的家庭补贴，估计今年才开始，补贴的金额大概是每年补贴一个相当于本村平均年收入的金额。王帅莉家里的开支主要是日常的生活用品和饮食上。为了家长节省时间，也为了孩子的安全，幼儿园的孩子每天在学校要吃饭，王帅莉和妈妈就随着幼儿园的孩子一起吃。除此之外就是每年的上网费用和家里三个人的通信费用以及教学设施的费用。因为夏季教室的空调都开着，因此夏季的用电量特别大，两个教室的空调每个月将近 1000 元的电费。

表 17－4　　2011 年家庭支出情况　　单位：元

总支出	生产性	衣服	食品	看病	教育	上网	红白喜事	交通	通信	住房
117000	800	1000	110000	500	0	1500	2000	0	1200	0

注：王帅莉一家的支出很特别。她们一家和幼儿园的孩子、老师一起吃。此外，王帅莉还要给她请的四个老师每月发 4000 元的工资，一年 10 个月，不包含寒暑假。而开支中还包含了教室空调的费用，每年大约 10000 元。

资料来源：根据王帅莉口述整理，2012 年 6 月。

在采访的过程中，我们聊到了最近频频报道的校车安全问题和学校食品安全问题。王帅莉告诉我们自己这里相对好一点。虽然是乡镇政府所在地，但是毕竟是在村里，孩子每天都是由父母亲自接送，没有见到父母自己绝不允许孩子单独活动。孩子饮食所需的大米大部分是本村村民种植的水稻，蔬菜也是从村口的蔬菜市场购买，因此这个不是她最关注的问题。当我们问及她担心的问题时，王帅莉沉默了好久才告诉了我们她的担心。原来她最关注的是县政府和教育局对私人幼儿园的态度。她告诉我们，当前政府对私人幼儿园的态度有些模糊：没有鼓励性政策，但是也没有明文规定不允许。因为自己开办的毕竟是一个教书育人的机构，对于具体学科的设置、学校的规范化运作：学生的安全问题等，目前政府并没有详细的规定，自己只能是尽可能地做到规范和谨慎，尽力控制意外事件的发生，在最大限度保证孩子安全的同时教课。而这样的现实也使得王帅莉的幼儿园更像是一所替家长看孩子的托儿所，这与王帅莉自己当初的想法和对幼儿园的定位有一定的差距。但是她自己也很矛盾：她希望政府有一个明确的态度，又希望政府有一个明确的支持性态度。私人幼儿园涉及孩子的许多问题，如何在教学中既保存孩子的学习兴趣，又能激发孩子的创新精神而不失其纯真本色，也是王帅莉和其他几位老师共同面对的问题。

之后我们对王帅莉一家的家庭耐用消费品做了简单的整理，如表 17－5 所示。

表 17－5　2012 年家庭耐用消费品情况

项目	数量	项目	数量
电视机（台）	1	小轿车（辆）	0
电冰箱（台）	1	自行车（辆）	1
洗衣机（台）	1	电动车（辆）	1
照相机（台）	1	摩托车（辆）	0
影碟机（台）	0	手机（部）	3
组合音响（套）	1	固定电话（部）	1
电脑（台）	1		

资料来源：根据王帅莉口述整理，2012 年 6 月。

在采访临近结束的时候，王帅莉的爸爸从镇政府回来了。当得知我们采访后，他很热情的和我们聊起了幼儿园安全的事情。他指着旁边的一栋小楼房说，他打算把孩子们移到那栋小楼里，以便孩子们可以在一个更宽松的环境里学习。

临走之前，王帅莉邀请我们观看她和其他老师为六一儿童节编排的节目《最炫民族风》。这首歌最近非常火，不仅在网络上很流行，而且一直“火”到了国外，以至于美国休斯敦火箭的主场在休息时间都跳起了《最炫民族风》。看多了网络上的各种版本，我们很好奇幼儿园的小朋友如何能跳出节奏感如此强烈的舞蹈。在王帅莉从教室挑选出几名参加了六一表演的孩子后，伴随着动感十足的音乐，孩子们和王帅莉一起开始了自己编排的舞蹈。虽然距离六一儿童节已经过去了一段时间，但是孩子们的表演依然很娴熟，而且对于节奏的把握也很到位，除了一个小男孩稍显紧张外，其他小孩丝毫看不出任何拘束。在表演中，我们特别关注了唯一的戴眼镜的小姑娘，跳完后王帅莉告诉我们说，那个戴眼镜的小姑娘叫李新然，刚刚六周岁。她之所以戴眼镜，不是因为用眼过度或遗传而导致的近视，而是因为她有些斜视。为了矫正视力，所以家长就为她配了眼镜。小姑娘戴着眼镜的样子如此可爱，以至于人们很不愿意相信戴眼镜是因为需要矫正眼睛。

采访结束前，我们问王帅莉最后一个问题：对于幼儿园的前景。她告诉我们说：“不论政府的态度如何，自己都会尽心尽力地经营这所幼儿园。自己喜欢这份事业，更喜欢孩子。”我们祝福她，也希望她的事业更上一层楼。

（四）年轻的西街村医生宋少宁

在走访宋少宁的前几天，我们从其他农户口中就听过他的名字，因为宋家是村里有名的行医世家，从他的爷爷辈开始就一直为村民的健康服务，父亲宋家理更是为全村人所尊敬。宋少宁的诊所位于南沿村镇西街路口处，斜对面就是西街村村委会。我们走在路上，远远地就看到诊所的大铁门，门口挂着永年县卫生局监制颁发的牌照，上面写着永年县南沿村镇西街村卫生所。铁门旁边的墙上有块小黑板，是西街村的健康教育宣传和通知栏，上面有向村民普及手足口病防治知识，告知村民按时到卫生所接种乙脑疫苗，提醒人们及时给孩子打预防针的几则通知。走进诊所，第一个感觉是干净亮堂，正厅是诊室，简单地放着一个桌子、两把凳子和一个长椅，两边还有 3 间屋子，分别是药房、治疗室和药品库，总面积约有 60 平方米。虽然早听闻宋少宁年少，但初次见到他，还是让我们小惊了一下，他看起来大概不到 30 岁的样子，年轻帅气，沉稳而又不失活力。我们说明来意后，他热情地邀请我们在诊室的长椅上坐下，此时刚好没什么病人，我们便开始了采访。

在介绍自己之前，他先拿出了一张名片，上面印着他和父亲宋家理的名字及联系方式。宋少宁是 1982 年生人，今年刚好 30 岁，邯郸市永年县南沿村镇西街村人，汉族，中专毕业。之前一直是他的父亲宋家理经营这个诊所，中专毕业后他接手和父亲一起干，父亲在几年前已过世。母亲刘娇，今年 60 岁，身体健康，目前和宋少宁同住。宋少宁结婚已经有五六年了，妻子名叫尚燕花，和宋少宁同岁，不是本村人，两人是中专同学，同样是学医的。现在主要在家带孩子，她对妇科方面略有研究，有时也到诊所帮帮忙。宋少宁夫妻俩已经有两个孩子，女儿宋墨，刚刚两岁，儿子宋尚，5 岁，正在上学前班。宋少宁告诉我们，儿子的学校离家不远，自己走路上下学。宋少宁说，现在的孩子学知识越来越早，学前班每周就要上五天半的课，主要是语文、数学，基本上每天都有三张纸作业，孩子晚上本应该六点半下课的，但老师给辅导到六点半，最后半小时算补课，还要每月额外交 15 元补课费。宋少宁姐弟三人，弟弟宋飞，28 岁，已婚，主要以外出打工为生。姐姐宋栋飞，32

周岁，嫁到了离本村不远的一个村庄。宋栋飞也是学医的，现在正在准备考职业助理，宋少宁说，希望姐姐考上职业助理后过来一起开这个诊所，现在自己一个人打理，常常忙不过来，姐姐来了相互有个照应。

作为 80 后，宋少宁的儿时生活是很幸福的，7 岁开始在南沿村完小上学，到 1995 年毕业，之后在永年县七中读初中，一直衣食无忧，父母和姐姐关爱有加。宋少宁终究没有辜负父母的期待，顺利完成了初中的学业，并考入了永年县卫校读中专，自此就开始了他的医学生涯。2000 年毕业之后，他在永年县中心卫生院实习了将近一年，并进修了牙科，然后回到父亲的诊所帮忙，最初只是帮父亲配药抓药，打下手，并向经验丰富的父亲学习，经过几年的磨炼之后，宋少宁逐渐掌握了农村常见病症的处理方法，开始正式行医，接手了父亲的诊所。他刚刚成为主治医生的时候，村民都认为他年纪轻轻，什么都不懂，不相信他的医术，那是相当艰难的一段日子，但宋少宁始终保持乐观，通过看书和请教父亲不断充实自己的专业知识和实践经验，几年之后，逐渐取得了乡亲们的信任，将父亲的诊所和名望一起继承了下来。

宋少宁虽然 30 岁不到，但学识相当渊博，这都要归功于他的勤奋上进。俗话说唱戏要台上一分钟，台下十年功，医生同样如此，对于每一种病例，都需要非常丰富的专业知识和经验，才能做出精准的判断，针对患者的个人状况对症下药，高效率地将其病症治愈。宋少宁说，上学学的知识不少，但都是皮毛，自己在工作之余还要经常看书，基本上都是程度较深的专科书，比如内科、妇科等，并且需要自己不断的总结，不断的积累知识和经验。在采访过程中，他还给调研组成员做了简单的诊断，一位成员在调研期间出现了上吐下泻的不良反应，由于天气炎热，我们一直认为是中暑，宋少宁询问了症状后，告诉我们这是消化不良性肠炎，并且详细地解释了肠炎的症状和与中暑的区别。我们调研组成员还请教了他插水稻时会被蚂蟥叮到腿的问题，宋少宁解释说，腿被咬了擦点消毒水就行，以后插水稻时腿上穿两层女士丝袜，蚂蟥就叮不到皮肤了。

说宋少宁家是名副其实的行医世家绝对不为过，其实早在父亲之前，宋少宁的爷爷就是一名中医，那时只是赤脚医生。父亲宋家理 20 多岁时用自家的几间住房开了这个卫生室，发展为中西医结合，之后宋少宁再次子承父业，接管了这个诊所，保持中西医结合。宋少宁说，现在大多数人都觉得西医治疗效果好，见效快，越来越忽视中医的优势，其实普通的小病中药治疗的效果反而好，价钱还便宜，而且正所谓西医治标，中医治本，但中药太苦，大部分患者都不爱喝，只有用西药实在效果不明显时，人们才愿意用中药，因此现在很多中药都被制成了中成药，像益母草之类的。在村里，老人相信中医的还稍微多点，年轻人都偏好西医。因此现在看中医的病人很少，而如今有中医的医院也特别少，在永年县很难找，只有县医院的分院可以开中药，一般的诊所都不备中药。但宋少宁一直没有丢掉祖上传统的中医，对中草药配置也略有研究，在中医领域，药方配备的数量、配比都是很严格和科学的，因此对医生的医术要求很高，宋少宁平时经常看关于中医的书籍，现在会背几百首中草药配置的方剂歌，拔罐和针灸也没问题，只是对望闻问切的号脉技术不太精通。宋少宁的诊所里一直没有断过中药的存货，诊室靠墙处就放着一个中药柜子，分开成几十个小抽屉，装着上百种中草药，每个抽屉上都写着药名，有茯苓、甘草、苍耳子、合欢皮、蒲公英、黄连等。相对来说，宋少宁诊所的中草药还是比较全的，治疗人们常见的慢性病，如妇科病、腰腿疼等都没问题。他告诉我们，中药最大的缺点就是保质期短，基本上都是3~5年，像自己诊所里的中药，都是去县里或安国比较好的医药公司里进货，若时间久了没卖出去过期了，就只好自行销毁，中药就这种情况。宋少宁说，损失了也没办法，不能不备，也不能把过期的药卖给病人。关于中药的价格同样是高低不等的，便宜的5元一大堆，贵的几千元一公斤，像穿山甲等，宋少宁的诊所里一般会备一些常用的、价格适中的中药，最贵的也就是二三百元一公斤的人参。

在诊所，宋少宁每天都要查看诊所药物的库存量，哪样少了就要赶紧进货，网上订购、电话订货、去医药公司，各个途径购入的都有，大部分都是固定的供应商供货。关于在网上购入的药物，宋少宁也会非常认真地鉴别药物的真假，通过外包装和打码等，他基本上能准确地识别出药品的真假，遇到有问题的货物就及时地退回去。宋少宁的诊所是卫生局指定的村中心诊所，他告诉我们，拿到这个国家医疗机构的许可证，需要诊所的面积达到60~80平方米，并且四室分开，即具备用墙面隔开的药房、药库、诊室和治疗四间，出诊医生要通过国家的统一考试。宋少宁于2005年在邯郸市参加并通过了此考试，考试内容包括预防接种、禁忌症等科目。国家每年要审核县卫生局颁发的营业许可证，费用为700~1000元，同时对出诊医生做一次关于公共卫生、妇女保健、医药卫生等内容的考试。在全永年县卫生所评比中，宋少宁的诊所始终名列前茅。作为国家指定的防疫人员，宋少宁除了经营诊所，还管理国家发放给本村的专线专网电脑和一些卫生设备，同时需要负责一些卫生局委托的业务，即兼职防疫，包括定期为全村人做免费的健康体检、办健康档案，还有儿童保健、计划免疫、传染病宣传、健康教育、随时的疫情报告和死亡报告等，国家每月发200元补助作为防疫经费。宋少宁说，卫生局指定了一个下属机构的医生可以调动，但只有偶尔做健康体检忙不过来时才会找他，因为他不了解村里的情况，弄错了还得返工，更麻烦，因此基本上平时都是宋少宁一个人做这些工作。此外，卫生局每年会组织所有国家指定的防疫人员在南沿村镇统一开5～10次会，每次都有任务分配，宋少宁告诉我们，自己距离开会地点约有500米，还不算远，有的村距离几十里，那里的医生就辛苦了。村里经常给村民或儿童接种疫苗，就通过大队广播通知，开单子，统一接种，自己常常会忙得不可开交。宋少宁要随时关注流行病情况，并及时上报，比如最近流感和肠炎频发，需要多加注意，过几天还要参加一个关于霍乱和鼠疫的答卷考试。当年非典在全国流行的时候，宋少宁负责每个村民每天的体温情况，一般通过电话报告，如果有疑似病例，要就地隔离，由永年县医院分院接走治疗。由于管理得当，当年西街村没有出现非典病例。最后，对于村里的死亡病例，需要暗地探查，了解是否有偷偷土葬的情况，并统计死亡率高的病例，再详细上报。宋少宁告诉我们，本村的老人得癌症死亡的人数最多，其次是心脑血管病，正常死亡的仅占20%左右。包揽了这些事，宋少宁就更忙了，父亲去世后，更是没有人可以帮忙，因此几年前就停止了洁牙、补牙、镶牙等牙科类的服务。治疗范围主要是全科病，包括内科、外科、妇科、儿科，也包括五官皮肤，来买药打针输液的比较多，需要用到胸透、B超等大型仪器的项目就要到县医院去。

宋少宁的诊所是新型农村合作医疗点，根据国家规定，诊所给村民的普通医药费报销40%。宋少宁说，村民报销很方便，凡是西街村户口的村民，出示合作医疗本就可以了，最高能报80元。但每年本村的报销总数一定，因此为了控制财政，上面规定前半年每人平均报销不能超过36元，否则后半年就没钱了。村里也有很多偶尔买药的村民，钱不多就不报了。宋少宁告诉我们，因为西街村的乡亲都很熟，通常来诊所涂点碘酒、红药水或拿个创可贴的都不收钱，看病也不收服务费和诊断费，只是收个药钱。如果不影响治疗效果，能打针就不让输液，也可以降低治疗费用，毕竟村里人都不富裕。诊所的营业时间是早晨7点到晚上7点，但是半夜有急诊宋少宁也会随时出诊，可以说宋家这个诊所一直在为村民默默地服务着，几十年来照料着西街村所有的父老乡亲。在采访过程中，宋少宁还接了几个病号，有妈妈带着孩子打防疫针的，有年轻人买药的，有老人身体不适来看医生的。最让我们目瞪口呆的是，遇见一个满手鲜血并且血流不止的年轻男子急匆匆地走进来，他走过的一路都是血滴，应该是不小心被利器割伤了手心，伤口非常大，甚至有一位晕血的同伴差点晕倒。宋少宁忙将他带进治疗室，只见他手法娴熟，干净利落地进行了一系列处理，很快地为病人止血，不到10分钟，那名男子就走出来，手上已经整整齐齐地包扎好了白色的纱布。

宋少宁家现在有一亩半耕地，每年可以享受200多元的政府农业补贴，此外，几年前永年七中扩校占用了宋家4分土地，给予每年400元的补偿，宋少宁表示对此不太满意，他说，现在地价贵，物价也贵，补偿也应该随之增加才对。宋家的耕地中有5分水稻，其他的都是旱地，目前宋少宁的妻子尚燕花种了些大蒜和蒜薹，占了2分，其余9分地都让亲戚种了。宋家的住房是砖混房，就在诊所的后面，共两层，面积约有将近200平方米，家里的电器设施一应俱全，有一辆电动车，一辆摩托车，两辆自行车，一部固定电话，两台电脑，其中一台是国家发的专线专网，另一台是宋家买的。宋少宁说，2012年家里不用网络了，固定电话也停了，他准备2013年换当地刚出的电信宽带新套餐，三年才1400元，还是8兆网速，很划算。除此之外，宋家还有两台电视，一个冰箱，一台洗衣机，一台相机，两部手机等（以上情况详见表17－6）。宋少宁家冬天取暖用煤炉，平时做饭用煤炉和电磁炉，为了省电，通常电磁炉用得较少。尽管宋家是医学世家，家人患个感冒什么的小病都可以在家解决，但身为医生的宋少宁对家人的健康还是十分重视，为了保障家人的健康，他动员全家人都参加了新型农村合作医疗，不过至今宋家人的健康状况一直很好。

表17－6　　2012年家庭耐用消费品情况

项目	数量	项目	数量
电视机（台）	2	小轿车（辆）	0
电冰箱（台）	1	自行车（辆）	2

续表

项目	数量	项目	数量
洗衣机（台）	1	电动车（辆）	1
照相机（台）	1	摩托车（辆）	1
影碟机（台）	0	手机（部）	2
组合音响（套）	0	固定电话（部）	1

资料来源：根据宋少宁口述整理，2012 年 6 月。

宋少宁家收入的唯一来源就是这个诊所了，2011 年约有 25000 元，但宋少宁对自己的收入状况不太满意，他告诉我们，自己给村民看病基本上只收药钱，还经常出现赊账的情况，其他村的卫生所基本上也是这种情况，都是乡里乡亲，不赊账就会得罪人，赊账就会导致自己生活拮据甚至诊所运营困难。宋少宁家在食品方面支出最多，2011 年大概有 10000 元，因为儿子正在长身体，女儿还年幼，都需要时不时地改善生活。买衣服花费 1500 元左右，儿子的教育支出约 500 元。宋少宁家今年没有交上养老保险，准备 2013 年再交，但宋少宁觉得，对于当今的物价情况，目前每月 55 元的养老金不够用，还希望以后能提高些。由于宋家诊所占用的是自家的住房，电从家里接过来，是按照非商业用电交电费的，因此水电费不算太多，一年 1500 元左右，红白喜事人情支出 2000 元，冬天取暖费约 2000 元（以上情况详见表 17－7）。宋少宁说，由于常常赊账，自己的诊所每年都会有很多坏账，这点收入负担一家老小的各项花费略显紧张，甚至有时诊所资金都会周转不过来，因此有些诊所，为了能多赚钱，就尽可能让病人多输液，但自己为村民着想，没有那样做。

作为一名乡村医生，宋少宁认为待遇普遍太低，基本上就像网上流传的一样，做着与大城市的医生同样价值的贡献，但工作环境却远比市里艰苦，工资待遇更是天壤之别，没有保险，没有保障，更不用和国外比了，很多乡村医生因此改行去做买卖，或者不再为村里服务了。宋少宁认为，医生和老师都是为民服务的行业，并且医生比老师辛苦得多，待遇至少也应该达到县中学教师的工资水平才对，他希望国家能多给予乡村诊所支持，统一医疗定价，给一个定价表，争取杜绝赊账现象。宋少宁告诉我们，过一阵自己的诊所可能要和本村另外一个小诊所合并，统一到国家指定的店面去营业，之后自己就成为国家的聘用医生，每月工资1000元左右，不过这个数字和宋少宁的期待相差较远，还不如现在的收入情况，他对此很不满。

表17－7　　2011年家庭支出情况　　单位：元

总支出	生产性	衣服	食品	合作医疗	教育	水电费	红白喜事	交通	通信	取暖费
19320	500	1500	10000	100	500	1500	2000	500	720	2000

资料来源：根据宋少宁口述整理，2012年6月。

宋少宁和姐姐宋栋飞一样，最近正在准备职业助理的考试，如果顺利通过，5年之后可以出去进修，接着还可以考职业医师，考过后就有资格去大医院任职，但宋少宁目前没有出去的打算，还是想继续在村里行医。他告诉我们，村里的基本上都是赤脚医生，考过职业助理的相当少，自己先努力看书把职业助理过了，在村里就够用了，下一步再继续规划。宋少宁对本村村委会的管理情况比较满意，村委会，不仅管理得当，对大家的帮助和支持也很多，使得村民相处非常和睦。本村卫生情况良好，村民加入新型农村合作医疗的情况也很好，基本上是全民参与。宋少宁在闲暇时候，通常会上网看看新闻，或看一些医学专科书，他还订了《燕赵都市报》，每天必看。作为一个年轻人，宋少宁非常有上进心，不仅对医学研究努力刻苦，还随时关注国家的所有时事新闻，确实是一个有头脑、有文化的人，相信他的勤奋钻研，今后会为西街村民的健康做出更多的贡献。

（五）诚实勤奋的“赤脚医生”李自强

李自强，男，汉族，31岁，文化程度是中专毕业，普通话讲得非常流利，没有宗教信仰。他身份证上的出生日期是1977年，但是他告诉我们实际上他是1980年出生，应该算是80后，和我们基本属于同一代人。我们是去他经营的小卫生室采访的他，他长相很和善，稍微有点胖，看起来一副心宽体胖的样子。他诊室的一面墙上挂满了各种乡村医疗的条例和制度，隔着这面墙的里间小屋子里三面墙都是架子，上面放满了各种常规用药，还有一面墙边是一台电脑。

我们首先问起他为什么选择了学医这条路，他告诉我们是受到一位与父亲关系很好的爷爷的影响，初中时他就去南沿村镇分院见习了一年，主要是针对中西医，当时是觉得如果感兴趣的话，就可以继续往这方面培养。1999年，他从永年七中初中毕业后直接考到了石家庄长安医学院，在中西医结合专业学习了两年。2001 年，毕业后又回到南沿村镇分院见习了四年，主要是学习临床的经验，这四年实习期是完全没有工资的，当时基本都是花父母的钱。之后又回到村里，把家里的西厢房隔开来，弄了个小门，经营起了这间小门诊。他告诉我们在村里经营卫生室也要通过许多考试，有非常多的要求，比如 2001 年他去石家庄考试通过了乡村医生证，回镇之后又在永年县参加考试，通过之后在镇中心医院办了个医疗执业证。他还给我们详细介绍了一下乡村医生证和医疗执业证的区别，必须先取得乡村医生证才有资格办理医疗执业证，医疗执业证由于是镇中心医院办理发放的，规定只能在永年县从业，镇中心医院要承担发证、培训、定期组织考试等一系列责任，主要是培训农村的常见病、新的突发疾病和多发疾病的应对与紧急治疗。

他告诉我们他的卫生室是中西医结合的，主要以中成药为主，相较于西医，他个人更信赖中医，因为中医能治本，但是由于现在的生活节奏比较快，所以大多数人都是更偏好于西医。他说好的中医一般都是先看天象再看病人的面色，中医讲究望、闻、问、切，缺一不可。他的诊所里没有专门处理中药的机器，主要是他自己一个人经营也忙不过来。他说他个人非常喜欢这个行业。他跟我们说，他的诊室主要是处理一些常见的疾病，还有就是对突发的、严重的疾病进行应急的救助措施，有许多重大病情出现的时候都是需要转院的，比如儿童高烧到了 39 摄氏度以上、病情非常危险的时候，或者是脑中风，虽然凭经验观察是可以看出中风迹象的，但是诊室没有 CT、B 超设备，所以必须转到大医院进行全面系统的观察。当然，常见的小病他是可以治好的，他给我们举了几个例子，比如说，小孩子得肠炎的话，贴脐贴是非常有效的，外伤的话比如脱臼、错位他都可以治好，皮肤问题好多是因为缺乏各种维生素造成的——脸上长包就是因为缺乏维生素 B2，脸上长痘是因为内分泌失调，多出汗就好了，都应该对照病因好好调理。他还会帮人拔罐，可以驱寒，还有就是疖子、脓包，这些一定要挑破把脓挤出来，才好处理。他说好多病现在都很少出现了，因为卫生条件比以前好了太多。然后他还给我们现场模拟并示范了一下落枕的治疗方法，非常有效。他说做这行很容易有个人满足感，比如小孩子发烧的时候，给孩子打一针退烧了病也就好了，他会很高兴，因为实现了自我价值。

我们采访他的时候有一位妇女抱着她的孩子来李自强的卫生室看病，他给看了一下说没啥事，就是注意多喝水、不要中暑之类的。他告诉我们，最近天气比较热，总是有大人带着孩子过来看病，其实也都没啥大事，就是多注意就没事了。他说他的卫生室全年都挺忙，大年初一也不休息，村民随时可能会过来看病，从过年一直到正月都有各种各样的事情需要处理。

李自强还给我们介绍了一下新型农村合作医疗制度：每人每年交 50 元，最多可以报销 80 元，参加合作医疗的农民每人都有一张医保卡，治病的时候可以划卡，农民需要自己签名并按手印，都是邻里之间，其实也挺方便的，但是现在村民因为嫌麻烦，所以大多数买药时都是交现金；按照规定可以报销 40% 的医药费，要附上单据及其复印件，包括医疗证号、处方、疾病（病历本），还要有编号和姓名，由他本人去镇卫生院统一报销，如果手续齐全的话，都是可以报销的，但是回款周期比较长，要 3 个月才能报回来。同时，李自强告诉我们，现在有人通过这种方式套取医疗合作基金，但是他没有，非常的诚实、守法，主要还是为村民的方便考虑。他说，村里开药房的还是投资的多、学医的少，但是合伙人中至少会有一个是学医的。我们注意到他的卫生室的门上贴着他的电话，他告诉我们他电话都是 24 小时开机的，主要是在有突发情况的时候方便村民找他来看病，以获得及时的治疗。

李自强从业已有七八年的时间，到目前为止，从未出现过医疗事故。他一般都会非常谨慎，有可能过敏的药物都会事先做皮试，比如头孢、青霉素之类的超过 3 天就必须要重新再做皮试，有的药物甚至隔一天就需要重新做皮试，有红肿情况都会尽快送到大医院进行治疗，如果没有皮试而且病人又恰好对这种药物过敏，那么可能在几分钟之内就会有生命危险。他都会跟村民们讲明注意事项、嘱咐清楚并多次提醒。他告诉我们有一次有个邻居到他这里来输液，他知道这个邻居特别爱喝酒，于是多次提醒输液期间 3 天之内是不能喝酒的，但是这个邻居第二天还是喝酒了，下午身上就出现红肿现象，之后又到他这里打了抗过敏的针才好。所以对于这种情况，他都会很负责任地多次嘱咐以避免出现事故。在其他村里，曾经出现过医疗事故，但是幸运的是没有出过人命，所以一般都是私下调解，也就是给钱之类的。当然如果是正常情况导致的病人去世，病人家属还是会体谅医生的。比如老年人突发心脏病的话，一般都是先打强心针，再尽快送到大医院去治疗，但是有时候即使是打了针，药效还没有发挥作用，老人就扛不住，先过去了，这种情况老人的家属基本都不会责怪医生。其实相较于强心针而言，速效救心丸比较有效。但是如果是给小孩子打针，有时候因为孩子的血管比较细，两三针都打不进去，家长可能也会发牢骚，他说这种情况他自己也是理解的。据李自强回忆，从开始行医到现在，印象最深刻的一次是在 2010 年，有个邻居因喝酒过量导致酒精中毒，上不来气，当时是晚上九点多，给他打电话他去了邻居的家里，先是做人工呼吸、压迫心脏等一系列急救措施，有了一些效果，然后他随同病人的家人一同将病人送到分院，在分院输了一瓶液、弄了两袋氧气，分院详细检察之后说病人的情况很不乐观，怕是不行了，还是再转到市医院治疗，期间他一直在旁边照顾，折腾了很久，这时已经凌晨一两点了，在去市医院的途中，病人开始出现苏醒的迹象，他听了一下病人的心脏、摸脉，都开始变得正常了，觉得病人的酒劲已经过去了，还有就是因为氧气充足，病人恢复了正常的生理机能，所以也就没去市医院，直接送病人回家了。李自强说，原来这个邻居也有过喝酒喝高的时候，但是扎一针基本就能好，但是那次扎针也不好使了，病人脑部严重缺氧，情况十分危急，还好处理的及时才能很幸运的捡回一条命。这个邻居后来自然是非常感激他，还说要请他吃饭，他都拒绝了并且嘱咐这个邻居以后少喝酒多注意身体，但是据他所知道的，邻居还是会经常喝酒，李自强说村里人好多都爱喝酒，非常不容易戒。

说到他的家庭，李自强满脸不好意思的表情。他的爱人和父母都非常支持他的工作，尤其是他的父母会经常补贴他。李自强结婚后，他们一家一直是和他的父母一起住，父母今年已经 50 多岁了。他们全家人都是农业户口，家里总共有 7 分地，北边有 1 分地是良田，平时一般都是父母种，到收获的时候他会去帮忙，南边的 6 分都是盐碱地，特别不好种，基本没有收成。李自强 2003 年结婚，他爱人叫王翠，今年也是 31 岁。他爱人在公路边开了一家店卖蔬菜，主要是做蔬菜批发生意，每月收入 3000 ~ 4000 元。相比之下，他经营卫生室的收入就显得非常少了，因为都是邻里之间过来看病，所以每月只有大约 1000 元收入，全年总共 12000 元。他的父母在家务农，可能也会有一些其他的收入，但父母的收入具体是多少他也不清楚，所以李自强告诉我们2011年他和他爱人两人的收入约为60000元。

李自强有两个孩子，都是男孩，老大2004年出生，今年8岁了；老二2006年出生，今年6岁。他说两个孩子都很结实，从小都是他父母帮忙看大的。大儿子已经上小学了，2012年在永年铭关镇的铭山学校（铭山学校有中、小学），平时都是住校，学校包吃住，有校车来回接送，基本是每周回来一次，学费是每年7000元。小儿子2012年开始上学前班，学校管中午饭，每个月要交200元，每年在学校8个月，大约每年要2000元。2012年两个儿子的教育费用共花费10000元。2011年只有大儿子在镇上上小学，所以孩子的教育费用会少很多，全年共花费3000元。李自强说，他当然希望将来有个儿子也能够学医，继承父业。衣服类的支出主要是过年的时候开销比较大，尤其是现在羽绒服的价格特别贵，平时和夏季的支出比较少，2011年全家的衣服类支出约5500元。李自强告诉我们由于他工作比较忙，同学聚会几乎没有时间去，有时候同学打电话告诉他去聚会，他一般都说看看时间，有时间就过去，结果到聚会的那天总是有病人过来，他一忙就得到晚上九点多，所以基本没有时间再过去，尤其是在过年期间，总会有各种各样的情况出现，所以到现在同学聚会去得也非常少。但是，正常的亲戚朋友的红白喜事还是要去的，2011年红白喜事支出大约2000元。至于食品类支出，李自强告诉我们，由于他们一家人和他的父母一起吃住，所以做饭主要是父母负责，菜是他爱人批发的不用买，所以每月的开销也就是他每月挣的1000元再加上父母的支出，他说父母每月支出多少他也不太清楚，于是他估算2011年全年全家的食品类支出就是他的年收入，共12000元。冬季取暖用蜂窝煤，0.6元一块，2011年全家取暖支出约为2000元。做饭也是用蜂窝煤，偶尔会用煤气，2011年全家做饭花费的燃料支出约为1000元。李自强的手机每月花费20多元，他爱人由于生意上的往来比较多，所以话费也相应比较多，每月要200~300元，2011年全家通信费用支出约为3000元。由于家里有1台电脑，2011年开始上网，网费是全年940元，2012年网费下调至全年600元。关于看病的费用，李自强说如果是小病的话，他是可以自己医的，而且妻子的工作也比较忙，一般顾不上帮他，2011年家里没有人因大病住院，所以看病的支出为0。生产性支出主要是指李自强经营门诊的进货支出，即他购买药品的支出，他一般都是和供货商签订合同，供货商要保证药物是真的，主要是永年县医药批发站，通常是每隔一天都会送货上门。因为药品都有有效期，所以每次进货数量也不是很大，夏季一般是淡季，每次进货 100～200 元，冬季则是忙季，每次进货 300～400 元。由于进货比较频繁，他说准确的数额也不好计算，据李自强估算全年购买药品大约要 6000 元。2011 年李自强全家的支出总计为 35440 元，其具体情况如表 17－8 所示。

表 17－8　　**2011 年家庭支出情况**　　单位：元

总支出	生产性	衣服	食品	看病	教育	网费	红白喜事	取暖	通信	做饭燃料
35440	6000	5500	12000	0	3000	940	2000	2000	3000	1000

资料来源：根据李自强口述整理，2012 年 6 月。

李自强家里的家用电器比较齐全，电视机、电冰箱、洗衣机、DVD 各一台，尤其是他家里有一台电脑，他说主要是平时没事的时候上网查查资料。自行车、电动车、摩托车各一辆，由于他经常要出诊，主要是针对老人，一般给老人量量血压、了解病情之类的，所以需要有交通工具。他还告诉我们他出诊一般都不收出诊费，只有患者需要买药的时候才收药费。也正是由于这样，乡村的"赤脚医生"比较受村民的尊敬。他和他爱人每人都有一部手机，家里没有固定电话。2011 年李自强一家耐用消费品的具体情况如表17－9 所示。

表 17－9　　**2012 年家庭耐用消费品情况**

项目	数量	项目	数量
电视机（台）	1	小轿车（辆）	0
电冰箱（台）	1	自行车（辆）	1
洗衣机（台）	1	电动车（辆）	1
照相机（台）	0	摩托车（辆）	1
影碟机（台）	1	手机（部）	2
组合音响（套）	0	固定电话（部）	0
电脑（台）	1	空调（台）	1

资料来源：根据李自强口述整理，2012 年 6 月。

南沿村镇共有七八个小门诊，西街村有2个小门诊，所以竞争还是很激烈，必须要诚实勤奋态度好、要不断地学习新技术，技术独特才能更好地在村里立足。村民来门诊针灸的比较少，因为穴位不好找。李自强说他在医学院上学的时候，为了找准穴位都是自己扎自己。他现在正在备考助理医师资格，包括中西医和临床，他说助理医师非常不好考，要通过笔试和面试才能取得合格证书，持有该证书可以在全国各地从业。他说他有一个同学考了三年才过，第一年把书全都背过了仍没有考过。他告诉我们，好多乡村医生都在考助理医师资格证，但是十个人里面有九个人都考不过，主要是因为乡村医生大多经验多、理论少、文化程度相对不高，这样就大大增加了通过的难度。他认识一个民间名医，临床经验非常丰富，在村里口碑很好，病人也多，考了11年仍没有通过，最后索性就不考了。这个民间名医的好多偏方、祖传秘方都是很有效果的，但是却没有证书，非常可惜。所以他建议给民间名医发个证书，这样行医可以更有保障。他说他曾经遇到过一个民间医，也就是大家传说的江湖郎中，祖传秘方有一种治癣的药，一瓶2元，涂上就能治好，非常有效。还有他们村里有个治腮腺炎的，也是祖传秘方，同样很好用。但是这些民间医都因为各种各样因素的限制而无法使更多的患者受益。所以他希望能给乡村医生一份荣誉证，如果他从业时间越长、患者认可度好，证书的级别就越高。我们觉得这很难操作，他也觉得如此。不过，他提出的民间医生的问题，使我们认识到，如何发展中医，不仅仅在于那些高级的中医研究机构，更在于如何使得中国传统的中医文化成为百姓生活的一部分，没有深厚社会基础的中医是没有前途的。

李自强说最近这七八年间，基层医疗的变化非常大，国家的扶持力度也越来越大了。在刚开始建立健康档案时，按照每份2元补贴过一次，之后就不再有其他的补贴了。现在在村卫生室输液的人越来越少了，大家基本都是去镇医院输液，村民主要是到他这里来打针和拿药，所以输液这份比较大的收入基本就没了。就他的情况而言，他经常需要出诊，比如给老人量血压之类的，一般都不要出诊费，还有打针的话是病人自己来他的门诊，但是偶尔会给不太方便过来的村民送药过去，而且他可以保证他卖的药价格绝对不会比药房的价格更高。由于国家并没有按年、按月补贴，所以他们乡村医生的经济压力非常大。他说希望过几年国家会给他们一些补助，这样乡村医生或许还可以支撑下去。

对于村里的情况，李自强说他行医的这几年，村里并没有太大的变化。村里比较富裕的农户，都是在外面投资的，他们村整体是个小康村。西环胡同里的水泥路是村里统一修的，没有找村民们集过资，但是其他胡同基本还都是土路。村委会有一部分收入来自于供销社租村里集体的土地所支付的租金和补贴，另外村里卖地的钱并没有公开，也就是财务未公开，所以村民也不清楚这一块具体的收入。他说西街村有300～400户，大约1500人的样子。对于城镇化，他也提出了一些建议：比如政府应该统一规划好，集中盖房，建一些商场和蔬菜大棚，主要是指包括小百货、蔬菜、水果在内的交易集散地，以解决一部分村民就业的问题；还有一部分村民继续种地，但是仅限于滏阳河两岸的良田，增加亩产，提高粮食的生产效率；另外政府还需要鼓励兴建一些工业企业，有一部分村民可以在当地的工厂里做工。当然，这些都是李自强的初步构想，对于实现就地城镇化还是有一定的借鉴意义的。

通过我们的采访，我们发现李自强是一位诚实、勤奋的乡村医生，在村里的口碑非常好，也颇受村民们的尊敬，虽然近几年有消息说要合并过多的乡村医疗点，但是我们相信有李自强这样的仁医在，西街村的百姓还是能够很方便地就近看病，得到及时治疗，我们在此衷心希望李自强能够一直这样坚持下去，为西街村村民的健康事业贡献自己的一分力量。

十八、西街村的“知客”

（一）知客总管侯顺觉

在我们采访的后几天都是侯顺觉老人带领我们走家串户，他不是村里的干部，却有着和干部一样受村民尊敬的威信，村干部就安排他做我们的小组长，给我们带路。我们都称他为侯师傅，他是个和蔼面善的老人，本来是要他带领我们去采访别人的，结果别人都没在家或有事，正好他也在我们的采访计划之中，于是他就把我们领到了他家。

西街村的村貌有一个特点，就是小巷子特别多，巷子里住着五六户人家，又长又窄的巷子，拖拉机进进出出都困难，不过因为西街村土地少，一般收庄稼都是小三轮往家运，所以也很少家里有拖拉机的。侯顺觉带领我们弯弯曲曲拐了好几个弯才到达他家，在他家的旁边，有一个很大的坑，貌似已经成了堆放垃圾的地方，污水排放在坑里，垃圾漂浮在上面，又是夏天，坑里的水都变成绿色的，散发着难闻的味道。

他家的房子是盖了没几年的新房，整齐干净的四方小院，北屋是客厅和卧室，东面是厨房和放杂物的东西。院里有一棵石榴树，树上结了好多小石榴，还是绿的，没熟，他说，每年到中秋节左右就熟得差不多了。这是二儿子的家，他和二儿子住在一个院子里，侯顺觉说，他有四个孩子，老大是女儿，老二和老三是儿子，老四是女儿。两个女儿都嫁到本村了，大儿子侯晓辉，31岁，已婚，南沿村镇政府工作，有个儿子。二儿子侯晓阳，27岁，也有个儿子，在邯郸打工，每天早晨坐公司的班车去，中午在公司吃顿饭，晚上再回来，来回共1个小时。在我们谈话时，大儿子也在旁边，不时地和我们交谈，过了一会，小女儿也过来了，侯顺觉说现在的这个房子是二儿子的，自已和二儿子住在一起，大儿子的房子在后面，两家挨着，两个兄弟住的近，也好有个照应。

侯顺觉今年58岁，1954年出生，小学文化程度，汉族，现在是村里的知客。1963年上的小学，上到五年级就退学到生产队里干活，生产队按你干活多少记工分，大人一天能挣10分，小孩一天只能挣5分。挣了工分，生产队按工分分粮食，那时分的少，总吃不饱，主要分的是小麦，原来村里都种小麦，现在很少了。在我们进来时看到的大坑以南，原来都是土地，没有人家，没有房子，包括现在公路以南的土地，都是碱地，种庄稼也收成不好。1980年以后，村委会根据政策，把大坑以南的部分土地划成了宅基地，村里按情况分别给了各家各户，侯顺觉当时就分的这块土地，前后分成两块相等的面积，各都是长17米，宽14米，共238平方米，除去小院，房屋住宅面积就是100平方米，儿子结婚时就各盖了一处房子，后面大儿子的家也是这样。但是这些新划分的宅基地大部分都在公路以北，公路以南很少，公路以南现在还是碱地，很少种农作物。

访谈中，年纪大的老人常谈的话题就是过去的事情，对于中国的广大百姓来说，三年经济困难时期是一段难以忘记的历史。说到1963年，侯顺觉想起了当年不堪回首的洪水，那时他还小，1959—1961年是三年自然灾害，1963年又是暴雨洪水，当时华北许多地区都受灾严重，西街村也不例外。他回忆说，当时村里的水有一米多深，持续七八天，村里又都是土房子，浸泡在水里，有的房子都要倒塌了，好多村民就在房顶上、树上待着，屋里已经完全被淹。滏阳河在当时起了不小的作用，村里的水有的流到河里，当时河面达到了最宽，河底30米宽，村里领导组织全体村民抗洪抢险，在滏阳河北面开了个大口子，把水引到河以北，滏阳河以南是村庄，以北主要是田地，所以就把水排到北面地里，幸亏有了滏阳河，不然村里的水灾会更严重。那几年，是滏阳河最辉煌的时期，水质好，水量也大，甚至可以承载运煤的船，起到了交通要道的作用。现在不像以前了，现在滏阳河水量小，水位低，有时还干涸，现在的主要用处就是供村民灌溉水稻。滏阳河水流向从西向东，横穿西街村庄北面，把村庄和庄稼地分开，村民种植水稻就靠着这河里的水，每年到夏季汛期，都要有六七天没水，这几天刚来水，把河水引到自家地里，赶紧去种植水稻，现在村民都正忙着插秧。现在滏阳河的水质也不好了，邯郸钢铁厂的污水排放到河里，污染了水质，生活污水也排放到河里，村民用滏阳河的水在地里插秧，皮肤都会受到感染，说着侯顺觉撩起自己裤腿，让我们看，他说自己昨天去插水稻，腿上就起了一片一片的小红疙瘩。他说虽然2001年国家出台了1号水利文件，把水利欠的账全部补清了，但是滏阳河仍然没人管理，也一直没人修，邻村有个滏阳河管理处，每年都会收钱，大半年从来没人负责处理过。他说滏阳河是村民种植水稻的主要依靠。希望相关部门能够积极出面解决这个问题，以防滏阳河水质的进一步的恶化。

说到种地时，侯顺觉说滏阳河以北原来都是碱地，很多碱，用笤帚扫就是一层，根本不能种植农作物，后来经过村里大队改造，能种庄稼了。全家共有两亩地，水稻一亩，大蒜和玉米共一亩，水稻每亩能产1100斤，每斤2元，折算成价值共2200元；玉米亩产1100斤，每斤1元，共收获1100元；大蒜亩产2500斤，每斤0.6元，共卖了1500元；蒜薹亩产1000斤，每斤2.5元，共收获了2500元。儿子们都工作忙，自己平时在家没事就帮忙去地里干活。2011年得到政府的粮食补贴264元，种子补贴35元。2011年总收入17599元。以上情况如表18－1所示。

表18－1 **2011年家庭收入来源情况** 单位：元

职业	收入	职业	收入
从事种植业	7300	本乡镇就业工资	0

续表

职业	收入	职业	收入
从事个体经营	0	屠宰收入	10000
从事屠宰	0	从事运输业	0
从事渔业	0	政府补贴和社会救济	299
从事旅游业	0	商店经营收入	0
总收入合计	17599		

资料来源：根据侯顺觉口述整理，2012 年 6 月。

侯顺觉 1980 年结婚，是经村里的媒婆介绍的，妻子叫李书琴，54 岁，没有上过学。到 1980 年以后，村里的生产队已经基本解散了，市场也开放了，这时他开始去邯郸做生意，主要是屠宰羊，西街村做屠宰的很多，但是养羊的并不多，大部分都是只做屠宰这个环节。那时生产工具也不发达，每天骑自行车去别处收购羊，有时骑自行车走得很远，起早贪黑，每天能收五六只羊，收了以后到家自己屠宰，然后去邯郸卖羊肉，赚取加工费，当时物价很低，一只羊十几元买来，宰了以后羊肉价格是 0.75 元一斤，一天下来虽然赚的钱不是很多，但是比在生产队里强多了。看来 1978 年以后实行的社会主义市场经济确实是让人民的生活水平提高了不少，提高了农民的生产积极性，农民也确实得到了实惠。

做了几年屠宰，27 岁时，开始做知客，这也是他人生中最重要的标志，现在人们一说起他，首先想起知客，这个头衔已经成了他的代号。到现在为止，已经做了 32 年知客，这已经成为他的毕生职业，他告诉我们说，西街共有 3 个知客，全村村民共分成了 6 个小组，另外两个知客，一个负责 1、2、6 组的红白喜事，一个负责 3、4、5 组的红白喜事，而他则是全都负责，哪个组有事了都可以找他。知客的主要任务就是在谁家有红白喜事时，全权负责管理所有的事情，所有的环节，整个过程，该做什么事了都得听他安排，他就是负责指挥，以使整个事情能够顺利的完成，不出差错。他说以前在生产队时，谁家有事了，都是队长派谁去谁就得去，现在则不是了，有了固定的人管理，就是他们三个知客。他们不像村干部那样经过村民选举出来的，而是逐渐地在无意中形成的，靠的就是自己的威望，在村民心目中的权威，在一次次的事情中，村民潜意识里就认同了他的做事方法和做事能力，于是找他的人越来越多，就自然而然成了知客。当然，西街村的知客也是要经村委会同意，这对于侯顺觉来说，得到村民和村委会的认可，也是一份荣誉。做知客是尽义务的工作，没有任何报酬，甚至去时还要随礼，当然这就随的少了，一次出 10 ~ 20 元。说到西街村办事的习俗，侯顺觉说办喜事的规模小些，农村不像城市去饭店办婚礼，都是在自己家里，一般都有 10 ~ 20 人来帮忙，主要是亲戚和关系比较好的人，他就负责安排这些人的分工，有做饭的，有端盘子的，有洗碗的，还有收拾杂活的，至于办事用的盘子、碗、筷子等餐具还有桌子凳子都是租的，村里有人专门出租这个，租金一次几百元。办丧事的人就多些，有 60 ~ 70 人，从老人去世到下葬共需要七天，这是西街村的风俗，也就是最后两天人比较多，前几天都是自己家的亲戚在帮忙，在出钱上，如果父亲去世了，女儿要出 3000 元，其他的人最少的 10 元，关系普通的就给 100 元、200 元或 500 元。找的这些帮忙的人一般都是有惯例的，如果 1、2、6 组中的家里有事了，找的这些帮忙的人一般都是这几组的，如果 3、4、5 组中的家里有事了，找的这些帮忙的人就是这几组的，因为在农村，划分宅基地时一般都是一个组的在一片地区，而且种的田地也在一起，都比较熟悉。

他做知客这么多年，一年平均有 20 多家的红白喜事，32 年下来办了 1000 多家了，他可以说是见证了整个西街村红白喜事的发展历程，也有不少的感悟。他说前几年都是年底结婚的人多，冬天地里没农活，趁着清净办喜事，多热闹热闹，以前办事花费也不少，而且比较复杂，现在越办越简单了，而且现在一年四季都有结婚的，不只是在冬天了，除了红白喜事，生小孩过十二天时也办酒席，也会找他。办喜事可是家里的一大项支出，整个婚礼过程从装修房子、买家具到置办酒席得花费七八万元，光彩礼钱就得 3 万 ~ 5 万元，男方把钱给女方，然后女方买一些电器、衣服或者电动车之类的，这些钱女方花不完了就存到折子里，归夫妻俩所有。侯顺觉说，现在的红白喜事都是越办越简单，以前村里办红白事都得请歌舞团，歌舞团是村里统一管理的，光这项花费就得 2000 ~ 3000 元，2011 年村里规定，办喜事不让用了，丧事可以用，这也是为了减少支出，有的家庭确实支付不起，结婚都得举债，如果谁家喜事非要用，为了热闹，也为了更有面子，办的场面更大，村民就要求这家买好酒好烟。

做了这么多年知客，村民也越来越认同他，有事也就自然而然来找他，他也不好拒绝，都是乡亲。他说平时即使在外地做生意，村民家里有事找到他了，他也不得不回来，耽误做生意。我们给侯顺觉算了一笔账，他做了32年知客，平均每年有20多家，喜事耽误两天，丧事耽误六七天的话，整个下来共耽误了自己3000多天！相当于耽误了8年多的时间！关键是还没有报酬，不挣钱，自己年纪也大了，太累，也使唤不了别人了。2011年春节的时候，他告诉村支书说不想干了，支书不同意，还坚持让他干，就他办事还能得到大多数人的认可，自己不得已还得继续干。虽然是义务劳动，但能得到村民的认可和感恩，侯顺觉心里还是挺高兴。但现在不像以前那么好做了，现在有事时年轻人帮忙的比较多，年轻人气盛，叛逆心理强，也不愿意干活，他在使唤别人时，别人压根就不听自己的，这样就会惹怒别人，别人就会对自己心生不满，谁家有丧事时，还要带着老了人的家人去别人家磕头，让人家去帮忙，年轻人就更不愿意干了。自己为了办好事却招惹别人的不满，这事谁愿意干呢！说着，侯顺觉不禁叹了口气。

在做知客的同时，侯顺觉也做着屠宰。但现在的屠宰不像20世纪80年代那样了，从90年代以后，就不杀羊只管收购，因为还要做知客帮忙，还要去地里干活，有时还要照看孩子，接送孙子上下学，忙不过来，就直接去外地收购以后把羊卖到饭店里，收购的价格一般是每斤30元，卖给饭店的价格是每斤32元，自己赚取中间的差价，原来是骑着三轮车去，现在是骑着电动车去。由于年纪大，来回跑太累，干到2011年底就不干了，2011年一年挣了10000元。现在主要在家种地看孩子，没事就和别人聊聊天，看看电视。

虽然大儿子和二儿子分开住，没在一起，但吃饭都在一起，大儿子也来这个院里吃饭，以前自己还能挣钱，所以吃饭的花销大部分都是自己出，孩子有时也往家买菜，家里人多，五个大人，两个小孩，每天吃饭的开支得30~40元，一个月1000元，自己还有一部分积蓄，还能负担得起。现在还算是他掌家，礼尚往来的钱也都是自己出，如果是自己的至亲家里有事，自己就随500元，如果是关系一般的就出50元，亲戚多了，开支就多了，一年下来得支出2000元，还有去别人家做知客随的份子，一次10元或20元，一年下来得500元，2011年在红白喜事上的支出共2500元。家里取暖用蜂窝煤，平时做饭也是，冬天用的是蜂窝煤，一天用七八块，一冬天的取暖费得1200

元，平时用的是0.7元的，一年支出840元，偶尔用煤气，但用得少。手机每月的话费得20元，一年360元，现在不做生意，没有业务，打的少，话费就少了，原来一个月50元都不够。家里有一部固定电话，每月15元话费，有一台电脑，网费每年700元，也是用电话拨号的网通。自已平时不买衣服，都是儿女给买。侯顺觉说，自己家的生活水平在西街村算是中等水平，还算宽裕。以上情况如表18-2所示。

表18-2　　**2011年家庭支出情况**　　单位：元

总支出	生产性	衣服	食品	教育	取暖费	红白喜事	上网费	通信	娱乐
24730	3650	0	16140	0	1200	2500	700	540	0

资料来源：根据侯顺觉口述整理，2012年6月。

侯顺觉说做知客这么多年，希望以后村里的红白喜事能办的简单点，减少不必要的开支，少找一些人，还有就是喜事可以去饭店办酒席，省事又不会造成浪费，不然每次事情过后剩的饭菜都浪费了。红白喜事的风俗习惯也很烦琐，也会加大开支，这些习惯也应该慢慢改，都是为了花费更少。

说到村里的情况，他觉得西街村村民的生活还远没有达到小康水平。村里可耕种的土地少，平均每人才三分地，种的粮食也刚刚够吃，就是卖大蒜还能有点收入，但大蒜的价格又不稳定，行情不好了还会亏损，靠土地是不能发家致富的。村里又没有形成规模的产业，只是有一两个工厂，没有工业企业，又没有土地，一个农村是很难发达起来的，村民只是做一些小本的生意，屠宰、开小商店，要不就去买羊肉做羊汤，一年赚个两三万元，这也是西街村的一个特色，女劳动力在家做小生意，男劳动力在镇上打工或去邯郸打工，很少有去远处的。村里比较富裕些的家庭，靠屠宰生意发家的占多数。虽然有一条公路横穿西街村，但西街村并没有因为交通而带动整个村子的发展。他希望西街村未来的发展可以朝着这个方向规划。

（二）知客王志彬

几天的访谈我们简单了解到了西街村的一些风土人情，之后，我们采访了一位西街村的知客——王志彬老人。我们是在早饭后开始对王志彬老人的访谈的，当时他正在照看自己两岁的小孙子。得知我们访谈的目的后，王志彬老人很热情地招呼我们坐下，虽然已将近70岁，但是他说话依然清晰，只是普通话说得不是很好。

王志彬，男，1943年出生，汉族，小学文化程度，老伴李仓金，1945年出生，汉族，同样为小学文化程度。王志彬老人现在一家总共7口人，30岁的儿子王文坡和儿媳在村里主干道旁边有一个小吃铺，做些烩饼和汤，三个孙子主要是王志彬和自己老伴照看。王志彬的女儿王文笑也早就成了家，现在在邯郸打工。了解了这些基本情况之后，我们就从王志彬老人在岳城水库的经历开始了我们的访谈。

王志彬告诉我们，当时他小学毕业之后，就在家里帮着父母干农活，16岁那年，在邯郸磁县修岳城水库。当时生产队的社员是轮换着在岳城水库的工地干活，16岁时，王志彬就和村里的大人去了岳城水库的工地。我们听王志彬老人说他16岁就去了工地，都很吃惊，可是老人却笑着告诉我们，那时候他年纪小，在工地其实干不了重活，基本上属于打下手。而当时还是挣工分的年代，成年男性每天可以挣到10分，成年女性每天可以挣8分，而王志彬那个时候一天能挣6分，差不多3毛钱的样子，虽说工地吃饭没有多少油，很多人身体浮肿，但是比起待在村子里，最起码可以吃饱，因此回想起这段经历，王志彬更多的还是感到自己很幸运。

王志彬告诉我们，他自己从16岁在岳城水库干活，一直到1964年，中间回家的时候，恰好遇到家里闹洪水，村子里的庄稼全都被大水淹没，水退了之后，不仅地里的庄稼被毁，而且在地里留下了大量的烂泥使得来年的庄稼难以按时播种。王志彬说，当时他刚从水库工地回来，亲身经历了那次洪水退去之后造成的饥饿，没有吃的时候，就吃榆树皮和油葵籽，当时高粱面都成了“稀罕物”。而王志彬一家之所以能熬过那段艰苦的日子，用王志彬自己的话说还多亏了自己大哥的帮助。当时王志彬已经成家，父母都跟着自己过，他的大哥在邯钢，算是正式工人了，每个月都会接济他们，所以王志彬一家才可以挺过那段日子。不过万幸的是，洪水退去之后，并没有爆发大规模的疾病和传染病，而且很多人家的房子都挺过了那次洪水，算是为后来的恢复生产提供了一个大好的机会。洪水退去之后，王志彬又回到了工地，不过这时候他已经是成年劳动力了，而且当时工地的待遇好一点，他每个月可以挣

30多元，这在20世纪60年代，算是一笔很不错的收入。

当我们还在感叹王志彬老人可以在20世纪60年代每月挣30元的时候，王志彬老人笑着告诉我们，他从工地上回来后，错过了一个改变生活的好机会。原来当时修水库的工人可以转成正式编制的工人，有人最后做了铁路工人，有人做了煤矿工人，而轮到自己这一批的时候，恰好遇到了那个动乱的年代，外面的工矿企业需要工人，但是村里却不放人，所以自己就做了生产队的队长。因为我们都没有经历过那个特别的年代，所以对生产队队长的身份并不熟悉，所以老人就给我们做了解释。王志彬开玩笑的说自己这个生产队长主要就是负责敲钟——提醒大家上工和下工，另外就是负责监督大家劳动。而当我们问起那个年代大家的劳动积极性时，王志彬老人告诉我们，由于当时实行工分制的时间还不是很长，还没有后来的那些问题，所以大家的积极性还是非常高的。

在我们聊关于老人在水库做工的话题的时候，王志彬老人的手机响了一次，所以在上面的话题之后，我们就了解了一些关于王志彬老人家里电器的情况。王志彬告诉我们，自己的手机是女儿为他买的，他自己因为文化程度不高，从来不发短信，有事的时候就是打电话，还告诉了我们一些其他的家用电器的情况，我们根据王志彬老人的口述，汇总的情况如表18－3所示。

表18－3　　2012年家庭耐用消费品情况

项目	数量	项目	数量
电视机（台）	2	小轿车（辆）	0
电冰箱（台）	0	自行车（辆）	1
洗衣机（台）	1	电动车（辆）	1
照相机（台）	0	摩托车（辆）	0
影碟机（台）	0	手机（部）	2
组合音响（套）	0	固定电话（部）	0
电动三轮车（辆）	1		

资料来源：根据王志彬口述整理，2012年6月。

对王志彬做访谈，主要是因为他是西街村的一位知客，我们对于王志彬老人的这一段经历格外感兴趣，所以很自然的就聊到了这个问题。王志彬老人告诉我们，其实他自己也没有想到会成为一名知客。王志彬当了将近20年的生产队队长，当生产队解散的时候，自己主要就是经营分到的那些地，但是不知道怎么回事，就被村委会的人选为知客候选人，从此就跟着那些上了年纪的知客们学习关于知客的一些知识。开始的时候是自己跟着前辈们一起做，后来就算是“出师”了。陪同我们一起来的贾会计告诉我们，王志彬老人是村里现在仅有的三名知客之一，主要负责村里东半部分的红事和白事。

对于知客，之前我们一直认为是指红白喜事的总协调人，和王志彬老人交谈的时候，他首先给我们区别了知客和总管这两个概念。王志彬告诉我们，知客其实就相当于是一个“后勤部长”，主要负责一些人事安排，比如在婚嫁的时候，男方家里用多少人、这些人怎么安排、打算花多少钱、买多少东西等；而总管管的事情比知客要多，主要负责整个事情的过程和程序的安排，除此之外，就是在红事和白事上的一些“程序性”语言，主要也是总管负责。关于知客在一次红事或者白事中最忙的程序，王志彬告诉我们，这个依据事情的不同而不同。对于丧葬之类的白事，最主要的是通知家属的亲戚。这个并不费工夫，但是却最重要，因为农村很重视亲戚之间的关系，一个也不能落下。而最费时费力的则是陪同事主通知那些到时候要来帮忙的左邻右舍，知客要领着事主挨家挨户去通知，内容主要包括事主家里的事情，请人家来帮忙的具体时间和具体的事项等。除此之外，事主要给每一位请来帮忙的人磕头，以示答谢。对于村里的独门小户人家来讲，事情还比较简单，对于村里的那些大姓和大户，事情就很麻烦了，亲戚多，需要通知的人也多，在村里人缘好关系大，需要请来帮忙的人也多。王志彬老人告诉我们，有时候一个白事可以前前后后的忙活整整七天。而对于红事，就没有那么多的程序了，整个事情持续的时间相对也比较短，一般也就是三天。在红事中，像王志彬这样的知客除了上面提到过的基本职责外，最主要的就是应付一些“意外情况”。我们听了之后感到特别奇怪，婚嫁出现“意外情况”？王志彬老人看到我们觉得很好奇，就解释了这个“意外”。原来这里的“意外”主要发生在男女双方的彩礼钱上。而其实双方也没有真的想怎么样，只是象征性地在婚嫁的当天“矛盾”一下，自己这个知客也就只是象征性地做一个调解。其实关于这些问题，在婚嫁之前已经有男女双方的媒人说好了，婚事当天主要是男方给女方送嫁妆的每个客人一个装有 2 元到 10 元不等的小红包而已。

王志彬告诉我们，相对来讲，西街村这边对知客的要求还是很高的，并给我们谈了相关的情况。首先是那些被选为知客候选人的，都是年纪比较大的人，这些人在村里要有好的口碑，德高望重。其次是无论婚嫁之类的红事还是丧葬之类的白事，男知客是不能接待女性亲戚的，所以在西街村还有 4 个女知客。而且，不论是男知客还是女知客，都是义务性的，并没有像之前我们想象中的那样有固定的工资。此外，在每一家办完事情之后，知客是不能向事主索取费用的。如果事主有心答谢知客的操持，那么知客才可以接受事主的答谢。王志彬告诉我们，每年过年的时候，村委会都会给他们这些知客送些礼品之类的东西，以表示一年来对村子的贡献。最近几年一般是在年关的时候，村委会给每位知客一条好烟，一箱子好酒。王志彬老人告诉我们，这些东西折合起来也就 200 多元，但是却也代表了村里的一片心，他们这些知客也没有想着希望怎么样，都是乡里乡亲的，互相帮忙而已。

看到王志彬老人已经是年近古稀，我们就聊起了未来的知客由谁来做的事情。王志彬老人说，候选知客这件事情，他们知客本身是不能做主的，这主要是村委会的意见。村委会会在对本村差不多上了年纪的人进行相关的考察之后，选出几个候选人。这些候选的知客就像自己当年那样，跟着上年纪的知客开始学习相关的知识，一般的不出几年就可以独自应对了。

在访谈的过程中，王志彬老人虽然说话清晰，但是毕竟年纪大了，说话时间一长，就不时地咳嗽。我们请他喝口水再说，但是恰好王志彬老人 2 岁的小孙子估计是瞌睡了，一直哭闹着不停，王志彬老人抱着孙子花了一段时间才把他哄着睡着了。在他的小孙子睡着之后，我们就聊起了他和老伴的身体状况。

在访谈中我们了解到，其实王志彬老人的身体还是非常好的，除了因为年纪大眼花之外，没有什么疾病。而王志彬老伴的身体就不是那么好了。老伴患有心脏病，此外还经常失眠。王志彬告诉我们说，2011 年，他老伴因为失眠在永年县医院输液花了 1500 多元，还好有国家的报销，报销的比例是 78%，但是最高的报销金额只有 300 元。说这话的时候，正好王志彬的老伴过来了，她说这个钱花得很值得，因为现在她的睡眠很好。当我们替老人高兴的时候，王志彬又说起了她老伴的心脏病。王志彬老伴的心脏病在 2011

年，去永年县医院分院输了大约半个月的液，花了大约600元，在永年县医院又输了大约一个星期的液，差不多花了800元，不过这两次输液总共报销了400元。至于国家报销的比例和政策，两位老人都不是很清楚，但是像农村其他的老人一样，老人也并不在乎报销的比例，只知道这个政策让自己省了很多钱。医院的医生告诉他们要彻底的医治，最好还是去北京的天坛医院看看。王志彬老伴的姐姐就在北京，所以就去天坛医院看了看，经过检查，还好没有什么大事，只要注意调养就可以。我们根据两位老人的口述，整理出了王志彬老人一家2011年的开支，汇总如下：

表18－4　**2011年家庭支出情况**　单位：元

总支出	生产性	衣服	食品	看病	教育	娱乐	红白喜事	交通	通信	住房
13050	2050	1500	4500	3900	0	0	500	0	600	0

资料来源：根据王志彬口述整理，2012年6月。

表18－4教育类支出中，因为王志彬9岁的孙子上小学三年级，6岁的孙子上小学一年级，均在义务教育阶段，2岁的小孙子还没有上幼儿园，学费和书本费都是免费的，吃饭都是在家里，所以教育基本没有花什么钱。这三个孙子主要是王志彬和老伴一起照看，儿子王文坡每个月给他400元。王志彬的老伴开玩笑地说，这400元包括了三个孙子吃饭、零食和作业本的费用，总之是包含着三个孙子的一切开支。2011年对于王志彬一家来说算是很特别的一年，因为这一年的开支中有很大的一部分是用在老伴的医药费中的。

在收入方面，王志彬一家主要的收入由两部分构成，一部分是地里的庄稼，另一部分是儿子王文坡的小吃店。王志彬家里的土地承包情况如下：

表18－5　**2011年家庭承包土地情况**　单位：亩

总面积	水浇地面积	旱地面积	良田面积	荒地面积
1.9	1.45	0	0.45	0

资料来源：根据王志彬口述整理，2012年6月。

西街村的土地非常稀缺。王志彬告诉我们，还是在生产队的时候，需要建造粮仓，占用了他们大队大约3亩地，这在西街村算是很大的一块土地了。在生产队分地的时候，每人3分地，这3分地里面还包括盐碱地。所以王志彬家里的土地中，有一亩盐碱地，0.45亩自留地，剩余的0.45亩，用王志彬老人的话说，那是好地。和西街村的其他村民一样，王志彬一家也主要是种植大蒜和玉米。2011年，王志彬一家总共种植了1.45亩水稻，只不过水稻只能种一季。大蒜收获之后还能种玉米，王志彬老人并没有像在生产队的时候那样种植棉花。我们问其原因，王志彬老人说，种植棉花太费工夫，而且最近几年家里也没有需要用到棉花的地方，所以就没有考虑种植棉花。王志彬一家的农作物种植情况如下：

表18－6　**2011年家庭农作物、牲畜和家禽情况**

种类	亩数	折算价值（元）	种类	亩数	折算价值（元）	种类	个数	折算价值（元）
大蒜	0.45	2500	瓜果	0	0	羊	0	0
玉米	0.45	500	花卉	0	0	牛	0	0
水稻	1.45	1000	蔬菜	0	0	马	0	0
棉花	0	0	药材	0	0	猪	0	0
大豆	0	0				禽类	0	0

资料来源：根据王志彬口述整理，2012年6月。

生产的水稻是不卖的，主要是自己食用。剩下的0.45亩好地种植的是大蒜，总共收获了将近2000斤，除留下大约500斤籽种之外，净产量大约在1500斤。虽然去年大蒜的价格不是特别高，但还是不错的。王文坡小吃店的门脸是自己家的，所以为他们节省了一大笔房租。虽然是自己的房子，但是却很小，工作间和前面吃饭的地方加起来，总共也只有25平方米，所以王文坡的生意也不是很好。王志彬告诉我们，儿子的生意受季节的影响很大，夏天比较忙的时候生意还可以，每天大约可以赚到300元，而在冬季，每天的平均收入也就100多元。而且农忙的时候，儿子和儿媳要停下生意去料理地里的庄稼，所以每年的纯收入大约也就30000元。根据王志彬老人的口述，我们整理如下：

表 18－7　　2011 年家庭收入来源情况　　单位：元

职业	收入	职业	收入
从事种植业	4000	本乡镇就业工资	0
从事个体经营	30000	外出打工	0
从事屠宰	0	从事运输业	0
从事渔业	0	政府补贴和社会救济	1620
从事养殖业	0	出租耕地或房屋	0
从事旅游业	0	其他经营收入	0
总收入合计	35620		

资料来源：根据王志彬口述整理，2012 年 6 月。

王志彬老人一家的收入在西街村算是中等，不过王志彬老人还是看得很开。在访谈中，王志彬老人经常把自己的生活和过去对比，对现在的生活很满意。而且王志彬老人也不用担心自己的养老问题，儿子给他们一家都参加了医疗保险，而且自己和老伴每个月还可以领到 110 元的政府补贴，所以对于现在的生活，王志彬老人还是非常满意的，用王志彬老人自己的话说，就是从此不用再担心吃不饱了。

当王志彬的小孙子睡醒的时候，我们正好快要结束这次访谈了。王志彬的老伴热情地邀请我们吃完了午饭再走，我们道谢之后，就告别了好客的王志彬。

十九、西街村的普通农民

（一）错“过”二十年的刘艮生

对刘艮生老人的专访我们进行了两次，第一次专访是在老人工作的供销社进行的，因为老人快要下班了，时间紧，只是了解了老人的基本情况。对老人的第二次专访是在他家里进行的。

刘艮生，男，汉族，身份证上显示为 1948 年出生，实际出生年月为 1952

年，小学文化程度。刘艮生的老伴韩巧弟，1947 年出生，汉族，只是念过几天夜校。两位老人都没有宗教信仰。刘艮生老人可以说是错“过”了二十年。这样说的原因，是因为当我们拿到访谈名单时，觉得“艮”这个字在所有的访谈人中显得很生僻，因此对这位老人格外的好奇。访谈开始的时候，我们并没有像对其他人那样从家里的基本情况开始聊起，而是选择了老人的名字。老人似乎对这个话题也很有兴趣，滔滔不绝地说起这个名字的由来。由于我们访谈的时候老人正在南沿村的供销社上班，因此声音很嘈杂，所以刘艮生老人就把我们带到了二楼的一个房间里。在这里，老人详细地谈起了这个名字的来历。

原来老人其实并不叫刘艮生，他的原名是刘银生。1986 年之前，老人在南沿村供销社做临时工，1986 年的时候，老人由临时工变成了合同工。在建立档案的时候，工作人员由于一时疏忽，将“银”错误地写成了“艮”。但是老人当时也并不知自己“被”改了名字。一直到 2007 年，老人去人社局查看自己到什么时候退休时才发现，原来自己的名字是“刘艮生”。无奈之下，只好把身份证、户口本和医疗保险等证书上所有的名字都改成了“刘艮生”。当我们问老人对于自己名字被改一事的看法时，老人幽默地说：“无所谓。名字嘛，一个代号而已，现在用这个名字，不知情的人还以为我父母很有文化内涵呢。”

刘艮生老人有两个儿子和一个女儿，现在儿女都已经成家立业，大儿子和小儿子也已经分家，现在老人和大儿子一家住在一起。刘艮生老人的大儿子刘士岗，36 岁，汉族，小学文化程度。现在主要是给别人跑车拉石子，做预制板。刘士岗开车已有三年时间。说起开车这件事，老人显得很自豪，之前，老人曾经买了一个小型的翻斗车，两个儿子就是利用这个翻斗车自学开车的，没有经过专门的培训两个儿子就拿到了驾驶证。后来由于生意不好，刘士岗被迫卖掉了这辆小翻斗，去给别人跑车。在访谈中，老人告诉我们，他大儿子跑车的路线不是很远，主要是从西街村到武安县，每天一个来回。跑车的工资是每天结算的，跑车一天，每天 100 元，中午老板管一顿饭，每天还有一包烟。虽然今天没有活，但是刘艮生老人还是很乐观的告诉我们，拉活就是这样，有一天没一天，不过没活的时候毕竟是少数。老人告诉我们，儿媳没有稳定的职业，主要的时间是在西街村本村打零工，而基本的工作则是绞蒜头。这个工作很累但却挣不到多少钱。绞一斤蒜头一毛钱，儿媳每天差不多可以挣30元左右。

虽然在供销社上班，但是还没有放弃自己家里的2亩地。这2亩地的种植上，老人并没有什么创新，而是像其他村民那样种植水稻和大蒜。老人家里有1.2亩水稻和8分地的大蒜。刘良生家的土地承包情况如表19－1所示：

表19－1　**2011年家庭承包土地情况**　单位：亩

总面积	水浇地面积	旱地面积	良田面积	荒地面积
2	1.2	0	0.8	0

资料来源：根据刘良生口述整理，2012年6月。

刘良生告诉我们，西街村人多地少，种地是种不出什么财富的，现在种地主要就是够自己家里平时食用。而且每年种地的收入都给了大儿子，不过国家的种粮补贴和种子补贴是自己领取的，这部分主要是作为孙子孙女平时的零花钱。我们计算了一下，种子补贴按照人头算，每人每年7元，刘良生老人和大儿子一起住，每年可以拿到28元；种粮补贴上，水稻每亩补贴132元，老人的1.2亩地每年可以补贴158元。这样的话，每年的种粮补贴和种子补贴就是186元。这些钱是根本不够5个（大儿子两个孩子，小儿子三个孩子）孙子孙女的零花钱的。由于是做人物专访，第一次由于老人下班了，我们在老人工作的地方的采访也就只到这里。老人很抱歉的告诉我们这次的访谈暂时只能进行到这里，并热情地邀请我们第二天去他家里专访，因为老人第二天是值夜班，白天没有什么事情，我们可以详细了解情况。我们也很想去他的家里看看，所以就接受了老人的邀请。根据老人的叙述，我们整理了刘良生一家的收入情况。老人一家的收入主要分为三个部分，一部分是老人每个月750元的工资；第二部分是老人的大儿子跑车的收入，每月大约3000元；第三部分是儿媳打零工的工资，这部分不太稳定，每月大概是1000元。

表 19－2　　2011 年家庭收入来源情况　　单位：元

职业	收入	职业	收入
从事种植业	6500	本乡镇就业工资	19000
从事个体经营	0	外出打工	0
从事屠宰	0	从事运输业	30000
从事渔业	0	政府补贴和社会救济	186
从事养殖业	0	出租耕地或房屋	0
从事旅游业	0	其他经营收入	0
总收入合计	55686		

资料来源：根据刘艮生口述整理，2012 年 6 月。

第二次访谈的时候，一到老人家里，就感觉老人生活并不富裕。他们家里没有和其他人家那样的大门，而是一个用铁管焊接的栅栏当作院子的大门。老人家里也没有其他人家都有的照壁，而是用一堵土墙充当了照壁。走进院子一看，更感觉到这家主人的奇特。刚进院子的正前方有两间小瓦房，一间是厨房，另一间是老人和老伴住的地方。正对面是一间仓库，里面堆放着收获的大蒜和一些农具，除此之外，还放着一辆自行车和三轮车。而与这些瓦房垂直的方位则是一栋没有盖完的两层楼房。从外面看，第一层已经盖好了，第二层只是盖了个基本的架子，没有门窗，当然就更没有装修了。乍一看，盖好的第一层也显得特别的别扭。因为它的高度比一般房子的高度要低很多，最多只有一般房子的一半高。

看见我们进院子了，老人很热情地把我们领进一层的房间。一进房间，我们立即恍然大悟，原来这栋房子的第一层有一半是建在院子地平线的下面的！里面的装修非常时尚，和外面的“半拉子”工程完全是两种感觉。看到我们对这栋房子很感兴趣，老人就主动地说起了大儿子的这栋奇特的房子。正好刘士岗今天没有去跑车，所以就一同接受了我们的专访。

原来刘艮生老人家住的靠近村外，这栋房子的地基原来是一个大坑。当初盖房子的时候，老人的大儿子刘士岗决定把大坑填起来，但是填了两米以后，发现没有能力再填了。因为填坑的土是要花钱买的，一车土 35 元。填了两米就花了 5000 多元，这个坑还有将近三米深，不能再填了。最后老人和儿子儿媳商量着就把房子建在坑里。刘士岗告诉我们，考虑到房子的坚固性，他在已经填起来的基础上，在大坑的四角用水泥浇筑了4个大墩子，整栋房子用10个水泥浇筑的柱子做支撑，同时房子的主体全部用钢筋水泥加固。一般人家的墙都是一砖墙，顶多一砖半，而自己家里的墙都是两砖，厚度达到了50厘米。老人很自豪的告我们不要小看这栋房子，虽然第二层没有完工，第一层是建在大坑里，但是经过儿子的努力，这栋房子现在可以抵抗八级大地震！老人的话听得我们瞠目结舌。想想这些庞大的工程，看着这半截在地下的房子，我们突然想起了房子的防潮问题。当我们问出来的时候，刘士岗告诉我们完全不用担心。因为砌砖的时候，他没有用水泥和沙，而是用的白灰。而且一半在下面，很像是陕北的窑洞，有冬暖夏凉的功效。听完这些，我们不禁为刘士岗和老人的决定感到由衷的佩服。

就在我们对房子赞不绝口的时候，刘艮生老人说起了为什么房子盖到最后会变成现在这个“半拉子”工程。原来还是考虑到房子的稳固性，在第一层下面的大墩子和柱子上花费过多，而且房子的墙壁加厚一倍，导致只能把第二层暂时盖起来，而没有能力再装修了。刘士岗也告诉我们说，就这个“半拉子”的房子，加上填土的费用，总共花了他将近20万元！我们实在没有想到这个“半拉子”房子居然花费这么多！而当我们问打算什么时候把第二层也装修一下时，刘艮生老人笑着说：“这个就远了。等到孙子结婚成家的时候，再说吧。”在房子的家用电器方面，刘艮生家的装备也算是比较齐全的。

表19－3　　2012年家庭耐用消费品情况

项目	数量	项目	数量
电视机（台）	2	小轿车（辆）	0
电冰箱（台）	0	自行车（辆）	2
洗衣机（台）	1	电动车（辆）	1
照相机（台）	0	摩托车（辆）	0
影碟机（台）	0	手机（部）	4
组合音响（套）	0	固定电话（部）	0

资料来源：根据刘艮生口述整理，2012年6月。

说完了引以为傲的房子，才开始谈起自己的经历。刘艮生老人实际是1952年出生，8岁开始上小学，现在老人对上学的经历记忆犹新，也很怀念当时短暂的读书时光。老人告诉我们，当年他们上学的时候，是不收学费的，除吃饭外，全年的花费就是每年1元的课本费。当时老人家庭算是富裕的，因为别的孩子刚开始上学的时候，没有写字本，用的都是石板，而自己一开始就有练习本，还有铅笔。老人笑着说："当时的铅笔5分钱一支，32开的作业本，也是5分钱一个，现在5分钱可是什么都买不到了啊！我的孙子孙女不要说5分钱，甚至连5分钱长什么样都不知道。"老人告诉我们，他上学时，全班总共40人，一共两个班，他的学习成绩不是很好，顶多算是中等。刚刚上完完小（指小学六年级。当时小学一年级到四年级称为初小，五年级和六年级称为高小。从一年级一直到六年级称为完小），"文革"就开始了。由于学校停课，所以14岁的刘艮生像其他孩子一样，开始在生产队劳动。由于年纪小，刘艮生老人说，当时他只能给大人打下手，做一些简单的不费劲的小活。当时的一个工是10分，大人每天可以挣10分，成年女性每天可以挣7分到8分，而像他这样的小孩一天也就挣4分。一个工是0.30元，也就是说，当时老人一天可以挣0.12元。老人兄弟两人当时可以每天为家里带来0.24元的收入，这在当时已经算是一笔很大的收入了。

在这段时间里，老人对于当时的公共食堂记忆最为深刻。1958年开办公共食堂时，大家的生活很好，但是从1959年开始，公共食堂对于大家的饮食需求就显得力不从心了。最困难的日子是在1959年的下半年到1960年上半年。当时为了还外债，食堂实行了限量供应的办法，每人每天两勺稀饭，外加一个窝头。老人感慨地说："和过去比起来，现在的生活算是好很多了"。从完小毕业开始，老人在生产队一干就是14年，一直到1980年生产队解散。这期间，用老人自己的话说就是"很注意保护自己"。对于各种社会运动老人一概不参加，自己是贫农，也不愿意出家门，整天干完活后，就一直闷在家里。

1980年生产队解散，西街村分了土地，老人说这时大家的热情和积极性一下子被彻底"激发"出来。自己除了种地之外，还用前几年积攒的钱花139元买了一辆飞鸽牌自行车。139元在1980年也算是一笔不小的数目了，当时小学教师的月工资也才30多元。当时老人用自行车贩卖韭菜。韭菜是在自己家的自留地种植的，每斤韭菜卖0.1元，就这样老人每天骑着车子跑50~60里路，每天能挣7元左右。说起当初卖韭菜的经历，老人笑着说：

“第一次卖的时候，因为害怕被别人当作投机倒把，其实心里还是很担心的。”不过根据老人的回忆，由于西街村人多地少，在分地单干之前，很多人其实都有做买卖经商的想法。在访谈中，我们发现，刘艮生老人是一位很有想法的人，除了卖韭菜之外，老人还贩卖过萝卜干，卖过泥盆换糠，而换来的糠一部分用来喂猪，一部分用来酿醋。用老人大儿子刘士岗的话讲就是：“我父亲那几年就没有消停过。”而刘艮生老人则显得平静许多，“赶上了当时宽松的环境和好政策，不趁着我还能活动多挣点钱，怎么养活这一大家子。”

1980 年分地之前发生的一件事，改变了刘艮生老人的后半生。1980 年，西街村决定扩建村里的供销社，这样就占用了刘艮生老人生产队的 7 亩地。在西街村这个人多地少的村子，每人只有三分地，7 亩地对于刘艮生老人所在的生产队来讲，算是很大的一块地了。作为补偿，刘艮生老人被村供销社雇为临时工，主要是打扫卫生，偶尔负责供销社的安保工作。当时的工资是每月 36 元，这个工资水平老人当时相当满意。而这个临时工一直做到了 1986 年。而就在这时，老人“被”改姓名了。当时有两名合同工退休了，需要补充两名合同工，所以老人和另一名老人就被选中了。但是在建立档案的时候，发现老人的年龄不够，所以就把刘艮生老人的出生提前了四年，这样老人就从 1952 年出生变成了 1948 年出生，而名字也由于相关人员的疏忽大意，从“刘银生”变成了“刘艮生”。当时老人自己只知道出生被提前，但是却不知道自己的名字也被改变了。因为他们这些合同工的工资是领导批条，自己直接到会计处领取的，所以他自己也就一直不知道名字已经不是“刘银生”了。2007 年，刘艮生老人去人社局查看自己还有多久退休时，意外发现没有自己的名字！当时老人感觉特别震惊，自己明明在供销社上了 20 年的班，领合同工的工资也已经 20 多年，怎么就没有自己呢？经过详细的查看才发现原来是建立档案的时候，工作人员把自己的名字写错了！

刘艮生老人的合同是一年一签，工资也从原来的每月 36 元，慢慢地涨到每月 150 元、400 元、500 元、600 元，一直到现在的每月 750 元。由于市场经济的作用加上私人商店的冲击，西街村供销社也像全国供销社一样，受到了很大的冲击，直接的结果就是供销社运营模式的转变，现在供销社只是出租门面收取租金，不再自主经营具体的商品。因此老人的工作也就逐渐地由之前的采购变成了现在的门卫。在没有市场经济之前，老人在供销社的主要工作是采购，因为外地人来西街村购买农产品时，是不能直接面对农户的，只能是由供销社做中介，经过供销社的中间作用，商人才可以和农户联系。不过老人似乎对这个并不太在意。他告诉我们，他自己今年10月底就退休了，供销社的营运模式与自己的关系不大，他需要做的就是看好供销社的大门，不要发生盗窃之类的事情。而老人说起盗窃的时候，还给我们说起了自己做门卫时发生的一件事情。那天晚上他巡逻的时候，发现一个黑影，他就打开手电筒大喊了一声，那个黑影一闪，就跑走了。而我们更关注的是老人接下来的一句话："在西街村这个地方，只要你手脚勤快一点，解决温饱是没有问题的。而如果你脑子转的再快一点，眼睛亮一点，就可以生活得更好一点了。"所以老人也没有继续深究那个黑影的事情。

现在老人快退休了，生活依然很自在。在支出方面，老人一家的主要支出分为两部分，一部分是家里的生活费用，每年将近10000元；另一部分是两个孙子的教育支出。不过好在孙子还小，最大的才13岁，还没有上初中，小学的教育属于义务教育，不用交学费，所以老人的生活还算可以。

表19－4　2011年家庭支出情况　单位：元

总支出	生产性	衣服	食品	看病	教育	娱乐	红白喜事	交通	通信	住房
17800	3000	1000	10000	500	0	0	1500	0	1800	0

资料来源：根据刘艮生口述整理，2012年6月。

不仅如此，老人依然紧跟着时代的步伐，2011年，老人买了手机，不仅可以接打电话，简单的短信老人也可以发送。今年女儿给老伴也买了手机，这样家里就是人手一部了。

谈到退休以后的打算时，老人说除了种地之外，基本的打算还是为供销社看大门，如果供销社还愿意雇用自己的话。我们问老人有没有养些家禽的想法时，老人笑着说："自己年纪大了，年轻时跑了一辈子，现在孩子都已经成家立业，自己该清净一段时间了。"我们祝福老人晚年的生活平静幸福，也希望老人的大儿子刘士岗可以尽早地把那个"半拉子"的两层楼房装修好。

（二）多子多福的李运生

李运生，男，74岁，中国共产党党员，小学文化程度，无宗教信仰。当我们一行五人来到他家时，李运生在藤椅上歇凉，妻子刘淑琴在一旁缝制鞋垫，60平方米的小院人丁兴旺，四五个孩子在院中嬉戏玩耍，小院一角的绿树婀娜动人。李运生和妻子马上热情地在院子里添了几个板凳，孩子们则停止了玩耍，个个瞪着圆圆的黑眼睛探寻打量。我们围坐在李运生老人身边，促膝而谈。

李运生有六个子女，四个女儿已经出嫁，家里住着十三口人，两个儿子和儿媳，三个孙子和四个孙女，他家是调研组采访中人口最多的农户，李运生老人真可谓子孙满堂，然而十三口人住在一个小院里，纵是天伦之乐也着实拥挤。采访期间没有见到老人的儿子儿媳，只有满院子欢乐的孩子们，老人说儿子儿媳都出外做工了，家里孩子多负担重，大人们一年到头都忙着挣钱养家，所以孩子们不上学的时候，家里就是一群孩子和老两口为伴，老人觉得这样就很幸福。李运生的两个儿子和儿媳都只有小学文化程度，务农之外，就是打工。大儿子在南沿村水泥板厂做工，每天90元，大儿媳在村里的冷库（储存蒜薹）上班，每天60元，两人一年工资收入大约2万元。小儿子是猪肉运输司机，因为是帮自己的姐姐运送，所以多赚多得，少赚少得，2011年全年收入约1.5万元，小儿媳在非农忙时节去邯郸的工地打工，每天60元，一年收入1万元。李运生家2011年家庭收入来源情况见表19－5。由此可见李运生儿子两家的生活都很拮据，所以至今仍和老人挤住在一院，尽管李运生老人儿孙满堂，也很享受和孩子们一起的生活，但是他看到自家略显破旧的小院子，想到十三口人拥挤地生活在一处，还是不免叹息而不愿多言。

表19－5　**2011年家庭收入来源情况**　单位：元

职业	收入	职业	收入
从事种植业	5150	本乡镇就业工资	35000
从事个体经营	0	外出打工	10000
从事屠宰	0	从事运输业	0
从事渔业	0	政府补贴和社会救济	170
从事养殖业	0	出租耕地或房屋	0
从事旅游业	0	其他经营收入	0
总收入合计	50320		

资料来源：根据李运生口述整理，2012年6月。

李运生向我们介绍了家里的土地承包和收支状况。家里共承包了2.6亩田地，其中一亩六分地用于种植水稻，另外一亩先种植玉米，而后种植大蒜和蒜薹，2011年水稻种植收入约1000元，玉米收入600元，大蒜收入2000元，蒜薹收入1550元。家庭承包土地情况和家庭农作物情况见表19－6、表19－7。

表19－6　　2011年家庭承包土地情况　　单位：亩

总面积	水浇地面积	旱地面积	良田面积	荒地面积
2.6	0	0	2.6	0

资料来源：根据李运生口述整理，2012年6月。

表19－7　　2011年家庭农作物、牲畜和家禽情况

种类	亩数	折算价值（元）	种类	亩数	折算价值（元）	种类	个数	折算价值（元）
大蒜	1	2000	瓜果	0	0	羊	0	0
玉米	1	600	花卉	0	0	牛	0	0
水稻	1.6	1000	蔬菜	1	1550	马	0	0
棉花	0	0	药材	0	0	猪	0	0
大豆	0	0				禽类	0	0

资料来源：根据李运生口述整理，2012年6月。

李运生说西街村的耕地少得可怜，家里大小十三口人要是只靠农业生产根本无法生活，所以成年人必须外出务工，李运生70岁才停止农业劳动，如今75岁的他只在家做些力所能及的家务，但是妻子刘淑琴现今74岁仍然去赶集，调研组采访期间她也没有闲着，而是娴熟地帮孙子孙女缝制鞋垫。2011年家庭总收入为50320元，而总支出为43950元，其中种子和化肥等农业生产性支出为550元，衣服支出10000元，教育费用、红白喜事、交通和通信支出总计有9000元，医疗费用400元，食品一项支出就达24000元，恩格尔系数高达54.6%，根据联合国粮农组织的标准划分，恩格尔系数在50%～59%为温饱，李运生家的生活属于温饱水平，然而远高于2008年全国

农村居民家庭的恩格尔系数43.7%。由上述收支分析可见，李运生家基本上收支相抵，经济状况不容乐观，但是李运生老人还是一脸难以掩饰的幸福笑容，他说孩子们都很孝顺，一家人生活在一起其乐融融，孙子孙女会慢慢长大成人，日子也会越来越好的，而且家里的条件尚能满足一家人享受简单生活。2011 年李运生家支出情况如表 19 - 8 所示。

表 19 - 8　　**2011 年家庭支出情况**　　单位：元

总支出	生产性	衣服	食品	看病	教育	娱乐	红白喜事	交通	通信	住房
43950	550	10000	24000	400	5000	0	1000	1000	2000	0

资料来源：根据李运生口述整理，2012 年 6 月。

随着访谈的深入，调研组进一步了解了李运生的个人经历——一个典型的生在旧社会长在红旗下，又历经改革春风的中国农民。李运生 1938 年出生于西街村，父母皆是本村的农民，8 岁入学，初小四年后顺利考上高小，但因为家庭困难没有继续读书，1950 年李运生开始进入生产队劳动，12 岁的他由于还未成年，劳动一天只记成人一半的工分，也就是 5 分，就这样他勤勤恳恳干了近八个年头，成了生产队的一把手。1958 年，邯郸县钢铁厂需要一名通讯员，从全县六个营挑选。当时能成为通讯员是很多年轻人的梦想，通讯员在那个年代是光荣的职业，更是农民改变命运的极少途径之一，这意味着尊严的满足，更是贫苦农民希望的一缕曙光，不难想象六个营的所有青年都希望得到这次机会。李运生所在的生产队推举他作为候选人上报到营，营长在考察了他的政治背景、品德作风和劳动表现之后，决定推荐他为通讯员，于是他被调到邯郸县钢铁厂工作。我们多次尝试询问李运生老人能在六个营脱颖而出的原因，老人摆摆手说道："这不是自己能说的，要别人来说。"这种品行代表了那个年代谦逊低调的精神风貌，与我们现在的展现自我与张扬个性迥然不同。李运生进入钢铁厂后，先在厂里的生产队工作了三个月，了解和熟悉钢铁厂的工作，之后就正式成为了通讯员。那是大炼钢铁的年代，通讯员的工作就是不定期向永年县钢铁厂传达全国钢铁生产的喜报忧报，使其及时了解信息，接受鼓舞或者以儆效尤。钢铁厂建在邯郸县南里庄的山区，从县城到钢铁厂要经过崎岖的山路，并且常常有狼出没，但是李运生风雨无阻，只要有报，立即送出，从不耽搁。李运生说当时每听到领导说“走吧，小李子，送喜报”，他就兴奋不已。访谈到此处，李运生老人禁不住满面笑容，他说当通讯员是他这辈子最开心的经历，而最骄傲的事情是入党。在当通讯员期间，南沿村镇有17个入党指标，李运生申请了入党，因为工作表现出色，加之贫下中农的政治成分，在当通讯员不到10个月，他就通过了上级党组织审查，成了一名中共党员，也是南沿村镇同批入党申请人中唯一一个获批的同志，老人说到此处回味般地自语道：那时能入党是最光荣的事。

然而1959年历史的潮流将钢铁厂吞没，李运生作为通讯员的背景已经不存在，他又回到原来的生产队劳动，1961年要选举新一届村委会，村委会由七位成员构成，包括党支部书记、村长、青年支部书记、妇联主任、治保主任、民兵队长及大队会计。村长管行政，主要负责生产，共六个小队，青年支书管共青团，妇联主任管妇女组织生活，治保主任管理治安，属于行政事务，直接对村长负责，民兵队长管理征兵工作。李运生不仅是劳动模范，且人品出众，身材高大，成为民兵队长的不二人选，就此成为了村干部。民兵队长主要负责每年一度的征兵工作，征兵的对象是18周岁以上23周岁以下的贫下中农，而这正是农村家庭中起支柱作用的壮劳力，有些家庭思想保守，不愿缺失重要的劳动力，况且也有人身安全的顾虑，所以征兵工作受到了阻力。面对这样的困难，李运生就挨家挨户去做工作，首先是讲党的政策，让村民能认识到当兵的必要性，其次是告知当兵的优待，最后还送生活用品作为补贴。这种劝服方式听来太过简单，然而朴实的农民很容易就理解和接受这种简单而真诚的说服，所以李运生不仅每年都按时完成征兵任务，并且阻力也越来越小。除了定时征兵工作，民兵队长平时要参与管理生产队，组织大家种地、浇田、锄割等劳动，生产队还要代工清理河道，李运生总是积极组织大家参加代工，这种组织管理工作使得李运生能够更多地了解村民的情况，体恤村民的难处。20世纪60年代初，村里的三家五保户过世，其宅基地由大队收回，李运生正好符合条件申请宅基地，他的两个儿子都已成家，三家人挤住在一个小院里。然而他知道村里的刘山、刘相和王修身三家生活困难，于是以村干部的名义提议将收回的五分宅基地平分给这三家，经村委会全体成员商讨，同意李运生的提议。这三家困难户的生活在之后的二十年逐步富裕起来。然而李运生直到卸任民兵队长，再没有机会申请宅基地。村委会干部必须做到吃苦在前，享受在后，以为其他人的榜样，李运生就这样兢兢业业、勤勤恳恳在民兵队长的职务上干到1976年卸任。在家务农两三年后，他接替了过世兄弟在供销社收购站的工作，主要负责采购农副产品，从邯郸购入蒜头、芝麻、花生米、地瓜、辣椒、粉条、海菜和瓜果等，由于勤奋踏实，他被调入供销社门市部做售货员，在当时的农村，供销社售货员是令人羡慕又受人尊敬的职业，他很珍惜这份工作，每日按时开门营业、闭门停业，账目从没有出现差错。1987年供销社解散，李运生再次回家务农，已经49岁的他受落后思想意识的束缚和精力不足的牵制，没有在改革的春风中开创出新天地，从那时一直种地务农到2008年。

综观李运生的人生轨迹，代表了数以亿计的中国普通农民，他们在历史的浪潮中贡献着自己的智慧和力量，他们勤劳朴实，默默无闻，然而却是历史的创造者和推动者。在社会主义建设时期他们身上最集中地反映着时代的精神，却由于农民的阶级意识束缚，始终难以摆脱安分守己、平均主义的小农意识，由于发展中没有受到足够的教育，而社会却在不断进步，使其自身发展与社会发展的距离越来越大。李运生儿孙满堂，天伦之乐尽享其中，自然羡煞旁人，但儿子女儿都是小学文化水平，一边仍然务农而靠天吃饭，另一边做苦力而勤俭持家，没有长久立足的一技之长，更没有突破现实的观念意识，农民的落后意识需要教育在更大意义上的普及。

谈及新型农村合作医疗、农村养老保险以及农业补贴等政策，李运生并不清楚具体的制度，他说很不满意政府不为其报销2011年的300元医药费用，但是每月的养老保险金是按时发放的，农业补贴也都按年发放，家人对此都很满意。后来调研队详细询问了李运生老人2011年医疗费用的具体花费情况，得知他是在西街村的一个小门诊购买药物和输液治疗，不符合新型农村合作医疗报销的政策规定，李运生老人说他和妻子不知道具体的医药报销程序和有关规定，他的孩子们也无从得知，他们以为只要参加新型农村合作医疗就可以报销所有的医药花费。调研队在后续的调研中发现很多农民都和李运生一样不了解这一政策，很大程度上阻碍了享受优厚的农村医保待遇。值得反思的是政府在出台和行使新型农村合作医疗制度时应该更多地考虑到农民文化素质较低、信息渠道相对闭塞的现实条件，相应设立更多的机制让农民普及相关政策信息并能进行实际操作。此外，农村养老保险与农业补贴政策受到李运生及家人的满意评价，也只能说明农民自身对于政府政策有着公正的评判，但是如何站在全体农民利益的角度为其权利争取合法实现的途径，则是农民自身无法企及的领域，要靠政府以及广大的知识分子不断探索前进。

（三）有想法的普通农民王现祥

王现祥，男，汉族，1953 年出生，已近60 岁，高中毕业，群众，无宗教信仰，妻子名叫刘娣的，家里有三个儿子，一个女儿。

他是我们今天第一个调查的对象，一走进他家，就看到满院的大蒜，闻到了扑鼻的蒜香。王现祥热情地站在家门口欢迎我们，后面还站着一个可爱的小姑娘。了解后我们知道，她是王现祥的小女儿，今年刚高考完，考得应该还不错，正在想着如何填报高考志愿呢，可以看出来王现祥很疼爱他这个小女儿。因为我们是刚来到邯郸市永年县，王现祥用永年方言和我们交流让我们觉得比较困难，有时一句话需要王现祥重复好几次，还有可能听不懂，多亏了他的小女儿一直坐在旁边，听我们的采访和谈话，并且给我们做翻译，才让我们的采访能顺利地进行下去。见到王现祥的第一印象，我们以为他就是一个普普通通的农民，但是当我们开始聊天，开始了解王现祥的时候，我们才发现王现祥并不是表面上看起来那样简单，他有着现在广大农民所缺少的一种品质——对国家市场规划、新农村建设所出现的问题的思考以及忧虑。

王现祥自小在西街村长大，7 岁开始入读南沿村小学，很不巧的是，在他小学 5 年级的时候，“文化大革命”爆发。在这期间，他虽然一直上到了高中毕业，但那时西街村并没有配备高中老师，很多教高中的老师甚至就是原来教小学的老师，再加上“文化大革命”的特殊情况，学生平时上课的主要内容就是写大字报、搞运动、开批斗会等，由此导致王现祥虽然是高中毕业，但是并没有学到多少知识。高中毕业后，王现祥就在生产队开始干农活，当时他一天也就能得 5 分，比大人少得一半，因此他自己觉得不能一直在生产队，想出去闯闯。1974 年，王现祥凭借着亲戚关系在邯郸政府招待所找了一份临时工的工作，主要是在食堂工作。这份工作，王现祥从 1974 年，一直做到 1979 年。在那期间，王现祥的父亲在西街村生产队任队长，在村里组织了一个排子车队，搞运输当作村办副业赚些钱，但是没想到，在“大案要案”的清查过程中，他被怀疑有贪污行为，当时王现祥正好面临着从临时工转为正式工的机会，但是因为他父亲的问题，自己的机会被耽误了。最后他父亲被查清没有贪污的时候，王现祥也失去了转正的机会，这件事可以说改变了王现祥的整个人生轨迹，他笑着对我们说，当时如果转为正式工，现在的生活可能就完全不是现在这个样子。虽然这样，王现祥在邯郸政府招待所食堂的这份工作，为王现祥以后的生计提供了一个重要的契机。在食堂，王现祥主要是负责面案这部分工作，他工作积极，认真学习，手艺越来越好。1979年回到家以后，王现祥感觉自己上面有年迈的父母，下面还有年幼的孩子，整个西街村又有着人多地少的共同问题，自己家里只有3亩多地，仅仅靠种地是无法养活自己全家的，而且又正赶上改革开放的春风吹遍中国大地，王现祥就用自己学到的这门手艺，在邯临（邯郸—临清）公路的西沿村段边上，开了一家店卖油条。当时王现祥应该是第一个看到了邯临公路的重要性，看到了它来来往往的客源，并且第一个在那儿开始做生意赚钱的，这不能不说王现祥眼光独到。王现祥从1979年4月，一直到2005年都在这里炸油条，每天天不亮就要早早起床，努力踏实地做着自己的小买卖。一开始，王现祥卖油条的地方非常简易，仅仅是有4个柱子，上面盖了几层布。但就是凭借着这个，1982年左右王现祥用10万元买了第一个门市。2004年在永年县七中附近，用10万元买了第二个门市。2005年，王现祥53岁，感觉到自己年纪大了，就把两个门市分别给了他大儿子和二儿子，解决他两个儿子的就业生活问题。虽然他的两个儿子没有学王现祥炸油条的手艺，但是把两个门市改成两个卖日化的商品店，也可以解决生计了。然后王现祥就一直在家务农到现在。

当我们谈论到王现祥对于现在的生活以及国家的政策有什么想法时，王现祥让我们感觉到了他的不同之处。他给我们讲，他觉得知足，说“我们农民，只要解决了生活问题就行了，农民生活实际上就是柴米油盐酱醋茶，并没有过高的要求，国家现在的条件好了，交通工具也多了，农民们都吃上了白面、炒菜，有时还能改善改善生活，这就很好了”，这让我们感受到了王现祥的朴实，从他身上体现出中国广大农民的真实想法，他们的要求并不高，只要能有饭吃，有衣服穿就足够了。这是一种优点，但是从另一个方面来说，这也是一种缺点。因为农民们都有这种心理，导致他们的眼光比较短浅，只看到眼前的利益就知足了，因此对于子女的教育就看的不那么重，都是子女自己想上学就上学，不想上学他们也不强迫。就像王现祥，他的大儿子和二儿子都是初中毕业，三儿子更是小学毕业。也就是唯一的一个小女儿自己一直在上学，可能他的三个儿子现在已经意识到教育的重要性了，很支持他们的小妹妹继续读下去，在精神上和物质上都非常的支持，说到这里时，王现祥脸上流露出了很幸福的笑容。

这是他对现在生活的感觉，紧接着，他开始给我们谈论他对现在国家政策的意见。首先，他认为，国家对农村的种植应该有具体的规划，出台具体的政策引导农民种植。他举了棉花的例子来说明他的观点。在2010年，王现祥种植的棉花每斤能卖到6元多，而相比较而言，今年的棉花，每斤卖3元都卖不出去，至今他家里还有300多斤棉花没有卖出去。这主要是因为大家看到前几年，种棉花能够赚钱，利润较高，所以全国各地的农民都开始种棉花，使得中国的棉花市场供大于求，引起了棉花滞销。现在3元/斤都已经是在赔本卖了，但还是卖不出去。另外，棉籽过了伏天以后，就会开始出油，会使得棉花变红，看起来不白，大家就不会买了，因此过了伏天，只能把棉籽去掉，制成皮棉来卖。但是，现在的棉花不像过去那样是公家收购的了，现在的棉花一般是私人收购，他们买棉花的时候，要求有棉籽，一般不会收皮棉，因为棉籽可以榨油，如果只收皮棉，他们就会少一层利润。王现祥对家里剩的300多斤棉花有点担忧。从自己经历的这个事情上，王现祥看到了一个问题。他认为，国家应该对农村的种植有一个规划，每年什么东西该种，应该种多少，分别应该是哪个地方的人来种植，都应该有个明文规定。要不然的话，农民们都会看到什么能赚钱，就会去种植什么，让这种东西迅速地变成供给相对于需求过大的情况，从而使得这种东西迅速贬值，很多农民就会在这年赔钱；而另外一些该种植的却没有多少人种植，弄得市场上供不应求，这样下去，就会走进一个恶性循环。因此，国家对于市场应该有一定的导向，王现祥说他依然记得2001年，蒜薹不管贵还是贱，都没有人买，就是因为种植大蒜的人太多了，而前几年的东北大白菜也遇到了这种情况，最后种植大白菜的农民只能无奈地把白菜扔掉。他认为原因就是国家对于农民的种植没有具体规划，对市场没有导向，单纯依靠农民自己调节市场供求，决定自己种植什么就会导致供求的巨大失衡，农民的利益受到了严重的损害，农民种地的收入越来越少。

其次，王现祥希望将来农民的低保能再高点，他觉得现在农民每人每月55元的低保太低了。在国家提出低保政策之前，王现祥就深刻地意识到了一个问题：工人退休、教师退休等都有退休金，为什么农民会没有退休金呢？

农民种植的粮食让他们吃了，种植的棉花大家穿了，为什么工人们退休后就会有退休金，而农民没有呢。同样是为国家出力，工人退休就归国家负责，农民老了却只能依靠自己！现在国家对农民的生活有了低保政策，但还是不够，退休教师每个月的退休金是2000～3000元，而农民的低保却只有55元/月，就靠这些低保钱，“每个月的菜钱都不够”。王现祥说，他曾经有个同事开玩笑说，农民没有退休金是因为效益太低了，他当时狠狠地反驳了他的这个同事，说工人开车工作，农民拉排车运输，工具上的差距直接决定了结果的差距，就比如一个司机开解放牌汽车，从康城往曲周拉煤，每次能拉10吨，一天可以跑两个来回，而农民呢，农民从康城用排车拉1000斤去曲周至少需要三天，在体力付出上农民绝对比司机多得多，但是农民的收入却仅仅只有工人的1/5！如果给农民一样的劳动工具的话，农民的效益肯定也不会低，甚至会更高。现在就是工人与农民的收入差距太大，在早些时候还好些，差距没这么明显，那时工人们打工一天赚的钱是买不了一袋面的。但是现在就完全不一样了，工人在外打工一天的工资，买一袋面绰绰有余，相比而言，现在的农民在地里的劳动价值太低，经济收入太低，农民的付出与收入不成比例。王现祥满怀着忧虑告诉我们：“如果再这样发展下去，农村里的年轻人都会出去打工，不再在家里种地，因为外出打工的话每天能收入100元，用面粉做比较的话，现在面粉每袋65元，一天的工资买了面粉还能剩35元，而在家种地一天的收成是不会有这么多的，这样农村会只剩下50岁以上的人在种地，慢慢地，地里缺少劳动力的情况会使得农村土地荒废了，真的出现这种问题，国家会非常头疼的。”现在王现祥与自己的老伴以及自己的小女儿三口人一起生活，他靠种地赚的钱根本无法养活他们三口人，从下面的两个表里就可以看出地里的收入与平时的支出不平衡，缺钱的时候，他就需要向小儿子要。

表19－9　**2011年家庭农作物、牲畜和家禽情况**

种类	亩数	折算价值（元）	种类	亩数	折算价值（元）	种类	个数	折算价值（元）
大蒜	0.7	3000	瓜果	0	0	羊	0	0
玉米	1.7	2000	花卉	0	0	牛	0	0

续表

种类	亩数	折算价值（元）	种类	亩数	折算价值（元）	种类	个数	折算价值（元）
水稻	0.9	800	蔬菜	0	0	马	0	0
棉花	0.9	1000	药材	0	0	猪	0	0
大豆	0	0	0	0	0	禽类	0	0

资料来源：根据王现祥口述整理，2012 年 6 月。

表 19 - 10　　2011 年家庭支出情况　　单位：元

总支出	生产性	衣服	食品	看病	教育	娱乐	红白喜事	交通	通信	住房
13530	1115	2000	3855	0	5500	0	200	560	300	0

资料来源：根据王现祥口述整理，2012 年 6 月。

再次，王现祥觉得对于土地占用问题，国家也应该出台具体政策规定，明确到底什么情况是属于土地占用的，而且对于土地占用的补偿应该有个统一的要求。现在的情况是每个村子里占用土地所给的补偿都不太一样，有的给 3 万元，有的给了 5 万元，给下面村里造成了很大的困难，国家应该有个明文规定来具体阐述这些问题。

最后，王现祥认为，现在的新农村建设太过盲目，没有一个统一的规划。自从开始进行新农村建设，很多村为了个人的利益就开始盲目的盖楼房，但是却没有一个规划，这样会引起浪费。他说，现在很多村盖楼房的热度很高，但是却没有统一的规划，现在确实是盖起来了，但是如果有一天国家出台了具体的要求，或者随着农村的发展，很多问题就会自己显现出来，很多现在盖的不合理的楼房就要被拆除，比如应该留出道路的地方盖上了楼房等情况，这种情况会造成资源的浪费，是一种徒劳。国家对此应该有一个统一的规划，明确规定该怎么进行新农村建设，不能只喊口号，没有规划。就好像盖房子一样，要先有盖房子的计划，然后设计图纸，再根据图纸买原料，而不能什么都没有就去买原料，如果这样做，买回来的原料比如房梁不能用怎么办呢，不就浪费了吗？

在采访结束的时候，王现祥意味深长地对我们说：“我想看到你们写的书，国家的重担就在你们身上了”，他还告诉我们说我们这种深入基层的调查最能反映农民真实的情况，很支持我们工作。我们的采访一直进行了2个多小时，王现祥一点没有烦躁的样子，对于我们的每一个问题都认真地回答。在王现祥身上，我们不仅看到了普通农民的优秀品质，朴实、勤劳、踏实，同时给我们留下了深刻印象的，还有他的思想，他从自身经历以及所见所闻上，所有的对市场、国家政策以及新农村建设的思考，虽然王现祥仅仅是高中毕业，而且高中由于“文化大革命”的原因并没有学到什么，但是这些并没有阻碍他思想的开阔。王现祥的想法是先进的，是有事实基础的，他曾开玩笑的对我们说，在国家没有提出农村低保政策之前，他曾想着要去法院告状，对象就是我们的胡锦涛主席，就因为农民、工人都在为祖国努力，为什么工人就有退休金，而农民就没有呢！王现祥对于国家要对市场有导向作用，不能任凭市场自由发展的想法，让我们钦佩他的见解及思考的深度，而他对于新农村建设的提议，也很值得研究。这些可能是一般的农民不会去思考的，也想不到的，甚至很多大学生、研究生自己去研究学习也不一定会有这样的见解。当然，王现祥对于国家大部分政策都是很满意的，认为是改革开放让大家过上了好日子，而且由于参加了农村新型合作医疗制度，自己的生活保障程度虽然与城市居民比有差距，但是也在从无到有，不断提高。

（四）热情助人的村民李文宗

李文宗，男，1953年生人，已近60岁，小学文化程度。妻子张华玲，今年56岁，没读过书。家里有2.5亩地，1亩地种水稻，1.5亩轮种蒜和玉米。李文宗白天在村委会工作，负责照看村里的自来水管线。晚上在附近的一家生猪屠宰场打工，负责操作一台专门给生猪退毛的机器。李文宗夫妻俩都是汉族，没有宗教信仰，有2个儿子，2个孙子和3个孙女。现在两个儿子都已经工作，家里也没有额外的负担，照顾孙子、孙女就成为老两口日常的工作，也从中享受老年人的天伦之乐。

李文宗可以说是我们在西街村交往最多的一个人。我们组每天的采访，都是由李文宗带着我们走街串巷，并介绍我们和农户相互认识。所以，我们曾一度以为李文宗是副村长或村长助理之类的人物。后来才知道，李文宗并没有在村委会里任职，只是因为为人比较热心，在村里人缘又好，所以经常在村委会里帮忙。那天中午，李文宗带领我们来到了他自己家。

李文宗的家就住在村口附近，离村子附近的公路距离不超过200米。根据本村的习俗，村民都把自己家院子的门厅设计得非常豪华。但是，院子和住宅里的布置却各不相同，许多人家院子里的设置和门厅的豪华程度相差甚远。但是，李文宗家的布置还是做到了表里如一。穿过气派的门厅，进入院子里面，我们看到，他家的院子是用地板砖铺地，整个院子大约有200平方米，院子的南边是一个20平方米左右的棚子，用于存车和储存杂货。院子东边是厨房，西边是一个铁皮做的独立卫生间，住宅在院子北侧，是一个二层小楼。房间里倒是没有过多的装修，但是家用电器齐全（见表19-11），里屋还安有空调。李文宗说空调并不常用，今天我们本来打算破例用一回，但由于正好碰上村里停电，屋里很热，我们的采访只能搬到门厅里进行。

表19-11　**2012年家庭耐用消费品情况**

项目	数量	项目	数量
电视（台）	3	拖拉机（辆）	0
电冰箱（台）	2	卡车（辆）	1
洗衣机（台）	2	小轿车（辆）	0
照相机（台）	0	电话（部）	0
影碟机（台）	2	组合音响（套）	0
电动车（辆）	3	手机（部）	6
摩托车（辆）	0	自行车（辆）	2

资料来源：根据李文宗口述整理，2012年6月。

李文宗就出生于西街村，有一个哥哥和一个姐姐。他说小时候家里生活比较富裕，属于富农阶层，小学就在当地的南沿村小学读书。和他这个年龄段的大多数人一样，他也经历了一个很苦涩的童年。1960年，正值中国三年困难时期，虽然他的家庭成分为富农，但是那些年也变得一贫如洗。那一年，连饭都吃不上，想吃树皮和树叶都没有。有很多同村的小孩，因为饥饿而沦落成为乞丐，到街上要饭为生。作为一个7岁的小孩，在饥饿的驱使下，他也一度萌生过要饭的想法。到了街上之后，终于还是自尊心占了上风，没好意思真正去要，“参观”了一圈又回来了。好在，他挺过了那几个月最艰难的时间。到1961年，情况就大为好转，1962年之后就再也没出现过吃不上饭的情况。

李文宗9岁上小学，14岁小学毕业。毕业后，他没有继续读中学，而是自己做起了小买卖。李文宗说，当时村里也有生产队，但是各个生产队的政策不同。有的允许未成年人进入生产队干活，有的却不行，他们生产队就不允许18岁以下村民进入。当时，他们村就有很多小孩子跑着卖菜，李文宗也依葫芦画瓢。他每天早上都要起很早到十几里地的外村收购蔬菜，下午拿到本村临近的大街上去卖。一般每天能挣0.3～0.4元，生意好的时候有0.6～0.7元，要是有哪天能超过1元，他就高兴得合不拢嘴了。这样的卖菜生活，他大概干了2年。

1969年，据李文宗说是碰上国家打击“投机倒把”，村里不允许村民再去从事低买高卖的行当。于是李文宗被迫停止了当菜贩的生意，那一年，他16岁，仍然不满18岁。但是，生产队的政策做出了调整，允许他这样的未成年人进入生产队从事生产劳动。但是，未成年人和成年人的工分待遇是不同的。他们生产队成年人每人每天给10分，10分就算一个工，一个工给0.5～0.6元。但是未成年人则每天只给6分。这样算起来，他在生产队的工作还没有之前卖菜的时候挣得多。从李文宗的语气中，我们看得出，他对于自己从事的第一份职业（虽然那根本算不上是一个正经职业），还是很怀念的。

当时他哥哥也在生产队从事劳动，到了年底，生产队给大家结账，他哥哥和他把所有发的工钱凑到一起，最多也就是100元。由于收入的多少是和生产队的效益有关的，所以，碰上收成不好的年份，全年的收入有时还到不了100元。可以说，当时他家的生活过得还是很艰苦的。

就这样，他在生产队一干就是10年。1979年，李文宗离开了生产队，接了父亲的班——厨师。他的父亲是邯郸市饮食公司的厨师，1979年退休。按照当时的政策，子承父业，就这样，26岁的李文宗干起了厨师的工作。

虽然作为一名厨师的儿子，耳濡目染，在家里李文宗也经常看父亲做饭，但是毕竟没有真正学过，对于做饭也就懂点皮毛，至于当一名厨师，他还真是可以说一窍不通。但是，当时也没人管这么多，反正不管你会不会做饭，轮到你接班，你就可以接班。李文宗刚开始真有一种赶鸭子上架的感觉，只能边干边学。不过这个职业也是熟能生巧，再加上当时的食堂也不要求你能把菜做得多么精巧美观，也用不着特别可口，只要大家吃起来还过得去就行。所以，原本不会做饭的李文宗刚开始倒也没干出什么岔子。不过，随着时间的积累、经验的增加，又加上李文宗踏实的精神和负责任的态度，几年下来，他还真就练就了一身好手艺，成了能够掌勺的大厨。

在当时的情况下，餐饮公司的待遇还算是不错的，最起码作为大厨，吃饭问题是不用发愁的，而且公司的工资也不低。在刚开始的3个月试用期里，每个月就有18.5元的工资，成为正式工之后，就是每月36元。但是，在餐饮公司干了6年之后，他有了辞职的念头。

1985年，改革开放已经有了些年头，人们的思想也有了极大的改变。李文宗开始渐渐觉得总在饮食公司并不利于自己以后的发展，每个月还算稳定的收入也不能使他满足。他们西街村，由于地形原因，土地肥力不高，人多地少，平均到每家只有1~2亩耕地，只靠种地往往不能满足村民的生活需要。同时，他们村临近公路，交通比较便利，人流量较大。所以，他们村很早就有人开始把种地当作副业，而主要靠经商为生。在西街村，可以说经商已经成为一种传统。当时的李文宗，经过多年在饮食公司当大厨的工作，已经拥有了一技之长，他也萌生了靠自己的手艺经商的想法。于是，他在靠近村子的公路边租了一间门面房。自己出资3000元，又借了5000元，总计用8000元作为本钱，开起了饭馆。

由于餐馆开在省道的边上，车流量大，人也多，再加上他自己懂技术，会做饭，又不辞辛苦，所以，餐馆的生意一直都很不错。现在他们家住的房子就是当时干餐馆的时候盖的，有上下两层，一层四间，很是宽敞。而且儿子的婚事也是在干餐馆期间完成的。他说，生意不错，挣钱不少，这都是表面上的，真正的辛苦却只有自己知道。干餐馆的，早上要起得非常早，赶到附近的菜市场买菜，回来后要把各种食材进行处理加工，做成半成品，这是非常烦琐的工作。同时，为了保证餐馆的卫生条件，每天早晨还要把餐馆打扫得干干净净。打扫餐馆可不是一件容易的事，许多客人喜欢晚上喝酒，一喝酒就喝到很晚，半夜两三点关门是常有的事。客人喝完酒，桌子上、屋子里往往乱七八糟，非常难收拾。客人不走，老板就不能休息，早晨他还要早起买菜，每天的睡眠严重不足，想起来，可真是不容易。

这种辛苦其实还是次要的，由于饭馆的位置也靠近邻村，当时临近村子的村委会、卫生院、供电所等各种机关单位的人也经常来吃饭。有些大队没有食堂，大队领导基本上天天都要去他那里吃饭。顾客倒是不少，可是当时真正付钱的却不多，大多数情况是吃完饭记个账，月底一并结清。但是有些时候这月推下月，下月拖半年，拖上个一年半载的，单位领导一换，就全都不认账了。为了这些事情，李文宗可谓伤透了脑筋。他说，直到现在，还有3万元的死账，已经不可能要回来了。为了催账的事，他到法院起诉过两回，也花了很多钱，由于有记账单据为证，法院也判他胜诉，但是，由于各种原因，始终没法执行判决。倒是因为最后撕破了脸，把原本每年还支付的利息都给闹没了。

说起这些陈年往事，李文宗很是无奈。餐馆干了5年，他最终还是决定放弃餐馆的生意，转而到别人开的餐馆里当厨师打工。打工的收入要远远小于自己当老板的收入了，但是，最大的好处就是省心。李文宗说，反正房子也盖了，儿子也结婚了，基本上也没有太需要花钱的地方了。自己也觉得有点上岁数了，不想再那么辛苦了，给别人打工虽然挣得少点，不过空余时间多，钱够花就行。1990年的时候，他大概每月有600元的收入，后来涨到1000元。钱不算多，李文宗却觉得比较满足。

1994年之后至今，李文宗连厨师也不干了。他说，儿子都大了，基本上用不着自己辛苦挣钱了。他妻子在附近商场里打扫卫生，一月只有900元，他的大儿子跑运输，给别人当司机，一年大概有45000元的收入，大儿媳在卖电动车，每月也有1200元的工资；二儿子在邯郸市开出租，每月收入3000元，二儿媳在附近一家养鸡场工作，每月工资1500元。儿子已经不用花老人的钱，有时还能给家里贴一点。李文宗自己有些积蓄，可以应急用。家里还有2.5亩地，自己平时种种蒜，种点水稻，全当是锻炼身体。年纪大了，干不动了，还是身体重要。

表19－12　　**2011年家庭收入情况**　　单位：元

职业	收入	职业	收入
从事种植业	4000	本乡镇就业工资	30000
从事渔业	0	外出打工	32400
家庭手工业	0	从事运输业	91000

续表

职业	收入	职业	收入
从事畜牧业	0	政府补贴和社会救济	180
从事养殖业	0	出租草场耕地房屋等	0
从事旅游业	0	其他经营收入	0
总收入合计	157580		

资料来源：根据李文宗口述整理，2012 年 6 月。

由于他平时在家里事情不多，又会做饭，村里人往往会找他帮忙。比如有哪家办点红事白事的，总免不了要给亲戚朋友管几天的饭，那个时候，村里的人就会找到李文宗，让他负责给做几天饭。由于村里的老乡都低头不见抬头见，彼此比较熟悉，这种帮忙往往都是免费的义务劳动。这么多年来，基本上每个月都会有人找他帮忙，他也乐此不疲，只要是有空，都来者不拒。由于他技术好，人又热心，一来二去的多了，他在村子里的口碑就越传越好，现在很受附近村民的尊敬。他说，总去给人帮忙，也没有报酬，看着是吃亏了，其实不然，人们心里都有一杆秤，今天你帮了他，在别的地方，人家就早晚会回报给你的。反正自己在家也没事，给人帮忙就是一件很愉快的事。

最近几年，新书记上任后给村子里铺了自来水管线，村子里自来水的供水站就需要有人专门照看。于是，经过书记安排，他便去自来水供水站上班了。平时的工作也很闲，只要保证自来水公司供水系统正常运行就行了。“都是自动化的，也不需要太管”，李文宗如是说，“偶尔哪家出了毛病，联系技术人员来修就行”。自来水站的工作比较清闲，当然给钱也不多，每个月只有 600 元。他说，就是图个清闲，老了，不想太累。他现在白天就在家里看孩子，负责中午晚上做个饭，下午就去找同村的人打麻将。他还有一份晚上在屠宰场开退毛机的工作，要从晚上 12 点干到凌晨 2 点。他说，干这个工作最主要也不是为了挣钱，也是因为屠宰场是一个朋友开的，让他去帮忙，自己没啥事就应了下来。工资也很少，每个月只有 1000 元。在农村，开销少，自己一个月有 1600 元，够自己花了。

他说，二儿子一家和自己住，他家是典型的“婆媳同檐”的家庭。但是，他的家庭非常和谐，婆媳之间从来没吵过架。我们想，这是和李文宗本人的性格分不开的，他为人热心，与邻为善，家庭成员也都从他身上潜移默化地学会了如何去尊敬别人。这样的美德值得我们每个人学习，衷心祝愿李文宗的生活永远和谐美满。

（五）木匠张文田

张文田，男，1943年出生，汉族，高中文化程度，普通话说得很不标准，没有宗教信仰。村里的治保主任宋主任带我们到张文田家里的时候，张文田老人恰好在放羊，老人总共就放三只羊，一只大羊领着两只小羊。为了不影响老人放羊，我们就在老人放羊的地方开始了访谈。正当我们开始的时候，附近的一户人家正在拆旧房子，铲车的轰隆隆声实在是太吵，而且铲车所堆放废旧材料的不远处是一个垃圾场，不时传来一阵阵的恶臭，所以老人就带我们去家里了。没想到，张文田就是在家门口放羊的。

走到张文田家的院子里，老人去圈羊，我们打量了一下这个小院。估计是长久没有人住，院子里稀稀疏疏的长着些杂草，房间的门上也挂着一把铁锁，只是从院子里种植的蔬菜中，才可以感觉到这个院子虽然没有人住，但还是经常有人来。后来我们了解到，这个院子是张文田小儿子张志贤的，老人就住在儿子隔壁的院子里。等老人圈好了羊之后，我们就开始了这次访谈。

张文田老人说他自己上学比较晚，1950年，7岁的张文田进入南沿村完小开始读书。老人告诉我们，当时不比现在，当时他们班有40多人，他和村里的老校长李锡海是同班同学。老人开玩笑的告诉我们，当时他的学习成绩并不好，和李锡海有一定的差距。在学科设置上，老人说当时虽然条件艰苦，但是特别注意学生的全面发展，除基本的数学、语文之外，地理、自然、音乐、体育等课程都是开设的。除此之外，学校当时还特别注意对中国传统文化的教育和传承，所以在完小四年级的时候，当时的学校还要求学生学习书法和算盘，现在老人依然会熟练地使用算盘。在完小的最后两年（即小学的五年级和六年级），学校开设了历史课，主要是讲授中国历史，偶尔地穿插外国历史。

张文田老人说自己依然记得当时上学时的艰苦条件，在1950年的时候，当时全国刚刚解放没多久，很多物资都很贫乏，加之当时老人的家境并不好，所以像其他很多孩子那样，他也是没有纸和笔的。老人自嘲的告诉我们，当时他还算是幸运的，因为家里人不但送他去上学，而且家里还有一个石板（石板这种东西很多生活在城里的孩子是没有见过的，它其实就是一个很小的、可以随身携带的黑板，学生上学时带上，放学时带回去。当时没有那么多的粉笔，所以书写工具主要是石笔和黄土块）。张文田老人告诉我们，当时南沿村完小的师资算是很好的，没有其他村里出现的复式班的情况，不仅可以保证一个班一个专职老师，而且可以保证每门课一个老师，这在当时算是很好的配置了。

1956 年，完小毕业之后，张文田老人考上了南沿村中学，就是现在的永年七中。这所中学当时算是顶好的中学了。据老人回忆，当时全河北省总共有 17 所中学号称是“小宝塔”，也就是我们现在所说的“重点中学”，南沿村中学就是当时的一所“小宝塔”。三年的中学生活，老人说自己过得很充实，一方面是学习文化知识，另一方面也像其他的农村孩子一样，在学习之余，帮家里干一些简单的农活。当时他们家里的生活条件并不是很好，加上学校距离家里不是很远，所以吃住都在家里。老人回想了一番，告诉我们，当时他一天在学校和家之间要往返四到五趟。这样的日子虽说艰难，但也并不是完全没有好处，现在老人说自己的身体很好，有相当一部分时间是在学校里锻炼出来的。

张文田老人说在中学毕业的时候，正是三年自然灾害开始的第一年——1959 年。当时的食物供应已经显现出紧张的趋势，西街村当时的食物供应是每人每天 7 两，粗粮和细粮的总和。而学校当时的供应还算是比较多的，每人每天是一斤，所以老人就选择了继续上学，1959 年张文田老人去了邯郸农专。我们对这类学校不是很熟悉，所以老人就给我们详细地讲了讲关于农专的事情。

邯郸农专是一个类似于高中的学校，主要讲述的课程还是高中的数学和语文，在外语方面，因为特殊的时代背景，所以老人说他们主要学习的还是俄语。但是俄语的学习只进行了半年，到 1960 年的时候，学校就暂停了俄语的教学。邯郸农专当时有自己的 200 多亩地，主要是种植蔬菜和粮食，一般是作为试验田和粮种的培育。收获的作物还可以给学生提供一些生活上的补贴，不过这种情况并没有持续多久，到 1961 年的时候，由于种种原因，学校的财政状况日益吃紧，最后实在支撑不下去，就解散了。在学校解散的这段日子里，老人主要是回家在生产队帮助家里人挣工分。在1961年的时候，张文田当时已经18岁了，但是在生产队当时计工分的情况下，他还是不能挣得一天的全工分。按照当时的规定，劳动一天一个工满分是10分，青壮年是10分，妇女是7分或者8分，小孩是3分或者是4分。老人说他当时一天可以挣7分到8分，每天可以挣0.6～0.7元，这在当时也算是一笔很不错的收入了。

1963年，在度过了三年艰苦时期之后，邯郸农专复校，不过并不是每一个学校解散时在读的学生都可以回校的——要通过专门的考试。由于复课人数指标很少，很多人没有通过考试，张文田老人也不例外。说到这段经历，老人感慨的说："现在想来，还是读书的好啊。可惜了当时没有那么好的环境，自己也没有抓住机会。"我们了解到，张文田老人的小学同班同学李锡海老人考了永年师范学校，最后一直是在小学校长和中心校校长的职位上，一直到退休。

没有通过学校的复课考试，老人就回到了家里。在生产队干活的时候，老人说自己一直想着学点什么东西，但是一直也没有想好到底要学什么。而且老人家里的家庭成分不是太好，所以没有机会做工。恰在这时，县里的食品厂要加工食品箱，在人手不够的时候，生产队组织了一个木匠学习班，招收一些有文化基础的年轻人学习木匠，所以高中没有毕业的张文田就被生产队选中了。老人说当时被选中的有三个人，现在只剩下他自己一个人了，其余的两个都已经生病去世了。

在木匠班的学习，主要是有经验的老木匠师傅带他们这些年轻人，而他们也学得快。老人说在村里的木匠班，他总共学习了三年就算是"出师"了。当时主要是做一些基本的家具，比如桌子、凳子什么的。而老人一生为公家做的唯一的一次，就是为水利局修建合子板。当时县水利局要修桥，在浇灌水泥的时候，要用到合子板。这种合子板的作用是：用两片同样大小的合子板夹在一起，固定住以后，在两片合子板中间的缝隙中浇灌水泥。老人说自己当时和西街村四里八乡的木匠全都去了，不过当时大家的思想都比较单纯，对工作相当在心，工程的质量也相当的过硬，当时根本就没有"豆腐渣"这类的词汇。在修完水利局的合子板之后，张文田老人就回到了村里，主要做的还是为村民修门窗做家具之类的零活。除了在木匠班学习的手艺之外，老人还自己琢磨了其他家具的做法，后来老人除了可以做桌椅板凳之外，还可以做门窗之类的了。当我们问起门窗上的雕花工艺时，老人显出很迷茫的神情，说自己并不会做门窗的雕花，而且这里基本上没有在门窗上雕花的风俗习惯。我们看了看老人小儿子家里的门窗，果然没有雕花。之后在其他人家访谈的时候，我们特别注意了所有人家的门窗，发现还真的没有雕花，所有人家的门窗上都是几块简单的玻璃，顶多是贴上几张剪纸画，或者是贴上几幅图画。不仅没有雕花，而且也没有雕刻文字之类的习俗。所以，老人和附近的木匠基本上都没有掌握这门技艺。

在做木匠的时间里，差不多可以每天挣到 2 元，这在当时算是很高的收入了，一个老师一个月的工资也才 30 多元。随着老人技艺的逐渐提高，老人买了现代化的操作工具电刨子，这使得老人可以做更加精细也更加复杂的家具。老人说他做过的最复杂的家具是太师椅。这种椅子虽说代表着一种权威和身份，但是构造也相当的复杂。老人说当时做一个太师椅需要将近一周的时间，而且当时大家的这种观念已经有所淡化，并不是很在意这种椅子所代表的文化和传统，所以也没有多少人愿意请他定做这种很费劲的东西。老人说，自己当初做太师椅完全是好奇，也就是看着别人家里的太师椅觉得有兴趣，所以就试着做了几张。但是这种椅子太费时费力，加上没有多少人愿意和在意这种椅子，所以最后老人就不再做了。

老人告诉我们，在生产队的时候，他还在木器厂做了 2 年的木工。当时的工资是按照计件的形式计算的，他们主要是负责按时按量地将图纸变成实物而已。在木器厂的经历使张文田老人受益不少，最明显的就是在椅子的制作上。从木器厂回来，自己再做椅子的时候，就不再给椅子涂漆了。这样比涂了漆的要卖得好，而且卖的价钱高。我们听了之后，顿生疑惑，按说包装精美的商品一般是比那些粗糙的商品要卖得好，为什么涂了漆的椅子反而没有没涂漆的椅子卖得好呢？看出了我们的疑惑，张文田老人笑着给我们解释说："涂了漆的椅子看着漂亮，但是对于那些想买的人来说，却是没有了选择。比如说他们想要黑色的，但是我们的椅子却涂成了红色，这就没有办法满足顾客的要求了。再说，顾客对于商品的质量也有所顾忌，比如说要是把椅子涂了漆，顾客对于椅子的用料就有了疑问，他们对椅子质量的担心也就不足为奇了。所以，就不应该给椅子之类的家具涂漆。"听完之后我们才恍然大悟，这个原来就是一种信息不对称条件下的双方博弈了。这种简单的方式打破了信息不对称，使得双方的交易可以顺利进行。

张文田老人说自己做木匠一直做到1980年左右。当时实行家庭联产承包责任制，村民分了土地，张文田老人主要是种地了。而木匠手艺则传给了他的小儿子张志贤，老人告诉我们，他儿子虽然继承了自己的手艺，而且学得也很不错，甚至超过了自己，但是对基本的家具制作没有多大兴趣，老人说他自己对这个也没有什么可以说的，这是孩子自己的选择。当我们问起张志贤主要做什么家具的时候，老人笑着说："他不做家具了，电刨子就在旁边放着"，说着就顺手指着旁边的一个被帐子遮盖着的东西给我们看。老人告诉我们，他的小儿子张志贤现在主要做棺材，还指着我们旁边被帐子盖着的大东西说那就是他儿子最近刚做好的一副棺材。我们开始访谈的时候，已经是快晚上七点了，那天的天气不是很好，所以黑的早一点，当我们听到棺材，而自己就站在一副棺材旁边的时候，不由得浑身抖了一下。老人笑着告诉我们，其实没有什么可害怕的，"人死如灯灭，棺材就是一副盛躯体的盒子而已"。虽然张文田老人这么说，但是在黄昏的时候站在一副做好的棺材旁边还是有些瘆得慌，看着我们实在很不自在，老人就和我们挪到三轮车旁边继续聊。

经过一段时间的缓和，我们似乎没有刚才那么紧张了，接着聊起了老人的木匠手艺和老人儿子的棺材生意。老人告诉我们说，他儿子做棺材的手艺是他自己学习的，没有人教过他，他做棺材的时间也有7～8年的时间了。西街村这一代做棺材的主要木料是柏木，所以柏木棺材的销售还是很好的。而棺材这种特殊的商品也不像其他的家具，主要是有人订购的时候，他才专门的做，一般不会做好放着等。一般的情况下，一副柏木棺材差不多是2000元，这也就是一般的普通家庭能够承担得起的。而棺材的前面也没有雕花和图画，老人告诉我们，这一带的棺材和影视剧里一样，只是单纯的四张板材的拼凑。对于那些比较富裕的家庭，一般不用柏木，主要用松木，松木棺材一副差不多就得4000～5000元。现在张志贤主要的时间是在邯郸附近打工，有人来定做的时候才回家做一副。之前手生的时候，做一副需要将近10天时间，现在经过七八年的摸爬滚打，要做一副差不多只要5天时间。虽然木工的手艺有了长足的进步，但是张文田一家的主要收入还是儿子和儿媳打工的收入，根据张文田老人的叙述，我们简单地汇总了他们一家的收入情况：

表 19-13　　2011 年家庭收入来源情况　　单位：元

职业	收入	职业	收入
从事种植业	6000	本乡镇就业工资	0
从事个体经营	0	外出打工	45000
从事屠宰	0	从事运输业	0
从事渔业	0	政府补贴和社会救济	1600
从事养殖业	0	出租耕地或房屋	0
从事旅游业	0	其他经营收入	0
总收入合计	52600		

资料来源：根据张文田口述整理，2012 年 6 月。

正在说张文田老人和他儿子的木匠手艺的时候，我们听到了狗叫声。老人过去看了看，原来是一只小羊想出圈，所以那只狗就趴在小羊面前叫起来了。看到这个很逗人的场面，我们就聊起了这些羊。原来，张文田老人养羊的时间并不长，只是从 2011 年 9 月才开始养羊的。还是因为村里人多地少，儿子和儿媳都出去打工，两个人每年大约能挣 40000~50000 元，足以应付家里的开支，自己年纪也大了，所以在种地的闲暇就开始养羊了。开始的时候只养了一只，今年刚刚下了两只羊羔。老人说现在养羊主要是打发时间，没事的时候赶着羊出去转转，剩余的时间就是在小儿子的院子里种菜，吃剩的饭菜给了那三只羊。不过张文田老人与儿子联系并不频繁。因为他自己并不会用手机，联系的时候主要是儿子打到邻居的手机上或者座机上，所以老人并不经常和自己的儿子联系。这样孙女的教育问题主要是张文田老人和老伴李兰芹老人负责了。儿子张志贤只是小学毕业，老人说他小时候念书念得不是很好，也没有什么念书的心思，所以，小学毕业后就没有再接着往上读。现在对孙女的教育，老人一直觉得是个大麻烦，孙女每天下午放学了还得做一段时间的功课，而孙女有疑惑的时候，自己又不能帮上什么，所以一直觉得头疼。

表 19－14　　2011 年家庭农作物、牲畜和家禽情况

种类	亩数	折算价值（元）	种类	亩数	折算价值（元）	种类	个数	折算价值（元）
大蒜	0.7	4500	瓜果	0	0	羊	3	0
玉米	1.4	1600	花卉	0	0	牛	0	0
水稻	1.4	0	蔬菜	0.2	0	马	0	0
棉花	0	0	药材	0	0	猪	0	0
大豆	0	0				禽类	0	0

注：张文田老人养的羊还没有卖过，他种植的蔬菜和水稻也是自己食用，所以折算价值为 0。

资料来源：根据张文田口述整理，2012 年 6 月。

在基本的生活方面，老人生活很简朴，除了自己和老伴之外，还有孙女，每个月基本的生活费用也就是 600 元到 700 元左右。一辆自行车、一辆电动车、一台洗衣机、一辆农用三轮车，仅此而已。

表 19－15　　2012 年家庭耐用消费品情况

项目	数量	项目	数量
电视机（台）	2	小轿车（辆）	0
电冰箱（台）	0	自行车（辆）	1
洗衣机（台）	1	电动车（辆）	1
照相机（台）	0	摩托车（辆）	1
影碟机（台）	0	手机（部）	2
组合音响（套）	0	固定电话（部）	0
农用三轮车	1		

资料来源：根据张文田口述整理，2012 年 6 月。

张文田一家的支出情况为：

表 19－16　　**2011 年家庭支出情况**　　单位：元

总支出	生产性	衣服	食品	看病	教育	娱乐	红白喜事	交通	通信	住房
19500	3000	1500	8500	0	5000	0	800	0	700	0

资料来源：根据张文田口述整理，2012 年 6 月。

张文田老人很注重养生，每天早上 5 点按时起床，晚上 8 点准时睡觉，基本不怎么看电视剧。在种地方面，老人除了种豆角之外和村里的其他村民没有什么区别，除了种大蒜就是种玉米和水稻了。老人说自己和老伴都参加了村里的新农合，而且两人的身体都很好，去年一年除了头疼脑热之外，身体上基本没有大的毛病。老人说身体好就是对儿子们最大的帮助了，现在能不麻烦儿子们就不麻烦他们了。

我们的访谈进行到晚上七点四十，张文田老人的孙女请她爷爷回家吃饭，老人很热情的邀请我们去隔壁的家里一起吃，我们不愿意麻烦老人一家，就婉言谢绝了老人的邀请，给老人和他的孙女拍了几张合影之后，我们的访谈就结束了。我们祝愿老人身体健康，放羊舒服畅快。

（六）踏实负责的电工刘金奎

我们第一次去刘金奎家的时候，由于正值农忙季节，他下地干活了，并不在家。第二天，我们再次寻访，刚走进西街村村巷，就听到村子远处不知什么地方传过来的广播，热闹地放着大戏。引导员一听这动静儿笑了，说，“这次放心吧，刘金奎肯定在家呢。”看着我们半信半疑的样子，他解释道，“听见这广播没，就是他在家里放的，这是招呼着收电费呢，刚好我家也该交电费了，咱一起过去吧。”就这样，循着那响彻村庄的大戏声，我们来到了电工刘金奎的家里。

穿过几条巷子，我们被领进了刘金奎家的院子，撩开侧房的门帘，果不其然，看到一个人正端坐在沙发上，沙发前面的茶几上放着一个账本和一沓票据。房间的床边就是一台电视和一部老式的卡带播放机。即便是在自己家，看他的神态，也完全是在办公的模样，严肃认真，不苟言笑。当引导员给我们介绍刘金奎时，稍有惊讶之余他略有回绝之意：我哪有什么好采访的呀。当了解到是由于自己的电工身份吸引了我们的注意时，刘金奎转而欣然接受了我们的采访。

刘金奎，1949 年出生于西街村的一个普通农民家庭，家里只有一个小妹。7 岁时读小学，三年级辍学。说起辍学的原因，主要还是因为在 1959 年末至 1960 年初，刚好是国家遭遇自然灾害的开端，原本就贫苦的生活条件此时更是雪上加霜。在温饱都不能保障的年代，更不用说是维持孩子的学校教育了。

也就是因为家庭条件困难而辍学的那天起，10 岁的刘金奎离开了学校，来到生产队。由于年龄小，刘金奎在生产队里干一天活，只能挣 2～3 个工分。当时的生产队，生产条件落后、缺少必要的农业生产资料，每年的收成随着天时变化而时多时少。同时，还要有一定比例的收成需要上交给国家，因此，原本较低水平的粮食产量最终能够留存给村民的就更是少得可怜了。据刘金奎的回忆，当时生产队里是分发粮食作为农民劳动报酬的。刘金奎把挣得的麦子粒儿拿回家，连一个人的肚子都填不饱。

到了十六七岁的年纪，刘金奎开始学着操作生产队里的电磨，主要负责作物的初加工。在当时的生产条件下，电磨可以称得上是村子里少见的电器设备之一了。自此之后，刘金奎便与电工活儿结下了不解之缘。20 岁，刘金奎正式成了生产队的机械手兼电工。作为机械手，他平时的主要任务是操作水泵，水泵后来升级为柴油机，为村子里的土地集中浇水。至于电工活儿，除了日常的电力维修工作，刘金奎还负责收电费。据刘金奎的回忆，在 20 世纪 70 年代，村子里的电费是每度 6 分钱。

到了 1971 年，刘金奎当上了大队干部。当问及被提拔的原因时，刘金奎微笑着说，也不知道为什么，当时队里的干部找自己谈话，问愿不愿意当干部，自己就答应了。“哦，对了”，这时候，刘金奎眼睛一亮，说：“这年我还被推荐入了党，对，就是这一年。”就这样，刘金奎不仅由一名普通群众转变成为了一名共产党员，同时还担起了村治保主任的职责。说起治保主任，我们的第一个反应是或许村子里治安不好，所以村负责人需要专门要挑选一个人来担任治保主任。刘金奎解答了我们的疑问，他说，当时村子里的治安很好，基本就不存在打架的现象，自己的这个治保主任跟治保相关的工作也就是负责调解一下村子里家长里短的小纠纷和小矛盾，所以，这些并不是主要的工作职责，平时的主要工作任务是收农业税，后来还负责协助村主任管理计划生育的工作。关于农业税，刘金奎说，当时土地已经分配到各家各户，每家每亩地一年交两次税，一次十几二十元。刘金奎说，收农业税的工作一直都还算是顺利的。而关于计划生育工作，刘金奎只是说自己的工作涉及计划生育的方方面面，工作还是不好做的。

刘金奎做了大概八九年的治保主任，到了 1980 年，他开始回家专职种地。当问到为什么没有继续在村子里任职时，刘金奎说，自己做了这么多年，也应该让出地方给年轻人了，刘金奎的神情中总是透着一股平静。但是，自己家里的土地情况却不尽如人意。原本就不肥沃的土地里，还有整整一亩都是水沟，平整好之后也是收成极低的半荒地。在这块地里，刘金奎说到了季节就种下玉米，至于收成多少就看老天了，“它多长咱就多收，少长就少收”，完全靠地吃饭的日子毕竟还是不宽松的。在这期间，村子里偶尔需要电工，也会把刘金奎找去，干干活帮帮忙。

到了 1992 年，刘金奎重操旧业，再次成为村子里的电工。这时的刘金奎主要负责两方面的工作，一个是维修，一个就是收电费。说起电工活儿，刘金奎不仅专业，而且认真负责。

说专业，在访谈中，刘金奎对于自己过去经历的记忆已经略显模糊，但是当被问及村子里是什么时间有了生活用电，他却是对答如流。刘金奎说村子里是 1963 年通电，1964 年村民开始用上了电。西街村用电的时间比较早，这对村民的生活提供了极大的便利。但现在的问题是，全村电线最近一次更换是在 20 世纪 90 年代，距离现在已经有十几年的时间了。所以，一方面，电线老化严重，电线杆也已有多处开裂，这会对村民的用电安全带来一定程度的威胁；另一方面，现在大家生活条件越来越好了，家用电器越来越多，村子里的供电电压低，供电总量也明显不够用，尤其是到了夏天，据刘金奎估算，最近四五年，西街村夏天的用电量在七八万度左右，大大超过了实际供电能力，这就造成超负荷跳闸现象经常出现。

说刘金奎负责，在问到他平时的工作环境和工作条件的时候，本来就寡言少语的刘金奎只是说了句“就是无论刮风下雨都得出门”。这个时候，刘金奎的老伴儿——一位很慈祥的老妇人进来了，还有几个跟大叔看起来比较熟悉亲近的村民，恰好也进屋交电费，听到我们正在聊的话题，他们几个人满脸的激动，声音都提高了八度，接过刘金奎的话茬儿，说，“可不是吗，不论刮风下雨，而且，其实越是刮风下雨就越容易出现问题，就越得往外跑。老刘的工作可危险着呢，经常是带电作业”。我们问大婶担不担心刘金奎的安全，面色祥和的大婶也是深呼了一口气，说：“怎么不担心呀，不论白天晚上，一个电话就被叫走了。下着大雨要出门，下着大雪要出门，刮着大风也要出门。这些年都是这么过来的，也是怕他会出个什么意外呀。可是没有办法，他是电工，村子里电线坏了，人家家里没电了，不找他找谁呀，有问题就得去呀。”从大婶的一席话，我们听出了大婶对刘金奎工作始终的默默支持。

在我们对刘金奎的访谈期间，时不时就会有村民来刘家交电费。这个时候，刘金奎就会停下说话，低头伏案，在自己眼前的账本里认真地翻找着对方的电费单子，然后把单子递给对方，报出钱数。对方掏出钱，刘金奎先是拿过眼前的计算器，摁出需要找零的数目；然后在身边拿出一个不大不小的口袋包，坐在一侧的我们可以看到里面不论收据还是钞票全都是放置整齐的，他先是捻捻手指，摩擦点儿汗水出来，然后伸到口袋包里根据自己事先计算好的找零数一张张的将票子拈出来，找给人家。这之后，他还要翻开茶几上的收据本儿，给对方开出收据，汉字数字都写的一板一眼，毫无马虎之意。就这样办完了一户的业务，他少有寒暄，只是将所有精力都放在了自己眼前的工作中，而且，在访谈的近两个小时的时间里，每一次的操作都如出一辙，就像现代工业的标准化流程，无论来人熟或不熟，没有哪次是稍有放松和懈怠的。虽然我们没有亲眼见过刘金奎为村子里做维修的场景，但是就这一个简单的细节，我们也看到了他一丝不苟、认真负责的工作状态。一方面我们会为村子里有这样一位电工而高兴，另一方面也为刘金奎的生产安全问题感到有所放心了。

当问到家里的收入情况时，刘金奎说在村子里做电工，每个月有 500 元的工资收入，而现在的东西越来越贵，面粉需要买，食用油需要买，蔬菜也得花钱买，这点儿收入完全不足以应付家里的日常开销。所以，这些年，自己又在外面找了一个架电杆、铺线路的生计，按天给工资，一天 100 元，只是由于本地活儿特别难找的原因，每次干活儿就要跑出几十里之外，而且算起来自己也已经是 63 岁的年纪了，只能是干活时小心些，能干一天算一天了。

在访谈过程中，我们还做了一个调查问卷，对于刘金奎的家庭收入和日常开销有一个简单的统计，统计情况见表 19 - 17、表 19 - 18。

表 19－17　　　　2011 年家庭收入来源情况　　　　单位：元

职业	收入	职业	收入
从事种植业	8760	本乡镇就业工资	16800
从事个体经营	0	外出打工	84000
从事屠宰	0	从事运输业	0
从事渔业	0	政府补贴和社会救济	1744
从事养殖业	0	出租耕地或房屋	0
从事旅游业	0	其他经营收入	0
总收入合计	111304		

资料来源：根据刘金奎口述整理，2012 年 6 月。

表 19－18　　　　2011 年家庭支出情况　　　　单位：元

总支出	生产性	衣服	食品	看病	教育	娱乐	红白喜事	交通	通信	住房
24572	1412	3000	12000	1800	3600	0	1000	200	960	600

注：家庭收入来源包括本家庭全部六个劳动力的收入，但家庭支出数据仅包括两位老人和两个小孩子的教育支出。

资料来源：根据刘金奎口述整理，2012 年 6 月。

我们可以看到，大块头、方言浓厚、不苟言笑的刘金奎靠自己的努力，生活条件在村子里还是较为宽松的。究其原因，我们认为其一跟他严谨的工作态度有关；其二，除了种地以外，还有自己的一技之长，或者说是另一个职业，就是电工，这样，刘金奎的收入渠道就相对拓宽了，而且比较稳定；其三，刘金奎家的劳动人口有一个特点，就是自己的儿子儿媳都有稳定的工作和稳定的收入，这对于一个家庭的繁荣旺盛是一个至关重要的原因。

附 录

附录1　永年县农技推广体系建设情况

永年县是全国农业发展十强县、全国蔬菜生产十强县、全国粮食生产先进县、全国无公害蔬菜生产示范基地县、全国基层农技推广体系运行机制创新研究试点县。全县辖20个乡镇、450个行政村，总耕地面积96万亩，人口86万，自然条件优越，农业区域种植特色鲜明，产业化发展迅速。全县粮食播种面积118万亩，其中：小麦51.5万亩，玉米54万亩，蔬菜复种面积78万亩。全县2011年国民总收入217亿元，其中农业总产值52亿元，占全县GDP的24%，农民人均年收入8430元。

一、农技推广体系改革和建设情况

2003年开始，在农业部、农业厅、市农业局等上级部门的大力支持下，我县结合农业区域种植特点，积极探索基层农技推广体系改革，按照机构完善、人员精干、设施先进、机制灵活，能够与农民“零距离”服务的基层农技推广服务新体系的要求，撤并了20个乡镇技术站，组建了服务跨乡镇的8个农技区域站，在村级建成了390个科技进村服务站、120余家农民经济合作组织、4850个科技示范户。2008年底，我县又按照冀农管发〔2008〕23号文件批复的《永年县基层农业技术推广体系改革实施方案》，对机构建设和人员编制等进行了进一步完善。至目前，全县种植业技术人员定编162名，县级54名，区域站108名。另外，还设有38名乡镇联络员（县乡财政共同负担）。农业推广队伍中，研究员3人、高级农艺师17人、中级61人、初级81人，人员工资全部纳入财政供给。

我县基层农技推广体系建设的主要措施：

第一，领导高度重视、加大资金投入。

2003年，我县成立了由政府县长任组长，主管农业的副书记、副县长任副组长，有关部门为成员的永年县基层农技推广机构改革领导小组，并多次召开政府常务会、县长办公会专题研究此项改革。制定了以“组建区域中心站、优化强化服务终端”为重点的基层农技推广体制改革初步方案。

2005 年至今，我县共争取各级财政资金 300 多万元，用于基层推广站硬件建设和运行机制的创新研究，县政府专门为每个区域站每年下拨经费 3 万元，列入县财政年度预算，并根据财政增长情况，以后逐年增加，使多年来制约基层农技推广工作，“有钱养兵，无钱打仗”的问题逐步得到解决。

第二，整合乡镇站、建立区域站。

我县整合了原来按行政区域设置的 20 个乡镇技术站，按照不同的特色种植区域规划设置了 8 个专业区域中心站，每站由 12 ~15 人组成，辖 2 ~3 个乡镇，服务区域 10 万 ~13 万亩。实行集中办公、规范管理、专项服务、突出职能、区域站人财物归县局垂直管理。

第三，强化硬件建设、完善功能配置。

我县区域站均有独立的办公、培训场所和基本办公设施，先后投入资金 180 万元，为每个区域站配备了多媒体声像宣传及培训设备，种子培养箱、土壤化验、农残检测仪器设备，电脑、打印机、摄像机、数码相机等办公设备，基本上实现了办公自动化、信息网络化、服务手段现代化。

第四，科学配置人员、实行竞争上岗。

制定了区域站农技人员竞争上岗实施办法，按照蔬菜、小麦、种子、植保、栽培、土肥、农业信息等不同专业平衡配置技术岗位，依照年龄、学历状况、专业资格、技能水平等条件实行人员竞争择优上岗。

第五，健全管理制度、强化责任分工。

一是明确岗位职责：制定了栽培、植保、土肥、种子、信息、保管等人员的岗位职责。二是实行人员分工，目标量化。三是建立健全了各项规章制度。

第六，三方绩效考评、创新考核机制。

为了客观评价技术员工作业绩和社会服务能力，由农业主管部门、乡镇政府、村委会和服务对象（包括示范户、进村服务站、农民经济合作组织）三方形成综合评价考核体系。业务部门评价（占 40 分）、服务对象评价（占 40 分）、乡镇政府评价（占 20 分）。具体考核时分三块进行：一是业务工作实绩考核。二是分包乡、村工作情况评议。三是服务对象进行评议。三方面考核分数乘以各自权重，再相加即为总分。考核结果公布上墙，有效地激发了技术人员的敬业精神和服务意识。

二、农技推广主要服务方式、方法及成效

经过几年来对农技推广工作的探索和运行，我们完善了“八结合”农技推广服务模式，取得了显著的推广成效，得到了领导和群众的认可。

（一）农技推广与包村包户相结合，实现零距离服务

我县把日常推广工作与“专家驻村、干部包方、培训农民”工程相结合，全面开展技术人员驻村蹲点、包方包户指导，实行零距离服务。每名技术人员包1个示范村，辐射带动周围三个村，每村联系20个科技示范户，同时，对包村日常工作和关鍵时期的突击性工作任务进行量化、细化，日常下村时间每月不少于10天（区域站人员不少于20天），每村每月培训不少于3场，每月更换1次黑板报，每月到示范户示范田调查指导3次；突击性工作每天下村，每村培训不少于3场次，每户发放1次明白纸，每天喇叭广播2~3次。并详细记录工作日志，从而实现了真正的零距离服务。

（二）农技推广与重点项目相结合

“吨粮市”建设是邯郸市委、市政府确定的三年重点工作，粮食高产创建是农业部实施粮食综合增产的重要举措，是农业高科技集成技术工程，为了确保项目的顺利完成，我们突出抓好农业科技样板的示范和带动作用，办示范场，抓示范村，建示范方，带示范户，以点带面，用样板引路。全县共建立了10个万亩高产示范方，10个千亩高产方，100个百亩示范方，县级专家包万亩方、千亩方，区域站人人建立一个百亩示范方，包方人员建立示范方工作档案，进行定期技术指导、技术培训，组织现场观摩，实现了科技直接到户，良种良法直接到田，技术要领直接到人的目标，带动了技术的辐射推广。如2012年在国家级小麦高产示范片创建中，我们通过实施“六统一”等措施，取得了显著成效。6月4日，省厅组织专家对讲武乡示范片进行产量抽测，平均亩产达到615.4公斤。

（三）技术服务与行政推动相结合，完善农技推广联动机制

推广工作离不开各级政府部门的支持与配合，我们始终保持与乡镇政府的联系和密切结合，每个乡镇安排1名联络员，定期把农业生产情况发到各乡镇，以行政手段推动技术服务。特别是在农业重大灾情（病虫害）工作中，及时上报县政府，组织召开各乡镇村大型会议，组织乡村领导搞好行政发动和宣传，并层层压死责任。协调乡村干部和农民与技术干部工作关系形成了技术与行政联动服务机制。如：小麦吸浆虫是我县小麦生产的主要虫害，每

年我局把小麦吸浆虫预测预报情况报县政府后，组织各乡镇一把手召开防治动员会，农技人员参加各乡镇的统防统治动员会，迅速开展技术培训、宣传，在第一时间内把技术送到千家万户，确保了防治效果。

（四）农技推广与科技示范场（片）建设相结合，加强新品种新技术展示示范

科技示范场是我县基层推广工作中的一个重要服务载体。我县根据各区域站辖区产业特点，合理布局，集中精力，建设了部级科技示范场2个、省级示范场1个、县级专项示范基地（片）15个，示范带动农户接受新技术、推广新品种，有效加快了农业结构调整步伐。

（五）区域站与村级服务站相结合，搭建农技人员与产业结合的平台

我县区域站与服务站的结合，使农技推广机构的公益性与服务站的经营性得到了有机高效的结合，实现了技术服务链条的延伸。区域站在对服务站负责人进行培训和坐诊服务的同时，还与规模较大、影响广泛的进村服务站，按照“互惠互利”的原则，共同组成“农技110”联动服务团实行集团化联合服务，使技术与农资实现双配套，有偿与无偿服务相结合，同时也为农技人员服务产业化经营提供一个良好的平台。

（六）区域站与乡村大集相结合，延伸农技推广触角

组织区域站利用农村集市人员集中、影响面广的特点，借乡村大集机遇，抽调种子、技植保、土肥等专家，联系有关农资经营机构、供种企业，借势举办科技大集，不仅扩大了科技传播面，而且带来了应时农资产品，深受广大农民的欢迎。

（七）区域站与农民专业合作社相结合，推动社会化服务体系建设

农民专业合作组织是推进农业产业化经营的重要载体，服务带动群众推广农业技术作用日益显著。为此，去年以来，我们重点把如何引导发展壮大农民专业合作社，作为我县基层农技推广体系建设的重要内容和运行机制创新的重要课题进行探索研究。我们按照“分类扶持、分区联合，以点带面、整体推进”的原则，重点扶持具有较强服务功能、产业优势明显、能带动农民增收、承担一定公益性职能的合作社，对不同类型的合作社采取不同的服务模式：对控制基地规模较大（一般在5000亩左右）、辐射带动能力强的农民合作社，选派技术骨干长期派驻，为合作社提供专职技术服务。对骨干合作社发展，在资金上予以大力扶持。对新品种新技术示范作用大、偏重产前

产中服务的专业合作社，区域站利用项目主导，与其采取捆绑式合作服务，共享技术推广成果。我们鼓励技术人员直接创建或参与合作组织发展，培育发展技术专家领头型的新型农民合作组织，加快农业技术推广转化步伐。

（八）区域站与专业化机防队相结合，提升服务效率

为解决好一家一户病虫害防治慢、效果差以及植保技术推广难的现实问题，坚持由县局牵头，根据各区域站实际情况，实行“民办公助”的办法，扶持村街建立专业化机防组织，对各类病虫害进行社会化统防统治，切实提高了植保工作成效。

2012 年 6 月 7 日

附录2　永年县商务局关于“万村千乡市场工程”和“农超对接”发展情况

一、“万村千乡市场工程”

国家商务部在全国农村组织实施的“万村千乡市场工程”，是构建农村现代流通网络、开拓农村市场，扩大国内消费需求的重大战略举措。于2005年6月，永年县被国家商务部核准为“万村千乡市场工程”试点县，永年县中山商场有限责任公司、永年县万盛商场有限公司两个企业被确认为承办企业。万盛商场有限公司现更名为永年县天济商贸有限公司。2006年，又增加两个承办企业，永年县新人民商贸有限公司通过成安县被核准为承办企业，永年县永生农资有限公司通过邯郸县被核准为承办企业。这样，我县境内共4个承办企业。

四个承办企业在实施“万村千乡市场工程”，之初，均建设了配送中心。

2005年，建设与改造农家店166个，享受国家财政财补贴48.6万元。

2006年，建设与改造农家店274个，享受国家财政补贴134.1万元。

2007年，建设与改造农家店143个，享受国家财政补贴57.2万元。

2008—2009年，建设与改造农家店170个，享受国家财政补贴68万元。

2009年，新人民公司新建了配送中心，享受国家财政补贴55万元。永农资公司改扩建了配送中心，享受国家财政补贴55万元。

2010年，建设与改造农家店150个，享受国家财政补贴90万元。

2011年，建设与改造农家店95个，享受国家财政补贴57万元。

2012年截止到目前，建设改造农家店31个，中山商贸和永生农资公司，正在分别实施新建配送中心。

二、农超对接

农超对接工作是商务部2009年开始推动的，以发展农产品从基地到超市的直接流通方式；减少农产品流通环节、降低流通成本为手段，有效解决鲜活农产品卖难的问题，有利于实现农产品质量从农田到餐桌的全过程控制，提高农产品质量安全水平，建立农产品现代流通体制、增加农民收入和促进城乡统筹协调发展。

2009年底，经国家商务部核准，永年县长青无公害蔬菜专业合作社承办了农超对接工作、向邯郸美食林和阳光超市配送蔬菜。

永年县长青无公害蔬菜专业合作社，共有会员536人，其中注册会员19人，基地会员517人，拥有蔬菜基地面积8000亩。长青合作社以生产和销售无公害蔬菜、绿色蔬菜为主，采用“合作社+基地+农户”的运作模式，并注册了“永泉”牌商标，实行“五户联保”制度，对上市蔬菜产品统一标签、统一检测，为菜农提供产前、产中、产后一系列服务，确保了上市蔬菜的质量。“永泉”牌蔬菜获得河北省名牌产品，其中5个蔬菜品种被国家认定为绿色食品A级产品，许可使用绿色食品标志；6个蔬菜品种被国家认定为无公害蔬菜，获准使用无公害蔬菜标志。

2010年，配送甘蓝、芹菜、辣椒、西红柿、茄子、莜麦、黄瓜等蔬菜410万公斤，销售额360万元。

2011年，配送甘蓝、芹菜、辣椒、西红柿、茄子、莜麦、黄瓜等蔬菜490万公斤，销售额410万元。

2012年截止到目前，配送甘蓝、芹菜、辣椒、西红柿、茄子、油麦、黄瓜等蔬菜275万公斤，销售额245万元。

2012年6月25日

附录3 南沿村镇政府工作报告（摘选）

（2012年1月1日）

镇长：白亮杰

过去五年的工作回顾

一、经济工作

五年来，南沿村镇经济建设取得了快速发展，各项经济工作都顺利完成了预定目标。到2011年底，农村经济总收入达25.8亿元，是2005年总收入的2.9倍。其中，乡镇企业总产值从2005年的4.25亿元上升到现在的17.5亿元，是原来的4.1倍；税金已达1135万元，是2005年460万元的2.5倍；固定资产投入从2005年的5870万元上升至今年的3.92亿元，是原来的6.7倍；农民人均纯收入达6600元，是2005年3480元的1.9倍。

二、拆迁征地工作

1. 广府周边拆违拆迁

广府周边拆迁工作涉及我镇韩屯村49户群众13000余平方米的拆迁任务。自2006年南谭路拓宽以来，先后对道路两旁的房屋和门店进行了几次拆迁。面对群众思想抵触情绪大，阻力很大的客观情况，镇政府克服畏难情绪，自我加力，采取超常举措，积极应对，如期完成了49户面积13000平方米的拆迁任务，为广府旅游开发做出了应有的贡献。

2. 广府旅游专线和广府游客接待中心征地

广府旅游专线共占用我镇土地161亩，涉及韩屯、南马庄2个村186户；广府游客接待中心一期工程占韩屯村土地20亩，涉及农户39户。该两村地处暖棚蔬菜高产区，人均耕地少，特别是韩屯村人均耕地面积只合0.6亩，广府扩水淹地和南谭路建设又占去该村大量土地，村民对征地工作抵触情绪很大，征地难度也很大，南沿村镇克服上述重重困难，精心安排部署，采取超常举措，全力以赴，圆满完成了广府旅游专线的占地工作。目前，在外部复杂环境压力下，我镇稳扎稳打，广府游客接待中心涉及占地农户39户，已完成33户征地任务，工作接近尾声。

3. 邯临公路环境整治

在邯临路环境整治工作中，南沿村镇投入大量人力、物力，共计清挖邯临沟1000余米，拆除违章建筑100余户将近1万平方米。建立长效保洁机制，保持了道路整洁卫生，并组建专门管理队伍，对沿路工商户实施规范管理，使马路集市、占道经营、堵塞交通的顽疾得到彻底治理，也为进入广府的窗户擦去了“灰尘”。

三、重点项目建设

1. 三大市场建设

南沿村镇自古以来就是我县东南部的商贸重镇，商贸饮食业发达，我们借此优势，筹措资金，全力实施三大市场建设。一是综合市场建设。筹集资金2800万元规划建设南街综合市场和恒利商业广场各一座。恒利商业广场目前已投入使用。该综合市场的建成将会实现彻底解决占道经营和群众增收致富的双赢。二是西张寨大蒜市场建设。投资1500万元，在西张寨村北占地30亩，打造成华北地区最大的大蒜交易集散地，预计今年6月建成使用，届时将会有力拉动南沿村大蒜产业的流通升级。三是古城万吨气调库蔬菜配送中心。目前占地工作基本完成，预计今年10月可建成使用，届时将实现南沿村蔬菜全国配送。三大市场的建设，是南沿村商贸流通产业优势的上档升级和机遇转折，是实现商贸兴镇和全民致富的快捷途径。

2. 民营企业建设

依托大蒜、蔬菜产业基础，以河北华裕公司为龙头，培育壮大了如邯郸市绿而康脱水蔬菜食品有限公司、永年县古城腌制有限公司、张云食品有限公司、万森食品有限公司等一批以大蒜、蔬菜深加工为主的民营企业。其脱水大蒜系列、脱水蔬菜系列产品远销日本、韩国、美国、英国、法国、加拿大、巴基斯坦、毛里求斯、新西兰、西班牙等十几个国家和地区，年出口创汇500万美元。在有力提升我镇蔬菜产业档次规模和知名度的同时，也拉动了我镇150多家其他蔬菜加工小企业的蓬勃发展。

3. 农业产业化项目建设

以河北华裕家禽育种有限公司和京山育苗专业合作社为依托，积极调整农业产业化结构，推进特色种植和养殖业快速发展。河北华裕公司的新建大型孵化车间项目建成后可向社会增供雏鸡3000万羽，增加产值9000万元，安排就业岗位200多个。永年县京山育苗专业合作社计划到2012年底建成以西王庄为中心、占地1100亩的蔬菜产业示范标准园。合作社办公大楼也正在筹划建设当中。该项目建成后，可有力推进南沿村镇蔬菜种植产业快速走上标准化生产经营的轨道。

四、民生工作

南沿村镇筹集资金80万元，硬化赵辛线到南护驾道路3500米；筹集资金100万元对谭庄、白庄、西王庄等村街道实施了硬化；投资6万元，对南沿村到北护驾道路进行了改造、垫补和维修。向上争跑资金180余万元，建集中供水站一座、扬水站四座，清挖、维修沟渠6000米。投资40万元，申刘庄小学建成并投入使用。新型农村合作医疗的参合率达到95%以上。

五、信访稳定

南沿村镇村情、社情复杂，历史遗留问题和信访矛盾隐患较大，为筑牢信访第一道防线，坚持以群众工作站、室为抓手，细致摸排，及时化解，将责任层层落实到人头，严格实施一岗双责。五年来，邯临公路拆迁整治涉及70余户，广府周边拆迁涉及49户，广府扩水淹地涉及1300余户，均未出现有群众到县级以上部门进行上访。目前，共计化解信访案件34例，信访积案12例，实现了社会的空前稳定。

六、强力推进新民居，建设和谐新农村

我镇共有孙李街、南街、田堡、西沿村四个省级新民居示范建设项目。目前，孙李街新民居已投入资金4000万元，8栋460户的居民住宅楼主体已完工，附属设施正在建设，年后即可入住；南街村新民居已投入资金2000万元，6栋168户的居民住宅楼主体即将封顶；西沿村、田堡新民居也都在建设当中。新民居相继建成，将会加快推进南沿村镇新农村建设的步伐。

七、着眼平安创建，实现安全生产

我镇深入开展平安创建活动，积极筹措平安互助网络，各村组建治安巡防队伍，实施防治联动，有效维护了群众的生命财产安全。同时大力加强安全生产隐患排查整治力度，严厉打击烟花爆竹和其他非法、违法生产经营行为，坚持安全生产各项机制，坚持一岗双责，坚持责任和防范有机结合，确保了安全生产无事故发生。

八、计划生育工作

南沿村镇计划生育工作严格按照上级要求，计生普查上站率达100%，上环率100%，结扎率99%，计划生育率达到87%以上，在省市年终计生考核中顺利达标。圆满完成上级交办的计划生育各项工作任务。今年以来，我镇共消化三术1405例，其中一胎上环644例，结扎598例，补救163例。

今后五年的工作规划

一、指导思想

根据南沿村镇党委提出的未来五年全镇经济和社会发展的奋斗目标和主要任务，今后五年我镇经济发展规划的指导思想是：针对本镇自身特点及发展条件，以经济全球化和信息社会的时代特征为背景，以市场经济为导向，以经济建设为中心，促进实现村镇农业产业化、工业规模化、基础设施建设现代化、人民生活水平小康化的目标。

二、总体目标

以经济建设为中心，深化农业产业结构调整，加强农业基础建设，提高农业生产效益；努力提高工业产业化水平，充分发挥经济杠杆作用；加快发展第三产业，积极改善投资环境，最终实现农业市场化、工业产业化、乡镇城镇化、人民生活小康化的奋斗目标，确保城镇国民经济持续、快速、健康发展。

三、主要任务

（1）完善道路交通体系。改善建成区的交通状况，加强各行政村之间的联系。道路规划严格控制道路红线，分期建设：先建车行道，其余可作绿化或保留现状。

（2）改善建成区环境质量。邯临路两侧大型公园建设，结合居住设小型公共绿地，同时加强街道及河渠绿化，创造良好的人居环境。

（3）改造邯临路中段两侧商业服务建筑。完善集贸市场和专业市场的建设，特别是建一个大型建材市场，镇政府改建、文化活动中心建设工程，尽快形成镇区行政、文教综合中心。

（4）加强建成区环卫管理，彻底清理建成区随意堆放的垃圾，增设垃圾收集点并沿街装设果皮箱。

（5）中心区旧城改造以及新建集贸市场南部的多层居住区开发建设，改善居住条件。

（6）完善市政设施，配合近期道路建设，铺设主要供水、排水、电力、电信、供热管网。

附录4 南沿村镇"十二五"规划基本框架

一、"十二五"发展规划

（一）规划指导思想

针对本镇自身特点及发展条件，以经济全球化和信息社会的时代特征为背景，以市场经济为导向，以经济建设为中心，促进实现村镇农业产业化、工业规模化、基础设施建设现代化、人民生活水平小康化的目标。把村镇生态环境的保护与建设作为一个重要的因素组织城镇的规划与建设。

（二）总体目标

以经济建设为中心，深化农业产业结构调整，加强农业基础建设，提高农业生产效益；努力提高工业产业化水平，充分发挥经济杠杆作用；加快发展第三产业，积极改善投资环境，最终实现农业市场化、工业产业化、乡镇城镇化、人民生活水平小康化的奋斗目标，确保城镇国民经济持续、快速、健康发展。

（三）主要任务

（1）完善道路交通体系。改善建成区交通状况，加强各行政村之间的联系。道路规划严格控制道路红线，分期建设：先建车行道，其余可作绿化或保留现状。

（2）改善建成区环境质量。邯临路两侧大型综合公园建设，结合居住设小型公共绿地，同时加强街道及河渠绿化，创造良好的人居环境。

（3）改造邯临路中段两侧商业服务建筑。完成集贸市场和专业市场的建设，镇政府改建、文化活动中心建设工程，尽快形成镇区行政、文教综合中心。

（4）加强建成区环卫管理，彻底清理建成区随意堆放的垃圾，增设垃圾收集点并沿街装设果皮箱。

（5）中心区旧城改造以及新建集贸市场南部的多层居住区开发建设，改善居住条件。

（6）建设东南部部分工业。

（7）完善市政设施，配合近期道路建设，铺设主要供水、排水、电力、电信、供热管网。

二、"十二五"发展重点和对策措施

我镇的发展思路是：要建成"三个基地"，即特色突出的特菜种植基地、质量过硬的大蒜生产基地、辐射力强的商贸物流集散基地，使全镇经济发展上一个新的台阶，人民生活水平有大的提高，实现农民增收、财政增长，全镇整体面貌有显著的提高，为永年融入邯郸市都市圈打下坚实的基础。

（一）区域发展规划及发展措施

1. 镇域发展规划

重点建设南沿村镇区和东大慈、路庄两个中心村，逐渐形成以南沿村镇区为中心，东大慈、路庄为分中心，以邯临公路为发展主轴线，以赵辛公路为发展辅助轴线的空间结构。在基础设施基本配备的前提下，加强居住小区及镇容镇貌建设。以点带线、以线带面，促进全镇经济的发展。

2. 村镇发展规划

实施"三集中"战略，即乡镇企业向工业小区集中，从事非农业人口向镇区集中，农田向现代化农业园区或规模化经营的责任田集中，以形成规模合理、职能明确、用地科学的村镇体系网路。

3. 发展措施

（1）优化调整产业结构。大力发展规模化、效益型农业，规划建设工业区，积极引导发展劳动密集型产业，大力发展商贸服务业、交通运输业和信息产业，加快工农业产品的商品转化。

（2）注重加强基础设施。加快建设路、水、电网、邮政通信与广播电视事业，大力进行新农村建设，精心打造新民居工程，改善村容村貌。同时注重发展教育事业，到 2015 年高中入学率达到 100%。并逐渐形成区域治疗、保健、防疫网路，为城乡居民提供方便、可靠的医疗卫生环境，推动社会保障事业的发展。

（3）着力改善生态环境。加强城镇绿化，形成以综合公园为主体，道路绿带、沿渠绿地为骨架，小型生态绿地为背景，网络化、多元化的绿地系统格局；保护水源地环境，完善排水设施；改变能源结构，规划以液化石油气、沼气为主要能源，进一步提高群众生活环境，提升城镇承载能力和区域价值，建设宜居生态城镇。

（二）经济发展规划及对策措施

（1）紧抓区域特色，塑造品牌形象。严把蔬菜产销关口，严控用药用肥，大力推广标准化生产技术，提升蔬菜产品档次。加快绿色、有机蔬菜品牌申报工作，出台税收、工商、土地等优惠政策，鼓励外地客商投资，加强与知名品牌企业合作，打响南沿村镇蔬菜和大蒜品牌。开展综合服务，逐步建立政府引导—企业—农户的运作模式。成立农业合作社，扩大农业生产规模，集中优势搞园区建设，对蔬菜种植散户进行统一收购，对外形成统一品牌，节约销售成本，整合经济资源，提高产品竞争力。

（2）加大技术研发，提高科技含量。大力培养农业专业科技人员和经营管理人才，提升农村实用人才素质，发挥科技致富力量。支持龙头企业立足本地农产品，搞好深加工，确保蔬菜品种优良化、生产标准化、技术集成化、提高农业的科技含量和竞争实力。

（3）发挥交通优势，发展商贸物流。利用得天独厚的交通条件，发挥区域交通枢纽作用，大力发展商贸物流业，做好流量经济文章，下大力气谋划商贸物流项目并推进落实。

（4）依托广府古城，提升城镇品位。利用广府古城旅游资源优势，打开我镇旅游经济的对外窗口。大力发展南沿村镇餐饮、住宿、娱乐等服务业，活跃旅游经济。同时大力发展我镇农产品会展经济。利用广府太极拳联谊会的契机，开展南沿村镇农产品交易会，提升城镇品牌知名度，使会展经济成为带动发展的新产业。

附录5 南沿村镇2011年主要指标情况表

村名	户数	人口（人）	耕地（亩）	人均收入（元）	党员数（人）
合计	11334	45371	43015	7681	980
孙李街	296	1185	522	7688	32
东街	303	1215	470	7687	22
西街	313	1252	639	7692	37
南街	245	983	526	7691	36
连寨	633	2535	2488	7677	52
西张寨	448	1792	1416	7690	40
杨张寨	310	1241	1240	7679	32
东张寨	209	837	1057	7682	23
南马庄	325	1302	1707	7688	34
田堡	634	2537	1787	7674	38
韩屯	552	2208	1280	7672	34
谭庄	317	1267	734	7672	23
前庄	176	704	475	7670	17
后庄	191	767	777	7679	17
宋庄	235	943	808	7678	28
路庄	282	1128	1238	7686	30
白庄	175	701	730	7718	25
翟庄	193	774	791	7687	27
护东	504	2016	2361	7679	25
护西	465	1859	2659	7682	41
护南	104	416	542	7668	18
徐庄	301	1205	1160	7676	33
西王庄	848	3394	2999	7687	61

续表

村名	户数	人口（人）	耕地（亩）	人均收入（元）	党员数（人）
申刘庄	535	2140	1616	7687	39
西沿村	663	2653	2296	7689	62
辛庄	91	364	516	7665	19
东大慈	387	1549	2195	7676	39
西大慈	491	1967	1781	7677	53
西弓庄	252	1009	1348	7671	30
范庄	225	901	1046	7669	40
南贾葛	631	2527	3811	7673	45

附录6 南沿村镇2010年农民人均纯收入统计表

单位名称	代码	农村经济总收入（万元）	农村经济总费用（万元）	农村经济纯收入（万元）	其中		农村居民人均生产性纯收入（元）	农业人口（人）
					国家税收（万元）	农村居民纯收入（万元）		
甲	乙	01	02	03	04	05	06	07
合计	01	264030	243464	28927	1750	28927	6413	45104
孙李街	02	6882	6126	756	56	756	6420	1178
东街	03	8496	7719	777	56	777	6430	1208
西街	04	8587	7787	800	56	800	6420	1246
南街	05	8208	7581	627	50	627	6410	978
连寨	06	27237	25627	1610	160	1610	6390	2520
西张寨	07	23753	22612	1140	257	1140	6400	1782
杨张寨	08	8609	7819	790	44	790	6400	1234
东张寨	09	6107	5570	537	30	537	6450	832
南马庄	10	6841	6060	835	30	835	6450	1295
田堡	11	20532	18908	1624	160	1624	6640	2522
甲	乙	01	02	03	04	05	06	07
韩屯	12	10040	8629	1411	46	1411	6430	2195
谭庄	13	4955	4150	805	28	805	6390	1260
前张庄	14	3878	3431	447	18	447	6390	700
后张庄	15	5040	4560	488	18	488	6400	762
宋庄	16	3820	3221	599	19	599	6390	938
路庄	17	4642	3922	720	24	720	6400	1122
白庄	18	4666	4220	446	14	446	6400	697
翟庄	19	4971	4179	492	14	492	6390	770
护东	20	8544	7262	1282	38	1282	6400	2004

续表

单位名称	代码	农村经济总收入（万元）	农村经济总费用（万元）	农村经济纯收入（万元）	其中		农村居民人均生产性纯收入（元）	农业人口（人）
					国家税收（万元）	农村居民纯收入（万元）		
护西	21	955	8372	1183	38	1183	6400	1848
护南	22	1110	846	264	8	264	6400	413
徐庄	23	3137	2370	767	8	767	6400	1198
西王庄	24	14243	12075	2168	92	2168	6425	3374
西沿村	25	11788	10085	1703	76	1703	6455	2638
申刘庄	26	10652	9285	1367	71	1367	6422	2128
辛庄	27	1641	1409	232	5	232	6403	362
东大慈	28	8930	7944	986	42	986	6405	1540
西大慈	29	11104	9857	1247	46	1247	6400	1949
弓庄	30	8216	7574	642	26	642	6400	1003
范庄	31	6027	5454	573	21	573	6395	896
南贾葛	32	10419	8810	1609	48	1609	6405	2512

附录7 南沿村镇2012年蔬菜瓜果类及特种作物生产情况

指标名称	代码	数量	指标名称	代码	数量
1．蔬菜播种面积	001	71515	3．块根、块茎类播种面积	034	
播种单产	002	3012	播种单产	035	0
	003	221312	总产量	036	0
总产量	004	13575	其中：萝卜播种面积	037	0
播种单产	005	3332	播种单产	038	0
总产量	006	45236	总产量	039	0
其中：菠菜播种面积	007	100	胡萝卜播种面积	040	0
播种单产	008	3480	播种单产	041	0
总产量	009	348	总产量	042	0
芹菜播种面积	010	7560	4．茄果菜类播种面积	043	7600
播种单产	011	3620	播种单产	044	3582
总产量	012	27367	总产量	045	27220
大白菜播种面积	013	0	其中：茄子播种面积	046	7500
播种单产	014	0	播种单产	047	3580
总产量	015	0	总产量	048	26850
园白菜播种面积	016	3510	西红柿播种面积	049	100
播种单产	017	3820	播种单产	050	3700
总产量	018	13408	总产量	051	370
油菜播种面积	019	2405	青椒播种面积	052	0
播种单产	020	1710	播种单产	053	0
总产量	021	4113	总产量	054	0
菜花播种面积	022	0	5．葱蒜类播种面积	055	42250
播种单产	023	0	播种单产	056	2710
总产量	024	0	总产量	057	114498

续表

指标名称	代码	数量	指标名称	代码	数量
2．瓜菜类播种面积	025	8090	其中：大葱播种面积	058	0
播种单产	026	3741	播种单产	059	0
总产量	027	30264	总产量	060	0
其中：黄瓜播种面积	028	6100	蒜头播种面积	061	42250
播种单产	029	3800	播种单产	062	2710
总产量	030	23180	总产量	063	114498
西葫芦播种面积	031	1990	韭菜播种面积	064	0
播种单产	032	3560	播种单产	065	0
总产量	033	7084	总产量	066	0

参考文献

[1] 马克思. 资本论（第一卷）[M]. 北京：人民出版社，2004.

[2] 刘永佶. 中国官文化批判 [M]. 北京：中国经济出版社，2000.

[3] 杨世松. 建设新型农村社区推进就地城镇化 [J]. 中国城市化，2009（10）.

[4]《广平府志》.

[5]《旧唐书》中《本纪第二太宗》.

[6] 永年县地方志编纂委员会编. 永年县志 [M]. 北京：中华书局，2003.

[7] 杨华云. 政府工作报告 [R]. 2012-02-28.

[8] 白亮杰. 南沿村镇政府工作报告 [R]. 2012-01-01.

[9] 国务院. 关于深化改革严格土地管理的决定 [Z]. 2004.

[10] 中共永年县委永年县人民政府关于加快推进现代农业发展的意见永字〔2012〕24 号，2012-04-28.

[11] 中共永年县委永年县人民政府关于加快推进新民居建设的实施意见 2011-04.

[12] 永年县扶贫办. 永年县 2009—2011 年扶贫开发工作完成情况，2012-06-26.

[13] 永年县扶贫办. 永年县农村人口情况调查明细表，2010.

[14] 永年县商务局关于“万村千乡市场工程”和“农超对接”发展情况，2012-06-25.

[15] 永年县. 永年县农技推广体系建设情况汇报，2012-06-07.

[16] 永年县蔬菜局. 永年大蒜栽培技术标准，2008-04.

[17] 永年县. 永年县学前教育三年行动计划（2011—2013），2011-05-25.

[18] 永年县. 永年县土地流转和村级集体财富积累工作汇报，2011-11

-27.

[19] 永年县. 落实农产品质量安全检测标准和实施认证补贴.

[20] 邯郸市民政局文件. 邯郸市民政局关于提高城乡居民最低生活保障标准的通知邯民〔2011〕26号, 2011-09-15.

[21] 永年县人民政府. 永年县人民政府关于印发《永年县新型农村和城镇居民社会养老保险制度合并实施方案》的通知〔2012〕62号, 2012-06-19.

[22] 南沿村镇"十二五"规划基本框架.

[23] 永年县南沿村镇域总体及镇区建设规划.

[24] 南沿村镇政府. 二〇一一年全社会固定资产结构.

[25] 中华人民共和国国家统计局. 中国统计年鉴 [Z]. 北京: 中国统计出版社会, 2011.

[26] 河北省人民政府. 河北统计年鉴 [Z]. 北京: 中国统计出版社会, 2011.

[27] 永年县政府公众信息网, http: //yn. hd. gov. cn.

后　记

2012年6月17日至29日，由中央民族大学经济学院王玉芬教授和我带队，十五位研究生（其中有两位越南和柬埔寨留学生）组成的村庄调研组来到河北省永年县南沿村镇西街村，进行了近半月的入户调查，奉献给读者面前的《西街村调查》一书，就是这次调研的成果，也是中央民族大学“985项目”百村调查的内容之一。

之所以选中西街村，是由于本人曾经于2000年随同河北省经济研究中心去永年县就农村蔬菜产业组织做过调查。作为明代贡品永年大蒜的原产地，南沿村镇给我留下了深刻印象。2012年受中央民族大学经济学院刘永佶教授委托，在华北平原选取一个典型村庄进行调研，为我十几年后重新进入西街村提供了机会。华北大地，是我国重要的粮食产区，也是我国农耕文化的发源地。应该说在我国多民族构成的社会中，通过典型村庄调查，可以了解传统与现代因素在中国汉族乡村的继承和引进的概况，也是对中国多民族国情认识的基点。

我们“入场”采取自上而下的正式入场方式，是通过邯郸市政府办公厅协调得以完成的。曹锦清先生认为这种方式须官方认可，逐级深入，环节太多，易使调查失实。但是，我们没有官员陪同、调研家庭分类与随机相结合、驻村入户且调查时间较长，基本得到村民的认可，因此也就避免了调查入场方式对调查内容真实性带来的可能影响。更应该看到，改革开放以来，中国民主环境得到逐步改善，农民的自主意识提高也是保证我们调研内容能够真实的原因之一。

经过调查、写作、修改和定稿，全书力图反映西街村经济、政治和文化生活的全貌。根据我们调查，西街村作为我国内地一个集镇中的村庄，其特点有四：第一，人均耕地少。每人平均3分地，村集体留用闲置土地几乎为零。河北省人均耕地面积不足1.4亩，已是低于全国人均水平，而西街村人均耕地面积更是十分可怜。耕地少，农户耕种土地的基本目的就是自给，西街村是华北地区很少有种植水稻的村庄之一，但由于土地面积有限，水稻种植全部是家庭食用。即使是作为永年大蒜的原产地，其能够提供的商品大蒜也很少，难以形成规模，进入市场的成本高昂，农户参与大市场的水平受到极大限制。而村集体留用土地的缺乏，使得集体和个人发展大蒜深加工和其他工副业也几乎没有可能。第二，小商业发达。土地少，邯郸至临清公路横穿村庄，交通条件便利，是构成该村小商业发达的重要原因。古人谈到江西商人时曾经说道："江、浙、闽三处，人稠地狭，总之不足以当中原之一省，故身不有技则口不糊，足不出外则技不售，惟江右尤甚。"我想这句话说明西街村村民做小生意人数较多也很贴切。西街村商业基本以生活服务为主，其规模也大多较小，临街一间门脸者居多。第三，村民外出打工的行业分布分散，工作机会不连续，且技术性较差，虽然能够贴补家用，但收入不稳定。从我们调查的情况看，外出打工学成相关技术回村创业者几乎没有。第四，村集体经济基础薄弱，新型合作经济组织缺乏，村级公共服务受到极大限制。由于受到土地留用较少的限制，村集体几乎没有可以获取收入的经营项目。而人均耕地少，地块分散，建立相关专业合作组织不仅成本高，村民们也缺乏组织起来的愿望，因此村里也没有一个专业合作组织。由于村集体缺乏收入，村里道路硬化主要通过募捐方式筹款，尽管村委会干部积极努力，争取上级拨款，但村中道路依然没有完全硬化。花费更多的村排水系统改建任务更是遥遥无期，这不仅导致雨水难以迅速排出，也影响了商业服务业的进一步发展。村中饭馆、小吃店排水的下水道已经堵塞，排水实际是渗水。我们住宿的旅店没有洗澡间，学生和老师只能到老板家的平房洗澡。当我们问老板房间那么多，为什么不装修几个标准间？他告诉我们现有旅客住宿的生活废水就经常堵塞，主要不是旅馆大楼本身的原因，是由于外面邯临公路南北两侧的下水道年久失修，淤塞严重，而且出口实际上也已经堵死了。如果旅馆每个房间都有洗澡间，根本没有办法处理下水。所以来南沿村镇的外地客商大多去县城或者邯郸市住宿，外地客商来的了，但是留不住。

我们的村庄调查，主要通过入户访谈，用白描手法忠实记录村民所表述的家庭或个人情况。但是作为经济学学者，不能不对我们的所见所闻有所思考。中国的现代化进程受到农村现代化的影响和制约，现代化的主题是工业化，总体劳动、占有权组织和机器体系构成工业化的三驾马车，农村现代化就是要让这三驾马车在农村得以实现。这种理论上的"应该"面对村庄现实时，显得很是苍白无力。家庭联产承包制是我国农村经济改革的起点，也是中国经济改革的起点，无论我们如何界定家庭联产承包责任制的性质，其家庭经营的特征是明确的。家庭联产承包责任制代替农村集体经济，固然激发了农民的劳动积极性，实现了农民收入的增加，劳动者的自由度也得到提升。但千百万分散、狭小且雷同的家庭经营与国内、国际大市场形成了显著的对立。提高单位面积产量、降低成本、提高农产品价格是未来农民收入增加的必要条件，但这些条件在西街村人地矛盾背景下显然是难以实现的，而小商业最好的前景就是靠周边市场维持现有状态。从政策的连续性看，家庭联产承包制将是农村今后很长时期土地制度的基本形式，也是维护农村经济稳定的基石；而从理论上看，立足于工业化，家庭联产承包制无论延续多长，也将是一个过渡性的土地制度。在不改变现有农村土地权利结构的前提下，寻求一种既改变个体经营特征，也不影响其对土地使用权收益获取，且能够有效连接市场与家庭的组织，就成为农村经济现代化的必然选择。然而，谁来组织？由谁承担组织建立的成本？是靠农民自己？靠企业加农户？还是企业加合作组织加农户？集体制的衰落表明我们的这一改造途径已经失败，而改革开放后实际上我们也并没有探索出一条有效的路径。从西街村情况看，缺乏对农业家庭经营和小商业的工业化组织导致其工业化道路的组织基础很难建立，这使得其工业化改造任务不能完成，所谓城镇化的实现也变成水中月、镜中花，因为城镇化作为城市化实现途径无非是工业化生产方式在生活方式上的反映。

值得欣慰的是，我们了解到永年县正在进行广府古城旅游四星级景区开发，景区开发带来的人流势必会促进周边市场和服务规模的变化，西街村紧邻广府镇，只有十几分钟的车程，是景区开发的受益者。采访中西街村石建武书记也多次提到，永年县是要把南沿村镇作为景区管理的重点市场加以建设，希望借助这一机遇，西街村能够获得新的发展。

在此，我们要感谢邯郸市回建市长，在我们调研期间抽时间亲临指导，给调研组全体师生讲述邯郸市发展史并为本书作序。

感谢邯郸市政府督查室王国明副主任、邯郸市委办公厅王林副主任对我们这次村庄调查给予的热情周到的支持和帮助，他们亲自把我们送到南沿村镇西街村并安排好与永年县、南沿村镇有关部门的座谈会，使我们的村庄调查进展顺利，按预定计划圆满完成了调研内容。

感谢南沿村镇常虎军书记、白亮杰镇长多次给我们提供资料和必要的便利。

感谢西街村党支部书记石建武、村民委员会主任王兰、副主任贾成海、村委会成员宋和平、知客侯顺觉老人，他们冒着六月流火领着我们穿街过巷，入户调研；感谢西街村纯朴的乡亲们，他们不厌其烦回答我们的问题。

感谢在西街村调查中所有帮助过我们的人。

刘秉龙

西街村经济调查组

2013 年 11 月